Forschungsinstitut der Friedrich-Ebert-Stiftung
Reihe: Politik- und Gesellschaftsgeschichte, Band 27
Herausgegeben von Dieter Dowe

Dietmar Klenke/Peter Lilje/Franz Walter

Arbeitersänger und Volksbühnen in der Weimarer Republik

Verlag J. H. W. Dietz Nachf.

Solidargemeinschaft und Milieu: Sozialistische Kultur- und
Freizeitorganisationen in der Weimarer Republik
im Auftrage der Historischen Kommission zu Berlin herausgegeben und eingeleitet
von Peter Lösche

Band 1:
Walter, Franz
Sozialistische Akademiker- und Intellektuellenorganisationen in der Weimarer Republik
Bonn 1990
ISBN 3-8012-4009-6

Band 2:
Walter, Franz/Denecke, Viola/Regin, Cornelia
Sozialistische Gesundheits- und Lebensreformverbände
Bonn 1991
ISBN 3-8012-4010-X

Band 3:
Klenke, Dietmar/Lilje, Peter/Walter, Franz
Arbeitersänger und Volksbühnen in der Weimarer Republik
ISBN 3-8012-4011-8

Band 4:
Heimann, Siegfried/Walter, Franz
Freidenkerische und religiös-sozialistische Gruppierungen
ISBN 3-8012-4012-6
(voraussichtlicher Erscheinungstermin: 1993)

ISBN 3-8012-4011-8

Forschungsinstitut der Friedrich-Ebert-Stiftung
Godesberger Allee 149, D-5300 Bonn 2

Copyright © 1992 by Verlag J.H.W. Dietz Nachf. GmbH, Bonn
In der Raste 2, D-5300 Bonn 1
Lektor: Toni Offermann
Umschlagvorderseite: Bibliotheken der Stadt Dortmund, Fritz-Hüser-Institut
Umschlagrückseite: Archiv der sozialen Demokratie in der Friedrich-Ebert-Stiftung
Umschlag: Karl Debus, Bonn
Satz: elco-satz R. Riemel, Bonn
Druck und Verarbeitung: satz + druck GmbH, Düsseldorf
Alle Rechte vorbehalten
Printed in Germany 1992

Inhalt

Zur Einführung
von Peter Lösche 9

I. *Der Deutsche Arbeiter-Sängerbund*
von Dietmar Klenke und Franz Walter

1. Überblick 15

2. Programm und Selbstverständnis 23
   a) Deutscher Musikmythos und Arbeitergesang 23
   b) Eigentümlichkeiten des Mediums Chorgesang 31
   c) Künstlerische Veredelung als kulturelles Ideal 34
   d) Arbeitersänger zwischen Männerchören und
      gemischtem Chorgesang 47
   e) Kultursozialismus und Arbeitergesang 49
   f) Ästhetisches Echtheitsgebot im Spannungsfeld zwischen
      künstlerischem Formempfinden, industrieller Massenkultur
      und politischem Agitationsauftrag 63
   g) Bürgerlichkeit und kulturpolitisches Lagerdenken
      der Arbeitersänger 73
   h) Der Zwiespalt der Nationalidentität: Arbeitersänger zwischen
      nationaler Loyalität und sozialistischem Internationalismus 80

3. Praxis 95
   a) Die Einflußnahme der Bundeszentrale auf die Chorpraxis:
      Musikberatung, Männerchor-Frage und Verlagspolitik 95
   b) Profil und Wandel der öffentlichen Gesangsdarbietungen:
      Vereinskonzert und politische Auftrittsverpflichtung ... 108
   c) Der Probenalltag 127

4. Organisation 134
   a) Vom Verbund zur Organisation:
      Die Entwicklung in den Grundzügen 134
   b) Expansion, Konzentration und Professionalisierung 135
   c) Institutionelle Ausdifferenzierung 141
   d) Rückschläge in der Organisationsentwicklung:
      Die frühen dreißiger Jahre 147
   e) Oligarchisiert, verkrustet und verkalkt? 149

5. Mitglieder 152
   a) Mitgliederbewegung 152
   b) Ursache für den Mitgliederschwund: Der DAS ein Opfer
      der modernen Massenkulturen? 153
   c) Feminisierung des DAS 157
   d) Hochburgen des Arbeitergesangs 161
   e) Sozialstruktur 164
   f) Politische und gewerkschaftliche Organisationsprägungen 166

6. Finanzen 167
   a) Zankapfel Beitragserhöhungen 167
   b) Zwischen Inflation und Depression 168
   c) Regenerierung und Aufwärtsentwicklung 170
   d) Der Kampf gegen den Fiskus 170
   e) Erste Gewitterwolken: Der Eintritt in die GEMA 172
   f) Im Krisensog 173
   g) Funktionärswesen und Selbsthilfe 175

7. Kooperation und Spaltung 176
   a) Teil des sozialistischen Arbeitermilieus 176
   b) Dissonanzen in der Solidargemeinschaft 178
   c) Konkurrenzen und Fragmentierungen im Milieu 181
   d) Gegen den Anschluß an die Zentralkommission für Sport
      und Körperkultur 183
   e) Die andere Seite: Wachsende Integration in das
      reformistische Organisationsnetz 185
   f) Internationale der Arbeitersänger 189
   g) Internationale Probleme: Frauenfrage und Nachwuchsmangel ... 194
   h) Die IDAS: mehr Symbol denn Organisation
      des Internationalismus 195
   i) Konflikt und Schisma – die Kommunisten in der
      Arbeitersängerbewegung 197
   j) Arbeitersänger und bürgerliche Kulturwelt:
      Kooperation und Abgrenzung 208
   k) Zwei Gesangskulturen: Sängerbundesfeste unter
      nationalistischem und sozialistischem Vorzeichen 216

8. Medien 226

9. Gesamtinterpretation 230

10. Literatur 247

II. Der Verband der Deutschen Volksbühnenvereine
von Peter Lilje

1. Überblick 249
   a) Vorgeschichte 250
   b) Entwicklung zur kulturellen Großorganisation 257

2. Programm und Selbstverständnis 260
   a) Abgrenzung zum „proletarischen Theater" 260
   b) Sozialisierung der Theater 262
   c) „Neue Gemeinschaftskultur" 263
   d) Die Forderungen der Opposition 268
   e) „Zweckverband" statt „Gemeinschaft"? 271

3. Praxis 274
   a) Staatsorientierte Interessenvertretung und selbständige
      Kulturarbeit 275
   b) Das kulturelle Angebot der Vereine 278

4. Organisation 282
   a) Allgemeiner Aufbau 283
   b) Regionale Differenzierung und ihre Auswirkungen auf
      die Leitungsstruktur 285
   c) Kontinuität und Fluktuation im Vorstand 292

5. Mitglieder 296
   a) Allgemeine Entwicklung 296
   b) Regionale Verteilung 297
   c) Einfluß der Massenkultur? 301
   d) Fluktuation 302
   e) Jugend 302
   f) Frauen 304
   g) Zur Sozialstruktur 305

6. Finanzen 308

7. Kooperation und Spaltung 314
   a) Fachverbände des Theaters 314
   b) Administrationen 315
   c) Bürgerliche Kulturorganisationen 316
   d) Sozialdemokratie und freie Gewerkschaften 318
   e) Abspaltungen 321
   f) Internationale Kontakte 322
   g) Ein Nachtrag: Sozialdemokratisch – oder nur
      sozial und demokratisch? 323

8 Medien 325

9. Gesamtinterpretation 332

10. Literatur 334

III. *Anhang*

1. Personenregister 337

2. Ortsregister 339

3. Organisationsregister 340

4. Presseregister 342

5. Abkürzungsverzeichnis 343

Über die Autoren 345

Sozialistische Gesangs- und Bühnenkultur. Zur Einführung

Wir freuen uns, daß wir hiermit den 3. Band unserer Publikationsreihe „Solidargemeinschaft und Milieu: Sozialistische Kultur- und Freizeitorganisationen in der Weimarer Republik" vorlegen können, in der Ergebnisse eines vom Herausgeber geleiteten Forschungsprojektes veröffentlicht werden. In diesem, von der DFG geförderten Projekt haben wir u.a. Arbeiterkulturorganisationen des sozialdemokratisch geprägten Lagers in der Weimarer Republik rekonstruiert und dargestellt sowie unter bestimmten organisationssystematischen Fragestellungen interpretiert und miteinander verglichen.[1] Im vorliegenden Band werden zwei, von ihrer Mitgliederzahl her große Organisationen behandelt, nämlich der Deutsche Arbeiter-Sängerbund und der Verband der Deutschen Volksbühnenvereine. Zwar liegen über beide Verbände bereits die eine oder andere Veröffentlichung vor, doch sind dies entweder Festschriften oder sehr spezielle Untersuchungen. Unter organisationssystematischen Fragestellungen, wie sie in dem Projekt verfolgt werden, sind beide Verbände bisher nicht analysiert worden.

Thesen, die wir im Verlauf unserer Forschungen formuliert und präzisiert haben, lassen sich am Beispiel dieser beiden Verbände illustrieren und belegen, doch müssen sie auch modifiziert und neu bedacht werden. Im Unterschied zu den in den ersten beiden Bänden untersuchten Organisationen handelt es sich bei den Arbeitersängern und bei dem Verband der Volksbühnenvereine um *Massenorganisationen*, was für bestimmte Modifikationen, die vorgenommen werden müssen, Bedeutung hat. So trifft auf den Deutschen Arbeiter-Sängerbund und den Verband der Deutschen Volksbühnenvereine nur eingeschränkt das zu, was wir an anderer Stelle als typischen *„Lebenszyklus" sozialdemokratischer Arbeiterorganisationen* in der Weimarer Republik bezeichnet haben.[2] Zwar nahmen auch diese beiden Verbände nach der Revolution von 1918/19 einen schnellen Aufschwung und gewannen viele neue Mitglieder. Während der Hyperinflation von 1922/23 gab es hier ebenfalls einen tiefen Einschnitt in der organistorischen Entwicklung; Mitglieder gingen verloren. Doch anders als bei den meisten anderen Organisationen gewannen die beiden hier untersuchten Verbände in der Phase relativer Stabilisierung der Weimarer Republik verlorenes Terrain nicht so deutlich zurück. Die Vermutung liegt nahe, daß die Herausforderung durch

---

[1] Zu Fragestellungen und Anlage des Projektes vgl. *Peter Lösche*, Einführung zum Forschungsprojekt „Solidargemeinschaft und Milieu: Sozialistische Kultur- und Freizeitorganisationen in der Weimarer Republik", in: *Franz Walter*, Sozialistische Akademiker- und Intellektuellenorganisationen in der Weimarer Republik, Bonn 1990 (= Forschungsinstitut der Friedrich-Ebert-Stiftung, Reihe: Politik- und Gesellschaftsgeschichte, Bd. 22, sowie Bd. 1 der vorliegenden Publikationsreihe).

[2] Vgl. hierzu *Peter Lösche/Franz Walter*, Zur Organisationskultur der sozialdemokratischen Arbeiterbewegung in der Weimarer Republik. Niedergang der Klassenkultur oder solidargemeinschaftlicher Höhepunkt?, in: Geschichte und Gesellschaft 15, 1989, S. 51 ff.

die Massenkultur, durch das Kino, den Rundfunk, die Tanzdielen und Zuschauer-Sportveranstaltungen, hier ihre Wirkung tat. Dies dürfte insgesamt auf *Massen*mitgliederorganisationen zutreffen. Doch forderten auch wirtschaftliche Not, Arbeitslosigkeit und Kurzarbeit und daraus resultierende mangelnde Kaufkraft ihren Tribut. So etwa sank die Mitgliederzahl der Berliner Volksbühne von 160.000 Mitte der 1920er Jahre auf 36.000 im Juni 1932. Anders in anderen Städten und in der Provinz: Etwa in Chemnitz, Breslau und Köln stiegen nach starken Einbrüchen in der Inflationszeit die Mitgliederzahlen kontinuierlich. Wenn allerdings in wirtschaftlich angespannten Zeiten die Theaterpreise erhöht wurden, dann sank die Mitgliederzahl sofort, wie das Beispiel Frankfurt zeigt. Oder allgemein formuliert: Es ist sehr genau lokal und regional hinzusehen, will man Erklärungsmomente für Niedergang, Stagnation oder Wachstum einer Organisation nennen.

Auch der Mitgliederschwund bei den Arbeitersängern hat nicht schlechthin etwas mit der Krise der Arbeiterkultur zu tun, sondern liegt speziell in einer Krise des aus dem 19. Jahrhundert kommenden Chorgesangs begründet und in einem innerorganisatorischen Generationsbruch, der besonders kraß war und Anlaß gab, von „Verkalkung" der Verbandsfunktionäre zu sprechen. Doch auch bei den Arbeitersängern verlief die Mitgliederentwicklung zunächst „typisch": Bis 1923 wuchsen die Mitgliederzahlen, von 100.000 im Jahr 1919 auf 260.000 vor der Inflationskrise. Großen Anteil hieran hatten Frauen, die in die gemischten Chöre strömten. Nach 1923 schrumpften dann die Mitgliederzahlen leicht, wenn auch nicht dramatisch. Dies jedoch war die Zeit künstlerischer Hochblüte der Arbeitersänger: Rückläufige Mitgliederentwicklung ging eben genau auf die wachsenden künstlerischen Ansprüche, auf Auslese und Intensivierung der Chorarbeit zurück. Zudem konnte man auch in anderen Arbeiterkulturorganisationen singen, man mußte sich nicht den hohen Ansprüchen der Arbeitersänger unterwerfen. Schließlich war der Männerchor für neue Stilformen und Gestaltungsmöglichkeiten wenig offen, hing am überlieferten Zeremoniell mit seinen dahinter verborgenen männerbündisch-kämpferischen und verkrampft-nationalistischen Leitbildern. Kurz, der Männerchorgesang konnte gerade bei der jüngeren Generation gegen die neuen kulturellen Herausforderungen kaum konkurrieren.

Eine andere These, die wir bereits früher formuliert haben, findet am Beispiel der Arbeitersänger und der Volksbühnen ihre Bestätigung: Gerade in Großorganisationen hat sich nicht das durchgesetzt, was Robert Michels als *„ehernes Gesetz der Oligarchie"* formuliert hat. Zwar hat der Deutsche Arbeiter-Sängerbund sich nach der Inflationskrise von einer losen Föderation hin zu einem Zentralverband entwickelt, zwar differenzierte die Organisation sich weiter aus und vollzog sich das, was man als Professionalisierung der Chorleitung und Musikexperten in der Berliner Zentrale bezeichnen kann, doch entfaltete sich keine von oben nach unten beherrschte oligarchische Struktur. Konkret: Erst im Sommer 1932 ist überhaupt ein einheitliches Mitgliedsbuch durchgesetzt worden. Und auch der Trend zur Professionalisierung bedeutete nichts anderes als daß Autodidakten, die häufig Facharbeiter waren, aus ihren Positionen als bezahlte Chorleiter durch gelernte Musiker verdrängt wurden, die sozial gesehen aus einem gehobeneren Milieu kamen. Mit der Professionalisierung vollzog sich also sozial eine Pluralisierung. Es war nicht mehr allein das proletarische Milieu, das den Verband prägte, im Ansatz fand sozial eine Öffnung statt.

Methodologisch sind die beiden Organisationsstudien so angelegt, daß die Verbandsgeschichte integriert worden ist in die allgemeine Sozial- und politische Geschichte, in Mentalitäts- und Kulturgeschichte.

In seiner Untersuchung der *Volksbühnenbewegung* bricht Peter Lilje mit den seit den 70er Jahren gängigen Interpretationen und Wertungen. Es geht ihm dabei nicht um schrille Originalität, er geht vielmehr behutsam vor, bleibt dicht an den Quellen, bemüht, die Sichtweise zu erweitern, Einseitigkeiten und Verzerrungen früherer Veröffentlichungen zu überwinden. Die Autoren besonders der 70er Jahre ließen sich nämlich nicht selten von einem apodiktischen Standpunkt proletarisch-sozialistischer Gesinnung leiten und verfuhren nach einem grobschlächtigen Links-Rechts-Schema, das durch die Quellen nicht getragen wurde. Von Lilje wird die Volksbühnenbewegung nicht nur über das Beispiel des Berliner Vereins rekonstruiert, wie bisher in der Literatur üblich, sondern er behält stets das gesamte Reichsgebiet im Auge und berücksichtigt Erfahrungen und Vorgänge in der Provinz. Es erfolgt eine begründete Sowohl-als-auch-Argumentation, Schattierungen werden deutlich, anstelle des einfachen Schwarz-Weiß werden Grau- und Mischtöne erkennbar. So argumentiert der Verfasser, daß der „Verband deutscher Volksbühnenvereine" eine genuin proletarische Bühnenkunst nicht hervorgebracht habe, obwohl Sprech- und Bewegungschöre, die für die Arbeiterbewegungskultur wichtig waren, durchaus beachtet und gepflegt wurden. Die zentrale Kategorie für das kulturelle Programm der Volksbühne stellte der an einer traditionellen, wenn man so will: bürgerlichen Ästhetik orientierte „künstlerische Wert" dar. Sozialistisches Gesinnungstheater wurde hingegen nur von Randgruppen des Verbandes gepflegt. Dennoch, so der Autor, greife die „Verurteilung" der Volksbühnen, lediglich bürgerliche Abonnementsvereine gewesen zu sein, angesichts der komplexen und vielgestaltigen Realität viel zu kurz. Vielmehr sei das künstlerische Programm der Volksbühnen pluralistisch gewesen; der „Verband" habe die Stücke sozialkritischer oder sich revolutionär-sozialistisch verstehender Autoren gefördert, so die von Shaw, Brecht, Toller und Wolf. Oder allgemeiner formuliert: Theaterkultur sollte nicht länger einer privilegierten bürgerlichen Elite vorbehalten bleiben, sondern auch die „kulturwillige" Arbeiterschaft sollte zu ihr Zugang erhalten. Zugleich löste der Volksbühnenverband mit der immer wieder betonten Kategorie der „Gemeinschaft" sich bewußt vom traditionellen bürgerlichen Individualismus. Dieser Gemeinschaftsbegriff wurde nicht nur aus der sozialistischen Tradition gespeist, sondern sozial- und volksromantische Elemente gingen in ihn ebenso ein wie bestimmte Egalitätsvorstellungen, die republikanisch-demokratischen Vorstellungen verbunden waren. Dabei stellten die bloße Existenz und der Ausbau der eigenen Organisation immer auch ein Stück Gegenmacht und modellhafte Alternative für eine künftige sozialistische Gesellschaft dar.

Die Organisationsmonographie zum *Deutschen Arbeiter-Sängerbund* bietet nicht nur die erste zusammenhängende Analyse dieses Verbandes in der Weimarer Republik, sondern bringt zudem einen Beitrag zur politischen Kultur dieser Epoche und der Sozialdemokratie. Hier fügte es sich glücklich, daß einer der Autoren – Dietmar Klenke – Historiker, Sozialwissenschaftler und Musikwissenschaftler ist, also in seiner Person Wissenschaften verbindet, die zur adäquaten Analyse von Musikorganisation heranzuziehen sind. Gerade am Beispiel dieser Studie zeigt es sich auch, daß eine Entscheidung, die in unserem größeren Forschungsprojekt relativ frühzeitig getroffen worden war, sinnvoll war, nämlich nicht enzyklopädisch zu allen Arbeiterorganisationen des sozialdemokratischen Lagers in der Weimarer Republik Daten und Informationen zu sammeln und darzustellen, sondern in Form der vorliegenden Organisationsmonographien exemplarisch den sozialen, politischen und mentalitätsgeschichtlichen Kontext zu entfalten, in dem ein Verband agiert.

So wird von Klenke und Walter der kulturelle und politische Zusammenhang, aus dem der Männerchorgesang im 19. Jahrhundert hervorgegangen ist, herausgearbeitet und interpretiert. Die politisch-kulturellen Züge, die ideelle und quasi-religiöse Bedeutungsbefrachtung, wie sie der bürgerlichen Nationalbewegung entsprang, haben dann auf die Arbeiterbewegung eingewirkt. Auf sie färbten die religiös-ethische Überhöhung und der nationale Tugendkodex ab. Trotz deutlicher Differenzen an der Oberfläche sind sozialdemokratischer und bürgerlicher Chorgesang der Weimarer Republik eben dennoch aus der gleichen politischen Kultur hervorgegangen. Der Drang zum National-Mytischen ist im Chorgesang der Arbeiterbewegung durch elende soziale Lage, Kriegserlebnis, Auseinandersetzung um den Versailler Friedensvertrag und die französisch-belgische Ruhrbesetzung gefördert worden. Man flüchtete sich in die Gemeinschaft des Chores, der – um einen Dirigenten bzw. „Führer" geschart – Gemeinschaftshandeln zu suggerieren schien. Hier schlugen autoritäre Strukturen und ein kollektivistischer Gemeinschaftsbegriff durch, die wiederum „bürgerliches" und sozialdemokratisches Lager miteinander verbanden. Aus den Traditionen der deutschen Musik- und Gesangskultur erhielt der Chorgesang der Arbeitersänger gleichsam die Aufgabe zugewiesen, einen geschichtsreligiösen Ritus der proletarischen Klasse und ihrer visionären Vorstellungen von der sozialistischen Zukunftsgesellschaft zu entwickeln. Der sozialistische Arbeiterchorgesang unterschied sich an der Oberfläche, dies sei wiederholt, durchaus von dem bürgerlichen, er war durch einen klassenkämpferischen Internationalismus und den Glauben an den proletarischen Befreiungskampf geprägt. Darunter aber wurden Züge militanter Mannhaftigkeit, rigorose Gemeinschaftsverpflichtung und Hang zu visionär-religiösen Überhöhungen erkennbar.

Diese Traditionsgebundenheit erklärt jedoch nicht allein, warum der Gesangsritus der Arbeiterkultur in der Weimarer Zeit nicht zu demokratischen und pragmatischen Verhaltenstugenden finden konnte, warum vielmehr verbissene Kämpfermoral, marxistischer Prinzipalismus und visionäre Erlösungssehnsucht lebendig blieben. Es waren vielmehr die Erfahrungen, die in der Republik selbst gemacht wurden, die die Arbeiter-Sänger darin bestätigten, an den altbewährten Deutungs- und Wertmustern festzuhalten. Da gab es die psychologisch nicht verarbeitete Kriegsniederlage, die die nationale Identität – auch der Arbeiter – erschüttert hatte. Der Versailler Friedensvertrag und andere außenpolitische Ereignisse trugen ebenso zur Verunsicherung bei wie wirtschaftliche und politische Krisen, die die Geschichte Weimars begleiteten. Bei den Arbeiter-Sängern vermischten sich, wie die Autoren herausarbeiten, in eigenartiger Weise drei Tendenzen, nämlich 1. Orientierung am Klassenkampf; 2. Annäherung an das Bürgertum unter nationalistischem Vorzeichen; und 3. kulturelle Veredelung und Aufstiegsorientierung im demokratischen Rechtsstaat. Während Klassenkampf und nationalistische Annäherung an das Bürgertum einander ausschlossen, ließen sich Klassenkampf, Kultursozialismus und Orientierung an künstlerischen Idealen miteinander vereinbaren.

Auch bei den beiden hier präsentierten Organisationsstudien sind wir in unseren Forschungen schnell auf Grenzen gestoßen, die durch die *Quellenlage* gegeben waren. So läßt sich zwar eine allgemeine Aussage darüber machen, daß im Zusammenhang mit der Professionalisierung der Chorleiter und Dirigenten sozialstrukturelle Veränderungen und damit ein Prozeß der sozialen Pluralisierung des Verbandes sich vollzogen, doch fehlen uns einfach präzise Daten, die diese Aussage im Sinne der empirischen Sozialforschung belegen könnten. Ganz bewußt haben wir allerdings beim Verband der Deutschen Volksbühnenvereine darauf verzichtet, auf das einzugehen, was – oberflächlich – von einigen als „die ideologischen Probleme" angesprochen wird, nämlich Auseinandersetzungen über verschiedene Kunstrichtungen, etwa über das realistische Drama. Diese Gegenstände sind bereits zur Genüge in der Literatur abgehandelt worden.

Auch für die Organisationsstudien des vorliegenden Bandes wurde das einheitliche Erhebungsraster und damit die gleiche Gliederung verwandt, das uns durch das gesamte Projekt begleitet hat. Damit werden nicht nur formaler Aufbau, Organisationsdaten und Organisationswirklichkeit von uns aufgenommen, sondern die Vergleichbarkeit zwischen den verschiedenen Verbänden wird ermöglicht, dem Leser wird die Informationsbeschaffung erleichtert, die vier Bände können wie ein *Handbuch* benutzt werden.

Auch an dieser Stelle danken Herausgeber und Autoren wiederum Herrn Prof. Dr. Dr. h. c. Wilhelm Treue und Professor Dr. Ernst Schraepler, die im Rahmen der Historischen Kommission zu Berlin die Manuskripte begutachtet haben und durch ihre Anregungen und kritischen Fragen die Qualität der Untersuchung zu verbessern halfen. Dank gebührt Peter Runge, der mit abermals großer Sorgfalt das Register angefertigt hat. Schließlich danken wir Dr. Dieter Dowe und Dr. Toni Offermann, die von seiten der Friedrich-Ebert-Stiftung den Band betreut und lektoriert haben.

Göttingen, Oktober 1991   Peter Lösche

I. Der Deutsche Arbeiter-Sängerbund
von Dietmar Klenke und Franz Walter

1. Überblick

Die Novemberrevolution 1918 setzte in Deutschland nicht nur eine tiefgreifende staatspolitische Zäsur, sondern wirkte auch nachhaltig auf die Kulturbestrebungen der sozialistischen Arbeiterbewegung, den Arbeitergesang eingeschlossen, der bereits auf eine mehrere Jahrzehnte währende Tradition zurückblicken konnte. Die Revolution leitete einen rasanten Aufstieg des Arbeitergesangs ein; seine eigentliche Blütezeit fiel in die Weimarer Zeit. Erst mit der Revolution vermochten auch die Arbeitersänger als Teil der ehedem systemoppositionellen sozialdemokratischen Bewegung die Ketten ihrer ghettoartigen klassenkämpferischen Abseitsstellung zu sprengen. Der wilhelminisch-nationalistische Obrigkeitsstaat hatte auf die offensive Vertretung der Arbeiterinteressen mit Diskriminierung und allenfalls subkultureller Duldung reagiert. Seine wirksamste ideologische Waffe gegen die Sozialdemokratie war das Odium der nationalen Unzuverlässigkeit gewesen. Das Stigma des „vaterlandslosen Gesellen" wuchs sich für die sozialistische Arbeiterbewegung zu einem hartnäckigen Begleiter aus, den sie auch in der Weimarer Zeit kaum abzuschütteln vermochte. Die Dolchstoßpropaganda unterstreicht dies. Allerdings hatte die Arbeiterbewegung mit der Revolution zumindest die äußeren Ketten abstreifen können. Gleichwohl schleppte sie, die Arbeitersänger einbegriffen, auch nach der Revolution noch den gesamten mentalen und emotionalen Ballast ihrer auf kompromißlose Konfrontation und visionäres Kämpfertum abgestellten Weltsicht, die mentalen Altlasten einer militaristisch verformten zivilen politischen Kultur mit sich.

Für ein vereinsübergreifendes organisatorisches Gerüst hatten die Arbeitersänger bereits in der späten Wilhelminischen Ära gesorgt, 1892, zwei Jahre nach dem Fall des Sozialistengesetzes, mit der Gründung der „Lieder-Gemeinschaft der Arbeiter-Sängervereinigungen Deutschlands" und 1908 mit der Gründung eines fester gefügten Dachverbandes, des „Deutschen Arbeiter-Sängerbundes" (DAS). Im Rahmen dieser verbandlichen Infrastruktur erlebte der Arbeitergesang nach dem I. Weltkrieg einen ungeahnten Aufschwung. Die Mitgliederzahlen erreichten trotz hoher Kriegsverluste bereits 1919 wieder das Vorkriegsniveau von knapp über Hunderttausend und stiegen bis 1923 auf über 260 000 an. Hatte der DAS vor dem Krieg fast ausschließlich Männerchöre unter seinem Dach vereinigt, so ermöglichte nunmehr der starke Zustrom von Frauen, daß künftig der anspruchsvollere gemischte Chorgesang verbandsintern neue Maßstäbe setzen konnte. Allerdings wurde der von den gemischten Chören getragene Aufschwung erst dadurch ermöglicht, daß die überkommene obrigkeitliche Diskriminierung und das beamtenrechtliche Berührungsverbot infolge der Revolution fortgefallen waren und es infolgedessen für bürgerliche Chorleiter, Lehrer und Musiker ein Leichtes wurde, ihre Zurückhaltung und Berührungsangst gegenüber den Arbeiterchören aufzugeben. Nunmehr nahm der Anteil der Lehrer und Berufsmusiker unter den Chorleitern so stark zu, daß die musikalischen Autodidakten aus dem sozialen Milieu der Arbeitersänger zur Minderheit wurden. Auch die Musikexperten des DAS wiesen in zunehmendem Maße bildungsbürgerliche Herkunft auf, während die Vereinsvorstände und Verbandsfunktionäre weiterhin gleich der Vereinsbasis im klassischen Rekrutierungsfeld der Sozialdemokratie wurzelten, in der Facharbeiter-Solidargemeinschaft des späten 19. Jahrhunderts. Auffällig war unter den Funktionären die starke Repräsentanz der Schriftsetzer.

Politische Umwälzung und künstlerischer Aufschwung führten nach 1918 fast unweigerlich dazu, daß auch die Frage nach dem künftigen politischen Selbstverständnis des DAS auf die Tagesordnung kam. Denn im Lichte des neuen Verhältnisses zum nunmehr republikanischen Staat stellte sich die Frage, ob das überkommene politische Liedgut, das sog. „Tendenzlied" noch zeitgemäß sei. Zu klären war, wie sich künftig Tendenzgesang, politikferne Kunst und volkstümlicher Liedertafelgesang zueinander verhalten sollten. Eigenartigerweise entschied man sich jedoch, diese Fragen zurückzustellen, vorerst alles in der Schwebe zu lassen. So kam es, daß ohne Steuerung oder korrigierenden Eingriff von oben bereits 1919 der ursprünglich stark politische Zuschnitt des Gesangsrepertoires mehr und mehr zurücktrat. Dies war zu einem guten Teil darauf zurückzuführen, daß man den neuen republikanischen Staat zunächst als Befreiung empfand und zudem die Freude über den künstlerischen Aufbruch versöhnlich stimmte. Nunmehr konnte das kämpferische Klassen- und Lagerdenken zurücktreten und damit auch der stilistisch in der Tradition des vaterländischen Männerchorgesangs stehende militante und proletarisch-visionäre Tendenzgesang, der kompensatorisches Abbild von Ohnmacht und Diskriminierung im alten Obrigkeitsstaat war. Das neue republikanische Lebensgefühl äußerte sich auch darin, daß bis 1922 weniger das alte Vorkriegsproblem einer feindlich gesinnten bürgerlichen Umwelt zu schaffen machte als vielmehr die ständige Gefahr, daß die Spaltung der politischen Arbeiterbewegung auf den Arbeitergesang übergriff. Auf der Kasseler Bundesgeneralversammlung von 1920 konnte sich die um eine gesamtsozialistische Identität bemühte Bundesführung mit ihrem Integrationsanspruch durchsetzen. Es kam nur zu unbedeutenden Abspaltungen.

Andere Fragen der sozialistischen Kursbestimmung ließ man vorerst in der Schwebe. So stand vieles unvermittelt nebeneinander: republikanische und künstlerische Aufbruchstimmung, Liedertafel-Sentimentalität und ein mehr oder minder unentschiedenes Festhalten am kompromißlosen und visionären Lager- und Frontdenken mit seinen kämpferischen, mitunter martialische Schlachtenatmosphäre verbreitenden Tendenzgesängen, die dem herkömmlichen vaterländischen Liedgut des deutschen Nationalismus im Hinblick auf sekundäre, sprich soldatische Verhaltenstugenden mehr ähnelten, als gemeinhin angenommen wird. Ab 1921 ließen sich auch militant nationalistische, auf die Versailler Nachkriegsordnung zielende Töne vernehmen, die unvermittelt neben den überkommenen sozialistischen Tendenzgesang traten. Im Hintergrund stand, daß man den Friedensbedingungen der Siegermächte bis weit in das sozialistische Lager hinein die Legitimität absprach.

Sucht man den kleinsten gemeinsamen Nenner, der den DAS in den ersten Jahren nach dem Krieg ideologisch zusammenhielt, dann läßt sich die Entwicklung wie folgt skizzieren: Zunächst, 1919, erfreute man sich des allgemeinen organisatorischen Aufstiegs, ließ neben den ehrgeizigen gemischten Chören das liedertafelseelige Männerchorwesen gewähren, das weiterhin die Mehrheit der Vereine stellte, und verstand es, die Einheit der marxistischen Arbeiterbewegung wenigstens im Gesangsritus zu bewahren. Desweiteren wehrte man sich gegen diejenigen Kräfte, die einem moderneren Gesangsstil zuliebe zu forsch mit der symbolträchtigen Tradition der überkommenen pathetisch-mannhaften Klassenkämpfer- und Heldenromantik brechen wollten, die sich in erster Linie mit den Männerchorgesängen des Arbeiterkomponisten Gustav Adolf Uthmann verband. Der Masse der Arbeitersänger bereitete es keine Probleme, daß künstlerischer und politikferner Ehrgeiz, schlichte Freude am Liedertafel-Gesang und die Pflege der alten Tendenzlied-Tradition in friedlicher Koexistenz verharrten. Auch 1923, als das Organisationsleben inflationsbedingt kurzzeitig ins Stocken geriet, stellte man eine bewußte Neubestimmung des politischen Kurses zurück, reihte sich vielmehr ohne jede Debatte gleich der Sozialdemokratie in die nationale Widerstandsfront gegen die französisch-belgische Ruhrbesetzung ein und war im übrigen mit dem Überleben des eigenen Verbandes mehr als genug beschäftigt.

Im Juli 1923 faßte die Bundesgeneralversammlung des DAS folgenreiche organisatorische Beschlüsse. Sie betrafen das Herzstück des Verbandes, die künstlerische und musikpolitische Leitung des bundeseigenen Noten-Verlages und die Redaktionspolitik des Verbandsorgans, der „Deutschen Arbeiter-Sängerzeitung" (DASZ). Hier rang man sich zu einer Neuregelung durch: Die Verbandsführung wurde insgesamt professioneller gestaltet. An die Stelle der alten, von den Gauen beschickten und stärker das musikalische Laienelement repräsentierenden Liederprüfungskommission trat ein kleiner künstlerischer Beirat aus Musikfachleuten. Dieses nur als Beratungsgremium vorgesehene Organ entwickelte sich nach 1923 zum musikpolitischen Führungszentrum des DAS, was nicht zuletzt darin begründet lag, daß in diesem Beraterstab mit Alfred Guttmann und Walter Hänel zwei äußerst engagierte, entschlußfreudige und durchsetzungsstarke Musikexperten zusammentrafen, die Hand in Hand arbeiteten. Seit dieser Zeit konnte sich ein Spannungsfeld zwischen den Organisationsfunktionären als musikalischen Laien auf der einen, und den Musikexperten auf der anderen Seite ausbilden. Auch an der Vereinsbasis machte man sich nach der Beseitigung der alten vorrevolutionären Schranken mehr und mehr von Chorleitern abhängig, die der sozialistischen Bewegung nach Herkunft und Gesinnung fernstanden. Nur eine Minderheit unter den professionellen Chorleitern fühlte sich einem wie immer gearteten Kultursozialismus persönlich verbunden. Diese Minderheit formierte sich 1932 in einem gesonderten Arbeiterchor-Dirigenten-Verband, um neben den sozialen Belangen des Berufsstandes künstlerische Gesichtspunkte aus der spezifischen Warte der sozialistischen Chordirigenten besser zur Geltung zu bringen. Der ästhetische Maßstab kam ihnen in den Tendenzwerken der späten Weimarer Jahre zu kurz.

Das neue professionelle Element öffnete den ehrgeizigen Vereinen nach 1923, als sich der Verband überraschend schnell konsolidierte, auf breiter Front die Tore des gehobenen bürgerlichen Kultur- und Konzertbetriebs. Obwohl im Politischen weiterhin dem Klassenkampf- und Lagerdenken verbunden, ergab sich im Künstlerischen eine ungeahnt enge Zusammenarbeit über die Grenzen von Arbeiter- und Bürgermilieu hinweg. Ein bildungsbürgerliches Veredelungsideal half hier, Klassenkampf und gehobene bürgerliche Musikkultur zu versöhnen. Kompromißlos blieb die Abgrenzung nur gegenüber der anti-republikanischen nationalen Rechten und gegenüber dem nationalistischen Männergesang des bürgerlichen Konkurrenzverbandes, des „Deutschen Sängerbundes". Die Öffnung gegenüber dem bürgerlichen Kulturbetrieb betrieben in der Verbandsführung an erster Stelle die Protagonisten eines ehrgeizigen kunsterzieherischen Kurses, Alfred Guttmann und Walter Hänel, die als politisch denkende Musikfachleute in den Jahren nach 1923 tonangebend wurden. Während Guttmann die Leitung des Bundesverlags übernahm, redigierte Hänel ab 1925 die Konzertrundschau des Verbandsorgans und wirkte ab 1926 auch über die neu eingerichtete Musikberatungsstelle auf das Vereinsleben ein. Dem ersten Anschein nach konnten Guttmann und Hänel die musikalische Ausrichtung des DAS fast selbstherrlich in die Hand nehmen. Daß aber das Laienelement im Funktionärskörper diese beiden Musiker so weitgehend gewähren ließ, hing entscheidend damit zusammen, daß an der Vereins- und Funktionärsbasis das Streben nach künstlerischer Niveausteigerung sowie nach sozialem Prestigezuwachs zu einem heimlichen Bündnispartner der neuen künstlerischen Führung wurde. Hier wirkten auch Leitbilder der überkommenen klassisch-romantischen Musikkultur nach, der Geniekult und der Glaube an den sittlichen, ja religiösen Offenbarungscharakter der hohen Kunst. Die Durchsetzung künstlerischer Maßstäbe wurde aber auch dadurch erleichtert, daß die musikalisch Verantwortlichen in der Bundesführung erst gar nicht einen unversöhnlichen Gegensatz zwischen Tendenz und Kunst aufkommen ließen, sondern sich neben der verstärkten Aneignung des klassischen Kulturerbes seit 1924 auch um die künstlerische Weiterentwicklung des Tendenzgesanges bemühten.

Daß man sich nach 1923 parallel zum künstlerischen Aufstieg wieder stärker auf die ideellen Wurzeln des sozialistischen Klassenkampfs besann, ging auf den Schock zurück, den die sozialistische Arbeiterbewegung im Jahr des Ruhrkampfs erlitt: Inflationskatastrophe und nationalistisches Aufbegehren drängten sie in eine ohnmächtige Abseitsstellung. Die schmerzlichen Erfahrungen dieses Jahres setzten der anfänglichen Naivität ein Ende, die Arbeiterbewegung und mit ihnen die Arbeitersänger könnten von der Revolution ungebrochen und ohne nennenswerte Rückschläge profitieren. Zunächst hatten die Arbeitersänger in erster Linie die positiven Seiten des revolutionären Umbruchs im Blick gehabt: Schließlich hatte er ihrem künstlerischen und organisatorischen Aufstieg den Weg gebahnt. Die Schattenseiten traten erst 1923 massiv in Erscheinung. Die Katastrophenerfahrungen dieses Jahres holten die Arbeiterbewegung auf den Boden der politischen und sozialen Gegebenheiten zurück. Aus der tiefen Verunsicherung erwuchs das Bedürfnis, mehr als zuvor den künstlerisch gehobenen Gesang und das Lebensgefühl des Sozialisten einander näherzubringen. Nicht zufällig kam erst im Nachklang dieses Katastrophenjahres die Vereinnahmung Beethovens für das kultursozialistische Ideal der klassenkämpferischen Menschheitsverbrüderung voll zum Durchbruch, augenfällig verkörpert im Schlußgesang der IX. Sinfonie, der in den späten 20er Jahren gleichsam zu einem Kultgesang des sozialistischen Internationalismus wurde. Wenn in den mittleren Jahren Weimars Konflikte zwischen der Bundesführung und der Basis aufbrachen, dann nicht so sehr infolge eines Widerstreits zwischen Tendenzgesang und politikferner Kunst, sondern weitaus mehr wegen der überfordernden musikästhetischen Maßstäbe der Bundesleitung, die zu häufig an den Bedürfnissen und Möglichkeiten vor Ort vorbeigingen. Die politische Bedeutungsbefrachtung der hohen Kunst überspielte nach 1923 die Spannungen zwischen Tendenz- und Kunstgesang recht erfolgreich.

Der künstlerische Aufstieg hatte Folgen auch für die Organisationsentwicklung. In bemerkenswerter Gegenläufigkeit nahmen nach 1923 die Mitgliederzahlen ab. Zum einen fand zunehmend eine Auslese in den leistungsfähigeren und zumeist gemischten Arbeiterchören statt; zum anderen fielen die Männerchöre zurück, das klassische Rekrutierungsfeld volkstümlicher Geselligkeit und klassenkämpferischer Milieuwärme. Trotz geringerer und damit weniger abschreckender Anforderungen blieb gerade im Männerchorwesen der auffrischende Nachwuchs aus. Konkurrierende Freizeitangebote und der für mittellose Vereinssänger unerschwingliche Kneipenverzehr während der Proben machten den Männerchören zu schaffen. Kino, Sport und neuer amerikanischer Tanzschlager ließen sie als altbacken, steif, rhythmisch bewegungslos und hohl erscheinen. Teils wirkte die rührselige Liedertafel befremdlich, teils war es der dick aufgetragene Kämpfergestus, der die Nachkriegsjugend, wenn sie nicht gerade an künstlerisch hochwertigem Gesang interessiert war, kaum den Weg zum klassischen deutschen Männerchor finden ließ, gleich welcher Couleur.

Rückläufigen Mitgliederzahlen zum Trotz brachten die Jahre nach 1923 einen ungeahnten organisatorischen Aufschwung, dem allerdings einige Jahre später die Weltwirtschaftskrise ein Ende setzte. Der Stab hauptamtlicher Mitarbeiter in der Berliner Bundeszentrale expandierte von zwei auf knapp 20 Angestellte, der Bundesverlag erlebte eine enorme Umsatzsteigerung und die Musikberatungsstelle der Zentrale nahm in bis dahin ungekannter Weise Einfluß bis in die entlegenste Provinz. Obendrein wurden Schulungskurse für die Verbandsfunktionäre eingerichtet. Mit staatlichen und kommunalen Stellen kam man ins Geschäft, um die materielle Situation der Chöre um der Kunst willen zu verbessern. Die Zusammenarbeit mit dem bürgerlichen Kulturbetrieb intensivierte sich, und die Bundeszentrale tat alles, um die Chöre zu künstlerischen Höchstleistungen anzustacheln. Äußerlich fand der künstlerische Aufstieg seinen eindrucksvollsten Niederschlag im 1. Arbeitersängerbundesfest, das man im Juni 1928 in Hannover ausrichtete. Was die Arbeitersänger dort zuwege brachten, erregte in der Fachwelt allgemeines Erstaunen. Ins Auge stach, daß im Festprogramm vorrangig die hohe Kunst zur Geltung kam. Daß das klassische Kunsterbe so sehr im Vordergrund stand, wurzelte in zweierlei: Zum ersten hatten die Bemühungen um den gehobenen Tendenzgesang bei den vom DAS beauftragten Komponisten noch nicht zu überzeugenden Resultaten geführt, und zum zweiten ließ sich mit der klassischen musikalischen Hochkultur und dem ihr zugeschriebenen sozialistischen Gemeinschaftsethos der Anspruch der sozialistischen Arbeiterbewegung auf entscheidende Mitwirkung im Staat kulturell wirkungsvoll in Szene setzen. Der Sozialismus schien als politische Avantgarde gleichsam das moralische Erbe eines klassischen künstlerischen Humanismus angetreten zu haben.

Nach dem in der Geschichte des Bundes einmaligen Hannoveraner Höhepunkt beschritt der DAS künstlerisch neue Wege. Es bedurfte nicht erst des Radikalisierungsschubs der Weltwirtschaftskrise, um der Forderung nach moderner Tendenzmusik bei der Bundesführung Geltung zu verschaffen. Denn seit 1924 hatte sie sich verstärkt um die Weiterentwicklung des Tendenzgesangs bemüht. Wegen der langjährigen Vorlaufzeit konnte der Bundesverlag aber erst um 1928/29 erste ansehnliche Früchte vorweisen. Ein deutlicher Wandel zeichnete sich ab. Hatte bis dahin beim klassenkämpferischen Tendenzgesang das strophische oder durchkomponierte a cappella-Chorlied im romantisch-homophonen Liedertafelstil des bürgerlichen Männerchorwesens vorgeherrscht, so kamen nunmehr größere Chorzyklen und oratorienähnliche Chorwerke auf, die in ihrer Monumentalwirkung den religiös-fundamentalen und kämpferisch-missionarischen Charakter des sozialistischen Weltverbesserungsstrebens zum Ausdruck bringen wollten. Obendrein flossen zeitgemäßere musikalische, choreographische und dramaturgische Elemente ein: revueähnliche Abläufe, Sprech- und Bewegungschöre, nachromantische freiere Tonalität (Lendvai und Eisler an exponierter Stelle), neue ungewohnte Dissonanzen in der harmonischen Gestaltung, die das überkommene schwelgerische Pathos überwanden, obendrein ein kraftvoller, drängender Rhythmus, dem Tanz- und Jazzschlager sowie der neuen industriellen Hektik, Rastlosigkeit und Geschäftigkeit abgelesen, und dazu ein Schuß erfrischender, lebendiger Aggressivität, die nicht zuletzt auf jazz-ähnliche Instrumentierung und neuartige Textgestaltung zurückging. Der Wandel fand auch bei den kleineren Formen des Chorliedes seinen Niederschlag. Nicht wenige der neuen Chöre griffen ungeschminkt, mitunter ins Makabre gesteigert, den proletarischen Lebensalltag auf, um aufzureizen, und nahmen von der übermäßig pathetischen Heldenmilitanz der überkommenen Tendenzgesänge Abstand, deren Natur- und Schlachtenmetaphorik insbesondere bei den Jüngeren verbraucht wirkte. Hervorstechend ist, daß im Tendenzgesang der späten Weimarer Jahre der endzeitlich gestimmte säkularisierte Erlösungsgedanke der marxistischen Kämpfer- und Befreiungsreligion eine Steigerung erfuhr. Hier fand das angeschlagene und krisengeschüttelte Selbstbewußtsein der sozialistischen Arbeiterbewegung mit fortschreitender Krise auf rituellem Wege Trost, Zuversicht und Ermutigung; in solch erhebendem Gemeinschaftszeremoniell konnten sich all die Hoffnungen regenerieren, die man in die revolutionäre Umgestaltung der proletarischen Klasse setzte.

Nicht von ungefähr bedurfte es mit Beginn der Großen Krise keines großen Überzeugungsaufwandes von oben, um den Tendenzgesang auch im hauseigenen, d.h. in Eigenregie durchgeführten Vereinskonzert wieder heimisch zu machen. Dort hatten die Arbeitersänger den Tendenzgesang seit den frühen 20er Jahren recht stiefmütterlich behandelt und ihn mehr und mehr in die Sphäre politisch-ritueller Auftrittsverpflichtungen (Maifeiern etc.) abgedrängt. Weil sich das Schwergewicht mehr und mehr auf das unpolitische Vereinskonzert verlagert hatte, war die Verbandsführung zu Beginn der Großen Krise der Basis mit ihrem Angebot an neueren und agitatorisch geschärften Tendenzgesängen weit voraus, sogar so weit voraus, daß Unbehagen in Kreisen kultursozialistisch engagierter Arbeiterchordirigenten laut wurde, die einige der neueren Tendenz-Chorwerke zum Anlaß nahmen, scharfe Kritik an den Musikexperten der Bundeszentrale zu üben. Diesen Dirigenten mißfiel, daß der Bundesverlag bei der Auswahl der Chorwerke um der Tendenz willen zu lasche ästhetische Maßstäbe anlegte.

Obwohl sich das Organisationsleben im DAS seit 1929 spürbar politisierte und der Ton der Verbandsführung im Laufe der späten 20er Jahre mit den neuen Vorsitzenden Karl Klauder und Carl Fehsel, die die alte wilheminisch-behäbige Generation ablösten, spürbar kämpferischer, doktrinärer und visionärer wurde, verhinderte dies nicht die Abspaltung einer kleinen, von der Moskauer Internationalen gesteuerten kommunistischen Minderheit, die in der sozialdemokratischen Ausrichtung des Verbandes „Verbürgerlichung", ja Klassenverrat witterte und sich in ihrer fanatisch revolutionären Ungeduld den Blick für die Repolitisierung und Radikalisierung des Verbandes verstellte. Allerdings konnten die Kommunisten der organisatorischen Substanz des DAS mit der Etablierung ihrer Konkurrenzorganisation kaum Schaden zufügen.

Dagegen machten dem DAS die finanziellen und sozialen Folgen der Großen Krise schwer zu schaffen. Hochfliegende Pläne, den Verband auszubauen, u.a. ein eigenes Bundeshaus mit Schulungszentrum zu errichten, verschwanden auf immer in den Schubladen. Auf dem Höhepunkt der Krise mußte der hauptamtliche Mitarbeiterstab abgebaut werden, und die Funktionärsschulungen fielen dem Rotstift komplett zum Opfer. Der Mitgliederschwund setzte sich verstärkt fort, ging aber zum größten Teil auf das Konto der Männerchöre. Resignation, materielles Unvermögen arbeitsloser Vereinsmitglieder und ausbleibender Nachwuchs zeichneten dafür verantwortlich. Da konnte wenig ausrichten, daß der DAS wie nie zuvor auf die aktuelle Politik reagierte und auch eine bis dahin ungekannte Offenheit für neue, bei den Jüngeren auf mehr Resonanz treffende Formen des Chorgesangs zeigte.

Im Verlauf der Weltwirtschaftskrise zeigte sich, daß auch der DAS als Teil des sozialistischen Arbeitermilieus Opfer der Krise des deutschen Nachkriegsmarxismus wurde. Ebensowenig wie die politische Arbeiterbewegung konnte er eine zündende Antwort auf die sozialen Nachkriegskatastrophen finden, die aufs Engste mit den materiellen und seelischen Kriegsfolgeproblemen sowie den außenpolitischen Frontstellungen verwoben waren. Das Fronterlebnis, die materiellen Kriegsfolgen einschließlich der Lastenverteilung und die in ihren außen- wie innenpolitischen Wirkungen zu häufig unterschätzte Kriegsschuldfrage, all dies wurde verdrängt, bzw. in ein marxistisch-ökonomistisches Deutungskorsett gepreßt. So gesehen waren die NS-Bewegung und der Nationalismus der bürgerlichen Sängerkonkurrenz nichts weiter als Herrschaftsagenturen des Kapitalismus. Damit verstellte man sich den Blick für die schweren Probleme der Weimarer *Nachkriegs*zeit nach militärischer *und* moralischer Niederlage. Auf fatale Weise verharmloste man ungewollt die Durchschlagskraft des totalitären Nachkriegs-Nationalismus, der auf dem Glauben an die deutsche Unschuld fußte und seit 1930 für die Arbeiterbewegung lebensbedrohlich wurde. Dem Arbeitergesang waren die unverstandene Kriegsniederlage und die verzerrte Wahrnehmung der spezifischen Nachkriegsprobleme anzumerken. Deutlich färbten nach Krieg und bürgerkriegsähnlichem Belagerungszustand die Bunkermentalität und der rigorose soldatische Gemeinschaftsanspruch ab. Spürbar war im Tendenzgesang ein Kämpferethos, das sich mitunter in Richtung eines militanten, ja martialischen Helden- und Aufopferungsethos verselbständigte. Eigenartigerweise wurde aber nicht der immer stärker anwachsende Anti-Versailles-Nationalismus und die völkische Überhöhung des Deutschtums zur Hauptzielscheibe dieses Kämpfertums, sondern die kapitalistische Wirtschaftsweise. Nur ein enger ökonomischer Ausschnitt der Wirklichkeit geriet ins Blickfeld der Kritik, nicht aber die Fragwürdigkeit der deutschen Kriegs- und Nachkriegspolitik und die Gewaltexzesse der zurückliegenden Jahre. Der Gewalt selber gewann man sogar positive Seiten ab; sie bot sich im Spiegel des Arbeiterchorgesangs auf zweierlei Weise an: zum einen als unvermeidliches, ja wünschenswertes Mittel politischer Problemlösung und zum anderen als notwendiges Durchgangsstadium auf dem Wege zu einer besseren, von allem sozialen Unbill erlösten sozialistischen Zukunftsgesellschaft. Hervorstechend war eine kompromißlos rigorose und unversöhnliche Zuspitzung aller politischen Problemsicht in Richtung dichotomisierender klassenkämpferischer Wirklichkeitswahrnehmung, die alle Grautöne der gesellschaftlichen Wirklichkeit im Freund-Feind-Stereotyp und „Alles-oder-nichts"-Denken aufgehen ließ. Auch dies war der Erfahrungswelt der Kriegs- und Bürgerkriegszeit abgelesen. Das Kriegsgrauen lastete man durch eine marxistisch gefärbte Brille besehen dem Kapitalismus schlechthin an. Diese grobschlächtige Schuldzuweisung erlaubte, die Frage nach der *spezifisch* deutschen Kriegsverantwortung zu verdrängen. Damit war der Arbeiterbewegung verbaut, ein Sensorium für die *spezifische* Bedrohung durch den *Nachkriegs*-Nationalismus zu entwickeln, der an entscheidender Stelle auf dem Tabu der deutschen Kriegsschuld gründete. Dieses Tabu wagte kaum ein sozialistischer Arbeiterführer anzurühren, einige wenige Linkssozialisten ausgenommen. Statt diese Frage offensiv anzugehen, nahm man die Kriegsfolgeprobleme verzerrt und einseitig als Probleme des Klassenkampfs zwischen Kapital und Arbeit wahr. Daß die sozialistische Arbeiterbewegung in der Kriegsschuldfrage, der Kardinalfrage Weimars, den Zwiespalt zwischen nationaler Loyalität und sozialistischem Internationalismus nicht wirklich zu überwinden vermochte, darin lag zu einem gut Teil ihre machtpolitische Handlungsschwäche begründet.

In der Zeit zwischen 1921 und 1925 trat die militaristisch eingefärbte Weltsicht nicht allein in marxistischem Gewand in Erscheinung, sondern färbte sich auch nationalistisch ein. Bei den Arbeitersängern fand dies seinen augenfälligsten Ausdruck in dem auf dem Höhepunkt des Ruhrkampfs gefaßten Beschluß, in der Nürnberger Meistersingerkirche, einer Kultstätte des deutschen Kulturnationalismus, ein Ehrenmal für die im Weltkrieg gefallenen Arbeitersänger zu errichten und dies mit einer Heldenehrung zu verbinden. In diesen Jahren waren in der Publizistik wie im Repertoire der Arbeitersänger deutlich nationalistische, gegen Versailles gerichtete Töne zu vernehmen. Erst die Einsicht, daß die sozialistische Arbeiterbewegung aus Zeiten aufgewühlter nationalistischer Leidenschaften wegen ihrer nur gedämpft nationalen Töne als Verlierer hervorgehen mußte, diese Einsicht war vonnöten, um die Arbeitersänger nach 1923 allmählich von nationalistischer Problemsicht abzubringen. Dabei kam die Aneignung der klassischen musikalischen Hochkultur einer indirekten Antwort auf die Kriegsfolgen und die nationale Frage gleich: Dieser Musik schrieben die Arbeitersänger zu, einem humanistischen Ethos nationenübergreifender Menschheitsverbrüderung verpflichtet zu sein. Auf diese Weise ließ sich das Kunsterbe problemlos mit dem Klassenkampf-Internationalismus der Arbeiterbewegung verbinden. Von Nachteil war, daß man damit genausowenig wie mit dem klassenkämpferischen Tendenzgesang auf die spezifischen *Nachkriegs*probleme Weimars antwortete. Je radikaler in der Spätzeit Weimars die Bedrohung durch den extremen Nationalismus der politischen Rechten wurde, um so mehr radikalisierte sich als Antwort darauf das marxistische Klassenkampf-Denken, ohne daß damit die Wurzeln und die ideelle Dynamik eines martialischen, vom Frontkämpfertrauma und von der Überzeugung der deutschen Unschuld lebenden Nationalismus in den Blick genommen worden wäre.

2. Programm und Selbstverständnis

a) *Deutscher Musikmythos und Arbeitergesang*

Daß die Musik wie kein anderes Medium das Deutschtum verkörpere, dieser im Deutschland des 19. Jahrhunderts tief verwurzelte Glaube mutet aus heutiger Sicht befremdlich an, wo doch seit 1945 der westliche, im besonderen der angloamerikanische Einfluß auf das deutsche Musikleben unübersehbar ist. Gleichwohl herrschte vom frühen 19. Jahrhundert bis in die Zeit nach dem I. Weltkrieg, die ja bereits eine erste Amerikanisierungswelle erlebte, eine gänzlich andersgeartete Geisteshaltung vor: Musik galt als „innigster" und vornehmster Ausdruck deutschen Nationalempfindens und deutscher Nationaltugenden, als „ars sacra" des Deutschtums. Obendrein glaubten nicht wenige, der deutschen Musik gebühre innerhalb der abendländischen Musikkultur der erste Rang.[1] Verband sich Musik mit der deutschen Sprache, dann nahm sie als Lied, Opern- oder Chorgesang um so mehr nationalen Offenbarungscharakter an. Dahinter verbarg sich das Bedürfnis einer seit dem ausgehenden 18. Jahrhundert aus der ständischen Gebundenheit herauswachsenden Bürgerschicht, das neue Selbstverständnis einer nationalen Gemeinschaft freier Bürger auch auf künst-

---

1 *Jost Hermand/Thomas Trommler,* Die Kultur der Weimarer Republik, München 1978, S. 299. Der anmaßende universale Geltungsanspruch der deutschen Musik kommt deutlich in der repräsentativen Musikgeschichte von *Hans Joachim Moser* zum Ausdruck: vgl. *ders.,* Geschichte der deutschen Musik vom Auftreten Beethovens bis zur Gegenwart, Bd. 2, Halbband 2, Stuttgart-Berlin 1924.

lerischem Felde zum Ausdruck zu bringen und zu untermauern. Die gehobene Musikkultur wollte das bürgerliche Emanzipationsstreben aus der engen Bindung an Hof, Adel und Kirche lösen. Sie sollte nicht mehr vorrangig den repräsentativen und kultischen Zwecken dieser traditionellen Herrschaftsstände dienen, sondern das bürgerliche, ständisch ungebundene Individuum und seine neue Gemeinschaftsidentität, die „Nation", verkörpern. Die nationale Gemeinschaft aller Deutschen wurde hier neben Gott oder gar in Ablösung von der christlich-religiösen Identität zum höchsten ideellen Bezugspunkt der neuen Gemeinschaft bürgerlicher Individuen. Kaum verwunderlich war, daß die bürgerlich-nationale Bewegung nun auch die kultischen und zeremoniellen Funktionen der traditionellen Gesangskultur für ihre eigenen Zwecke nutzbar zu machen wußte.[2]

Bereits in den ersten Anfängen des frühen 19. Jahrhunderts traten die politisch-kultischen Züge des deutschen Männerchorgesangs deutlich zu Tage. Er beanspruchte, Träger nationalmissionarischer Offenbarung zu sein. Diese nationalreligiöse Komponente teilte er mit dem Kult, der späterhin um Person und Opernwerk Richard Wagners betrieben wurde.[3] Beide verklärten im Gesang das Deutschtum als Inbegriff höchster, gleichsam religiöser Ideale. Sie schrieben der Musik zu, mehr zu sein als ein bloß profanes, gleichsam handwerkliches Kommunikations- und Ausdrucksmedium, mehr zu sein als ein zwar sinnlicher, aber doch äußerlicher Ideenträger, wie dies der Musik in den Fesseln kirchlicher und höfischer Gebundenheit widerfahren war. Nunmehr, im bürgerlichen Zeitalter, betrachtete man Kunst und Musik als die erhabensten, geradezu „heiligen" Sphären des menschlichen und nationalen Daseins, gleichsam als transzendierenden Gegenpol zu den Niederungen und Unzulänglichkeiten des bürgerlichen Alltags. In musikalisch-künstlerischer Betätigung sollten die letzten Daseinsgründe und der nationale „Volksgeist" ihren reinsten Ausdruck finden können. Musik und Gesang schrieb man zu, Quell sittlicher, ja göttlicher Offenbarung zu sein und auf die nationale Gemeinschaft versittlichende Wirkungen ausüben zu können. Dabei leistete der „Künstler"- und „Genie"-Kult hilfreiche Dienste. Er trug erheblich dazu bei, daß sich die Musikkultur aus ihrer traditionell ständischen Gebundenheit lösen und in gewissem Sinne die Nachfolge kirchlich-religiöser Instanzen antreten konnte. Im musikalischen Geniekult überhöhte sich das bürgerliche Leistungsprinzip in religiös-irrationale Sphären und legte damit die Axt an das ebenfalls religiös verklärte Geburtsprivileg des Adels. Nach Hans Georg Nägeli,

---

[2] Grundlegend hierzu: *Peter Schleuning,* Geschichte der Musik in Deutschland. Das 18. Jahrhundert: Der Bürger erhebt sich, Reinbek 1984.

[3] Vgl. für die Frühzeit der Sängerbewegung im 19. Jahrhundert: *Dieter Düding,* Organisierter gesellschaftlicher Nationalismus in Deutschland 1808–1847, München 1984; für die spätere Zeit: *Dietmar Klenke,* Bürgerlicher Männergesang und Politik in Deutschland, in: GWU 1989, Heft 8 und 9; auch *George L. Mosse,* Die Nationalisierung der Massen. Politische Symbolik und Massenbewegungen in Deutschland von dem Napoleonischen Krieg bis zum Dritten Reich, Frankfurt–Bern–Wien 1976; zum nationalistischen Wagner-Kult vgl. *Hartmut Zelinsky,* Richard Wagner. Ein deutsches Thema. Eine Dokumentation zur Wirkungsgeschichte Richard Wagners 1876–1976, Frankfurt/M. 1976; *Wilfried Schüler,* Der Bayreuther Kreis. Wagnerkult und Kulturreform im Geiste völkischer Weltanschauung, Münster 1971.

einem der einflußreichsten Propagandisten des deutschen Männerchorgesangs, konnte der Künstler beanspruchen, der „wahre Geburtsadel" zu sein.[4] Noch in den 1920er Jahren war der ethisch-religiöse Geltungsanspruch des frühbürgerlichen Musik-Kultes sehr lebendig. So hieß es z.B., daß die Musik wie keine andere Kunst befähigt sei, den Menschen zu „adeln" und ihn „für das Ideal empfänglich" zu machen.[5] Da sich der Künstler-Mythos recht früh mit der bürgerlich-nationalen Gemeinschaftsidee verband, befestigte sich die Idee der Nation um so mehr.

In der ideellen und quasi-religiösen Bedeutungsbefrachtung der deutschen Musikkultur äußerte sich das innige Verhältnis von bürgerlicher Nationalbewegung und Gesangskultur.[6] Auf diese Weise übernahm der Gesang eine konstitutive Rolle bei der Herausbildung des nationalen Gemeinschaftsempfindens. Bemerkenswert ist, daß gerade in Deutschland der Gesang zum erstrangigen nationalen Mythenträger wurde und eine überaus starke ideologische Überhöhung erfuhr. Dies ist in den besonderen Bedingungen zu suchen, die das bürgerliche Emanzipationsstreben vorfand. Eine nicht zu unterschätzende Rolle spielte, daß dieses Streben bei den überkommenen adligen Herrschaftsständen auf eine von italienisch-französischem Geschmack geprägte höfische Kultur traf und damit auch auf eine Musik- und Opernkultur, die die deutsche Sprache als minderwertig betrachtete. Unter solchen Bedingungen wurde die deutsche Sprache als Sprache des Gesangs zu einem antihöfischen Symbol, nahm zugleich aber auch den Charakter eines *bürgerlich-nationalen* Selbstbehauptungssymbols gegenüber der überlegenen romanischen und westlichen Zivilisation an. Beides, die antifeudale *und* die nationale Stoßrichtung, vermengten sich im Lichte einer französisch und italienisch überformten höfischen Kultur.[7] Daß beides eng verquickt war, machte die besonderen Entstehungsbedingungen des bürgerlichen Nationalismus in Deutschland aus und trug an entscheidender Stelle zur akzentuiert nationalistischen Ausprägung bürgerlicher Identität bei.

Freilich mußte noch ein ganzes Bündel besonderer politischer, sozialer und mentaler Bedingungen hinzukommen, um den bürgerlichen Nationalismus extrem übersteigerte Formen annehmen zu lassen, Formen, die auch den Kult um das „deutsche Lied" einbegriffen. Es handelte sich dabei um nationale Leitbilder, die sich in extrem nationalmissionarischer Überheblichkeit nach außen und in einem ebenso extremen kollektivistischen Geschlossenheitsanspruch nach innen äußerten. Die besonderen Bedingungen, die der deutsche Nationalgedanke vorfand, waren fünffacher

---

4 *Hans Georg Nägeli,* Die Pestallozzische Gesangsbildungslehre nach Pfeiffers Erfindung kunstwissenschaftlich dargestellt im Namen Pestallozzis, Pfeiffers und ihrer Freunde, Zürich 1809, S. 46 ff.
5 *Rudolf Schmidt,* Die Gesangsvereine als Pflegestätten kultureller Bildung, in: Deutscher Sängerkalender, hrsg. vom Deutschen Sängerbund, Berlin 1928, S. 252.
6 Sehr anschaulich und eindrucksvoll zeichnet die ethische Bedeutungsbefrachtung der deutschen Musikkultur nach: *Paul Moos,* Die Philosophie der Musik von Kant bis Eduard von Hartmann, Stuttgart 1922; vgl. auch *Joseph Rinaldini,* Musik und Weltanschauung, in: Deutscher Sängerkalender, a.a.O., S. 196 ff.
7 *Wolfgang Frühwald,* Die Idee kultureller Nationbildung und die Entstehung der Literatursprache in Deutschland, in: *Otto Dann* (Hrsg.), Nationalismus in vorindustrieller Zeit, München 1986; *Klaus von See,* Deutsche Germanenideologie. Vom Humanismus bis zur Gegenwart, Frankfurt 1970.

Art, zum ersten der Selbstbehauptungswille gegenüber dem Napoleonischen Herrschaftsanspruch über Deutschland und die lange Zeit nachwirkenden Bedrohungsängste gegenüber Frankreich, zum zweiten das lange Ausbleiben der nationalen Einheit Deutschlands, das zu mythisch-idealler Aufladung der Nationalidee einlud, zum dritten der Minderwertigkeitskomplex gegenüber einer fortgeschritteneren westlichen, insbesondere französischen Zivilisation, ein Komplex, der kompensatorisch übersteigerten Geltungsdrang nach sich zog, zum vierten die überaus rasanten konkurrenzwirtschaftlichen Umwälzungen und Verunsicherungsprozesse des 19. Jahrhunderts, die in der Idee der „Nation" nach neuer Orientierungssicherheit und nach dem ruhenden Pol einer neuen Gemeinschaftsidentität verlangten, und zum fünften die spezifisch deutsche, geopolitisch bedingte Einkreisungspsychose im imperialen Mächtekonzert Europas.

Bei all dem spielte der deutsche Gesang als nationaler Gemeinschaftsritus eine bedeutsame Rolle. Als affektiv stark besetztes Ausdrucksmedium wurde er seit Napoleons Tagen zum Symbol eines militanten nationalen Einheitsgedankens, der, in den Befreiungskriegen wurzelnd, stark von Tugenden soldatischer Mannhaftigkeit und Unterordnungsbereitschaft geprägt war. In der restaurativen deutschen Staatenwelt nach 1815 mauserte sich der Chorgesang, aus Ohnmacht geboren, zur bedeutsamsten rituellen Ersatzhandlung, gleichsam zum gemeinschafts- und einheitsstiftenden Fetisch der bürgerlichen Nationalbewegung. Diese überhöhte das Ziel der zu einigenden Nation in einer Zeit tief verunsichernder sozialer Umwälzungen und gesteigerter Geltungsansprüche gegenüber den fortgeschrittenen westlichen Nationen zum zentralen ideellen Bezugspunkt sozialer Orientierung, wenn nicht gar zu *dem* heilsbringenden Leitgedanken schlechthin. Die Fiktion der nationalen, wehrhaft formierten Gemeinschaft wurde zur zentralen sinn- und identitätsstiftenden Instanz, zu einer ideellen Orientierungsbasis in einer Zeit rapiden sozialen Wandels. Der deutsche Männer-Chorgesang versinnbildlichte die nationalpolitischen Gemeinschaftsideale auf treffliche Weise. Kein Wunder, daß der vordem in den erhabenen und sakralen Sphären der ständischen Gesellschaft angesiedelte Chorgesang sich anbot, Träger des nationalen Gemeinschafts-Mythos werden, der neue Heilserwartungen und Erlösungssehnsüchte einbegriff. Nunmehr, im nachfeudalen bürgerlich-liberalen Konkurrenz-Zeitalter, sollte anstelle der christlich-ständischen die nationale Gemeinschaftsidee aus gesanglicher Betätigung ein Höchstmaß sittlich-ideeller Kraft schöpfen, sollte ein der nationalen Idee verpflichteter Gesang zur Heilung der irdischen Übelstände politischer und sozialer Art beitragen. Dieser Glaube an die sittlich-gemeinschaftlichen Wirkungen des Singens fand schon um 1820 weite Verbreitung, als der Liederkomponist Albert Methfessel seiner auflagenstarken Sammlung von Vaterlands- und Kriegsliedern den Wahlspruch voranstellte: „Wo man singt, da laß dich ruhig nieder. Böse Menschen haben keine Lieder."[8] In diesem weitverbreiteten Sprichwort kam der sittliche Anspruch des gemeinschaftlichen Singens

---

8 *Albert Methfessel* (Hrsg.), Allgemeines Commers- und Liederbuch, 2. Aufl., Rudolstadt 1820, S. 5 der Einleitung.

zum Ausdruck, das die nationalen Gemeinschaftsideale verkörpern wollte. Der bürgerliche Nationalismus machte damit auch Anleihen beim griechischen Altertum, das dem Gesang als kultischem Gemeinschaftshandeln ebensosehr sittliche Wirkungen zugesprochen hatte.[9]

Dieser Gemeinschaftsmythos des Gesangs wirkte bis in die 1. Hälfte des 20. Jahrhunderts ungebrochen fort.[10] In die nationalistische Ideenwelt eingeflochten, entfaltete er eine erstaunliche legitimatorische und integrative Kraft, die bis in die nationalsozialistische Ära lebendig blieb, dort geradezu ihren Höhepunkt erlebte. In den Gemeinschaftsmythos des Singens war eine spezifische Ansammlung von nationalen Leitbildern und Verhaltenstugenden eingebunden. Im deutschen Männergesang traten sie von Beginn an in stereotyper Häufung auf: Wehrhaftigkeit, rigoros-verbissene Kampf- und Aufopferungsbereitschaft, Gradlinigkeit, Prinzipientreue, monomanische Zuspitzungssucht, Einheits- und Geschlossenheitsgedanke, bedingungslose Gemeinschaftsverpflichtung, abstraktes Pflicht- und Disziplinethos, Treue gegenüber der nationalen Gemeinschaft, Natur- und Ursprünglichkeitskult, Wahrhaftigkeit, der Glaube an die echte, institutionell unverfälschte Gemeinschaft und zu guter Letzt eine spezifisch deutsche Aversion gegen das „Äußerliche" als vermeintlichem Ausdruck oberflächlicher, unechter und überzüchteter *westlicher* Lebensart. Indes bedurfte der Gesangsmythos der soliden sozialen Unterfütterung durch das männerbündische Vereinswesen des bürgerlichen Nationalismus, um mit Hilfe dieses Mythenträgers bis in die ersten Jahrzehnte des 20. Jahrhunderts fortwirken zu können. Dieses Element deutscher Mentalität und Nationalkultur erwies sich als äußerst beständig, ablesbar daran, daß der Kult um das deutsche Lied und im besonderen um den *Männer*chorgesang seit den Befreiungskriegen eine erstaunliche Kontinuität zeigte.

Kein Wunder, daß die Arbeitersänger das kulturelle Erbe des deutschen Musik- und Gesangsmythos von Beginn an aufgriffen. In spezifisch klassenkämpferischer Abgrenzung blieb dieses Erbe bis in die Blütezeit ihrer Bestrebungen ihr zentraler ideeller Bezugspunkt. Wesentliche Elemente des nationalen Tugendkodex und seiner religiös-ethischen Überhöhung färbten auch auf die Arbeiterbewegung und den Arbeitergesang ab. Im Chorgesang des bürgerlichen Vereinswesens fanden die Arbeitersänger einen nationalen Gesangsmythos vor, der ihnen an ungezählten Orten, in fast jedem Stadtviertel und in jeder Schule vorgelebt wurde. Dies alles wirkte um so nachhaltiger auf die Arbeitergesangskultur ein, als die Mehrheit der Chorleiter, die die Arbeitergesangsvereine engagierten, mehr oder minder professionelle Musikfachleute bürgerlicher Herkunft waren, die eine entsprechend intensive Prägung durch den überkommenen Musik- und Gesangsmythos erfahren hatten. Selbstrekrutierung von Chorleitern aus den eigenen Reihen – über autodidaktische Aneignung von Fertigkeiten – spielte eine nachgeordnete Rolle. Schon aus diesem Grund wären dem Bemühen, sich von bürgerlichen Einflüssen abzuschotten, enge Grenzen gesetzt ge-

---

9 *Hermann Albert,* Die Lehre vom Ethos in der griechischen Musik, Leipzig 1900.
10 *Schmidt,* S. 252 f.

wesen. Von vornherein zählte zum verinnerlichten kulturellen Erfahrungsschatz der Arbeitersänger, daß der Gesang als quasi-religiöser Kultus an vornehmster Stelle sinnstiftende, sittlich-veredelnde und gemeinschaftsverpflichtende Kräfte entfalte. Die neue Qualität des Arbeitergesangs bestand darin, daß er diese Bestandteile des nationalen Gesangsmythos für andere Zwecke als die des bürgerlichen Nationalismus nutzbar machte, hier an erster Stelle für die Idee der solidarischen Kampfgemeinschaft der Arbeiter und für die Vision einer klassenlosen sozialistischen Zukunftsgesellschaft. Soweit es nicht um die gesellschaftspolitische Zweckbestimmung ging, kopierten die Arbeitersänger die Formen und den sittlichen Gemeinschaftsanspruch der bürgerlich-nationalen Chorgesangskultur. Daß man bereitwillig nachahmte, hatte seine Wurzeln darin, daß die entstehende Arbeiterbewegung in einer Zeit sozialer Notlagen und scharfer politischer Diskriminierung nicht umhin konnte, all die Angebote der überkommenen Vereinskultur aufzugreifen, die als Verhaltenstugenden und Symbolik eine solide, geschlossene, kampfesmutige und visionäre Organisationskultur versprachen. Unter den Bedingungen außerordentlicher Schwäche kam ihr das vaterländisch-kämpferische Traditionsgut der einstmals oppositionellen Nationalbewegung gerade recht. Allerdings mußte all dies in die sozialistische Ideenwelt eingeflochten werden.

Nach all dem wird erklärlich, daß der deutsche Musik- und Gesangsmythos auch in der Weimarer Zeit noch deutliche Spuren im Selbstverständnis der Arbeitersängerbewegung hinterließ. Beides blieb lebendig, der Glaube an die sittliche und einheitsstiftende Kraft des Chorgesangs und der bürgerliche Genie- und Künstlerkult. So wirkte im Weimarer Arbeitersängermilieu Beethovens Anspruch fort, daß Musik „höhere Offenbarung sei als alle Weisheit und Philosophie". Auch die Schopenhauersche These von der Musik als der königlichsten der Künste war anzutreffen, ebenso die Anschauung, daß das „Genie" einer höheren Sphäre zugehöre als der Normalsterbliche.[11] Der Mythos des Künstler-„Genies" ließ sich problemlos mit der Ideenwelt der Arbeitersänger verbinden. Im Weltbild der Organisationselite der Arbeitersänger wurde das „Genie" in ähnlicher Weise zum säkularisierten Gottesersatz, wie dies bereits im aufkommenden bürgerlichen Zeitalter geschehen war. Als irdischer Messias schien es ein höheres Menschentum zu verkörpern, ein künstlerisch fundiertes charismatisches Führertum, das an die Stelle des Fürsten von Gottes Gnaden trat. Auch in der Praxis der Arbeitersänger wurden die musikalischen Entäußerungen des Komponisten-Genies zu „unirdisch-ewigen" Wahrheiten verklärt; man sprach ihnen die Befähigung zu, die „letzten Dinge" zu offen-

---

11 Laut Schopenhauer war allein die Musik imstande, das „Wesen der Dinge" zu offenbaren und den Menschen des Leidens in der alltäglichen Welt zu entheben. Um dies leisten zu können, mußte sie allerdings das Werk eines „Genius" sein. Allein der Genius verkörperte den Typus, in dem der „Künstler" im Unterschied zum normalen Sterblichen ganz vom „Menschen" getrennt war. Beispielhaft bringt die Metaphysik der Musik zum Ausdruck: *Hans Herwig,* Die Tragik Franz Schuberts, in: Deutsche Arbeitersänger-Zeitung (im folgenden immer: DASZ) Nr. 11, 1928, S. 191; vgl. weiterhin *Arthur Schopenhauer,* Die Welt als Wille und Vorstellung, Band I, Teilband I, Zürich 1977 (Neuaufl.) S. 327 ff., 335; vgl. zur Wirkungsgeschichte Beethovens *Martin Geck/Peter Schleunig,* „Geschichten auf Bonaparte", Beethovens Eroica, Revolution, Reaktion, Rezeption, Reinbek 1989.

baren.¹² Stand das Genie dann noch für „titanenhaften Trotz", für ein unbeugsames, schicksaltrotzendes Kämpfertum, was sich an erster Stelle mit der Persönlichkeit Beethovens verband, dann übertrug sich diese Zuschreibung auch auf die Musik: Sie wurde zu einem mythenbesetzten, kraftspendenden Fetisch und bekräftigte die fortschrittsgläubige und veränderungswillige Kämpfer-Ethik des Sozialisten. Sie sollte helfen, „unter Straffung aller Energien die Welt aus den Angeln zu heben" und die Menschheit zu einer „neuen Gemeinschaft" in wahrer Freiheit zu führen.¹³ Man sah nicht in erster Linie in rationalem Kalkül die treibende Kraft politischen Handelns, sondern im unbeugsamen und optimistischen Umgestaltungswillen. Hier hatte die Musik des „Genies" als unversiegbarer Kraftquell zu wirken.

Nun war es nicht allein das Individuum, das die Musik über den niederen Alltag hinausheben sollte. Ein gleiches sollte aus dem Blickwinkel der Arbeitersänger auch für ganze Chor-Gemeinschaften gelten. Ihnen sprach man, angelehnt an die bürgerliche Chortradition, eine höhere ethische Qualität zu als denjenigen Gemeinschaften, die sich auf wirtschaftlicher, politischer oder sonstiger Grundlage bildeten. Hier beanspruchte die musikalische Praxis als die höchste aller irdischen Betätigungsweisen den Vorrang vor politischer Führerschaft in einer Sphäre höherer Autonomie, in der Sphäre des sog. „Absoluten" oder „Reinmenschlichen", wie dies einst auch Richard Wagner für seine Opern als Gesamtkunstwerk in Anspruch genommen hatte.¹⁴ Gleich Richard Wagner schrieb man auch unter den Arbeitersängern der Gesangskunst zu, als „kompromißloses Heiligtum" zu einem letztinstanzlichen Urteil gegenüber „politischen Wertmaßstäben" befähigt zu sein. Freilich war es nur die Musik des „Genies", der man solch weitgehende Autorität zuerkannte. Man sprach ihr zu, sittliche und veredelnde Wirkungen zu entfalten und die egoistisch zerstörerische Qualität menschlicher Willensäußerungen zu entschärfen.¹⁵ Die musikalische Ästhetik beanspruchte, unverzichtbares Medium zu sein, dessen der Mensch bedurfte, wollte er sich aus der Beschränktheit seiner subjektiven Empfindungswelt lösen und zu wahrer Gemeinschaftlichkeit finden. Menschlichem Individualismus traute man nicht sehr viel zu, erheblich mehr dem künstlerisch veredelten Gemeinschaftssinn. In der Ideenwelt der Sänger-Sozialisten lief das darauf hinaus, daß man nur dem *musikalisch* veredelten Gemeinschaftshandeln der Proletarier all die geistigen

---

12 *Heinrich Wiegand,* Kulturaufgaben der Arbeitersänger, in: Leipziger Volkszeitung (im folgenden immer LVZ) vom 30.5.1925; Beethoven als „Führer der Menschheit", Beethovens Menschentum erschlossen aus seinen Werken, in: DASZ Nr. 3, 1927; *Hans Hartmann,* Beethoven und das Volk, in: DASZ Nr. 4, 1927, S. 63.
13 *Herwig,* S. 191.
14 *Richard Wagner,* Deutsche Kunst und Deutsche Politik, Leipzig 1868. Hier tritt der nationalmissionarische Anspruch der deutschen Musikkultur in einer Ausprägung in Erscheinung, die auch im ethisch überfrachteten Kunst- und Musikverständnis der künstlerischen Elite der Weimarer Arbeitersänger noch anzutreffen ist. Bei den Arbeitersängern ist aber das Gemeinschaftsethos der nationalistischen Anteile entkleidet und ins sozialistische gewendet.
15 *Hans Herwig,* Darf der Arbeiter geistige Musik aufführen und wie weit darf er hierin gehen, in: DASZ Nr. 4, 1926, S. 60; *H.W.,* Erstes Deutsches Arbeitersängerfest, in: LVZ vom 16.6.1928; *Walter Hänel,* Hannover und die Arbeitersänger, in: Nr. 7, 1928, S. 105; *Otto Didam,* Arbeitergesang und die Prinzipien des Begriffes Kunst, in: Der Weckruf, Heft 4, 1932, S. 56.

Qualitäten zusprach, die zu wahrem „revolutionärem Gemeinschaftshandeln" befähigten.[16] An der Musik als der „höchsten aller Künste" sollte kein Weg vorbeigehen dürfen.

Diese Ideologeme, deren Grundstein im frühen 19. Jahrhundert gelegt worden war, boten vorzügliche Anknüpfungspunkte, um mit der sozialistischen Ideenwelt aufs engste verschmolzen zu werden. Daß allem Emanzipationsstreben zum Trotz eine solch weitgehende Bereitwilligkeit bestand, Versatzstücke des bürgerlich-nationalen Musikmythos aufzugreifen, lag nicht allein in der kulturellen Übermacht des bürgerlichen Milieus begründet, sondern auch in der seelischen Bedürftigkeit der Arbeiterschaft, die dem von harter Arbeit geprägten Alltag in erhabenere Sphären entfliehen und für den eigenen Kampf um bessere Lebensbedingungen Kraft und Hoffnung schöpfen wollte. Der Gesang vermochte einen sinnlichen Eindruck von den sozialistischen Zukunftsvisionen zu vermitteln, die einen aller Plackerei entledigten Alltag auf Erden versprachen. Waren es in der Wilhelminischen Ära die politische Ohnmacht und die erbärmlichen sozialen Zustände, die nach kompensatorischen Mythen und Ritualen greifen ließen, so kamen in der Weimarer Zeit neben all den sozialen Mißständen die schockierenden Kriegserfahrungen und Nachkriegswirren hinzu, die das Bedürfnis nach mythischen Orientierungshilfen und Ersatzhandlungen zusätzlich speisten. So wird erklärlich, daß sich die Weimarer Arbeitersänger auch von denjenigen nicht beirren ließen, die ihnen die Mythengläubigkeit aus der Warte des kritischen Kunstaufklärers vergraulen wollten. Nicht ohne Grund gaben die Kritiker zu bedenken, daß der sozialistische Befreiungskampf vom Regen in die Traufe komme, wenn an die Stelle der alten religiösen „Autoritätsgläubigkeit" die Anbetung der Kunst trete und die Arbeiterschaft sich nunmehr von „Kunst-Aposteln" das Heil verspreche.[17] Man warf der Kunst vor, sich als neues „Opium des Volkes" anzubieten und den Klassenkampf zu lähmen. Es waren aber nur wenige, die solch grundsätzliche Kritik am Selbstverständnis der Arbeitersänger übten. Bei aller Berechtigung im einzelnen fiel diese Kritik insofern zu einseitig aus, als sie ignorierte, daß das seelische Bedürfnis nach sozialer Gruppenzugehörigkeit, nach Sinnstiftung, Lebensmut und Zukunftshoffnung in einer notleidenden und krisengeschüttelten Arbeiterschaft kaum ohne ein gewisses Maß religiöser Überhöhung zu befriedigen war, wenn man der Gefahr der resignativen Selbstaufgabe vorbeugen wollte. Ein zu geringes Maß an Visionärem und Mythischem hätte vermutlich die Handlungsbereitschaft ebensogut zum Erlahmen gebracht, wie dies bei einem kompensatorischen Übermaß an kultischen Ersatzhandlungen zu befürchten stand.

---

16 *Hans Herwig,* Darf der Arbeiter geistige Musik aufführen, S. 60; *Gustav William Meyer,* Gemeinschaftsfördernde Musik, in: Arbeiter-Sänger-Zeitung (im folgenden immer ASZ) Nr, 2, 1931, S. 26.
17 *K.H. Schilling,* Das Freiheitslied, in: DASZ Nr. 7, 1924, S. 60; *Franz Landé,* Sind Tonwerke unantastbar?, in: DASZ Nr. 7, 1927, S. 126.

b) *Eigentümlichkeiten des Mediums Chorgesang*

Als Form bewußten sozialen Arrangements zeichnet sich der Chorgesang durch Besonderheiten aus, die ihn wie kaum ein anderes Medium befähigen, die Rolle eines das „Gemüt" unmittelbar ansprechenden Rituals zu spielen, das der ideellen Selbstdarstellung von Gemeinschaften dient. Diese Einsicht wußte auch die Arbeiterbewegung zu nutzen; kaum vorstellbar wäre im sozialistischen Arbeitermilieu gewesen, Feiern und Feste ohne Gesang zu umrahmen.[18] Gleichermaßen aus der Sicht von Zuhörern wie Sängern vermochte gerade der Chorgesang in rituell sinnfälliger Weise das Bedürfnis nach gemeinschaftlichem und solidarischem Handeln unter einheitlicher und unbestritten anerkannter Führung zu verkörpern; im Gegensatz etwa zur Solo- und Kammermusik faßte er eine große Anzahl Menschen zusammen, die nur dann musikalisch sinnvoll agieren konnten, wenn sie nach einem festen Plan auf Zehntelsekunden genau in strikter Unterordnungsbereitschaft in Aktion traten; dies konnte Gemeinschaftlichkeit besonders eindringlich unterstreichen.[19] Je monumentaler die Chormusik angelegt war, um so mehr ging der einzelne Sänger in der Masse der Mitwirkenden auf, um so mehr erlag er der betörenden Wirkkraft des Massenerlebnisses, um so mehr trat die Individualität zurück.

Den Eigenwillen zurückzustellen und in der Masse Gleichgesinnter aufzugehen, war von den Arbeitersängern durchaus beabsichtigt; in den verbandlichen Stellungnahmen zum Chorgesang kam dies immer wieder explizit zum Ausdruck. Die Vision einer besseren und lebenswerten Zukunft ließ sich aus der Sicht der sozialistischen Arbeiterschaft unter den politischen, mentalen und sozialen Bedingungen der Wilhelminischen und Weimarer Epoche nicht anders versinnbildlichen als über eine in sich fest geschlossene Gemeinschaft, die im Angesichte eines übermächtigen Klassengegners dem Gedanken kämpferischer Solidarität und strikter Unterordnung unter einen gemeinschaftlichen Willen treu ergeben war. Dies leistete der Chorkörper auf vortreffliche Weise. In der „Gleichgerichtetheit" von Denken und Fühlen, so war zu vernehmen, verkörperte sich der „Urkommunismus", im Chor träumte die „solidarische Menschheit"[20]; in straffer Zusammenfassung im Chor fand sich das sittliche Ideal des „Kollektivismus" verwirklicht.[21] Die ethisch höheren Weihen gab hier der Plan, der dem koordinierten Tun zugrunde lag; es war dies die Komposition, die ein Künstler als musikalischer „Oberpriester" geschaffen hatte. Im Idealfall schrieb man ihm die

---

18 Vgl. stellvertretend für alle weiteren grundsätzlichen Stellungnahmen: *Eduard Nietner,* Der Arbeitersänger, sein Chorgesang und Programm im Rahmen der Volkskultur, in: Festschrift zum 25jährigen Bestehen des Deutschen Arbeiter-Sängerbundes, Gau Leipzig 1902–1927, S. 12.
19 *Nietner,* ebd. S. 12; *Ehrenreich,* Warum Arbeiter-Chorkonzerte, in: DASZ Nr. 1, 1930.
20 *Gustav William Meyer,* Gemeinschaftsfördernde Musik, in: ASZ Nr. 2, 1931, S. 26; Chorgesang und Klassenkampf, in: ebda, S. 29 f.
21 *Karl Hoffmann,* Werbung in Not, in: ASZ Nr. 9, 1931, S. 188.

Qualitäten eines „Genies" zu.[22] Vom Künstler-Mythos profitierte auch das Führertum des Arbeiterchor-Dirigenten; denn damit, daß er die Vermittlerrolle zwischen Komponist und Laiensänger wahrnahm und ihn die Befähigung auszeichnete, eine Vielzahl von einzelnen Stimmen zu einem ästhetisch anmutigen und seelisch mitreißenden Klangkörper zu formen, verkörperte auch er in seiner künstlerischen Führungsrolle „Priester- und Künstlertum" in einem, wie sich schwärmerisch ein führender Arbeitersänger-Funktionär ausdrückte.[23] Hier war der ideelle Grundstein für die unbedingte sittliche Autorität gemeinschaftlichen Chor-Singens, aber auch für uneingeschränktes autoritäres Führertum gelegt, das strikte Unterordnung und Befolgung von Anweisungen um der sittlichen Veredelung willen erwarten durfte.[24] Es bestand bei den Arbeitersängern ein ausgesprochen starker Hang, darin das Ideal der Gemeinschaftlichkeit schlechthin versinnbildlicht zu sehen und die um einen Führer gescharrte sozialistische Gemeinschaft mit künstlerisch höheren Weihen zu versehen. Mit solcherlei Rollenverständnis reihten sich auch die Arbeitersänger in die Kontinuität des autoritären und übersteigert kollektivistischen Gesellschaftsverständnisses ein, das ursprünglich für den bürgerlichen Nationalismus in Deutschland kennzeichnend war. In diese Mentalität fügte sich nahtlos der Hang zur Sakralisierung der deutschen Musik ein, wobei die besondere Häufung abgöttisch verehrter charismatischer Künstlerpersönlichkeiten von Bach bis Wagner die autoritäre Komponente unterstrich.

Dem Bedürfnis nach unumstrittener Führerschaft und Gemeinschaftlichkeit kam ein solch straff vereinheitlichendes Arrangement wie der Chorgesang sehr entgegen. Auch war es seine vorzügliche Eignung für unmittelbare, vorrationale Gefühlseinwirkungen, die ihn zum unentbehrlichen Medium sinnlicher Vergegenwärtigung sozialistischer Gemeinschaftsideale werden ließ. Und gerade weil sich das rituelle Erleben des Chorsängers im Gefühlsleben so tief verankerte, lagen auch die Schattenseiten auf der Hand; denn hier war der Verstand als Barriere für politischen Mißbrauch von Gemeinschaftsidealen weitgehend ausgeschaltet. Solch bedenkliche Seiten des Chorgesangs haben die Arbeitersänger immer dann ungewollt bestätigt, wenn sie sich im eigenen Milieu unter Rechtfertigungsdruck gesetzt fühlten und den anderen Sparten der Arbeiterbewegung gegenüber auftrumpfen zu müssen glaubten; der Tendenzgesang, hieß es dann, leiste mehr für den „Fortschritt der proletarischen Bewegung" als all die ungezählten politischen Versammlungen und Agitationsreden.[25] Abgese-

---

22 *H.W.*, Das erste Arbeitersängerbundesfest, in: LVZ vom 19.6.1928; *Walter Hänel*, Hannover und die Arbeitersänger, in: DASZ Nr. 7, 1928, S. 105; *A. Kirch*, Agitation und Arbeitersängerbund, in: DASZ Nr. 7, 1924, S. 57. Während hier wie in den meisten Fällen der Gebrauch von Metaphern aus dem kirchlichen Leben durchaus positiv gemeint war, verwendeten einige wenige wie Franz Landé diese Metaphorik in polemischer Absicht; vgl. *ders.*, Sind Tonwerke unantastbar?, in: DASZ Nr. 7, 1927, S. 126.
23 *A. Kirch*, S. 57. Kirch war Vorsitzender des DAS-Gaus Hannover.
24 Aus seiner autoritären Grundeinstellung in Fragen der Kunst machte der DAS kein Hehl; vgl. *Julio Goslar*, Zweck und Ziel des DAS, in: ASZ Nr. 9, 1931, S. 187.
25 *H. Dietze*, Der deutsche Chorgesang, seine Vergangenheit, Gegenwart und Zukunft, in: DASZ Nr. 3, 1925, S. 28; *C. Schuleit*, Das Lied im Leben des Volkes, in: Westfälische Allgemeine Volkszeitung (Dortmund) vom 2.7.1927; *Karl Hoffmann*, Werbung in Not, in: ASZ Nr. 9, 1931, S. 188.

hen davon, daß dieser Einwand einen durchaus wahren Kern hatte, schien hier das Verständnis für nüchterne demokratisch-rationale Willensbildung bis zur Bedeutungslosigkeit herabgesunken zu sein. Solch irrationales Verständnis von Gemeinschaft vermochte die Art, wie der Chorgesang bei den Arbeitersängern in der Regel betrieben wurde, zu bekräftigen. Denn zum mehrstimmigen Kunstwerk geformt, konnte das einstudierte Chorwerk von dem nur mit seinem Stimmblatt ausgestatteten und in der Regel kaum notenkundigen Arbeitersänger kein tieferes Verständnis erwarten. Der Aufbau des Chorwerkes blieb dem Sänger weitgehend verschlossen, so daß es aus dessen beschränktem Blickwinkel im Ergebnis seines zusammengefaßten Wohlklangs fast zwangsläufig in verklärtem Licht erschien. Ohne diese Verklärungsanfälligkeit, die im besonderen für das große, unüberschaubare Chorwerk galt, wäre die große Sehnsucht nach dem monumentalen proletarischen „Oratorium der Arbeit" gewiß gedämpfter ausgefallen.

Noch eine weitere formbedingte Eigenart steigerte die Beliebtheit des Chorgesangs bei den Arbeitersängern: Auf keine andere Weise ließ sich mit solch geringem materiellen Aufwand effektvoll musizieren wie unter Einsatz des von Natur aus mitgegebenen Stimmorgans.[26] Dies war deshalb von großer Bedeutung, weil zur Zeit der Weimarer Republik für die meisten Arbeitersänger die höherwertigen Musikinstrumente einschließlich der Aufwendungen für die Unterweisung im Spiel nahezu unerschwinglich waren, ganz zu schweigen von den großenteils unzuträglichen Wohnverhältnissen. Gleiches galt für die Unterweisung im gehobenen Sologesang. Man hatte demnach als Arbeiter kaum eine andere Wahl als gemeinschaftlich zu singen, wenn man sich in künstlerischer Weise musikalisch betätigen wollte. In eingeschränkter Weise kam man damit auch ohne musikalische Vorbildung und ohne instrumentaltechnischen Aufwand auf seine Kosten. Obendrein ließ sich aus der Not, das bürgerliche Privileg der gehobenen Instrumental- und Vokalmusik nicht brechen zu können, die Tugend einer im besonderen Maße gesinnungstreuen und veredelten Gemeinschaftlichkeit machen; denn im Chorgesang stellte man sich selber als lebendiges Musikinstrument zu höherem gemeinschaftlichen Tun zur Verfügung und versinnbildlichte damit das Kollektiv und seinen kämpferischen Auftrag auf sehr unmittelbare und erhebende Weise.[27] Auch hier schimmerte die traditionsreiche bürgerliche Veredelungsidee durch, der Glaube, daß das gemeinschaftliche Singen den einzelnen für sittliche Ideale empfänglicher mache.[28]

---

26 *Alfred Guttmann,* Einleitende Vorbemerkung in: Gemischte Chöre ohne Begleitung, hrsg. vom Deutschen Arbeitersängerbund, Berlin 1926, S. XI; *B. Nietner,* Die Arbeitersänger.
27 Sehr deutlich brachte dies der Leipziger Arbeiterchor-Dirigent *Heinrich Wiegand* zum Ausdruck; vgl. *ders.*, Kulturaufgaben der Arbeitersänger, in: LVZ vom 30.5.1925.
28 Als Beispiel für den Glauben an die sittliche Kraft des Singens sei genannt: Das Sängerfest in Wilsdruff, in: Freitaler Volkszeitung vom 25.6.1923. In diesem Bericht über das regionale Arbeiter-Sängerfest des DAS-Bezirks „Plauenscher Grund" unweit Dresdens heißt es: „Böse Menschen haben keine Lieder, daher natürlich auch keine Sängerfeste. Umgekehrt müssen also Sängerfeste wohl Veranstaltungen guter Menschen sein. Wer prüfende Beobachtungen in dieser Hinsicht macht, wird das auch bestätigen können. Sängerseelen haben meist zu allen ein gutes Verhältnis."

c) *Künstlerische Veredelung als kulturelles Ideal*

Die Idee der künstlerischen Veredelung zählte zu den Leitgedanken, die die Verbandspolitik des DAS bestimmten. Bildungsbürgerlich-humanistischen Traditionen verpflichtet, fehlte dieser Idee zwar der spezifisch proletarische Einschlag, aber der Erziehungsanspruch des Kultursozialismus wußte die Ideale von Kunstpflege und künstlerischer Veredelung mit den Prinzipien der sozialistischen Gedankenwelt zu vermitteln. Oberster Leitsatz des Veredelungsideals war der Grundgedanke, daß Kunst ein höheres und wertvolleres Menschentum oberhalb der Sphäre materieller Existenzsicherung begründe. Dem lag die Anschauung zugrunde, daß Kunst als Sinnbild des Schönen und als Ausdruck schöpferischer Eigentätigkeit ein erfüllteres Leben ermögliche. Man unterstellte, daß erst daraus ein tiefergehendes Gespür für Gemeinschaftlichkeit und Sittlichkeit erwachsen könne, eine Voraussetzung auch für die sozialistische Gemeinschaftsethik.[29] Bedenken, daß künstlerischer Genuß zu entpolitisierender Vereinzelung und Flucht aus dem Alltag führe, räumten energische Verfechter der Veredelungsidee mit dem Hinweis aus, daß selbst dem „Zielbewußtesten" irgendwann auf die Nerven gehe, ständig an die „rauhe Wirklichkeit" erinnert zu werden.[30] Vom politischen Alltag hin und wieder Abstand zu nehmen, müsse keineswegs gleichbedeutend mit politischer Gleichgültigkeit sein. Im Gegenteil, die Fähigkeit, sich künstlerisch zu betätigen, schaffe erst die Voraussetzungen dafür, Gemeinschaftssinn zu entwickeln und Kraft für den harten beruflichen und politischen Alltag zu schöpfen. Einige Stimmen gingen sogar so weit, der künstlerischen Veredelung Wirkkräfte zuzusprechen, die einem Ansporn zu weltverbesserndem Handeln im sozialistischen Sinne gleichkamen. Nur derjenige, hieß es, der in der kulturell-symbolischen Welt des Ästhetischen ein tiefes Gespür für die Schönheiten des Lebens entwickele, sei fähig, den Kontrast des „alltäglichen Schmutzes", des „grauen Einerlei der Maschinenarbeit" und der „grausamen Sklaverei" des Kapitalismus aufs Schmerzlichste zu empfinden; Musik als Sinnbild einer schöneren Welt dürfe folglich keineswegs als Fluchtvehikel mißverstanden werden, sondern sie könne als „Stachel" wirken, die Welt nach den Idealen des von der Kunst beseelten „Klassenkämpfers" umzugestalten.[31]

Hier zeigte sich bereits, daß es nicht schwer fiel, die allgemeine Veredelungsidee mit der Gemeinschaftsgesinnung des sozialistischen Klassenkampfgedankens zusammenzubringen. Künstlerische Veredelung erhielt gerade deshalb besonderes Gewicht,

---

29 Prägnant kommt die Veredelungsidee in folgenden Stellungnahmen zum Ausdruck: *Karl Werner,* Kirchenkonzert oder Konzert in der Kirche, in: DASZ Nr. 6, 1922, S. 46 f.; *Hafeneger,* Darf sich ein Arbeitergesangverein politisch festlegen, in: DASZ Nr. 6, 1923, S. 40 f.; *Hans Hartmann,* Sind unsere Volkschöre nicht revolutionär, in: DASZ Nr. 7, 1924, S. 60 f.; *H. Dietze,* Der deutsche Chorgesang, seine Vergangenheit, Gegenwart und Zukunft, in: DASZ Nr. 3, 1925; *Hans Grimm,* Die Volkssingakademie, in: DASZ Nr. 11, 1925, S. 166 f.; *Hans Herwig,* Darf der Arbeiter geistige Musik aufführen und wieweit darf er hierin gehen, in: DASZ Nr. 4, 1926, S. 57 ff.; *Franz Backhaus,* Chorwesen und Vereinsmeierei, in: DASZ Nr. 6, 1930, S. 104; vgl. zum ideengeschichtlichen Hintergrund dieser Äußerungen: *Paul Moos,* Die Philosophie der Musik von Kant bis Eduard von Hartmann, Stuttgart 1922.
30 *A. Kirch,* Der Tendenzchor, in: Nr. 5, 1922, S. 35.
31 *Hartmann,* S. 61; *Herwig,* S. 57 ff.

weil sie sich nunmehr als seelische Vorbedingung und geistige Waffe des Klassenkampfs begreifen ließ.[32] Dies beflügelte den künstlerischen Erziehungsehrgeiz der Musikerelite des DAS ungemein. Dies galt an erster Stelle für den Künstlerischen Beirat bei der Berliner DAS-Zentrale und für eine Reihe politisch engagierter Arbeiterchordirigenten. Musikerziehung ließ sich nunmehr als kultursozialistische Mission begreifen, und folglich hatte man den Arbeitern die gehobenen Kulturgüter nahezubringen, um sie seelisch und kulturell zur Trägerschaft der sozialistischen Umwälzung zu befähigen. War man bereit, so weit zu gehen, künstlerische Veredelung zu einem *unverzichtbaren* Bestandteil des Klassenkampfs zu erklären, dann empfand man die überkommene künstlerische Abseitsstellung und Mangellage der arbeitenden Klassen um so schmerzlicher. Kunst war dann nicht einfach nur „bürgerlicher Luxus", dem man aus Gründen der Verteilungsgerechtigkeit den Charakter eines bourgeoisen Vorrechts zu nehmen hatte, sondern auch wichtiges geistiges Lebensmittel der arbeitenden Klassen für den Befreiungskampf.[33] Mithin rückte der lange Zeit verbaute Zugang zur Kunst weit nach vorn, wenn man ihn im Lichte dieser Anschauungen als bedeutsames Element der Klassenunterdrückung gewichtete.

Kein Wunder, daß über die klassenkämpferische Sendung der Kunst bei der großen Mehrheit der Arbeitersänger im Grundsatz Einigkeit bestand. Jedoch gingen die Meinungen weit auseinander, welche Art von Musik denn überhaupt als wahre Kunst zu verstehen sei; hiervon glaubte man abhängig machen zu müssen, welcher Musik überhaupt die Eignung zuzusprechen sei, im sozialistischen Sinne veredelnd zu wirken. Viel Zündstoff barg, daß eine kleine künstlerische Elite innerhalb des DAS, hier vor allem die Musikfachleute des Künstlerischen Beirats, recht strenge ästhetische Maßstäbe anlegte: Das hatte zu bedeuten, daß die Vereine um der künstlerischen Veredelung willen ihre Notenschränke ausmisten und so manchen liebgewordenen Gesang aussondern sollten.[34] Es war aber nicht die ohnehin von vielen Arbeitersängern verachtete Schlagermusik der kommerziellen Massenkultur, die der künstlerische Bannstrahl traf, sondern die sentimentale Wein-Weib-und-Gesang-Liedertafelei der Männerchöre und das romantisch-pathetische Tendenzlied der Vorkriegszeit. Diese Chorliteratur war den Arbeiterchören über Jahrzehnte hin ans Herz gewachsen, und genau dieses Repertoire wollte die künstlerische Elite den Arbeiterchören vergraulen.[35] Den Veredelungsanspruch schraubte sie dabei so hoch, daß sie naserümpfend auf die bürgerlichen Männergesangvereine herabschauen konnte, die sie den Arbeiterchören als Negativ-Vorbild präsentierte. Der Stein des Anstoßes war die bürgerliche „Vereinsmeierei". Hier vermißte sie den „heiligen Ernst" des Veredelungsstrebens.

---

32 An die deutschen Arbeitersänger, in: DASZ Nr. 81, 1919 S. 2 f.; *Herwig,* S. 60; *Carl Fehsel,* Wir und die Arbeiterpresse, in: DASZ Nr. 6, 1929, S. 113.
33 *Paul A. Pisk,* Arbeitermusikkultur, in: DASZ Nr. 8, 1929, S. 162.
34 *Alfred Guttmann,* Hat der Arbeitergesang eine kulturelle Bedeutung, in: DASZ Nr. 11, 1921, S. 90 ff.; *Walter Hänel,* Wie bringen wir Musik in die Arbeiterschaft, in: DASZ Nr. 1, 1925, S. 1 ff.; Guttmann und Hänel waren die führenden Musikfachleute innerhalb der Bundeszentrale des DAS; sie gehörten seit der 2. Hälfte der 20er Jahre beide dem Künstlerischen Beirat an.
35 Konzert-Rundschau, in: DASZ Nr. 3, 1925, S. 31; Nr. 7, 1930, S. 131 ff.; Nr. 6, 1931, S. 199; *Hänel,* Wie bringen wir; Leistungsfähige Arbeiterchöre auch auf dem Lande?, in: DASZ Nr. 4, 1926, S. 61.

An erster Stelle war ihr die selbstgenügsame Geselligkeit suspekt, obendrein der „angenehme Zeitvertreib" und der anscheinend nur schwach entwickelte ideelle Ehrgeiz des bürgerlichen Männergesangvereins.[36]

Nun sollte man aber trotz aller Bedenken, die gegen das ehrgeizige expertokratische Gebaren der künstlerischen Elite geltend gemacht werden können, nicht verkennen, daß hier nicht allein unpolitischer Leistungsehrgeiz eine Rolle spielte, sondern gleichermaßen auch pädagogisches, philanthropisches und kultursozialistisches Sendungsbewußtsein. Diesen ideellen Anspruch nahmen die Arbeitersänger der Bundesführung durchaus ab, auch wenn immer mal wieder Unbehagen über den künstlerischen Rigorismus aufkeimte. Gerade weil das Sendungsbewußtsein überzeugend wirkte, ließen sich auch ungezählte leistungsschwache Vereine dazu bewegen, den Anregungen von oben zu folgen und sich mit überfordernden Chorwerken geradezu abzuquälen. Dies fiel um so stärker ins Gewicht, als man damit auf Betreiben der Bundeselite auch gleichzeitig auf die geliebte Liedertafel und ihre Natur-, Wein- und Liebesseligkeit verzichtete und das angestammte Tendenzlied zu vernachlässigen begann. Daß mit der künstlerischen Veredelung Überforderung und asketischer Ernst Einzug hielten, kam auch all denen gelegen, denen leichtlebige Vereinsgeselligkeit aus dem Blickwinkel politischer Anspruchshaltung schon immer suspekt gewesen war.[37] An diesem Punkt zeigte sich besonders deutlich, daß politischer Anspruch und Kunstehrgeiz durchaus eine enge Liaison eingehen konnten, statt sich konfliktreich auszuschließen, wie den Arbeitersängern seitens der Forschung immer wieder unterstellt worden ist. Nur dann, wenn die Vereine hart um ihren künstlerischen Aufstieg zu kämpfen hatten, konnte man ihnen aus politischer Warte abnehmen, daß sie mit ihrem Gesang auch ernstzunehmende *ideelle* Absichten verbanden.

Diese ideelle Beseeltheit war es denn auch, die die mitunter harte Probendisziplin möglich machte. Vom „heiligen Ernst" künstlerischen Tuns angesteckt, begann so mancher Arbeiterchor, sich mit der Aura des Künstlertums zu umgeben. Dies war auch zwingend gefordert, wenn man politisch und sozial aufsteigen wollte und eine historische Mission für sich in Anspruch nahm. Vermutlich war es diese eigenartige Mischung aus sozialem und politisch-ideellem Aufstiegsehrgeiz, die die Basis so manche Veredelungszumutung von oben erdulden und auch den Gegensatz von Tendenz- und Kunstgesang mitunter weitaus schwächer empfinden ließ als etwa den zwischen anspruchsvollem Kunstgesang und innig geliebter Liedertafel-Rührseligkeit. Die Duldsamkeit bzw. der Ehrgeiz der Basis waren es wiederum, die den vorwärtstreibenden Kräften innerhalb der DAS-Führung einen solch starken Rückhalt verschafften, daß diese sich ungestört langfristigen Planungen hingeben konnten, um Tendenz und Kunst zu einer neuen proletarischen Chorkultur zusammenführen zu können.

---

36 Aus den Mitgliedschaften, in: DASZ Nr. 4, 1919, S. 76; Nr. 1, 1929, S. 22; Nr. 10, 1930, S. 189; Die 5. Bundesgeneralversammlung in Erfurt, in: DASZ Nr. 7, 1923, S. 45; *Dietze,* Der deutsche Chorgesang, S. 27; *Karl Klauder,* Der Arbeitergesang im sozialistischen Kampfe, in: Protokoll der 22. ordentlichen Gau-Versammlung des DAS-Gaus Westliches Westfalen in Dortmund, 1930, S. 16.

37 *Backhaus,* Vereinswesen, S. 104; *Klauder,* S. 16; *Karl Rankl,* Aufgaben des Chorleiters im DAS, in: ASZ Nr. 1, 1931, S. 5 f.

An erster Stelle waren es die Vollblutmusiker des Künstlerischen Beirats und einige exponierte Dirigenten, die zwei Seelen in ihrer Brust spürten, eine künstlerische und eine politische. Einerseits hatten sie durchaus ein Einsehen dafür, daß der Arbeiterchor nicht ohne das Tendenzlied leben konnte, wollte er seine Identität nicht verlieren, andererseits aber empfanden sie den althergebrachten Tendenzgesang mit seinem dick aufgetragenen und heroisch-auftrumpfenden Pathos ebenso abscheulich wie die gefühlstriefende und schwülstige Liedertafelei.[38] Wollte man nun die Veredelungsidee an der Vereinsbasis durchsetzen, galt es, sie konkreter auszuformulieren, um den Vereinen praktische Hinweise für ihre Tätigkeit an die Hand geben zu können. Dies geschah verstärkt seit 1925, als Walter Hänel die neuen Prinzipien in der Konzert-Rundschau der Bundeszeitung offensiv vorzutragen begann. Hänels Ermahnungen muteten allerdings wie rigider Kunstpurismus an. Es ging aber bei all dem nicht zuletzt auch darum, unter dem Druck einer beherrschenden und nicht gerade wohlwollenden bürgerlichen Kulturöffentlichkeit den künstlerischen und gesellschaftspolitischen Seriositätsbeweis zu erbringen. Welche Grundsätze waren es nun, die die Vereine auf Betreiben der Bundesführung beherzigen sollten?[39]

1. Dem gehobenen Bürgertum gleich sollte sich der Arbeiter um Geschmacksveredelung bemühen. Die Auswahl der Chorliteratur hatte daher vor allem die anerkannten Komponisten der musikalischen Hochkultur zu berücksichtigen, d.h. den Arbeiterchören wurde nahegelegt, sich vom Massengeschmack des spätromantischen Musikalienmarktes und dem des bürgerlichen Männerchorwesens abzusetzen, das ja auch innerhalb des bürgerlichen Kulturmilieus nicht gerade den besten Ruf genoß. Zu bedenken ist dabei, daß der deutsche Chorgesang seit dem frühen 19. Jahrhundert in gemischten Chor- und Männerchorgesang aufgespalten war. Daß es da eine eigenartige Kluft gab, läßt sich daran ablesen, daß der nationalistische Deutsche Sängerbund als der bei weitem größte Dachverband des deutschen Chorwesens ausschließlich Männerchöre aufnahm. Die Schwerpunkte der Männerchöre lagen von vornherein bei männerbündischer Vereinsgeselligkeit und vaterländisch-politischem Auftrag; künstlerische Profilierung war nachrangig. Andernfalls hätte der Männergesang angesichts seiner beschränkten musikalischen Ausdrucksmöglichkeiten recht bald seine Existenzberechtigung eingebüßt. Hingegen fühlten sich die zumeist verbandslosen gemischten Chöre eher rein künstlerischen Zielen verpflichtet. Das Neue am DAS war nun, daß er sämtliche Chorgattungen, gemischte wie Männer- und Frauenchöre, unter einem Verbandsdach vereinte. Er hatte damit im künstlerischen Wettstreit einen natürlichen Startvorteil vor seinem bürgerlich-nationalistischen Widerpart, dem Deutschen Sängerbund. Und dies reizte verständlicherweise eine ehrgeizige Verbandsführung.

---

38 *Walter Hänel* und *Alfred Guttmann* repräsentierten an erster Stelle die vorwärtstreibenden Kräfte in der Führung des DAS; vgl. *Guttmann,* Hat der Arbeitergesang, S. 90; Konzert-Rundschau in: DASZ Nr. 4, 1925, S. 44.
39 Gebündelt formuliert findet man die Prinzipien in der Konzert-Rundschau der DASZ, Nr. 1-6, 1925.

2. Nach dem Prinzip der Werktreue waren Originalkompositionen Bearbeitungen vorzuziehen.[40] Daß dies zum starren Grundsatz wurde, hatte untergründig damit zu tun, daß die Verbandsführung die Sänger und sich selber in die erhabene Nähe des Genius rücken wollte. Dessen Aura und Prestige sollte ein wenig auf den in gedrückten Verhältnissen lebenden Arbeiter abfärben. Bearbeitungen hätten die veredelnden und erhebenden Wirkungen des Originals nur gebrochen zur Entfaltung bringen können. Unverkennbar schwangen hier Geniekult und Werkfetischismus mit, die dem verklärenden Prinzip der Werktreue eigen sind[41]; dahinter verbarg sich die Anschauung, daß sich die ideelle Offenbarung eines wahren Kunstwerkes dem Musiktreibenden nur dann vollständig erschließe, wenn er willens sei, es als unantastbares Heiligtum zu respektieren. Daß sich das Werktreue-Prinzip im Arbeitermilieu recht leicht durchsetzen ließ, ist kaum verwunderlich. Denn mit den Werken des Komponisten-„Genies" waren kulturell tiefverwurzelte Prestige- und Statusfragen verknüpft. Nicht zuletzt deshalb gab es nur wenige, die die „heiligen Kühe" der Werktreue und des „Original"-Fetischismus in der Verbandsöffentlichkeit zu schlachten wagten. Die Musikerelite des DAS wußte hier die Kunstgläubigkeit der Laiensänger für ihre Ziele nutzbar zu machen, während diese wiederum auf soziale Statuserhöhung schielen konnten, wenn sie sich in der Nähe eines anerkannten Künstlers wähnten.

Und dies ließ sich auch trefflich gegen die bürgerliche Männerchor-Konkurrenz ins Spiel bringen, sofern man in einem gemischten Arbeiterchor mitsang, vor dem die Männerchöre auf Grund ihres beschränkten Stimmumfangs künstlerisch die Segel streichen mußten. Den Vergleich mit den gemischten Arbeiterchören mußte der Männergesang, gleich welcher Coleur und Verbandszugehörigkeit, schon deshalb scheuen, weil die in der Regel für gemischten Chor geschriebenen Gesänge der musikalischen Hochkultur für Männerchöre entweder nicht in Frage kamen oder nur in Gestalt von Männerchor-Bearbeitungen einstudierbar waren, dann aber naturgemäß eher dumpf und gedrungen klangen.[42] Welch große Bedeutung all den Status- und Konkurrenzmotiven zukam, offenbarten z.B. drei sächsische Arbeitergesangsvereine: Sie nahmen die Berichterstattung an die Berliner Zentrale zum Anlaß, dem eigenen Programm einer Schubert-Gedenkfeier das der bürgerlichen Konkurrenz beizufügen, um gegenüber der Redaktion der Arbeiter-Sängerzeitung ihr eigenes künstlerisches Niveau herauszustellen. Die „Konzertrundschau" ergriff die Gelegenheit beim Schopf und zitierte genüßlich aus dem Konzertprogramm der Gegenseite, um die Schubert-Unwürdigkeit des bürgerlichen Männergesangvereins zu dokumentieren, der für sein Schubert-Gedenkkonzert kein einziges Originalwerk des Meisters einstudiert hatte.

---

40 Konzertrundschau, in: DASZ Nr. 1, 1925, S. 8; Nr. 4, 1926, S. 69.
41 Franz Landé war vielleicht der einzige führende Kopf im gesamten Arbeitersängermilieu, der den kunstreligiösen Autoritarismus des „Werktreue"-Prinzips durchschaute; vgl. *Franz Landé,* Sind Tonwerke unantastbar, in: DASZ Nr. 7, 1927, S. 126. Eine andere Stimme warf Hänel vor, sich einseitig am Konsumentenbedürfnis des Zuhörers zu orientieren. Den Anstoß zu dieser Kritik lieferte Hänels Neigung, selbst dann noch auf dem „Original" zu bestehen, wenn gewichtige praktische Gründe, z.B. organisatorischer Art, für Bearbeitungen sprachen; vgl. Ein offener Brief zum Kapitel: „Konzertrundschau", in: DASZ Nr. 4, 1926, S. 62 f.
42 Konzertrundschau, in: DASZ Nr. 3, 1929, S. 58; Aus den Mitgliedschaften, in: DASZ Nr. 4, 1929, S. 75.

Bezeichnenderweise wollten die DAS-Musikfachleute von der Werktreue dann nichts mehr wissen, wenn, wie im Falle Mozarts, einige humoristische Männerchöre recht derb und frivol geraten waren und eine Darbietung des Originals ganz offensichtlich dem Bedürfnis nach Seriosität und Anerkennung entgegengestanden hätte.[43] Hier gebärdete man sich päpstlicher als das „Genie", das ja eigentlich für Seriosität zu bürgen schien. Daß man an einem Originalwerk Mozarts nur höchst ungern Veränderungen vornahm, dies klang deutlich an, als man den Kanon „Bona nox, bist a rechter Ochs" nur in „gereinigter" Gestalt in die repräsentative Männerchor-Sammlung des Bundes aufnahm. Zur Entschuldigung hieß es: Man habe zwar versucht, Mozart „getreu zu wahren", habe aber den Text „anständig" machen müssen.[44] Es gab noch einige andersgelagerte Fälle, in denen man vom Prinzip der Werktreue eine Ausnahme machte. Dies geschah insbesondere dann, wenn das Bedürfnis nach festlichen Tendenzchören die Umtextung klassischer Chorlieder nahelegte. Diese Ausnahmen bestätigten aber nur die Regel, da man sich nur dann am hochgeachteten Original eines Komponisten-„Genies" „vergriff", wenn es in der Tendenzchorliteratur eine schmerzlich empfundene Angebotslücke zu schließen galt.[45] Besonders doktrinär gebärdete sich die Bundesführung in Fragen der Werktreue, wenn den Vereinen Original und Bearbeitung zur Auswahl standen.

3. Von den Gesangvereinen erwartete man mehr und mehr, daß sie ihre öffentlichen Darbietungen in einen feierlichen Rahmen stellten. Es sollte die Atmosphäre eines Gottesdienstes geschaffen werden, in dem es um ein höheres Menschentum ging. Man legte den Vereinen ans Herz, alles zu vermeiden, was Assoziationen auf ein geselliges Tanz- oder Festvergnügen wachrief.[46] Konzerten, denen es an erhabener Stimmung und innerlicher Ergriffenheit mangelte, sprach man ab, von veredeltem Gefühlsleben und sozialistischer Gesinnungstiefe zu zeugen. Hier liefen die Anregungen der Bundesführung im Kern auf eine Anpassung an die Formen des gehobenen bürgerlichen Konzertbetriebs hinaus, zu dessen tragender Säule in nachbarocker Zeit die dem Geniekult verpflichtete Konzert„andacht" geworden war.[47]

---

43 Kanon „Bona nox, bist a rechter Ochs" von W.A. Mozart, Köchel-V. Nr. 561, in: Männerchöre ohne Begleitung, hrsg. vom DAS, Berlin 1929, S. 727 ff.; vgl. auch die Erläuterung Nr. 262 im Anhang; vgl. auch das unzensierte Mozart-Original, das sich bemerkenswerterweise bis auf den heutigen Tag in kaum einer der einschlägigen Chorsammlungen für Schulchöre oder Gesangvereine antreffen läßt, in: Wolfgang Amadeus Mozart. Neue Ausgabe sämtlicher Werke, Serie III, WG 10, Bärenreiter-Verlag Kassel, S. 62.
44 Vgl. Erläuterung Nr. 262; siehe Anm. 43.
45 *Landé,* Sind Tonwerke unantastbar, S. 126 f.; vgl. auch die DAS-Chorsammlungen, die eine große Anzahl von festlichen Tendenzchören enthalten, die auf klassische Chöre zurückgehen; für feierliche Anlässe des sozialistischen Milieus hätte man kaum genügend Chorliteratur zur Verfügung stellen können, falls man die alten Gesänge unangetastet gelassen hätte.
46 Konzertrundschau, in: DASZ Nr. 2, 1925, S. 19; Nr. 1, 1928, S. 8; *H. Dietze,* Der Arbeiterchor, in: LVZ vom 17.6.1927.
47 Vgl. zum Funktionswandel des Konzerts im Übergang zum bürgerlichen Zeitalter: *Peter Schleunig,* Geschichte der Musik in Deutschland. Das 18. Jahrhundert: Der Bürger erhebt sich, Reinbek 1984.

4. Einen wirklichkeitsfernen Ehrgeiz verrieten die hochgesteckten Ziele der DAS-Führung in Fragen der Kunsterziehung. Wichtig nahm man vor allem die Vermittlung der Grundzüge der allgemeinen Musiklehre, was für sich genommen sehr sinnvoll, praktisch jedoch kaum umsetzbar war. Als absolutes Minimum betrachtete die Musikerelite den Erwerb von Notenkenntnissen, da dies eine notwendige Voraussetzung für das Blattsingen war[48]; ohne diese Fertigkeit mußte das Einstudieren großer Vokalwerke Makulatur bleiben, wollte man die Proben nicht zu einem stumpfsinnigen Dressur-Akt ausarten lassen. Aber auch über die chorpraktischen Bedürfnisse hinaus hielt man musiktheoretische Aufklärung für notwendig; denn das Veredelungsideal schloß ein, die Versäumnisse von Elternhaus und Volksschule ausgleichen zu müssen und die Arbeitersänger zu befähigen, ein Chorwerk in der gleichen Weise geistig-intellektuell zu durchdringen, wie man das vom Arbeiter ja auch im Hinblick auf wirtschaftliche und politische Sachverhalte erwarten mußte, wollte dieser zum Träger einer neuen Gesellschaft reifen.[49]

5. Dem geschmackserzieherischen Ehrgeiz der künstlerischen Elite war sehr bald ein Dorn im Auge, wie unbekümmert viele Vereine ihre Konzertprogramme zusammenstellten.[50] Aus der Sicht der Verbandsführung stand für gehobenen Geschmack und Seriosität nicht ein buntes Nebeneinander unterschiedlichster Gesänge, sondern allein stilistische Einheitlichkeit. In keiner anderen Frage schlug die bildungsbürgerliche Tradition so ungebrochen durch wie in der Frage des Stilempfindens. In diesem Punkt nahm die Musikberatung energisch aufdrängende Züge an, wenn die Vereine noch allzu weit von bildungsbürgerlichen Standards entfernt waren.[51] Große Bedeutung maß man dem Grundsatz zu, daß *musik*stilistischen Gesichtspunkten der Vorrang vor thematisch-textlicher Einheitlichkeit gebührte. Das bedeutete nichts anderes, als daß man Gesangstext und Sprache weniger form- und geschmacksbildende Kraft zuerkannte als der Musik. Unverkennbar schlug hier das Vorrangdenken des Beethoven-Schopenhauerschen Musikmythos durch. Diesem zufolge kam ja an erster Stelle der Musik Veredelungskraft und ethische Offenbarung zu. Folgerichtig hielt man ein Konzert, das unter thematischem Motto stand und verschiedene Gesangsstile vereinigte, für eine geschmackliche Unmöglichkeit. Wenn z.B. ein schlichtes Männerchor-Volkslied von Friedrich Silcher auf einen pathetischen Wagner-Opernchor traf, ließ dies die Berliner Bundeszentrale als Wächter des guten Geschmacks erschau-

---

48 *Walter Hänel,* Wie bringen wir Musik in die Arbeiterschaft, in: DASZ Nr. 1, 1925, S. 4.
49 *Ebd.; Walter Hänel,* Kinderchöre, in: DASZ Nr. 11, 1925, S. 162 ff.
50 Konzertrundschau, in: DASZ Nr. 1, 1925, S. 9; Nr. 4, 1925, S. 44.
51 Konzertrundschau, in: DASZ Nr. 6, 1925, S. 79; *Paul Nehmert,* Über Programmgestaltung, in: DASZ Nr. 6, 1929, S. 117 f.

dern.[52] Musikalische Stilfragen wurden dort so wichtig genommen, daß auch das verbandseigene Tendenzlied aus einem Kunst- oder Volksliedprogramm zu verbannen war.

Dies macht begreiflich, warum den Textdichtern, die am Zustandekommen eines Chorliedes gleichermaßen beteiligt waren, so unverhältnismäßig wenig Anerkennung zuteil wurde. Sie meldeten sich höchst selten zu Wort, um auf dieses Mißverhältnis hinzuweisen. Wenn sie es überhaupt taten, dann erst in den späteren Jahren Weimars, als die Gesangstexte unter dem Eindruck der zunehmenden Agitationsbedürfnisse gar nicht anders konnten, als aus dem Schatten der Musik zu treten.[53] Vor dieser Zeit erweckte der Textdichter im Vergleich zum verklärten Komponisten-Künstler eher den Eindruck eines textproduzierenden Rohstofflieferanten, dessen Text sehr häufig nur die Kulisse für den musikalischen Ritus abgab, und dies nicht selten auch bei Tendenzliedern. Offenbar schaffte es die betörende Gefühlsbetontheit der Musik, die Arbeitersänger dafür empfänglich zu machen, der künstlerischen Elite des Verbandes einen einseitig auf die Musik fixierten Veredelungsmythos abzunehmen. Die Musikfachleute übernahmen für den Musik-Mythos und dessen sozialen Prestigewert die nicht wegzudenkende Vermittlerrolle. Gewiß hatte die auffällige Beharrlichkeit, mit der die Berliner Musikzentrale spätestens seit 1925 die Stileinheit der Programme einklagte, auch damit zu tun, daß man bunte Gesangsmischungen aus der elitären Warte des politisch denkenden Künstlers in eine gefährliche Nähe zu unpolitischen, „spießbürgerlichen" Vergnügungs-Potpourris rücken sah, die dem Anspruch auf veredelndes Musikerleben zuwidergelaufen wären und den asketisch-heiligen Ernst proletarischen Aufstrebens Lügen gestraft hätten.[54] Hier zeigt sich deutlich, wie sehr musikästhetische Geschmacksfragen auch Fragen des sozialen Prestiges und der politischen Programmatik waren.

6. Die Musikerelite des DAS hob die Musik so weit über den Text hinaus, daß bei musikalisch wertvollen Vokalwerken die textliche Aussage völlig hinter die Musik zurücktreten konnte, wenn sie nicht in allzu schroffer Weise der sozialistischen Wertewelt widersprach. Bei geistlichen Werken mußte sich zeigen, wie weit man in

---

52 Gemeint sind hier die gesanglich einfachen und sehr beliebten Männerchöre des schwäbischen Komponisten Friedrich Silcher, der im frühen 19. Jahrhundert eine bedeutsame Rolle in der nationalen Sängerbewegung spielte und das vierstimmige Männerchor-„Volks"-lied als „innigsten" Ausdruck des Deutschtums popularisierte. Zum Beispiel stammt von ihm die noch heute allgemein bekannte Vertonung des Gedichtes „Die Loreley" von Heinrich Heine; als Opernchor war allen voran der „Wachauf"-Chor aus den „Meistersingern von Nürnberg" sehr beliebt, der Hans Sachs als Personifizierung des volkstümlichen, zugleich aber genialen Musikers und Künstlers besingt; vgl. z.B. die Konzertrundschau in: DASZ Nr. 8, 1930, S. 141.
53 Über Gesangstexte, in: DASZ Nr. 5, 1929, S. 83; *Alfred Auerbach,* Textdichter, Musiker und Bewegung, in: ASZ Nr. 6, 1931, S. 130.
54 *Alfred Guttmann,* Was ist bürgerliche Musik, in: DASZ Nr. 12, 1924, S. 125 ff.; Konzertrundschau, in: DASZ Nr. 1, 1925, S. 9; Nr. 2, 1925, S. 19; Nr. 1, 1928, S. 8; sehr scharf hiergegen polemisierend: Randbemerkungen, in: DASZ Nr. 11, 1925, S. 168; *H. Dietze,* Der Arbeiterchor, in: LVZ vom 17.6.1927.

der Zurückstufung des Textes gehen wollte.[55] In dieser Frage ließen sich an der Vereinsbasis gewisse Vorbehalte kaum vermeiden; von dort richtete man ungezählte, von Unsicherheit zeugende Anfragen an die Berliner Zentrale. Die Kernfrage lautete, ob die Aufführung von geistlichen Werken für einen Sozialisten überhaupt statthaft sei, wo doch die Kirchen bei sehr vielen Sänger-Sozialisten in dem Ruf standen, Verbündete oder gar Vertreter der herrschenden Kapitalistenklasse zu sein.[56] Als dieses Problem zu Beginn der 20er Jahre aufkam, weil sich einige Spitzenchöre bereits an geistliche Werke herantrauten, befürchtete man gefährlichen ideologischen Sprengstoff. Die Verbandsführung sah sich hier einem schwierigem Zielkonflikt gegenüber: Einerseits zählten zu denjenigen Chorwerken, die künstlerisch ungemein reizten, an erster Stelle geistliche Werke wie „Der Messias" von Händel oder die „Missa solemnis" von Beethoven. Andererseits aber wollte man verbandsintern kein Mitglied aus dem breiten Spektrum von kirchlich gebundenen Sozialisten bis hin zu Freidenker-Atheisten vor den Kopf stoßen.

Eigenartigerweise aber barg dieses Problem weniger Konfliktstoff, als man zunächst befürchtet hatte. Hier wirkte der im Musikalischen gründende Veredelungsmythos erstaunlich ausgleichend. Mit seiner Hilfe strichen die im DAS tonangebenden Befürworter geistlicher Werke die im Vergleich zum Text tiefere ethische Wahrheit der Musik heraus und hoben damit die geistlichen Werke aus ihrer Zeit- und Interessengebundenheit ins Allgemein-Menschliche einer veredelnden humanistischen Ethik.[57] Die ideelle Grundlage bot ihnen die Verklärung des Musikgenies, das zeitlos über den Niederungen menschlicher Interessengebundenheit schwebend allgemeingültige Wahrheiten zu sagen wußte. Im Banne dieser Sichtweise konnte man bei musikalisch veredelten Texten den ideellen Gehalt christlicher Gemeinschaftsethik von den kirchlich-institutionellen Bindungen lösen und denjenigen engstirniges, intolerantes „Textbonzentum" vorwerfen, die die Unterscheidung von Kirche und Gott nicht mittragen mochten.[58] Diese Trennung nahm man wohlbegründet vor, weil dem Musikmythos zufolge das Göttliche dieser Werke im Offenbarungscharakter der Musik begründet lag, die damit auch dem Text den Charakter enger institutioneller Bindung zu nehmen vermochte. Es gab eine Stimme unter den Arbeitersängern, die den Geniekult extrem weit trieb: Sie rückte das Musikgenie und dessen Offenbarung in eine solch exklusive Nähe zu Gott, daß Johann Sebastian Bach sogar Martin Luther in der Rolle eines Trägers göttlicher Offenbarung zu verdrängen vermochte. „Denn Gott", hieß es wörtlich, „hat sich, als er von den Pfaffen in Kirchen und Straßen

---

55 *Hans Herwig,* Darf der Arbeiter geistige Musik aufführen und wieweit darf er hierin gehen?, in: DASZ Nr. 4, 1926, S. 57 ff.
56 Konzertrundschau in: DASZ Nr. 4, 1925, S. 44; Nr. 11, 1927, S. 202; Walter Hänel, Karl Liebknecht und die Matthäus-Passion, in: DASZ Nr. 2, 1928, S. 17. Als besonders energischer Kirchengegner läßt sich der in den späteren Jahren Weimars zu einem der beiden Bundesvorsitzenden aufgerückte Karl Klauder charakterisieren; vgl. Der Arbeitergesang im sozialistischen Kampf, in: Prot. der 22. ordentlichen Gau-Generalversammlung des DAS-Gaus Westliches Westfalen in Dortmund, 1930, S. 18.
57 *Karl Werner,* Kirchenkonzert oder Konzert in der Kirche, in: DASZ Nr. 6, 1922, S. 46 f.; *Hans Herwig,* Darf der Arbeiter, S. 57 ff.
58 Konzertrundschau, in: DASZ Nr. 4, 1925, S. 44.

vergewaltigt wurde, zurückgezogen in die Musik. Dort lebt das Göttliche stark und frisch. Bach ist Oberpriester, nicht Luther."[59] Nunmehr erklärt sich auch, warum sich selbst prinzipienfeste Freidenker-Sänger auf geistliche Musik einlassen konnten. Indem nämlich der musikalische Genie-Kult dem kultursozialistischen Veredelungsbemühen erlaubte, den ethischen, ja sogar den religiösen Offenbarungsgehalt dieser Werke jenseits ihrer kirchlichen und textlichen Gebundenheit für sich zu beanspruchen, war die ideelle Bindung von Christentum und Kirche gesprengt. In diesem Sinne erwartete die DAS-Führung von den Vereinen, weitherziger und weltoffener zu werden, damit sie sich auch dieses Stück klassischer Hochkultur seelisch zu eigen machen konnten.

7. Mußte in der Debatte über die geistliche Musik die Spannung bürgerlicher Tradition und sozialistischem Klassenkampf erst entschärft werden, so gab es unter den Arbeitersängern niemanden, der auch nur im Traum über Beethovens Musik solche Betrachtungen angestellt hätte. Dem Geniekult um Beethoven war man ausnahmslos verfallen. Im Angesichte dieses übermenschlich erscheinenden „Titanen" lösten sich alle Debatten über die Ausrichtung des DAS in Nichts auf; vor ihm beugte man demütig das Haupt.[60] Woran lag das? Wie kein anderer Komponist scheint die Person Beethovens das Lebensgefühl der Arbeitersänger unter den Bedingungen der Weimarer Republik angesprochen zu haben. Er galt als der revolutionäre Kämpfer, der im Zeitalter des bürgerlichen Aufbruchs der Adelsherrschaft die Stirn geboten und die weltbürgerliche Idee der Menschheitsverbrüderung verbreitet hatte, und dies weckte politische Sympathien für ihn.[61] Jedoch lag das Geheimnis seiner überaus großen Ausstrahlung noch ein wenig tiefer. Mehr noch als seine politische Gesinnung dürften Charakter und Lebensschicksal zu Identifikation und Verehrung eingeladen haben. Von überragender Bedeutung war sein trotziges Kämpfertum, das sich im Aufbäumen gegen die Adelsreaktion ebenso bewiesen zu haben schien wie im Umgang mit seinem unheilbaren Gehörleiden.[62] Seine schier unbeugsame Willenskraft, als

---

59 *H.W.*, Erstes Deutsches Arbeitersängerfest, in: LVZ vom 19.6.1928. Auch der Kult um die Komponisten-Gestalt Joh. Seb. Bachs hatte eine lange bürgerliche Tradition. Als man die Matthäus-Passion in den 1830er Jahren wiederentdeckte, erschien Bach den Protestanten als der 13. Apostel, der die Moralität und den Geltungsanspruch des Bürgers gegenüber den restaurativen feudalen Gewalten verkörperte; seither wurde J.S. Bach abgöttische Verehrung zuteil; vgl. *Martin Geck,* Die Wiederentdeckung der Matthäus-Passion im 19. Jahrhundert. Die zeitgenössischen Dokumente und ihre ideengeschichtliche Deutung, Regensburg 1967.
60 Vgl. die repräsentativen Stellungnahmen im Beethoven-Jahr 1927 in: DASZ Nr. 3, 1927; Beethoven wird dort als „Führer der Menschheit" vorgestellt; vgl. auch *Hans Hartmann,* Beethoven und das Volk, in: Nr. 4, 1927, S. 63; Beethoven, in: DASZ Nr. 5, 1924, S. 33 ff.
61 Vgl. *Hartmann,* ebda.; ähnlich dachte auch *Hanns Eisler;* vgl. *ders.,* Ludwig van Beethoven, in: Die Rote Fahne vom 22.3.1927, nachgedruckt in: Hanns Eisler, Materialien zu einer Dialektik der Musik, Leipzig 1976, S. 33 ff.
62 Für die Beethoven-Gedenkfeiern gab der DAS-Verlag einen Plakatvordruck heraus, der das Porträt eines in sich versunkenen, grimmig und trotzig dreinschauenden Kämpfers zeigte; laut Arbeiter-Sängerzeitung war dieses Porträt von „vornehmer, bezwingender Wirkung"; vgl. in: DASZ Nr. 3, 1927, S. 60; vgl. auch *Hans Hartmann,* Beethovens Menschentum, erschlossen aus seinen Werken, in: DASZ Nr. 3, 1927, S. 40 ff.

Musiker dem Schicksalsschlag des Gehörverlusts getrotzt zu haben, ließ ihn zu tragischer, ja „titanenhafter" Größe aufsteigen. In Beethoven, glaubte man, bewahrheite sich, zu welch heroischem Kämpfertum ein Musiker um höherer künstlerischer und ideeller Werte willen fähig sei. Indem man seine Musik nachvollzog, nahm man Anteil an seinem titanenhaften kämpferischen Idealismus. Löste man sein Leben aus den Zeitumständen, dann ließ er sich ohne Mühe als personifiziertes Sinnbild des sozialistischen Überlebenskampfes vereinnahmen, eines Kampfes, in dem man unter den Weimarer Bedingungen einer Übermacht von Klassengegnern zu trotzen hatte. In einer Zeit, in der die Arbeiterbewegung zermürbende Erfahrungen machte, sollte sein persönliches Vorbild ebensosehr wie seine mitreißende Musik das Durchhaltevermögen steigern.[63]

Daß die Arbeitersänger große Komponisten zu Genies, ja sogar zu übermenschlichen Führergestalten aufbauten, zeigt, wie stark auch im sozialistischen Arbeitermilieu die Sehnsucht nach dem charismatischen Führer lebendig war. Nach Walter Hänels Wunsch sollte das kommende Genie der proletarischen Musik „über die sittliche Kraft und den künstlerischen Willen" verfügen, den Arbeitern als „Messias" die „Missa solemnis" des Proletariats zu schenken.[64] Hier floß die sozialistische Erlösungssehnsucht in die Veredelungsidee ein und verband sich aufs Engste mit dem Geniekult. Das Genie wurde damit zum Träger geschichtsreligiöser Offenbarung und schien an erster Stelle berufen zu sein, den Menschen zu wahrer gemeinschaftlicher Gesinnung zu befähigen, und damit konnte aus Arbeitersänger-Perspektive nur der Sozialismus gemeint sein.

Hatte sich die Bundesführung seit den frühen 20er Jahren zunächst zaghaft, dann jedoch ab 1925 energisch und erfolgreich bemüht, die Idee der künstlerischen Veredelung an der Basis durchzusetzen, so waren damit die Voraussetzungen geschaffen, daß zum Ende des Jahrzehnts der Wunsch, Tendenz- und Kunstgesang zu versöhnen, praktische Gestalt annehmen konnte. In den 20er Jahren hatte man zunächst große Hoffnungen in den Komponisten Erwin Lendvai gesetzt, der von romantisch-homophoner Komponierweise abgerückt war, freitonale Harmonik bevorzugte und am frühneuzeitlichen Vorbild eines nüchterner wirkenden polyphonen Madrigalstils anknüpfte. Gleich anderen wollte er damit die Pathetik des romantischen Zeitalters überwinden. Die Erwartungen gingen aber nur in geringem Maße in Erfüllung: Bis 1930 wurden nur wenige seiner Tendenzgesänge populär. Die meisten konnten auf Grund ihrer überaus kunstvollen, ja mitunter gekünstelt wirkenden Stimmführung nicht befriedigen.[65] Bezeichnenderweise schaffte allein das „Erlöse dich" den Durchbruch an der Vereinsbasis, ein ansprechender und mitreißender Chorsatz, der kunst-

---

63 Typisch hierfür: 5. Bundesgeneralversammlung in Erfurt, in: DASZ Nr. 7, 1923, S. 45. Hier ist zwar nur allgemein von den „Großen Meistern" die Rede, aber an erster Stelle war damit Beethoven gemeint, weshalb ja auch bei den symbolträchtigen Silvesterkonzerten der Arbeiterbewegung sehr häufig Beethovens „Neunte" auf dem Programm stand.
64 *Walter Hänel,* Hannover und die Arbeitersänger, in: DASZ Nr. 7, 1928, S. 105.
65 Typische Beispiele waren: „Lied der Kohlenhäuer" und „Die singende Stadt" aus dem Jahre 1928; beide Chöre in: Männerchöre ohne Begleitung, hrsg. vom DAS, Berlin 1929, S. 25 ff., 128 ff. Eine Ausnahme machte Lendvais recht beliebte Hymne „Erlöse dich" für gemischten Chor; DAS-Verlag Berlin 1929.

voll polyphone Stimmführung mit hymnischen und agitatorischen Passagen verband, ohne die Sänger in den Proben zur Verzweiflung zu treiben.

Die sich abzeichnende Weltwirtschaftskrise verlangte mehr und mehr nach einem gemeinschaftsbildenden Stil, der das Zeitempfinden besser einzufangen verstand, als es die meisten der Lendvaischen Chöre vermochten. Das hatte zu bedeuten, daß aus den Gesängen mehr rhythmisch-nervöse Anspannung und deklamatorische Aggressivität sprechen mußte.[66] Dies erkannte der Künstlerische Beirat des DAS zwar in aller Klarheit, war sich aber zunächst noch unsicher, ob er nicht auch denjenigen Komponisten eine Chance geben sollte, die wie Lendvai auf der Suche nach einem neuen Stil hinter das als subjektivistisch und schwelgerisch abqualifizierte klassisch-romantische Zeitalter zurückgingen und dort eine gemeinschaftsbildende Kunst für das ernüchterte Lebensgefühl suchten. Für im Ansatz verfehlt hielten manche Stimmen all die Bestrebungen, die die in der frühen Neuzeit unter gänzlich anderen historischen Voraussetzungen gewachsenen gemeinschaftsbildenden Kräfte in die Weimarer Gegenwart verpflanzen wollten.[67] Solche Kritik richtete sich auch gegen den im DAS spürbaren Gemeinschaftsmythos von Wandervogel und Jugendmusikbewegung, die in ihrer ungesättigten Sehnsucht nach echter Gemeinschaft recht doktrinär auf die frühneuzeitliche schlichte Polyphonie setzten, mit der sie die vermeintlich individualistische und pomphaft-schwülstige Hohlheit des romantischen Ausdrucks zu überwinden hofften.[68] Gegen Bestrebungen dieser Art wandte eine weltoffene Stimme unter den Arbeitersängern recht hellsichtig ein, daß derjenige, der nach frischen Elementen für eine neue Gemeinschaftsmusik Ausschau halte, diese am ehesten bei der „vielverlästerten Tanzmusik" und ihren modernen, rhythmisch mitreißenden Formelementen finden werde.[69] Rückhalt fand diese Anschauung innerhalb des Künstlerischen Beirats in erster Linie bei Walter Hänel, während Alfred Guttmann noch 1929 bedauerte, daß offenbar allein das Tanzfieber imstande war, über die politischen Lager hinweg eine Art „wahrer Volksgemeinschaft" zusammenzuzimmern.[70] Jedoch war Guttmann aufgeschlossen genug, um diese Stile nicht in Bausch und Bogen zu verwerfen. Auf seine Initiative ging zurück, daß 1929 mit den humoristischen Chören der von ihm herausgegebenen Männerchor-Sammlung ein erster Versuchsballon gestartet wurde, um in den Chorgesang des DAS den modernen amerikanischen Tanzstil einzuführen.

In der Offenherzigkeit, mit der man die Probleme des Stil- und Geschmackswandels anpackte, kündigte sich eine weitere Radikalisierung der nachromantischen Maß-

---

66 *Walter Hänel*, Genosse tritt ein, schreit mit, in: DASZ Nr. 12, 1929, S. 249; Wollen wir im DAS das Bänkellied pflegen, in: DASZ Nr. 2, 1930, S. 27 f.; *Walter Hänel, Amin Knab – Hanns Eisler,* in: ASZ Nr. 8, 1931, S. 178; *Alfred Guttmann,* Redebeitrag auf der 8. Generalversammlung des DAS 1932; Protokoll, S. 87 ff.; Aus Zuschriften unserer Funktionäre, in: ASZ Nr. 12, 1932, S. 267.
67 *Paul A. Pisk,* Arbeitermusikkultur, in: DASZ Nr. 8, 1929, S. 161 f.
68 *Dorothea Kolland,* Die Jugendmusikbewegung. Gemeinschaftsmusik, Theorie und Praxis, Stuttgart 1979.
69 *Pisk.*
70 Vgl. Männerchöre; Erläuterungen Nr. 287-290 im Anhang; siehe auch Anm. 43.

stäbe an.⁷¹ Fast zwangsläufig mußten die Aversionen gegen die alte Welt des rührseligen oder pathetischen Schwulstes wachsen, wenn es in einer seelisch zerrissenen Zeit, in der sich überall Abgründe auftaten, darauf ankam, Kampfeszuversicht zu bewahren. Unter diesen Bedingungen konnte nach Meinung der Neuerer veredelten Gemeinschaftssinn nur solch ein Stil hervorbringen und symbolisieren, der nicht triefenden Schwulst, sondern nüchternes, unerbittliches und schneidend-hartes Klassenkämpfertum zum Ausdruck brachte. Musikalische Formbildung sollte auch den nackten Tatsachen des Alltags und der Unerbittlichkeit des sozialistischen Kämpferschicksals abgelesen sein; nach Walter Hänel, einem Exponenten des modernen Tendenzgesanges, war hier weniger das Gefühlsmäßige als vielmehr ein „Sprechen auf Tönen" gefordert, wie dies an erster Stelle Hanns Eisler kompositorisch umzusetzen vermochte; der Erfolg gab Eisler recht, wenn er das Empfinden derjenigen Arbeitersänger mehr und mehr ansprach, die von der alten Pathetik nichts mehr wissen wollten.⁷²

Obwohl Eislers Stil den gewandelten Bedürfnissen bereits recht gut entgegenkam, hoffte man weiterhin darauf, daß möglichst bald in noch umfassenderer Weise ein wahrhaft zeitgemäßer Kompositionsstil das neue Lebensgefühl zu bündeln vermochte; erst dann, so glaubte die Musikerelite des DAS, sei die Zeit reif, Ersatz für das klassische Musikerbe zu schaffen. Ungeschadet aller Vergötterung, die diesem Erbe auch im DAS zuteil wurde, sehnte man sich nach dem großen künstlerischen Genie, das kraft höherer Eingebung das zeitgemäße „Oratorium der Arbeit" schuf.⁷³ In diesem Bedürfnis ließ man sich auch nicht durch den hauseigenen Marxismus beirren. Zwar neigte man im Regelfall zu der Sicht, in marxistischer Manier den sog. kulturellen „Überbau", also auch den bürgerlichen Musikbetrieb der Weimarer Zeit, funktional auf die im Wirtschaftlichen gründenden Klassenverhältnisse zurückzuführen, aber diese Betrachtungsweise verlor in der Beurteilung großer zeitgenössischer Komponisten ihre Gültigkeit. Diesen Persönlichen Qualitäten eines klassenungebundenen, dem Alltag enthobenen Übermenschen zuzuschreiben, knüpfte an die alte Tradition der Genieverklärung an und entsprang aktuell dem Bedürfnis, die diesseitigen politischen Heilserwartungen der sozialistischen Arbeiterbewegung auch in herausgehobenen beethovenähnlichen Führerpersönlichkeiten personifiziert zu sehen. So waren es auch Geniekult und Veredelungsmythos, die nach der Abspaltung der Kommunisten vom DAS die ideelle Brücke zwischen den im DAS verbliebenen Arbeitersängern und Hanns Eisler schlugen, auch wenn man Eisler nicht unbedingt für das Komponisten-Genie

---

71 Sehr eindrucksvoll zeigte sich die Radikalisierung bei Walter Hänel, der sich als Promoter der künstlerischen Niveausteigerung zugleich auch gegenüber dem Schlager sehr aufgeschlossen zeigte; vgl. ders., *Armin Knab*.
72 Walter Hänel und einige andere kunstpolitisch engagierte Musiker des DAS wie etwa der Leipziger Chordirigent Otto Didam konnten sich dem Reiz der Eislerschen Musik trotz der politischen Kluft nicht entziehen; vgl. *Otto Didam,* Zur Chorpädagogik im Arbeiterchor, in: Der Weckruf Nr. 1, 1931, S. 8; siehe auch: Neue Arbeiterlieder, in: Vorwärts vom 9.5.1931; selbst der „Vorwärts" sprach davon, daß Eisler eine der ganz großen Hoffnungen des proletarischen Liedes sei.
73 *R. Brauner,* Aus dem Bundesverlag, in: DASZ Nr. 12, 1929, S. 252; *Oswald Bauer,* Kunsterziehung und Arbeiterschaft, in: Der Weckruf Nr. 1, 1931, S. 3 ff; *Guttmann* in: 8. Generalversammlung des DAS 1932, S. 112; *Schilling,* Das Freiheitslied, in: DASZ Nr. 7, 1924, S. 60.

schlechthin halten mochte. Sehr tief saß die Überzeugung, daß die sozialistische Gemeinschaftsgesinnung beträchtlicher musikalischer Veredelungsanstrengungen bedürfe, und diese Überzeugung ließ im Falle der Eislerschen Musik leicht über die Niederungen der Parteipolitik hinwegsehen, in die zwar der „Mensch", nicht jedoch der „Künstler" Eisler verstrickt zu sein schien. Hier zeigte sich, daß die Sehnsucht nach ideeller gemeinschaftlicher Geborgenheit, charismatischen Führerpersönlichkeiten und nach rituellen Formen, in denen man sich dessen vergewissern konnte, im tief gespaltenen Weimar so übermächtig war, daß man allen Bedenken zum Trotz die zeitgenössischen Werke Eislers dankbar annahm, der im Auftrage der sozialistischen Idee zu schreiben schien und das Gemeinschaftsgefühl der Krisenzeit wie kein anderer kompositorisch einzufangen verstand.

d) *Arbeitersänger zwischen Männerchören und gemischtem Chorgesang*

Die Männerchöre des DAS blieben bis in die späten Weimarer Tage die tragende Säule des Verbandes, gerieten jedoch nach 1918 als männerbündische Organisationsform unter Rechtfertigungsdruck. Allerdings spielte dabei die Frage der Frauenemanzipation keine Rolle. Dazu bestand auch kein Anlaß, denn für Frauen war chorgesangliche Betätigung ohne jede Beschränkung in den gemischten wie in den Frauen-Chören des Verbandes möglich. Im übrigen stellte sich niemand dem Bemühen, Frauen für den Arbeitergesang zu interessieren, offen in den Weg. Es hat den Anschein, daß man die Gleichberechtigungsidee und den kultursozialistischen Erziehungsanspruch in dem breiten Angebot an gemischten und an Frauen-Chören vollauf erfüllt sah.[74] Dies hätte durchaus ein spannungsfreies Nebeneinander der drei großen Chorgattungen des Männer-, Frauen- und gemischten Chorgesangs erlaubt, wenn nicht eine Besonderheit des Chorwesens jenseits der sozialistischen Ideenwelt den Männergesang hätte fragwürdig werden lassen. Die Brisanz rührte daher, daß im Chorwesen das natürliche menschliche Stimmorgan das Musikinstrument abgibt und der gemischte Chorgesang, der ja beide Geschlechter zusammenführt, musikalisch überlegen ist. Der Männergesang fällt nach Stimmumfang, klangfarblicher Variationsbreite und Stimmführungsmöglichkeiten stark hinter den gemischten Chorgesang zurück. Dies belegt eindrucksvoll der Tatbestand, daß in der abendländischen Musikkultur anspruchsvollere Vokalmusik vorwiegend für den gemischten Chor komponiert wurde. Daß diese Chorliteratur künstlerisch ambitionierte Musiker und Laiensänger mehr reizte als das Genre des Chorgesangs mit gleichen Stimmen, versteht sich von selbst.[75] Zum Problem wurde die musikalische Überlegenheit des gemischten Chores, weil sie dazu angetan war, die überkommene Rangordnung der Geschlechter aufzuweichen, und dies in der Weise, daß männliche Dominanz und männlicher Korps-

---

74 *Gertrud Linke,* Die Frau im DAS, in: DASZ Nr. 6, 1929, S. 116 f.
75 *K.H. Schilling,* Vom gemischten Chorgesang, in: DASZ Nr. 12, 1921, S. 98 f.; *Alfred Heuß,* Über Ziele und Aufgaben der Männergesangvereine, in: LVZ vom 30.5.1925; *Hans Grimm,* Die Volkssingakademie, in: DASZ Nr. 11, 1925, S. 166 ff.

geist ihre Geltung verloren. So mancher Arbeiter-Männerchor dürfte gerade davor zurückgeschreckt haben, falls er sich gedrängt fühlte, in einem gemischten Chor aufzugehen. Das Problem bestand darin, daß im gemischten Chorgesang die weibliche Sopran-Stimme, nicht jedoch der I. Tenor, wie im Männerchor, der vorrangige Melodieträger war. Dies beschnitt die Männerstimmen in ihren Profilierungschancen. Auf den Status von Begleitstimmen zurückzufallen, hätte für manch strammen Männerchor-Sänger musikalische Kastration bedeutet.

Über lange Zeit konnte der deutsche Männerchorgesang ungeachtet der weltanschaulichen Orientierung recht gut mit der künstlerischen Zweitrangigkeit leben. Denn seine Existenz verdankte er seit den Anfängen in erster Linie außermusikalischen Zwecken. An seiner Wiege hatten der nationale Einigungswille und der soldatische Wehrgedanke gestanden; diese beiden ideellen Momente hatten ihn seit den Befreiungskriegen zu einem bedeutsamen Träger des bürgerlichen Nationalismus und der gesamten deutschen Nationalkultur werden lassen.[76] Lebendig blieb der Nationalismus des bürgerlichen Männerchorgedankens bis in die Weimarer Zeit hinein. Die unverstandene Kriegsniederlage gab ihm in der Frontgeneration großen Auftrieb. So war es kein Wunder, daß nationaler Wehrgedanke und soldatische Mannhaftigkeit auch auf das Verhältnis von Männerchor und gemischtem Gesang abfärbten. Es waren Stimmen zu vernehmen, die den gemischten Chorgesang verdächtigten, sich seiner künstlerischen Orientierung wegen in unpolitischer Selbstgenügsamkeit zu gefallen. Dem lag zugrunde, daß diese Chöre schwerlich eine mannhaft-kämpferische Aura verbreiten konnten. Aber genau dies erwartete die politische Rechte von national zuverlässigen Gemeinschaftsäußerungen.[77]

Politisches Gemeinschaftsdenken und mannhafter Kampfgeist färbten auch auf den sozialistischen Arbeitergesang ab, den bis zum I. Weltkrieg vorwiegend Männerchöre trugen. Dies über Jahrzehnte gewachsene, lagerübergreifende Selbstverständnis der Männerchorkultur blieb auch in der Weimarer Zeit noch sehr lebendig und fühlte sich durch diejenigen Stimmen in der DAS-Verbandselite bestätigt, die im gedrungen „wuchtigen" Klangbild des Männerchores das militante und aufopferungsvolle Kämpferethos des sozialistischen Klassenkämpfers am besten verkörpert sahen und sich darin durch die krisenhafte und gefahrenvolle Entwicklung Weimars bestärkt fühlten.[78] Auch scheint der künstlerische Ehrgeiz der gemischten Chöre diese Sichtweise gefördert zu haben. Dies klang durch, wenn es zu solch globschlächtiger Zu-

---

76 *Richard Kötzschke,* Geschichte des deutschen Männergesangs, hauptsächlich des Vereinswesens, Dresden 1927; neuerdings auch: *Dietmar Klenke,* Bürgerlicher Männergesang und Politik in Deutschland, in: GWU 1989, Heft 8 und 9.
77 Vgl. hierzu die repräsentativen Stellungnahmen von Männerchor-Traditionalisten im Deutschen Sängerbund (DSB), dem großen Kontrapart des DAS im sog. bürgerlichen Lager: *Max Steege,* Mehr künstlerische Kultur in den Männergesangvereinen, in: DSBZ Nr. 50, 1928, S. 772; *Fritz Stege,* Die kulturelle Bedeutung des Männerchorgesangs, in: DSBZ Nr. 51, 1928, S. 783; *Karl Engelhart,* Die Aufnahme von Frauen- und gemischten Chören in den DSB, in: DSBZ Nr. 13, 1929, S. 205 f.
78 *Alfred Guttmann,* Hat der Arbeitergesang eine kulturelle Bedeutung, in: DASZ Nr. 90 und 92; Über proletarische Männerchöre zu Volkschören, in: DASZ Nr. 6, 1930, S. 105.

schreibung kam: gemischter Chor gleich Kunst, Männerchor gleich Tendenzgesang.[79] Kaum zu übersehen war, daß der künstlerische Veredelungsgedanke ein wichtiges, wenn nicht das ausschlaggebende Motiv war, wenn sich die Männerchöre Anfechtungen ausgesetzt sahen. Kaum dürfte bei der Werbung für den gemischten Chor das Ideal der Geschlechtergemeinschaft eine nennenswerte Rolle gespielt haben; ausdrückliche Erwähnung fand nur der künstlerische Gesichtspunkt.

Der Veredelungsgedanke trug nicht wenig dazu bei, daß es in Hinblick auf Kunst und Politik unterschwellig zu einer gewissen Arbeitsteilung zwischen den Chorgattungen kam. In der Tat dünkte sich manch ehrgeiziger gemischter Chor über rein politische Auftrittsverpflichtungen erhaben und lief Gefahr, sich im Arbeitermilieu zu isolieren. Daß die DAS-Führung zu künstlerischem Aufstieg ermunterte, dürfte diese Entwicklung ungewollt begünstigt haben.[80] Hinzu kam, daß die Befürworter des gemischten Chorgesangs den Eindruck erweckten, den Männerchor eher aus künstlerischen als aus politischen Gründen zu verachten: Man hielt ihn für zu grobschlächtig, altmodisch, niveaulos und bierselig, um an seinem Fortbestand interessiert sein zu können.[81] Erst in der Großen Krise fielen sein politischer Kampfauftrag und seine spezifische Militanz wieder so sehr ins Gewicht, daß die Kritik an seinem künstlerischen Niveau verstummte.

e) *Kultursozialismus und Arbeitergesang*

Sucht man nach einer tragenden Idee für den sozialistischen Arbeitergesang, wird man am ehesten beim Bildungs- und Erziehungsanspruch des Kultursozialismus fündig. Dahinter verbargen sich all die Phantasien und Sehnsüchte, die sich auf das verklärte Ideal der sozialistischen Zukunftsgesellschaft richteten.[82] Eng verwoben war

---

79 Die Arbeitersänger in Dortmund, in: Westfälische Allgemeine Volkszeitung vom 2.7.1927.
80 *Walter Hänel,* Wie bringen wir Musik in die Arbeiterschaft, in: DASZ Nr. 1, 1925, S. 3; *ders.,* Karl Liebknecht und die Matthäus-Passion, in: DASZ Nr. 2, 1928, S. 17.
81 Nicht nur unterschwellig, sondern recht deutlich tritt die abschätzige Haltung zu Tage in: Männerchöre und Musikkultur, in: DASZ Nr. 2/3, 1923, S. 15; Die Not der Volkschöre und deren Behebung, in: DASZ Nr. 4, 1923; Aus den Mitgliedschaften, in: DASZ Nr. 4, 1929, S. 75 f.; *Franz Backhaus,* Chorwesen und Vereinsmeierei, in: DASZ Nr. 6, 1930, S. 104. Typische Beispiele für unterschwellige Verachtung sind die lapidare Feststellung Alfred Guttmanns, der Männergesang habe „soziologische", nicht „künstlerische Bedeutung", und die ironische Bemerkung Walter Hänels, daß man „unentwegten Männerchor-Athleten" doch ihre Männerchöre lassen solle; vgl. *Guttmann,* Hat der Arbeitergesang, S. 90; *Hänel,* Wie bringen wir Musik, S. 3.
82 Vgl. hierzu folgende programmatische Stellungnahmen: *H. Dietze,* Der deutsche Chorgesang, seine Vergangenheit, Gegenwart und Zukunft, in: DASZ Nr. 3, 1925; *B. Nietner,* Der Arbeitersänger, sein Chorgesang und Programm im Rahmen der Volkskultur, in: Festschrift zum 25jährigen Bestehen des Deutschen Arbeiter-Sängerbundes, Gau Leipzig 1902-1927; *Carl Fehsel,* Wir und die Arbeiterpresse, in: DASZ Nr. 6, 1929, S. 113 f.; *Walter Hänel,* Gesang und Sozialismus, in: DASZ Nr. 5, 1930, S. 73 ff.; *Franz Backhaus,* Chorgesang und Vereinsmeierei, in: DASZ Nr. 6, 1930, S. 104; *Karl Klauder,* Der Arbeitergesang im sozialistischen Kampf, in: Protokoll der 22. ordentlichen Gau-Generalversammlung des DAS-Gaus Westliches Westfalen in Dortmund, August 1930; *Leo Kestenberg,* Arbeitergesang und Volksbildung, in: Deutscher Arbeiter-Sängerbund. 40 Jahre Gau Berlin, Feierstunden der Arbeitersänger, 3.-10. Mai 1931 in Berlin.

damit ein neues Menschenbild, dem freilich der Arbeiter im Hier und Jetzt seiner gedrückten Existenz nicht entsprach. Hier setzte der Erziehungsanspruch an: Der Arbeiter sollte sich als proletarischer Klassenkämpfer und Träger der sozialistischen Umgestaltung verstehen lernen und solidarischen Gemeinschaftssinn seiner Klasse gegenüber entwickeln. Solch ehrgeizigem Anspruch gemäß wollte der Arbeitergesang bereits vor Erreichen des sozialistischen Endziels auf rituellem Wege eine sinnliche Vorstellung von der ersehnten Zukunftsgesellschaft vermitteln. Auf anderem Wege, d.h. ohne sinnlich-rituelle Vergegenwärtigung, hätten sich visionäre Zukunftshoffnungen und entbehrungsreiche Kampfbereitschaft nur schwerlich wachhalten lassen. Gleichwohl konnte der Gesang auch das Gegenteil bewirken, konnte zu rituellem Handlungsersatz degenerieren, gleichsam zu einem seelischen Ventil, zu einem Mittel der emotionalen Spannungsabfuhr werden, wie bereits vor 1914 der Soziologe Max Weber geargwöhnt hatte.[83] Dennoch, der Arbeitergesang blieb ambivalent. Aus der Sicht der führenden Sängerfunktionäre galt es, auf sinnfällige Weise dem Utopieverlust im grauen Einerlei des Alltags vorzubeugen. Und noch eine weitere Aufgabe war alles andere als ritueller Handlungsersatz: Bereits in der alten Gesellschaft sollte der Gesang den neuen Menschen charakterlich vorbereiten helfen, den Sänger und sein soziales Umfeld in Überwindung des bürgerlichen „Individualismus" zu sozialistischer Gemeinschaftlichkeit und Solidarität erziehen.[84] Damit hoben sich die Arbeitersänger und ihre Verbandselite in den Rang einer Kulturavantgarde, glaubten als Vorkämpfer des historischen Fortschritts eine Kulturmission zu erfüllen.[85]

Solch avantgardistische Erziehungsmission prägte großenteils das Verhalten der Organisationselite des DAS. Dieses Sendungsbewußtsein kam auch in all den Leitbildern zum Ausdruck, die der „Tendenzgesang" vermittelte, wobei die Arbeitersänger mit „Tendenzgesang" all die Gesänge bezeichneten, die ausdrücklich auf politische Fragen Bezug nahmen. Diese Art Gesang sollte den Arbeiter als Träger der sozialen Umwälzung auf die kommenden Aufgaben vorbereiten und als musikalisches Gemeinschaftsritual „kultische" Gestalt annehmen, um die klassenkämpferische Gemeinschaftsethik nach Form und Inhalt sinnfällig verkörpern zu können.[86] Auffällig ist jedoch, wie wenig im Gesangsritual der neue Mensch, der politische Kampf und das sozialistische Endziel konkretisiert wurden, wie sehr im Gegenteil das geschichtsreligiöse Verklärungsbedürfnis im Vordergrund stand.[87] Inhalte oder auch nur vage

---

83 Vgl. *Werner Fuhr,* Proletarische Musik in Deutschland 1928–1933, Göppingen 1977, S. 34; vgl. auch: *Hans Staudinger,* Individuum und Gemeinschaft in der Kulturorganisation des Vereins, Jena 1913.
84 Die antiindividualistische Grundhaltung kommt bei einigen kultursozialistisch engagierten Arbeiterchor-Dirigenten pointiert zum Ausdruck: *Herbert Dietze,* Der Arbeiterchor. Seine Konzertprogramme und seine Konzertbesucher, in: LVZ vom 17.6.1927; *Franz Backhaus,* Chorwesen und Vereinsmeierei, in: Nr. 6, 1930, S. 104; *Karl Rankl,* Aufgaben des Chorleiters, in: ASZ Nr. 1, 1931, S. 6; *Karl Hoffmann,* Werbung in Not, in: ASZ Nr. 9, 1931, S. 188.
85 Sehr deutlich bei: *Karl Rankl; Julio Goslar,* Zweck und Ziel des DAS, in: ASZ Nr. 9, 1931, S. 187; Aus den Mitgliedschaften, in: ASZ Nr. 5, 1932, S. 115.
86 *Hans Hartmann,* Sind unsere Volkschöre nicht revolutionär, in: DASZ Nr. 7, 1924, S. 61; *H. Dietze,* Der deutsche Chorgesang, S. 28.
87 Die Analyse der Chorliteratur wird dies später noch im einzelnen belegen.

Hinweise, die für praktische Politik hätten tauglich sein können, fehlten völlig. Der Gesang deutete die Leitbilder nur sehr verschwommen an und ließ damit absichtsvoll breiten Raum für eine Welt mythischer Empfindungen und Denkfiguren, aber auch für die Vermittlung grundlegender, jedoch im Konkreten kaum greifbarer Lebenseinstellungen und Verhaltenstugenden wie etwa Gemeinschaftssinn, Kampfesmut oder Erlösungssehnsucht, mentale oder charakterliche Zustände, die sich mit tagespolitischen Problemen verhältnismäßig beliebig verbinden ließen.[88] Der Gesang sollte eben, so die vorherrschende Haltung im DAS, vorrangig das „Innenleben" der Menschen ansprechen und all das in den Herzen der Arbeiter verankern, was sich dann im „äußeren" Leben, im wirtschaftlichen und politischen Kampf, handgreiflich zu bewähren hatte.[89] Die intensive Gefühlswirkung des Chorgesangs wußte man zu nutzen, um das „Kollektivempfinden" der sozialistischen Solidargemeinschaft nachhaltig in Szene zu setzen.[90] Dies diente keinem anderen Zweck, als das sozialistische Gemeinschaftsideal nebst seinen visionären Komponenten seelisch zu verankern. Dabei sollte die Kunst als Versinnbildlichung des Schönen und sittlich Edlen hilfreiche Dienste leisten. Dies brachte sie zuwege, indem sie den sozialistischen Gemeinschaftsgeist und seine Verpflichtungsethik mit der Aura des Makellosen, Erhabenen und Verheißungsvollen umgab. Diesem Zweck hätte gewiß nicht gut getan, wenn man allzusehr auf die konkreten Probleme sozialistischer Umgestaltung angespielt hätte. Kurzum, im Chorgesang sollte der Sozialismus empfunden, nicht in rationalistischer Manier zerredet werden.

Daß man der vernunftmäßigen Ansprache weniger gemeinschaftsbildende Kraft zutraute als dem gefühligen Singen, diese Einsicht dürfte den gewichtigsten Grund dafür abgegeben haben, daß der Chorgesang die sozialistische Idee nur in vagen Konturen in Erscheinung treten ließ. Daß die Gesangstexte über verschwommene Sprachformeln nicht hinauskamen, lag auch darin begründet, daß die Arbeitersänger ihren Gemeinschaftsanspruch gesamtsozialistisch, d.h. im Hinblick auf das marxistische „Lager" parteiübergreifend verstanden, ein Anspruch, der die seelischen Bindekräfte der Gesangskunst wiederholt vor politische Zerreißproben stellte, wenn im Verhältnis der sozialistischen Arbeiterparteien die Zeichen auf Sturm standen.[91] Mithin verbot sich von vornherein, mehr als nur einen gesamtsozialistischen Minimalkonsens zwischen Sozialdemokraten und Kommunisten zum Ausdruck zu bringen. Dies kam der Bundesführung des DAS und den meisten Regionalvorständen noch aus einem weiteren Grunde sehr entgegen: Sie wähnten den kulturellen Klassenkampf aus künstlerischen Gründen in einer sittlich höheren Sphäre: Dort sollte er als künstlerisches Medium, das den Schlacken des politischen Tagesgeschäfts enthoben war, die sozia-

---

88 *Hans Hartmann,* Sind unsere Volkschöre noch revolutionär, S. 61; *Carl Fehsel,* Wir und die Arbeiterpresse, S. 113.
89 Vgl. ebda.
90 *Hans Hartmann,* Sind unsere Volkschöre, S. 61; *Karl Hoffmann,* Werbung in Not, in: ASZ Nr. 9, 1931, S. 188.
91 Protokoll der 4. Generalversammlung des DAS, abgehalten in Kassel, 20.-22. Juni 1920, Berlin 1920, S. 51; Die Kasseler Generalversammlung, in: DASZ Nr. 88, 1920, S. 4.

listische Idee in reiner und erhabener Gestalt zur Geltung bringen. Es ist erstaunlich, welch starke Bindekraft dieses kulturbürgerliche Traditionsgut im sozialistischen Milieu entfalten konnte. Das ging so weit, daß man im künstlerischen Tun teilweise eine höhere Gesittung verkörpert sah als im praktisch-politischen Handeln. Dies schimmerte durch, wenn es hieß, daß die Kunst es mit den „letzten Zielen", d.h. mit den höchsten Idealen zu tun habe, denen sich alle Sozialisten ungeachtet ihrer Parteizugehörigkeit verbunden fühlten. Genau diese „letzten Ziele", auf die sich die geschichtsreligiösen Heilserwartungen der marxistischen Weltanschauung richteten, wollte der Gesangsritus als Ausdruck höherer Gesittung einheitsstiftend verkörpern.[92] Hier speiste sich die Zuversicht, den gesamtsozialistischen Anspruch künstlerisch wahrmachen zu können, zu guten Teilen aus dem musikalischen Veredelungsmythos. Dieser Leitidee blieb die DAS-Führung bis zum Untergang der Weimarer Republik treu.

Da man im DAS dem Gehalt des Chorgesangs größere Bedeutung beimaß als der publizistischen und rhetorischen Propagierung der Organisationsziele, interessierte man sich in erster Linie für das Problem, wie der abstrakte Leitgedanke, daß der Chorgesang Ausdruck der Interessenlage des Arbeiters zu sein habe, praktisch umzusetzen sei. Stets war umstritten, inwieweit das Gesangsrepertoire der Vereine dem reinen Tendenzgesang verpflichtet sein sollte, um diesem Anspruch zu genügen. All denjenigen, die zu einem engeren, mehr agitatorisch-instrumentellen Verständnis des Kultursozialismus neigten, ging das Übergewicht der unpolitischen Gesänge zu weit; andere dagegen, unter ihnen auch die einflußreichen Musikfachleute des Künstlerischen Beirats beim Bundesvorstand, sahen auch hinter diesen Gesängen politische Gehalte verborgen, wenn auch in eher vermittelter Gestalt.[93] Die ersteren beschworen wiederholt die Gefahr des Identitätsverlustes, wenn sich der auch von ihnen im Grundsatz nicht abgelehnte künstlerische Ehrgeiz zu sehr zu verselbständigen drohte. Nicht allein hierbei blieb der Konsens aus, sondern auch in der weitaus schwierigeren Frage, welche Formen des Tendenzgesangs nach Text und Musik der proletarischen Lebens- und Interessenlage am ehesten gerecht würden. Einigkeit bestand darin, das Alltagsempfinden, die sozialistische Wertewelt und die Sehnsucht nach einer besseren Welt aufgreifen zu müssen. Strittig war jedoch, ob das Schwergewicht auf die Traditionspflege oder auf die Gefühlslage der Nachkriegsrepublik zu legen sei.[94] Bis weit in die 20er Jahre hinein tat sich innerhalb des Funktionärskörpers eine Mehrheit von Traditionalisten schwer, das Liedgut der Wilhelminischen Ära hintanzustellen. Sie hielt es nach wie vor nicht für überlebt und zeigte sich gegenüber neuer Chorliteratur wenig offen. Vor überstürzter Einführung neuer Tendenzmusik warnten aber

---

92 *Hartmann,* S. 61.
93 Diesen Gegensatz zeigen die beiden folgenden Stellungnahmen in aller Deutlichkeit: *K.H. Schilling,* Das Freiheitslied, in: DASZ Nr. 7, 1924, S. 58 ff.; *Hans Herwig,* Darf der Arbeiter geistige Musik aufführen und wieweit darf er hierin gehen, in: DASZ Nr. 4, 1926, S. 60.
94 Deutlich tritt dies 1921 in der Kontroverse zwischen dem Bundesvorstand des DAS und Alfred Guttmann zutage, wobei Guttmann zu den Neuerern zählte; vgl. *Alfred Guttmann,* Hat der Arbeitergesang eine kulturelle Bedeutung, in: DASZ Nr. 11, 1921, S. 90 ff.; dem Artikel ist eine Entgegnung des Bundesvorstandes beigefügt.

auch solche Stimmen, die die neuere Chormusik trotz aller Aufgeschlossenheit bis weit in die 20er Jahre hinein für noch unausgereift hielten und aus diesem Grunde lieber auf altbewährtes Traditionsgut zurückgreifen wollten.[95]

Dagegen verlangten die erneuerungsfreudigen Kräfte, an erster Stelle Walter Hänel und Alfred Guttmann, daß um des Klassenkampfs willen ein genuin proletarischer Chorgesangsstil geschaffen werden müsse, der das Absetzungsbedürfnis gegenüber dem bürgerlichen Kulturerbe befriedigen und den Avantgardeanspruch des Proletariats bekräftigen könne. Diesem Anspruch konnten aber die alten Tendenzgesänge, die dem überkommenen bürgerlichen Männerchorstil verpflichtet waren, in keiner Weise genügen. Manch einer hätte daraus gern die Konsequenz gezogen, diese musikalisch minderwertigen Gesänge auf den Misthaufen der Geschichte zu befördern. In diesem Sinne exponierte sich am stärksten Alfred Guttmann als das heimliche kunstpolitische Oberhaupt des DAS. Solange aber kein Ersatz geschaffen war, scheute der Künstlerische Beirat des DAS vor solch radikalen Empfehlungen zurück. Allerdings galt das Bemühen, mit der Tradition zu brechen, nur den Tendenzgesängen. Die Kritik an der Überlebtheit der Traditionen verstummte, wenn es um das klassische Erbe der musikalischen Hochkultur ging. Hier störte niemanden, daß es sich um Gesänge handelte, die von zeitgerechtem sozialistischen Gehalt weit entfernt waren.[96] Bei diesen Gesängen gab offenbar auch das ästhetische Niveau den Ausschlag. Dies hatte insofern große Bedeutung, als es bis Ende der 20er Jahre kaum neuere Tendenzmusik gab, die an das künstlerische Niveau der klassischen Gesänge heranreichte. Die Folge war, daß sich ein Großteil der Chordirigenten mit Rückendeckung von Guttmann und Hänel lieber dem niveauvolleren klassischen Kunsterbe zuwendete, als beim minderwertigen traditionellen Tendenzgesang zu verharren. Nicht wenigen war es durchaus recht, daß der zeitgerechte und niveauvolle Tendenzgesang auf sich warten ließ und der tradierte Tendenzgesang hinter die künstlerische Aufwärtsentwicklung zurücktrat. Diese in Fragen der Ästhetik traditionsbewußten Musikfachleute warnten davor, die stilistische Fortentwicklung des Tendenzgesanges zu ambitiös zu betreiben.[97] Man laufe Gefahr, hieß es, in Fragen der Kunst das Fortschritts- und Umwälzungsdenken zu überziehen. Hierhinter verbarg sich die durchaus realistische Einsicht, daß die Arbeitersänger zu hoch griffen, wenn sie einen neuen Stil schaffen wollten, ohne

---

95 Sehr massiv trat die Frontstellung zwischen den Traditionalisten und den erneuerungsfreudigen Musikexperten der Berliner Zentrale auf der Bundesgeneralversammlung von 1929 in Erscheinung; vgl. VII. Generalversammlung des DAS vom 15.-18. Juni 1929 in München, Verhandlungsniederschrift, Berlin 1929, S. 48 f., 53, 56 und 61; typisch für diejenigen, die einen Wandel in Richtung zeitgemäßer Formen nur auf längere Sicht für möglich hielten: *Franz Landé,* Sind Tonwerke unantastbar, in: DASZ Nr. 7, 1929, S. 127; *Paul A. Pisk,* Arbeitermusikkultur, in: DASZ Nr. 8, 1929, S. 161 f.; *Ehrentreich,* Warum Arbeiterchorkonzerte, in: Nr. 1, 1930, S. 3.
96 Typischer Vertreter dieser Richtung war Walter Hänel, der seit 1926 die Musikberatungsstelle der Berliner DAS-Zentrale hauptamtlich leitete und dem Künstlerischen Beirat beim Bundesvorstand als jüngstes Mitglied angehörte; vgl. ders., Hannover und die Arbeitersänger, in: DASZ Nr. 7, 1928, S. 10 f.; deutlicher noch in: Genosse tritt ein, schreit mit!, in: DASZ Nr. 12, 1929, S. 249; Los vom überlieferten Programm, in: DASZ Nr. 4, 1931, S. 78 f.; im Laufe der Weltwirtschaftskrise verschob sich bei Hänel der Akzent deutlich vom traditionellen Kulturgut zu den aktuellen Tendenzgesängen.
97 *Landé,* S. 127; *Pisk,* S. 161 ff.; *Ehrentreich,* S. 3.

daß genügend befähigte Komponisten in Sicht waren, die sich dem Sozialismus ideell verbunden fühlten. In der Tat ließen sich die kompositorischen Befähigungen, aus denen die lang ersehnten proletarischen Werke hätten erwachsen können, kaum aus dem Boden stampfen.

Zur musikpolitischen Kompromißlinie wurde, das von der Musikerelite als minderwertig empfundene alte Tendenzlied trotz aller Zurückstufung weiterhin mitzuschleppen und das sozialistische Emanzipationsstreben vorrangig auf die Aneignung des klassischen Kulturerbes zu lenken, das bis dahin den privilegierten Schichten vorbehalten war.[98] Dieser Kompromißweg, der beides nebeneinander bestehen ließ, erwies sich bis zur Großen Krise allem Unbehagen zum Trotz als durchaus gangbar. Denn der überkommene Tendenzgesang behielt als intimster Ausdruck sozialistischen Gemeinschaftsgefühls auch weiterhin seinen Platz, wenn auch zurückgestuft. Als sich der Tendenzgesang zu Beginn der Großen Krise künstlerisch zu mausern begann, frohlockten mit Guttmann und Hänel die tonangebenden Köpfe des Künstlerischen Beirats, daß man sich allmählich des Tendenzgesangs nicht mehr zu schämen brauche.[99]

Richten wir nun den Blick auf die Frage, welches Bild von der sozialistischen Ideenwelt der bis 1929 vorherrschende, an traditionellen Stilmerkmalen orientierte Tendenzgesang vermittelte. An erster Stelle standen die Chöre des 1920 verstorbenen Komponisten Gustav Adolf Uthmann, der als „Sohn des Volkes" das Ideal eines volksverbundenen Tonschöpfers verkörperte. In seinen Chören bewies Uthmann ein außerordentlich sensibles Gespür für das von Ohnmacht geprägte Lebensgefühl der Arbeiter, eine Stimmungslage, aus der Sehnsucht nach kämpferischem Aufbegehren und nach Erlösung erwuchs. Diesem Bedürfnis vermochte er musikalisch Ausdruck zu verleihen.[100] Entsprechend spiegelten seine Chöre die vorrepublikanische Empfindungswelt und Kampfzeit der sozialistischen Arbeiterbewegung. Bis zum Generationsumbruch Ende der 20er Jahre büßten sie von ihrer Wirkung kaum etwas ein. Aus ihnen spreche der „aufopfernde Gestus der Freiheit", hieß es noch 1930 aus Anlaß des 10jährigen Todestages.[101]

Eingang fand in seinen Chören eine Vielzahl von Leitbildern, die das angestrengte, kämpferische und von Diskriminierungserfahrungen gezeichnete Lebensgefühl der Wilhelminischen Sozialdemokratie spiegelten.[102] Sie vermittelten den Eindruck, daß diejenigen, die sich hier gesanglich Luft machten, die Gesellschaft stark polarisiert

---

98 Pointiert formuliert dies Ehrentreich, ebda.
99 *Walter Hänel,* Genosse tritt ein, schreit mit!, S. 249. Alfred Guttmann, die andere treibende Kraft unter den Musikexperten innerhalb der Bundesführung, hielt sich in den späteren Jahren aus taktischen Gründen etwas zurück, obwohl er ähnlich wie Hänel dachte; er war wegen seiner massiven Kritik an den alten Tendenzgesängen zu stark in die Schußlinie der Traditionalisten geraten.
100 Prot. Bundesgeneralversammlung 1929, S. 49; G.Ad. Uthmann-Gedenkfeiern, in: DASZ Nr. 6, 1930, S. 98 ff.
101 A.G. [vermutlich Alfred Guttmann], Der Künstler und das Volk, in: DASZ Nr. 1, 1930, S. 1.
102 Vgl. die zur Weimarer Zeit beliebten Uthmann-Chöre in: Männerchöre ohne Begleitung, hrsg. vom Deutschen Arbeiter-Sängerbund, Berlin 1929; vgl. im einzelnen: *Tord Foleson,* S. 94 ff.; Das heilige Feuer (Text: Ludwig Lessen), S. 157 ff.; *Sturm* (Text: Ludwig Lessen) S. 164 ff.; Empor zum Licht (Text: Emanuel Wurm) S. 272 ff.

erlebten und eine klassenkämpferische Lagermentalität ausgebildet hatten. Die Weltsicht, die aus den Chören sprach, neigte zu starrer Schwarz-Weiß-Einteilung, d.h. zu einer dichotomischen Gegenüberstellung von unerträglicher Gegenwart und paradiesischer Zukunft, ausgedrückt in einer Reihe metaphorischer Gegensatzpaare, die immer wieder Verwendung fanden: Da war die Rede von „Tag" und „Nacht", vom „Dunkel" und vom „Licht" oder von den „Ketten" der Unfreiheit im Gegensatz zur Freiheit der „Natur". Einen Ausgleich der Gegensätze konnte und durfte es nicht geben; vielmehr propagierten die Chortexte unversöhnliche und kompromißlose Konfliktaustragung, dies ein deutlicher Reflex auf die politische Stigmatisierung der sozialdemokratischen Arbeiterbewegung vor dem Weltkrieg und die soziale Pariastellung ihrer Anhängerschaft. Um die Ohnmacht vergessen zu machen und Kampfeszuversicht zu vermitteln, bestärkten diese Lieder mit religiösem Gestus in der Hoffnung auf eine Totalumwälzung der Gegenwartswelt und verbreiteten eine Endzeitstimmung, der es ums Ganze zu gehen schien, wenn z.B. von der „letzten Schlacht" die Rede war.[103] Naturmetaphern bekräftigten den Glauben, daß der geschichtliche Fortschritt mit naturgesetzlicher Notwendigkeit gleich dem Herbststurm die „morsche" Klassengesellschaft hinwegfegen werde, wie es das Uthmannsche Männerchorlied „Sturm" verhieß.

Die meisten Tendenzchöre, nicht nur die Uthmann'schen Gesänge, brachten zwei extreme Gefühlslagen zum Ausdruck: das Empfinden extremster „Knechtschaft" und das Bedürfnis nach Erlösung. Die Spannung zwischen diesen beiden Gefühlszuständen sollte allein rigoroses, aufopferungsbereites Kämpfertum nach dem Muster von „Sieg oder Tod" lösen können. Hinter dieser Alles-oder-Nichts-Mentalität, die große Opfer abverlangte, verbarg sich ein über alle Zweifel erhabener Glaube und Wahrheitsanspruch, aber auch ein Hang zur dramatisierenden, ins Monomanische gesteigerten Zuspitzung. Im Lichte dieser Wirklichkeitssicht waren ungeachtet der hohen Kosten Gewalt und Revolution als Geburtshelfer der „neuen Zeit" höchst willkommen, deutlich ablesbar an den gehäuft verwendeten militärischen Metaphern, die im Liedgut über weite Strecken eine nicht wegzudenkende Rolle spielten.[104] Den doktrinären, ja mitunter fanatischen Grundton der Kämpferhaltung unterstrich die Neigung, für Kampfsymbole und Kampfziele sakralisierende Begriffe zu verwenden. Die „Heiligkeit" des eigenen Bestrebens sollte darin bestärken, daß grundlegende Umwälzungen im Sinne einer fundamentalen sittlichen Erneuerung auf der politischen

---

103 Vgl. in ebda., Rotgardistenmarsch (Brüder, zur Sonne, zur Freiheit) von Hermann Scherchen nach einer russischen Volksweise, S. 150 f.; dieses Marschlied, das sich erst nach dem I. Weltkrieg verbreitete und in späteren Jahren sehr beliebt wurde, setzte insbesondere im Sprachduktus die Uthmann-Tradition fort.
104 Vgl. Männerchöre; *Tord Foleson,* S. 94 ff.; Arbeitermarseillaise, S. 82 ff.; dieses zumeist mit „Der Weckruf" bezeichnete Lied stammte zwar nicht von Uthmann, stand jedoch als umgetextetes französisches Revolutionslied in derselben Tradition und war bereits in der Wilhelminischen Ära recht beliebt; Gewitterwolken kündeten in diesem Lied von Rache und Revolution, und es ging um „Sieg oder Tod"; vgl. weiterhin: Ruf der Freiheit, S. 135 f.; Rotgardistenmarsch, S. 150 f.; Empor zum Licht, S. 275 ff. Den nachhaltigsten Eindruck von den Gewaltvorstellungen der Arbeitersänger vermittelt die beliebte Chorballade „Tord Foleson"; vgl. den Text im Wortlaut in Anm. 108.

Tagesordnung standen. Im Lichte dieser Wirklichkeitssicht erhielten Gemeinschaftsverpflichtung und Aufopferungsgebot, in manchen dieser Chöre zum Heldenkult überhöht, absolut verbindlichen Charakter. Diese Ideale verkündeten die Chorlieder mit missionarisch-verbissenem Eifer und heiligem, sich bis zur totalen Selbstaufgabe steigerndem Ernst. Kein Wunder, daß sich in der Atmosphäre solcher Bekenntnisrituale auch der letzte Zweifel verflüchtigte, ob denn die unbedingte Einordnung in die Kampffront des Sozialismus und die strikte Unterordnung unter dieses Kollektiv tatsächlich erforderlich sei. Ganz in diesem Sinne knüpften die beliebtesten Tendenzchöre mit Vorliebe an die vertrauten Ideale soldatischer Mannhaftigkeit an, wenn es die Verpflichtung für den proletarischen Befreiungskampf zu bekräftigen galt. Dies war insofern von großer Bedeutung, als die meisten dieser Lieder ja nicht allein das Befreiungsziel als solches verherrlichten, sondern in gleicher Weise den militanten, gewaltsamen Weg dorthin, der ein totales Aufgehen in der „Masse" der Kämpfer, im „gewaltigen Heer der Arbeit" verlangte.[105] Die gesangliche Lobpreisung der Gewalt ging so weit, daß ihr als Mittel der Politik sogar eine Vorzugsstellung eingeräumt wurde. Gewaltanwendung avancierte zu einem geradezu unentbehrlichen Zwischenstadium auf dem Wege in eine bessere Zukunft. Beides, von Gewalt geprägte Machtphantasien und verklärte Zukunft, stachelten zu rigorosem Veränderungswillen und militantem Klassenkampf an. Daß sich solch grundlegende Empfindungszustände in den Herzen der Arbeitersänger verankerten, dazu wollte die gesanglich verklärende Aufbereitung beitragen. Für individualistische, skeptische oder versöhnliche Stimmungslagen blieb wenig Raum. Der Geist des sozialistischen Gemeinschaftsanspruches, den diese Chöre atmeten, schloß dies in aller Unbedingtheit aus.

Den Gestus des aufopferungsvollen sozialistischen Kämpfer- und Heldentums untermalte auch die Musik. Da waren zunächst die beliebten Uthmann-Gesänge, die der musikalischen Form nach größtenteils dem Typus des durchkomponierten, romantisch-homophonen Chorliedes angehörten. Sie lehnten sich eng an den Balladenstil an, der vor der Jahrhundertwende in der bürgerlichen Männerchorliteratur in Mode gekommen war.[106] Erzählender Stil und wechselnde Stimmungen, die die Chorballade vom Strophenlied abhoben, vermittelten dem Gesang eine neuartige Dramatik, von der sich auch die Arbeitersänger angesprochen fühlten. Mit dieser Setzweise verstand es Uthmann, das Kämpfertum des Sozialisten mit der Aura des Leidenschaftlichen und Dramatischen zu verbinden. Handelte es sich hierbei um eine Besonderheit der Uthmann-Chöre, so war ein weiteres herausragendes Stilmerkmal fast allen Tendenzgesängen gemeinsam, den Balladen ebensosehr wie den Strophenliedern: Sie lehnten sich eng an das traditionelle Pathos der bürgerlichen Vaterlandsgesänge an. Auf Grund der vorrangig syllabischen Melodik wirkte das Pathos zumeist straff und vorwärtsdrängend, weniger schwelgerisch. Diesen Gestus unterstrichen die marschähn-

---

105 Empor zum Licht, in: Männerchöre.
106 Der herausragende Neuerer des Männerchorstils war vor der Jahrhundertwende Friedrich Hegar, dessen dramatische Chorballaden frischen Wind in die sog. „Liedertafelei" des rührseligen Männerchorliedes brachten.

liche Rhythmik und Aufbruchsmotivik. Das überkommene nationale Kriegs- und Vaterlandslied erlebte hier in sozialistischer Einfärbung eine neue Blüte. Damit verrieten die Tendenzgesänge und mit ihnen die Arbeiterbewegung, daß sie ganz Kind der Wilhelminischen Zeit waren, einer Zeit, aus der doktrinär-auftrumpfende und groß*manns*süchtige Gebärden ebensowenig wegzudenken waren wie militaristischer Gemeinschafts- und Aufopferungskult. Ausgetauscht hatte man hier – überspitzt formuliert – lediglich die Ziele: hier nationale Größe und Weltmachtanspruch, dort der Kampf für eine strahlende sozialistische Zukunft.

Mit sichtlichem Unbehagen beobachtete dies eine kleine Minderheit von Musikfachleuten innerhalb des DAS. Den Anfang machte Alfred Guttmann, der zu Beginn der 20er Jahre kein Blatt vor den Mund nahm, als er die Uthmann-Chöre als „militaristisch-nationalistisch" und als Aufguß bürgerlicher Männerchor-Liedertafelei abqualifizierte.[107] Nicht zufällig biß sich die Kritik vor allem an „Tord Foleson" fest, einer bei den Sängern ungemein beliebten norwegischen Kriegsballade, die einen Helden vorführte, der sich im Schlachtengetümmel auf vorbildliche Weise für die Gemeinschaft und seinen königlichen Heerführer aufopferte.[108] In dieser Ballade wird man eine Anspielung auf den proletarischen Klassenkampf und auf zeitgenössische politische Problemlagen vergeblich suchen. Daß „Tord Foleson" dennoch bis weit in die Weimarer Zeit hinein in einzigartiger Weise den Empfindungen vieler Arbeitersänger Ausdruck zu verleihen vermochte, wirft ein Schlaglicht auf das Fortwirken militaristischer und autoritärer Leitbilder im sozialistischen Denken. Dazu dürften in nicht geringem Maße der Weltkrieg und die mitunter bürgerkriegsähnliche Belagerungsatmosphäre Weimars beigetragen haben, Erfahrungen, die Arbeitersänger darin bestärkten, daß der proletarische Klassenkampf auch weiterhin ein hohes Maß an Militanz und gemeinschaftlicher Aufopferungsbereitschaft erforderte. Mit Uthmann-Chören ließen sich auf rituellem Wege Kampfesmut, Zukunftszuversicht und sozialistische Gemeinschaftstreue wachhalten.

Die neueren Tendenzlieder der 20er Jahre blieben fast durchweg dem Mannhaftigkeitsideal des selbstlosen und aufopferungsvollen Kämpfers treu, der sich der sozialistischen Gemeinschaftsidee verpflichtet fühlte.[109] Weiterhin hielten die Lieder, falls

---

107 *Alfred Guttmann,* Hat der Arbeitergesang noch eine kulturelle Bedeutung, S. 90 ff.
108 Männerchöre, S. 94 ff.; da „Tord Foleson" für die Gemütslage innerhalb der sozialistischen Arbeiterbewegung eine außerordentlich bedeutsame Rolle spielte, sei der Text im vollständigen Wortlaut wiedergegeben: „Sie standen in Norwegs Feld gerüstet zum Streit: Die alte gegen die neue Zeit./Das, was mußt' fallen, gegen das, was bestehn sollt'; das, was wollt' wachsen, gegen das, was vergehn sollt'./ Da zogen das Schwert sie zur selbigen Stund, der kühne junge Olaf und der graue Torehunt./Und der Heerruf erscholl, daß die Erdfesten dröhnten, und die Pfeile schwirrten und die Spieße stöhnten./ Nun meldet die Sage: Da trug ein tapfrer Mann, Tord Foleson, Olafs Banner voran./Von diesem Banner wird man singen und sagen, solang man in Norweg Banner wird tragen./Denn wie er die tödliche Wunde empfing, weit vor in den Kampf mit dem Banner er ging./Und bevor er fiel, mit der letzten Kraft fest in die Erde stieß er den Schaft./Und die alte Sage, sie tut uns kund: Tord fiel zu Boden, doch das Banner stund!/Und solches soll fürder ein jeder noch wagen, der das Freiheitsbanner im Kampf mag tragen./ Der Mann mag sinken, wenn das Banner nur steht, gleich jenem in Norwegs Feld, wie die Sage geht./Und das ist das Herrlichste, Große auf der Welt: Das Banner kann stehn, wenn der Mann auch fällt!"
109 Einen repräsentativen Querschnitt bietet die Männerchor-Sammlung des DAS von 1929.

sie überhaupt spezifizierten, am Fabrikarbeiter als der Hauptfigur des sozialistischen Befreiungskampfes fest[110]; dessen Kraft, im solidarischen Handeln der Arbeiterklasse gebündelt, mündete fast immer in eine endzeitlich gewaltsame Umwälzung, die die erhoffte Erlösung bringen sollte. Unübersehbar war hier, daß die Lagermentalität fortbestand und das sozialistische Milieu weiterhin am Stereotyp des derb-kantigen, hartgesottenen, gesinnungstreuen und kampferprobten Hand- und Fabrikarbeiters festhielt. Er wurde weiterhin als Kern der Arbeiterbewegung betrachtet und entsprechend verheißungsvoll besungen. In ihm glaubte man das „titanenhafte" Kraftzentrum der aufopferungsfähigen Solidargemeinschaft vorzufinden, die die revolutionäre Erlösung bringen sollte.[111] Er galt als der sozialistische Hoffnungsträger schlechthin, obwohl die Arbeiterbewegung längst über das angestammte Rekrutierungsfeld der Handarbeiter hinausgewachsen war.

Auch durch die neueren Lieder zog sich wie ein roter Faden der scharfe Kontrast von schlechter Gegenwart und endzeitlichem Wunschparadies. Solch dramatisierende und zuspitzende Betrachtungsweise mußte auch auf die Sicht der republikanischen Verfassungswirklichkeit abfärben. Durchforstet man die Liedertexte nach Aussagen über den Weimarer Staat, so fällt auf, daß die in den 20er Jahren noch halbwegs intakten demokratischen Institutionen des Weimarer Verfassungslebens und die Mitwirkung der Arbeiterbewegung an der staatlichen Willensbildung mit keinem Wort Erwähnung fanden, ein fast untrügliches Zeichen der inneren Gleichgültigkeit. Dies alles schien vor dem revolutionären Kampfauftrag und dem religiös verklärten Endziel zu verblassen. Nur ein einziges Chorlied nahm auf die Weimarer Verfassungswirklichkeit Bezug. Wie war es aber um diese Ausnahme bestellt? Es handelt sich dabei um das Chorlied „Im Parlament gehts zu", das die Bundesführung des DAS 1929 in die große Männerchor-Sammlung aufnahm und das den Weimarer Parlamentarismus verulkte.[112] Hier hatte man absichtsvoll Blues-Elemente verwendet, um den parlamentarischen Alltagsbetrieb ironisch zu untermalen. Der amerikanische Blues galt damals gerade unter den Älteren als unseriöses musikalisches Produkt einer entseelten und moralisch hohlen westlichen Zivilisation. Schauen wir uns den Gesangstext an, so finden wir die ablehnende Haltung bestätigt: Alle Klischees antidemokratischer Parlamentarismuskritik, die uns noch heute von der politischen Rechten Weimars sehr wohl bekannt sind, findet man auch hier auf engstem Raum versammelt. Da ist vom politischen Schmarotzertum der Parlamentarier die Rede, von hohler und verlogener Parlamentsrhetorik, von der Selbstgefälligkeit und Verantwortungslosigkeit der Politiker und schließlich von der Handlungsunfähigkeit eines Machtorgans, das in selbstsüchtige und rivalisierende Parteien gespalten ist. So sehr die in diesem Blues-Lied anklingende Kritik einen wahren Kern hatte und den tatsächlichen Verfassungsverhältnissen abgelesen war, so ist doch das eigentlich bemerkenswerte, nach welchen Maßstäben und Deutungsmustern dieses Lied die Funktions-

---

110 Vgl. Männerchöre; Der Arbeitsmann, Musik: Felix Malden/Text: Richard Dehmel, S. 44 ff.; Schmiedegesang, Musik: Wilhelm Knöchel in Anlehnung an George Bizet/Text: Max Barthel, S. 5 ff.
111 Männerchöre; Kampflied der Arbeit, Musik: Erwin Lendvai/Text: Arthur Mellen, S. 38 ff.
112 Das Parlament, Text: Joachim Ringelnatz/Musik: Heinz Tiessen, in: Männerchöre, S. 818 ff.

probleme des Weimarer Verfassungslebens beurteilte. Die Kritik zielte bezeichnenderweise nicht auf den Hang der Weimarer Parteien zu weltanschaulicher Verbissenheit und doktrinärer Kompromißunfähigkeit – dies wurde überhaupt nicht in den Blick genommen –, sondern stellte prinzipiell die parlamentarischen Grundsätze pluralistischer Willensbildung und Entscheidungsfindung in Frage.

Auch in Fragen des eigenen Organisationslebens stellte der DAS unter Beweis, wie sehr Antipluralismus und rigides Beharren auf Gemeinschaftlichkeit die Ideenwelt des Arbeitergesangs bestimmten. Am deutlichsten trat dies zutage, wenn es um das Problem ging, inwieweit in die Gesangskultur Konkurrenz- und Wettkampfprinzipien Eingang finden sollten.[113] Solche dem bürgerlichen Marktmodell entlehnte Formen des Umgangs lehnte der DAS strikt ab. Sich damit auseinanderzusetzen, lag nahe, weil es in der deutschen Männerchorkultur den weitverbreiteten Brauch des Gesang-Wettstreits gab, der von Wettkampflust und sportlichem Kräftemessen lebte und sich bei den bürgerlichen Männerchören großer Beliebtheit erfreute.[114] Solch sportliches Preissingen ließ sich aus der Sicht des DAS mit den Grundsätzen des sozialistischen Gemeinschaftsgeistes nicht vereinbaren: Die künstlerische Würde des Chorgesangs sollte nicht zum bloßen Wettkampfmittel herabgewürdigt werden, und dies vor allem deshalb nicht, weil der Gesang an herausgehobener Stelle eine höhere, auf Gemeinschaftswerten beruhende Sittlichkeit zu verkörpern schien. Die DAS-Führung wollte den Vereinen allenfalls sog. „Wertungssingen" ohne Siegerermittlung und Preisverleihung zugestehen. In diesem Punkte stimmte man bezeichnenderweise mit dem antiliberalen Deutschen Sängerbund überein, der das Wettstreitwesen aus dem Blickwinkel seines nationalistischen Gemeinschaftsideals ebenfalls ablehnte.[115]

So sehr der Chorgesang der Arbeitersänger die Gegenwartswelt ablehnte, so wenig machte er Aussagen darüber, wie die herbeigesehnte Zukunftsgesellschaft aufgebaut sein sollte. Dies finden wir nirgends verdeutlicht. Allerdings läßt sich herauslesen, daß der Zukunftsentwurf nur wenig Raum für menschlichen Individualismus gewähren wollte und Pluralität hinter einem hohen Maß an Gemeinschaftsverpflichtung zurücktreten sollte. Dies prägte die Grundstimmung all dieser Lieder. Auch wenn sich im Chorgesang sozialistisches Gedankengut weitgehend verflüchtigte, zurück blieb in der Regel das mannhafte Kampfpathos des sozialistischen Helden, der als verklärte Gestalt über den niederen Alltag erhaben schien. Auf die Weimarer Wirklichkeit konkret Bezug zu nehmen, hätte die sozialistische Heilsgewißheit nur irritiert. Die geschichtsreligiöse Aura der Lieder vertrug sich offenbar nicht mit Anspielungen auf den tristen Arbeits- und Lebensalltag. Diese Ausgrenzungspraxis stand in krassem Widerspruch zur marxistischen Rhetorik, die gegenüber dem „Bewußtsein" das sog. soziale „Sein"

---

113 *Max Bartsch,* Vom Preis- und Wertungssingen, in: DASZ Nr. 11, 1925, S. 164 ff.; *Walter Hänel,* Neue Ziele des Chorgesangs, in: DASZ Nr. 8, 1927, S. 142; vgl. auch *Richard Kötzschke,* Geschichte des deutschen Männergesangs, hauptsächlich des Vereinswesens, Dresden 1927, S. 24.
114 Vgl. als Beispiel: Allgemeine Sänger-Zeitung, Iserlohn, Nr. 7, 1930, S. 102 f.; *Kötzschke,* S. 130 f., 240 f.
115 Vgl. ebda.

in den Mittelpunkt rückte. Wenn dieses soziale „Sein" des Arbeitsalltags überhaupt Erwähnung fand, dann avancierte es in diesen Liedern positiv gewendet zum unverzichtbaren Kraftquell des gemeinschaftlichen Kampfes und Umgestaltungswillens. Zum Beispiel wurde der „Klang der Maschinen" nicht mehr als bedrückend empfunden, sondern stimmte hoffnungsfroh.[116] Der Mythos des revolutionären Handarbeiters lebte hier ungebrochen fort. Bei anderen Tendenzliedern trat eine romantische Einfärbung dieses Mythos zutage. Sie entlehnten ihre Arbeitsplatz-Metaphorik den überschaubaren Verrichtungen des Handwerkers, mit Vorliebe denen des Schmieds.[117] In ihrer Wirklichkeitsferne hielten sie eine idyllische Vorstellung von unentfremdeter Arbeit wach.

Ein schwer ins Gewicht fallender Mangel haftete dem gesamten neueren Tendenz-Repertoire an: Genausowenig wie diejenigen Chorlieder, die die gesteigerte Produktionskraft der Maschine automatisch der politischen Durchsetzungskraft des Arbeiters gutschrieben, wußten all die handwerklich-idyllischen Gesänge eine Antwort darauf, wie der Sozialismus, der sich aus einer komplexen, marktwirtschaftlich verfaßten Industriegesellschaft herauszuwinden gehabt hätte, seinen gesellschaftlichen Regelungsbedarf auf demokratische Weise und ohne Ausbeutung hätte befriedigen sollen. Obwohl sich gegen solch überscharfe Kritik anführen ließe, daß das Lied nun einmal die mythisch-irrationalen Seiten des menschlichen Wesens anzusprechen habe, so wäre doch mit diesem durchaus berechtigten Einwand nicht aus der Welt geschafft, daß das Tendenzlied der sozialistischen Arbeiterbewegung bis in die späten 1920er Jahre fast durchweg einer naiven Revolutionsromantik aufgesessen war.

In den späten 20er Jahren bahnte sich in der kultursozialistischen Vorstellungswelt der Arbeitersänger ein Wandel an. Mehr und mehr wirkte unbefriedigend, daß sich die Symbolisierung der sozialistischen Idee in der Verklärung einer fernen Zukunft erschöpfte und die traditionellen Liedwendungen über vage und verschwommene Begriffe nicht hinauskamen. Abgenutzt wirkten die immer und immer wieder verwendeten Stereotype vom „Dunkel und Licht", von den „Ketten" der „Arbeitsfron" oder gar von der sozialistischen „Morgenröte". Einige Erneuerungswillige wünschten mehr Realitätsbezug, mehr Nähe zum alltäglichen Klassenkampf. Wer einen nüchternen Blick für die Weimarer Wirklichkeit hatte, erwartete nicht hohles und gekünstelt wirkendes Pathos, sondern direkte Ansprache und anpackenden Gestus.[118] In diesem Sinne hob sich das 1929 uraufgeführte „Lied vom Arbeitsmann" wohltuend von der Tradition ab: Hier wurden der graue Lebensalltag, die entfremdete Arbeit in industrieller Großapparatur, die Traumwelt des modernen Freizeitver-

---

116 Choral der Arbeit, Musik: Erwin Lendvai/Text: Karl Bröger, Das hohe Lied der Arbeit, Musik: Erwin Lendvai/Text: Bruno Schönlank; in: DASZ Nr. 12, 1930, S. 220.
117 Der junge Schmied. Für gemischten Chor, Musik: Erwin Lendvai/Text: Jürgen Brand, DAS-Verlag Berlin 1929; Schmiedegesang/Empor zum Licht, in: Männerchöre.
118 *Alfred Guttmann,* in: Prot. 8. Generalversammlung des Deutschen Arbeiter-Sängerbundes vom 18. bis 21. Juni 1932 in Braunschweig, Berlin 1932, S. 87 f.; Das Lied vom Arbeitsmann, Musik: Ottmar Gerster/Text: Alfred Auerbach, Klavierauszug, DAS-Verlag Berlin 1929; hier handelt es sich um eines der ersten großen Chorwerke, die mit dem alten Stil brachen.

gnügens in Kino und Tanzcafe und zu guter Letzt auch der Arbeitskampf vorgeführt. Auch verschloß man nicht mehr die Augen vor der zwiespältigen Seelenlage des proletarischen Lebensalltags. Beides bestimmte das Szenarium: zum einen Selbstzweifel, Entmutigung und Flucht, zum anderen die Zukunftshoffnungen, die das politische Milieu vermittelte. Mit Fug und Recht läßt sich das „Lied vom Arbeitsmann" als ein Markstein in der Entwicklung des DAS begreifen.

Seit dem Durchbruch, den der DAS mit dem „Lied vom Arbeitsmann" erzielte, nahm die Schilderung der Abhängigkeits- und Ausbeutungsverhältnisse in den neueren Chorliedern immer klarere Konturen an. Jahre zuvor noch undenkbar, konnte z.B. unterlassener Unfallschutz im Bergbau in zupackender Anschaulichkeit zum Gegenstand harscher Anklage werden. Das betreffende Chorlied unterstellte den Unternehmern die Skrupellosigkeit, notwendige Arbeitsschutzmaßnahmen zu unterlassen, solange sich unter dem Druck der Massenarbeitslosigkeit genügend Arbeiter fanden, die auch bei Gefahr für Leib und Leben unter Tage arbeiteten.[119] Auch die materielle Privilegienstruktur des Kapitalismus griffen die neueren Lieder aggressiver auf. So wurde z.B. ein armer Baumwollpflücker als Opfer gewinnsüchtiger Plantagenbesitzer vorgeführt oder die scheinbare Wohltätigkeit der Arbeitgeber entlarvt.[120] Deutlich war zu verspüren, daß im DAS ein frischer Wind zu wehen begann. Man trat aus dem mythisch-dunklen Schatten des alten Zeremoniells heraus, wurde offensiver und reaktionsfreudiger und suchte eine kämpferische Antwort auf die zermürbenden Krisenerfahrungen. Politisch anzuspornen, dies sollte der Gesang mehr denn je leisten. Keine andere Wahl ließen das wirtschaftliche Desaster und die wachsende Bedrohung durch die nationale Rechte, auf deren Diktaturgelüste und militaristische Vorstellungswelt die neueren Chorwerke eine Antwort nicht schuldig blieben. Von der verschwommenen Gesellschaftskritik früherer Jahre war nur noch wenig zu verspüren, wenn sich die neuen gesanglichen Antworten zu scharf anklagenden Gegenattacken steigerten, die die Proletarier als „Hammelherde" im „Schlachthaus" des Krieges vorführten und damit das unersättliche kapitalistische Gewinnstreben an den Pranger stellen wollten.[121]

Sehr eng verquickten sich nunmehr die Opferrolle des Proletariers im Kapitalismus und die Inhumanität des Krieges. Aus diesem Blickwinkel stellten sich die Folgen des I. Weltkrieges je nach Klassenlage höchst unterschiedlich dar.[122] Indem man hier das kapitalistische Gewinnstreben zur entscheidenden Kriegsursache erklärte, wollte man der Propaganda der nationalen Rechten wirksam begegnen, die ihrerseits die Arbeiterbewegung in die Rolle des Sündenbocks für die Kriegsfolgen und all die

---

119 Lied der Bergarbeiter, Musik: Hanns Eisler, op. 22,3/Text:Anna Gemeiner, DAS-Verlag, Berlin 1930.
120 Lied der Baumwollpflücker, Musik: Hanns Eisler op. 22,1/Text: Bruno Traven; Ballade von der Wohltätigkeit, Musik: Hanns Eisler, op. 22,2/Text: Kurt Tucholsky; beide Chöre erschienen im DAS-Verlag, Berlin 1930.
121 Kreuzzug der Maschine, Musik: Arthur Wolff/Text: Lobo Frank, Klavierauszug, DAS-Verlag, Berlin 1929; Kreuzzug der Maschine, in: DASZ Nr. 5, 1929, S. 87.
122 In den Militärbaracken, Musik: Hanns Eisler, op. 19,2, Wien/Leipzig 1930. Obwohl dieser Chor nicht im DAS-Verlag erschienen war, wurde er von den Vereinen des DAS gesungen; vgl. Konzert-Rundschau, in: DASZ Nr. 2, 1932.

anderen Krisenerscheinungen zu drängen versuchte. All diese Attacken von Rechts parierte der Kultursozialismus der Sänger im Gleichklang mit den anderen Sparten der Arbeiterbewegung, indem er die nationale Rechte als Agentur der Kapitalistenklasse zu enttarnen suchte.[123]

Wie ernst man die politische Bedrohung in den letzten Jahren der Republik nahm, kam darin zum Ausdruck, daß man in einem sehr beliebten Chorwerk den Spieß umdrehte und sich die erwartete Katastrophe als ein rächendes Weltgericht im Sinne eines diesseitigen „Jüngsten Gerichtes" vorstellte, das den Klassengegner auf die Anklagebank zerrte.[124] Solch kompensatorische, aus Krisenangst und Ohnmacht gespeiste Vergeltungsphantasien rückten die Katastrophe in Anlehnung an biblische Apokalyptik in den Mittelpunkt der rituellen Verklärung. Auch die katholische Vorstellung von Teufel und Hölle machte sich ein Chorlied zunutze, um der krisengeschürten Vergeltungssehnsucht Ausdruck zu verleihen: Es verdammte einen irdischen Streikbrecher nach dem Tode bis in alle Ewigkeit zur Zwangsarbeit und ließ ihn unter Aufsicht des Teufels unablässig Schwefel in das Höllenfeuer schaufeln.[125] Durchaus stimmig war, daß der neue Musikstil nichts mehr gelten ließ, was an das romantisch-schwülstige Pathos der alten Tendenzgesänge erinnert hätte. Der Gesang nahm teilweise deklamatorisch unerbittliche Züge an und versinnbildlichte damit die klassenkämpferischen Abrechnungsphantasien überzeugender als Jahre zuvor. Charakteristisch für die Chorgesänge der späten Zeit war, daß sich aggressiver Klassenkampf-Appell und metaphysische Heilserwartungen aufs Engste verbanden. Man wollte mit dem Kampfansporn vermeiden, daß die Arbeiter die Hände in den Schoß legten und auf die gesetzmäßige Heilsentwicklung der Geschichte warteten. Am deutlichsten brachte dies das Anfang der 30er Jahre viel gesungene Chorlied „Erlöse dich" zum Ausdruck. Es mahnte, nicht auf einen Erlöser zu hoffen, der das heilsbringende Kreuz stellvertretend für die krisengepeinigte Arbeiterschaft trug.[126] Im choralartigen Ausklang hieß es: „Kein andrer trägt dein Kreuz als du allein! Erlöse dich!"

---

123 Marxismus – Arbeiterchorgesang, in: ASZ Nr. 7, 1931, S. 145 ff.
124 Sehr deutlich kommen Apokalyptik und Endzeitstimmung zum Ausdruck in: Lied der Bergarbeiter; Kreuzung der Maschine; Wir Werkleute all, Musik: Armin Knab/Text: Heinrich Lersch, in: 5 einstimmige Gesänge, DAS-Verlag, Berlin 1930.
125 Der Streikbrecher, Musik: Hanns Eisler, op. 17,1, in: Lieder und Kantaten, Bd. 5, Leipzig o.J., S. 145 ff.
126 Erlöse dich!, Chorlied für gemischten Chor a-capella; Musik: Erwin Lendvai/Text Ernst Preczang; Partitur DAS-Nr. 1339, Berlin 1930, S. 11.

f) *Ästhetisches Echtheitsgebot im Spannungsfeld zwischen künstlerischem Formempfinden, industrieller Massenkultur und politischem Agitationsauftrag*

Industrielle Massenkultur und Echtheitsgebot

Mit dem modernen Sektor der kommerzialisierten musikalischen Massenkultur taten sich die Arbeitersänger recht schwer; ein Gleiches galt für die bürgerlichen Sänger. Unübersehbar war, daß die marktmäßig betriebene Massenproduktion des Musiksektors mehr und mehr auch mit dem Alltag des Arbeiters verwuchs. Den modernen Unterhaltungssektor pauschal abzulehnen, ließ sich um so weniger durchhalten, je mehr im Laufe der Weimarer Zeit Radio, Grammophon, Kino und Tanzdiele Fuß faßten.[127] Ausgesprochen schwer fiel, aus Arbeitersänger-Perspektive Maßstäbe zu finden, um dem Unbehagen über die ideelle Beliebigkeit des musikalischen Massenangebots an Schlagern, Tanz- und Filmmusik klarere Konturen zu geben. Zum obersten Gesichtspunkt erhob der DAS die Frage, ob das kommerzielle Musikangebot die Lebenswirklichkeit des Arbeiters empfindungsecht und zeitgemäß spiegele. Was nun „echt" und zeitgemäß sei, war allerdings umstritten. Die Gegner der modernen Massenkultur, die bis Ende der 20er Jahre die Oberhand behielten, argumentierten aus unterschiedlicher Warte: aus der des aktiven, schöpferischen Musikers, der den modernen Massenkonsum ablehnte, aus der des Kunstästheten, den die angebliche Niveaulosigkeit des Schlagers und seiner Konsumenten befremdete, aus der des Sozialisten, der den Geschäftssinn der kulturindustriellen Modemacher beargwöhnte und die Wurzel des Übels im abstumpfenden, für aufreizende Moden anfällig machenden Arbeitstag erblickte, aus der des Bildungsbürgers, den die Seelenlosigkeit einer von Mechanisierung, Maschinenwesen und Kommerz bestimmten Massenkultur abschreckte, und schließlich aus der Warte einer von der neoromantischen Jugendbewegung beeinflußten Großstadt- und Zivilisationsfeindlichkeit, die den „Volkslied"-Mythos propagierte.[128] All diese Denkfiguren ließen sich in der Verbandsöffentlichkeit des DAS in den unterschiedlichsten Mischungen antreffen.

Im einzelnen gab es eine große Vielzahl an Gründen, die man gegen die moderne Massenkultur geltend machte. So hieß es etwa, die Massenkultur mit all ihren aufreizenden Angeboten in Radio, Kino, Tanzsaal und Hitparade lenke von schöpferischer musikalischer Eigentätigkeit ab und verdränge damit die Empfindungstiefe aktiven musikalischen Gefühlsausdrucks zugunsten verflachenden, passiven Konsums.[129]

---

127 Vgl. zur Schlagerkultur in der Weimarer Zeit: *Werner Mezger,* Schlager, Tübingen 1975.
128 Volkslied, in: DASZ Nr. 9, 1924, S. 83 ff.; *Hans Breyer,* Vom Volkslied zum Gassenhauer, in: DASZ Nr. 9, 1924, S. 88; Vom Wesen des Volksliedes, in: Nr. 3, 1925, S. 26 f.; *Constantin Brunck,* Volksgesang einst und jetzt, in: DASZ Nr. 4, 1925, S. 42 f.; *Hans Grimm,* Die Volkssingakademie, in: DASZ Nr. 11, 1925, S. 166; *Fritz Behrendt,* Musikdienst am Volk, in: DASZ Nr. 4, 1927, S. 60 ff.; *Karl Birnbaum,* Fest, in: DASZ Nr. 11, 1927, S. 190; *Herbert Dietze,* Hausmusik, in: DASZ Nr. 1, 1928, S. 4 f.; *E. Langenberg,* Vom Platz des Zuhörers, in: DASZ Nr. 2, 1929, S. 28; *Thilo Thiele,* Musik und Weltanschauung, in: Der Weckruf Nr. 4, 1932, S. 68 f.; Männerchöre ohne Begleitung, hrsg. vom DAS, Berlin 1929, Erläuterungen im Anhang Nr. 287-290.
129 *Behrendt,* S. 60; *Birnbaum,* S. 190; *Dietze,* Hausmusik, S. 4 f.

Hier ging es nicht allein um wache Konsumkritik, sondern es schwang noch mehr mit: Aus der Sicht der Arbeitersänger erwuchs aus verflachender Konsumorientierung eine ernstzunehmende, ja besorgniserregende Konkurrenz für die politische Sängerkultur, wenn z.B. der umworbene Jungarbeiter die Vereinzelung im passiven Musikkonsum dem aktiven gemeinschaftlichen Musiktreiben vorzog. Man befürchtete um die organisatorisch-rituellen Voraussetzungen politischen Gemeinschaftsempfindens. Einigen Beobachtern präsentierte sich die kommerzielle Massenkultur als Ausdruck seelentötender „Vermechanisierung" sämtlicher Arbeits- und Lebensvorgänge auf der Basis entfremdeter kapitalistischer Marktproduktion: Teils geriet hier der Kino- und Tanzschlager zum Symbol des „Geschäftsgeistes" und des „internationalen Musik-Börsenjobbertums", teils wurde er als Freizeitausgleich des modernen, unter monotoner Arbeit leidenden „Maschinensklaven" betrachtet.[130] Hinter solch abschätzigem Urteil verbarg sich antimodernistisches bildungsbürgerliches Selbstverständnis, dem darum zu tun war, Mechanisierung, materiellen Geschäftsgeist und industrielles Erwerbsleben grundsätzlich in Frage zu stellen. Diese Erscheinungen des Industriezeitalters, so meinte man, hätten überhaupt erst ermöglicht, daß es eine kommerzialisierte, am laufenden Band produzierende Musikkultur gebe, die der Freizeitgestaltung den Stempel oberflächlichen Empfindens aufpräge.[131] Musikalische Massenware wurde hier zum Konsumsymbol einer auf seelenlosem, materiellem Gewinnstreben gründenden und damit letztlich bedürfnisfeindlichen Wirtschaftsverfassung. Solch Schreckensbild weckte zuweilen Assoziationen auf die USA, wo ja die kommerzielle Massenkultur und die industrielle Schlagerproduktion am laufenden Band am weitesten fortgeschritten waren. Der amerikanische „Jazz-Schlager" bekam den Argwohn am deutlichsten zu spüren. Gleichmäßiger, durchdringender Beat(Grundschlag) und drängende Synkopen-Rhythmik empfand man als „nervenhämmernd" und als Inbegriff einer entseelten Maschinenwelt, die sich zu einer unsteuerbar gewordenen, molochartigen industriellen Großapparatur auszuwachsen schien.[132] Kein Wunder, daß diese neuartige, für mitteleuropäische Ohren recht ungewohnte Betonung des Rhythmischen auf Grund der durchdringenden Wirkung all die Ängste wecken konnte, die den wirtschaftlichen und kulturellen Modernisierungsschub der 20er Jahre begleiteten. Schnell gerieten hier Erwerbsstreben und industrielle Massenproduktion zum krankhaften Syndrom der industriellen Moderne. Zum Antipoden wurde die Sphäre kommerzfreier geistiger Betätigung, der man Empfindungstiefe und Gesinnungsechtheit zusprach.[133]

So wird kaum überraschen, daß sich auch bei den Arbeitersängern zeitweilig eine Neigung antreffen ließ, die romantische Beschaulichkeit des „Volksliedes" zu einem „Gesundbrunnen" zu erklären, der das „arme gehetzte Arbeitstier des 20. Jahrhunderts" vor den seelischen Folgen einer „bis ins innere Mark verfaulten und ver-

---

130 Ebda, Volkslied, S. 84; *Grimm,* S. 166.
131 *Dietze,* Hausmusik; *Grimm*.
132 *Langenberg,* S. 28; Volkslied, S. 84 f.; *Birnbaum.* Einiges zur Musik vom „Kreuzzug der Maschine", in: DASZ Nr. 6, 1929, S. 119; *Bruno Löwenberg,* Mann im Beton, in: ASZ Nr. 5, 1932, S. 112.
133 *Dietze,* Hausmusik; *Grimm*.

fluchten" Zeit bewahren sollte.[134] Wie sehr Amerika zum Inbegriff des abgelehnten Modernisierungsschubs geworden war, zeigte die Schärfe, mit der gerade gegen den US-Schlager polemisiert wurde, der sich für das deutsche „Volks"-Lied als bedrohliche Konkurrenz erwies. In Anlehnung an den Volkslied-Mythos erhob man romantische Flucht zum Leitbild: Zum verklärten Fluchtziel wurde die Idylle einer vermeintlich unverbildeten, urtümlichen, überschaubaren und von kommerzieller Überfremdung noch freien Volkstümlichkeit ländlichen Lebens.[135] In diesem romantischen Rückgriff wurzelte die Neigung der Arbeitersänger, über lange Jahre nicht den „Schlager", sondern das sog. „Volkslied" als vortragswürdig zu erachten. Jedoch hätte aus der Perspektive der Weimarer Verhältnisse eigentlich der Schlager das Prädikat der „Volkstümlichkeit" verdient gehabt und damit auch das Gütezeichen der Empfindungsechtheit. Offenbar gab es aber im DAS gerade unter den Musikexperten und Chorleitern eine weit verbreitete, vom Wandervogel-Mythos beeinflußte Denkweise, die Gefühlsechtheit und Gemeinschaftsempfinden eher mit idyllischen Fluchtwelten verband als mit der industriellen Lebenswirklichkeit und ihren Kulturäußerungen.

Bemerkenswert ist, daß die Kritik, die im Arbeitersänger-Milieu an der amerikanisierten Massenkultur laut wurde, frei war von all den schrillen nationalistischen Tönen, die im bürgerlichen Sängerlager zu vernehmen waren. Dort wollte man die deutsche Musikkultur von entpolitisierender Kommerzialisierung *und* überfremdenden Schlagerimporten freihalten. Es ging die Furcht um, daß diese neueren Trends geeignet seien, die nationale Abwehrgemeinschaft zu zersetzen.[136] Mit den Arbeitersängern teilte man die durchaus realistische Befürchtung, eine kommerzialisierte Musikkultur nach amerikanischem Muster zerstöre die überkommenen Gemeinschaftsformen und deren Ideale, seien sie nun nationalistischer oder sozialistischer Art. Wurden die einen von nationalen Selbstbehauptungsängsten geplagt, so sorgten sich die anderen um die Gemeinschaftsideale des Klassenkampfs.

In den späten Jahren der Weimarer Republik änderte der DAS seine Haltung gegenüber dem modernen Schlager grundlegend. Je mehr der Volkslied-Mythos zurücktrat, um so mehr griff die Chormusik des DAS Elemente des amerikanischen Jazz-Schlagers auf.[137] Gleichwohl blieben diese Stilelemente innerhalb des Verbandes auch

---

134 Volkslied, S. 84 f.
135 Volkslied, S. 85; *Behrendt,* S. 60 f.; *Brunck,* S. 41 ff.
136 Vgl. folgende repräsentative Stellungnahmen aus dem Milieu des Deutschen Sängerbundes: Der Vorleser. Singt Volkslieder!, in: Deutsche Sängerbundeszeitung (im folgenden immer: DSBZ) Nr. 19, 1928, S. 309; *Wolfgang Rochlitz,* Von Jazzorgeln, Niggerblut und Männerchorgesang, in: DSBZ Nr. 2, 1929, S. 19.
137 Ein spektakuläres frühes Beispiel war das Chorwerk „Kreuzzug der Maschine" aus dem Jahre 1929; aber auch der Teil X der DAS-Männerchor-Sammlung von 1929 ging diesen Weg; vgl. Männerchöre. Allerdings tauchen die Chorlieder mit den neuen Stilelementen in der Chor-Sammlung noch unter der Rubrik „Scherz und Kanon, Fuge und Unfug" auf, ein Indiz dafür, daß die Bundesleitung in den Jahren vor 1929 die Öffnung zur modernen Schlagerkultur noch sehr vorsichtig betrieb. Offenbar wollte man sich vor Kritik in der Weise schützen, daß man die neuartigen Chorlieder in dieser Rubrik unterbrachte.

weiterhin umstritten.[138] Daß man dem Schlager und vor allem den bei der Jugend sehr beliebten Jazz-Elementen auch in den späteren Jahren noch mit gemischten Gefühlen begegnete[139], rührte daher, daß in dieser Frage zwei Wertmaßstäbe in Widerstreit gerieten: hier der Gedanke veredelnder künstlerischer Formgestaltung, dort der Gedanke volkstümlicher Empfindungsechtheit und Schlichtheit, wovon ja lange Zeit das „Volkslied", nunmehr aber der Schlager profitierte.[140] In erster Linie waren es kunstbeseelte Ästheten und die ältere Sängergeneration, die Einwände gegen den Schlager erhoben und ihn als „Bums- und Schiebermusik" abwerteten. Verunsichern konnte dies die Experten des Künstlerischen Beirats nicht: Walter Hänel, der an vorderster Front die Öffnung zur Schlagerkultur zu verantworten hatte, konterte mit guten Gründen. Zum ersten wies er darauf hin, daß die Musikgenies zu allen Zeiten elementare Anregungen aus der Volksmusik bezogen hätten.[141] Er rückte damit die Kritik in die Nähe des hohlen ästhetischen Dünkels. Zum zweiten machte er geltend, daß die ästhetische Abschottung gegen neuere Trends nicht zu einer Arbeiterbewegung passe, die sich als Träger des historischen Fortschritts berufen fühle. Zugute kam den Neuerern um Walter Hänel, daß sich der Jazz-Schlager gerade unter den Jüngeren massenhaft verbreitet hatte und ihm daher kaum mehr die Qualität von Volksmusik abzusprechen war, die seit alters her das Lebensgefühl empfindungsecht zum Ausdruck zu bringen schien. Dieser Trend brachte die Bundesführung des DAS in Zugzwang: Die ästhetisch Aufgeschlossenen konnten die Oberhand gewinnen.

Die Stimmung ging Anfang der 30er Jahre merklich dahin, anstelle des Schlagers das „Volkslied" für unhaltbar zu erklären. Es geriet im Gegensatz zu früheren Jahren in Verruf, weil es sich als romantisches Fluchtvehikel überlebt zu haben schien.[142] Vermutlich wirkten hier der Kulturschock des I. Weltkriegs, die erbitterten Nachkriegskämpfe und der hektische Modernisierungsschub der 20er Jahre in der Weise zusammen, daß viele in deutlicher Ernüchterung und Verhärtung mit der traditionellen Gefühls- und Rührseligkeit nichts mehr anzufangen wußten. Wir dürfen vermuten, daß dieses Lebensgefühl vor allem Musiker der jüngeren Generation geteilt haben. Diese empfanden die modernen amerikanisierten Formen, die vom Rhythmus und vom Dissonanzenreichtum her gestaltet waren, mehr und mehr als reizvoll. Obendrein erweckte der aktuelle Schlager den Eindruck, den modernen Lebensstil besser spiegeln zu können, als dies traditionelle Stile taten. Als wohltuend empfand man, daß der Schlager eine kecke Sprache führte und menschliche Probleme frei heraus beim Namen nannte. Zu den Schlagern gesellten sich in modernem Stil gestal-

---

138 *Paul A. Pisk*, Arbeitermusikkultur, in: DASZ Nr. 8, 1929, S. 162; *Walter Hänel, Amin Knab-Hanns Eisler*, in: ASZ Nr. 8, 1931, S. 178; *Willy Beer*, Jazz oder Volksmusik, in: ASZ Nr. 11, 1931, S. 236; *Alicja Simon*, Über Negermusik, in: ASZ Nr. 11, 1932, S. 238; *Victor Korda*, Wiedergeburt des Volksliedes, in: ASZ Nr. 3, 1933, S. 45 f.
139 Abweichend vom heutigen Begriffsverständnis zählte damals auch die moderne amerikanische Tanz- und Schlagermusik zum Jazz, sofern sie synkopische Elemente enthielt, z.B. der Foxtrott.
140 Vgl. Anm. 136.
141 *Hänel, Knab*, S. 178; Wir wollen keinen Krieg mehr führen, in: ASZ Nr. 9, 1931; Besprechungen, in: Der Weckruf, Nr. 4, 1932, S. 61; Guttmann war in dieser Frage zurückhaltender und behutsamer.
142 *Beer*.

tete Bänkellieder und Kabarett-Couplets, die allesamt seit Ende der 20er Jahre das Interesse des DAS weckten.[143]

Auch für bissige Satire begann sich seit dieser Zeit die DAS-Führung zu interessieren. Dies war um so bezeichnender, als die Satire auch solch ein gefühliges Volkslied wie die „Loreley" traf. Jahre zuvor hätte es vermutlich noch einen Sturm der Entrüstung ausgelöst, wenn die Bundesführung anzuregen gewagt hätte, die Hohlheit der Volkslied-Sentimentalität auf kabarettistische Weise zu entlarven. Daß der satirische Bannstrahl nun gerade die „Loreley" von Friedrich Silcher traf, hatte damit zu tun, daß dieses Männerchorlied zum Inbegriff des innigen deutschen Rhein- und Volksliedes geworden war und sich tief ins deutsche Gemüt eingegraben hatte.[144] Guttmann war es, der hier 1928 vorpreschte und in Zusammenarbeit mit dem Komponisten Hans Gal die „Loreley" mit anderen traditionellen Liedern zu einem parodistischen quodlibet-ähnlichen Männerchorsatz verarbeitete. Es muß in zeitgenössischen Arbeitersänger-Ohren wie beißende Satire geklungen haben, wenn Guttmann und Gal einen Männergesangverein in ergreifender Weise die Melodie der „Loreley" singen ließen, zugleich aber den I. Bass kontrapunktisch führten, indem sie Melodie und Text des studentischen Kommersliedes „Gaudeamus igitur" unterlegten. Der gräßlichen Wirkung wegen sah sich Guttmann genötigt, bei den Sängern um Verständnis zu werben: „Ich hoffe, daß die Sangesfreunde vom Männerchor uns die Verulkung nicht übelnehmen; sie werden aber zugeben, daß das ewige Wiederkäuen der ‚Loreley' ebenso unerträglich wird, wie die des ‚Mühlrads' und ‚Im kühlen Grunde'. Man kennt den Vers: ‚Steht irgendwo ein Wald in Ruh, singt gleich jeder, wer hat dich du!'."[145] Mit der Ironie dieses Verses, der auf eine vielgesungene Mendelssohn'sche Hymne[146] anspielte, geriet all das in die Schußlinie der Kritik, was das romantische deutsche Gemüt bewegte und nach Guttmanns Meinung in der Weimarer Problemwelt wie ein fossiler Fremdkörper wirkte.

Guttmann stand mit dem gewandelten Echtheits-Verständnis nicht allein; die Stimmen mehrten sich, die die romantischen Traumwelten, in welcher Gestalt auch immer, aus dem Repertoire der Arbeiterchöre verbannt wissen wollten. Im gleichen Atemzug begegnete man der modernen Massenkultur mit mehr Aufgeschlossenheit. Dies hatte zur Folge, daß man sie aus dem Blickwinkel des Arbeitersängers nicht mehr unbedingt als besorgniserregende Konkurrenz betrachten mußte, sondern für die eigene Chorpraxis als ästhetische Herausforderung begreifen konnte. Das sollte jedoch nicht heißen, daß man nicht auch weiterhin mit sorgenvollem Blick verfolgte, daß viele Jüngere dem Sog der hektisch wechselnden Schlagermoden erlagen und damit

---

143 Wollen wir im DAS das Bänkellied pflegen?, in: DASZ Nr. 2, 1930, S. 27 f.
144 Loreley oder Des Deutschen Spießers Wunderhorn, in: Männerchöre ohne Begleitung, hrsg. vom DAS, Berlin 1929, S. 789 ff. Alfred Guttmann übernahm hier eigenhändig die Umtextungsarbeit; vgl. auch die Erläuterung im Anhang Nr. 282.
145 Ebd.
146 Gemeint ist hier das Männerchorlied „Der Jäger Abschied" oder „Wer hat dich, du schöner Wald, aufgebaut so hoch da droben" von Mendelssohn-Bartholdy/Eichendorff. Diese Männerchor-Hymne wurde zum musikalischen Inbegriff des deutschen Wald-Mythos.

für den Arbeitergesang verloren gingen. Nachwuchsplanung wie Konzertbesuch mußte dies empfindlich treffen. Hier zeigte sich, wie wichtig es auch für den Arbeitergesang war, am Puls der Zeit zu bleiben und das Profil des Chorgesangs aufzufrischen. Als ästhetisches Kernproblem schälte sich mehr und mehr heraus, wie mit dem neuen Rhythmus- und Körpergefühl umzugehen sei. Hierher rührten die Impulse, nun auch den Bewegungs- und Sprechchor in den Chorgesang einzubauen.[147] Die bereitwillige Aufnahme verdankten diese beiden Formen der Einsicht, daß die traditionelle Bewegungslosigkeit der Konzerte mehr und mehr als zu starr, ausdrucksarm und unrhythmisch empfunden wurde. Man beabsichtigte daher, die den modernen Hör- und Tanzgewohnheiten entlehnten Formen aufs Engste mit dem Chorgesang zu verschmelzen. Er sollte durch rhythmische Anreicherung straffer, lebendiger und kraftvoller werden, ohne daß damit allerdings Melodik und Mehrstimmigkeit als unverzichtbare Elemente des Chorgesangs grundsätzlich in Frage gestellt wurden.

Echtheitsgebot und Große Krise: Agitatorische Bedürfnisse und Kunstempfinden

Aus den neuen Bestrebungen, Formelemente von Jazzschlager, Sprechgesang und Bewegungschor zu integrieren, sprach eine gewisse Radikalisierung, die auch die DAS-Zentrale erfaßte. Mit Walter Hänel als Speerspitze war den vorwärtsdrängenden Bundesführern darum zu tun, dem künstlerisch-musikalischen Ausdruckselement des Arbeitergesangs den agitatorischen Deklamationsstil hinzuzufügen. Das hatte zur Folge, daß der musikalische Gestaltungsaufwand ein wenig zurückgenommen werden mußte, wollte man das politische Motiv im Rang heben. Die schwere Gesellschaftskrise legte Bestrebungen in dieser Richtung nahe. Vermeiden wollte man, daß „Kampf" und „Kunst" zu einander ausschließenden Gegensätzen wurden.[148] In welchem Verhältnis diese beiden Grundsätze zueinander stehen sollten, um in schwerer Krisenzeit echter Ausdruck proletarischen Lebensgefühl sein zu können, diese Frage ließ sich nur schwer beantworten. Die Bundesführung des DAS neigte jedenfalls mit Beginn der Großen Krise zu starker Politisierung, was verbandsintern nicht unwidersprochen blieb. Jedoch ließen sich solch tatkräftige Modernisierer wie Walter Hänel und Alfred Guttmann durch Kritik kaum beirren.[149]

Die Gegner dieses Kurses holten erst Anfang 1932 zu einem kräftigen Rundumschlag aus, an vorderster Front der exponierte Leipziger Chordirigent Otto Didam, der sichtlich um Provokation bemüht war. Er unterstellte der Verlagsarbeit des Bundes, diejenigen Künstler zu begünstigen, die Kunst „für Opium des Volkes" hielten.[150] Sollten sich all diejenigen durchsetzen, mutmaßte Didam, die der Kunst anhängen wollten, sie mindere die Tauglichkeit für den Klassenkampf, dann stehe „ech-

---

147 Der entfesselte Chor, in: DASZ Nr. 10, 1930, S. 188 f; *Otto Zimmermann,* Der Singbewegungschor, in: ASZ Nr. 8, 1931, S. 171; *Simon,* S. 238; *Löwenberg,* S. 112.
148 Vgl. Stellungnahme der Bundesführung des DAS zur Gründung des Arbeiterchor-Dirigentenverbandes, in: ASZ Nr. 3, 1932, S. 48 f.
149 Typisch für Hänels Haltung: Nur Werke des Bundesverlags, in: ASZ Nr. 8, 1931, S. 174 f.
150 *Otto Didam,* Arbeitergesang und die Prinzipien des Begriffes Kunst, in: Der Weckruf Nr. 4, 1932, S. 53 ff.

tes Kunstempfinden" auf dem Spiel; gehe dieses Empfinden verloren, dann mit ihm musikalische Ausdrucksfähigkeit, Veredelung und Lebensfreude, alles Dinge, die wichtig seien, um ein Gefühl für positives Menschentum zu bewahren. Didam zeigte damit deutlich, daß es ihm offenbar um mehr ging als um reinen Kunstgenuß. Er dürfte einer Vielzahl von Chorleitern, vor allem aber der Führung des frisch gegründeten Arbeiterchor-Dirigentenverbandes aus der Seele gesprochen haben, wenn er auf dem Höhepunkt der Großen Krise der künstlerischen Betätigung die Aufgabe zuwies, vor asketischer revolutionärer Verhärtung zu schützen und diesen Schutzraum gegen allzu starke und plumpe Politisierung zu verteidigen.[151] Didam warnte davor, das Verständnis von wahrer und echter Kunst ausschließlich an den Bedürfnissen politischer Agitation auszurichten und künstlerische Nichtigkeiten zu billigen, wenn sie ihren Agitationszweck erfüllten. Nur „echte" Kunst erlaubte aus seiner Sicht echtes Empfinden für Menschlichkeit[152]; alles andere sei Ausdruck unkünstlerischer Verhärtung in krisengezeichneter Zeit. Seine Polemik gegen die Neuerer steigerte sich zu der Behauptung, die Arbeiterseele, und hier gerade die der aufgeschlossenen Jugend, werde zum Experimentierfeld „nackter Tendenz" und „verlogener Askese der Ausdrucksmittel" herabgewürdigt.[153] Mit dem Vorwurf, daß im DAS „verlogene Askese" am Werk sei, spielte Didam auf eine Haltung an, die den Blick für „Lebenswahrheit" irrtümlich auf den Lebensausschnitt genußfeindlicher und antiästhetischer Stimmungen beschränkt wissen wolle, eine Sichtweise, die Didam zufolge nicht wahrhaben wolle, daß künstlerische Betätigung für den Arbeiter „erhöhten Lebensstandard" bedeute und sich vorzüglich eigne, seelischer Verhärtung und Verrohung vorzubeugen.[154] Gerade die letzte Überlegung lag Didam besonders am Herzen.

Die Gegner Didams verdächtigten das Nur-Schöne, ein „Narkotikum" zu sein. Sie hielten den „Künstler-Genossen" im Umfeld von Didam vor, Scheuklappen angelegt zu haben, wenn sie ihren Blick nur auf ästhetische Formkriterien richteten; diese Blickverengung habe zur Folge, daß sie nur solche „Schönheit" gelten ließen, die an der „Unschönheit des wirklichen Lebens vorbeirede".[155] Die Kritik ging so weit, daß sie Didam in die Nähe bürgerlicher Kunstauffassung und L'art-pour-l'art-Gesinnung rückte. Was die Gegenspieler Didams, unter ihnen die DAS-Bundesführung, besonders reizte, war im Kern der Verdacht, es mit „kunstästhetischem Genießertum" zu tun zu haben, das nicht für das Eigenrecht der Kunst stritt, sondern für deren Selbstzweckhaftigkeit.[156] Damit schien Didam die Politisierung des Verbandes massiv in Frage gestellt zu haben.

Umgekehrt sparten auch die energischen Kunstverfechter à la Didam nicht mit überscharfer Kritik. Auch der leiseste Anflug politisch verbissener Kunstaskese schürte

---

151 Ebd., S. 54 und 56; Der Arbeitersängerbund und der Verband der Deutschen Arbeiterchor-Dirigenten, in: Der Weckruf Nr. 5, 1932, S. 67.
152 *Didam,* Arbeitergesang, S. 56.
153 Ebda., S. 54.
154 Ebda., S. 55 f.
155 Stellungnahme der Bundesführung des DAS in: ASZ Nr. 3, 1932, S. 49.
156 *Ernst Wolkenstein,* Mehr Tendenz, in: Der Weckruf Nr. 5, 1932, S. 69.

ihren Argwohn. Wie schwer es manch leidenschaftlichem Vollblutmusiker in diesen turbulenten Krisenjahren nach 1929 fiel, der zunehmenden Politisierung der Kunst verständnisvoll und gelassen zu begegnen, zeigt die bitterböse Art, in der Didam eine Karikatur der anderen Seite lieferte: Es handelte sich hier, so Didam, um eine rigorose „intellektualistische" Kunstrichtung, die sich wie „Bilderstürmer" gebärde, die „kahle Zimmerwände als revolutionäre Tat propagieren und Blumen im Zimmer als bürgerlich verseuchte Gepflogenheit verdammen".[157]

Daß sich solch scharfe Frontstellung abseits des Konflikts zwischen DAS und kommunistischer Sänger-Opposition zusammenbraute, mag zwar zunächst verwundern, aber es gab im DAS eine ideologische Vielfalt, die nicht im parteipolitischen Gegensatz von SPD und KPD aufging. Didam nahm ausschließlich bundeseigene Chorwerke und die dafür verantwortlich zeichnende Bundesführung ins Visier, nicht jedoch die Sänger-Opposition. Er fand sich sogar bereit, einige Chorwerke des profilierten kommunistischen Musikers Hanns Eisler lobend als aus dem Zeitgeist geborene Werke hervorzuheben, die aus modernem Tonempfinden geschaffen seien und zugleich künstlerisch „wahrer" Formgestaltung für proletarische Chorwerke folgten.[158] Hier war es selbstverständlich der Komponist, nicht der Kommunist Eisler, dem Anerkennung gezollt wurde. Im Lichte des positiven Urteils über Eisler läßt sich der Eindruck gewinnen, daß Didam einigen bundesnahen Komponisten unterstellen wollte, aus der Not ihres kompositorischen Unvermögens die Tugend revolutionärer Kunstaskese gemacht zu haben. Anlaß dazu gibt Didams kritische Anmerkung, daß die DAS-Zentrale einer Illusion aufgesessen sei, wenn sie glaube, daß das „Oratorium der Arbeit" auf Bestellung zu haben sei.[159] Gegen die Berechtigung dieser Kritik spricht, daß sich einige der angegriffenen Chorwerke bei den Arbeitersängern ausgesprochen großer Beliebtheit erfreuten.[160] Zu fragen wäre allerdings, ob die Arbeitersänger sich von diesen Werken nicht doch in erster Linie ihres politisch-dramaturgischen Gehalts wegen angesprochen gefühlt haben? Ausschließen läßt sich diese Vermutung nicht, da zumindest eines der Chorwerke, die Didam bemängelte, „Der Kreuzzug der Maschine", den Eindruck erweckte, daß der Komponist sich ein wenig übernommen hatte. Des Rätsels Lösung ist vermutlich auch darin zu suchen, daß Didam unter den neueren Chorwerken gerade diejenigen als „Stücke eines Wachsfigurenkabinetts aus der Abteilung Schreckenskammer" abqualifizierte, die Sprech- und Bewegungschöre integriert hatten.[161] In der Tat verbreiteten diese die Aura angestrengter revolutionärer Askese. Daß die ins Kreuzfeuer geratenen Chorwerke nun nicht gerade außergewöhnliche Meisterwerke waren, dieser Umstand allein dürfte wohl kaum solch scharfe Kritik provoziert haben. Gleichwohl spielte künstlerische Geringschätzung eine nicht geringe Rolle, wenn sich die Bundesführung Kritik aus den

---

157 *Didam,* Der Arbeitergesang, S. 56.
158 Ebda., S. 55; ders., Zur Chorpädagogik im Arbeiterchor, in: Der Weckruf, Nr. 1, 1931, S. 8.
159 Ders., Arbeitergesang, S. 54.
160 Stellungnahme der Bundesführung des DAS, in: ASZ Nr. 3, 1932, S. 49; gemeint waren in erster Linie „Das Lied vom Arbeitsmann" und der „Kreuzzug der Maschine", beides ungemein beliebte Chorwerke.
161 Ebda., S. 48; *Didam,* Arbeitergesang, S. 55.

Reihen ihrer verbandspolitisch engagiertesten Chorleiter gefallen lassen mußte. Zugrunde lag der Kritik die Unzufriedenheit vieler Chorleiter mit dem verlagseigenen Angebot an modernen Tendenzchören. Sie wurden den Verdacht nicht los, daß die Bundesführung verlagspolitisch unvertretbare Kompromisse einging, nur weil sie die anvisierten politischen Ziele zu angestrengt verfolgte und deshalb in Ermangelung besserer Alternativen auch minderwertige Tendenzwerke annahm.

Es läßt sich durchaus mit Sympathie verfolgen, daß sich einige Arbeiterchordirigenten durch einen wachen Blick auszeichneten, wenn es um die Gefahren ging, die der Kunst aus der Richtung asketisch-verbissener Totalpolitisierung drohten. Gleichwohl wird man aber die Augen nicht davor verschließen dürfen, daß sich die Kunstbeflissenen ein wenig selbstgerecht ereiferten. Auf dem Höhepunkt der Großen Krise schien mit einem Male vergessen, daß man Jahre zuvor um der Veredelungsidee willen den Vereinen mit fast ähnlicher Verbissenheit künstlerische Niveausteigerung nahegelegt hatte, die ebenfalls nicht frei von asketisch angestrengtem Ernst war, wenn man sich einmal das geringe künstlerische Leistungsvermögen der DAS-Vereine zu Beginn der 20er Jahre vor Augen hält. Vermutlich lag der entscheidende Unterschied zwischen den Kontrahenten darin begründet, daß hier musikalische Veredelungsphilosphie und aktuelle Agitationsbedürfnisse aufeinanderprallten, beides Varianten einer dezidiert politischen Betrachtung der Chormusik. Im Grundsatz lagen die DAS-Führung und die Chordirigenten um Otto Didam musikpolitisch weniger weit auseinander, als es den Anschein hatte. Denn die Veredelungsidee lag auch dem musikalischen Denken Hänels und Guttmanns zugrunde, die an erster Stelle die Verlagspolitik bestimmten. Der entscheidende Unterschied zwischen den Kontrahenten war ein äußerer: Nicht einzelne profilierte Chordirigenten trugen verbandspolitische Verantwortung, sondern die Bundesführung, die sich dem Zwang ausgesetzt sah, auf die schwere Gesellschaftskrise verlagspolitisch antworten zu müssen. Dies ließ ihr keine andere Wahl, als sich mit dem zufriedenzugeben, was der Komponistenmarkt hergab.

Aufs Ganze gesehen scheint die Kontroverse über das subjektive Erleben des einfachen Arbeitersängers hinweggegangen zu sein. Es handelte sich allein um musikästhetische Frontstellungen innerhalb der Künstlerelite des DAS. Wollen wir die Breitenwirkung der Verlagspolitik in den Blick nehmen, so bietet sich als handfestes Kriterium allein der Erfolg an. Daß die neueren Werke an der Basis gut ankamen, steht außer Frage; ob allerdings der Erfolg in erster Linie der Musik zuzuschreiben ist, läßt sich bezweifeln. Vermutlich waren es die dramaturgische Gestaltung und der Monumentalcharakter der Inszenierungen, was fesselte und auf das gedrückte Lebensgefühl erhebend wirkte. Die Verlagspolitik dürfte die Empfindungslage draußen im Lande besser gespiegelt haben, als Didam wahrhaben wollte, wenn er der Bundesführung sogar manipulative Absichten glaubte vorwerfen zu müssen.

Bemerkenswert ist, daß Hanns Eisler, der an erster Stelle für Agitationsmusik stand, von den Auseinandersetzungen verschont blieb und sich trotz seiner doktrinär-kommunistischen Parteihaltung innerhalb des sozialistischen Milieus allgemeiner Anerkennung erfreute. Das Geheimnis dieser eigenartigen Sonderstellung lag in der Eislerschen Kompositionstechnik begründet. Denn wie kein anderer verstand er das sonsthin spannungsreiche Nebeneinander von Gesang- und Sprechchor in seine Musik hineinzunehmen und diese Spannung kompositorisch aufzulösen. Er gestaltete seine damals als neuartig empfundene Melodik als ein „Sprechen auf Tönen", ohne allerdings Gesanglichkeit und Eingängigkeit preiszugeben.[162] Dies trug ihm auch den Respekt Otto Didams ein. Was Eisler heraushob, war im Kern die Fähigkeit, beides, die gesanglichen *und* die agitatorischen Bedürfnisse der Krisenzeit in einem neuen kompositorischen Deklamationsstil zu versöhnen. Hier mischte sich mehreres auf vorteilhafte Weise.[163] Erstens machte Eisler Anleihen beim Erzählstil des Bänkelgesangs, der sich durch Tonrepetitionen und sparsamen Gebrauch von Intervallsprüngen auszeichnete. Zweitens entwickelte er eine freitonale Melodik, mit der er sich von der traditionellen Dur-Moll-Tonalität des deutschen Chorgesangs und dessen Pathetik absetzte. Dazu nutzte er die vorneuzeitlichen Kirchentonarten. Er konnte damit weitgehend auf Leittönigkeit verzichten und der Melodik den traditionellen tonalen Spannungsbogen nehmen; dies ermöglichte an entscheidender Stelle, den Gestus des deklamatorischen Ausrufens kompositorisch auszuformen. Drittens war der Verzicht auf das tonale Dur für sich genommen schon wichtig, um Anklänge an die Kultur des volkstümlichen nationalen Liedes zu vermeiden. Viertens unterstrichen Elemente des sog. Jazz-Schlagers, beginnend bei der Jazz-Combo-Instrumentierung bis hin zu drängender Synkopen-Rhythmik, den agitatorischen Stil. Fünftens unterfütterte er den Deklamationsstil der Melodik mit einer Harmonik, die die Funktionsharmonik der traditionellen Dur-Moll-tonalen Musik hinter sich ließ. Er machte dabei Anleihen bei der Rückungstechnik, die mit dem französischen Impressionismus aufgekommen war, und beim Dissonanzenreichtum des zeitgenössischen amerikanischen Jazz. All dies half, den Deklamationsstil mitzubegründen. In der Eisler'schen Gestaltung erweckte er den Eindruck eines schneidend harten und kämpferischen „Sprechens auf Tönen", wie sich Walter Hänel ausdrückte. In der Krisenzeit kam diese sog. „Agitprorisie-

---

162 *Walter Hänel/Armin Knab - Hanns Eisler,* S. 178; vgl. zum neuen Stil aus kommunistischer Sicht: *Karl Rankl,* Über den musikalischen Vortrag unserer neuen Chormusik, in: Kampfmusik 1932, Nr. 4.
163 Vgl. als herausgehobene Beispiele die von DAS-Chören vielgesungenen Eisler-Chöre: Lied der Bergarbeiter, op. 22,3 (DAS-Verlags-Nr. 1447), und Lied der Baumwollpflücker, op. 22,1 (DAS-Verlags-Nr. 1445). In beiden Chören verzichtet die Melodik auf große und gesanglich sperrige Intervallsprünge, neigt zu Repetitionen und beschränkt sich fast ausschließlich auf die phrygische und äolische Kirchentonskala sowie auf tonales Moll. Bezeichnend ist, daß Eisler auch das Mixolydische vermeidet, das trotz nicht gegebener Leittönigkeit noch zu starke Anklänge an tonales Dur hatte, das Eisler gleich anderen nachromantischen Neuerern tunlichst vermeiden wollte. Gerade diese Modalität stand für die traditionelle nationaldeutsche Männerchor-Kultur, von der sich Eisler absetzen wollte. Synkopen-Rhythmik ist insbesondere in der Jazz-Combo-Begleitung des „Liedes der Bergarbeiter" verarbeitet; die typische Besetzung ist hier: Klarinette, Tenor-Saxophon, Trompete, Posaune, Schlagzeug und Klavier. Man darf annehmen, daß diese Lieder häufig nur mit Klavierbegleitung aufgeführt wurden, was deshalb problemlos möglich war, weil den Partituren ein gesonderter Klavierauszug beigegeben war, der sich in puncto Klangfülle beträchtlich vom Klavierpart der Jazz-Orchester-Partitur unterschied. Die neuartige harmonische Rückungstechnik läßt sich insbesondere im „Lied der Bergarbeiter" antreffen. Sie unterstrich sehr eindringlich den harten Deklamationsstil der Melodik. Dazu trugen nicht wenig die für Weimarer Ohren recht ungewohnt hart klingenden Dur-Sept-Akkorde mit großer Septime und Moll-Sept-Akkorde mit kleiner Septime bei.

rung" des Gesangs den agitatorischen Bedürfnissen der Arbeitersänger weitaus besser entgegen[164] als die funktionsharmonische und homophone Pathetik des romantischen Zeitalters oder all die modernen kunstvollen Bemühungen, die sich an erster Stelle mit dem Namen Lendvais verbanden. Außer Eisler beschritten noch weitere Komponisten einen ähnlichen Weg. Aber nur wenige wie etwa Ottmar Gerster hatten damit Erfolg.

g) *Bürgerlichkeit und kulturpolitisches Lagerdenken der Arbeitersänger*

Sozialistisches Lagerdenken war bei den Arbeitersängern in der Weimarer Zeit stets präsent, ging aber niemals so weit, daß man sich rigoros von allen Erscheinungsformen von Bürgerlichkeit hätte abgrenzen wollen. Die Abschottung nahm nur insoweit rigide Formen an, als die Arbeitersänger nationales wie kirchengebundenes Liedgut ablehnten und die nationale Rechte zum politischen Gegner erklärten. In welcher organisatorischen Gestalt dieser Gegner in Erscheinung trat, ob als Partei, Verband, Presseorgan oder Kirchenorganisation, war aus dem Blickwinkel der Arbeitersänger unerheblich.[165] Mit der nationalen Rechten war das sog. „reaktionäre" oder „schwarz-weiß-rote" Lager gemeint; im Parteienspektrum verortet waren dies alle antirepublikanischen Strömungen rechts von den Liberalen, die für die Sozialdemokratie als Koalitionspartner grundsätzlich nicht in Frage kamen. Diese Kluft spiegelte sich bei den Arbeitersängern in der Neigung, all die ungezählten Vaterlands-, Kriegs- und Kirchenlieder zu verwerfen, die von den Republikgegnern gesungen wurden. Hinter diesem Liedgut erblickten sie die ideologischen Stützen kapitalistischer Herrschaft: Monarchismus, nationaler Gedanke, Militär und Kirchen.[166]

Bezeichnenderweise griffen die Arbeitersänger dann, wenn sie zu Zeiten nationalistischer Aufwallung ihrem nationalen Empfinden Ausdruck verleihen wollten, auf eigenes, eigens zu diesem Zweck geschaffenes Liedgut zurück oder wählten unter den vaterländischen Gesängen nur solche aus, die nicht auf den ersten Blick eindeutig mit dem gegnerischen Lager zu identifizieren waren.[167] Solcherart halbherziges Bemühen um Abgrenzung offenbarte der DAS gerade in den Jahren 1921-23, in denen

---

164 Der Ausdruck „Agitproprisierung" wurde nicht im DAS verwendet, sondern bei den Kommunisten; vgl. z.B. Arbeitergesang und Agitprop, in: Kampfmusik 1931, Nr. 3.
165 Vgl. folgende programmatischen Stellungnahmen: *A. Kirch,* Agitation und Arbeitersängerbund, in: DASZ Nr. 7, 1924, S. 57; *Heinrich Wiegand,* Kulturaufgaben der Arbeitersänger, in: LVZ vom 30.5.1925; *Karl Klauder,* Politische Parteien und bürgerliche Vereine, in: DASZ Nr. 2, 1928, S. 19 f.; *ders.,* Wer sind die Mitglieder?, in: DASZ Nr. 10, 1929, S. 211 f.; Fällt die Saat auf fruchtbaren Boden, in: DASZ Nr. 12, 1929, S. 250 f.; *Oswald Merz,* Warum gehört der Arbeiter in die Arbeitergesangvereine?, in: DASZ Nr. 1, 1930, S. 3 f.; Sag mir, mit wem du singst, in: DASZ Nr. 1, 1930, S. 10 f.
166 *Karl Klauder,* Die unverwüstliche Phrase, in: ASZ Nr. 2, 1931, S. 26 f.; Das Deutschlandlied, in: ASZ Nr. 4, 1932, S. 72.
167 Vgl. dazu Kap. 2 h.

das Klassen- und Lager-Denken unter dem Banner der nationalen Selbstbehauptung ein wenig aufweichte. Ein treffliches Spiegelbild dieser Halbherzigkeit bot der patriotische, den soldatischen Opfertod preisende Männerchor „Heldenheimfahrt": Die Musik war zwar eine Auftragskomposition eigens für den DAS-Verlag, aber der Text stammte von Felix Dahn, der hier im Geiste der völkisch-nationalen Rechten germanische Mythologie verarbeitet hatte. In der Arbeiterbewegung konnte Dahn kein Unbekannter sein; denn in den Jahrzehnten vor dem I. Weltkrieg hatte er sich als völkisch-nationaler Schriftsteller einen Namen gemacht und das kaisertreue konservative Lager mit Gedichten und Liedertexten reichlich versorgt.[168] Was die „Heldenheimfahrt" für die Arbeitersänger akzeptabel machte, war der Umstand, daß sie es nicht zu einem allbekannten gesanglichen Erkennungszeichen des nationalen Lagers gebracht hatte. Damit fiel bemerkenswerterweise die Scheu, auf Gedichte von Dahn zurückzugreifen. Das Bedürfnis, für die Belange der Nation Flagge zu zeigen, erwies sich in solchen Fällen stärker als das Bemühen um Abgrenzung. Anders war es um die allbekannten Vaterlandslieder bestellt; dieses Liedgut kam den Arbeitersängern zu keiner Zeit über die Lippen. Sie hielten es in seltener Einmütigkeit für gesangliche Insignien des gegnerischen Lagers.

So nimmt kaum Wunder, daß die Arbeitersänger den Neutralitätsanspruch, den ihr chorgesanglicher Widerpart im nationalen Lager, der Deutsche Sängerbund (DSB), für das nationale Lied geltend machte, massiv in Frage stellten.[169] Allerdings erhob der DSB nur einen eingeschränkten Anspruch auf Neutralität. Im Kern bezog sich dieser Anspruch nur auf die „*partei*politische" Sphäre, für die eine breite nationalistisch und obrigkeitsstaatlich gesinnte Mehrheit des DSB nur Verachtung übrig hatte. Das Parteienwesen empfand sie, bestärkt durch die Revolutions- und Nachkriegswirren, als national unzuverlässig, wenn nicht gar verantwortungslos. Dahinter verbarg sich die Sicht, daß es vornehmlich Uneinigkeit und Parteienhader gewesen seien, die die Niederlage im Krieg zu verantworten hatten und Deutschland ohne Ende zu einem wehrlosen Spielball der ehemaligen Kriegsgegner herabwürdigten.[170] Gleichwohl verstanden sich die nationalen Sänger als durchaus „politisch", nur eben im *national*politischen Sinne; sie glaubten übergreifende nationale Gemeinschaftsaufgaben wahrnehmen zu müssen, die in den Niederungen der Partei- und Interessenpolitik zu kurz zu kommen schienen. Unter diesen Aufgaben verstand man die Durchsetzung einer wehrhaften nationalen Volksgemeinschaft, die sich durch ein hohes Maß innerer Geschlossenheit auszeichnen sollte, um nach außen selbstbewußt und militärisch schlagkräftig auftreten zu können. Daß das Gesellschaftsverständnis, das in solch einer Haltung mitschwang, mehr mit Front- und Kasernenhofgeist zu tun hatte als mit den liberalen Grundsätzen pluralistischer Verfassungsstaaten, lag auf der Hand.

Ein derartiges Konzept war aus dem Blickwinkel der Arbeitersänger alles andere als „neutral" und durchaus nicht über partei- und interessenpolitische Sphären er-

---

168 Vgl. zum Wirken von Felix Dahn im nationalistischen Sängermilieu: Akademische Sängerzeitung, März 1905, S. 285, Dez. 1911, S. 161 ff.; vgl. Näheres zur „Heldenheimfahrt" in Kapitel 2 h.
169 *Oswald Merz,* S. 4.
170 *Dietmar Klenke,* Bürgerlicher Männergesang und Politik in Deutschland, in: GWU 1989, Heft 9.

haben. Vielmehr betrachteten sie den nationalen Integrationsanspruch, die „wahre Volksgemeinschaft im Lied" verkörpern zu wollen, als subtile Tarnung bürgerlich-kapitalistischer Interessen.[171] Als äußerst ärgerlich empfand man, daß die nationalistischen Verheißungen bei nicht wenigen Lohnabhängigen verfingen, die sich im Lied die irreale, schöne Welt einer harmonischen Volksgemeinschaft vorspiegeln ließen, die die nackte Wirklichkeit der Klassengesellschaft vergessen machte.[172] Einschätzungen wie diese verrieten die marxistische Vorstellungswelt, nach der gemäß dem traditionellen Basis-Überbau-Schema neutraler Gesang gar nicht vorstellbar war. Folglich führte man allen Gesang des bürgerlichen Sängerlagers funktional auf Klasseninteressen zurück.[173] Auszunehmen waren davon allein die Entäußerungen des Künstler-„Genies", dem die Zugehörigkeit zu einer Sphäre des Übergesellschaftlichen zuerkannt wurde. Da aber den Arbeitersängern von vornherein fernlag, im bürgerlich-nationalen Männerchorwesen einen Abglanz des Geniehaften zu erblicken, schlugen sie dieses Segment der deutschen Gesangskultur den politischen Gegnern der Arbeiterklasse zu. Für Außenstehende leicht erkennbar, machte der DSB auch keinen Hehl aus seiner Zugehörigkeit zum vaterländischen Verbandswesen, das sich den Parteien der antirepublikanischen nationalen Rechten eng verbunden fühlte.[174] Selbst die Dolchstoßlegende wurde dort vertreten.[175]. Deshalb konnte den Arbeitersängern nicht entgehen, daß der Männergesang des DSB ein Hort nationaler Revancheträume und militaristischer Gesellschaftspolitik war. Damit war aus dem Blickwinkel der Arbeitersänger ausgemacht, daß der bürgerliche Männerchorverband nichts anderes darstellte als eine reaktionäre Stütze des kapitalistischen Herrschaftsanspruchs. Kein Wunder, daß es in erster Linie der Männergesang des DSB war, der in der Sphäre der Musikkultur die marxistische Vorstellung von den zwei unversöhnlichen Klassen-Lagern nährte.[176] Bemerkenswerterweise blieb der gemischte Chorgesang des bürgerlichen Kulturbetriebs fast völlig von der Kritik verschont; ihn schützte das künstlerische Niveau vor klassentheoretischer Einordnung. Tatsächlich zeigten diese Chöre aber auch weitaus weniger politisches Profil, was bereits daraus ersichtlich wird, daß sie sich erst 1928 zu einem losen Dachverband zusammenschlossen, und dies auch nur aus organisatorischen Gründen, um der Forderung nach finanzieller Unterstützung durch die öffentliche Hand mehr Nachdruck verleihen zu können.[177] In poli-

---

171 *Klauder,* Die unverwüstliche Phrase, S. 26.
172 Marxismus – Arbeiter-Chorgesang, in: ASZ Nr. 7, 1931, S. 146 f.
173 Ebda.
174 Sag mir, mit wem du singst!, ebda., S. 10 f.
175 *Walter Hänel,* Haben sie umgelernt, in: DASZ Nr. 7, 1928, S. 132 f.; Vom neutralen deutschen Soldatenlied, in: ASZ Nr. 1, 1931, S. 18; Politischer Kampf und Chorgesang, in: ASZ Nr. 5, 1931, S. 97 f.; Marxismus – Arbeiter-Chorgesang, in: ASZ Nr. 7, 1931, S. 146 f.; Politisches vom bürgerlichen Sängerbund, in: ASZ Nr. 9-11, 1931, S. 185 f.; 209 ff., 233 ff.; Gegen den „Kulturbolschewismus", in: ASZ Nr. 10, 1932, S. 209 f.
176 Fällt die Saat auf fruchtbaren Boden?, in: DASZ Nr. 12, 1929, S. 251.
177 Es handelte sich um den 1928 gegründeten „Reichsverband der gemischen Chöre Deutschlands"; vgl. dazu: *Theodor Müngersdorf,* Gründung und bisherige Entwicklung des Reichsverbandes der gemischten Chöre Deutschlands (einschließlich der Frauen- und Kirchenchöre), in: Organisationsfragen des Chorgesangwesens, hrsg. von der Interessengemeinschaft für das deutsche Chorwesen und vom Zentral-

tischen Fragen stand das künstlerisch gehobene gemischte Chorwesen abseits. Das Selbstverständnis, daß Kunst und Politik verschiedene Sphären seien, trennte das gemischte Chorwesen von der politisierten Männer-Chorkultur des DSB.

Der gemischten Chorkultur des Bürgertums wurde die Distanz zur Politik von den Arbeitersängern honoriert. Denn wenn es um die gehobene Kunst ging, versagten sie der Klassentheorie die Geltung, nicht jedoch, wenn sie die nationalistische Gesangskultur des DSB ins Visier nahmen. In diesem Falle ließen sich die Arbeitersänger so sehr vom marxistischen Zwei-Lager-Modell gefangennehmen, daß für sie ein politisches Eigengewicht des Nationalismus jenseits kapitalistischer Klasseninteressen unvorstellbar wurde.[178] Daraus folgte, daß sie den Kult um das „deutsche Lied" auf das Niveau kapitalistischer Herrschaftstechnik herabstuften und für sich genommen nicht mehr sonderlich ernstnahmen, obgleich sie sich dem Gefühl nach von dieser Chorkultur stark abgestoßen fühlten. Hier zeigen sich interessante Parallelen zum dichotomischen Lagerdenken der Sozialdemokratie in der Wilhelminischen Ära: Auch weiterhin deutete man in der Tradition der Vorkriegs-Erfahrungswelt den Liedkult des rechten Lagers als „schwarz-weiß-roten" Nationalismus Wilhelminischer Prägung und als Rückkehr zum Militarismus des „Preußentums".[179] Schon damals hatte man all diese kulturellen Erscheinungen in ihren eigengewichtigen, klassenungebundenen Anteilen nicht ernstnehmen wollen. Daran änderte sich auch in der Weimarer Zeit nichts Entscheidendes. Nun hatte aber gerade die Neigung, den Weimarer Rechtsextremismus als hurrapatriotisches und „nationalistisches Getue" herunterzuspielen, für die Arbeitersänger wie für das gesamte marxistische Lager fatale Folgen. Denn diese Denkweise verbaute die Chance, den tiefgreifenden Wandel nationalistischer Kulturäußerungen nach verlorenem und verzerrt verarbeitetem Weltkrieg zu durchschauen.[180] An einer Stelle verstieg sich die Arbeitersänger-Zeitung gar zu der Behauptung, der Weltkrieg habe auf den Nationalismus ernüchternd gewirkt und im erneuten Anwachsen nach 1928 sei lediglich der Wilhelminische Chauvinismus wiedererwacht.[181]

Geradezu tragisch mutet das hilflose Unverständnis an, mit dem die Sänger in der Spätzeit Weimars der abstoßenden Agitation der nationalen Rechten begegneten.[182] Auf Basis der traditionellen Denkmuster blieb unbegreiflich, warum die Rechte die

---

institut für Erziehung und Unterricht Berlin, Leipzig 1929, S. 38 ff. Die Arbeitersänger-Zeitung kritisierte den Reichsverband erstmals im Nov. 1931. Der Anlaß war, daß dieser den Kyffhäuserverband der deutschen Kriegervereine bei einer gesanglichen Huldigung für Reichspräsident Hindenburg unterstützte; vgl. Gesangverein und Kriegerverein, in: ASZ Nr. 11, 1931, S. 251.

178 Grundsätzlich dazu: *Karl Klauder*, Der Arbeitergesang im sozialistischen Kampfe, in: Protokoll der 22. ordentlichen Gau-Generalversammlung des DAS-Gaus Westliches Westfalen in Dortmund, 1930, S. 17 ff.; Marxismus – Arbeiter-Chorgesang, a.a.O.

179 Sage mir, mit wem du singst!, S. 11; *Klauder,* Die unverwüstliche Phrase, S. 26 f.; Politisches vom bürgerlichen Sängerbund; *Willy Beer,* Jazz oder Volkslied, in: ASZ Nr. 11, 1931, S. 236.

180 Staatliche Fortbildungskurse für Chordirigenten, in: ASZ Nr. 5, 1931, S. 114 f.

181 Politisches vom bürgerlichen Sängerbund, S. 235.

182 *Klauder,* Die unverwüstliche Phrase, S. 27; Um den Erdball wuchtet Eisenschritt, in: ASZ Nr. 1, 1931, S. 18; Vom neutralen deutschen Soldatenlied, ebda, S. 18; Vergessen??!!, in: ASZ Nr. 8, 1932, S. 169.

sozialistische Arbeiterbewegung so erfolgreich für die Kriegsniederlage, für Versailles und für all die nachfolgenden Probleme verantwortlich machen konnte und es obendrein schaffte, die deutsche Linke in eine Reihe mit den äußeren Gegnern zu stellen.[183] Letztlich behalfen sich die Arbeitersänger mit einer Erklärungskrücke: Es handele sich bei solcherart Schuldzuweisungen um eine infame Taktik des Klassengegners, der seine Verantwortung für die wirtschaftlichen Krisenerscheinungen auf den Marxismus abwälzen wolle. Daß die Kapitalistenklasse die Kriegsfolgen herausstreiche und den Marxismus dafür verantwortlich mache, sei nichts anderes als ein Ablenkungsmanöver, um den wirtschaftlichen Problemen nicht ins Auge sehen zu müssen. Auffällig ist, daß die Arbeitersänger der Frage auswichen, warum sich denn umgekehrt die Arbeiterbewegung als unfähig erwies, denen mit Erfolg die Verantwortung für die Kriegsfolgen anzulasten, die sie für die wahren Verantwortlichen hielt. Nach marxistischer Vorstellung tat man solche Fragen als politisches Überbau-Phänomen ab. Ein Beitrag der Sängerzeitung lehnte es sogar in aller Ausdrücklichkeit ab, nach Versäumnissen oder Schuld zu fragen, wenn es in den späteren Jahren Weimars darum ging, sich die nationalistische Psychose und das Wiederaufleben des alten „Frontgeistes" anno 1914 zu erklären.[184] Das marxistische Basis-Überbau-Schema, das Politisch-Moralisches und Mentales zu etwas Untergeordnetem und Ableitbarem herabstufte, leistete hier fatale Verdrängungshilfe. Die Verdrängung ging darauf zurück, daß tiefsitzende Hemmungen bestanden, die Frage nach der Verantwortung für den Krieg und alles nachfolgende Ungemach offensiv an die Nationalisten zurückzugeben und diese mit ähnlicher Beharrlichkeit anzugreifen, wie dies umgekehrt der politischen Linken widerfuhr. Hierbei tat sich das Problem auf, daß dies an das Tabu der deutschen Kriegsunschuld und des deutschen Verteidigungskrieges gerührt hätte; und dieses Tabu hüteten ja auch die meisten Sozialisten, nicht zuletzt deshalb, weil sie fürchten mußten, andernfalls erst recht als Agent der Siegermächte diffamiert zu werden.[185] Statt das Kernproblem der Kriegsschuldfrage aufzurollen, wollte auch die Mehrheit der Sozialisten in all den erbitterten Auseinandersetzungen um Reparationen, Rheinlandräumung und Beseitigung von Rüstungsbeschränkungen national loyal bleiben, ohne allerdings dem Revanchegedanken beipflichten zu können, der sich mit der pazifistischen Gesinnung nicht vertrug. Derart eingeklemmt zwischen Pazifismus und unbehaglichem Gefühl, von den Siegermächten ungerecht behandelt zu werden, wich die sozialistische Linke dem nationalen Problem aus und griff anstelle offensiver Beantwortung auf die scheinbar bewährten marxistischen Deutungshilfen aus der Vorkriegszeit zurück. (Wir werden uns diesem Problem im nächsten Kapitel eingehender zuwenden.)

---

183 Marxismus – Arbeiter-Chorgesang, in: ASZ Nr. 7, 1931, S. 147 f.; Vergessen??!!, S. 169; Gegen den „Kulturbolschewismus", S. 209 f.
184 Vergessen??!!
185 Vgl. hierzu *Ulrich Heinemann,* Die verdrängte Niederlage. Politische Öffentlichkeit und Kriegsschuldfrage in der Weimarer Republik, Göttingen 1983; *Wolfgang Jäger,* Historische Forschung und politische Kultur in Deutschland. Die Debatte 1914-1980 über den Ausbruch des Ersten Weltkrieges, Göttingen 1984; *Dietmar Klenke,* Die SPD-Linke in der Weimarer Republik, Münster 1987, S. 124 ff., 153 ff.

An dieser Attitüde des Ausweichens änderte sich auch nach 1929 nichts, als mit den wachsenden politischen Spannungen die publizistische und chorpraktische Auseinandersetzung mit der nationalen Rechten sprunghaft zunahm. Auch weiterhin blieb der Nationalismus aus der Sicht der Arbeitersänger in allen seinen Erscheinungsformen ein funktional ableitbares Überbau-Phänomen. Mit dem Aufstieg der NS-Bewegung schien sich lediglich ein ideologischer Fassadenwechsel zu vollziehen, eine Art „Kulissenbluff". Zwar hielt man die Nazis für moralisch verachtenswert und in ihren barbarischen Äußerungsformen für beängstigend und ekelerregend, aber man vermutete verborgene Drahtzieher, die nirgendwo anders zu verorten waren als in der Kapitalistenklasse.[186] Den autoritären Führerkult der NS-Bewegung stellte man auf eine Stufe mit äußerlich ähnlichen Erscheinungen bei den christlichen Kirchen. Damit war auch in dieser Frage die Klassenzuordnung unzweifelhaft.[187] Und selbst im Verbot des Antikriegs-Films „Im Westen nichts Neues" wollte die Arbeiter-Sängerzeitung allein einen „Triumph der herrschenden Klasse" erblicken, obwohl doch gerade hier das Fortleben von martialischem Frontgeist und Revancheträumen beängstigende Blüten trieb, für die man kaum die Unternehmerschaft als solche verantwortlich machen konnte. Hier äußerte sich eine bemerkenswerte Zählebigkeit marxistischer Denkgewohnheiten, die in zwanghaft-doktrinärer Manier hinter allen politischen und kulturellen Äußerungsformen ökonomisches Klasseninteresse entdecken wollten. Dies fällt im Hinblick auf den DAS um so schwerer ins Gewicht, als man von einer Kulturorganisation mehr Sensibilität für das Eigengewicht des Mentalen hätte erwarten können als etwa von Organisationen, die sich ausschließlich mit materiellen Verteilungsproblemen herumzuschlagen hatten. Offenbar bot aber die Rückbesinnung auf die alte Lagermentalität die wirksamste Chance, in einer Zeit wachsender Bedrohung Orientierungssicherheit und Zuversicht zu bewahren. Schließlich hatte man mit dieser Art des Denkens allen Anfeindungen zum Trotz auch den Wilhelminismus überlebt.[188] Die Hoffnung, daß sich die alten Deutungen und Rezepte erneut bewähren würden, war um so verlockender, als man damit der unangenehmen Frage nach der neuen Qualität des Rechtsextremismus ausweichen konnte. Ein konsequentes Nachfragen hätte unter den Weimarer Bedingungen immer wieder zur Kriegsschuldfrage zurückgeführt.

Auch in gesangskulturellen Fragen läßt sich nachweisen, daß die deutsche Linke die neue Qualität des Weimarer Nationalismus nicht wahrhaben wollte. Ihr fiel schwer zu begreifen, daß Weimar eine *Nachkriegs*epoche und damit eine Epoche eigener Art war, die auch Anfang der 1930er Jahre noch lange nicht aus dem Schatten des Kriegsgrauens und der verfehlt verarbeiteten Kriegsniederlage herausgetreten war. So entging den Arbeitersängern z.B., daß ein inbrünstiger Männerchorvortrag der berühmten „Wacht am Rhein" oder der Mendelsohn'schen Hymne „Wer hat dich, du schöner

---

186 *Beer,* S. 236.
187 Faschismus – Arbeiter-Chorgesang, in: ASZ Nr. 6, 1931, S. 121 f.; Marxismus – Arbeiter-Chorgesang, a.a.O., S. 145 ff.
188 Wissenschaft und Arbeiter, in: ASZ Nr. 2, 1931, S. 29; Trotz alledem!, in: ASZ Nr. 12, 1932, S. 249.

Wald" in der Weimarer Zeit etwas grundlegend anderes bedeuten konnte als vor 1914, als man solche Lieder im Glanze der Einigungskriege und wachsender Weltgeltung zelebrierte und vom verkrampften, ja verbissenen Vergeltungsgeist des Weimarer Nationalempfindens nicht die Rede sein konnte. Bezeichnend ist, wie die Arbeitersänger die Bemühungen des gegnerischen Sängerlagers aufnahmen, das Mendelssohn'sche-Chorlied zu politisieren: Ihre Reaktion erschöpfte sich darin, sich gegen Umdeutungsversuche zu verwahren, die auf eine Vereinnahmung des „deutschen Waldes" für deutschnationale Bedürfnisse hinausliefen.[189] So zu reagieren, war zwar durchaus verständlich, zumal sich auch Arbeiterchöre in naturromantischer Unschuld an dieser Hymne ergötzten, aber diese Haltung verdeckte das Unvermögen, die schleichende Totalpolitisierung, die auch vor dem rührseligsten Waldlied nicht Halt machte, als Warnzeichen einer neuartigen Radikalisierung auf der politischen Rechten zu begreifen. Rückwärtsgewandte Wahrnehmungsweise verbarg sich auch hinter dem 1930 vom DAS-Verlag herausgebrachten Chorlied „Presseneuigkeiten", das das nationale Lager satirisch anging.[190] Es war zwar in seiner satirischen Formgebung durchaus gelungen, bezog sich aber als Vertonung eines alten Spottgedichts auf Thron, Altar und Militär ausschließlich auf die drei Herrschaftsstützen der verflossenen Wilhelminischen Epoche. Obendrein festigte ein für Zeitgenossen unverkennbares Musikzitat aus der „Wacht am Rhein" den Eindruck, auch in der Weimarer Zeit dieses populäre Vaterlandslied noch als Ausdruck des Wilhelminismus begreifen zu müssen, obgleich sämtliche Strophen dieses Liedes nicht die geringste Bindung an das Zweite Deutsche Kaiserreich verrieten. Offenbar reichte aus, daß dieses Lied zum festen Traditionsbestand des alten Patriotismus zählte, um es rückwärtsgewandt zu deuten. Gleichwohl sprach im Lichte der Weimarer Nachkriegwirklichkeit etwas Neues aus diesem Lied: Der deutsche Wehrgeist verkörperte in allen Strophen nichts weiter als die Belange von Landesverteidigung und nationaler Selbstbehauptung. Implizit vermittelte die „Wacht am Rhein" diesen Eindruck auch im Hinblick auf den Weltkrieg und die Nachkriegszeit. Unter diesen Voraussetzungen konnte jede künftige militärische Auseinandersetzung mit den ehemaligen Kriegsgegnern nur als Akt legitimer Vergeltung und Wiedergutmachung begriffen werden.[191] Daß die „Wacht am Rhein" einen Funktionswandel durchgemacht hatte, begriff unter den Arbeitersängern niemand so recht, obwohl nach Bekanntwerden der „Pressenachrichten" durchaus Zweifel an der politischen Lagebeurteilung der Bundesführung laut wurden.[192] Jedoch blieb die Kritik in der Skepsis stecken, ob denn eine satirische Geißelung des Wilhelminismus überhaupt noch zeitgemäß sei. Zwar wurde hier in aller Unmißver-

---

189 Karl Werner, Ein schreckliches Wort, in: DASZ Nr. 9, 1924, S. 84. Ein typisches Beispiel für die nationalistische Politisierung bietet: Funke, „Der Jäger Abschied" (Eichendorf-Mendelssohn), in: DSBZ Nr. 16, 1928, S. 262.
190 Presseneuigkeiten, Männerchor von Ottmar Gerster nach einem Gedicht von Hofmann von Fallersleben, Berlin 1930; vgl. auch Presseneuigkeiten, in: ASZ Nr. 2, 1931, S. 39.
191 Die Wacht am Rhein, Männerchorlied, in: Volksliederbuch für Männerchor herausgegeben auf Veranlassung Seiner Majestät Des Deutschen Kaisers Wilhelm II, Bd. 1, Leipzig 1906, S. 312 f.
192 Aus Zuschriften unserer Funktionäre, in: ASZ Nr. 6, 1931, S. 139; Nr. 10, 1931, S. 228; Aus den Mitgliedschaften, in: ASZ Nr. 5, 1932, S. 115.

ständlichkeit verneint, daß die Monarchisten noch als große Gefahr zu begreifen seien, aber die Bedenken tasteten sich nur zaghaft an den Kern des Problems heran, daß nämlich diese kompositorisch-satirische Montage den aktuellen Gefahrenherd, der sich auf der politischen Rechten zusammenbraute, völlig verfehlte.

Das Bestreben, die politische Rechte nach dem Muster des Wilhelminischen Lagerdenkens als ein reaktionäres Ganzes im Dienste des Kapitalismus zu deuten, blieb bis zum Untergang der Arbeiterbewegung übermächtig. Daß die Arbeitersänger mit äußerster Zähigkeit an diesen alten, längst überholten Vorstellungswelten festhielten, wurzelte in dem Bedürfnis, Orientierungssicherheit gegenüber der wachsenden Bedrohung von rechts zu bewahren. Um es zu befriedigen, verschanzte man sich hinter den Erfahrungswerten der Vergangenheit. Angesichts des enormen Außendrucks von Rechts war dies nur zu verstehen. Daß die sozialistische Arbeiterbewegung auf diesen Außendruck in der Spätphase Weimars wie gelähmt reagierte, speiste sich aus Quellen, die ursächlich nicht allein mit Traditionsverhaftung zu tun hatten, sondern auch mit spezifischen Weimarer Verarbeitungsproblemen, und hier standen das unverdaute Kriegserlebnis und die Kriegsschuldfrage an erster Stelle. Es war ein tragischer Umstand, daß die Mehrheit der deutschen Linken im Schatten der Kriegsniederlage mit ihrer Nationalidentität nicht ins Reine kam und eine unsichere oder gar zwiespältige Haltung in all den Fragen einnahm, die mit den vielfältigen Kriegsfolgeproblemen zu tun hatten. Man neigte dazu, diese Probleme herunterzuspielen oder zu verdrängen. Die Unfähigkeit, in nationalen Fragen den eigenen Standort überzeugend zu bestimmen, verleitete die Linke, sich rückwärtsgewandt an den vertrauten Wilhelminischen Leitbildern festzuklammern, in deren Mittelpunkt die an der Klassenfrage klebende Lagerkonfrontation stand. Dies erwies sich um so verlockender, je bedrohlicher die nationalistische Herausforderung wurde und je weniger man dieser Gefahr mit schlagkräftigen Argumenten entgegenzutreten wußte. Verantwortlich zeichnete dafür der innere Zwiespalt der Nationalidentität. Was es damit auf sich hatte, damit werden wir uns im nachfolgenden Kapitel zu befassen haben.

h) *Der Zwiespalt der Nationalidentität: Arbeitersänger zwischen nationaler Loyalität und sozialistischem Internationalismus*

Die Weimarer Republik konfrontierte die Arbeitersänger von Beginn an mit dem heiklen und kaum lösbaren Problem, wie nach verlorenem und verzerrt wahrgenommenem Krieg der eigene Standort zwischen nationaler Empörung und Widerstandsbereitschaft auf der einen und internationaler Klassensolidarität auf der anderen Seite bestimmt werden sollte. Nach Kriegsende schob man Niederlage, Fronterlebnis und Massensterben schnell beiseite. Dies lag in der Unsicherheit begründet, welche Haltung man gegenüber dem Kriegsausgang und seinen unmittelbaren Folgen einnehmen sollte. Die Unsicherheit hatte Gründe. Sie ging auf einen tiefsitzenden Zwiespalt zurück, unter dem ein Großteil der deutschen Sozialisten litt: Einerseits pflichteten sie dem nationalen Deutschland bei, einen Verteidigungskrieg geführt zu haben;

dies unterstrichen ungezählte Arbeiter-Gesangsvereine, indem sie Gefallenenehrungen veranstalteten, die keinen Zweifel an der Sinnhaftigkeit und Moralität des soldatischen Opfertodes ließen. Andererseits jedoch charakterisierten die Arbeitersänger den Krieg in vagen Wendungen als „Völkerwahn" und „Völkermorden" und unterstellten der Vorkriegswelt eine allgemeine Schuldhaftigkeit, die die Sinnhaftigkeit des gegenseitigen Mordens ins Zwielicht rückte.[193] Auf diese Weise standen sich der Glaube an die gerechte Verteidigung des Vaterlandes und der Argwohn gegen eine schuldige imperialistische Vorkriegswelt unvermittelt gegenüber.

Über die tatsächlichen Hintergründe des Krieges fand in der unmittelbaren Nachkriegszeit keinerlei Aufklärung statt, die diesen Namen verdient hätte. Aus diesem Grunde bestand nicht die geringste Chance, die Herrschaftseliten des Wilhelminischen Deutschlands für ihr Vabanquespiel in der Juli-Krise von 1914 zur Verantwortung zu ziehen. Damit war auch den Arbeitersängern verwehrt, das Kriegsgrauen angemessen zu deuten und in dieser wichtigen Frage eine selbstsichere Haltung einzunehmen. Abgeschnitten von all den elementar wichtigen Hintergrundinformationen verharrten auch sie bis auf weiteres in einer zwiespältigen Haltung: einerseits im naiven Glauben an den deutschen Verteidigungskrieg und andererseits im alten sozialistischen Argwohn gegen eine europäische Welt imperialistischer Großmächte. Den Zwiespalt überdeckte man, indem man die offenen Fragen wegschob. Dies wurde gewiß dadurch erleichtert, daß sehr bald Friedenssehnsucht und revolutionäre Aufbruchstimmung den bitteren Nachgeschmack des Krieges überlagerten.[194] Die Revolution als die „große Gebärerin" solle all die schmerzvollen Erinnerungen an „verlorene Schlachten" wegwischen, hieß es in einem aufmunternden Appell der Sängerzeitung.[195] In der Tat lag nahe, die Unsicherheit zu verdrängen und die Flucht nach vorn anzutreten. Für die Arbeitersänger bedeutete dies, den Blick auf den Wiederaufbau des Bundes zu richten. Obendrein bot einen gewissen Anreiz, daß sich der Zusammenbruch des „morschen" Kaiserreichs für die Arbeitersänger als politischer „Kettensprenger" erwies und das beflügelnde Freiheitsgefühl den quälenden Blick zurück überspielen konnte.[196] Sich nunmehr die „edelsten Kulturgüter" aneignen zu können, weil sich nach der Revolution ungezählte bürgerliche Chorleiter bereitfanden, die Arbeiter-Gesangvereine aus ihrem sozialistischen Ghetto zu befreien, diese neue Lage bot Anreiz genug, den Blick in die Zukunft zu richten.[197]

Je heftiger jedoch die Auseinandersetzungen um die Erfüllung der Versailler Vertragsverpflichtungen wurden, um so mehr holte die vermeintlich abgeschlossene Ver-

---

193 Unser Lied, Abdruck eines Liedtextes, in: DASZ Nr. 81, 1919, S. 1; die 4. Strophe ist dem „Heldengrabe" gewidmet; Willkommen!, Gedicht von Ernst Preczang, in: DASZ Nr. 82, 1919, S. 1. Hier ist einerseits von Frontkämpfern die Rede, die „Volk und Land" geschützt haben, andererseits aber auch vom „Völkerwahn" als gewichtiger Kriegsursache. Dieses Gedicht steht beispielhaft für den inneren Zwiespalt vieler Sozialisten; vgl. auch: Aus den Mitgliedschaften, in: DASZ Nr. 81, 1919, S. 3; Nr. 83, 1919, S. 2 f.; Nr. 84, 1919, S. 2 ff.
194 An die deutschen Arbeitersänger, in: DASZ Nr. 81, 1919, S. 1; Aufwärts, in: DASZ Nr. 83, 1919, S. 1; *A.G.,* Volksgesang ist Volkskunst, in: DASZ Nr. 84, 1919, S. 1.
195 Volksgesang ist Volkskunst.
196 Willkommen; Aus den Mitgliedschaften, in: DASZ Nr. 84, 1919, S. 2.
197 Volksgesang ist Volkskunst.

gangenheit auch die Arbeitersänger wieder ein. Seit Anfang 1921 artikulierten sich unüberhörbar nationalistische Töne, wenn es um die Bewertung der mißlichen Nachkriegsverhältnisse ging.[198] Dies war kaum verwunderlich. Denn die ursprünglich unsichere und zwiespältige Haltung war spätestens mit Inkrafttreten des Versailler Vertrags der Überzeugung gewichen, dem deutschen Volk sei in Versailles eine ungerechte Behandlung widerfahren. Die unverstandene Härte der Friedensbedingungen bestärkte den unterschwellig präsent gebliebenen Glauben an die deutsche Unschuld. Es war kein Zufall, daß nunmehr auch die Kritik am Nationalismus der bürgerlichen Sänger spürbar zurückhaltender wurde. Sprach die Arbeiter-Sängerzeitung noch 1920 von „hurrapatriotischen" Vereinen oder den Gegnern der „ganzen Revolution"[199], so mokierte man sich in den Jahren 1921 bis 1923 allenfalls über das geringe musikalische Niveau bürgerlicher „Liedertafelei".[200] Für den ausgewiesen nationalistischen „Kölner Männergesangverein" fand man sogar lobende Worte, die vergessen ließen, daß es sich hier um einen exponierten Vertreter der konservativen und deutschnationalen Rechten handelte.[201] Während des Ruhrkampfs fühlte sich der DAS dem Deutschen Sängerbund so sehr verbunden, daß er das Streben „nach der einen Kunst im erneuerten Volksstaat" an die erste Stelle rückte.[202] Lagermentalität und Klassenkampf waren hier deutlich zurückgestuft. Mit einer gewissen Folgerichtigkeit wollte der DAS nunmehr die republikanische und die nationale Idee zusammenführen. Die harte äußere Frontstellung gab den Anstoß, unter Beweis zu stellen, daß auch die Anhänger der Republik imstande waren, die Belange der Nation offensiv zu vertreten. Ein republikanischer Nationalismus wollte hier das Nationalempfinden mit den spezifischen Anliegen der sozialistischen Gedankenwelt versöhnen. Sinnfällig verkörperte dies die „Republikanische Hymne", die den Gedanken der nationalen und der sozialen Befreiung zusammenbrachte. Vom kämpferischen republikanischen Nationalismus, der aus dieser Hymne sprach, war auch Alfred Guttmann unter dem Eindruck des Ruhrkampfs sehr angetan.[203]

Eine andere Stimme unter den Arbeiter-Sängern spannte die deutschen Kulturleistungen ein, um den republikanischen Gedanken und die nationale Selbstbehaup-

---

198 Arbeiterlied, in: DASZ Nr. 1, 1921, S. 7.
199 Aus den Mitgliedschaften, in: DASZ Nr. 86, 1920, S. 3.
200 Aus den Mitgliedschaften, in: DASZ Nr. 10, 1921, S. 86.
201 *Hans Lunde,* Zum ersten staatlichen Fortbildungskurs für Chordirigenten, in: DASZ Nr. 7, 1922, S. 56; vgl. zum Kölner Männer-Gesangverein: *Dietmar Klenke,* Bürgerlicher Männergesang und Politik in Deutschland, in: GWU Heft 9, S. 543 f. Die Arbeitersänger gingen in der nationalen Frage mit der Politik der SPD konform. Bemerkenswert ist in diesem Zusammenhang, wie überschwenglich sozialdemokratische Führungspersönlichkeiten in dieser Zeit den Kölner Männer-Gesangverein auf einer seiner Sängerfahrten in Berlin begrüßten. Man erblickte in ihm in erster Linie ein kulturelles Selbstbehauptungssymbol des besetzten Rheinlandes; vgl. hierzu die Begrüßungsansprachen des Reichspräsidenten Ebert und des preußischen Ministerpräsidenten Braun am 25.4.1922, in: DSBZ Nr. 7, 1922, S. 121 ff.
202 Karl Werner, Der staatliche Kursus für Chorleiter, in: DASZ Nr. 4, 1923, S. 30.
203 Republikanische Hymne, in: Flamme, Hymnische Gesänge für Männerchor a cappella von Erwin Lendvai, Text: Karl Bröger, Mainz 1921; *Alfred Guttmann,* Ein republikanischer Tendenzchor, in: DASZ Nr. 7, 1923, S. 50.

tung zusammenzuschnüren. Ihr war es darum zu tun, den „Geist von Weimar" zu beschwören, um dem staatlichen Neubeginn von 1918 die ideelle Zugkraft echter Nationalgesinnung zu vermitteln.[204] Hier bot sich im Schatten der Kriegskatastrophe die Weimarer Klassik als Symbol der nationalen Läuterung und Veredelung an. Ihr traute man zu, zum Wegweiser der „sittlichen Wiedergeburt" des „mächtigen deutschen Volksgeistes" zu werden. Nicht im soldatischen „Geist von Potsdam", sondern in der Kultur sollte das gekränkte Nationalgefühl Trost und Selbstbestätigung finden. Den Arbeitersängern stellte dieser Beitrag der Verbandszeitung eine kulturelle und geistige Blüte in Aussicht, die den Verlust der äußeren Machtstellung Deutschlands verschmerzen ließ. Zur Begründung hieß es, daß sich mit dem politischen Machtverfall gut leben lasse, weil umgekehrt mit Zeiten glänzenden staatlichen Aufstiegs geistiger Niedergang einhergehe, wie sich nach 1871 gezeigt habe, als mit „Potsdam" der Geist des Militarismus einen ungeahnten Aufstieg genommen habe. Hier klammerte sich das Bedürfnis nach nationaler Wiederaufrichtung an der spezifisch deutschen Tradition von „Geist" und „Kultur" fest. Nahe bei dieser Sicht der Dinge lag eine andere Stimme unter den Arbeitersängern, die den Gesang zum direkten Medium deutscher Selbstbehauptung machen wollte und ihm auftrug, den unter den „Ketten des Versailler Schandfriedens" leidenden Deutschen Trost zu spenden.[205] Solch nationaler Duktus war all dem zum Verwechseln ähnlich, was zur selben Zeit im Milieu des Deutschen Sängerbundes zu vernehmen war.[206] Die Arbeitersängerzeitung ging aber trotz aller Annäherung an das nationale Lager nicht so weit, daß sie in dieser Situation der äußeren Konfrontation die traditionsreichen Kriegs- und Vaterlandslieder empfohlen hätte. Sie ließ einen Chordirigenten zu Wort kommen, der diesen Liedern ihrer mitreißenden Wirkung wegen zwar Anerkennung zollte, aber ausdrücklich hervorhob, daß sie für die Arbeitersänger selbstverständlich nicht in Frage kämen.[207] Aus dem bedauernden Unterton des Beitrags läßt sich herauslesen, daß nicht wenige Arbeitersänger in diesen Jahren der nationalistischen Ansteckung gern das ein oder andere „hurrapatriotische" Vaterlandslied einstudiert hätten, wenn dies nicht in den eigenen Reihen tabu gewesen wäre.[208] Noch zu frisch waren die Erinnerungen an die Vorkriegszeit, als daß die Arbeitersänger den nationalen Gehalt dieser Lieder von den politischen Trägergruppen hätten trennen können, mit denen sie in der Wilhelminischen Vergangenheit nicht gerade die besten Erfahrungen gemacht hatten.

Schmerzlich trat den Arbeitersängern ins Bewußtsein, daß ihnen Liedgut fehlte, das beides zum Ausdruck brachte: nationales Aufbäumen nach außen und Identifika-

---

204 *August Richard,* Weimar, ein Wegweiser, in: DASZ Nr. 8, 1921, S. 61 ff.
205 Arbeiterlied, in: DASZ Nr. 1, 1921, S. 7.
206 Vgl. Kundgebung, in: DSBZ Nr. 1, 1921, S. 1; Pfarrer *Rudolf Mühlhausen,* Des deutschen Sängers Beruf. Ein Heroldsruf in ernster Zeit, in: DSBZ Nr. 2, 1921, S. 17 f.
207 *Philipp Heid,* Geschichte des deutschen Männergesangs, in: DASZ Nr. 8, 1922, S. 61 f. Heid begeisterte sich insbesondere für die Kriegslieder von Carl Maria von Weber nach Gedichten aus Theodor Körners „Leyer und Schwert".
208 Ebda., vgl. auch *A. Guttmann,* Das deutsche Volkslied, in: DASZ Nov. 1920, S. 1 f.

tion mit der sozialen Republik nach innen. Die „Republikanische Hymne", die diese Bedarfslücke hatte schließen helfen sollen, erwies sich aber als wenig geeignet: Sie kehrte den nationalen „Volksgemeinschafts"-Mythos so stark heraus, daß die Klassenkampfidee dabei zu kurz kam.[209] Fraglich ist, ob der spannungsgeladene Zwiespalt zwischen nationaler Geschlossenheit nach außen und sozialistischer Konfliktbereitschaft nach innen überhaupt eine echte gesangliche Synthese zwischen diesen beiden Prinzipien zugelassen hätte. Man wird diese Frage wohl eher verneinen müssen. Denn der Weimarer Nachkriegs-Nationalismus war als Kind einer verzerrt verarbeiteten Kriegsniederlage nicht dazu angetan, sich auf Dauer mit dem Ideengut der sozialistischen Linken zu vermählen. Doch es bedurfte erst der Katastrophe des Jahres 1923, um beide Ideenwelten wieder getrennte Wege gehen zu lassen.

Doch bevor Ernüchterung nach all den nationalen Leidenschaften eintrat, setzten die Arbeitersänger auf dem Höhepunkt des Ruhrkampfs ein deutliches Zeichen nationaler Widerstandsbereitschaft. Gegenüber den französischen und belgischen Eindringlingen glaubten sie auf ihrer Erfurter Bundesversammlung vom Juli 1923 öffentlichkeitswirksam nationale Zuverlässigkeit bekunden zu müssen. Sie faßten dort den Beschluß, für die im Weltkrieg gefallenen Arbeitersänger in der Nürnberger Meistersinger-Kirche ein Mahnmal zu errichten und das Einweihungszeremoniell in ein für Pfingsten 1925 geplantes Bayerisches Arbeitersängerbundesfest einzubinden.[210] Nicht zufällig fiel die Wahl auf diesen neben der bayerischen „Walhalla" wohl symbolträchtigsten Ort des kulturellen Nationalmythos. In den Rang einer Weihestätte des deutschen Selbstbehauptungsdrangs war die Meistersinger-Kirche nicht zuletzt deshalb aufgestiegen, weil Richard Wagners ungemein populäre Oper „Die Meistersinger von Nürnberg" im Schlußchor[211] die Deutschen ermahnte, das „deutsche Lied" und die „deutschen Meister" als Kraftquell nationaler Selbstbehauptung zu ehren und die deutsche Kultur von zersetzenden „wälschen", sprich französischen Einflüs-

---

209 *Alfred Guttmann,* Ein republikanischer Tendenzchor, S. 50; Konzertrundschau, in: DASZ Nr. 1/2, 1924. Die Hymne begann mit der sozialrevolutionären Aufforderung: „Ausgetilgt der letzte Scherge!", leitete dann zu der doppeldeutig schillernden Wendung „Freies Land" über, um dann allerdings mit dem „deutschen Menschen", dem „deutschen Geist" und einem „einigen Reich" den Akzent auf die nationale Volksgemeinschaft zu verlagern; vgl. Republikanische Hymne, in: Flamme, Hymnische Gesänge für Männerchor von Erwin Lendvai, op. 26, Nr. 3, Text: Karl Bröger, Schott's Söhne Mainz 1921.
210 Ehrentafel für die im Weltkrieg gefallenen Bundesmitglieder, in: DASZ Nr. 5, 1925, S. 56. Eigenartigerweise ließ das Kurzprotokoll der Erfurter Bundesgeneralversammlung von 1923 (vgl. DASZ Nr. 7, 1923, S. 45 ff.) jeden Hinweis auf diesen Beschluß vermissen. Vermutlich handelte es sich dabei um ein Versehen des Protokollanten.
211 Vgl. zum ideellen Gewicht, das der bürgerliche Sänger-Nationalismus dieser Oper bereits vor dem I. Weltkrieg beimaß: Richard Wagner, in: Kartell-Zeitung des Verbandes Deutscher Studenten-Gesangvereine vom 6.10.1901, S. 2; 8. Deutsches Sängerbundesfest 1912, in: Deutsche Sängerbundeszeitung, Nr. 23, 1912, S. 495. Auf dem Nürnberger Sängerbundesfest des Deutschen Sängerbundes im Jahre 1912 soll der Schlußchor der „Meistersinger von Nürnberg" wahre Begeisterungsstürme hervorgerufen haben; vgl. *G. Gürke,* Der Deutsche Sängerbund und der Sondershäuser Verband, in: ebda. vom 22.8. 1912, S. 117 f.

sen freizuhalten.[212] Diesen Schlußchor studierten die Arbeitersänger zur Umrahmung ihrer Gefallenengedenkfeier ein.

Bemerkenswert ist, wie sehr sie sich aus Anlaß der Mahnmal-Einweihung an nationales Zeremoniell annäherten.[213] Bereits in der Inschrift des Mahnmals kam dies deutlich zum Ausdruck. Sie stammte von Theodor Körner, einem Dichter und Märtyrer der Befreiungskriege, der zum Symbol des nationaldeutschen Wehrgeistes geworden war. Ganz in diesem Sinne beschwor sie den soldatischen Aufopferungswillen.[214] So wenig wie das Mahnmal ließ die Inszenierung des Gefallenengedenkens einen Zweifel daran, daß die Arbeitersänger Kriegshelden ehren wollten, die für eine gerechte Sache, d.h. für die Verteidigung Deutschlands gegen eine Übermacht mißgünstiger Angreifer gekämpft hatten.[215] Das gesamte Zeremoniell stand im Zeichen des Bedürfnisses, dem Bürgertum im Angesichte Tausender gefallener Arbeitersänger zu demonstrieren, wie sehr den Sozialisten Unrecht widerfuhr, wenn sie als „vaterlandslose Gesellen" abgestempelt wurden.[216] Sichtlich hoffnungsfroh, mit solch spektakulärer Einweihungsfeier vom Stigma nationaler Unzuverlässigkeit loszukommen, rief die Arbeiter-Sängerzeitung das denkwürdige Burgfriedens-Motto in Erinnerung, daß Deutschlands „ärmster Sohn auch sein getreuester" sei.[217] Aus diesem Motto sprach die zwanghafte Neigung der Stigmatisierten, durch Überidentifikation mit dem überlegenen nationalistischen Aggressor vom Odium nationaler Treulosigkeit loszukommen. Daß hier diejenigen, die den geringsten Anteil an den materiellen Segnungen der Nation hatten, dies auch noch herausstrichen, um ihre überragende nationale Treue in strahlendem Licht erscheinen zu lassen, spricht für sich. Allerdings darf nicht übersehen werden, daß die Arbeitersänger mit diesem Motto auch auf die nationale Treulosigkeit der sog. „Kriegsgewinnler" anspielen wollten. Aber sie bekräftigten mit dieser Variante antibürgerlicher Kritik den nationalen Treuegedanken um so mehr.

Die Annäherung an deutschnationales Gesinnungszeremoniell trieben die Arbeiter-

---

212 Vgl. zum Verständnis des Schlußchores: *Richard Wagner,* Deutsche Kunst und deutsche Politik, Leipzig 1868; *Hans Mayer,* Richard Wagners geistige Entwicklung, in: Richard Wagner. Das Betroffensein der Nachwelt. Beiträge zur Wirkungsgeschichte, hrsg. von Dietrich Mack, Darmstadt 1984, S. 212.
213 X. Bayerisches Arbeiter-Sänger-Bundes-Fest in Nürnberg, 31.5.-1.6.1925, Festschrift.
214 Deutsches Arbeitersängerfest in Hannover am 16./17./18. Juni 1928, Festschrift, S. 64. Die Inschrift lautete: „Mag der Staub gefall'ner Helden modern, die dem großen Tode sich geweiht, ihres Ruhmes Flammenzüge lodern in dem Tempel der Unsterblichkeit." Theodor Körner war Mitglied des berühmten Lützower Freikorps gewesen und 1813 im Kampf gegen die Franzosen gefallen. Berühmtheit erlangte er vor allem dadurch, daß Carl Maria von Weber eine Reihe seiner Kriegsgedichte unter dem Titel „Leyer und Schwert" vertonte. Einige von diesen avancierten zu den beliebtesten Vaterlandsliedern des deutschen Nationalismus, an erster Stelle das sog. „Schwertlied" und „Lützows wilde, verwegene Jagd"; vgl. auch *Richard Kötzschke,* Geschichte des deutschen Männergesanges, hauptsächlich des Vereinswesens, Dresden 1927, S. 215; Klenke, Bürgerlicher Männergesang, in: GWU Heft 8, 1989.
215 Ehrentafel, S. 56; *Max Bartsch,* 10. Bayerisches Arbeiter Sängerfest in Nürnberg, in: DASZ Nr. 6, 1925, S. 72; Gedenkrede des Vorsitzenden des DAS-Gaus Nordbayern Zorn, in: Das Fest der Arbeitersänger, in: Fränkische Tagespost vom 2.6.1925.
216 Ehrentafel, S. 56.
217 Ebda., das Motto entstammte ursprünglich dem Weltkriegs-Gedicht „Das Bekenntnis" von Karl Bröger. Während des Krieges wurde es auf Betreiben der DAS-Führung vertont, vgl. DASZ Nr. 67, 1916, S. 1.

sänger so weit, daß sie in ihrem Bemühen, dem Gefallenentod einen Sinn abzugewinnen, auch auf germanische Heldenmythen zurückgriffen. In chorgesanglicher Lobpreisung verliehen sie dem Gefallenen die Unsterblichkeit eines Helden, der im Gegensatz zum Feigling nach seiner Bewährung auf dem Schlachtfeld zu Walhalla aufstieg, um dort an der Heldentafel des Kriegsgottes Odin Platz zu nehmen.[218] Für das betreffende, „Heldenheimfahrt" genannte Chorwerk hatte die Arbeiter-Sängerzeitung 1923 noch *vor* der Ruhrbesetzung, also bevor die nationalen Leidenschaften überschäumten, mit den Worten geworben, es müsse in den „eisernen Bestand" aller Chöre aufgenommen werden.[219] Doch damit nicht genug. Entrückte dieses Chorlied den heldenhaften Kampf des deutschen Soldaten wenigstens noch in nebulöse transzendente Sphären, so gestatteten sich die Arbeitersänger während ihrer Nürnberger Einweihungsfeier noch eine Steigerung, indem sie in einem weiteren Chorlied der Brutalität der Kriegshandlungen auf recht sinnliche Weise den vaterländischen Segen erteilten. Hier führten sie als Kriegshelden Hermann, den Cherusker vor, der Franzosenblut fließen ließ und dem dessen Gattin Thusnelda nach der Heimkunft vom Schlachtfeld einen begeisterten Empfang bereitete, als sie an seinem Körper Spuren geronnenen Feindesblutes entdeckte.[220] Solch kriegsverherrlichendes Lied auf einer Veranstaltung der Arbeitersänger vorfinden zu müssen, ging zwar einer kritischen Stimme in den eigenen Reihen zu weit, aber das Unbehagen darüber äußerte sich eher beiläufig. Es wurde nicht nachgehakt, wieso es dazu hatte kommen können, daß solch ein Chorlied ins Programm aufgenommen worden war.[221] Der Schlüssel des Verständnisses ist vermutlich darin zu finden, daß das Nürnberger Gefallenengedenken all die nationalistischen Regungen, die sich aus der unverarbeiteten Kriegsniederlage speisten, ans Licht beförderte. Dies waren Regungen, die man im sozialistischen Milieu um der internationalen Aussöhnung willen normalerweise unter Verschluß hielt. Daß die nicht verwundene Kriegsniederlage unterschwellig fortwirkte, unterstreicht der Tatbestand, daß die Grundaussage des Gefallenenzeremoniells in den eigenen Reihen auf keinerlei Kritik stieß.

Hüten sollte man sich davor, das nationalistische Profil als bayerische Besonderheit abzutun. Daß man das Gefallenengedenken in ein bayerisches Sängerfest einbettete, ging allein auf eine Entscheidung der Bundesinstanzen zurück. Das bayerische Profil des Festes bestand lediglich darin, daß ein sehr farbenprächtig geratener Festzug stattfand, ein Brauch, den man den bürgerlichen Sängern abgeschaut hatte, der aber bei Arbeitersängerfesten eher die Ausnahme war.[222] Daß man hier in allegorischen Bildern den „Genius des Kunstgesangs" in Anlehnung an den deutschen Musikmythos vorführte und romantische Klischeevorstellungen von der heilen Welt mittel-

---

218 Vgl. Helden-Heimfahrt für Männerchor, Text: Felix Dahn, Musik: Joh. G. Rohrbach (DAS-Verlags-Nr. 112), Berlin 1921; *Bartsch,* S. 72; X. Bayerisches Arbeiter-Sänger-Bundes-Fest, S. 80.
219 *Franz Bothe,* Heldenheimfahrt, in: DASZ Nr. 1, 1923, S. 46.
220 Hermann und Thusnelda, in: X. Bayerisches Arbeiter-Sänger-Bundes-Fest, S. 75.
221 Die Hauptaufführung, in: Fränkische Tagespost vom 2.6.1925.
222 Der Festzug, in: Fränkische Tagespost vom 2.6.1925; X. Bayerisches Arbeiter-Sänger-Bundes-Fest, S. 88 ff.

alterlicher Zunftgemeinschaft aufwärmte, dokumentierte zwar das Bedürfnis nach mythischen Fluchtwelten, aber die nationalistische Einfärbung trat deutlich zurück.[223] Außerhalb des Zeremoniells der Mahnmaleinweihung zeigte sich das Nationale lediglich im lebendigen deutschen Traditionsbewußtsein. Im Unterschied zum bayerischen Fest strich das gleichzeitig stattfindende Leipziger Gau-Sängerfest stärker die spezifischen Züge der Klassenkampf-Tradition heraus[224], aber diese fehlten auch in Nürnberg nicht.[225]

Auffällig ist, daß bei den Arbeitersängern eine Auseinandersetzung über nationale und klassenkämpferische Akzentsetzungen in den Jahren des nationalistischen Aufbegehrens gänzlich ausblieb. Die Ungereimtheiten wurden vollständig unter den Teppich gekehrt. Sozialistische Identität auf der einen und nationale Reinwaschung und Widerstandsbereitschaft auf der anderen Seite standen unvermittelt nebeneinander. Das Nürnberger Fest brachte dies sinnfällig zum Ausdruck. Der Zwiespalt, der darin zum Ausdruck kam, ließ das nationale Bekenntnis sehr gedämpft ausfallen. Folgender Eindruck drängt sich auf: In den ersten Nachkriegsjahren speisten sich die nationalen Gebärden der Arbeitersänger aus der allgemeinen Empörung über die Siegermächte; aber sie ließen sich nur halbherzig vom Sog der nationalistischen Woge mitreißen. Als die Radikalisierung in den Jahren 1924/25 abklang, nahmen sie dies zum Anlaß, all das, was mit der brisanten nationalen Frage zusammenhing, weit von sich zu weisen. Es handelte sich dabei um einen Reflex auf die Ereignisse des Jahres 1923, die die Linke gelehrt hatten, daß die nationalistischen Leidenschaften der sozialistischen Sache nur schaden konnten. Denn einerseits vermochte man als Arbeitersänger und gestandener Sozialist mit den nationalistischen Hetzparolen ohnehin nicht mithalten und wollte dies im übrigen auch gar nicht, andererseits aber konnte man die Nationalisten auch nicht offensiv bekämpfen, da man mit ihnen ja die Ausgangsbasis teilte, nämlich den Glauben an den deutschen Verteidigungskrieg und die Überzeugung, daß den Deutschen seit Versailles Unrecht widerfahre. Vom bürgerlich-nationalen Lager unterschied man sich in dieser Frage nur dadurch, daß man die Friedensbedingungen als nicht gar so bedrückend empfand bzw. den sozialen Konflikten im Innern und der Option auf Aussöhnung einen weitaus höheren Stellenwert einräumte. Erst die enttäuschende Erfahrung des Krisenjahres 1923, in Zeiten nationalistischer Radikalisierung Federn lassen zu müssen, wenn man eine unentschiedene Haltung zwischen Nationalismus und klassenkämpferischem Internationalismus einnahm, kann erklären, warum im DAS nach 1925 die nationalen Töne weitgehend verstummten.

In das Unbehagen, sich überhaupt noch auf die Gedankenwelt des deutschen Revisions- und Großmachtanspruchs einzulassen, mischte sich nach 1925 mehr und mehr auch intellektuelle Verachtung für die überreizte und dramatisierende Katastrophen-

---

223 Ebda., S. 85 ff., 90 f.
224 Gausängerfest Leipzig 1925, in: LVZ vom 2.6.1925; Gausängerfeste Pfingsten 1925, in: DASZ Nr. 5.
225 Vgl. Teil III des Festzugs „Macht des Gesangs", in: X. Bayerisches Arbeiter-Sänger-Bundes-Fest, S. 88 f.

stimmung der deutschen Rechten.[226] Man glaubte, hier werde die aufgeblähte hurrapatriotische Rhetorik und Überheblichkeit der Vorkriegszeit fortgeschrieben, die man von damals her zu kennen wähnte und die man bereits damals als ideologisches Instrument kapitalistischer Klassenherrschaft entlarvt hatte. Einsichten dieser Art ließen das Pendel umschlagen. Die Arbeitersänger drangen nunmehr in seltener Einmütigkeit auf internationale Aussöhnung. Der Gesang sollte hierzu seinen Beitrag leisten und die ihm eigenen Vorzüge ins Spiel bringen.[227] Man versprach sich von fremdländischem Liedgut und grenzüberschreitenden Konzertreisen eine bessere internationale Verständigung, als dies intellektuelle Ansprache und Aufklärung leisten konnten. Besonders dringlich erschien, Verständnis zwischen den Völkern der ehemaligen Kriegsparteien zu wecken.[228] Verständigungsbrücken sollten hier gleichermaßen das internationale Lied und die weltbürgerlich gedeutete klassische Hochkultur sein, dies alles an vornehmster Stelle im menschheitsverbrüdernden Schlußchor der IX. Sinfonie von Beethoven verkörpert.[229] Man setzte sich damit in aller Schärfe von dem „Mummenschanz" ab, den die Chöre des DSB mit dem „deutschen Lied"[230] betrieben. Von dieser Gesinnung wollten die Arbeitersänger in den Jahren nach 1925 nichts mehr wissen. Mehr und mehr setzten sie auf weltbürgerlich-humanistische Gesinnung und künstlerische Veredelung, Ideen, die die nationale Enge des „deutschen Gesangs" überwinden wollten.

Noch weitere Überlegungen bestimmten das energische Umschalten auf internationalistische Denkweisen. Eine gewichtige Rolle spielte nicht allein pazifistische Zuversicht; man setzte gewisse Hoffnungen auch darauf, daß der Klassenkampfgedanke zur internationalen Aussöhnung beitrug.[231] In der Tat konnte das Band der nationen-übergreifenden Solidarität der Arbeiter behilflich sein, die Ressentiments zwischen den ehemaligen Kriegsgegnern zu überwinden und von wechselseitigen Kriegsschuldvorwürfen abzusehen. Sich von solcherart Schuldzuweisungen freizumachen, konnte aus marxistischer Sicht nur dann gelingen, wenn alle nationalen Arbeiterklassen die Überzeugung teilten, daß alle kriegsbeteiligten kapitalistischen Staaten in *gleicher* Weise um die Vorherrschaft gerungen hatten und dem kapitalistischen Profitstreben *sämtlicher* kriegsführender Nationen die Verantwortung für den Krieg anzulasten war.[232] Die jeweiligen Nationalismen traten dann nur noch als ideologisches Tarnmittel

---

226 Sehr deutlich bringt dies Walter Hänel zum Ausdruck; vgl. ders., Haben sie umgelernt?, in: DASZ Nr. 7, 1928, S. 132 f.; X. Deutsches Sängerbundesfest in Wien, in: DASZ Nr. 8, 1928, S. 138 f.
227 Musik im Leben der Völker, in: DASZ Nr. 6, 1927, S. 98 f.; Arbeiter-Musikwoche in Frankfurt a.M., in: DASZ Nr. 8, 1927, S. 137 ff.; Lieder aus der Ferne, in: ASZ Nr. 3, 1931, S. 63.
228 Englische Arbeitersänger in Köln, in: DASZ Nr. 10, 1926, S. 208; *Walter Hänel,* Konzertfahrt rheinischer Arbeitersänger nach Paris, in: DASZ Nr. 6, 1929, S. 120 f.
229 *Hans Hartmann,* Sind unsere Volkschöre nicht revolutionär?, in: DASZ Nr. 7, 1924, S. 61; Beethovens Todeskampf und Ende, in: DASZ Nr. 5, 1929, S. 84 f.
230 *A. Kirch,* Agitation und Arbeitersängerbund, in: DASZ Nr. 7, 1924, S. 57 f.
231 Arbeiter-Musikwoche, S. 140 f.; *Walter Hänel,* Stuttgarter Arbeitersänger in Paris, in: DASZ Nr. 8, 1930, S. 146 f.; Lieder aus der Ferne, S. 63.
232 Die These von der allgemeinen Schuldhaftigkeit des imperialistischen Kapitalismus bringt sehr prägnant zum Ausdruck: Wir! Ein sozialistisches Festspiel, Musik: Ottmar Gerster, Text: Hendrik de Man (Textbuch), Berlin 1932, S. 27 f.

kapitalistischer Klasseninteressen in Erscheinung. Auf diese Weise verschob sich die Kriegsschuldfrage von der zwischenstaatlichen Ebene auf die des Verhältnisses der Klassen untereinander. Teilten sämtliche nationalen Arbeiterklassen diese Grundüberzeugung, konnte der internationalistische Versöhnungsgedanke unter klassenkämpferischem Vorzeichen greifen. Auf anderem Wege ließ sich aus dem Blickwinkel der Arbeitersänger die zwischenstaatliche Frontstellung kaum entschärfen. So wurde zum zentralen Anliegen, den Weltkrieg und seine Folgeprobleme als Klassenfrage zu deuten. Mehr und mehr rückten die Arbeitersänger in den Mittelpunkt ihrer Agitation, daß die unterdrückten Klassen erheblich stärker unter den Folgen des Krieges zu leiden hätten als die Kapitalisten, denen man überdies die *alleinige* Verantwortung für den Weltkrieg anlastete.[233]

Diese Grundüberzeugung brachte die Chorliteratur des DAS in den späten Jahren Weimars mehr oder minder deutlich zum Ausdruck, wenn sie den Krieg thematisierte.[234] Teils beschränkte sie sich darauf, den Brudermord am fremdländischen Klassengenossen moralisch zu verwerfen, teils stellte sie das kapitalistische Weltsystem als Vater des Krieges an den Pranger. Letzteres war das Hauptthema des großen und beliebten Chorwerks „Kreuzzug der Maschine". Direkter noch sprachen die Interessenwelt des Arbeiters diejenigen Gesänge an, die auf die klassenbedingte Chancenungleichheit hinwiesen, aus dem Krieg Gewinn zu schlagen und mit heiler Haut davonzukommen. Die Grundaussage all dieser Chorwerke lief im Kern auf den Vorwurf hinaus, es seien die als Nationalisten getarnten kapitalistischen Betrüger gewesen, die ihre Völker in den Krieg gehetzt hätten. Bemerkenswerterweise lösten sich hier die politischen und völkerrechtlichen Seiten des Weltkriegs vollständig in der allgemeinen Kapitalismuskritik auf. Es ging die Einsicht verloren, daß es auch eine *völkerrechtliche* und *zwischenstaatliche* Dimension der Kriegsschuldfrage gab und daß diese Seiten der Schuldfrage zwangsläufig Reparations- bzw. Revisionsansprüche im Gefolge haben mußten, die zu immer neuen internationalen Konflikten zwischen den Kriegsgegnern von gestern führten. Obwohl den Arbeitersängern nicht verborgen bleiben konnte, daß diese Fragen die Gemüter erhitzten, ließen sie diese Probleme links liegen: Mit dem Hinweis auf die allgemeine Schuldhaftigkeit des Kapitalismus spielten sie die durchaus ernstzunehmenden *zwischenstaatlichen* Probleme herunter. Diese Art, die Probleme zu verschieben, war wenig geeignet, dem nationalistischen Argwohn gegenüber den ehemaligen Kriegsgegnern die agitatorische Stoßkraft zu nehmen.

Nur zwei Verlagserscheinungen des DAS brachten in dieser Richtung mehr Sensibilität auf; aber auch sie gingen auf das Problem der zwischenstaatlichen Schuldfrage nur sehr zaghaft und vermittelt ein. Das eine war ein auf Anregung von Alfred Guttmann zustandegekommener Spottgesang auf einen naiven „Kriegskuli", der im

---

233 *B. Zander,* Unsere neue proletarische Kantate: „Kreuzzug der Maschine", in: DASZ Nr. 9, 1929, S. 178.
234 Arbeitersängerspruch, Musik: Ottmar Gerster, Berlin 1929; Kreuzzug der Maschine, Musik: Arthur Wolff, Text: Lobo Frank, Klavierauszug, Berlin 1929, S. 83, 90 ff.; Rote Revue, Musik: Ottmar Gerster, Berlin 1930, S. 32 f.; Wir! Ein sozialistisches Festspiel, Textbuch S. 27 f.; *Hanns Eisler,* In den Militärbaracken, op. 19/2, Wien/Berlin 1930.

Glauben an die offizielle Kriegspropaganda, „das Reich sei überfallen worden", sein Leben für die vermeintlich gerechte Sache geopfert hatte, jedoch nachträglich vom Himmel aus feststellen mußte, daß diejenigen, die den Krieg an verantwortlicher Stelle geleitet hatten, unbehelligt davonkamen und sich wenig heldenhaft davonstahlen, wie das der deutsche Kaiser beispielhaft vorgeführt hatte.[235] Der Gesang endete folgerichtig mit dem Appell, sich nicht ein zweites Mal abschlachten zu lassen. Den derben Spott über den naiven Glauben des „Kriegskuli" unterstrich die Musik durch heroisch-pathetischen Gestus an den Stellen „Granatenfutter" und „Das Reich ist überfallen". Daß hier das Tabu der deutschen Kriegsunschuld so offen verletzt wurde, stellte in der gesamten DAS-Literatur eine einsame Ausnahme dar.

Das zweite Chorwerk, das die zwischenstaatlichen Probleme des Krieges sensibel, aber auch sehr verschlüsselt aufgriff, der 1931 veröffentlichte „Mann im Beton", dürfte den Zuschauern wie kein anderes unter die Haut gegangen sein.[236] Es nahm das nationale Kriegsheldentum ins Visier, griff gewisse nationale Eigentümlichkeiten der ehemaligen Kriegsparteien auf und ließ beides in einer allgemeinen Kritik an der Unmenschlichkeit des kapitalistischen Gewinnstrebens aufgehen. In makabre Ironie verpackt präsentierte es dem Zuhörer einen Lohnarbeiter, der während des Baus einer Brücke unversehens zum „Helden der Arbeit" aufstieg, nachdem man ihn während seines Mittagsschlafs versehentlich im Hohlraum eines Brückenpfeilers einbetoniert hatte. Das Schicksal nahm seinen Lauf, als sich herausstellte, daß dem Eingeschlossenen nur dadurch zu helfen war, daß man das obere Pfeilerstück wegsprengte. Den Vertretern des internationalen Bau-Konsortiums kam dieser heikle Zwischenfall alles andere als gelegen. Nach anfänglichem Zaudern beschlossen sie aus Scheu vor den Folgekosten der Sprengung, keiner „falsch verstandenen Menschlichkeit" nachzugeben.[237] Auf diese Weise bereiteten sie dem eingeschlossenen Arbeiter das zweifelhafte Vergnügen, zum „Helden der Arbeit" zu werden. Die nationalen Vertreter des Konsortiums präsentierten sich hier griffig und wirklichkeitsnah nach typischen Merkmalen, durch die sich die jeweiligen Volkswirtschaften in besonderer Weise auszeichnen: z.B. der US-Amerikaner als Öl- und Kraftfahrzeuglieferant, der Franzose als Kapitalgeber und der Deutsche als Konstrukteur.[238] Ohne Ausnahme trugen sie *unter Einschluß* des Deutschen die unmenschliche Entscheidung mit. Die Chorballade trieb den Sarkasmus auf die Spitze, indem sie das Konsortium nach Abschluß der Bauarbeiten am Brückenkopf ein Ehrenmal „für diesen Soldaten der Arbeit" errichten ließ. Die Einweihung nahm das Konsortium zum Anlaß, der Welt zu verkünden, den Arbeitern sei ein „Held der Arbeit" geschenkt worden, der auf dem

---

235 Der Kriegskuli, Text: Alfred Kerr nach einer alten Volksweise, in: Männerchöre ohne Begleitung, hrsg. vom DAS, Berlin 1929, S. 13.
236 Mann im Beton. Eine proletarische Ballade, Text: Adolf Stemmle, Günther Weisenborn, Musik: Walter Gronostay, Klavierauszug, Berlin 1931. Die Uraufführung fand am 8.5.1932 in Berlin statt; vgl. dazu: ASZ Nr. 5, 1932, S. 120; Aus Zuschriften unserer Funktionäre, in: ASZ Nr. 3, 1933, S. 56; vgl. auch die Besprechung des Chorwerks: Bruno Löwenberg, Mann im Beton, in: ASZ Nr. 5, 1932, S. 112.
237 Mann im Beton, Klavierauszug, S. 25.
238 Ebda., S. 13.

„Schlachtfeld der Arbeit" geblieben sei.[239] Es war hier die absurde Übertragung des Heldenbegriffs auf die Arbeitswelt, die das Kriegsheldentum ins schmerzhaft grelle Licht der Sinnlosigkeit rückte. Auf beiden Schauplätzen, dem des Krieges und dem der Produktion, präsentierte sich der Held hinter der ironischen Fassade als hilfloses und sinnloses Opfer einer erdrückenden Großmaschinerie, der er im Widerspruch zu allem Heldenkult ohnmächtig ausgeliefert war. Beides war der Erfahrungswelt der Arbeiter abgelesen, den Materialschlachten des Weltkrieges und dem rationalisierten Großbetrieb. Es war das erklärte Ziel der Autoren des Chorwerks, beides in einen Zusammenhang zu rücken, die kapitalistischen Produktionsverhältnisse und das fragwürdige Kriegsheldentum, wobei ihnen letzteres in erschreckender Weise im exzessiven Gefallenenkult der wiedererstarkten nationalen Rechten begegnete.[240] Das Szenarium des Chorwerkes versuchte dem Heldenkult und all den nationalistischen Feindbildern das Wasser abzugraben, indem es den Deutschen von vornherein in die Komplizenschaft der internationalen Kapitalvertreter einbezog und damit den Eindruck vermittelte, das sinnlose Opfer des „Arbeitshelden" sei für den Kapitalismus schlechthin erbracht worden. Der Schluß der Chorballade band die fragwürdigen Bewährungsfelder des Helden in dem eindringlichen Appell zusammen, sich als Arbeiter keinerlei Heldentum aufschwatzen zu lassen.[241] Die Mittel, die die Chorballade an dieser Stelle einsetzte, zeugten von sensiblem Gespür für Gefühlslage und Symbolik der Zeit: Vor dem Ehrenmal führte sie die Kapitalvertreter zu einer ehrfurchtsvollen Andacht zusammen, die Assoziationen auf die ungezählten Gefallenengedenkfeiern vor Kriegerdenkmälern wecken konnte. Im Duktus einer unterlegten Kirchenchoral-Schlußphrase verkündeten die Konsortialvertreter: „Hier trauern vereint zum ersten Mal Proletariat und Kapital".[242] Damit wurde die falsche Verbundenheit der Klassengegner auf ironische Weise durch religiöses Pathos entlarvt und die Kirche als verschleiernde Agentin der Kapitalinteressen ins Visier genommen. Im sarkastisch entlarvenden Szenarium durfte aber auch das nationalistische Männerchorwesen nicht fehlen. Unverkennbar klang der Stil pathetischer Vaterlandslieder durch, als die Konsortialvertreter ihr unmenschliches Gebaren zynisch entschuldigten: „Man fand den Fall sogar unangenehm, denn man hat doch kein Herz von Granit".[243]

Kein zweites Verlagswerk des DAS hat die marxistisch gefärbte Verbitterung über den Weltkrieg und die nicht abreißenden Wirtschaftskrisen so wirkungsvoll eingefangen wie der „Mann im Beton". In seiner Schärfe stand es einzigartig da. Einen Kontrast bietet der „Marsch der Eisernen Front", der von DAS und SPD gemeinsam herausgegeben wurde: Er fiel im Hinblick auf die beabsichtigte Durchschlagskraft stark zurück. Deutlich trat dort das hilflose Unverständnis gegenüber der überbordenden Flutwelle des Rechtsextremismus zutage.[244] Mit wehleidigem Unterton

---

239 Ebda., S. 34.
240 *Löwenberg,* S. 112.
241 Mann im Beton, Klavierauszug, S. 35.
242 Ebda., S. 34.
243 Ebda., S. 35 f.
244 Marsch der Eisernen Front, Partitur in: ASZ Nr. 8, 1932, S. 175.

stimmte die 1. Strophe ein Klagelied darüber an, daß die Nationalsozialisten mit ihrem Schlagwort „National" die politische Linke mit Erfolg als „Verräter" beschimpfen konnten. Warum diese Lüge draußen im Land so gut ankam, darüber wollten die weiteren Strophen aufklären. Sie stellten das „Nationale" als von den Begüterten finanzierte Herrschaftsagentur vor und glaubten es mit dieser Charakterisierung diskreditieren zu können. Jedoch verharmlosten sie damit ungewollt die Eigendynamik der NS-Massenbewegung. Mit diesem Marschlied wollte sich das gesamte sozialistische Milieu gegenüber dem übermächtig werdenden Gegner Mut machen. Weil das Lied im Nationalismus aber lediglich einen Agenten des Kapitals erblickte, konnte es der Rechten kaum schaden. Es wich dem Kern des nationalen Problems aus.

Die verunsichernde Aggressivität des Nationalismus trieb die DAS-Führung so sehr in die Defensive, daß sie konträr zur pazifistischen und klassenkämpferischen Grundlinie der zurückliegenden Jahre Ende 1932 ein nationalistisches Chorlied mit dem Titel „Die toten Soldaten" erscheinen ließ. Dies kam einem beachtlichen Rückfall in eine scheinbar überwundene Phase nationalistischer Ansteckung gleich. Hier wurde im Duktus nationalistischer Chorlieder den deutschen Weltkriegsgefallenen „Glorie und letzte Ehre" zuteil. Es wurde nicht mehr gefragt, ob der Opfertod des Weltkriegs und die Sekundärtugenden soldatischer Mannhaftigkeit einem sinnvollen Zweck gedient hatten.[245] Verfehlt wäre, hier lediglich einen nationalistischen Querschläger zu vermuten; vielmehr spiegelte sich im Herbst 1932 in „Die toten Soldaten" das auf breiter Front einsetzende Bemühen wider, die Isolierung des sozialistischen Arbeitermilieus zu durchbrechen und ideell zur gemäßigten nationalen Rechten aufzuschließen. Für den sozialdemokratischen Teil der Arbeiterbewegung wurde immer schwerer vorstellbar, noch auf andere Weise politisch überleben zu können.

Daß die Arbeitersänger außerordentliche Mühe hatten, sich dem Zweifrontenkampf gegen Wirtschaftskrise und nationalistische Bedrohung zu stellen, unterstreicht eindringlich die große Zahl pazifistischer und antimilitaristischer Chorwerke, die sich zwar durch aggressives Klassenkampf-Pathos auszeichneten, aber mit Ausnahme des „Kriegskuli" der tagtäglichen Kriegsunschuldspropaganda der nationalen Rechten aus dem Weg gingen und nur zaghaft, wenn nicht gar wehleidig die Hetze gegen die politische Linke abwehrten. In der überaus wichtigen Frage der Kriegsunschulds- und Dolchstoßpropaganda zeigte man sich unfähig, der Verhetzung von rechts angemessen entgegenzutreten. Diese Hilflosigkeit traf gleichermaßen auf die Sänger-Publizistik und die Chorliteratur zu. Sie stand in einem bedenkenswerten Mißverhältnis zu Aggressivität und Wirkkraft der nationalen Propaganda. Dies ist in besonderem Maße erklärungsbedürftig. Zum ersten spielte eine Rolle, daß man seit der Wilhelminischen Ära das Eigengewicht der politischen und mentalen „Überbau"-Phänomene unterschätzte und alle gesellschaftlichen Phänomene gewaltsam in das bipolare marxistische Klassen-Schema einpreßte. Dies erklärt aber nur unzureichend, warum man die tagtägliche Hetze von rechts nicht beim Wort nahm und an deren Wurzel, der Kriegsunschuldsthese, zu widerlegen suchte. An aggressiver Kampfbereitschaft hat es ge-

---

[245] Die toten Soldaten, Musik: Ernst Lothar Knorr, Text: Max Barthel, Berlin 1932.

wiß nicht gemangelt, wie all die engagierten, von kämpferischem Opfergeist getragenen Chor-Aufführungen der späten Jahre eindrucksvoll unter Beweis stellen. Was fehlte, war im Kern die Bereitschaft, Konflikte im zwischenstaatlichen Verhältnis auch als innenpolitisches Problem ernstzunehmen und dementsprechend die Kriegsschuldfrage nicht allein als zweitrangiges zwischenstaatliches Problem zu betrachten, sondern als Schlüsselfrage der deutschen Innenpolitik, an der die Weimarer Nachkriegsordnung zugrunde zu gehen drohte. Es handelte sich dabei um eine Problemebene, auf die seit Kriegsende die gesamte Weltsicht und Propaganda der nationalen Rechten abgestellt war. Dies wurde unübersehbar, als der Nationalismus 1929 mit dem Young-Plan-Volksbegehren nach Jahren scheinbarer Beruhigung einen ungeahnten Aufschwung nahm. Damit kam die nationale Frage ein weiteres Mal auf die Tagesordnung. Hier gab es aber schier unüberwindbare psychische wie ideologische Wahrnehmungsbarrieren auf der politischen Linken.

Wie kam es dazu? In der unmittelbaren Nachkriegszeit hatten die politisch verantwortlichen Sozialisten beider Richtungen, späterhin die der Mehrheitssozialdemokratie, aus falsch verstandener nationaler Loyalität auf eine schonungslose öffentliche Klärung der Kriegsschuldfrage verzichtet und damit die kriegsverantwortlichen Herrschaftsträger des Wilhelminischen Deutschlands gedeckt.[246] Daß die verantwortlichen Spitzenpolitiker der Sozialdemokratie die Frage der politischen Verantwortung unter den Tisch kehrten und den moralischen Bruch mit der Vergangenheit nicht vollzogen, sollte sich spätestens während der erhitzten Debatten um die Unterzeichnung des Versailler Vertrags bitter rächen. Denn fast alle Sozialisten waren über die wahren Hintergründe des Krieges unaufgeklärt geblieben und stimmten deshalb in der Beantwortung der Kriegsschuldfrage, eingestanden oder uneingestanden, mit der nationalen Rechten überein. Auch sie fühlten sich als Deutsche im Glauben an die vermeintliche Verteidigung des Vaterlandes von den Siegern schändlich behandelt, auch sie teilten das Tabu, Deutschland verteidigt zu haben. Als Sozialisten wurden sie damit Opfer eines schwerwiegenden seelischen Zwiespalts: Zum einen fühlten sie sich als Klassenkämpfer und pazifistische Internationalisten, zum anderen glaubten sie aber berechtigte nationale Rechtspositionen und Interessen gegenüber den Siegern verteidigen zu müssen. In diesem handlungslähmenden Widerspruch gefangen, konnten sie keine überzeugende und offensive Antwort auf die nationale Frage finden. Sie bildeten eine zwiespältige nationale Identität aus, die im erbitterten nationalpolitischen Meinungskampf der Weimarer *Nachkriegs*gesellschaft entscheidend zur Schwächung ihrer Position beitrug. Dies äußerte sich darin, daß die deutschen Sozialisten der Anti-Versailles- und Revanche-Propaganda nur wenig entgegensetzen konnten und obendrein erdulden mußten, als vaterlandslose Dolchstoß-Gesellen diffamiert zu werden, wenn sie Erfüllungspolitik betrieben, statt lautstark in den Chor deutscher Revanchegelüste einzustimmen und den Klassenkampf zugunsten wehrhafter Geschlossenheit nach außen zurückzustellen.

---

246 Vgl. hierzu *Heinemann*, vgl. auch die Zusammenfassung des neueren Forschungsstandes von *Heinrich August Winkler*, Die verdrängte Schuld, in: DIE ZEIT Nr. 12, 1989, S. 49 f.

Eine nicht zu unterschätzende Rolle spielte, daß sich im Sog der revisionistischen Anti-Versailles-Kampagnen vielerlei hausgemachte Probleme sozialökonomischer Art ebenfalls auf die Politik der Siegermächte abschieben ließen, womit das Unrecht, das Deutschland vermeintlich widerfahren war, aus nationalistischem Blickwinkel um so monströsere Größenordnungen annahm. Und damit nahm auch die Feindseligkeit denen gegenüber zu, die Erfüllungspolitik und Klassenkampf auf ihre Fahnen geschrieben hatten, statt Revanchismus und totale nationale Geschlossenheit nach außen zu predigen. Solch nationalistische Denkfiguren, die an die erste Stelle den völkisch-nationalen Überlebenskampf setzten, deuteten wirtschaftliche Krisenzustände in ihren sozialen, politischen und seelischen Dimensionen als Folge von Übelständen im zwischenstaatlichen Verhältnis und als Folge eines uneinigen, vom Parteienhader geschwächten und nach außen wehrlosen deutschen Volkskörpers. Diese Weltsicht erwies sich im Weimarer *Nachkriegs*deutschland gegenüber der Agitation der sozialistischen Linken als immun, weil die marxistischen Denkfiguren die Probleme der Kriegsschuldfrage und der Kriegsfolgen in all ihren zwischenstaatlichen Dimensionen und in all ihren sozialen und mentalen Folgewirkungen nicht wahrhaben wollten und aus diesem Grunde den Nachkriegs-Nationalismus auch nicht an der Wurzel treffen konnten. Dem lag zugrunde, daß die Sozialdemokraten auch in den späteren Jahren Weimars keine Anstalten machten, aus ihrer zwiespältigen Lage herauszufinden und die Kriegsschuldfrage zu klären. Auch weiterhin zweifelten sie den von rechts so stark herausgestellten Unrechtscharakter der Versailler Nachkriegsordnung nicht an, glaubten aber dennoch ihrer pazifistisch-internationalistischen Tradition treu bleiben zu müssen. Wollten sie sich unter diesen Bedingungen gegenüber dem Nationalismus agitatorisch behaupten, dann mußten sie das Problem der Versailler Nachkriegsordnung einseitig auf die Ebene des internationalen Klassenkampfs abschieben, die sämtliche *zwischen*staatlichen Probleme mitsamt den völkerrechtlichen Folgen des Krieges als nachrangig erscheinen ließ. Dieser Denkfigur folgten Chorliteratur und Verbandspublizistik nach 1925 fast ausnahmslos.

Hätte man die Propaganda der nationalen Rechten an ihrer Wurzel widerlegen wollen, also das wahre Ausmaß der deutschen Verantwortung für Kriegsausbruch, Verlauf und Folgen offengelegt, wäre kein Weg an einer schonungslosen und für viele „Burgfriedens"-Sozialisten schmerzhaften Klärung der Kriegsschuldfrage vorbeigegangen. Hier mangelte es teils an der notwendigen Aufklärung über die Hintergründe, teils aber auch an Mut und Selbstehrlichkeit, die nationalistischen Anteile im eigenen Selbstverständnis in Frage zu stellen. Die gesamten Zeitumstände waren nicht dazu angetan, das Kriegsgeschehen rückhaltlos aufzuarbeiten und an das Tabu der Kriegsschuldfrage zu rühren. Daß sich die sozialistische Linke mit der Schuldfrage äußerst schwer tat, hatte Gründe. Zum ersten hätte man sich bei einer für Deutschland negativen Beantwortung auf schmerzliche Weise eingestehen müssen, daß die Burgfriedenspolitik und der Gefallenentod sinnlos waren. Zum zweiten hätte man als Sozialist das eigene Verständnis von nationaler Loyalität grundlegend überprüfen müssen. Dazu fehlte die Bereitschaft, weil die meisten Sozialisten sich danach sehnten, im Lichte des gemeinsam durchstandenen Weltkriegs dem Stigma des „vaterlandslosen Gesellen" entrinnen zu können. Zum dritten hätte man im Falle eines offenen Schuldeingeständnisses befürchten müssen, von seiten der Rechten noch erheblich aggressiver als „Büttel" der Siegermächte gebrandmarkt zu werden, als dies ohnehin schon geschah.[247] Solchen Angriffen wich die sozialistische Linke aus und klammerte sich an überkommenen klassenkämpferischen Denkgewohnheiten fest, die die brisanten außenpolitischen Probleme als Überbauphänomene herunterspielten. Der marxistische Ökonomismus entpuppte sich damit als Ausweichstrategie. Dies erwies sich als der einzig gangbare Weg, wenn man als Sozialist die wachsende Bedrohung von rechts aggressiv und kämpferisch beantworten wollte, ohne das nationale Tabu der Kriegsschuldfrage anzurühren, das ja die Mehrheit der deutschen Linken mit der nationalen Rechten teilte. Die überkommene klassenkämpferische Weltsicht überdeckte, daß man das Tabu der deutschen Kriegsunschuld nicht zu brechen wagte und weiterhin im lähmenden Zwiespalt zwischen sozialistischem Internationalismus und nationalistischem Revisionismus verharrte. Im Schatten der Kriegsniederlage erwies sich die zwiespältige Nationalidentität der deutschen Linken als schwerwiegendes politisches Manko. Daran hatte auch ihre Gesangskultur Anteil.

3. Die Praxis

a) *Die Einflußnahme der Bundeszentrale auf die Chorpraxis: Musikberatung, Männerchor-Frage und Verlagspolitik*

Die Berliner Bundeszentrale des DAS war zwar von dem Wunsch beseelt, dem Vereinsalltag den Stempel ihrer programmatischen Leitlinien aufzuprägen, aber sie richtete nur wenig aus, wenn ihre Vorstellungen an der Basis nicht auf Gegenliebe trafen. Daß die Anregungen von oben nur gebrochen Eingang fanden, gründete zum einen in der natürlichen Spannung zwischen programmatischer Wunschwelt und behäbigem Vereinsalltag, zum anderen aber auch im Selbstverständnis der Bundeszentrale, sich in Fragen der Musikberatung nicht als „Präzeptor" aufspielen zu dürfen.[248] Auf diese Weise konnten die unterschiedlichen Leitideen des Bundes, die verschiedenen Perspektiven von Basis und Zentrale unvermittelt nebeneinander bestehen, die Akzente vor Ort oder auf Gau-Ebene je anders gesetzt werden. Daß es dann schließlich doch zu einer gewissen Vereinheitlichung des chorpraktischen Profils kam, zuerst bei den

---

247 Anläßlich der 50. Wiederkehr der Einweihung des Hermanns-Denkmals im Jahre 1925 schreibt die den Deutschnationalen nahestehende Lippische Tageszeitung in Detmold über das Verhältnis der Sozialisten zur Nation: „Ist doch die sozialistische Internationale nur der Büttel, der die nationaldeutsche Gegenwehr gegen die imperialistische und mammonistische Weltdemokratie verlästert und niederknüppelt." Vgl. Das Spiel mit dem Feuer, in: Lippische Tageszeitung vom 15.8.1925. Solch dreiste Diffamierungen, die auf die nationale Zuverlässigkeit zielten, hatten die Sozialdemokraten allerorten zu gegenwärtigen.
248 Walter Hänel zu den Grundsätzen seiner musikalischen Beratungstätigkeit für die Vereine, in: Konzertrundschau in: DASZ Nr. 3, 1925, S. 29.

gemischten Chören im künstlerisch niveauvollen Gesang und späterhin, auf breiter Basis, im gehobenen Tendenzgesang, entsprang gleichermaßen dem Bedürfnis von Vereinen und Verbandsführung.

Soweit die Bundesführung des DAS auf die Chorpraxis Einfluß nahm, tat sie dies auf mehreren Wegen: über das Verbandsorgan, die Deutsche Arbeitersänger-Zeitung, über die Musikberatungsstelle, das Musikalien-Angebot des Bundesverlags, über den regelmäßigen Besuch von Konzertveranstaltungen und regionalen Verbandsversammlungen und schließlich über die Planung zentraler Sängerbundesfeste.

Die Musikberatung der Bundeszentrale

Den einzelnen Verein erreichte die Berliner Bundeszentrale am wirkungsvollsten über die Musikberatung, d.h. in erster Linie über den Konzertbesuch vor Ort und über eine 1926 eingerichtete Beratungsstelle, die schriftliche Anfragen von Vereinen beantwortete, die um Rat nachsuchten. Von diesem Beratungsangebot machten die Vereine intensiv Gebrauch. In zweiter Linie konnte die Bundesführung den Hebel ihres Einflusses bei der Konzertberichterstattung des Verbandsorgans ansetzen. Diese war jedoch bis 1925 in der Kommentierung der Vereinskonzerte eher zurückhaltend. Erst mit der Übernahme durch Walter Hänel ab Januar 1925 führte die „Konzertrundschau" eine autoritativ offene Sprache, die sich jedoch dirigistischer Anweisungen enthielt. Erst das verhärtende Klima der Großen Krise verhalf maßregelndem Gebaren zum Durchbruch. Zum Stein des Anstoßes wurde an erster Stelle, daß einige Vereine zu wenig auf das Verlagsangebot des Bundes eingingen; aber auch in solch einem Fall wollte die Bundesführung die Vereine nicht zur Annahme ihres Angebots zwingen, sondern lediglich moralischen Druck ausüben.[249]

Bis zur Weltwirtschaftskrise ließ sich die Musikberatung in erster Linie von folgenden Grundsätzen leiten: künstlerische Niveausteigerung, Anpassung der öffentlichen Konzerte an Formen des bürgerlichen Konzertbetriebs, Schaffung von gemischten Chören und Werbung für das Verlagsprogramm des Bundes. Von Musikexperten getragen, verriet die Musikberatung einen deutlich künstlerischen Akzent. Der seit der Revolution schleichenden Abnahme von Tendenzgesängen setzte sie nur wenig entgegen, obwohl es aus den eigenen Reihen durchaus geharnischte Kritik gab, die die Furcht vor politischem Identitätsverlust deutlich zum Ausdruck brachte.[250] Es handelte sich hier aber immer nur um vereinzelte Stimmen. Seit 1925 wurde der Stil der Beratung mit dem Eintritt Walter Hänels in die Redaktion offensiver. Hänel versuchte die künstlerische Aufwärtsentwicklung fortzuschreiben, zugleich aber stärker

---

249 Stil und Charakter der Musikberatung bringen am besten zum Ausdruck: Konzertrundschau in: DASZ Nr. 1-6, 1925; Nr. 1, 1928; Nr. 3, 1929; Nr. 9, 11 f., 1931; Nr. 2, 1932. Nach Hänels Eintritt in die Redaktion veränderte sich der Stil schlagartig. Die Schärfe, mit der Hänel gelegentlich kommentierte, nahm niemals anweisenden Charakter an; Kommentar blieb Kommentar. Den Vereinen blieb überlassen, ob sie sich die Kritik zu Herzen nahmen. Die Musikberatungsstelle, die Hänel leitete, nahm ihre Arbeit erst im Oktober 1926 auf; vgl. DAS-Geschäftsbericht für die Zeit vom 1.4.1926 bis 31.3.1929, S. 10.
250 Drastisch formuliert diese Kritik *K.H. Schilling,* Das Freiheitslied, in: DASZ Nr. 7, 1924, S. 58 ff.

zu steuern. Zunächst reagierte man auf die „Handgranaten" der engagierten Konzertrundschau Hänels vielerorts mit Entrüstung, ja sogar mit der Drohung, die Verbandszeitung abzubestellen; aber nach und nach fand das Expertenurteil Hänels breitere Anerkennung.[251] Zu vermuten ist, daß es bei der anfänglichen Mißstimmung mehr um musikästhetische als um politische Fragen ging. Dennoch läßt sich kaum behaupten, daß Hänel nur an künstlerischen Vortragsprogrammen interessiert gewesen wäre.[252] Ihm ging es darum, den Tendenzcharakter des Gesangsrepertoires in gewissen Grenzen zu bewahren, ihn aber in ein Gesamtkonzept künstlerischer Profilierung einzubetten. Offen der künstlerischen Verselbständigung der Vereine entgegenzutreten, sah er sich nur dann veranlaßt, wenn dies im Arbeitermilieu vor Ort allzuviel Unbehagen auslöste und die Vereine sich zu isolieren drohten.[253] Allerdings hatte die Musikberatung solch besorgniserregende Entwicklung mitzuverantworten, weil sie den Tendenzgesang, soweit er ihr nicht niveauvoll genug erschien, aus den anspruchsvolleren Konzertprogrammen verbannt wissen wollte.[254] Unter solchen Voraussetzungen für gesonderte Tendenzlied-Konzerte zu plädieren, war zwar von Seiten Hänels ein gutgemeinter Vorschlag, um den Tendenzgesang nicht ganz in der Versenkung verschwinden zu lassen, aber dieses Ansinnen konnte an der Basis kaum auf Resonanz treffen, da solche Programme eher eintönig als reizvoll gewesen wären. Hänels Bemühungen um gesonderte Konzertprogramme liefen letztlich darauf hinaus, den Tendenzgesang vom künstlerischen Konzertehrgeiz abzukoppeln. Dies führte bei Vereinen mit stark entwickeltem musikalischen Ehrgeiz fast zwangsläufig zu einer gewissen Teilnahmslosigkeit, wenn der abgespaltene Tendenzgesang bei rein politischen Auftrittsanlässen gleichsam aus der Mottenkiste herausgekramt werden mußte. So konnte im Milieuumfeld leicht der Eindruck aufkommen, daß die Vereinstätigkeit der Sänger im Kern unpolitischer Natur sei und sich von den Ursprüngen entferne. Hierin dürfte ein gewichtiger Grund dafür zu suchen sein, daß es von seiten der Sänger immer wieder zu Klagen kam, ihre künstlerische Arbeit erfahre durch die anderen Organisationen der Arbeiterbewegung, vor allem durch die Parteipresse, nicht die ihr gebührende Wertschätzung.[255] Dort mangelte es aus der Perspektive der Sänger an Verständnis dafür, daß die „Pflege von Kulturidealen" ebenfalls ein Stück proletarischer Befreiungskampf war. Teilweise hatten sich die Arbeitersänger das Desinteresse und die Abwehr des Milieuumfeldes selber zuzuschreiben. Denn die künstlerische Arroganz allzu ehrgeiziger Vereine erwies sich leicht als Bumerang: Wenn sich die Kritiker aus dem sozialistischen Milieuumfeld von oben herab behandelt fühlten, nur weil sie im Lichte ihres bescheidenen Kunstgeschmacks für den traditionellen

---

251 Musikalische Kulturfragen: Ein offener Brief zum Kapitel „Konzertrundschau", in: DASZ Nr. 4, 1926, S. 62 f.
252 *Victor Noack,* Deutscher Arbeiter-Sängerbund. Entstehung, Kampf, Aufstieg (unveröffentlichte Druckfahne/ehemaliger Standort: Arbeiterliedarchiv Berlin/DDR) Berlin 1931, S. 161.
253 *Walter Hänel,* Karl Liebknecht über die Matthäus-Passion, in: DASZ Nr. 2, 1928, S. 17.
254 Konzertrundschau, in: DASZ Nr. 6, 1925, S. 79; *Paul Nehmert,* Über Programmgestaltung, in: DASZ Nr. 6, 1929, S. 117.
255 *Carl Fehsel,* Wir und die Arbeiterpresse, in: DASZ Nr. 6, 1929, S. 113 f.

Tendenzgesang plädierten, konnten Verärgerung und Entfremdung nicht ausbleiben.[256] Solche Auswüchse zeigten aber andererseits, daß das künstlerische Erziehungsprogramm der Musikberatungsstelle in den Jahren 1925-28 an der Basis Wurzeln schlug und die Konzertprogramme sich an gehobenen bürgerlichen Maßstäben zu messen begannen.[257]

Breite Kreise im DAS, die Zentrale wie die Funktionäre vor Ort, erkannten die Gefahren, die der Milieuverankerung drohten, wenn *politikferne* künstlerische Betätigung ein zu starkes Übergewicht erhielt. Sie bemühten sich daher, dieser nach der 1923er Krise deutlich spürbaren Entwicklung entgegenzutreten. Die Folgerung lautete, die künstlerische Entwicklung des *Tendenz*gesangs energisch voranzutreiben und das überkommene Tendenzlied-Repertoire bis auf weiteres fortzuschreiben.[258] Uneins war man sich über das Tempo der Entwicklung. Bis 1929 fühlte sich die Basis in ihrem Eindruck bestätigt, daß die Bundesführung, insbesondere der Künstlerische Beirat, dem Wunsch nach künstlerischer Hebung des Tendenzgesangs nur halbherzig entgegenkam. Nicht selten kam der Verdacht auf, die Zentrale dränge den überkommenen Tendenzchor zu stark zurück, schiebe die künstlerische Hebung des Tendenzgesangs auf die lange Bank und begünstige einseitig den unpolitischen Kunstgesang. Dies schien sich eindringlich zu bestätigen, als die Bundesführung das Begehren ablehnte, das Programm des für 1927/28 geplanten 1. Arbeitersängerbundesfestes stärker auf den Tendenzgesang abzustellen.[259] Der Kritik an der Bundesführung lag zugrunde, daß es nach 1923 noch Jahre dauerte, bis die Bemühungen um den Tendenzgesang zu ersten greifbaren Ergebnissen führten. Zu guter letzt mußten selbst die ungeduldigsten Kritiker einsehen, daß es zum Vorgehen der Bundesführung, von langer Hand zu planen, keine realistische Alternative gab.[260] Man unterschätzte an der Basis die immense kompositorische Herausforderung, ein Repertoire simpler Tendenzchöre zu einem Verlagsprogramm ansprechender und zündender Tendenz-Kunstgesänge weiterzuentwickeln.[261] Wie sich zeigte, bedurfte die Umstellung des Verlagsprogramms auf moderne Tendenzwerke langjähriger Vorlaufzeit. Daß nach 1923 auf Betreiben der DAS-Führung erheblich mehr Komponisten und Textdichter tätig wurden als Jahre zuvor, wußte man an der Basis erst sehr viel später zu würdigen.

Es gab aber auch andere Stimmen, die der Bundesführung durchaus abnahmen, daß sie sich ernsthaft um die Hebung des Tendenzgesangs bemühte. Diese Stimmen wollten dem Arbeitergesang ein gewisses Maß „politischer Selbstverleugnung" solange zubilligen, bis genügend wertvolle Werke vorlagen, aus denen der „Geist" der Arbeiterbewegung sprach.[262] Aus dieser Sicht sollte die Aneignung des klassischen

---
256 *Hänel,* Liebknecht, S. 17.
257 Konzertrundschau, in: DASZ Nr. 1, 1928, S. 8.
258 6. Generalversammlung des DAS in Hamburg 1926, Berlin 1926, S. 24, 26 f., 31, 37 ff.; 7. Generalversammlung des DAS in München 1929, Berlin 1929, S. 32 ff., 68.
259 Ebda., S. 32 f.
260 Ebda., S. 32 f.; 8. Generalversammlung des DAS 1932 in Braunschweig, Berlin 1932, S. 87 ff.
261 6. Generalversammlung, S. 37.
262 *Franz Lande,* Sind Tonwerke unantastbar?, in: DASZ Nr. 7, 1927, S. 127; *Ehrentreich,* Warum Arbeiterchorkonzerte, in: DASZ Nr. 1, 1930, S. 3.

Kunsterbes auf eine noch zu schaffende anspruchsvolle proletarische Gesangsliteratur vorbereiten. Dieses geduldige Kalkül ging Ende der Zwanziger Jahre auf: Zum ersten hatten die gesanglichen Fertigkeiten zu dieser Zeit beachtliche Fortschritte gemacht, und zum zweiten trug die langfristige verlagspolitische Planung erstmals ansehnliche Früchte. In einem zuvor ungekannten Umfang konnte der DAS-Verlag anspruchsvolle und stilistisch moderne Tendenzwerke bereitstellen, die beides versöhnten, den künstlerischen und den politischen Ausdruckswillen.[263] Nunmehr übte die auf künstlerisches Niveau bedachte Konzertrundschau der ASZ erstmals geharnischte Kritik, wenn sich Bundesvereine immer noch nicht auf das bundeseigene Verlagsangebot umstellen wollten; Ausflüchte, es mangele an künstlerisch ansprechenden und zeitgemäßen Tendenzwerken, wollte sie nicht mehr gelten lassen.[264] Es gab aber im weiteren Verlauf der Weltwirtschaftskrise nur noch wenige Bundesvereine, die sich gegen die neuere Tendenzliteratur sträubten und sich weiterhin auf unpolitische Gesangskunst beschränken wollten. Bei der großen Mehrheit der Bundesvereine traf die neuere Tendenzliteratur auf solch breite Resonanz, daß man die Planungen für das zweite Bundesfest ausschließlich auf den gehobenen Tendenzgesang abstellte.[265] Diese Fest fand aber nicht mehr statt, weil es 1933 von den politischen Ereignissen überrollt wurde.

Die Bundesführung im Spannungsfeld von Männerchören und gemischtem Chorgesang

In erheblichem Maße speiste sich die künstlerische Entwicklung des DAS aus einer bereits zu Beginn der 20er Jahre einsetzenden Gründungswelle gemischter Chöre, die vordem im DAS kaum vertreten waren. Die Werbung von oben dürfte kräftig dazu beigetragen haben.[266] Daß das Bemühen um den gemischten Gesang so schnell Früchte trug, war vielerlei Umständen zu verdanken: der neuen Stellung der Frau in der Gesellschaft, der kriegsbedingten Schrumpfung vieler Männerchöre, die ohne stimmliche Verstärkung kaum hätten weitermachen können, und nicht zuletzt der Bereitschaft bürgerlicher Chorleiter, nach dem revolutionären Umbruch nunmehr auch die Leitung von sozialistischen Arbeiterchören zu übernehmen. Gerade die gemischten Arbeiterchöre boten für Chorleiter ein künstlerisch reizvolles Arbeitsfeld.[267] Welche musikalischen Potenzen dort schlummerten, erkannte die Führungselite des DAS sehr schnell. Nicht von ungefähr wurde diese Chorgattung sehr bald zum Lieblings-

---

263 Einen guten Überblick über das breite Angebotsspektrum des DAS-Verlags an neueren Tendenzchören bietet: 8. Generalversammlung, S. 30 ff.
264 Konzertrundschau, in: ASZ Nr, 2, 1932, S. 33.
265 Ebda., S. 89.
266 An die deutschen Arbeitersänger, in: DASZ Nr. 81, 1919, S. 1 f.; Protokoll der 4. Generalversammlung in Kassel 1920, Berlin 1920, S. 31; Aus den Mitgliedschaften, in: DASZ Nr. 86, 1919, S. 3; *K.H. Schilling,* Vom gemischten Chorgesang, in: DASZ Nr. 12, 1921, S. 98 f.; Die Not der Volkschöre und ihre Behebung, in: DASZ Nr. 4, 1923, S. 22 ff.; *Hans Hartmann,* Sind unsere Volkschöre noch revolutionär?, in: DASZ Nr. 7, 1924, S. 60 f.
267 An die deutschen Arbeitersänger, S. 2; Aufwärts, in: DASZ Nr. 83, 1919, S. 1; Aus den Mitgliedschaften, in: DASZ Nr. 86, 1920, S. 3.

kind und Vorzeigeobjekt der Bundesführung.[268] Gleichwohl blieb sie im Verbandsrahmen in der Minderheit. Denn die Motive der Männerchöre weiterzumachen waren zahlreich und zählebig genug, um eine künstlerisch ambitionierte Verbandselite mit ihrer Werbung für den gemischten Chor auflaufen zu lassen. Die Männerchöre konnten dem Auflösungsbegehren der Bundeszentrale mit einiger Gelassenheit begegnen, weil die Führungsgruppen des DAS in der Frage des Männergesangs gespalten waren. Viele Verbandsführer sahen allein im gedrungenen Klangkörper des Männerchores die „Wucht" des Klassenkampfes verkörpert.[269] Der militante Kampfgeist, der in den unruhigen Weimarer Jahren gefordert war, schien zum gemischten Chorgesang nicht so recht zu passen.

Die Gegner des Männerchorwesens, an erster Stelle die künstlerischen Schlüsselfiguren der Bundeszentrale, Hänel und Guttmann, warfen den Männerchören „Vereinsmeierei" vor. Dieser Vorwurf zielte auf eine gewisse „vereinsegoistische" Behäbigkeit, die mit den ideellen Belangen der gehobenen Gesangskunst zu wenig anzufangen wußte, um mit der eigenen Tradition zu brechen.[270] Damit lagen die Kritiker vermutlich nicht ganz schief. In den Verbandsäußerungen klingt immer wieder durch, daß die Männerchöre nicht sonderlich gern auf die in langen Jahren gewachsene Vereinsgeselligkeit und persönliche Vertrautheit verzichten wollten. Im gemischten Chor hätten sie allein schon der größeren Mitgliederstärke wegen einen gewissen Intimitätsverlust hinnehmen müssen. Obendrein wären herausragende Männerchor-Rollen wie die der I. Tenöre im gemischten Chor untergegangen, darunter auch die profilierungsträchtige Rolle des in der Opernliteratur verklärten bruststimmenstarken „Heldentenors".[271] Auch hätte der männerbündische Korpsgeist der „Herrenpartien" und die geschätzte Kneipengeselligkeit Schaden genommen. Obendrein wäre manch gesellige Lässigkeit einer künstlerisch ehrgeizigen Probendisziplin zum Opfer gefallen.[272] Viele dem DAS angeschlossenen Männergesangvereine hatten offenbar nicht die geringsten ambitiösen Absichten und verbanden mit ihrem Vereinsleben kaum mehr als bescheidene Sangesfreude und gesellige feierabendliche Zerstreuung im Kreise von Gesinnungsgenossen ihres Standes. Sich mit all diesen Beharrungskräften des

---

268 Die Not der Volkschöre, S. 22 ff.; *Walter Hänel,* Wie bringen wir Musik in die Arbeiterschaft, in: DASZ Nr. 1, 1925, S. 3; *B. Zander,* Das I. Arbeitersängerbundesfest marschiert, in: DASZ Nr. 1, 1928, S. 2; *Carl Fehsel,* Arbeitergesangvereine in Not, in: Organisationsfragen des Chorgesangwesens. Vorträge des I. Kongresses für Chorgesangwesen in Essen, hrsg. von der Interessengemeinschaft für das deutsche Chorgesangwesen und vom Zentralinstitut für Erziehung und Unterricht Berlin, Leipzig 1929, S. 46.
269 *Alfred Guttmann,* Hat der Arbeitergesang eine kulturelle Bedeutung, in: DASZ Nr. 11, 1921, S. 91 f.; *Heinrich Wiegand,* Kulturaufgaben der Arbeitersänger, in: LVZ vom 30.5.1925; Über proletarische Männerchöre zu Volkschören, in: DASZ Nr. 6, 1930, S. 105.
270 Männerchöre und Musikkultur, in: DASZ Nr. 2/3, 1923, S. 15; Die Not der Volkschöre, S. 22 ff.; *Hänel,* Wie bringen wir, S. 3; Aus den Mitgliedschaften, in: DASZ Nr. 4, 1929, S. 76; *Franz Backhaus,* Chorwesen und Vereinsmeierei, in: DASZ Nr. 6, 1930; *Karl Klauder,* Gesangverein oder Sängerbewegung, in: Aus den Mitgliedschaften, in: ASZ Nr. 2, 1931, S. 40.
271 *Guttmann,* Hat der Arbeitergesang, S. 91; *Backhaus,* Chorwesen, S. 104; das Gegenstück zum „Heldentenor" ist der „lyrische Tenor", der auch die Kopfstimme einsetzt und demnach nicht das kräftige bis wuchtige Stimmvolumen aufbringt, das den „Heldentenor" zum „Helden"tenor macht.
272 Männerchöre und Musikkultur, S. 15.

Männerchorwesens abzufinden, fiel den künstlerisch beseelten Spitzenfunktionären des DAS nicht eben leicht. Sie mochten nur diejenigen Männerchöre akzeptieren, die sich energisch um die künstlerische Hebung des Männergesangs verdient machten. Die Folge war, daß die Bundesführung das Gros der Männerchöre links liegen ließ.

Von einer kleinen Minderheit abgesehen, ging die künstlerische Aufwärtsentwicklung des DAS über das Männerchorwesen hinwegging. Dies trat anläßlich der langjährigen Vorbereitungen für das 1. Arbeitersängerbundesfest in aller Deutlichkeit zutage. Daß man für dieses Fest künstlerisch hochfliegende Pläne verfolgte, zeichnete sich bereits 1924 ab, als sich die gemischten Chöre, von oben ermuntert, auf breiter Front an die großen klassischen Vokalwerke herantrauten und die Bundesführung den Eindruck erweckte, daß sämtliche musikalischen und organisatorischen Energien für die erfolgreiche Ausrichtung dieses Festes zu bündeln seien. Der hochgeschraubten Ansprüche wegen konnte das Fest erst 1928 stattfinden, nachdem man es aus Angst vor einer Pleite einmal hatte verschieben müssen. Es legte den Schwerpunkt auf den klassischen Kunstgesang und bot als künstlerischen Höhepunkt die „Missa solemnis" von Beethoven.[273] Auf dieser Musikschau wollte die Führung unter Beweis stellen, daß die Arbeiterschaft es kulturell sehr weit gebracht hatte. Darüber hinaus sollten die gesanglichen Spitzenleistungen den politischen Führungsanspruch der sozialistischen Arbeiterbewegung symbolisch unterstreichen.

Kein Wunder, daß die Männerchöre zu spüren bekamen, daß ihnen das Festarrangement nur die zweite Geige zuwies.[274] Sich zurückgesetzt zu fühlen und das Zutrauen zu verlieren, dürfte bei ihnen keine seltene Reaktion gewesen sein. Dies ließ sich daran ablesen, daß sie dem Fest nur sehr geringes Interesse entgegenbrachten. Von den wenigen Anmeldungen war der zentrale Festausschuß zunächst sehr überrascht.[275] Er versuchte dann in einem zweiten Anlauf, die Männerchöre entweder zu ermutigen oder moralisch in die Pflicht zu nehmen. Aber auch diese Methoden, zur Teilnahme zu ermuntern, versagten. Die hochgeschraubten Maßstäbe der Bundesführung hatten die Chöre zu sehr verunsichert, und bei einigen mag gekränkter Mannesstolz mitgespielt haben, der nur schwer zu besänftigen war. In der Verweigerung gegenüber dem Bundesfest entlud sich in erster Linie der jahrelang aufgestaute Ärger über die davoneilenden künstlerischen Maßstäbe.[276] Zum Stein des Anstoßes war zweierlei geworden: die offene Bevorzugung der gemischten Chöre und das viele Männerchöre überfordernde Verlagsprogramm. Erstaunen läßt, daß die Spannungen zwischen der Führung und den gemischten Chören auf der einen, und den Männerchören auf der anderen Seite ohne nennenswertes Nachspiel blieb. Dies läßt sich drei-

---

273 Vgl. DASZ Nr. 8, 1928; 1. Deutsches Arbeitersängerbundesfest vom 16.-18. Juni 1928 in Hannover, Festschrift.
274 B. Zander, Das I. Arbeitersängerbundesfest.
275 A. Kirch, Die Würfel sind gefallen, in: DASZ Nr. 8, 1927, S. 142 f.; ders., in: DASZ Nr. 11, 1927, S. 196; 6. Generalversammlung des DAS, S. 29.
276 6. Generalversammlung des DAS, S. 27 f., 50; 7. Generalversammlung des DAS, S. 59, 77; Aus den Mitgliedschaften, in: DASZ Nr. 4, 1929, S. 72; Eine Rundfrage über das Tendenzlied, in: DASZ Nr. 8, S. 162.

fach erklären: Zum ersten ließ der überwältigende Erfolg des Bundesfestes den abseitsstehenden Männerchören keine andere Wahl, als die dort gebotenen Spitzenleistungen zum Vorbild zu nehmen. Daß auch eine kleine Gruppe von leistungsstarken Männerchören den Weg nach Hannover gefunden hatte, so die berühmten Michael'schen Chöre aus Leipzig, spornte um so mehr an. Zum zweiten bemühte sich die Bundesführung stärker als zuvor, den speziellen musikalischen Bedürfnissen der Männerchöre entgegenzukommen. Sie stimmte den Schwierigkeitsgrad der neuen Chorliteratur besser auf das in der Regel recht bescheidene Leistungsvermögen ab.[277] Zum dritten erfuhr der Korpsgeist, den die Männerchöre ausstrahlten, wieder eine höhere Wertschätzung, als in der Weltwirtschaftskrise militante Kampfbereitschaft zur Überlebensfrage zu werden drohte.

Die Musikpolitik des Bundesverlags

Der bundeseigene Verlag war das Herzstück der gesamten Verbandsorganisation. Über ihn bestimmte in den ersten Jahren nach dem Krieg eine wenig professionelle Liederprüfungskommission. An ihre Stelle trat 1923 ein „Künstlerischer Beirat" aus Musikfachleuten, der die Bundesführung professionell beraten sollte. Dieses Beratergremium entwickelte sich sehr schnell zum Zentrum aller künstlerischen Bestrebungen des DAS. Hätte dieser Beraterstab, dem auch die beiden musikalisch führenden Köpfe, Hänel und Guttmann, angehörten, allein entscheiden können, wären die künstlerischen Maßstäbe der Verlagspolitik erheblich rigoroser ausgefallen, als dies tatsächlich der Fall war.[278] Aber Leistungskraft, Geschmack und Traditionsgebundenheit der Bundesvereine zwangen zu Kompromissen. Unüberhörbar klagten die weniger leistungsstarken Vereine, vor allem diejenigen aus ländlichen Regionen, über geschmacklich nicht zusagende und überfordernde Verlagschöre. Ein Stein des Anstoßes waren an erster Stelle die Tendenzchöre von Erwin Lendvai, der an führender Stelle einen nachromantischen, freitonalen Stil pflegte. Mit komplizierter Polyphonie und wenig eingängiger Stimmführung und Harmonik machte er den Sängern das Leben schwer, falls diese sich überhaupt auf diesen modernen Trend in der Chormusik einließen. Lendvai konnte beim DAS-Verlag eine Vielzahl seiner Chorkompositionen unterbringen. Bis Ende der 20er Jahre waren sie fast durchweg am Bedarf vorbei produziert.[279] Zuzuschreiben war dies dem in der Anfangszeit verkrampften modernistischen Ehrgeiz Hänels, den DAS an die Spitze der chorgesanglichen Avantgarde zu hieven. Hier zeigte sich deutlich, daß in den mittleren Jahren Weimars nicht allein und nicht einmal vorrangig die Alternative Tendenz- oder Kunstgesang Konfliktstoff bot; wesentlich häufiger stand geschmackliche und musikalische Überforderung im Schußfeld der Kritik, gleichgültig, ob es sich dabei um Tendenzchöre oder um

---

277 Geschäftsbericht des DAS 1926-1929, S. 4; Einleitung von: Männerchöre ohne Begleitung, hrsg. vom DAS, Berlin 1929, S. XIV. ff.
278 *Walter Hänel,* Genosse tritt ein, schreit mit!, in: DASZ Nr. 12, 1929, S. 249.
279 Konzertrundschau, in: DASZ Nr. 4, 1926, S. 67.

unpolitische Gesänge handelte. Die Einwände gegen die Verlagspolitik wurden erst ab 1929 geringer, als nach Jahren des Experimentierens das Verlagsprogramm so weit ausgereift war, daß die unterschiedlichsten musikalischen, aufführungstechnischen, geschmacklichen und politischen Bedürfnisse befriedigt werden konnten. In den ersten Jahren nach dem Krieg hatte der DAS große Schwierigkeiten gehabt, Komponisten ausfindig zu machen, die die nötige Sensibilität für die Bedürfnisse der Arbeiterchöre aufbrachten. Darüber hinaus beanspruchte viel Kraft und Zeit, für sämtliche Chorgattungen große Chorsammlungen herauszugeben.[280] Strenggenommen hatte der Bundesverlag erst seit 1929 durchschlagenden Erfolg. Erst zu dieser Zeit faßte er an der Basis wirklich Fuß; erst jetzt nahmen die Arbeiterchöre das Verlagsangebot an, unter anderem auch solche Tendenzchöre, die einem moderneren Kompositionsstil verpflichtet waren.[281]

Zuvor, in den mittleren Jahren Weimars, behalf man sich mit einer auf Ausgleich bedachten Verlagspolitik: Zum einen setzte man die Tradition des pathetischen Tendenzliedes der Vorkriegszeit fort, die sich an erster Stelle mit dem Stil des Arbeiterkomponisten Uthmann verband; zum anderen suchte man stilistisch moderne Tendenzwerke zu fördern, traf damit aber auf wenig Gegenliebe.[282] Die traditionellen Tendenzchöre Uthmann'scher Art waren den künstlerischen Fachleuten in der Bundesführung zwar ein Greuel[283], aber sie hatten nach wie vor einen solch hohen Symbolwert, daß Alfred Guttmann, der neben Hänel die künstlerische Aufbruchsstimmung verkörperte, wegen seiner Kritik an den Uthmann-Chören hart angegangen wurde.[284] Gegen Guttmann wirkten in dieser hochsensiblen Frage Vereinsbasis und Bundesvorstand zusammen, an erster Stelle der Bundesvorsitzende Carl Fehsel; die Folge war, daß die offizielle Bundespolitik die Uthmann-Traditionspflege 1926 auch für „ehrgeizige" Künstler vom Schlage Guttmanns oder Hänels zur Ehrenpflicht erklärte.[285] Dieser Auflage mußte sich Guttmann als hauptverantwortlicher Leiter des Bundesverlags beugen: Er fand sich bereit, die beliebtesten Uthmann-Chöre in die geplanten Chorsammlungen des Bundes aufzunehmen, behielt sich aber vor, diese Chorwerke mit einigen nahestehenden Komponisten zu bearbeiten.[286] Bei den Uthmann'schen Originalsätzen für Männerchor ging man zwar recht behutsam vor und veränderte Text und Musik nur geringfügig, jedoch tat man mehr, als Guttmann der Bundesöffentlichkeit eingestand. Scheinheilig begründete er die Retuschen mit Kom-

---

280 Eine sehr eindringliche Schilderung der langwierigen Arbeit, die mit der Musikverlegertätigkeit verbunden war, ist enthalten in der Einleitung der Männerchorsammlung von 1929; vgl. Männerchöre ohne Begleitung, a.a.O., S. XIV. ff.
281 *Hänel,* Genosse tritt ein!, S. 249.
282 U.a. galt dies für Lendvai-Chöre; vgl. Eine Rundfrage, S. 162.
283 *Guttmann,* Hat der Arbeitergesang, S. 90; siehe auch die Erläuterungen Guttmanns zur Bearbeitung der Uthmann-Chöre für die Männerchor-Sammlung, hier insbesondere zu „Tord Foleson"; vgl. Männerchöre ohne Begleitung, S. 829, 832.
284 *Guttmann,* Hat der Arbeitergesang, S. 92; 6. Generalversammlung des DAS 1926, S. 26 f., 38; 7. Generalversammlung des DAS 1929, S. 48 f., 53, 68.
285 Bundesvorsitzender Fehsel, in: 6. Generalversammlung des DAS 1926, S. 38.
286 6. Generalversammlung des DAS 1926, S. 24, 26; 7. Generalversammlung des DAS 1929, S. 68; Männerchöre ohne Begleitung, S. 829, 832, 837.

positionsfehlern und Unstimmigkeiten im Wort-Ton-Verhältnis. Aber bei der beliebten Schlachtenballade „Tord Foleson" strich man gleich einen ganzen Takt aus der Partitur, und zwar denjenigen, der von „schwirrenden Pfeilen" zu berichten wußte; obendrein nahm man derjenigen Stelle, an der „die Spieße stöhnten", durch veränderte Stimmführung in den Begleitstimmen das in Guttmanns Ohren unerträglich schwülstige Pathos.[287] Hinter diesen Eingriffen ins Original verbarg sich die Absicht, das dick aufgetragene Pathos zu mindern und den militaristischen Schlachtenkult zu dämpfen. Die Veränderungen trafen bei traditionsbewußten Sängern auf Kritik.[288] Denn die spezifische Symbolkraft der Uthmann-Chöre hatte auch Ende der 20er Jahre noch kaum nachgelassen. Das gereizte Echo hatte seinen Grund darin, daß mit „Tord Foleson" ein seelisch tief verwurzeltes Gesangssymbol Retuschen über sich hatte ergehen lassen müssen. Und diese Retuschen waren nicht irgendwelche, sondern sie betrafen die Kernaussage der Ballade, das militaristische Helden-Pathos, dem Guttmann die Spitze hatte nehmen wollen. Daß er diese Hintergedanken mit der Überarbeitung von „Tord Foleson" verbunden hatte, verheimlichte Guttmann gegenüber der Bundesöffentlichkeit.[289] Vermutlich waren ihm die kompositionstechnischen Gründe, die bei der Bearbeitung ohne Zweifel mitgespielt hatten, sehr gelegen gekommen, um sich hinter rein musikästhetischen Argumenten verschanzen zu können und keine Angriffsflächen im Hinblick auf seine politischen Motive zu bieten, deretwegen er ja wiederholt in die Schußlinie der Traditionalisten geraten war.

Das herausragende Projekt der gesamten Verlagstätigkeit war bis 1929 die Herausgabe großer Chorsammlungen für die einzelnen Chorgattungen. Daß das Verlagsangebot keine Chorsammlungen bereithielt, empfand man bereits unmittelbar nach dem Krieg als großen Mangel. Diese Lücke vermochte man aber erst in den Jahren 1926 bis 1929 zu schließen. Ein Großteil der Arbeiterchöre behalf sich bis dahin mit dem sog. „Kaiserliederbuch", einer auflagenstarken und erschwinglichen Vorkriegs-Chorsammlung, die die DAS-Führung als durchaus akzeptables Provisorium betrachtete, sofern die Vereine über die darin enthaltenen Vaterlandslieder hinweggingen. Andere sahen dies weniger pragmatisch: Sie empfanden es als blamabel, auch nach der Revolution noch auf ein Liederbuch zurückgreifen zu müssen, das auf Veranlassung

---

287 Vgl. das Original von „Tord Foleson" in: *Antoinette Hellkuhl,* Empor zum Licht – Arbeitergesangvereine im westfälischen Ruhrgebiet 1878–1914, Stuttgart/Witten 1983, S. 138 ff.; die bearbeitete Partitur ist enthalten in: Männerchöre ohne Begleitung, S. 94 ff. Den kompositorischen Retuschen fiel die Stelle „und die Pfeile schwirrten" wohl deshalb zum Opfer, weil sich hier die Tenöre in schwülstigstem Pathos ergingen: Die Melodie schwang sich um einen ganzen Oktavsprung nach oben auf, und die beiden Tenöre wurden in schwelgerischen diatonischen Terzparallelen geführt. Einen pathosdämpfenden Zweck erfüllten diejenigen Retuschen, die die Terzparallelführungen durch gegenläufige Stimmführung im II. Bass (an der Stelle: *„Spieße stöhnten"*) entschärften oder gar durch völlige Neugestaltung der Bass-Stimmen (an der Stelle: *„von diesem Bannerträger wird man singen"*) ganz beseitigten; vgl. Männerchöre, S. 95, und *Hellkuhl,* S. 139 f. Nach Guttmanns Urteil wurde hier der militaristische Schlachtenkult auch musikalisch auf die Spitze getrieben.
288 Aus den Mitgliedschaften, in: DASZ Nr. 3, 1930, S. 54.
289 Vgl. die Erläuterungen zu den Bearbeitungsgrundsätzen in: Männerchöre ohne Begleitung, S. 829; Guttmann spricht davon, daß es sich um einen „für den Fachmann außerordentlich peinlichen Originalsatz" handele. Damit brachte er allein die kompositorischen und ästhetischen Mängel ins Spiel.

des ehemaligen Kaisers herausgegeben worden war.[290] Die Reihenfolge, in der der Bundesverlag im Laufe der 20er Jahre Abhilfe schuf, spiegelte die künstlerischen Rangkriterien der Bundesführung: zuerst erschien die Sammlung für gemischte Chöre, dann die für Jugend- und schließlich die für Männerchöre.[291] Während die Bevorzugung der gemischten Chöre wohl kaum als überraschend empfunden wurde, dürfte der Vorrang der Jugendchöre Verwunderung ausgelöst haben. Denn ihr zahlenmäßiges Gewicht stand in keinem Verhältnis zu dem der Männerchöre. Hier war es der Bundesführung wichtig, sich zunächst für die Jugend zu engagieren, die sie als Symbol des Fortschritts betrachtete. Dies kostete aus musikalischen Gründen sehr große Mühe. Denn bei der Bearbeitung der Chorlieder waren Stimmführung und Stimmumfang an das empfindliche jugendliche Stimmorgan anzupassen.

Was fand Aufnahme in die großen repräsentativen Chorsammlungen des DAS? Sie vereinigten eine bunte Vielfalt von Chorliedern: zum ersten ältere wie neuere Tendenzgesänge für solch unterschiedliche Anlässe wie Feste, besinnliche Gedenkfeiern und Agitationsveranstaltungen, zum zweiten volkstümliche und künstlerisch anspruchsvolle Gesänge aus mehreren Jahrhunderten und zum dritten humoristische und satirische Gesänge; letztere fanden aber nur in der Männerchor-Sammlung Aufnahme. Unter anderem wollte man mit den Chorsammlungen dem schmerzlich empfundenen Mangel abhelfen, daß viele Vereine mit leeren Händen dastanden, wenn man sie bei freidenkerischen Feiern (Jugendweihe, Sonnenwende etc.) um Mitwirkung bat.[292] Die zum traditionellen Standardrepertoire der Vereine zählenden Kampfgesänge eigneten sich nicht für alle erdenklichen feierlichen Anlässe, vor allem dann nicht, wenn weniger das agitatorische, als vielmehr das hymnisch-feierliche Moment im Vordergrund stand. Die neuen Sammlungen benutzte die Bundesführung gern als Aushängeschild ihres weltanschaulichen Profils. Sie konnte auf den beträchtlichen Anteil an Tendenzchören hinweisen und damit die immer wieder laut werdenden Bedenken entkräften, die sich um den „sozialistischen Charakter" der Verlagspolitik sorgten.[293] Jedoch gab es hier einen Wermutstropfen: Denn bei der Auswahl der Tendenzchöre hatte man sich auch von kunsterzieherischen Gesichtspunkten leiten lassen und dabei nicht immer eine glückliche Hand bewiesen. Da waren zum Beispiel die Chöre von Heinz Tiessen, einem „Neutöner" unter den Komponisten, der einen ungemein schwierigen atonalen Stil pflegte, der an der Basis wenig schmeichelhaft als „musikalische Unmöglichkeit" abqualifiziert wurde.[294] Daß die Vereinsbasis solche Fehlgriffe nicht zum Anlaß nahm, noch energischer auf die Be-

---

290 *Guttmann,* Hat der Arbeitergesang, S. 90; 4. Generalversammlung des DAS 1920, S. 59.
291 Chorsammlung des DAS, Gemischte Chöre ohne Begleitung, gesammelt von Alfred Guttmann, Berlin 1926; Jugendchöre, gesammelt von Alfred Guttmann, hrsg. vom DAS, Berlin 1928; Chorsammlung des DAS. Männerchöre ohne Begleitung, gesammelt von Alfred Guttmann, Berlin 1929.
292 7. Generalversammlung des DAS 1929, S. 35, 78.
293 Ebda., S. 22, 34.
294 Ebda., s. 54, 58, 78. Die Chöre von Tiessen waren in der Tat kaum genießbar; vgl. Männerchöre ohne Begleitung, S. 191 ff.

rücksichtigung der eigenen Wünsche zu dringen[295], hing gewiß mit der allgemein üblichen und unangefochtenen Praxis zusammen, daß die Vereine ihren Notenbedarf ohnehin zu einem gewissen Teil über bürgerliche Verlage deckten.[296]

Als die Vereinsbasis in den Jahren 1929/30 von einer Welle der Repolitisierung erfaßt wurde, steigerte sie ihre Erwartungen an den Bundesverlag in zuvor ungekanntem Maße. Zum Glück hatten die Musikexperten der Bundesführung zu dieser Zeit gerade ihre künstlerischen Sturm- und Drangjahre hinter sich gebracht und begannen aus den Fehlern der Vergangenheit zu lernen. Selbst ein Musikästhet wie Guttmann, der lange Zeit auf rigorose Weise rein künstlerische Maßstäbe gegen geschmackliche oder politische Einwände hatte durchsetzen wollen, begann einzusehen, daß man bei den beauftragten Komponisten auf gesangliche Eingängigkeit zu dringen hatte. Nunmehr wollte auch er Abstriche bei moderner und künstlerisch niveauvoller Kompositionsweise in Kauf nehmen.[297] Aber man hatte sich aller Einsicht zum Trotz damit abzufinden, daß der Bundesverlag von Komponisten abhängig war, die nicht der Arbeiterschaft entstammten und sich kaum in die Empfindungswelt der Arbeitersänger einzufühlen vermochten. Sich mit den Komponisten über die Bedürfnisse der Sänger abzustimmen, warf große Probleme auf. Fast alle, so der leicht resignative bis ironische Unterton von Guttmann, neigten dazu, jede geschriebene Note zum „unantastbaren Heiligtum" zu erklären.[298] Hier forderte der Künstler-Mythos, an dem die DAS-Elite kräftig mitgewirkt hatte, seinen Tribut. Jedoch wurde der Druck auf den Bundesverlag immer größer, kompositorischen Extravaganzen einen Riegel vorzuschieben. Denn je mehr sich die Krise verschärfte, um so mehr geriet die Führung unter Zugzwang, eingängige und agitatorisch wirkungsvolle Tendenzlieder bereitzustellen. Dies gab den Anstoß, sich auch um leichte und schnell einstudierbare Tendenzgesänge zu bemühen und sogar vom ehernen chorgesanglichen Prinzip der stimmlichen „Vierbeinigkeit" abzurücken, dem gängigen Standard des mehrstimmigen a-cappella-Gesangs.[299] Die neuen einstimmigen Gesänge trafen aber nicht auf einhellige Zustimmung. Es wurden Stimmen laut, die diese simplen Lieder als niveaulos

---

295 Eigenartigerweise wurden die sehr berechtigten Anträge, die vom Bundesverlag obligatorisch zu liefernden Tendenzchöre stärker an das Können ländlicher Vereine anzupassen, auf der Generalversammlung 1929 abgelehnt; Erstaunen läßt, daß dies kein Nachspiel hatte; vgl. 7. Generalversammlung des DAS 1929, S. 77.
296 Ein Vergleich der Konzert-Programme mit dem Verlagsangebot zeigt dies ganz deutlich; einen Überblick über das Verlags-Angebot in den mittleren Jahren Weimars bietet die Bestandsübersicht des Bundesverlags in: Geschäftsbericht des DAS 1923-1926, S. 13 ff. Über die Konzertprogramme wurde fortlaufend in der Konzertrundschau der DASZ berichtet; erst in den Jahren 1931/32 zeichneten sich Bestrebungen ab, ausschließlich Literatur aus dem Angebot des Bundesverlages zu singen; vgl. Konzertrundschau, in: DASZ Nr. 11/12, 1931; Nr. 3, 1932; Nr. 8, 1932.
297 7. Generalversammlung des DAS 1929, S. 33 f.; 8. Generalversammlung des DAS 1932, S. 87 ff.; *Alfred Guttmann,* Felix Malden zum Gedenken!, in: DASZ Nr. 12, 1927, S. 218.
298 Ebda.
299 Mit Vierbeinigkeit ist die normale vierstimmige Setzweise der Chormusik gemeint; vgl. *Walter Hänel,* Neue einstimmige Arbeitergesänge im Bundesverlag, in: ASZ Nr. 7, 1931, S. 159.

ablehnten.[300] Aber für die Bundesführung waren nicht die künstlerischen Motive ausschlaggebend, sondern allein die Agitationsbedürfnisse der Krisenzeit. Letztlich verbarg sich hinter der Kontroverse um Vier- oder Einstimmigkeit der alte Widerstreit zwischen künstlerischen und agitatorischen Zielen.[301]

Parallel zur Herausgabe einfacher Chorlieder trieb die Bundesführung mit Nachdruck die Entwicklung chorischer Großformen voran, um endlich auch das klassische Oratorium durch moderne Tendenzchorwerke ersetzen zu können.[302] Gerade danach hatte sich schon seit Jahren die gesamte Führungsschicht des DAS gesehnt, ohne daß dieser Wunsch vor 1929 auch nur in ersten Ansätzen in Erfüllung gegangen wäre. Erst in der Zeit der Großen Krise zahlte sich aus, daß die Bundesführung bereits Jahre zuvor Komponisten und Textdichter verpflichtet hatte, große repräsentative Tendenz-Chorwerke bereitzustellen, die an der Basis Anklang finden konnten.

All diese Wandlungen in Richtung moderner Tendenzkunst hatten mit der innerverbandlichen kommunistischen Herausforderung dieser Jahre recht wenig zu tun. Denn vieles von dem, was um 1929 erst sichtbar wurde, also zu der Zeit, als sich die kommunistische Opposition zu regen begann, war ja bereits über Jahre hin recht unspektakulär im Schatten der künstlerischen Profilierung des Bundes geplant und vorbereitet worden. Des oppositionellen Anreizes durch die Kommunisten hatte es gar nicht bedurft, um die Verlagspolitik des Bundes an die radikale Stimmungslage der Krise anzupassen.[303] Es war die Bundesführung selber, die mit einer gewissen Beharrlichkeit auch in den ruhigen mittleren Jahren Weimars den Tendenzanspruch planerisch umgesetzt hatte. Seit 1923 hatte sie die Verlagspolitik zweigleisig angelegt: unpolitischer Kunstgesang auf mittlere, und künstlerisch gehobener Tendenzgesang auf längere Sicht. Wie ernsthaft die führenden Musikexperten um die Synthese von Tendenz und Kunst bemüht waren, äußerte sich auch darin, daß sie den Komponisten Hanns Eisler, den Kopf der kommunistischen Opposition, zur Mitarbeit zu gewinnen suchten. Daß es dazu erst 1930 kam, lag nicht in der Haltung der DAS-Führung begründet, sondern darin, daß Eisler an seine Vertragsverpflichtungen gegenüber der Wiener Universal-Edition gebunden war.[304] Unhaltbar wurde damit der kommunistische Vorwurf, der DAS-Verlag sträube sich grundsätzlich gegen

---

300 8. Generalversammlung des DAS 1932, S. 89, 102; Bemerkenswert ist, daß einer derjenigen, die in der Verbandsöffentlichkeit den einstimmigen Gesang aus Gründen des musikalischen Niveaus ablehnten, sich als Kommunist zu erkennen gab; man darf vermuten, daß dieser nicht der einzige Kommunist war, der künstlerische über agitatorische Gesichtspunkte stellte.
301 8. Generalversammlung des DAS 1932, S. 102.
302 *R. Brauner,* Aus dem Bundesverlag, in: DASZ Nr. 12, 1929, S. 252.
303 *Walter Hänel,* Hannover und die Arbeitersänger, in: DASZ Nr. 7, 1928, S. 105; *ders.,* Genosse tritt ein!, S. 249; das große proletarische Chorwerk „Kreuzzug der Maschine", das 1929 seine Uraufführung erlebte, muß mindestens 1-2 Jahre zuvor in Auftrag gegeben worden sein; jedenfalls spielte der Komponist Arthur Wolff bereits im Dezember 1928 Walter Hänel das Werk im Klavierauszug vor.
304 7. Generalversammlung des DAS 1929, S. 34; *Walter Hänel, Amin Knab - Hanns Eisler,* in: ASZ Nr. 8, 1931, S. 178; 8. Generalversammlung des DAS 1932, S. 89.

Kompositionen mit „revolutionärem Charakter".[305] Es war für den DAS ein leichtes, Vorhaltungen aus dieser Richtung zu entkräften, als der Bundesverlag 1930 drei Eisler-Chöre erwerben konnte. Weil diese Kompositionen bei den Vereinen sofort einschlugen, war der kommunistischen Kritik auch vor Ort die Basis entzogen. Auch 1932 noch bemühte sich die DAS-Führung, über die politische Kluft zwischen Sozialisten und Kommunisten hinwegzusehen, als sie die Mitverlegerschaft für Eislers berühmtes „Solidaritätslied" erwarb.[306] Die Vermutung, es sei vor allem die sog. „Verbürgerlichung" der DAS-Führungsschichten gewesen, die 1930/31 zur kommunistischen Abspaltung geführt habe, findet in der Verlagspolitik des DAS keinerlei Bestätigung. Im Gegenteil, die Förderung radikalsozialistischer Tendenzmusik zeigt in den späteren Jahren Weimars eindeutig eine Wendung nach links an.

b) *Profil und Wandel der öffentlichen Gesangsdarbietungen: Vereinskonzert und politische Auftrittsverpflichtung*

Die Arbeitersänger kannten zwei grundverschiedene Formen öffentlichen Engagements: erstens das Vereinskonzert, das die Vereine in Eigenregie planten und durchführten, und zweitens Auftritte, für die sich die Vereine von anderen Veranstaltern verpflichten ließen, die zumeist dem Milieu der sozialistischen Arbeiterbewegung entstammten. Selbstverständlich gab es auch Mischformen, die dem einen oder anderen Typ ähnelten: Fanden sich mehrere Vereine zu einem Konzert zusammen, dann glich der Auftritt eher dem Vereinskonzert; traten die Vereine dagegen auf Sängerfesten oder Funktionärsversammlungen des eigenen Verbandes auf, dann nahm der Auftritt eher den Charakter eines Engagements für Fremdveranstalter an.[307] Diese Unterscheidung ist bedeutsam, weil je nach Typ des Darbietungsanlasses, ob in Eigenregie oder nicht, das Vortragsprogramm recht unterschiedlich ausfiel: In der Regel zeigten Auftritte für Fremdveranstalter erheblich mehr politisches Profil als das Vereinskonzert. Es läßt sich daher mit Fug und Recht von einer gespaltenen Auftrittspraxis sprechen. In besonderer Weise galt dies für den Zeitraum von 1920 bis 1929.[308] Seit 1929 begannen die Grenzen zwischen den beiden Typen zu verschwimmen; das Vereinskonzert wurde politischer. Zeichnet man die Entwicklung des Vereinskonzerts im Groben nach, dann ergibt sich folgendes Bild. Bereits 1–2 Jahre nach der Novemberrevolution trat das Tendenzlied merklich zurück und verschwand seit den Jahren 1923/24 fast vollständig. Ab 1929 kehrte sich der Trend um, zunächst aber schleichend

---

305 7. Generalversammlung des DAS 1929, S. 34; 8. Generalversammlung des DAS 1932, S. 30.
306 Neuerscheinungen, in: ASZ Nr. 12, 1932.
307 Einen Überblick über die Konzertaktivitäten bieten die „Konzertrundschau" und die „Berichte aus den Mitgliedschaften", beides ständige Rubriken der DASZ; siehe auch die aufschlußreiche Grundsatzbetrachtung zu den zwei Grundformen des öffentlichen Engagements der Vereine: *Walter Hänel*, Karl Liebknecht über die Matthäus-Passion, in: DASZ Nr. 2, 1928, S. 17.
308 Die starre Aufspaltung in Tendenzchor-Vortrag aus politischem Anlaß und künstlerischen Gesang im Vereinskonzert wurde schon früh propagiert; vgl. *A. Kirch,* Der Tendenzchor, in: DASZ Nr. 5, 1922, S. 35.

und kaum merklich. Auf breiter Front schaffte das Tendenzlied im Jahre 1930 den Durchbruch. 1931 gewann es allmählich die Oberhand und verkehrte 1932 das Profil des unpolitischen Vereinskonzerts in sein Gegenteil. Erst zu diesem Zeitpunkt ließ sich nicht mehr von einer gespaltenen Auftrittspraxis sprechen.[309]

Das Vereinskonzert

Bereits Anfang der 20er Jahre machte sich die Auffassung breit, daß das Vereinskonzert mit einem künstlerischen Akzent zu versehen sei und der Tendenzgesang in diesem Rahmen zurückzutreten habe. Hingegen sollte bei politischen Auftrittsanlässen der Tendenzchor eine Vorzugsstellung genießen.[310] Die programmatisch gewünschte Aufteilung in künstlerische und politische Aktivitäten schlug sich bereits Anfang der 20er Jahre in der Auftrittspraxis nieder und bestimmte das öffentliche Erscheinungsbild der Vereine bis in das Jahr 1930. Bis zu dieser Zeit überwog in den Vereinskonzerten der unpolitische Kunst-, Liedertafel- und Volksliedgesang; das Tendenzlied trat stark zurück.[311] Daran entzündete sich im sozialistischen Milieu mancherlei Kritik, die zu solch abfälligen Zuschreibungen wie „Vereinsmeierei" oder „Vereinsegoismus" führte.[312] Dahinter verbarg sich der Argwohn, daß die unverkennbare Ausrichtung des Vereinslebens auf das nach rein musikalischen Gesichtspunkten gestaltete Vereinskonzert auf unpolitische Selbstgenügsamkeit hinauslaufen müsse. In der Tat waren Sangesfreude, musikalischer Ehrgeiz und geselliges Vergnügen bestens geeignet, zum Selbstzweck zu werden.

In den frühen und mittleren Jahren Weimars lag dem unpolitischen Vereinskonzert ein Gesangsrepertoire von frühneuzeitlicher bis romantischer Chormusik zugrunde, das ohne aufwendige Instrumentalbegleitung im a-cappella-Stil dargeboten werden konnte. Eine Gesangsausbildung war dafür nicht erforderlich. Von diesem Profil wich nur eine kleine Anzahl künstlerisch ehrgeiziger Großstadt-Vereine ab, die große Chorwerke aufführten und dabei auf die Zusammenarbeit mit professionellen Gesangssolisten und Orchestermusikern angewiesen waren.[313] Die Hauptthemen der Gesänge

---

309 Sehr deutlich tritt dies in der „Konzert-Rundschau" ab ASZ Nr. 6, 1932 in Erscheinung.
310 Ebda., auch *Hänel,* Liebknecht, S. 17.
311 Dies läßt sich recht gut an den Konzertberichten der Konzertrundschau ablesen. Trotz aller Selektivität bieten sie den repräsentativsten Einblick. Über die Auswahlkriterien haben wir leider nur sehr spärliche Informationen; ein Rest Unsicherheit ist daher im Hinblick auf den Grad der Repräsentativität unvermeidlich; vgl. zum Auswahlverfahren der Konzert-Rundschau DASZ Nr. 1, 1928, S. 8. Der Verdacht, daß der Charakter der Konzertrundschau als Schaufenster des Verbandes zu beschönigenden Auswahlpraktiken verleitet haben könnte, wird durch diese Stellungnahme widerlegt; im übrigen stand beschönigender Berichterstattung der stark entwickelte Erziehungsehrgeiz der Bundesführung entgegen, der sehr daran gelegen war, auch schlechte Beispiele vorzuführen, um die Vereine durch ungünstige Beurteilung zur Besserung anzuhalten.
312 *K.H. Schilling,* Das Freiheitslied, in: DASZ Nr. 7, 1924, S. 58 ff.; *Hänel,* Karl Liebknecht; *Franz Backhaus,* Chorwesen und Vereinsmeierei, in: DASZ Nr. 6, 1930, S. 194; *Karl Rankl,* Aufgaben des Chorleiters, in: ASZ Nr. 1, 1931, S. 5 f.
313 Siehe als Beispiel für diese ehrgeizige Minderheit unter den Arbeiterchören: Konzertrundschau, Aufführung von Oratorien in: DASZ Nr. 1, 1928, S. 9 f.

eines durchschnittlichen Vereinskonzerts waren Liebe, Abschiedsschmerz, Wanderschaft, romantische Naturbetrachtung, mythische Naturgeister oder Sagengestalten, ländliches Leben, besondere Lebensschicksale, Abenteuer fern der Zivilisation und schließlich Freundschaft und Weinseligkeit. Vorlieben lassen sich auf den ersten Blick nur schwer feststellen, wenn man davon absieht, daß hier das Vaterlands- und Kirchenlied der bürgerlichen Vereinskonzerte nicht anzutreffen war. Vergleicht man dieses Profil mit dem verbandseigenen Tendenzgesang, dann werden die Konturen klarer. In den tendenzfernen Liedern stand im Gegensatz zum Tendenzlied die private und persönliche Befindlichkeit des Individuums im Mittelpunkt, wenn menschliche Probleme und Empfindungen angesprochen wurden. Obendrein wurden Stoffe vorgeführt, die Sänger wie Zuhörer in alltagsferne Landschafts- und Mythenwelten entführten. Vermutlich war es hier die Alleingeltung der subjektiven Empfindung, was die gesamte tendenzferne Liedkultur untergründig so anziehend machte. Gesellschaftliche Bindungen und Zwänge, die die Tendenzchöre zum Thema hatten, hätten die Versenkung in die persönliche Empfindung gestört. Indem das politikferne Lied einen direkten gefühlsbetonten Kontakt zwischen dem Individuum auf der einen, und Naturerscheinungen, Lebensstimmungen oder mythischen Figuren auf der anderen Seite herstellte, hob es sich aus dem Blickwinkel des Sängers wohltuend vom Gemeinschaftspathos der traditionellen Tendenzmusik ab, das dem Individuum keine persönliche Problem- und Empfindungswelt zugestand. Besser als das Tendenzlied vermochte es das ungesättigte Bedürfnis nach einem persönlichen und entrückenden Gefühlsverhältnis in einer technokratisch und maschinell kalt durchorganisierten und vom Massencharakter geprägten Lebenswelt zu befriedigen. Darauf beruhte z.B. die Faszination der „Loreley", des berühmten Männerchorliedes von Friedrich Silcher. Was dieses auch bei den Arbeitersängern sehr beliebte Männcherchorlied geradezu zum Inbegriff deutscher Gemütstiefe hatte werden lassen, war die Versenkung des Sängers in die Rolle des Rhein-Schiffers, der sich mit Haut und Haaren auf ein innigpersönliches Verhältnis zur mythischen Loreley einließ. Große Faszination ging davon aus, daß der Schiffer im Angesichte des bezaubernden Gesangs der Loreley die gefährlichen Strudel an dieser engsten Stelle des Rheinstroms vergaß und sich fern aller technisch-nüchternen Welt von den Fluten des Rheins verschlingen ließ, eine Dramatik, die im rituellen Nachvollzug fesseln konnte, dem Arbeitersänger zu Selbstversenkung und romantischer Weltentrücktheit verhalf und die Zwänge des nüchternen und grauen Lebensalltags vergessen ließ.[314] Ähnlich weltentrückt wirkte „Die Nacht" von Franz Schubert, hier allerdings auf das Verhältnis Mensch – Naturlandschaft bezogen.[315] Wurden in den politikfernen Chorliedern überpersönliche

---

314 Die Loreley, Musik: Friedrich Silcher, Text: Heinrich Heine, in: Volksliederbuch für Männerchor, hrsg. auf Veranlassung Seiner Majestät Des Deutschen Kaisers Wilhelm II, Bd. 1, Leipzig 1906, S. 392; in den späten 20er Jahren nahm Guttmann daran Anstoß, daß auch in den Arbeiterchören ein „ewiges Wiederkäuen" der „Loreley" festzustellen war; vgl. Männerchöre ohne Begleitung, hrsg. vom DAS, Berlin 1929, Erläuterungen im Anhang zu Lied Nr. 282.
315 Vgl. Konzertrundschau, in: DASZ Nr. 1, 1928, S. 8, 11; Die Nacht, Männerchor von Franz Schubert, in: Volksliederbuch, S. 387 f.

soziale Bezüge angesprochen, dann geschah auch dies fern der Lebenswelt des Arbeiters, so etwa in einem Gesang über das „Zigeunerleben", in dem der Sänger wehmütig einer Gruppe Zigeuner nachschaute und ihre zivilisationsungebundene Lebensweise verklärend bewunderte.[316] Aus dem Blickwinkel der nüchternen proletarischen Wirklichkeit betrachtet, entstanden hier phantasiebeflügelnde Gegenwelten, ja sogar Fluchtburgen gegen Lebensalltag und angestrengt politische Problematisierung, eine Welt, in der man unverbindlich und ohne klassenkämpferische Kraftakte genießen konnte, wenn den betreffenden Verein nicht allzu sehr der künstlerische Ehrgeiz packte.

Von großer Wichtigkeit für die Liedtexte war die musikalische Gestaltung, die erst den gefühlsbetonten Zugang zu all diesen Mythenwelten, ländlichen Idyllen und zu Freud und Leid menschlichen Einzelschicksals ermöglichte. Erst der musikalische Reiz ließ die spezifische Textaussage sinnenhaft lebendig werden; in vielen tendenzfernen Liedern drohte der Text zu einer zweitrangigen Zutat zu schönen Tönen zu werden, wie gelegentlich zu vernehmen war.[317] Politische Gehalte schimmerten nur insofern durch, als die gesellschaftliche Bedingtheit subjektiver Befindlichkeit ignoriert wurde. Daß es im Rückblick schier unmöglich ist, aus Konzertprogrammen dieser Art spezifisch sozialistische Auswahlkriterien im Hinblick auf den Textgehalt herauszulesen, ist Indiz genug, daß hier politikferne Gegenwelten aufgebaut wurden, die eher romantisch-individualistischer als sozialistischer Natur waren.

Bei solch politikferner Stimmungslage war kaum zu erwarten, daß die Vereine für den Tendenzgesang eine Lanze brechen würden, als die DAS-Führung nach 1923 verstärkt auf die künstlerische Hebung des Konzertrepertoires drang. Das Herzstück der Auftritts- und Probenpraxis hatte ja ohnehin dem sozialistischen Kampfgeist abgeschworen. Relativ unbelastet von Tendenz-Vorbehalten konnte sich nunmehr das Bedürfnis nach künstlerischer Veredelung und kulturellem Aufstieg ausleben. Die Reibungsverluste waren aber auch deshalb so gering, weil die sozialistische Ideenwelt trotz aller Gebrochenheit im Veredelungsgedanken noch in Erscheinung trat und ja weiterhin die Tendenzlied-Tradition außerhalb des Vereinskonzerts präsent blieb. Den kümmerlichen Vorkriegsbemühungen entronnen, empfanden viele Vereine einen durchaus verständlichen Stolz, sich einen gewissen Anteil an den gehobenen Kulturgütern des Bürgertums erobert zu haben; dies ließ sich auch in wachsendes proletarisches Selbstbewußtsein umsetzen.[318]

Das Bestreben, kulturell zur bürgerlichen Welt aufzuschließen, äußerte sich seit

---

316 Vgl. Zigeunerleben, in: Robert Schumanns Werke, Mehrstimmige Gesangswerke, Serie X, Nr. 5, Leipzig o.J. *(Breitkopf/Härtel)*, S. 9 ff.; Konzertrundschau, in: DASZ Nr. 4, 1930, S. 78; Nr. 12, 1930, S. 224.
317 *Alfred Auerbach*, Textdichter, Musiker und die Bewegung, in: ASZ Nr. 6, 1931, S. 130; vgl. weiterhin: Über Gesangstexte, in: DASZ Nr. 5, 1929, S. 83. Hier wird bedauert, daß in den Vereinen häufig ein „An-der-Oberfläche-Musizieren" ohne innere Beziehung zum Gehalt des Textes anzutreffen sei; vgl. auch Konzertrundschau, in: DASZ Nr. 3, 1925, S. 31.
318 Diesen Stolz brachte der Bundesvorsitzende des DAS, Carl Fehsel, in seinem auftrumpfenden Redebeitrag auf dem Essener Kongreß für Chorgesangwesen (1928) zum Ausdruck; vgl. ders., Arbeitergesangvereine in Not, in: Organisationsfragen des Chorgesangwesen, S. 46 f.

1924 in einer sprunghaften Zunahme anspruchsvoller Chorkonzerte.[319] Größere gemischte Chöre kooperierten zunehmend mit bürgerlichen Orchestern, Solosängern und Dirigenten, um auch größere Chorwerke unterschiedlicher Stilepochen wie z.B. die „Jahreszeiten" von Joseph Haydn aufführen zu können.[320] Nunmehr fielen auch die letzten Hemmungen, geistliche Werke aufzuführen, sofern sie nur kunstvoll genug waren, um sich vom einfachen Kirchengesang klar abzuheben. Dieser galt ja bei vielen Sängern weiterhin als Herrschaftsinstrument des Kapitalismus im Gegensatz zum geistlichen Werk als verklärter, kirchenungebundener Entäußerung des Künstler-Genies.[321] Im Hinblick auf das geistliche Konzert ließen sich die Skeptiker offenbar so erfolgreich beschwichtigen, bzw. vom künstlerischen Veredelungsgedanken überzeugen, daß die Leipziger Kommunisten 1928 sogar eine Aufführung der „Matthäus-Passion" von J.S. Bach in der dortigen Thomaskirche unterstützten.[322] Die Berliner Kommunisten allerdings, innerparteilich freidenkerische „hardliner", schien dies zu befremden. Schwer taten sich freidenkerische Kreise, wenn die Arbeitersänger anstelle von muffigen Tanzsälen hier und da auf Kirchen als besonders attraktive Konzerträume zurückgreifen konnten.[323] In solchen Fällen begann die Trennlinie zwischen „Geistlichem" und „Kirchlichem" naturgemäß zu verschwimmen; aber selbst in solchen Fällen griff noch die künstlerische Veredelungsidee, vom Toleranzappell unterstützt.[324]

Spielte sich dies alles in der Welt der gemischten Chöre ab, so tat sich in künstlerischer Hinsicht auch bei den Männerchören etwas.[325] Hier spielten im Laufe der 20er Jahre die Werke Erwin Lendvais die Vorreiter-Rolle. Zur Freude der Modernisten im DAS gehörte Lendvai zu denen, die vom akkordisch-homophonen Stil der Romantik abrückten und der polyphonen Schreibweise zu neuer Blüte verhalfen.[326] Es dauerte jedoch lange, bis sich auch nur einige wenige Männerchöre damit anfreunden konnten, ihre romantische Gefühlswelt gegen diesen vergleichsweise nüchtern und spröde wirkenden Stil einzutauschen.[327] Erst als Lendvai seinen Sinn für gefällige Schreibweise geschärft hatte, kamen seine Werke besser an, und fanden auch die

---

319 Deutlich wird dies ab der Konzertrundschau, in: DASZ Nr. 4, 1924.
320 Konzertrundschau, in: DASZ Nr. 9, 1927, S. 161; mit Freude wird hier vermerkt, daß die bürgerliche Presse in Gera die dortige Aufführung der „Jahreszeiten" durch die Arbeitersänger mit dem besorgten Kommentar versehen habe, daß die Arbeitersänger den bürgerlichen Gesang überflügelt hätten.
321 Konzertrundschau, in: DASZ Nr. 6, 1925, S. 76 f.; Hans Herwig, Darf der Arbeitersänger geistige Musik aufführen und wieweit darf er hierin gehen?, in: DASZ Nr. 4, 1926, S. 57 ff.
322 *Hänel,* Karl Liebknecht, S. 1; Konzertrundschau, in: DASZ Nr. 11, 1927, S. 202.
323 Konzertrundschau, in: DASZ Nr. 4, 1925, S. 44; *Karl Klauder,* Was die Kirche verbannt, in: DASZ Nr. 2, 1929, S. 26 ff.
324 *Hänel,* Karl Liebknecht.
325 Konzertrundschau, in: DASZ Nr. 4, 1926, S. 67; Aus den Mitgliedschaften in: DASZ Nr. 4, 1926, S. 73.
326 *Constantin Brunck,* Volksgesang einst und jetzt, in: DASZ Nr. 4, 1925, S. 43; *Walter Hänel,* Los vom überlieferten Programm, in: DASZ Nr. 4, 1931, S. 79.
327 An erster Stelle waren dies die Männerchöre unter der Leitung von Paul Michael in Leipzig und von Walter Hänel in Chemnitz, später in Berlin; vgl. Konzertrundschau, in: DASZ Nr. 4, 1925, S. 44; Nr. 4, 1926, S. 67; *Victor Noack,* Der DAS. Entstehung, Kampf und Aufstieg, S. 161.

Männerchöre Anschluß an die Entwicklung der gemischten Chöre.[328] Dies war nicht ganz unwichtig, wollte der DAS ein hohes Maß innerer Geschlossenheit bewahren.

Die jahrelangen Bestrebungen, den Arbeiterchören den Kunstgesang nahezubringen, mündeten in das spektakuläre 1. Arbeitersängerbundesfest von 1928. Unter Einschluß der 2 bis 3 Jahre währenden Vorbereitungen markierte es den Höhepunkt, aber zugleich auch den Abschluß einer Entwicklung, die sich vorrangig dem klassischen Kunsterbe verschrieben hatte. Nach solch einem kaum steigerungsfähigen Erfolg, der die Anerkennung der bürgerlichen Musikwelt gebracht und die bürgerliche Konkurrenz abgeschlagen hatte, wurde in psychologischer Hinsicht der Weg für neue Ziele frei.[329] Dies schaffte günstige Voraussetzungen für die von der Bundesführung vorbereitete Weichenstellung in Richtung Tendenzkunst. Insofern erwies sich für den Tendenzgesang kaum abträglich, daß man das ursprüngliche Vorhaben, im Festprogramm an herausgehobener Stelle ein modernes Tendenz-Chorwerk zu plazieren, in Ermangelung eines auch nur halbwegs akzeptablen Werkes verworfen hatte.[330] Bei aller Experimentierfreude waren sich die Festplaner des Risikos bewußt gewesen, daß alle gut gemeinten Absichten, dem zeitgemäßen Tendenzwerk auf die Beine zu helfen, kaum fruchten konnten, sondern im Gegenteil dem Tendenzgedanken schaden mußten, wenn ein Werk geschmacklich nicht zusagte oder die Sänger sich schlichtweg überfordert fühlten. Das erste größere Tendenzwerk, das „Frühlingsmysterium" von Heinz Tiessen, mit dem man zunächst geliebäugelt hatte, war schon Jahre zuvor (1925) so gründlich gescheitert, daß hier Vorsicht geboten war.

Um nun die hochgesteckten Erwartungen an das Fest nicht zu enttäuschen, besann man sich lieber darauf, daß man bei den großen klassischen Komponisten wußte, woran man war, wenn man allein nur an die Hörgewohnheiten der Arbeitersänger dachte. Es war nicht verborgen geblieben, mit welch rührendem Engagement sich die gemischten Chöre im Vorfeld des Festes mit den großen Chorwerken der Vergangenheit abmühten.[331] Daß die Zeit für ästhetische Experimente noch nicht reif war, ließ sich Mitte der 20er Jahre kaum übersehen. Zudem zeigten die Beethoven- und Schubert-Jubiläen der Jahre 1927/28 in aller Deutlichkeit, wie stark traditionsverhaftet Kunstgeschmack und Kunstverständnis waren.[332] Aber auch der Symbolwert spielte eine große Rolle. Welche Symbolkraft dem Geniekult um die klassischen Komponistengrößen zukam, bewiesen die flächendeckend durchgeführten Gedenkkonzerte, die im Falle Beethovens nicht selten ihren Höhepunkt in der andachtsvollen

---

328 Konzertrundschau, in: DASZ Nr. 9, 1929, S. 186 ff.; Nr. 4, 1931, S. 81; die Lendvai-Chöre setzten sich ab 1931 durch; dies galt auch für die gemischten Chöre; vgl. die Konzertrundschau der ASZ ab Nr. 10, 1931, S. 219 ff.; vgl. auch: Neuerscheinungen des Bundesverlags, in: DASZ Nr. 12, 1930, S. 220.
329 *Walter Hänel*, Genosse tritt ein, schreit ein!, in: DASZ Nr. 12, 1929, S. 249.
330 Verhandlungsniederschrift von der DAS-Gau-Leiter-Konferenz in Hannover am 29./30.8.1925, Berlin 1925, S. 6; *R. Brauner*, Aus dem Bundesverlag, in: DASZ Nr. 12, 1929, S. 252.
331 Vgl. die Aufführungen der IX. Sinfonie und der Missa solemnis von Beethoven, in: DASZ Nr. 11, 1927, S. 292; noch 1920 hatte man die Aufführung dieser Werke für eine Überforderung gehalten; vgl. *Karl Werner*, Beethovens Chorgesänge, in: DASZ Nr. 89, 1920, S. 2 f.
332 Konzertrundschau, in: DASZ Nr. 11, 1927, S. 201 ff.; Nr. 3, 1929, S. 58; Aus den Mitgliedschaften in: DASZ Nr. 9, 1927, S. 165; Nr. 2, 1929, S. 42; 7. Generalversammlung des DAS 1929, S. 21.

Verlesung des berühmten „Heiligenstädter Testaments" fanden, jenes erschütternden Dokuments, in dem sich das „titanenhafte" Kämpfertum des Komponisten gegen den Schicksalsschlag des Gehörverlustes ankündigte.[333] In der Verehrung des Kämpfervorbilds im Künstler schimmerte noch etwas von der politischen Identität der Arbeitersänger durch, was im Vereinskonzert ansonsten nur noch selten wahrnehmbar war. Eines zeigten die Gedenkfeiern für diese beiden Klassiker in aller Deutlichkeit, daß nämlich die Aneignung des klassischen Kunsterbes in dieser mittleren Phase Weimars kein Anspruch war, den die Verbandsführung den Vereinen einfach nur übergestülpt hatte, sondern im Gegenteil starken Widerhall fand. Daß hier der traditionsreiche Künstler- und Geniemythos mitspielte, darf man getrost annehmen.[334] Die Kunstorientierung begann in diesen Jahren bei gesanglich aktiven Arbeitern offenbar Wurzeln zu schlagen. Das Maß der Kunstbegeisterung läßt sich daran ablesen, daß bis Anfang der 30er Jahre, als die beiden getrennten Auftrittssphären wieder zusammenwuchsen, nicht wenige künstlerisch leistungsstarke Großstadtchöre die Fühlung zum sozialistischen Arbeitermilieu verloren.[335] Als Alarmsignal wertete man, daß die Arbeiter in manchen Fällen nur noch eine kleine Minderheit des Konzertpublikums stellten, bzw. von vornherein wegblieben, weil der Milieukontakt geschwunden war.

Eine weitere Neuerung gewann in der Konzertpraxis der 20er Jahre an Bedeutung, die Konzertreise ins Ausland. Diese Aktivitäten sind im Lichte der Ideenwelt zu betrachten, die die Arbeitersänger-Internationale repräsentierte. Spektakulär waren die Konzertfahrten Stuttgarter und rheinischer Arbeitersänger nach Paris, Reisen, die in den Jahren 1929 und 1930 stattfanden. Zehn Jahre nach Kriegsende war aus sozialistischer Perspektive längst überfällig geworden, ein deutliches Zeichen der Versöhnung zu setzen, die auch vor dem „Erbfeind" nicht Halt machen durfte.[336] Von der psychologischen Brisanz ließen sich weder die betreffenden Vereine noch die Bundesführung irritieren. Mit klassischen Kunstwerken statt mit Tendenzchören aufzuwarten, tat der politischen Wirkung keinen Abbruch. Gerade 1929 hätten die Arbeitersänger die Konzertreise gern zum Anlaß genommen, einen Rahmen zu schaffen, um exponierte Vertreter der Arbeiterparteien beider Nationen zu einem inoffiziellen und ungezwungenen Treffen zusammenzuführen.[337] Jedoch winkte die SPD-Zentrale in Berlin ab. Ihr war zu brisant, auch nur auf kulturellem Gebiet Versöhnungsbereitschaft zu zeigen. Die Sozialdemokraten wollten offenbar Belastungen von der fragilen Regierungskoalition im Reich fernhalten und jeden Anlaß vermeiden, der die sozialistische Arbeiterschaft angesichts der schwierigen Reparationsverhandlungen zu sehr in Nähe des französischen Gegners gerückt hätte. So blieb es dann bei einer

---

333 Konzertrundschau, in: DASZ Nr. 11, 1927, S. 202.
334 *Franz Lade,* Sind Tonwerke unantastbar?, in: DASZ Nr. 7, 1927, S. 126.
335 *Walter Hänel,* Karl Liebknecht, S. 17; Konzertrundschau, in: DASZ Nr. 3, 1925, S. 34.
336 *Walter Hänel,* Konzertfahrt rheinischer Arbeitersänger nach Paris, in: DASZ Nr. 6, 1929, S. 120 f.; ders., Stuttgarter Arbeitersänger in Paris, in: DASZ Nr. 8, 1930, S. 146.
337 *Hänel,* Konzertfahrt, S. 120 f.

reinen Konzertreise, da umgekehrt auch die französische Seite das Interesse verlor, den Auftritt politisch aufzuwerten.

Bereits im Januar 1929, ein halbes Jahr nach dem Hannoveraner Bundesfest, erlebte erstmals ein größeres Tendenzchorwerk eine erfolgreiche Uraufführung, das „Lied vom Arbeitsmann".[338] Eine größere Anzahl von Aufführungen sollte folgen. Da das Werk auf beachtliche Resonanz traf, konnte das proletarische Monumentalwerk für sich verbuchen, erstmals den Durchbruch geschafft haben. Dem Werk war jedoch von vornherein eine Beschränkung auferlegt, da es nur von leistungsfähigen städtischen Chören aufgeführt werden konnte, ein Handikap, von dem alle größeren Chorwerke betroffen waren. Das Lied vom Arbeitsmann verband erstmals gemischten Chor, Kinderchor und Sprechgesang zu einem geschlossenen Szenarium; dies war für die Arbeitersänger etwas Neues. Wohl nicht wenige empfanden es als wohltuend, daß die Väter dieses Chorwerks mit einiger Konsequenz von den üblichen stereotypen Sprachformeln des Tendenzgesangs abgerückt waren. Natur, Religion und Militär traten hier als Metaphernlieferant für pathetische Wendungen deutlich zurück. An ihrer Statt wurde der proletarische Lebensalltag in Familie, Betrieb und Freizeit unbeschönigt auf die Bühne gebracht. Allein der aufrüttelnd gemeinte Schlußgesang verriet noch das traditionelle Pathos der Kampfgesänge. Zugute kam dem Werk, daß der Komponist Ottmar Gerster sich weniger von Avantgarde-Ehrgeiz als vielmehr von seinem Gespür für die Singgewohnheiten der Arbeitersänger hatte leiten lassen. Der durchschlagende Erfolg ermutigte Bundesverlag und Sänger, weiteren großen Chorwerken zum Erfolg zu verhelfen, unter anderem dem „Kreuzzug der Maschine". Die überraschend große Publikumsresonanz sprach für sich. Die Faszination dieser Werke rührte zum einen aus dem „Massencharakter" und dessen monumentaler Wirkung, wobei die präzise Bewegungskoordination so vieler Darbieter ein imposantes Gesamtbild proletarischer Gemeinschaft und Kampfstärke darbot. Daß man den starren Gesangsvortrag zum ausladenden Bühnengeschehen in Stadt-, Konzert- oder Messehallen ausweitete, vermittelte den Eindruck des Dramatischen, das mit fortschreitendem Krisenbewußtsein dem proletarischen Kampfgeist und den gewaltigen Zukunftsaufgaben auf treffliche Weise Ausdruck verlieh.[339] Nicht zu unterschätzen war die Wirkung der Bewegungs- und Sprechchöre, die die Arbeitersänger anderen sozialistischen Kulturorganisationen abgeschaut hatten. Diese Formen traten in bewußten Kontrast zur traditionell starren Bühnenaufstellung und lebten von der kombinierten Wirkung visueller und rhythmischer Elemente. Während aber der in Bewegung geratene Gesangschor lediglich mehr dramatisches Geschehen in den Gesangsvortrag brachte und die Sänger zu auswendigem Singen zwang[340], stellte der Sprech-

---

338 Das Lied vom Arbeitsmann, Text: Alfred Auerbach, Musik: Ottmar Gerster, Klavierauszug und Textbuch, Berlin 1929; siehe auch die Einführung von Walter Hänel im Textbuch, S. 3 ff.; vgl. weiterhin: *Walter Hänel*, Das Lied vom Arbeitsmann, in: DASZ Nr. 2, 1929, S. 29 f.; Besprechung, in: DASZ Nr. 5, 1929, S. 87 ff.; Konzertrundschau, in: DASZ Nr. 12, 1930, S. 221.
339 In besonderer Weise traf dies auf den „Kreuzzug der Maschine" zu; vgl. dazu: Der entfesselte Chor, in: DASZ Nr. 10, 1930, S. 180 f.
340 Ebda.

chor in weitaus stärkerem Maße ein qualitativ neues Element dar. Was ihn von den oper- oder revueähnlichen Formen des beweglichen Musiktheaters unterschied, war die präzise, fast maschinell wirkende Einheitlichkeit des Bühnengeschehens, die Vielzahl von Darstellern *und* der äußerst sparsame Einsatz von Ausdrucksmitteln. Bar aller ästhetischen Schnörkel fanden sich hier in aller Nacktheit Geschlossenheit, Kampfkraft, unbedingter Machtwille und stählerne Härte verkörpert, und dies um einiges sinnfälliger als im Gesang. Zwar folgte auch der Chorgesang präzise einzuhaltenden Regeln, aber es lag im Wesen der Musik, daß sie auf Sänger wie Zuhörer weitaus mehr gefühlsbetont, gefällig und einschmeichelnd wirkte. Der Sprechchor konnte weitaus besser das Element des Einstudierten im Sinne eines bewußten, disziplinierten Gemeinschaftsaktes zum Ausdruck bringen.[341] Es war gerade der Gestus des kantig, schneidend, angestrengt und kämpferisch wirkenden Massenvortrags, in dem sich in bedrohlicher Krisenzeit die Härte und Anspannung des Klassenkampfs unübertroffen wiederfinden konnte. Nicht unerwähnt bleiben sollte, daß die schneidend-kühle Härte des Sprechchors auch ein ästhetisches Kontrastprogramm zu all der romantischen Gefühlsschwelgerei lieferte, die im Lichte des epochalen Einschnitts der Kriegs- und Nachkriegskatastrophen auf viele hohl und verlogen wirkte. Dieser Einsicht folgt ja auch die Eislersche Kompositionstechnik, auf „Tönen zu sprechen".

Zu einem ungemein beliebten und stark ausstrahlenden Chorwerk mauserte sich binnen kurzem der im Herbst 1929 in Berlin uraufgeführte „Kreuzzug der Maschine", ein Riesenchorwerk, dessen Einstudierung die Arbeitersänger trotz des immensen Aufwandes von bis zu tausend Mitwirkenden nicht scheuten.[342] In über 10 Städten kam es zur Aufführung, wobei die Arbeitersänger eng mit den Sprechchören anderer Arbeiterorganisationen und mit professionellen Orchestern (z.B. in Frankfurt mit dem Opernorchester) zusammenarbeiteten. Fast schien es so, als befriedige der „Kreuzzug der Maschine" den langgehegten Wunsch nach dem monumentalen „Oratorium der Arbeit", so jedenfalls die Resonanz im DAS.[343] Ein DAS-Musiker feierte ihn als Werk, das die Massen „mit neuer Religion" erfüllen könne.[344] In dreifacher Hinsicht ging dieses Chorwerk über das „Lied vom Arbeitsmann" hinaus: Zum ersten waren hier Sprechchor und Gesang sehr eng verwoben, zum zweiten hatten im Hinblick auf Dissonanzenreichtum und Orchester-Instrumentierung Jazz-Elemente Eingang gefunden und zum dritten kam der religiöse Charakter der sozialistischen Weltanschauung stärker zur Geltung.[345]

---

341 Bezeichnend war, daß bei den Proben für den „Kreuzzug der Maschine" die Sprechchoranteile erheblich mehr Mühe bereiteten und wesentlich zeitaufwendiger waren als die Gesangsproben, obwohl man sich bei diesem Werk auf einen gewissen Dissonanzenreichtum einstellen mußte; das rhythmisch exakte Sprechen stellte eine qualitativ andere Schwierigkeit dar als das rhythmisch exakte Singen; vgl. *B. Zander,* Zum „Kreuzzug der Maschine". Erfahrungen und Ratschläge, in: DASZ Nr. 11, 1929, S. 233 f.
342 Kreuzzug der Maschine, Text: Lobo Frank, Musik: Arthur Wolff, Klavierauszug Berlin 1929; *Walter Hänel,* 10. Aufführung des „Kreuzzugs der Maschine", in: ASZ Nr. 8, 1932, S. 178.
343 Kreuzzug der Maschine, in: DASZ Nr. 5, 1929, S. 87; *B. Zander,* Unsere neue proletarische Kantate, in: DASZ Nr. 9, 1929, S. 178 f.
344 Maifeier in Frankfurt am Main, in: DASZ Nr. 5, 1930, S. 77 ff.
345 Einiges zur Musik vom Kreuzzug der Maschine, in: DASZ Nr. 6, 1929, S. 119.

Thematisch sprach dieses Werk die Hauptfrontstellungen der Weltwirtschaftskrise an; als „sozialpazifistisches Chorwerk" griff es beides auf: die ökonomische und die politisch-geistige Krise.[346] Es war im Kern diese Zweigleisigkeit, die ihm solch große Resonanz sicherte. Man äußerte Erleichterung, daß nun endlich der Weltkrieg offensive Bearbeitung fand und in engen Zusammenhang mit der kapitalistischen Gesellschaftsverfassung gebracht wurde. Bemerkenswert ist, daß die beiden Väter des Werks das Weltkriegsgeschehen und die Krise des Kapitalismus auf der Folie einer ins Diesseits projizierten christlichen Heilsgeschichte deuteten. Offenbar war diese Art der Dramaturgie dem Weltbild des sozialistischen Arbeiters abgelesen. Beide, die christliche und die marxistisch-revolutionäre Weltsicht, lebten von Erlösungssehnsucht und Heilserwartung, und beiden waren endzeitlich-apokalyptische Stimmungen nicht fremd. Um dies auf die Bühne zu bringen, war in den dramaturgischen Ablauf dreierlei eingearbeitet: der dialektische Dreischritt von Krise, Katastrophe und Erlösung als Axiom des marxistischen Fortschritts- und Erlösungsglaubens, der Opfermythos der biblischen Passionsgeschichte und die christliche Apokalyptik. Sinnfälligen Ausdruck fand dies in der Dreiteilung des Werkes in „Leidensweg", „Golgatha" und revolutionären „Aufmarsch".[347] Der Kriegskatastrophe und den Opfern gewann das Chorwerk insofern einen Sinn ab, als beides zu einer notwendigen Etappe auf dem revolutionären Erlösungsweg wurde. Auf die Bühne gebracht, bot sich ein Kapitalismus dar, der in einem ersten Schritt als molochartige technische Großapparatur dem Götzendienst für „Gott Mammon" frönte, harten Arbeitskämpfen standhielt und die Arbeiter immer wieder unter seine Knute zwang. In einem zweiten Schritt bereitete er über den Zwang zu imperialistischer Expansion seinen eigenen Untergang vor, indem er eine Kriegskatastrophe hervorbeschwor, in der die entfesselten Produktivkräfte der Maschinerie ihre destruktiven Wirkungen zur vollen Entfaltung bringen konnten. Erst unter diesen infernalischen Bedingungen vermochte das Proletariat in einem dritten Schritt die eigene Ohnmacht zu überwinden und mit dem kapitalistischen System kurzen Prozeß zu machen. Die Katastrophe bereitete die Erlösung vor, vergleichbar dem Kreuzigungstod Christi oder dem apokalyptischen Weltuntergang der Johannes-Offenbarung. Das Krisen- und Katastrophenstadium wurde geradezu zur unvermeidlichen Vorbedingung der erlösenden Befreiungstat. Zuvor war das Proletariat der molochartigen Maschinerie des industriellen Kapitalismus hoffnungslos ausgeliefert.

Solcherart Dramaturgie verwob geschickt die Gemütslage des sozialistischen Milieus. An der begeisterten Aufnahme läßt sich das Bedürfnis ablesen, dem zurückliegenden Krieg wie auch den krisenhaften Zuständen Weimars einen Sinn abzugewinnen, Orientierungssicherheit zu bewahren und für alle kommenden Auseinandersetzungen Zuversicht und Mut zu schöpfen. All dies gründete im „Kreuzzug der Maschine" auf der geschichtsgläubigen Verheißung, jede sich erneut abzeichnende Katastrophe in die revolutionäre Erlösungstat überführen zu können. Spielte das Bühnengeschehen

---
346 *B. Zander*, Unsere neue proletarische Kantate, S. 178.
347 Vgl. Kreuzzug der Maschine, Klavierauszug.

zunächst nur auf die jüngsten Kriegs- und Nachkriegsereignisse an, so liefen die beiden Schlußakte auf den Appell hinaus, das Proletariat solle sich durch künftige Katastrophen nicht schrecken lassen, sondern über die Novemberrevolution hinausgehen und dem kapitalistischen System mitsamt seinen nationalistischen Kriegstreibern den Garaus machen. Der industriellen Maschinerie wollte man den Schrecken des Molochartigen nehmen und sie nach Beseitigung aller kapitalistischen Übelstände zum Segen der Menschheit nutzen.[348]

Den zündenden Funken löste das Chorwerk damit aus, daß es geschichtsreligiöse Hoffnungen weckte. Dies sicherte ihm den begeisterten Zuspruch des Publikums. Besonders anziehend dürften drei Aspekte gewirkt haben: die choreographisch monumentale Darstellung der industriellen Großapparatur, die jüngste Zeitgeschichte und die revolutionären Verheißungen, die das Gewicht sakraler Aussagen erhielten. So erfuhren all die Katastrophenerfahrungen und beklemmenden Gefühle des Ausgeliefertseins eine positive Sinndeutung: Sie wurden zum heilsgeschichtlich notwendigen Durchgangsstadium auf dem Wege zu einer erlösenden Zukunft. Solcherart Geschichtsverklärung war wenig dazu angetan, zu einem besseren Verständnis der unmittelbaren Vergangenheit zu verhelfen. Obendrein täuschte sie über den besorgniserregenden politischen Niedergang der sozialistischen Arbeiterbewegung hinweg, wenn sie den geschichtlichen Entwicklungsprozeß als vermeintlichen Bundesgenossen ins Spiel brachte.

Auch andere Tendenzchöre beschworen revolutionäre Visionen und verhießen diesseitige Erlösung. In der Krisenzeit erlebten sie eine seltene Hochkonjunktur, unter ihnen der Lendvai-Chor „Erlöse dich", der an die Arbeiter appellierte, sich selber zu befreien und nicht erst den eigenen Kreuzigungstod abzuwarten.[349] Wurde in diesem Chor der apokalyptische Dreischritt umgangen, so setzte er sich in einem anderen beliebten Lied sehr wirkungsvoll in Szene, im „Lied der Bergarbeiter" von Hanns Eisler.[350] In dieser schaurigen Ballade konnten sich krisenbedingte Ohnmachtsge-

---

[348] Deutlich wird der zukunftsweisende Charakter des Chorwerks in Akt 24 und 25: Der Gesang „Um den Erdball wuchtet der Eisenschritt" spielt auf den neuerlichen Aufstieg des militanten Nationalismus Ende der 20er Jahre an, und Akt 25 bietet gemäß den Kernaussagen des Kommunistischen Manifests die proletarische Revolution als erlösenden Ausweg aus der Katastrophe an; vgl. Kreuzzug der Maschine, Klavierauszug, S. 138 ff., S. 143 f. Der Interpretation von Werner Fuhr, dieses Chorwerk sei vergangenheitsorientiert gewesen und deshalb wenig geeignet, die Probleme der beginnenden 30er Jahre anzusprechen, kann ich in der Weise, wie Fuhr Vergangenheitsorientierung versteht, nicht zustimmen; Fuhr übersieht die gegenwartsorientierten Anspielungen der beiden Schlußakte und neigt zu der verfehlten Auffassung, daß der Weltkrieg ein Jahrzehnt nach seiner Beendigung keine große politische Rolle mehr spielte; in dieser Mißdeutung von Zeitumständen und Chorwerk verrät er eine distanzlose Anlehnung an die zeitgenössischen marxistischen Interpretationen, hier speziell an die Rote Fahne, das Zentralorgan der damaligen KPD. Es läßt sich im Gegenteil die Auffassung vertreten, daß die Problematisierung und Verarbeitung von Weltkrieg und Nationalismus eigentlich noch viel weiter hätte gehen müssen, als dies innerhalb des damaligen sozialistischen Milieus geschah; vgl. *Werner Fuhr*, Proletarische Musik in Deutschland 1928-1933, Phil. Diss. Freiburg, Göppingen 1977, S. 121.
[349] Erlöse dich! für gemischten Chor komponiert von Erwin Lendvai, Text: Ernst Preczang, DAS-Verlag Berlin 1929; Konzertrundschau, in: ASZ Nr. 6, 1931, Nr. 6, 1932, S. 130 ff.; Nr. 1, 1933, S. 15.
[350] Lied der Bergarbeiter, Musik: Hanns Eisler, Text: Anna Gemeiner, DAS-Verlag Berlin 1930; Konzertrundschau, in: ASZ Nr. 6, 1932, S. 130 ff.; Nr. 8, 1932, S. 178 ff.; Nr. 11, 1932, S. 239 ff.

fühle und Umsturzphantasien Luft verschaffen, wenn sie in subtiler Anspielung an die göttliche Vergeltung des Jüngsten Tages ausgleichende Gerechtigkeit walten ließen. Endzeitlich gestimmt ließ das Chorlied tödlich verunglückte Bergleute in zerfetztem bis vermodertem Zustand aus ihren Gräbern wiederauferstehen: Sie sollten die für das Unglück verantwortlichen Bergwerksbesitzer aburteilen. Als Opfer kaptialistischer Gewinnsucht tischten die Bergleute den Unternehmern in Anspielung an das Jüngste Gericht die unterlassenen Unfallverhütungsmaßnahmen auf.

Politisch engagierte Chorliteratur dieser Art fanden die Arbeiterchöre ab 1930 in reichlicher Fülle vor. Recht leicht einstudierbar, wenn sie wie das „Lied der Bergarbeiter" einstimmig oder aber leicht verdaulich mehrstimmig gesetzt waren, kamen sie auch den Bedürfnissen der vielen kleinen Vereine entgegen.[351] So waren die Voraussetzungen dafür geschaffen, daß das neuere Tendenzlied ab 1930 die Vereinskonzerte bis in die abgelegensten Industriedörfer zurückerobern konnte.[352] Direkter und aggressiver, nicht übermäßig pathetisch, dafür aber mehr zupackend, entsprach es dem Zeitgeist in zuvor ungekannter Weise, wenn man bis auf die Tage der Novemberrevolution zurückblickt. Seinen Niederschlag fand dies darin, daß es 1932 keine gespaltene Auftrittskultur mehr gab.[353] Erst im Frühjahr 1933 fand wieder ein jäher Wechsel zum unpolitischen Vereinskonzert statt, dies freilich nicht aus freien Stücken, sondern unter dem Druck der beginnenden Gleichschaltung unter den nationalsozialistischen Machthabern.[354] Die Hoffnung jedoch, durch abrupte Anpassung das stark politisierte Profil der zurückliegenden Jahre vergessen machen zu können, um das eigene Überleben zu sichern, erwies sich als trügerisch. Zu offensiv hatte sich der DAS seit 1929 politisiert, das Vereinsleben sich zu eindeutig in den Dienst des Klassenkampfs gestellt, als daß nach der Machtergreifung der Nationalsozialisten auch nur die geringste Chance bestanden hätte, den DAS durch Anknüpfung an weiter zurückliegende Phasen nationalistischer Ausrichtung zu retten, wie dies die Bundesführung und ein Großteil der Vereine im Frühjahr 1933 vergebens versuchten.[355]

Betrachtet man die Entwicklung des äußeren Rahmens, den die Arbeitersänger für ihre Vereinskonzerte wählten, dann läßt sich seit den Tagen der Novemberrevolution eine schleichende Anpassung an die Formen des gehobenen bürgerlichen Konzertbetriebs feststellen.[356] Auf breiter Front setzte sich diese Tendenz in den mittleren

---

351 Ein gelungenes Beispiel für einen leichtgesetzten mehrstimmigen Chor war das sehr beliebte „Lied der Baumwollpflücker" von Hanns Eisler, DAS-Verlag Berlin 1930.
352 Konzertrundschau, in: ASZ Nr. 3, 1931; Nr. 9-12, 1931.
353 Konzertrundschau, in: ASZ Nr. 6, 1932, S. 131.
354 Die Konzertrundschau der ASZ vom Februar 1933 zeigt noch starken Tendenzliedcharakter; ein abrupter Wechsel findet in der April-Nummer 1933 statt.
355 Bericht von der 9. Bundesversammlung des DAS am 25.5.1933 in Berlin, Berlin 1933.
356 *Hafeneger,* Darf sich ein Arbeitergesangverein politisch festlegen, in: DASZ Nr. 6, 1923, S. 40 f. Eine Vorreiterrolle spielte vor 1924 das Rheinland; vgl. Konzertrundschau, in: Nr. 7, 1923, S. 50 f.; bereits für 1922 wird berichtet, daß Vereine in ländlichen Gegenden des öfteren dazu übergingen, ihre Konzerte in Kirchen abzuhalten, um einen würdigeren Rahmen zu schaffen; vgl. *Karl Werner,* Kirchenkonzert oder Konzert in der Kirche, in: DASZ Nr. 6, 1922, S. 47. *K.H. Schilling* sieht die Anpassung an den bürgerlichen Konzertbetrieb 1924 schon sehr weit fortgeschritten; vgl. *ders.,* Das Freiheitslied, in: DASZ Nr. 7, 1924, S. 50 f.

Jahren der Weimarer Republik durch, wobei sich die ländlichen Vereine noch am längsten diesem Trend widersetzten.[357] In der überkommenen Form betteten die Vereine ihre Gesangsdarbietungen, die in der Regel in gastronomischen Einrichtungen stattfanden, gern in eine gesellige Vergnügungsveranstaltung ein.[358] Eine Ausnahme machten allein die künstlerisch ehrgeizigen, zumeist gemischten Chöre, die in vielen Fällen für ihre Proben und Konzerte nicht auf Gaststätten-Säle angewiesen waren, sondern auf öffentliche Aulen und Konzerträume zurückgreifen konnten und die äußere Form ihrer Konzerte an die klassische Konzertandacht des gehobenen bürgerlichen Kulturbetriebs anpaßten.[359] Gehen wir jedoch vom Chorkonzert des weniger ehrgeizigen Durchschnittsvereins aus, dann war es bis in die 20er Jahre üblicher Brauch, dem Publikum eine lockere Sitzordnung mit Tischreihen anzubieten und Tabak- und Getränkekonsum zuzulassen. Auch unternahm man keine Anstalten, das Publikum während der Darbietungen zum Schweigen zu verdammen.[360] Verständlicherweise war dies der künstlerischen Elite des Bundes ein Dorn im Auge. Aus ihrer Sicht gerieten die Vereine zu sehr in die Nähe von „Bumms"-Veranstaltungen und Bierzeltatmosphäre. Solch ein Veranstaltungsarrangement betrachtete sie als Hemmschuh für den Aufstieg und die Veredelung des Arbeitergesangs.[361] Eine veredelte proletarische Gemeinschaft verlangte nach einem gänzlich andersgearteten Zeremoniell, nach sakraler Konzertandacht und feierlicher Ergriffenheit. Gesang zum „bloßen Genußmittel" herabzuwürdigen, widersprach nach Meinung der Verbandsoberen dem Ziel, die besondere Moralität der proletarischen Gemeinschaftsverpflichtung rituell überzeugend darzustellen und gegen die geselligen und genußfreudigen Formen der sog. kleinbürgerlichen „Vereinsmeierei" abzusetzen. Kaum zu überschätzen ist, was die Bundesführung den Vereinen damit abverlangte. Politischer und künstlerischer Ernst setzte ein gehöriges Maß an asketisch-idealistischem Durchsetzungswillen voraus, wenn man erhabene Konzertatmosphäre herstellen und dem Publikum alles Vergnügungsverdächtige vergraulen wollte.

Erstaunlicherweise ließen sich die meisten Vereine im Laufe der 20er Jahre auf das Ernsthaftigkeits-Gebot ein. Als wirkungsvolle Mittel, Rauchen, Trinken und Reden zu unterbinden, erwiesen sich das auf den Programmzetteln vermerkte Rauchverbot und die Stuhlreihen-Anordnung, die mit der Beseitigung der Tische zugleich auch den Getränkeverzehr verdrängte.[362] Für das „ungezogene Publikum", das während

---

357 Leistungsfähige Arbeiterchöre auch auf dem Lande?, in: DASZ Nr. 4, 1926, S. 61 f.
358 *R. Wächter,* Revolutionsfeier und Arbeitergesangverein, in: DASZ Nr. 1, 1923, S. 4; Konzertrundschau, in: Nr. 1, 1925, S. 8; Nr. 2, 1925, S. 19; Nr. 3, 1925, S. 33; Nr. 6, 1925, S. 78; Nr. 3, 1927, S. 54 f.; Nr. 1, 1928, S. 8; Nr. 10, 1929, S. 223. Ab 1928 sind in der Konzertrundschau kaum noch Klagen über würdelose Konzertgestaltung zu vernehmen; 1929 heißt es, daß die Richtlinien der Konzertrundschau immer mehr Beachtung fänden.
359 Selbst 1932 konnten erst 14,5% der Vereine für ihre Probentätigkeit auf Schulen und Singsäle zurückgreifen; 85,5% probten in Gastwirtschaften; vgl. 8. Generalversammlung des DAS 1932, S. 44.
360 Vgl. Anm. 357.
361 Zum ersten staatlichen Fortbildungskursus für Chordirigenten, in: DASZ Nr. 7, 1932, S. 56; *Hans Schulte,* Volkschöre, Schützet die deutsche Musik, in: DASZ Nr. 9/10, 1922, S. 69 f.; *Alfred Guttmann,* Graue Stunden, in: DASZ Nr. 10, 1923, S. 62 f.; Konzertrundschau: siehe Anm. 357.
362 Vgl. Anm. 357.

eines Konzerts rauchte, fand die Arbeiter-Sängerzeitung seit Mitte der 20er Jahre solch maßregelnde Worte wie „geistiger Tiefstand".[363] Gegen 1928 wurde das drogen- und verzehrfreie Stuhlreihenkonzert so sehr zur Selbstverständlichkeit, daß die Vereine das Rauchverbot nicht mehr ausdrücklich auf den Programmzetteln vermerken mußten; seither verharrten die Zuhörer fast überall in Stuhlreihen-Andacht.[364]

Im süddeutschen Raum soll es allerdings noch länger „gemütlich" zugegangen sein, was die Zeitgenossen in erster Linie am Rauchen festmachten. Dem lag eine eingefleischte Konnotation von Nichtrauchertum und asketischer Strenge zugrunde.[365] Noch ein weiterer Brauch konnte sich wider alle Ermahnung von oben recht hartnäckig halten: die Verbindung von Konzert und Ball.[366] Daß man sich in dieser Frage an der Basis taub stellte, hing damit zusammen, daß sich durch das zeitliche Nacheinander Konzertandacht und Vergnügen fein säuberlich voneinander trennen ließen. Damit schien dem künstlerischen Ernsthaftigkeits-Gebot Genüge getan. Im Hintergrund stand, daß viele Vereine den Bogen des asketischen Ernstes nicht überspannen durften, wenn sie ihr Konzertpublikum nicht verprellen wollten. Denn nicht selten schielten die Zuhörer mehr auf den Ball als auf die Gesangsdarbietungen. Aus der kunstpuristischen Sicht der Bundeselite war allein schon die zeitliche Nähe eines Balls geeignet, die Würde von Chorkonzerten zu diskreditieren. In dieser Frage fiel aber das Bedürfnis nach lebhaftem Veranstaltungsbesuch und vollen Kassen stärker ins Gewicht als der Maßstab der künstlerischen Veredelung oder der schele Blick der Verbandsoberen. Bei all dem Bemühen, bürgerliche Seriosität ins Konzertleben der Arbeiterchöre zu bringen, erwies sich die Musikberatungsstelle der Berliner Zentrale als die treibende Kraft. Vor Ort dürfte sie vor allem in den Chorleitern eine Stütze gefunden haben, die größtenteils einen bildungsbürgerlichen Hintergrund hatten. Den hartnäckigsten Widerstand leisteten die im Kneipenmilieu verwurzelten Männerchöre.[367]

Die Konzertandacht setzte sich bis zur Großen Krise weitgehend durch. Sie mußte aber nach 1929 den Rückzug antreten. Verantwortlich dafür waren zwei Faktoren: Zum ersten war eine Repolitisierung der Vereinskonzerte zu beobachten; agitatorisch gestimmt empfand die in den Gesangvereinen organisierte Arbeiterschaft die erhabenandächtige Atmosphäre mehr und mehr als unpassend. Zum zweiten breitete sich Ende der 20er Jahre eine gewisse Konzertmüdigkeit aus. Wollten die Vereine vermeiden, nach dem Konzert vor leeren Kassen zu sitzen, mußten sie sich etwas Neues einfallen lassen.[368] Hier und da begann man, der immer weniger begehrten Einförmigkeit der Veranstaltungsgestaltung zu Leibe zu rücken und dem „Unterhaltungs- und Sensa-

---

363 Konzertrundschau, in: DASZ Nr. 1, 1925, S. 8.
364 Vgl. Anm. 357.
365 Konzertrundschau, in: Nr, 3, 1925, S. 33.
366 Ebda.
367 *Walter Hänel,* Wie bringen wir Musik in die Arbeiterschaft, in: DASZ Nr. 1, 1925, S. 2 f.
368 Wenn wir Geld hätten, in: ASZ Nr. 2, 1931, S. 35; Konzertrundschau, in: ASZ Nr. 8, 1932, S. 178.

tionsbedürfnis" des Publikums Rechnung zu tragen.[369] Dem lag zugrunde, daß sich unübersehbar der Einfluß der neuen Medien bemerkbar machte. Um Resonanz bemüht, lockerte man in ungezählten Fällen die starre Konzertaufstellung auf, baute revuemäßige Formen ein und schreckte auch nicht vor dem Einsatz von Lichtbild und Tonfilm zurück. Jedoch dürfen wir annehmen, daß es nur eine kleine Minderheit unter den Vereinen war, die sich auf die neuen Trends einstellen mochte. Wesentlich häufiger, vor allem auf dem Lande, erlebten die alten Formen der Vergnügungsveranstaltung eine Wiedergeburt: Tanz, Genußmittelverzehr und zur Auflockerung erheiternde Sketche. Dies waren erfolgversprechende Mittel, das Publikum bei Laune zu halten.[370] In solchen Fällen drohte die Suche nach neuen kultischen Formen, die das sozialistische Gemeinschaftsgefühl steigern sollten, trotz aller Repolitisierung des Konzertlebens von unpolitischen Vergnügungsbedürfnissen unterlaufen zu werden.

Politische Auftrittsverpflichtungen

Den zweiten großen Bereich der Auftrittspraxis stellten Gesangsdarbietungen dar, die sich entweder im Rahmen des eigenen Verbandes oder im sozialistischen Milieuumfeld abspielten. Dort überwogen eindeutig die Tendenzgesänge, dort sollte der Chorgesang in erster Linie die Solidarität und den Kampfgeist der sozialistischen Arbeiterbewegung versinnbildlichen. Daß darüber aus der Verbandspublizistik der Arbeitersänger weniger in Erfahrung zu bringen ist als über das hauseigene Vereinskonzert, zeigt deutlich, wie sehr das Vereinskonzert zum Dreh- und Angelpunkt des chorpraktischen und künstlerischen Selbstverständnisses geworden war. Gleichwohl betrachtete man politische Auftrittsverpflichtungen als proletarische Ehrenpflicht und kam ihnen regelmäßig bei Mai-, März-, Revolutions- und Antikriegsfeiern nach. Obendrein wirkten Bundeschöre bei Parteiveranstaltungen von SPD und KPD mit und rahmten Gewerkschaftsfeste und Freidenkerfeiern musikalisch ein.[371] Ein weiterer, bedeutsamer Bereich waren die verbandseigenen Auftritte im Rahmen von

---

369 *Otto Zimmermann,* Der Singbewegungschor, in: ASZ Nr. 8, 1931, S. 171; 8. Generalversammlung des DAS 1932, S. 78; siehe auch den durchschlagenden Erfolg der Roten Revue, die 5 Monate nach Erscheinen bereits an 14 Orten aufgeführt worden war; hier wechselten politische Sketche und Lieder in Anlehnung an das bürgerliche Kabarett, das ja trotz aller politischen Bezüge auch dem Unterhaltungsbedürfnis des Publikums Rechnung tragen wollte; vgl. Rote Revue, in: DASZ(ASZ) Nr. 5, 1930, S. 79 f.; Nr. 4, 1931.
370 Wenn wir mehr Geld hätten.
371 Als Beispiele aus der großen Vielzahl der Auftrittsanlässe, die in der Konzertrundschau und den Mitgliedschaftsberichten der Arbeitersängerzeitung dokumentiert sind, mögen genügen: Aus den Mitgliedschaften, in: DASZ Nr. 3, 1925, S. 35 f.; Nr. 9, 1927, S. 166; Konzertrundschau, in: DASZ Nr. 9, 1927, S. 160. Wie sehr die Vereine zwischen Vereinskonzert und politischem Auftrittsanlaß zu unterscheiden wußten, offenbarte z.B. die Kritik der Merseburger Kommunisten am dortigen Volkschor, der bei ihrer Revolutionsfeier mit Tendenzliedern aufgetreten war, aber zur selben Zeit das eigene Vereinskonzert mit Mendelssohn'schen Kunstchören gestaltete. Von der SPD ließen sich die Arbeitersänger z.B. für den Leipziger Parteitag von 1931 engagieren; vgl. LVZ vom 30.5./1.6.1931. Daß man solche Auftritte als parteiübergreifenden sozialistischen Solidarakt begriff, kam darin zum Ausdruck, daß man auf dem Leipziger Parteitag auch zwei Eisler-Chöre darbot, ohne daß irgendjemand daran Anstoß genommen hätte.

Sängerfesten und Funktionärsversammlungen. Diese Auftritte standen auf der Grenzlinie von Vereinskonzert und politischer Auftrittsverpflichtung. In der Regel handelte es sich dabei um politisch akzentuierte Darbietungen.

Wenn es sich um künstlerisch ehrgeizige Vereine handelte, hatte der rein politische Auftrittsanlaß häufiger einen Pferdefuß. Denn solche Vereine nahmen an ihm in erster Linie den Pflichtcharakter wahr und ließen sich allein von ihrem Zugehörigkeitsgefühl zum sozialistischen Milieu leiten, wenn sie für musikalische Umrahmung sorgten. Da dies aber in der Regel einschloß, das künstlerische Vereinsprofil nicht herausstellen zu können, konnten Klagen über lahme Darbietungen kaum ausbleiben.[372] Daraus sprach bei diesen Vereinen aber weniger ein Mangel an Gesinnungstreue als vielmehr die Praxis, den Auftrittstermin in bedrohliche Nähe rücken zu lassen und dann das immer wieder geforderte Standardprogramm altbekannter Tendenzchöre lustlos und überstürzt wiederaufzufrischen.

Welche Tendenzgesänge waren es nun, die bei politischen Auftrittsanlässen die Beliebtheitsskala anführten? Obenan standen die Uthmann-Chöre „Tord Foleson", „Empor zum Licht", „Sturm", „Das heilige Feuer" und „Unser Lied"; ihnen folgten die „Arbeitermarseillaise", der „Sozialistenmarsch", in späteren Jahren der „Rotgardistenmarsch" und „Wann wir schreiten" und schließlich „Morgenrot" und „Völkermai".[373] Wie sehr gerade die Uthmann-Chöre, die eine Spitzenposition weit vor allen anderen Tendenzchören einnahmen, das politische Selbstverständnis des sozialistischen Arbeitermilieus spiegelten, bestätigten die Funktionärs- und Mitgliederversammlungen des DAS, die während der gesamten Weimarer Zeit überwiegend von Uthmann-Gesängen eröffnet wurden oder damit ausklangen.[374] „Tord Foleson" führte die Beliebtheitsskala an. Ohne Übertreibung läßt sich sagen, daß wir es hier mit der heimlichen Verbandshymne des DAS zu tun haben[375], vielleicht sogar mit der heimlichen Hymne der gesamten sozialistischen Arbeiterbewegung der Weimarer Zeit. Beim ersten Hinschauen mag verblüffen, daß gerade diese Schlachtenballade

---

372 *K.H. Schilling*, Das Freiheitslied, in: DASZ Nr. 7, 1924, S. 59.
373 Vgl. Statistik über den Versand von Noten des Bundesverlags, in: 4. Generalversammlung des DAS 1920, S. 14 ff., Berichtszeitraum: 1914–1920; Geschäftsbericht des DAS 1923–1926, S. 13 ff., Berichtszeitraum 1923–1926. Als Maßstab für die Beliebtheit der Tendenzchöre sind die Verbandsstatistiken nur bedingt tauglich; im Hinblick auf die meisten Uthmann-Chöre sind sie überhaupt nicht aussagekräftig, da diese bei den Vereinen zu den Altbeständen aus der Vorkriegszeit zählten und daher die Nachfrage zwischen 1923–1926 trotz großer Beliebtheit nicht sehr hoch ausfallen mußte. Für die Nachkriegs-Tendenzchöre haben die Statistiken mehr Aussagekraft; einen zuverlässigeren Eindruck vermitteln die Konzertrundschau und für die politischen Auftrittsanlässe vor allem die Mitgliedschaftsberichte; dort springt selbst bei oberflächlicher Durchsicht die durchgängige Präsenz der Uthmann-Chöre ins Auge; einige wenige Verweise mögen genügen: Aus den Mitgliedschaften, in: DASZ(ASZ) Nr. 1, 1925, S. 11; 3, 1925, S. 35 f.; Nr. 4, 1925, S. 74; Nr. 4, 1927, S. 74; Nr. 5, 1929, S. 96 ff.; Nr. 2, 1930, S. 33 f.; Nr. 6, 1931, S. 138.
374 Als Beispiel mag genügen: Aus den Mitgliedschaften, in: DASZ Nr. 4, 1926, S. 74 f.
375 Vgl. oben Anm. 108 in Kap. 2e., Anm. 287 in Kap. 3a. Vgl. weiterhin Stellungnahmen zu Tord Foleson: *Karl Werner*, Gustav Adolf Uthmann, Nachruf, in: DASZ Nr. 88, 1920, S. 1 f.; Replik des Vorstandes des DAS auf Guttmanns Beitrag, in: DASZ Nr. 11, 1921, S. 92; *Nietner*, Redebeitrag in: 7. Generalversammlung des DAS 1929, S. 59; A.G., Der Künstler und das Volk, in: DASZ Nr. 1, 1930, S. 1; *Guttmann*, Redebeitrag in: 8. Generalversammlung des DAS 1932, S. 112.

aus Norwegen, die keinerlei Bezug zum sozialistischen Befreiungskampf aufwies, den Arbeitersängern wie den Verbandsfunktionären aus der Seele sprach. Zwei Schlüsselstellen eröffnen uns den Zugang zu einem besseren Verständnis. Zum ersten war es die Schlacht als Geburtsstunde der „neuen gegen die alte Zeit", woran sich Aufbruchsstimmung und Erlösungs-Sehnsucht festklammern konnten. Die kriegerische Dramatik, in der sich die Geburtswehen der neuen Zeit vollzogen, tauchte den Umbruchscharakter in ein um so verklärteres Licht, als es hier um Fundamentales, nämlich um Leben und Tod ging. Zum zweiten führte die Ballade an der neuralgischen Scheidelinie zwischen den Epochen Tord Foleson vor, der als aufopferungsbereiter Held zum strahlenden Vorbild wurde, weil er um gemeinschaftlicher Ideale willen den Schlachtentod auf sich nahm und zu Tode getroffen noch so viel Gemeinschaftssinn aufbrachte, daß er „mit letzter Kraft" den „Schaft" des Banners in den Boden rammte. Dies war ein kaum zu überbietender symbolischer Treuebeweis gegenüber der Gemeinschaft, der auch im Treuegelöbnis der Schlußzeile zum Ausdruck kam: „Der Mann mag sinken, wenn das Banner nur steht". Sich der proletarischen Solidargemeinschaft zu vergewissern und einander sogar soldatischen Kampf- und Aufopferungsgeist zu geloben, darin dürfte das tiefere rituelle Geheimnis dieses Schlachtengesangs begründet liegen, das ihn vor allen anderen Uthmann-Chören an erster Stelle zu einem „Glaubensbekenntnis der Arbeiterschaft" werden ließ, wie sich ein profilierter Arbeiterchor-Dirigent ausdrückte.[376]

Erklärungsbedürftig ist, daß es der rigorosen Unbedingtheit des soldatischen Aufopferungsgeistes bedurfte, um das proletarische Gemeinschaftsgefühl zu beschwören. Die Wurzeln liegen zum ersten im militaristischen Geist der Wilhelminischen Ära begründet, der auch auf die sozialdemokratische Arbeiterbewegung abgefärbt hatte und durch die Weltkriegsereignisse bestärkt die Bindung an die überkommenen Leitbilder militaristischer Gemeinschaftsethik lebendig hielt. Zum zweiten sollte aber auch das Eigengewicht von Kriegserfahrung und Kriegsverarbeitung nicht unterschätzt werden. Beide Faktoren, mentale Traditionsverhaftung und Kriegserfahrung, wirkten zusammen. Was der militaristische Zeitgeist der Vorkriegsära nur abstrakt hatte vorexerzieren können, das ließ der Weltkrieg hautnah erleben. Die Kriegsjahre beherrschte die Grunderfahrung, daß sich Gemeinschaften, in diesem Falle die nationale, zugespitzten Konfliktlagen stellen mußten, wenn sie überleben wollten. Daraus folgte, daß sie in aller Unbedingtheit den Einsatz des Lebens fordern mußten. Diese rigorose Gemeinschaftsethik warf auf die Weimarer Nachkriegszeit ihre langen Schatten. Kein Wunder, daß sie auf den Kampfgeist und das Gemeinschaftsdenken des sozialistischen Milieus abfärbte.

Untergründig dürfte „Tord Foleson" auch deshalb einen unwiderstehlichen Reiz ausgeübt haben, weil er die prekäre Frage nach dem Sinn des Kriegsgrauens beantwortete. Daß es hier ein durchaus existenzielles Bedürfnis zu befriedigen galt, zeigt die für Weimar charakteristische Gereiztheit in allen nationalen Fragen, wobei die politische Linke mit dem nagenden Zweifel zu kämpfen hatte, ob die eigene Nation

---

[376] *Nietner.*

denn nun tatsächlich einen gerechten, sprich einen Verteidigungskrieg geführt hatte. In diesen Fragen leistete „Tord Foleson" vorzügliche Verdrängungshilfe: Er beantwortete die Frage nach dem Sinn des Krieges, ohne den Ursachen des Kriegsgrauens auf den Grund zu gehen. Im Mittelpunkt der Ballade stand die tröstende Botschaft des strahlenden Helden Tord Foleson, daß die Aufopferung für die Gemeinschaft Selbstzweck genug sei, um dem Massensterben des Krieges einen Sinn abgewinnen zu können. Nach weiteren ideellen Zwecken brauchte nicht mehr gesucht werden. Wie sehr sich bei den Arbeitersängern die Sekundärtugend des soldatischen Aufopferungsgeistes verselbständigt hatte, unterstreicht die Tatsache, daß sie ohne große Mühe vom konkreten historischen Bezugsrahmen abstrahierten, um sich die Gestalt Tord Folesons zum Vorbild nehmen zu können. Daß es sich bei Tord Foleson um einen Vasall des norwegischen Königs Olaf handelte, tat der Vorbildrolle des Helden keinen Abbruch. Offenbar zählte bei den Sängern die eigene sozialistische und anti-feudale Einstellung weniger als Heldentum und soldatischer Aufopferungsgeist. Andernfalls hätte der symbolische Transfer auf die Problemwelt der Weimarer Gegenwart nicht gelingen können. Bei Sängern wie Zuhörern ließ „Tord Foleson" die vage Zuversicht zurück, daß der Aufopferungsgeist des Weltkrieges durchaus einen tieferen Sinn gehabt habe. Unterstellt man „Tord Foleson" diese Funktion, dann erklärt sich, wieso gerade diese Schlachtenballade trotz ihres fernliegenden historischen Bezugs den Nerv der Kriegsgeneration unter den Arbeitersängern traf.

In der gesamten Ballade läßt sich nur ein einziger Hinweis auf den Zweck des Opfertodes finden: das „Freiheitsbanner" des norwegischen Königtums. Es ging dabei nicht um individuelle Freiheiten im liberalen Sinne, sondern um die Freiheit des Kollektivs gegenüber dem Kriegsgegner. Auch hier haben wir es mit einem Leitbild zu tun, das als kollektivistisches Freiheitsverständnis, als Moment der nationalen Abgrenzung und Selbstbehauptung in der politischen Kultur Weimars durchaus präsent, wenn nicht gar beherrschend war, eine politische Denkfigur, an die auch die Arbeiterbewegung anknüpfen konnte. Dieses antiliberale, vom völkischen Kollektiv her abgeleitete Freiheitsverständnis hatte im Nationalempfinden der Deutschen seit Napoleons Tagen Tradition, und es erlebte gerade noch 1918 im Schatten von Versailles eine seltene Hochblüte als revisionistischer nationaler „Freiheits"-Kampf. Nun sollte man aber den Arbeitersängern nicht unterstellen, mit „Tord Foleson" genau dieses Verständnis verbunden zu haben. Eines aber hatten sie mit dem nationalistischen Kollektivismus gemein, nämlich den Glauben, daß vorrangig Kollektive, nicht Individuen, um ihre Freiheit zu kämpfen hätten und dem einzelnen eine strikte Verpflichtung auferlegt sei, sich für seine jeweilige Gemeinschaft aufzuopfern. Dies prägte die deutsche Nationalmentalität lagerübergreifend. Nirgendwo kam dies deutlicher zum Ausdruck als im nationalen Vaterlandslied und im sozialistischen Tendenzgesang. In beiden Gesangskulturen offenbarte sich in aller Offenheit die Neigung, die jeweiligen Gemeinschaftsansprüche rigoros, d.h. auf Leben und Tod durchzusetzen. Damit rückte Gewalt als Mittel der Politik an die vorderste Stelle. Die Menschenrechte des Individuums stellten keine respektable ethische Barriere dar, im Gegenteil, sie hatten hinter der höheren Gemeinschaftsmoral zurückzutreten.

Welch positiven Stellenwert das sozialistische Selbstverständnis der Gewalt einräumte, zeigte sich daran, daß nach 1918 all diejenigen Tendenzlieder weite Verbreitung fanden, die die Gewalt als Mittel der Politik verherrlichten.[377] Auch wenn die balladeske Farbigkeit eines „Tord Foleson" fehlte, so war es doch sehr häufig die am gewaltsamen Kampf orientierte rigoros-verbissene Unbedingtheit, die mit sozialistischen Gemeinschaftsansprüchen eine unlösliche Verbindung einging und feindbildhaft dichotomische Zuspitzungen nach Art der Lager- und Klassendualität bevorzugte, die an Toleranz und Kompromißfähigkeit nicht denken ließen. Alles, auch das eigene Leben im Glauben an den historischen Fortschritt herzugeben, das war die Grundidee dieser säkularisierten Kämpfer- und Märtyrerreligion, in der die Heiligkeit von Kaiser-, Volkstum und Nation gegen die sozialistische Zukunftsgesellschaft ausgetauscht war und in die sich auch problemlos der Geniekult um den titanenhaften Kämpfer Beethoven einfügte. In „Tord Foleson" bündelte sich all dies auf eine für damalige Sozialisten faszinierende Weise. Noch in den späteren Jahren Weimars ließ eine Stimme aus den Reihen der Verbandsfunktionäre verlauten, daß der Geist der Uthmann-Chöre so tief sitze, daß viele unter den älteren Sängerfunktionären Schwierigkeiten hätten, sich überhaupt die Texte einiger neuerer Tendenzlieder zu merken.[378] Wie sich all dies mit der ausgewiesen pazifistischen Grundhaltung der Arbeitersänger vertrug, mag beim ersten Hinschauen unbegreiflich erscheinen, findet seine Erklärung aber darin, daß die marxistische Weltdeutung allen Kampfliedern eine *inner*gesellschaftliche Zielrichtung vorgab, selbst wenn sich bei ihnen die militante Kämpferhaltung weitgehend verselbständigt zu haben schien. Demzufolge propagierte man Gewaltanwendung auch nur entlang der *inneren* Klassen-Frontlinie als legitimes Mittel der Politik, nicht jedoch im Verhältnis der Völker untereinander.

Vergleicht man die politischen Auftrittsanlässe der Vereine mit den hauseigenen Konzerten, dann zeigt sich, daß dem agitatorischen Auftrittsanlaß bis zu den späten 20er Jahren eine erheblich größere politische Tiefenwirkung zukam. Das Szenarium des politischen Auftritts strahlte von vornherein eine gänzlich andere Atmosphäre aus als das andachtsvolle, eher zu innerlicher Selbstversenkung und Ergriffenheit einladende Vereinskonzert, so es denn den Maßstäben der Verbandsführung genügte. Dagegen kam es bei politischen Auftritten auf eine weihevolle, gleichsam religiöse Vergegenwärtigung des sozialistischen Gemeinschaftsgeistes und Kampfauftrages an. Hier sollte sich der Arbeiterchor als „Feldmusik" des Proletariats beweisen und den Zuhörern die Schlagkraft der proletarischen Massen sinnenhaft nahebringen. Fanden die Veranstaltungen unter freiem Himmel statt, dann versinnbildlichten die dort zusammengefaßten Massenchöre erst recht die gigantische Kampfkraft und

---

377 Vgl. die Statistik des Notenversands, in: Geschäftsbericht des DAS 1923-1926, S. 13 ff.; als hervorstechende Beispiele seien die Arbeitermarseillaise und der Rotgardistenmarsch genannt.
378 Indiskretionen, in: DASZ Nr. 10, 1927, S. 112.

den Machtwillen des Proletariats.[379] Ähnliche Wirkungen versprach man sich von den großdimensionierten proletarischen Chorwerken der späteren Jahre, mit denen sich die Vereine dann ja ebensosehr identifizierten wie vordem mit dem unpolitischen hauseigenen Vereinskonzert. Allem politikfernen Gesang zum Trotz waren die Arbeitergesangvereine in der Rolle des musikalischen Agitators nicht wegzudenken. Sie repräsentierten damit ein wesentliches Stück sozialistischer Arbeiterkultur.

c) *Der Probenalltag*

Über die Probestunden der Arbeitergesangvereine wissen wir verhältnismäßig wenig. Berichtet wurde über sie nur dann, wenn sich Unbehagen artikulieren wollte. Jedoch steht ihre geringe Publizität in keinem Verhältnis zu ihrer Bedeutung. Immerhin machten sie aus dem Blickwinkel des Sängers das Kernstück des Vereinslebens aus. Ihren Rahmen bestimmten ganz entscheidend zwei Faktoren: die Literaturauswahl und die Auftrittstermine. Wer hierbei den größten Einfluß geltend machen konnte, ist nur schwer klärbar, jedoch spricht viel für eine herausragende Rolle des Chorleiters, der seines Expertentums wegen neben dem Vereinsvorstand eine unstrittige Führungsstellung einnahm. Hinzu kam eine gewisse Verehrung, die viele Arbeiter als Laiensänger dem Chorleiter-„Künstler" entgegenbrachten.[380] Inwieweit der autoritative Führungsstil über das im musikalischen Expertentum angelegte Maß hinausging, ist schwer zu rekonstruieren. Vermutungen, daß viele Chorleiter ihre Expertenstellung über Gebühr ausnutzten, finden eine gewisse Bestätigung in Walter Hänels polemischer Äußerung, daß in vielen Vereinen noch „Stimmdressur" und „militärisches Ruck-zuck-Erscheinen" auf dem Podium anzutreffen seien.[381] Ob Hänels Eindruck verallgemeinert werden kann, muß offenbleiben.

Wenn es Spannungen zwischen den Vereinen und ihren Chorleitern gab, dann konnte dies vielerlei Ursachen haben. Irritationen konnten aufkommen, wenn die Sänger den musikalischen Ansprüchen des Chorleiters nicht genügten und bei diesem ein gewisses inneres Unbeteiligtsein spürten. Nicht selten kehrte solch ein Chorleiter dem Verein nur deshalb nicht den Rücken, weil er aus Gründen des Broterwerbs auf das Honorar angewiesen war. Wenn in solchen Fällen allzu offensichtlich wurde, daß der

---

379 Eindrucksvolle Beispiele für die Faszination der Massenchöre sind die Darbietungen der Arbeitersänger in der Dortmunder Westfalenhalle anläßlich des dortigen Gausängerfestes 1927 und das Massenfest der Berliner Arbeitersänger aus Anlaß ihres 40jährigen Gau-Jubiläums im Neuköllner Stadion; vgl. Arbeiter und Arbeitersänger, in: Westfälische Allgemeine Volkszeitung vom 4.7.1927, und Vorwärts vom 2.7.1931.
380 Z.B. warnte ein führender Arbeiterchor-Dirigent die Arbeitersänger davor, sich von der Aura des künstlerischen Statussymbols „Künstlermähne" blenden zu lassen; vgl. *Herbert Dietze,* Chor und Dirigent, in: Festschrift zum 25jährigen Bestehen des Deutschen Arbeiter-Sängerbundes, Gau Leipzig 1902-1927, S. 19.
381 Konzertrundschau, in: DASZ Nr. 4, 1925, S. 44. Vorsicht ist geboten, Hänels Polemiken zu verallgemeinern; er neigte mitunter zu Überspitzungen, so daß hier Abstriche zu machen sind.

Verein mangels attraktiverer Beschäftigungsmöglichkeiten nur die Rolle eines Lückenbüßers spielte, dann belastete dies das Probenklima und die Sangesfreude erheblich. Mit solchen Problemen dürften ungezählte Vereine zu kämpfen gehabt haben. Denn eine Mehrheit unter den Chorleitern begriff sich ausschließlich als Musikfachmann und stand der Ideenwelt der Arbeitersänger distanziert gegenüber.[382] Aus der Sicht der Arbeitersänger bestand der Kern des Problems darin, daß die Frustration des Chorleiters über das bei vielen Arbeitergesangvereinen äußerst bescheidene Leistungsvermögen keinen Ausgleich in einer besonderen ideellen Verbundenheit fand.

In einer Reihe von Fällen führte der unbefriedigte Ehrgeiz des Chorleiters zu andersgearteten Problemen, und zwar dann, wenn dieser seine Arbeit aus kultursozialistischer Überzeugung als künstlerische und kunsterzieherische Sendung begriff. In solchen Fällen führte Frustration nicht zum inneren Rückzug, sondern die Vereine bekamen im Gegenteil den Ehrgeiz besonders hartnäckig zu spüren. Keine allzu große Rolle dürfte dies bei den gemischten Chören gespielt haben, die schnell zum Aushängeschild des DAS wurden. Bei diesen Chören waren künstlerische Leistung und öffentliche Anerkennung Ansporn genug, um neben dem Berufs- und Familienalltag auch noch die harte allwöchentliche Probendisziplin aufzubringen. Lagen solch günstige Voraussetzungen nicht vor, dann bot das Probeverhalten der Sänger aus der Sicht ideell beseelter Chorleiter vielerlei Reibungsflächen. In ungezählten Vereinen gab es eine Vielzahl von Mängeln: Unpünktlichkeit, die die Arbeit mit den einzelnen Stimmen schnell zur Sisyphus-Arbeit werden ließ, Unkonzentriertheit, Verwechslung der Proben mit einem „Kaffeekränzchen" und schließlich Nachlässigkeit im Auswendiglernen der Texte.[383]

Das schwierigste Problem stellte die unzureichende musikalische Vorbildung der Laiensänger dar. An diesem Erschwernis liefen sich künstlerische Ansprüche sehr schnell tot; Idealismus, Ehrgeiz und guter Wille konnten da allenfalls um den Preis der Überanstrengung weiterhelfen. Um den Defiziten abzuhelfen, gab die Bundesführung 1925 für die Sänger eine „Allgemeine Musiklehre" heraus, nach der sich diese theoretische Kenntnisse aneignen sollten. Gleichzeitig wirkte sie auf die Chorleiter ein, die Sänger über einfaches Singen hinaus musikalisch auszubilden.[384] Das vordringliche Ziel war, Notenkenntnisse zu vermitteln, um den Sängern zu ermöglichen, vom gedächtnisgestützten Gehör- zum Blattsingen überzugehen, eine elementar wichtige Fertigkeit und Vorbedingung für ehrgeizigere Ziele. Gerade hier mußte nach den Vorstellungen der Bundeselite der erzieherische Ehrgeiz ansetzen, wollte man im Hinblick auf musikalische Vorbildung die klassenspezifische Benachteiligung der Arbeiter ausgleichen und im Bereich der Vokalmusik mit dem bürgerlichen Kulturbetrieb gleichziehen. Aber allen Absichtserklärungen zum Trotz erwies sich der

---

[382] 6. Generalversammlung des DAS 1926, S. 28, 31; 8. Generalversammlung des DAS 1932, S. 96; Aus den Mitgliedschaften, in: DASZ Nr. 10, 1930, S. 189; *Karl Rankl,* Aufgaben der Chorleiter im DAS, in: ASZ Nr. 1, 1931, S. 6; *August Hochheim,* Arbeiterchordirigenten-Verband und DAS, in: ASZ Nr. 4, 1932, S. 72 f.
[383] *A. Kirch,* Chormeister, Künstler, Sänger und Sängerin, in: DASZ Nr. 1, 1925, S. 4 f.
[384] *Victor Noack,* Der Deutsche Arbeiter-Sängerbund, S. 152.

Rückstand als nur schwer aufholbar. Gleichwohl versuchten die führenden Musikexperten und Chordirigenten des Bundes, ihr Programm künstlerischer Profilierung durchzusetzen. Man nahm in Kauf, daß dies nicht wenige Chöre und mitunter selbst die Chorleiter überforderte.[385] Das Ausmaß der Überforderung unterstreicht der Tatbestand, daß selbst Ende der 20er Jahre nur eine sehr kleine Minderheit unter den Sängern das Blattsingen halbwegs gut beherrschte.[386]

In der Führung des DAS war man sich durchaus der Probleme bewußt, die die hochgeschraubten künstlerischen Ziele aufwarfen. In solchen Fällen drohte manch ein Arbeiterchor zur Karikatur zu verkommen, sich gleichsam als „Papageienchor" zu präsentieren, wie eine Stimme aus den eigenen Reihen kritisch anmerkte.[387] Da Chorproben selbst musikkundigen Blattsängern ein hohes Maß an Disziplin und Konzentration abverlangten, stand zu erwarten, daß das Einstudieren großer klassischer Chorwerke bei gedächtnisgestütztem Gehör-Singen in harten Drill umschlagen, ja letztlich zu einem Dressur-Akt ausarten mußte. Erschwerend kam hinzu, daß ohne Noten- und Partiturkenntnisse der Zugang zu einem tieferen Verständnis des Chorwerkes verbaut war. All diese Probleme entgingen auch der bürgerlichen Fachwelt nicht. Daher mischten sich aus Anlaß des außerordentlichen Kraftaktes, den die Arbeitersänger mit ihrem Hannoveraner Sängerbundesfest vollführten, auch skeptische Untertöne in das Lob, das man den Arbeitersängern auszusprechen bereit war.[388] Nicht ohne eine gewisse Berechtigung stellte man die Frage, ob solch ehrgeiziges Festprogramm mit dem außergewöhnlichen Probendrill, den es allen des Blattsingens unkundigen Sängern aufnötigte, nicht zu teuer erkauft worden sei. In der DAS-Elite trafen solche Bedenken auf keinerlei Verständnis. Man hatte zwar die Probleme gesehen, aber künstlerischer Ehrgeiz und kultursozialistisches Sendungsbewußtsein hatten die Oberhand gewinnen können. Beide Motive stützten sich gegensei-

---

385 Gaufest des Arbeitersängerbundes in der Westfalenhalle, in: Westfälische Allgemeine Volkszeitung vom 4.7.1927. Hier hatte man sich z.B. mit der IX. Sinfonie von Beethoven leicht übernommen; vgl. auch *A. Kirch,* Die Würfel sind gefallen, in: DASZ Nr. 8. 1927, S. 143.
386 *Walter Hänel,* Wie bringen wir Musik in die Arbeiterschaft, in: DASZ Nr. 1, 1925, S. 4. Hänel rechnete mit einer Dauer von 4-5 Jahren, bis Laiensänger vom Blatt singen konnten, vorausgesetzt, sie wurden dazu angehalten; diese Annahme war durchaus realistisch, zeigte aber, welch steiniger Weg noch zurückzulegen war, wollte man das Niveau der musikalischen Fertigkeiten wirklich gründlich heben. 1925 bedauerte man, daß die Musik von Lendvai dazu geeignet war, die Chöre zu dezimieren, weil sie von Gehörsängern kaum zu bewältigen war. Eine gängige Erfahrung war, daß große Schwierigkeiten zu überwinden waren, wenn man Erwachsene zu Blattsängern heranbilden wollte; vgl. *Walter Hänel,* Kinderchöre, in: DASZ Nr. 11, 1925, S. 164; vgl. weiterhin *B. Zander,* Chorführerkurse, in: DASZ Nr. 11, 1927, S. 192 f. Bei dem Experiment der Bundesleitung, einen ausgesuchten Kreis hochbegabter Sänger zu Hilfschorleitern auszubilden, stellte sich heraus, daß selbst unter diesen kaum einer auch nur in Ansätzen vom Blatt singen konnte. Wie es im Lichte dieser Erfahrungen um die Fertigkeiten des normalen Laien-Sängers bestellt war, läßt sich leicht ausmalen; vgl. weiterhin: Aus den Mitgliedschaften in: DASZ Nr. 6, 1930, S. 115. Selbst 1932 scheiterte noch eine Aufführung von Lendvai-Chören, weil die Sänger nicht vom Blatt singen konnten; vgl. Konzertrundschau, in: ASZ Nr. 1, 1933, S. 15.
387 *Noack,* Der Deutsche Arbeiter-Sängerbund, S. 138.
388 *Fritz Stein,* Staat und Chorgesang, in: Organisationsfragen des Chorgesangwesens, S. 68.

tig.[389] Soweit die Vereinsbasis von sich aus für ehrgeizigere Ziele empfänglich war, konnte die Bundesführung im Einklang mit weltanschaulich nahestehenden Chordirigenten den Sängern die hochgeschraubten Maßstäbe schmackhaft machen.

Der Trend künstlerischer Profilierung förderte noch weitere problematische Seiten zutage. Aus der energischen Art, mit der nicht wenige Musikexperten und Chorleiter bei den Sängern Ehrgeiz, Gesinnungstreue, Disziplin und strikte Unterordnungsbereitschaft einforderten, sprachen all die Wertmaßstäbe und Verhaltenstugenden, die dem damaligen sozialistischen Selbstverständnis das Gepräge des selbstlosen, disziplinierten und kämpferischen Aufopferungswillens gaben.[390] Die Sangeskunst mußte in solchen Fällen als rituelles Betätigungsfeld herhalten, auf dem im Dienste rigorosen sozialistischen Aufstiegs- und Veränderungswillens die Freude an Gesang und Geselligkeit und das Bedürfnis nach Erholung und entrückenden Phantasiewelten schnell in das Gegenteil „heiligen Ernstes" und asketisch-kämpferischer Kunstaneignung umschlagen konnten.[391] Der Bundesvorsitzende Klauder sprach davon, daß aus der Sicht des Klassenkämpfers dem Gesang die Existenzberechtigung abzusprechen sei, wenn er dem „angenehmen Zeitvertreib" diene. Mühe machte zuzugestehen, daß dies zumindest *ein* gewichtiges Motiv unter vielen sein dürfe, wenn sich der Arbeiter der Gesangskunst hingab.

Je stärker die von oben eingeforderten ideellen Maßstäbe handlungsbestimmend wurden, um so angestrengter und entbehrungsreicher wurde das Vereinssingen. War der ideelle Ehrgeiz sehr hochgeschraubt, dann erwuchsen aus dem gesangskulturellen Aufstieg nur zu leicht künstlerische Ersatzhandlungen, die darüber hinwegtäuschten, daß weder der soziale Aufstieg noch die gesellschaftliche Umwälzung gelang. Eines jedoch war unter solch stark politisiertem Vorzeichen nicht nur von ritueller Bedeutung, sondern reichte weit über die Sphäre gesanglicher Freizeitgestaltung hinaus: Im strikten Aufgehen in der Masse klassenkampfbeseelter Chorsänger und ebenso strikter Unterordnung unter den Dirigenten exekutierten die Sänger absichtsvoll den „Sieg über den Individualismus".[392] Sie nahmen das Motto „Allein sind wir nichts, zusammen sind wir alles[393] aus dem allwöchentlich stattfindenden chorischen Gemeinschaftsritus mit hinaus in die übrige Alltagswelt und konnten sich zugute hal-

---

389 *Hänel,* Wie bringen wir Musik, S. 1 ff.; *Hans Herwig,* Darf der Arbeiter geistige Musik hören und wieweit darf er hierin gehen, in: DASZ Nr. 4, 1926.

390 *Herbert Dietze,* Chor und Dirigent, in: Festschrift zum 25jährigen Bestehen des Deutschen Arbeiter-Sängerbundes, Gau Leipzig 1902-1927, S. 18; *Franz Backhaus,* Chorwesen und Vereinsmeierei, in: DASZ Nr. 6, 1930, S. 194; *Karl Klauder,* Der Arbeitergesang im sozialistischen Kampfe, in: Protokoll der 22. ordentlichen Gau-Generalversammlung des Gaus Westliches Westfalen in Dortmund 1930, S. 16. Mit Dietze und Klauder vertraten immerhin zwei führende Köpfe des DAS solche Positionen.

391 *Karl Rankl,* Aufgaben der Chorleiter im DAS, in: ASZ Nr. 1, 1931, S. 5 f.; *Klauder,* Arbeitergesang, S. 16.

392 *Herbert Dietze,* Der Arbeiterchor. Seine Konzertprogramme und seine Konzertbesucher, in: LVZ vom 17.6.1927. Herbert Dietze war ein politisch engagierter Leipziger Arbeiterchor-Dirigent, der publizistisch sehr stark in Erscheinung trat und 1930 den Vorsitz des frisch gegründeten Arbeiterchor-Dirigentenverbandes übernahm.

393 Arbeiterjugendlied aus: Wir! Ein sozialistisches Festspiel, Text: Hendrik de Man, Musik: Ottmar Gerster, Berlin 1932, Textbuch S. 30 ff.

ten, Kunst mit einem weltanschaulichen Ernst zu betreiben, der ideell höher einzustufen war als ästhetische Schwärmerei; letzteres geriet aus dem Blickwinkel kultursozialistisch beseelter Arbeiterchor-Dirigenten vom Schlage eines Herbert Dietze in den Verdacht eigensüchtigen Genußstrebens.[394] Man kann den Eindruck gewinnen, daß eine kleine, tonangebende Minderheit von politisch engagierten Chorleitern und Musikexperten auch in die Alltäglichkeit der Probeabende eine angestrengt kämpferische Atmosphäre hineinbringen wollte. Komponist und Dirigent schienen hier auf dem kulturellen Kampffeld die politische Avantgarde zu verkörpern. Diese Anschauung gewann zwar erst in der radikalisierten Spätzeit Weimars grell hervorscheinende Konturen, war jedoch auch in den früheren Jahren schon präsent. Während vor 1930 eher die künstlerische Autorität strahlte und man überschwenglich über denjenigen Dirigent zu berichten wußte, bei dem das „herrliche Stimmmaterial ... bestens zu gehorchen" verstand[395], reicherte sich dies seit 1930 mit ehrgeizigen politischen Avantgardeansprüchen an.

Unterschwellig waren es vermutlich über die gesamte Weimarer Zeit hin autoritäre Gefolgschaftsideale, die Laiensänger wie Künstler gleichermaßen befriedigt sehen wollten. Gerade dann, wenn Künstlermythos und sozialistisches Avantgarde-Selbstverständnis zusammentrafen, ließ sich das Führertum des Dirigenten gegenüber der Vereinsbasis um so leichter durchsetzen. Wie hätte sonst ein Chordirigent wie Herbert Dietze auch in Fragen der Literaturauswahl für sich ein striktes Alleinentscheidungsrecht geltend machen können, ohne bei seinen Chorsängern auf nennenswerten Widerstand zu stoßen.[396] Zwar artikulierte sich im Verbandsrahmen ein gewisses Unbehagen über die expertokratische Selbstherrlichkeit der Chorleiter, bezeichnenderweise richtete sich die Kritik aber gegen die reinen Fachmusiker, denen es vorzugsweise auf politikferne künstlerische Interessen ankam.[397] War das Führertum des Chorleiters ideell legitimiert, ordnete man sich unter. Der einzige innerverbandliche Vorstoß, der geeignet war, die Monopolstellung des Chorleiters im Probenalltag aufzuweichen, lief darauf hinaus, Chorleiter-Fortbildungskurse für hochbegabte Sänger einzurichten.[398] Bei erfolgreicher Durchführung hätte die Barriere zwischen Laiensänger und Fachmusiker durchlässiger werden können. Denn der Hilfschorleiter hätte bei kleineren Auftrittsanlässen oder bei Verhinderung des Chorleiters einspringen können. Dem Vorstoß war aber wenig Erfolg beschieden[399]; das lag darin begründet, daß ohne intensive Vorbildung von Jugend an die musikalischen Elementaria für die Chorleitung nur unter großen Mühen angeeignet werden konnten. Da dem Bund die Mittel fehlten, ein solch ehrgeiziges Ausbildungsprogramm zu finanzieren, kam dieses Unternehmen nicht über das Versuchsstadium hinaus.

---

394 *Dietze*, Arbeiterchor; *B. Nietner*, Der Arbeitersänger, in: Festschrift DAS-Gau Leipzig 1927, S. 12 ff.; *Backhaus*, S. 104; *Rankl*, S. 5 f.; *Ernst Wolkenstein*, Mehr Tendenz, in: ASZ Nr. 4, 1932, S. 69.
395 Bericht über das Eröffnungskonzert der 7. Bundesgeneralversammlung in München 1929 unter der Leitung von Erwin Lendvai, in: DASZ Nr. 7, 1929, S. 142.
396 *Dietze*, in: Festschrift DAS-Gau Leipzig 1927, S. 18.
397 6. Generalversammlung des DAS 1926, S. 31; 8. Generalversammlung des DAS 1932, S. 96.
398 6. Generalversammlung des DAS 1926, S. 58 f.; 8. Generalversammlung des DAS 1932, S. 108.
399 *Zander*, Chorführerkurse, S. 192 f.

Es gab auch eine Reihe äußerer Bedingungen, die sich für die Probenarbeit der Vereine als Manko erwiesen. Betroffen war die große Masse der kleineren und weniger kunstehrgeizigen Vereine. Da war zum ersten das Problem der ungünstigen Raumverhältnisse. Über 80% aller Vereine waren auf Gastwirtschaften angewiesen, die nicht immer zufriedenstellende Hinterräume zur Verfügung stellen konnten und in denen nicht selten auch während der Proben Verzehrzwang bestand, der störend wirkte. Zum zweiten mußte eine nicht geringe Minderheit der Vereine auf ein Klavier als Probeninstrument verzichten, das für diesen Zweck von allen Instrumenten am besten geeignet war.[400] Zum dritten war es nicht leicht, abseits der größeren Städte befähigte Chorleiter zu finden.[401] Dort wirkte, so die Unterstellung der Arbeitersänger, immer noch eine gewisse Ächtung der sozialistischen Arbeiterbewegung fort. Zum vierten erwies sich nicht selten die Mitgliedschaft ausgesprochen ungeeigneter Sänger als Hemmschuh. Mit diesem heiklen Problem hatten sich gerade die künstlerisch bescheidenen Vereine herumzuschlagen, die solche Sänger weitaus häufiger verkraften mußten als die aufstrebenden Chöre, die ihres künstlerischen Niveaus wegen auf schlechte Sänger und sangesunkundige Außenstehende viel eher abschreckend wirkten als die kleineren und weniger ehrgeizigen Vereine. Ungeeigneten Sängern den Austritt aus dem Chor nahezulegen, konnte im Falle kleinerer Vereine daran scheitern, daß man mangels Masse auf jede Stimme angewiesen war oder die peinliche Situation auftrat, daß sich die ungeeigneten Sänger als Kassierer, Notenwart oder Vorstandsmitglied um den Verein verdient gemacht hatten und als gesinnungstreue Genossen Solidarität und Dankbarkeit erwarten durften.[402] In solchen Fällen war es auch schwierig, den Dirigenten bei Laune zu halten. Erwiesen sich die unfähigen Sänger als der entscheidende Hemmschuh für die Weiterentwicklung des Chores, dann sollten sich die Vereine, so Walter Hänel, von diesen Mitgliedern entweder trennen oder Nachholkurse einrichten. Inwieweit ein künstlerisch hoher Anspruch als Auslesefilter gewirkt hat, läßt sich nur schwer ermessen. Jedoch läßt sich mit einiger Sicherheit vermuten, daß ein hohes künstlerisches Niveau zumindest auf diejenigen Außenstehenden abschreckend gewirkt hat, die sich trotz Sangesfreude wenig zutrauten.

Mit dem bestimmenden Probenalltag der Vereine verknüpfte sich auch unlöslich die Nachwuchsfrage. War das Klima der allwöchentlichen Probe gut, so dürfte dies mindestens ebensosehr die Anziehungskraft bestimmt haben wie etwa gelungene Darbietungen. Nun war die Nachwuchsfrage zu gewissen Teilen aber auch eine Generationenfrage. In dieser Hinsicht dürfte den Vereinen zweierlei zu schaffen gemacht haben. Zum ersten war es vor allem die Jugend, die sich von der nach 1923 massiv durchbrechenden neuen Freizeitkultur angesprochen fühlte. Somit wurden Radio, Tanz, Schlager, Kino und Sport zu einer ernstzunehmenden Konkurrenz für das Ver-

---

400 4. Generalversammlung des DAS 1920, S. 19; *Ernst Zander,* Arbeiterfeiern, in: DASZ Nr. 5, 1925, S. 54 f.; Leistungsfähige Arbeiterchöre auch auf dem Lande?, in: DASZ Nr. 4, 1926, S. 61 f.; 8. Generalversammlung des DAS 1932, S. 44.
401 Alle Mann an Bord, in: DASZ Nr. 3, 1930, S. 42; *Walter Rose,* Die Namenlosen, in: DASZ Nr. 5, 1930, S. 81; Aus Zuschriften unserer Funktionäre, in: ASZ Nr. 3, 1931, S. 65.
402 *Walter Hänel,* Wie bringen wir, S. 3.

einsleben mit seiner allwöchentlichen Probensitzung. Nachteilig wirkte sich insbesondere die moderne Bewegungsfreude und die Reizüberflutung aus. Über eine ganze Palette moderner Möglichkeiten konnte man die Nähe der Musik suchen, ohne sie in disziplinertem und bewegungsarmem Probenalltag selber machen zu müssen. Aus dem Blickwinkel moderner Reize und am Modischen orientierter Bewegtheit konnte die starre, bewegungslose Plazierung des Sängers im Probenraum wie auf der Bühne schnell als altmodisches, ja lebloses Ritual empfunden werden. Selbst Guttmann, der ja im Gegensatz zu Hänel weniger Verständnis für die vom amerikanischen Tanzstil faszinierte junge Generation aufbrachte, konnte sich diesen Problemen Ende der 20er Jahre nicht mehr verschließen.[403] So kam es, daß die Bundeszentrale des DAS sich ernsthaft bemühte, all die modernen Formen in die Arbeiter-Gesangskultur aufnehmen. Dies wünschte man sich am ehesten für die Jugend- und Kinderchöre, die keinen Traditionsballast mit sich herumzuschleppen hatten. Allerdings war von großem Nachteil, daß es nur enttäuschend wenige Kinder- und Jugendchöre gab. Aber auch in den Erwachsenenchören versuchte man mit neuen revueähnlichen Formen zu experimentieren, um der Aura des Sterilen, Leblosen und muffig Überlebten entgegenzuwirken und damit für die junge Generation attraktiv zu bleiben.[404] Als Ansporn wirkte, daß gerade diejenigen neuen Chöre, die das neue Rhythmusgefühl des amerikanischen Jazz-Schlagers aufgriffen, bei der Jugend am besten ankamen.

Das Vereinsleben hatte noch mit einem weiteren Handikap zu kämpfen, das man bei noch so gutem Willen nicht in den Griff bekommen konnte. Es war dies die Kluft, die das traditionelle sozialistische Vereinswesen von dem neuartigen Lebensgefühl trennte, das sich mit der modernen Freizeitkultur verband. Diese stand für Zerstreuung, Genuß und Leichtlebigkeit und damit für Gefühlswerte, die sich kaum mit der überkommenen Kämpferhaltung und dem moralisierenden Ernst des Sozialisten vermitteln ließen. Unterschwellig dürften diejenigen Generationen, deren Lebensgefühl Wilhelminismus, Weltkrieg und Nachkriegswirren geprägt hatten, mit all ihren Lebensäußerungen eine gewisse ideelle und zu Dramatisierungen neigende Bedeutungsschwere verbunden haben. Diese Grundstimmung lag der Weimarer Nachkriegsjugend fern. Zu guten Teilen war es das angestrengt kämpferische und zu verbissener Unbedingtheit neigende Lebensgefühl, das die zu mehr Lebensgenuß aufgelegte Nachkriegs-Generation befremden mußte.

Diese Ausprägung der Generationenfrage betraf nicht allein das sozialistische Milieu. Das im Kämpferischen gründende Lebensgefühl prägte der gesamten politischen Kultur Weimars den Stempel auf. Darin lag letztlich begründet, daß sich DAS und DSB punktuell verständigen konnten. Beide Sängerbünde fühlten sich kämpferisch und ideell beseelt, und beide lehnten die kommerzielle Schlager- und Vergnügungskultur ab, die aus ihrem Blickwinkel zu verflachender, gemeinschaftszerstörender und verantwortungsloser Leichtlebigkeit führte und der überkommenen Gesangskultur den Nachwuchs streitig machte.

---

403 Männerchöre ohne Begleitung, hrsg. vom DAS, Berlin 1929, Erläuterung zu Nr. 287-290 im Anhang.
404 6. Generalversammlung des DAS 1926, S. 33; Rote Revue, in: DASZ Nr. 5, 1930, S. 79 f.; *Otto Zimmermann,* Der Singbewegungschor, in: ASZ Nr. 8, 1931, S. 17.

4. Organisation

a) *Vom Verbund zur Organisation: Die Entwicklung in den Grundzügen*

24 Jahre nach Etablierung des DAS unternahmen die Arbeitersänger eine gründliche Renovierung des organisatorischen Gehäuses ihres Bundes. Schließlich hatte sich in der Arbeitersängervereinigung in diesem knappen Vierteljahrhundert organisatorisch einiges verändert, und dieser Wandel schlug sich in der auf der Braunschweiger Bundesgeneralversammlung 1932 verabschiedeten neuen Satzung pointiert nieder. An die Stelle eines Satzungstextes, der noch mit einigen wenigen, lakonisch gehaltenen Bestimmungen ausgekommen war, trat nun ein Paragraphenpaket, das umfassend, exakt und bis ins einzelne gehend die Rechtslage und die Strukturen im DAS konstituierte. Das eine hatte hingereicht, um die Beziehungen innerhalb einer eher lose verkoppelten Föderation zu beschreiben, das andere aber war notwendig geworden, um die Entwicklung des Bundes zu einer straff aufgebauten, expandierenden, dabei aber sich institutionell differenzierenden Zentralorganisation statutarisch adäquat zu regeln. Den entscheidenden Schritt vom losen Verbund zur komplex durchgestalteten Organisation legte der DAS in den Jahren 1925 bis 1929 zurück. In dieser Zeit professionalisierte sich die Arbeit in der Bundeszentrale; das Gewicht der Gauleitungen nahm ebenfalls zu; die Funktionäre wurden jetzt systematisch geschult; über musikalische Fragen entschieden nun allein eigens dazu erkorene Spezialisten. Die organisatorischen Grundlagen des Bundes wurden breiter und stabiler. Soweit gingen die Arbeitersänger mit den meisten übrigen Vereinen des sozialistischen Arbeitervereinsmilieus, die ebenfalls in der zweiten Hälfte der zwanziger Jahre zumindest organisatorisch ihre Blütezeit schlechthin erlebten, parallel. Doch im Gegensatz zum Gros dieser anderen Arbeiterorganisationen mußte der DAS zur gleichen Zeit Mitgliederverluste hinnehmen, was seiner organisatorischen Fundamentierung und Ausdehnung Grenzen setzte. An die ganz großen Organisationserfolge einiger Arbeitersportverbände etwa reichten infolgedessen die Anstrengungen des DAS nicht heran. In der Zahl der hauptamtlichen Angestellten und im Umfang und in der Qualität der Funktionärsschulung hinkten die Arbeitersänger den Sportlern, aber auch den Arbeitersamaritern um Längen hinterher. Gewiß hing dies nicht zuletzt damit zusammen, daß es für die Funktion des Chorleiters bei den anderen Verbänden kein vergleichbares Gegenstück gab. Eine Prunkstätte organisatorischer Potenz, wie sie die Bundeshäuser der Arbeiterturner, Radfahrer und Samariter in Leipzig, Offenbach und Chemnitz darstellten, vermochten die Arbeitersänger trotz erheblicher Bemühungen am Sitz ihrer Zentrale, in Berlin, nicht zu errichten. Auch war der Arbeiter-Sängerbund bis zum Ende der Weimarer Republik nicht die konsequent durchzentralisierte und strukturell geschlossene Organisation, die er, anderen Arbeiterverbänden dabei nacheifernd, gern sein wollte. Erst im Sommer 1932 gelang es dem DAS überhaupt, ein für alle Mitglieder verbindliches und einheitliches Mitgliedsbuch durchzusetzen. Kunterbunt ging es dagegen bis zum Schluß in der Symbolik zu. Jeder Chor führte ein eigenes Abzeichen und gebrauchte eine eigene Begrüßungsformel. Ob sich die Sänger unterein-

ander als „Freunde", „Genossen" oder „Brüder" ansprachen, oblag allein dem Gusto der örtlichen Vereine. Eine solche Beliebigkeit war selbst bei den symbolischen Manifestationen im damaligen sozialistischen Arbeitervereinswesen keineswegs selbstverständlich; sie wurde von der Bundeszentrale des DAS auch häufig beklagt, jedoch niemals überwunden oder gar in organisatorisch-rituelle Uniformität eingeebnet.[405]

b) *Expansion, Konzentration und Professionalisierung*

Das Fundament des DAS bildeten die örtlichen Chöre, auf denen sich die Bezirke und darauf schließlich die Gaue aufbauten. Diese Struktur hatten die Gründer des DAS 1908 statutarisch festgelegt, und daran änderte auch die große Satzungsnovellierung im Jahr 1932 nichts. In der Organisationsrealität hatte sich die Bedeutung der Gaue als intermediäre Instanz und Vermittlungsebene zwischen der Bundesspitze und der Verbandsbasis im Laufe der zwanziger Jahre noch erhöht. Insgesamt untergliederte sich der Sängerbund reichsweit in dreißig regionale Gaue[406]:

1. Ostpreußen
2. Danzig
3. Pommern
4. Berlin
5. Brandenburg-Lausitz
6. Schlesien
7. Schleswig-Holstein
8. Mecklenburg-Schwerin
9. Hamburg
10. Mitteldeutschland
11. Harzgau
12. Leipzig
13. Ostsachsen
14. Chemnitz
15. Vogtland
16. Osterland
17. Thüringen
18. Nordwest
19. Hannover
20. Kurhessen-Südhannover
21. Westfalen-Ost
22. Westfalen-West
23. Rheinland
24. Rhein-Maingau
25. Pfalz
26. Bayern
27. Saargau
28. Bayern-Nord
29. Bayern-Süd
30. Württemberg

Unmittelbar vor Ausbruch des Ersten Weltkriegs umschlossen die Gaue 2079 örtliche Vereine.[407] Auf dem Höhepunkt lokaler Ausdehnung befand sich der DAS 1923, kurz bevor die Hyperinflation katastrophale und irrationale Ausmaße annahm und das Organisationsfundament etlicher Verbände der Arbeiterkultur zu vernichten drohte. Damals musterte der Sängerbund 5150 Chöre, eine Zahl, die er danach nie wieder

---

405 Vgl. hierzu 8. Generalversammlung, S. 114; Protokoll der Internationalen Konferenz 1932, S. 6; ASZ Nr. 7, 1932, S. 149; Nr. 10, 1932, S. 225.
406 Vgl. Geschäftsbericht 1926-29, S. 28.
407 Protokoll der 3. Generalversammlung, S. 19.

erreichte.[408] Doch während der Bund nach 1923 unentwegt an Mitgliedern verlor, schaffte er es, zwischen 1926 und 1929 den organisatorischen Absturz abzubremsen und eine zwar gemäßigte, aber doch spürbare Aufwärtsentwicklung einzuleiten. Von 4690 im Jahr 1926 stieg die Zahl der Vereine in den darauffolgenden Jahren auf immerhin wieder 5060 an.[409] Dann aber ging es mit der erneuten Krise abermals bergab, wenngleich der Rückgang nach 1930 ähnlich moderat ausfiel wie der zwischenzeitliche Aufstieg nach 1926: insgesamt verlor der Bund in den frühen dreißiger Jahren etwa 300 Ortsgruppen.[410] Graphisch läßt sich die hier beschriebene Entwicklung so skizzieren:
1929 gehörten 8,47 Prozent der örtlichen Vereine zu den „größeren Chören"; das bedeutete: sie umfaßten mehr als 100 Sänger.[411] 24 Vereine des Deutschen Arbeiter-Sängerbundes brachten sogar mehr als 250 Sänger auf die Bühne. Die Großvereine waren die Renommierstücke des DAS. Besonders in der zweiten Hälfte der zwanziger Jahre setzten die Funktionäre des DAS einiges daran, kleinere Gesangsgemeinschaften zusammenzulegen, um wuchtige und leistungsstarke Chöre zu formen.[412] Die Parole „Zusammenschluß" avancierte 1929 im DAS geradezu zu einer Zauberformel, die musikalischen Fortschritt verhieß und agitatorische Ausdrucksstärke versprach. Die Begeisterung dafür entsprang zwei verschiedenen Quellen, einer musikalischen und einer politisch-ideologischen. So ließen sich die in der Endphase der Weimarer Republik unter den Arbeitersängern populär gewordenen, monumentalen proletarisch-sozialistischen Chorwerke in der Tat nur von großen Chören wirkungsvoll in Szene setzen. Zum anderen aber wähnten sich die Arbeitersänger mit ihrem Zusammenschlußenthusiasmus im Einklang mit den positiv interpretierten gesellschaftlichen Bewegungsgesetzen und sozialistischen Organisationsprinzipien, die beide aus der Perspektive zeitgenössischer Sozialisten für zunehmende Konzentration und Zentralisation standen.

Auch die personelle und räumliche Entwicklung in der Bundeszentrale des DAS verlief, hier ebenfalls besonders im Zeitraum 1925–1929, in Richtung einer zunehmenden Professionalisierung und Zentralisierung. Als der Deutsche Arbeiter-Sängerbund ins Leben gerufen wurde, unterhielt er zunächst nur einen Angestellten, der in einem kleinen Raum die gesamten Bundesgeschäfte zu erledigen hatte. Kurz vor der Liquidierung der Organisation, 25 Jahre später, verrichteten dann immerhin zwanzig vollbesoldete Sekretäre und Vorstandsmitglieder ihre Arbeiten in mehreren Büros und Lagerräumen der Bundeszentrale. Unterbrochen wurde die Professionalisierung jeweils durch die großen Krisen jener Jahre. Und die ebenso weitreichenden wie dauerhaften Träume der Arbeitersänger, die sich nur allzu gerne mit einer mindestens gleichermaßen imposanten Organisationszentrale wie der von ihnen chronisch beneideten Arbeiterturner ausgestattet hätten, schon um damit ihre als herausragend

---

408 DASZ Nr. 7, 1923, S. 46.
409 7. Generalversammlung des DAS, S. 22.
410 8. Generalversammlung des DAS, S. 39.
411 Hierzu und im folgenden Geschäftsbericht 1926-29, S. 28.
412 Vgl. etwa DASZ Nr. 3, 1925, S. 37; Nr. 4, 1926, S. 76; Nr. 4, 1927, S. 76; Nr. 5, 1929, S. 99.

empfundene Stellung innerhalb der Arbeiterbewegung untermauern und sichtbar demonstrieren zu können, diese Träume indessen gingen niemals in Erfüllung.

Der erste hauptamtliche Angestellte in der Geschichte des DAS war Alex Kaiser, der 1908 seinen Beruf als Schriftsetzer aufgab, um im DAS als Sekretär zu beginnen. Anfangs war er faktisch für alles verantwortlich; er war Expedient, Kassierer, Schriftleiter, Lagerarbeiter und Laufbursche des Bundes.[413] Sein Arbeitstag dauerte etwa 12-14 Stunden; sein Gehalt fiel dagegen dürftig aus. 1911 erhielt Kaiser endlich Unterstützung, da nun auch der Bundesvorsitzende des DAS, Julius Meyer, hauptberuflich in die Dienste der proletarischen Sängerbewegung trat. Den beiden wurden zudem noch zwei Hilfsarbeiter zur Seite gestellt, die allerdings unmittelbar nach Ausbruch des Weltkrieges entlassen werden mußten.[414] Auch für die Finanzierung des Bundesvorsitzenden fehlte bald das Geld; 1917 kehrte Meyer in seinen alten Beruf zurück.[415] Doch brauchte er dort nicht allzu lange auszuharren. Nach der Revolution strömten dem DAS Scharen neuer Mitglieder zu, und damit floß wieder Geld in die Kasse. Der Bund konnte es sich daher im Juni 1923 leisten, neben Meyer noch einen zweiten Bundesvorsitzenden, den Kasseler Carl Fehsel, einzustellen.[416] Zwei Monate später aber stand das gesamte Personal der Bundesgeschäftsstelle auf der Straße; die Inflation hatte den Kassenbestand des DAS gänzlich entwertet. Doch schon Ende 1923 waren mit der Währungsreform wieder sämtliche Angestellte und Vorstandsmitglieder in Amt und Würden, in Arbeit und Brot. Von nun ab ging es sechs Jahre kontinuierlich bergauf; der Personalbestand der Bundeszentrale expandierte ohne Unterbrechungen. Im Oktober 1926 erhielt Walter Hänel als Leiter der Musikberatungsstelle einen Angestelltenvertrag beim Bundesvorstand.[417] 1927 ersetzte Richard Hoeft den 68jährigen, nach 35jähriger Kassenführung für die Zentralen der Liedergemeinschaft und des DAS amtsmüde gewordenen Alex Kaiser. 1929 trat Julius Meyer von seinem Amt ab; ihm folgte der Saalfelder Karl Klauder. Zu diesem Trio gesellten sich ab 1929 noch zwei weitere, ebenfalls vollbesoldete Sekretäre, August Kirch und Rudolf Brauner. Diese fünf bildeten den geschäftsführenden Vorstand des DAS. Bezieht man die übrigen Sekretäre und Mitarbeiter der Berliner Bundeszentrale ein, so hatte sich die Zahl der Hauptamtlichen in den Büros der Bundesspitze von 1926 bis 1929 von 8 auf 21 erhöht.[418] 1930 stagnierte die Entwicklung, 1931 sah sich der Bundesvorstand gezwungen, nach sieben Jahren wieder die erste Kündigung auszusprechen und den Personalbestand auf 20 hauptamtlich Beschäftigte zu begrenzen.

In der Zeit der personellen Expansion in der Bundeszentrale wuchs ein entsprechender Bedarf an geeigneten Räumlichkeiten. Nach dem Krieg hatte der Bundesvorstand zwei, zu Beginn seiner organisatorischen Aufstiegsphase 1925/26 fünf Büros angemietet. In den darauffolgenden drei Jahren wuchs die Zahl der Angestellten

---

413 Vgl. *Noack,* S. 178.
414 3. Generalversammlung, S. 60 und 106 f.; DASZ Nr. 80, 1918, S. 20.
415 *Noack,* S. 144.
416 Breslauer Volkswacht vom 25.6.1923.
417 Geschäftsbericht 1926-29, S. 5.
418 Vgl. 8. Generalversammlung 1932, S. 84.

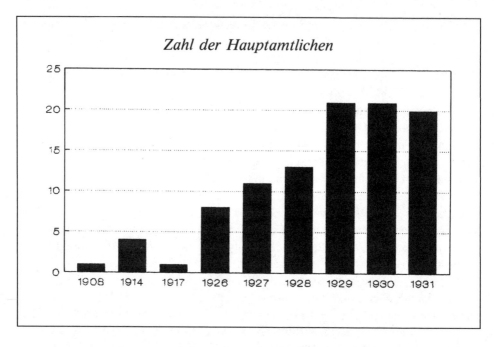

zwar um 13, die der weiteren Räume erhöhte sich indessen nur um drei. Es herrschte mithin eine qualvolle Enge in der Bundesgeschäftsstelle des DAS, und eine weitere räumliche Ausdehnung war in dem Haus, in der die Zentrale des Arbeitergesangs residierte, künftig nicht mehr möglich.[419] Aber der Bundesvorstand strebte sie auch gar nicht an. Er wollte 1928/29 nicht mehr peu a peu anmieten, sondern mit allen verfügbaren Mitteln klotzen und bauen – so wie es gerade die Arbeitersamariter, die Arbeiterradfahrer und allen voran die Arbeiterturner mit prächtigen, großzügig ausgestatteten Bundeshäusern und unter beträchtlichem propagandistischen Rummel vorexerziert hatten. Dies hatte den Ehrgeiz der Arbeitersänger angestachelt; hier mochten sie – die sich gleichsam für die Avantgardisten der Arbeiterkultur hielten – keineswegs nachstehen. Mit Vorschußlorbeeren wurde ebenfalls nicht gegeizt. Ehe überhaupt nur ein Stein gemauert war, pries das Bundesorgan das projektierte Bundeshaus als „den Stolz jedes Arbeitersängers".[420] Doch die Wunschträume der Arbeitersänger zerschellten an den Klippen der hereinbrechenden ökonomischen Krise. Die Arbeitersänger, finanziell sowieso sehr viel schlechter ausgerüstet als die Konkurrenten vom Arbeitersport, waren mit ihrem Bauvorhaben zu spät gekommen. Erst 1929 hatte der Bundesvorstand des DAS vom Verwaltungsrat der freigewerkschaftlichen Bank der Arbeiter, Angestellten und Beamten ein Grundstück in Neukölln, nahe dem ADGB-Haus gelegen, erworben.[421] Bebauen aber konnten es die Arbeitersänger

---

419 Geschäftsbericht 1926–29, S. 5.
420 DASZ Nr. 5, 1930, S. 92.
421 Vgl. hierzu Geschäftsbericht 1926–29, S. 5; DASZ Nr. 7, 1929, S. 140; 7. Generalversammlung des DAS, S. 23.

dann nicht mehr, denn seit dem Winter 1929 geriet der DAS - wie weiter unten im Kapitel „Finanzen" im einzelnen ausgeführt wird - in die finanzielle Bredouille. Der Bundesvorstand stornierte sein Bauprojekt zunächst, dann gab er es ganz auf. Dieser Fehlschlag symbolisierte in gewisser Weise den organisatorischen Ort, den der DAS innerhalb des Arbeitervereinswesen einnahm: Er war zwar gewiß eine Massenorganisation, von der Zahl seiner Mitglieder sehr viel stärker als die meisten Freizeit- und Kulturverbände des sozialistischen Milieus, seinem *Organisations*potential nach aber konnte er den größeren Vereinen des Arbeitersports und der Körperkultur niemals das Wasser reichen. Ihnen war er in dieser Hinsicht deutlich unterlegen.

Sein organisatorischer Rückstand zu den großen Arbeitersportverbänden wurde auch im Scheitern eines zweiten Plans, der indessen eng mit dem Bau des Bundeshauses gekoppelt war, offenbar. Es ging dabei um die Errichtung einer eigenen Bundesschule für die Ausbildung proletarischer Chorleiter. Eine Ausbildungsstätte ähnlichen Charakters existierte - bezogen auf den Sport - bereits bei den Arbeiterturnern in der Leipziger Zentrale, die wie so oft, so auch in diesem Falle den Arbeitersängern zum Vorbild diente, dem sie nachzueifern bzw. das sie gar zu übertreffen versuchten, was ihnen jedoch regelmäßig mißglückte. Sicherlich erwies es sich als Handikap, daß es eines immensen Aufwandes bedurft hätte, aus Laiensängern voll funktionstüchtige Chorleiter heranzubilden. Die Errichtung einer eigenen Bundesschule war vor allem die Lieblingsidee eines der Musikexperten beim DAS, Alfred Guttmann.[422] Er erhoffte sich von der Bundesschule langfristig einen Beitrag zur proletarischen Selbstbildung und Emanzipation, mittelfristig versprach er sich davon eine Lösung des chronischen Dirigentenproblems im DAS. Guttmann strebte nämlich an, in der Schule in erster Linie musikalisch begabte und in Fragen der sozialistischen Weltanschauung ideologisch sattel- und prinzipienfeste Arbeiter zu Chorleitern heranzubilden, um so den DAS aus der Abhängigkeit von teuren, zuweilen der sozialistischen Arbeiterbewegung gleichgültig oder gar fremd gegenüberstehenden Dirigenten bildungsbürgerlicher Herkunft zu lösen. Der Erfolg solcher Intentionen hing indessen eben auch mit vom Bau des Bundeshauses ab: dort sollten die Lehrsäle, die Instrumente und das Lehrpersonal untergebracht und Platz für Unterkunft und Verpflegungsmöglichkeiten geschaffen werden. Doch daraus wurde nichts. Als der Bundesvorstand seine Beschlüsse zum Bau eines Bundeshauses zurücknahm, waren damit automatisch auch alle Pläne für eine zentrale und systematische Dirigentenausbildung vom Tisch.

Aus Proletariern Fachmusiker und Dirigenten zu machen - diese Zielsetzung erwies sich mithin als eine Nummer zu groß für den DAS. So besann und konzentrierte er sich auf die Aufgabe, die sich die sozialistischen Verbände seit jeher stellten und die sie mit beachtlichen Erfolgen zu lösen verstanden: aus der Elite der Facharbeiterschaft eine Führungsgruppe tüchtiger und effizient handelnder Organisationsfunktionäre zu bilden. Besonders der Berliner Bundesvorstand machte sich für eine zentrale

---

422 Vgl. hierzu 6. Generalversammlung des DAS, S. 58 f.; DASZ Nr. 8, 1928, S. 132; 7. Generalversammlung des DAS, S. 70.

Funktionärsschulung stark – sah er doch auch hier zu seinem Leidwesen die Arbeitersportler bereits wieder einen Schritt voraus, doch stieß er zunächst mit seinem Vorschlag auf Argwohn, Skepsis, ja selbst Hohn und Spott bei der Mitgliedschaft im Bund.[423] In manchem war die Mentalität der Sänger recht konservativ; schließlich – so dachten viele – war man in der Vergangenheit auch ohne Funktionärskurse ausgekommen und dabei proper gediehen, was brauchte man sie also für die Zukunft, zumal solches nur das Budget belaste. Doch waren die Jahre 1926 bis 1930 in allen größeren Arbeitervereinen die Jahre der zentralen Funktionärsschulung. Hierbei konnte der DAS nicht nachstehen, wollte er organisatorisch im Arbeitervereinsmilieu nicht hoffnungslos zurückfallen, und so setzte sich die Bundesführung letztlich durch. Alljährlich, so beschloß die Generalversammlung in Hamburg 1926, sollten ab 1927 zentrale Funktionärskurse stattfinden.[424] Als Ort der Schulung wählte die Bundesführung das Naturfreundeheim im thüringischen Friedrichsroda.[425] Die Kurse lagen in der Regel im September; zumeist beteiligten sich daran etwa 40 bis 50 Teilnehmer aus allen Gauen des Reichs. Die Männer überwogen. Anfangs beherrschten sie gar allein das Bild; auf der ersten Schulungskonferenz war nicht eine einzige Frau zugegen. Zum zweiten Kursus erschien dann eine, zum dritten noch eine weitere Teilnehmerin. Bei der nächsten Veranstaltung waren dann aber immerhin schon sechs Funktionäre weiblichen Geschlechts anwesend. Die Kurse erstreckten sich über fünf Tage. Die Kursisten bekamen ein dichtes Programm vorgesetzt; einige klagten, daß man bei den Exerzitien in Friedrichsrodä „bis zur Erschöpfung" mit Unterrichtsstoff traktiert würde.[426] Referate hielten in der Regel Carl Fehsel, Walter Hänel, Alfred Guttmann, Gertrud Linke, Karl Klauder, Richard Hoeft und der Arbeiterdichter Bruno Schönlank, der sich dem DAS-Bundesvorstand seit 1925 als literarischer Berater zur Verfügung gestellt hatte. Fehsel pflegte die Geschichte und Programmatik des Arbeiter-Sängerbundes vorzustellen, Hänel unterrichtete in Chorliteratur, Guttmann führte in geistliche Musik, Oratorien und proletarische Kantaten ein, Schönlank stellte die Arbeiterliteratur vor, Gertrud Linke erörterte die Situation der Frauen in der Arbeitersängerbewegung. Eher technische Fragen zur pragmatischen Bewältigung organisatorischer Probleme in der Alltagswirklichkeit eines Funktionärs vor Ort handelten Richard Hoeft und Karl Klauder in ihren Vorträgen ab. Der eine informierte über Methoden der Kassenführung und Modalitäten des Finanzgebarens, der andere wies die Kursisten in Rechts- und Steuerfragen ein und erteilte Hinweise für den Umgang mit Finanzbehörden und Aufführungsgesellschaften. Tatsächlich trieb der Friedrichsrodaer Kursusbetrieb die systematische Funktionärsschulung im DAS voran, da er einige Gaue, etwa Nordbayern, Ostsachsen, Württemberg und Schlesien[427], dazu ermutigte, 1929/30 eigene Schulungsseminare für die Gau-

---

423 Vgl. dazu den Rückblick in: DASZ Nr. 11, 1930, S. 198.
424 6. Generalversammlung des DAS, S. 63.
425 Vgl. hierzu und im folgenden DASZ Nr. 10, 1927, S. 173; DASZ Nr. 11, 1930, S. 198; ASZ Nr. 10, 1931, S. 212.
426 8. Generalversammlung des DAS, S. 106 und 112.
427 Vgl. DASZ Nr. 4, 1929, S. 74; Nr. 6, 1930, S. 116; Nr. 12, 1930, S. 225; ASZ Nr. 10, 1930, S. 213.

funktionäre zu veranstalten und dadurch das Fortbildungsangebot der DAS-Führung regional zu ergänzen und zu vertiefen, um so das Leistungspotential und das Organisationsvermögen des Funktionärsapparats kontinuierlich zu erhöhen und auszubauen.

Auf dem Höhepunkt seiner Fähigkeiten zeigte sich dieser Funktionärsapparat Mitte Juni 1928, als der DAS über drei Tage das Deutsche Arbeiter-Sängerbundfest auf den Bühnen und in den Straßen Hannovers zelebrierte. Tituliert wurde es als das erste, indessen blieb es auch das letzte Fest dieser Art. Jedenfalls war es *das* Spektakel in der Geschichte der proletarischen Sängerbewegung schlechthin, aus dessen gelungenem Verlauf die Arbeitersänger ihr zum Ende des zweiten Jahrzehnts mitunter übersteigertes Selbstbewußtsein sogen, gegenüber den Sängern des Bürgertums so gut wie gegenüber den anderen Vereinen des sozialistischen Milieus.[428] Stolz waren die Arbeitersänger auf das auch von Experten anderer Lager anerkannte künstlerische Niveau der musikalischen Darbietungen, doch nicht minder stolz waren sie auf die ebenfalls allseits bewunderte organisatorische Planung und den reibungslosen Ablauf ihrer monumentalen Feier. 50 000 Sänger aus dem ganzen Reich hatte man schließlich zur Reise nach Hannover mobilisieren können, bald ein Viertel der gesamten Mitgliedschaft. Sie mußten untergebracht und versorgt werden; sie mußten Bescheid erhalten, wohin sie zu gehen hatten, wann ihr Auftritt vorgesehen war. Nicht nur musikalisches, auch organisatorisches „Kompositionsverständnis" war erforderlich; gefragt waren Frauen und Männer des Apparats, gleichsam Virtuosen der Organisation, die ein Großereignis steuern, vorbereiten, konzipieren, strukturieren, koordinieren, administrieren, die entscheiden und sich durchsetzen konnten. Ende der zwanziger Jahre stand dem DAS ein solches Personal zur Verfügung. Die Ausdehnung des hauptamtlichen Apparats in der Berliner Bundeszentrale seit 1925/26 und die stärkere Schulung der Funktionärsschicht im Reich hatten dazu beigetragen. Im Hannoveraner Arbeiter-Sängerbundfest manifestierte sich gewiß in erster Linie der musikalische und künstlerische Fortschritt in den Arbeiterchören seit den frühen zwanziger Jahren, aber es stand auf dem Fundus der seit 1925 gewachsenen Organisationsstärke eines zunehmend effizienter operierenden Funktionärsapparats, ohne den diese Krönung proletarischer Gesangsfestlichkeit schwerlich in die Annalen der Arbeiterkultur hätte eingehen können.

c) *Institutionelle Ausdifferenzierung*

Die zwanziger Jahre bedeuteten für den DAS nicht nur Jahre der organisatorischen Ausdehnung und Professionalisierung, sie waren ebenfalls eine Zeit der institutionellen Ausfächerung und Differenzierung. Der Gesang wurde nun kulturell facettenreicher organisiert; die musikalischen Kompetenz-, Entscheidungs- und Vertretungs-

---

428 Zur Bewertung des Hannoveraner Sängerfests vgl. etwa DASZ Nr. 8, 1928, S. 131; Geschäftsbericht 1926-29, S. 8; 7. Generalversammlung des DAS, S. 27.

funktionen verteilten sich jetzt auf neu begründete, spezialisiert arbeitende Gremien. Im Laufe des zweiten Jahrzehnts des 20. Jahrhunderts überwand die Arbeitersängerbewegung – und hierin unterschied sie sich fundamental von den Hauptströmungen des bürgerlichen Chorwesens – endgültig die aus der Tradition des 19. Jahrhunderts herrührende Monokultur des Männergesangs. Zwar blieben die Männerchöre im DAS auch während der zwanziger Jahre in der Überzahl, doch ihre Bedeutung nahm allmählich und stetig ab. 1923 waren von den 5166 Chören, die der DAS umfaßte, 3732 Männerchöre, 743 gemischte und 691 Frauenchöre. Gegenüber 1920 hatte sich die Zahl der Frauenchöre mehr als verdoppelt, während das quantitative Gewicht der Männerchöre nur um 70% angewachsen war.[429] Acht Jahre später, im Frühjahr 1931, bilanzierte die Geschäftsstelle des DAS einen Verlust von 238 örtlichen Vereinen. Dieser Rückgang ging eindeutig auf das Konto der Männerchöre, von denen nur noch 3047 existierten. 685 Männerchöre waren demzufolge in den letzten acht Jahren von der Bildfläche verschwunden. Dagegen hatten die gemischten Chöre einen Zuwachs von 266 weiteren Ortsvereinen verbucht; die Zahl der Frauenchöre war währenddessen um immerhin 181 angestiegen.[430]

In der zweiten Hälfte der zwanziger Jahre bekam die Chorlandschaft des DAS weitere Tupfer und gewann dadurch zusätzlich an Farbe und Vielfalt: Kinder- und Jugendchöre entstanden, was insbesondere eine Herzensangelegenheit der Bundesführung war, die die Sorge um den spärlichen Nachwuchs im proletarischen Chorwesen umtrieb.[431] Doch erforderte die Pflege der Kinder- und Jugendchöre viel Geduld und einiges pädagogisches Geschick. Mehrere Gaue brachten indessen weder das eine noch das andere auf, so daß die Nachwuchschöre nicht recht gedeihen wollten.[432] Vor allem traf dies auf die Jugendchöre zu, von denen bis 1932 überhaupt nur 17 überlebten. Bessere Früchte trug dagegen die Gesangsarbeit mit den Kindern, die 1929 in 144, 1932 schon in 183 eigenen Chören zusammengeschlossen waren.

Die Musikkultur im DAS fächerte sich mithin geschlechts- und altersspezifisch aus. Darüber wölbten sich in den zwanziger Jahren neu gebildete Verhandlungsgremien und Repräsentativorgane von Experten der Musik und des Chorgesangs. Das wohl wichtigste und einflußreichste Gremium dieser Art war der 1923 von der Erfurter Bundesgeneralversammlung eingerichtete Künstlerische Beirat, der allmählich die aus der Vorkriegszeit überkommene Liederprüfungskommission ersetzte.[433] Bis dahin traf allein die Liederprüfungskommission die Entscheidung, welche Chorwerke in das Repertoire des Bundesverlages aufgenommen werden sollten. Trotz der außerordentlichen Bedeutung der Kommission hatte der DAS darauf verzichtet, eindeutige Kompetenzkriterien als Voraussetzung für die Beteiligung an diesen Gremien aufzu-

---

429 Vgl. DASZ Nr. 7, 1923, S. 46.
430 Vgl. die Zahlen für 1931 bei Fuhr, S. 145.
431 Vgl. 6. Generalversammlung des DAS, S. 13.
432 Vgl. etwa DASZ Nr. 3, 1929, S. 50 und 59; Nr. 5, 1929, S. 98.
433 Vgl. Hamburger Echo vom 8.2.1924.

stellen.[434] Die Wahl der einzelnen Kommissionsmitglieder entzog sich dem Einfluß sowohl des Bundesvorstandes wie der Generalversammlung, sie oblag einzig den Gauen bzw. einigen großstädtischen Chören. Genauer: die Generalversammlung benannte elf Gaue oder Großstädte, die dann nach eigenem Belieben je einen Vertreter in die Liederprüfungskommission entsandten. Personell war die Kommission dadurch überfrachtet, und nicht jeder der dort Beteiligten verfügte über ausreichend Sachverstand, die eingegangenen Chormanuskripte angemessen beurteilen zu können.

Diesen Mißstand sollte nun der Künstlerische Beirat beheben, dem sehr viel weniger und zudem ausschließlich allgemein anerkannte musikalische Fachleute angehörten. Zu seinen Aufgaben zählte die Mitarbeit an der „Arbeiter-Sängerzeitung", die Unterstützung bei der Herausgabe von Liederbüchern und Broschüren, die Aussonderung „minderwertiger Literatur"[435] aus dem Verlagsprogramm und eben und bald nahezu ausschließlich die Begutachtung von Chormanuskripten, die Laien und Fachmusiker, gebeten oder ungebeten, dem DAS andienten. Eher stillschweigend und en passant denn als Konsequenz einer bewußt hergestellten Entscheidung verlor die alte Liederprüfungskommission daher ihre Funktion. Kaum daß es bemerkt wurde, trat sie von der Bühne ab, Experten übernahmen nun ihre Rolle, und alle Versuche, „das Laienelement" – wie es in einem Antrag der Hamburger Arbeitersänger auf der Münchner Generalversammlung 1929 hieß[436] – wieder stärker im Künstlerischen Beirat zu repräsentieren, schlugen fehl, da die Majorität der proletarischen Sänger den gelehrten Musikwissenschaftlern aus dem Bürgertum mehr Zutrauen schenkte als den musikalisch begabten Autodidakten aus der Arbeiterschaft. Der Respekt vor den Männern mit den akademischen Titeln saß auch bei den sozialistischen Sängern tief, die doch helfen wollten, die klassenlose Gesellschaft herbeizusingen. Ja, man brüstete sich damit, daß Professoren wie Carl Thiel und Siegfried Ochs, beide gewiß keine Sozialisten (letzterer gar einst gern bei Hof gesehen), ihre Gunst nicht den bürgerlichen Chören, sondern den Gesangvereinen der Arbeiterschaft erwiesen.

Dabei war der eigentliche spiritus rector unter den Musikexperten des DAS, Alfred Guttmann, der den Künstlerischen Beirat auch in den Sitzungen des Bundesvorstandes mit beratender Stimme vertrat, kein gelernter Musiker. Er hatte Zahnmedizin studiert, und als Zahnarzt praktizierte er in Berlin, worüber besonders die kommunistischen Musiker höhnten, die dieser „eigenartigen Type" vorwarfen, kein „spezielles musikalisches Können" zu besitzen[437], was gewiß ganz falsch und, wenn man so will, nicht ohne bornierten Standesdünkel geurteilt war, der diesen Matadoren der proletarischen Diktatur eigentlich hätte fremd sein sollen. Im DAS verkörperte Guttmann die musikalische Autorität, mitunter zwar angefeindet wegen seiner kühlen Distanz zum Uthmann-Rummel, doch hatte seine Stimme Gewicht. Er war es, der wie wohl kein zweiter die musikalische Richtung im DAS formte und festlegte, der dem Chor-

---

434 Zur Liederprüfungskommission vgl. 3. Generalversammlung des DAS, S. 105; 4. Generalversammlung des DAS, S. 72.
435 Hamburger Echo vom 8.2.1924.
436 7. Generalversammlung, S. 86.
437 Kampfmusik Nr. 2, 1931, S. 3.

gesang seinen Stempel aufdrückte. 1923, als der Künstlerische Beirat mit seiner Arbeit begann, standen ihm zunächst die Professoren Thiel und Schünemann zur Seite. Schünemann aber wuchsen die Verpflichtungen bald über den Kopf, und er gab sein Amt auf, für das der DAS Prof. Siegfried Ochs gewinnen konnte.[438] In dieser neuen Konstellation blieb der Künstlerische Beirat bis Anfang 1929 zusammen. Doch bewältigte er zum Schluß kaum noch die Masse der eingegangenen Chorvorlagen, zwischen 1926 und 1929 immerhin 4000 an der Zahl, von denen der Beirat dem Bundesvorstand etwa 10% zur Annahme empfahl. Um den Berg an Manuskripten abtragen zu können, hatten die drei Beiratsmitglieder zwischenzeitlich noch Prof. Heinz Tiessen und Karl Lütge zur gutachterlichen Tätigkeit herangezogen.[439] Als Siegfried Ochs im Februar 1926 starb und der eigentliche Beirat seither nur noch aus zwei Personen bestand, schien es geboten, den „Beirat zu reorganisieren und ihn personell erheblich aufzustocken." Die Münchner Bundesgeneralversammlung wählte demzufolge, statt der früheren drei, dieses Mal nun sieben Musikfachleute in den Künstlerischen Beirat: Alfred Guttmann, Carl Thiel, Gustav Beckmann, Walter Hänel, Hans Herwig, Karl Lütge, und Heinz Tiessen. Doch zeigte sich rasch, daß man damit des Guten zu viel getan hatte. Die Kommission war personell zu aufgebläht und noch weniger arbeitsfähig als zuvor, da es schwierig war, Termine auszuhandeln, an denen sämtliche, zumeist vielbeschäftigte Musikfachleute präsent sein konnten. Anfang 1931 zog der Beirat daraus seine Konsequenzen und bestimmte aus seiner Mitte eine sogenannte „Kleine Kommission", bestehend aus Guttmann, Hänel und Tiessen, die den Bärenanteil an Manuskripten erhielt und gleichsam die Geschäfte führte. Die Braunschweiger Generalversammlung 1932 stellte dann den status quo ante wieder her und reduzierte die Zahl der Beiratsmitglieder auf drei; es waren dieselben, die zuvor schon die „Kleine Kommission" gebildet hatten.[440]

1926 rief der Bundesvorstand dann noch ein weiteres musikalisches Expertenorgan ins Leben: die Musikberatungsstelle. In der Realität war diese der Bundeszentrale unmittelbar angegliederte Einrichtung allerdings ein Ein-Mann-Unternehmen, das seit Oktober 1925 voll und ganz von Walter Hänel, bald zusammen mit Guttmann der musikalische Kopf im DAS, ausgefüllt wurde. Zu Hänels Verpflichtungen gehörten die Unterstützung und Beratung der Chorleiter und Vereinsvorstände in musikalischen Fragen, die Mitarbeit am Bundesorgan, die Berichterstattung für die Presse der übrigen Arbeiterorganisationen und da insbesondere für die Tageszeitungen der Sozialdemokratie. Er half mit, die Chorsammlungen des Arbeitersängerbundes zusammenzustellen und kümmerte sich um den Verlag. Und er war überdies Vermittler und Feuerwehrmann in einem: Wann immer bei größeren Aufführungen eines Arbeiterchors ein zuvor von außen eigens verpflichteter Dirigent oder Gesangskünstler plötz-

---

438 Vgl. den Rückblick in: DSB Nr. 50, 1928, S 763; Geschäftsbericht 1923–26, S. 67.
439 Vgl. Geschäftsbericht 1926–29, S. 5; 7. Generalversammlung des DAS, S. 23 und 34.
440 Vgl. 8. Generalversammlung des DAS, S. 29, 89 f. und 150.

lich verhindert war oder krank wurde, erging der Ruf an Hänel, der sich dann um gleichwertigen Ersatz bemühte.[441]

Ende 1930 wurde die Arbeitersängeröffentlichkeit schließlich durch die Bildung eines „Verbandes Deutscher Arbeiterchor-Dirigenten" (VDAD) überrascht, der sich ohne Absprache und zum großen Ärger des Bundesvorstandes des DAS konstituiert hatte und in der Folge für einigen Verdruß und Wirbel im Sängerbund sorgte. Schon neun Jahre zuvor hatten sich in Leipzig die westsächsischen Dirigenten zu einer „Arbeiterchor-Dirigenten-Vereinigung" zusammengetan.[442] Allerdings hielt die Gruppe nicht lange aus; statt sich, wie erhofft, auf das ganze Reich auszudehnen, verschwand die Vereinigung binnen weniger Monate wieder in der Versenkung. Ende 1930 war Leipzig erneut der Schauplatz für die Zusammenschlußaktivitäten der Dirigenten, die nun auf Initiative des dort ansässigen Arbeiterchorleiters Herbert Dietze in der Tat eine Reichsorganisation mit eigenem Zeitschriftenorgan, das den Titel „Der Weckruf" erhielt, zusammenbekamen. Um den erwarteten Zorn vieler Mitglieder im DAS und vor allem in der Berliner Führungszentrale über die eigenmächtige Etablierung dieser Sonderorganisation der ideologisch sowieso als wenig verläßlich angesehenen Dirigenten zu dämpfen, setzte der VDAD statutarisch fest – und strich dies in der Öffentlichkeit dezidiert heraus –, daß er ausschließlich Anhänger der „sozialistischen Weltanschauung" aufnehmen werde. Hauptanliegen des neuen Verbandes war die Diskussion kulturpolitischer Fragen und die Vertretung der sozialen Interessen der Dirigenten.[443]

Der Bundesvorstand des DAS reagierte kühl und reserviert auf das Unternehmen der Dirigenten.[444] Besonders verstimmt war er darüber, daß ihn die Chorleiter vor vollendete Tatsachen gestellt hatten, und daß diese den Weg einer eigenen Organisation mit einem besonderen Publikationsorgan gewählt hatten. Sonderorganisationen galten in der sozialistischen Arbeiterbewegung der Weimarer Jahre als Übel; wo sie sich bildeten, da sah man das Gespenst der Spaltung umgehen. Doch trotz allen Unmuts über den Separatismus der Dirigenten unterließ es die Bundesführung zunächst, auf diesen Schritt mit scharfen Maßnahmen oder einer schneidenden Rhetorik zu kontern. Schließlich brauchte man die Chorleiter, von denen es im DAS sowieso viel zu wenige gab; es empfahl sich daher nicht, auch diese noch zu verprellen. Auch konnte der Bundesvorstand nicht darüber hinwegsehen, daß die Beweggründe für den Zusammenschluß der Sänger keineswegs abwegig waren. Etliche Chorleiter litten Not, die wirtschaftliche Depression der frühen dreißiger Jahre verschärfte sie noch. Bei vielen Dirigenten reichte weder die Krankenversicherung, noch genügte die Altersversorgung. Eine soziale Interessenvertretung hatten die Chorleiter mithin bitter nötig.

Dieser Einsicht verschloß sich im Grundsatz auch nicht der Bundesvorstand des DAS, und insofern hätte er sich wohl trotz aller anfänglichen Verdrossenheit mit der

---

441 Vgl. 6. Generalversammlung des DAS, S. 62; 7. Generalversammlung des DAS, S. 140; Geschäftsbericht 1926-29, S. 10.
442 Siehe DASZ Nr. 11, 1921, S. 96.
443 Der Weckruf Nr. 1, 1931, S. 2 f.
444 Typisch dafür den Ton des Berichts in: ASZ Nr. 1, 1932, S. 21.

Existenz des VDAD stillschweigend abgefunden. Doch die frisch organisierten Chorleiter begnügten sich nicht mit der Rolle der sozialpolitischen Interessenvertreter; immer mehr und immer selbstbewußter beanspruchten sie den Part der geistig-moralischen Führung innerhalb der Arbeitersängerbewegung. Vor allem: Sie trieben ihren Spott mit dem inzwischen liebsten Stück der proletarischen Sänger, dem sozialistisch-klassenkämpferischen Tendenzchor.[445] Die Dirigenten machten keinen Hehl daraus, daß sie dessen künstlerischen Wert nicht sonderlich schätzten. Meist seien die Proletarierkantaten, so konnte man in ihrem Organ, dem „Weckruf", lesen, engstirnig, verbraucht und voller Schwulst.[446] Zum Eklat kam es, als der Leipziger Dirigent Otto Didam Anfang 1932 in einem Artikel für den „Weckruf" die Kritik an den proletarischen Sprech-Bewegungs- und Gesangschören schonungslos zuspitzte und dabei wenig Rücksicht auf das Gemüt und die Seelenverfassung der Arbeitersänger nahm, die durch die politische und ökonomische Krise der frühen dreißiger Jahre zutiefst verunsichert, aus dem chiliastischen Messianismus der Tendenzchöre Kraft, Zuversicht und Heilsgewißheit schöpften. Didam ließ an den proletarischen Chorwerken kein gutes Haar. Sie waren ihm der „Schreckenskammer menschlicher Verirrungen" entsprungen; zumeist „ungenießbar", „hohl und leer", kurz: eine einzige „Propaganda der Langeweile", die noch dazu „an die niedrigsten Instinkte einer aufnahmebereiten Masse appellierten".[447] Auf einer Gauversammlung in Leipzig wegen des Zeitschriftenbeitrags zur Rede gestellt und danach befragt, auf welche Chorwerke seine Polemik sich denn beziehe, nannte Didam Lobo Franks' „Kreuzzug der Maschine"[448] – ein Stück, das in den Monaten zuvor in Frankfurt, Berlin und Breslau vor zehntausenden von sozialdemokratischen Zuschauern aufgeführt worden war, dort ganz offenkundig tiefen Eindruck hinterlassen und von den Berichterstattern sozialdemokratischer Zeitungen überschwengliches Lob erhalten hatte.

Im Frühjahr 1932 ergoß sich eine Welle der Empörung aus dem DAS über Otto Didam und dem VDAD, dessen Vorstand sich demonstrativ hinter den Leipziger Dirigenten stellte.[449] In wütenden Protestresolutionen geißelten Gaukonferenzen die Ausführungen Didams, als „Beleidigung des Bundes und der gesamten Arbeitersänger".[450] Die heftigsten Attacken kamen aus den Reihen der Gaufunktionäre, die sich seit jeher nur schwer mit den Dirigenten vertrugen. Viele Gaufunktionäre litten unter der nicht seltenen Überheblichkeit und Arroganz mehrerer Dirigenten. Sie fühlten sich unter Wert behandelt: Ihre Arbeit war ehrenamtlich, die der Chorleiter wurde honoriert. Dies führte zu Spannungen, die sich in der Zeit der großen Arbeitslosigkeit steigerten und sich nun mit dem Artikel von Didam in aggressive Angriffe auf die Dirigenten entluden.

Die Funktionäre fochten im Stile und im Gestus von Priestern einer in Bedrängnis

---

445 Vor den künstlerisch hochwertigen Tendenzchören eines Hanns Eisler hatten sie jedoch Hochachtung.
446 Vgl. etwa Der Weckruf Nr. 1, 1931, S. 12.
447 Der Weckruf Nr. 4, 1932, S. 53 ff.
448 ASZ Nr. 3, 1932, S. 49.
449 Vgl. Der Weckruf Nr. 5, 1932, S. 67.
450 ASZ Nr. 1932, S. 116.

geratenen Religionsgemeinschaft, was der gesellschaftlichen Situation der sozialistischen Arbeiterbewegung in den frühen dreißiger Jahren gewiß auch entsprach. Randfiguren ihres Konventikels, schon immer der Nachlässigkeit in Glaubensfragen, wenn nicht gar der Ketzerei verdächtig, hatten die Botschaft des Ordens in Frage gestellt. Exkommunikation und Verbannung forderten die einen[451], Umkehr und Umerziehung verlangten die anderen.[452] Als Tempelhüter der reinen Lehre waltete insbesondere der neue Bundesvorsitzende Karl Klauder, ein Sozialdemokrat des linken Flügels, der seit Monaten schon im Bundesorgan gegen die „bürgerliche Ideologie" vom Leder zog. „Die weltanschauliche Zuverlässigkeit der Dirigenten", sorgte er sich von der Kanzel der Braunschweiger Generalversammlung um die Reinheit der sozialistischen Tugend, müsse „zur Bedingung bei der Dirigentenauswahl" gemacht werden; erforderlich sei ein „rückhaltloses Bekenntnis zur sozialistischen Weltanschauung".[453] Daß die Braunschweiger Generalversammlung im Juni 1932 nicht zu einem regelrechten Autodafé gegen die Arbeiterchordirigenten ausartete, war im wesentlichen dem anderen Bundesvorsitzenden, Carl Fehsel, zu verdanken. Während Klauder Öl in das Feuer goß, gab sich Fehsel alle Mühe, die Flammen wieder auszutreten. Er mahnte die aufgebrachten Delegierten zur „Vorsicht und Rücksichtnahme" gegenüber den Chorleitern; diese seien eben Künstler und infolgedessen nur schwer zu politisieren.[454]

Zu einer offiziellen Verdammung der Chorleitervereinigung kam es auf der Braunschweiger Generalversammlung nicht mehr. Doch der im Grunde schon lange schwelende Konflikt zwischen den Sängern aus der Arbeiterschaft, vor allem ihren Vertretern im Funktionärsapparat, und den Dirigenten mit oft anderem sozialem Hintergrund war damit nicht aus der Welt geschafft. Er hätte den DAS vermutlich noch längere Zeit beschäftigt, wenn der Bund 1933 nicht liquidiert, die Nationalsozialisten nicht mit der Regierungsmacht betraut worden wären.

d) *Rückschläge in der Organisationsentwicklung: Die frühen dreißiger Jahre*

Die Krise, die sich 1931/32 im DAS um den Dirigentenverband entspann, war symptomatisch für den organisatorischen Zustand, in den der Arbeitersängerbund Anfang der dreißiger Jahre verfiel. Die Zeit der Blüte war passé, der Trend zur stetigen Expansion, Konzentration und Professionalisierung gebrochen. Die Zahl der Ortsgruppen ging zurück; denen, die weiter existierten, ging es zuvörderst darum, sich „über Wasser zu halten"[455], auf bessere Zeiten in Politik und Wirtschaft zu warten. Stand das erste Arbeiter-Sängerbundfest 1928 in Hannover gleichsam paradigmatisch für

---
451 So der Gau Harzgau, vgl. ASZ Nr. 4, 1932, S. 82.
452 So ein Delegierter aus Hannover auf der Braunschweiger Generalversammlung, vgl. 8. Generalversammlung, S. 103.
453 8. Generalversammlung, S. 115.
454 Ebda., S. 108.
455 DASZ Nr. 12, 1930, S. 225.

die organisatorische Aufwärtsentwicklung des DAS in der zweiten Hälfte der zwanziger Jahre, so spiegelte sich im Schicksal des 1930 ausgerufenen, für 1933 in Nürnberg vorgesehenen zweiten Arbeiter-Sängerbundfestes die organisatorische Talfahrt des DAS zu Beginn der frühen dreißiger Jahre wider. Dabei sollte das zweite Sängerbundfest, so hatten es sich die Mitglieder der Bundeszentrale ausgedacht und 1930 bereits angekündigt, das Hannoveraner Ereignis noch um Längen übertreffen und einen neuen Höhepunkt in der Entwicklung des proletarischen Chorgesangs darstellen. In Hannover hätten sich die Arbeitersänger der Öffentlichkeit als die legitimen Erben der bürgerlichen Musikkultur präsentiert, in Nürnberg werde man beweisen, tönte die Bundesspitze des DAS im Herbst 1930, daß das Proletariat auch eine eigene, in der sozialistischen Weltanschauung verwurzelte Kunst hervorgebracht und kultiviert habe.[456] Nicht mehr Beethoven war angesagt, sondern die proletarischen Erlösungskantaten sollten einstudiert werden: etwa „Kreuzzug der Maschine", „Das Lied vom Arbeitsmann", „Befreiung", „Empor", „Aufmarsch", „Rote Revue", „Freie Erde".[457]

Doch so recht sprang der Funke von der Bundeszentrale nicht auf die Gaue über. Wo vor dem Hannoveraner Fest in den regionalen Gliederungen Begeisterung, Einsatzfreude und Elan zu spüren war, da bemerkte man 1931 bestenfalls pflichttreue Loyalität und resigniertes Bemühen. Man arbeite auf Nürnberg hin, hieß es jetzt immer wieder trocken und lustlos in den Berichten aus den Gauen. Die Mitglieder, zum großen Teil erwerbslos und manche zunehmend apathisch, ließen sich nicht mehr mobilisieren wie noch drei, vier Jahre zuvor, schon gar nicht zu einem reichsweiten Treffen, was ihnen etliches Geld abverlangt hätte, wovon sie aber kaum mehr etwas besaßen. 1932 brachen dann die Vorbereitungsinitiativen für das Nürnberger Fest auf ganzer Front zusammen. Von Monat zu Monat mehrte sich die Zahl der Gaue, die kundtaten, daß ihnen eine Mitwirkung am 2. Sängerbundfest ganz und gar unmöglich sei.[458] Nun erkannte auch der Bundesvorstand, daß jetzt nicht die Zeit für Feste und Feiern war.[459] Auf der Braunschweiger Generalversammlung im Juni 1932 plädierte er infolgedessen dafür, das Nürnberger Sängertreffen zu verschieben. Die Delegierten schlossen sich diesem Standpunkt widerspruchslos an.

Der organisatorischen Rückentwicklung zum Opfer fielen in Braunschweig ebenfalls die 1927 eingeführten zentralen Schulungskurse für die Funktionäre. Und auch dies war symptomatisch für die innere Befindlichkeit des Arbeiter-Sängerbundes in den Jahren 1931/32: die ursprünglichen, nur zeitweilig verebbten Affekte gegen eine spezielle Ausbildung der Spitzenfunktionäre traten wieder zum Vorschein und regten sich stärker denn je im Bund. Die Ressentiments derjenigen, die aufgrund ihrer Stellung keine Chance besaßen, an einem Seminar in Friedrichsroda teilzunehmen, trieben wilde, aber durchaus zeittypische Blüten. Die Kursisten hätten sich im thüringi-

---

456 Vgl. DASZ Nr. 10, 1930, S. 177.
457 ASZ Nr. 6, 1931, S. 123.
458 ASZ Nr. 3, 1932, S. 58.
459 ASZ Nr. 5, 1932, S. 101.

schen Wald, ging nun im Bund die Fama, einen schönen Tag gemacht: Anstatt zu arbeiten, hätten sie die Schulungswoche „nur als Erholungsurlaub genutzt".[460] Mit ähnlichen Emotionen sah sich jetzt auch das Personal in der Berliner Bundeszentrale konfrontiert. Gewiß machten sich in den frühen dreißiger Jahren, bedingt durch Arbeitslosigkeit und soziale Not, in nahezu allen Arbeitervereinen des sozialdemokratischen Umfelds Stimmungen des Mißtrauens gegen den Apparat und Mißgunst gegenüber den besoldeten Verbandsangestellten, kurz: eine Anti-Bonzen-Einstellung breit, doch in kaum einer anderen Organisation war diese Disposition so emphatisch und ausgeprägt wie 1932 im Deutschen Arbeiter-Sängerbund. Daß man da oben in Berlin zu viel Geld erhalte, daß man dort überhaupt zu viel Leute beschäftigt habe, daß also Personalabbau und Sparmaßnahmen dringend geboten seien, von all dem waren in der Ära Brüning in bezug auf ihre Bundeszentrale die meisten Arbeitersänger zutiefst überzeugt.[461] Und die Braunschweiger Generalversammlung im Juni 1932 trug – wie im Kapitel „Finanzen" weiter unten im einzelnen noch zu zeigen sein wird – dieser Stimmung Rechnung. Damit aber zerbrach ein weiterer Pfeiler der organisatorischen Aufwärtsentwicklung, die 1925 begann, 1929 auf ihren Höhepunkt zulief, 1932 jedoch schon zur Vergangenheit gehörte.

e) *Oligarchisiert, verkrustet und verkalkt?*

Das Bild einer Organisation, in der die Verbandsbürokratie das alleinige Sagen hatte, bot der DAS in den frühen dreißiger Jahren jedenfalls nicht. Zu fragen bleibt abschließend, inwieweit überhaupt die organisatorische Entwicklung des DAS in die von Robert Michels aufgezeigte Richtung einer eher zunehmenden Oligarchisierung, Verkrustung, Verbonzung und Vergreisung trieb. Zweifellos fand im Laufe der zwanziger Jahre ein Prozeß der Konzentration und Zentralisation der Verwaltungsfunktionen in der Berliner Zentrale statt. Aus dem bescheidenen Ein- bis Zweimannbetrieb der Vorkriegszeit war, vor allem während der zweiten Hälfte der zwanziger Jahre, ein auch quantitativ nicht unbeachtlicher Apparat hauptamtlicher Angestellter entstanden, die den entscheidenden Zugriff auf die Administration, die Publizistik, das Liedgut und am Ende auch die Finanzen des Bundes hatten. Innerhalb des Bundesvorstandes dominierten die vollbesoldeten Mitglieder eindeutig gegenüber den ehrenamtlichen, die zwei Jahrzehnte lang allein vom Gau Berlin delegiert worden waren. 1929 wurde das strukturelle Ungleichgewicht auch statutarisch festgeschrieben, in dem die besoldeten Vorstandsvertreter, deren Zahl sich um zwei weitere Sekretäre nun auf fünf erhöhte, fortan den *geschäftsführenden* Vorstand bildeten, dessen Mitglieder durch den gemeinsamen Arbeitsplatz gleichsam täglich miteinander kommunizierten, berieten und entschieden, während sich der *erweiterte* Vorstand, dem seit 1929 sieben, ab 1932 acht Vertreter aus den Gauen angehörten, nur zu jeweils zwei

---
460 8. Generalversammlung des DAS, S. 105.
461 Vgl. ebda., S. 77, 98, 99, 103 und 105.

Sitzungen im Jahr versammelte.[462] Einen Trend zur inneren Oligarchisierung des DAS mag man auch darin erkennen, daß sich im Laufe der zweiten Hälfte der zwanziger Jahre ein ex-officio-Mandat der Gauleiter und Bundesvorstandsmitglieder auf der Bundesgeneralversammlung durchsetzte. Dabei hatten sich die Generalversammlungsdelegierten außerordentlich zäh und lang gegen ein solch automatisches Präsenz- und Abstimmungsrecht der Gau- und Bundesleiter auf den Reichstagungen des DAS gewehrt, ausdauernder und erfolgreicher jedenfalls, als das in den meisten übrigen Arbeitervereinen der Fall war. Erst 1926 erhielten im DAS sämtliche Bundesvorstandsmitglieder das Recht, an den Reichskonferenzen ihrer Organisation mit Sitz und Stimme teilzunehmen; zuvor durften lediglich drei Vertreter der Bundeszentrale auf den Generalversammlungen erscheinen.[463] Noch stärker umstritten war lange Zeit das ex-officio-Mandat für die Gauleiter, das auf den Generalversammlungen 1920 in Kassel, 1923 in Erfurt und 1925 in Hamburg zur Debatte stand, auf keiner der drei Reichskonferenzen aber eine Mehrheit der Delegiertenstimmen bekam. Auf geradezu klassische und repräsentative Weise trugen zwei Berliner Arbeitersängerfunktionäre diesen Konflikt, der in der Tat kaum eine Arbeiterorganisation vor 1933 unberührt gelassen hatte, auf der Kasseler Generalversammlung im Juni 1920 aus. Die Befürworter eines automatischen Stimmrechts gaben an, Kompetenz und Kontinuität wahren zu wollen, deren Gegner hielten das Recht auf Kritik und Wandel hoch. Für die einen sprach auf dem Kasseler Bundestag der Berliner Beisitzer im Bundesvorstand Kroh: „Man wolle den Gauvorsitzenden nicht abhängig machen von einer Zufallsmajorität. Es könnte sonst wohl vorkommen, daß auf der Bundestagung Vertreter mit einem großen Redeschwall, aber geringer Sachkenntnis erschienen." Für die anderen erwiderte der langjährige Berliner Gauleiter und Sozialdemokrat des linken Flügels Paul Schneider: „Indem man den Vorsitzenden bezüglich seiner Entsendung als Delegierten von der Wahl durch die Gau-Generalversammlung unabhängig, ihn also souverän gegenüber den Mitgliedern machte, enthöbe man seine Geschäftsführung der vorwärtstreibenden Wirkung der Kritik und ihn selbst der Verantwortungspflicht."[464] Erst 1929, auf der Generalversammlung in München, dachte offenkundig eine Mehrheit der Konferenzteilnehmer erstmals anders als Schneider; ohne Aussprache wurde nun das über Jahre so heftig und stets mit Erfolg bekämpfte ex-officio-Mandat für die Gauführer in das Bundesstatut übernommen.

An der Realität der Repräsentanz auf den Bundesgeneralversammlungen änderte sich durch die Satzungsreform jedoch faktisch nichts. Denn die Gauleiter waren auch bereits vor der Münchner Generalversammlung und auch ohne ein durch ihr Amt gegebenes Exklusivrecht auf den Reichstagungen vollständig vertreten, da sie dazu regelmäßig von den jeweiligen Gaukonferenzen gewählt und delegiert wurden. Nur in Bremen widerfuhr es einem Gauleiter einmal, daß sich die Gaukonferenz mehr-

---

462 Vgl. 7. Generalversammlung, S. 72 f.; ASZ Nr. 7, 1932, S. 155.
463 Vgl. 3. Generalversammlung, S. 100 ff.; 6. Generalversammlung, S. 47.
464 4. Generalversammlung des DAS, S. 55 f.

heitlich gegen ihn wandte und für einen Alternativkandidaten entschied.[465] Diese Ausnahme von der Regel sprach gewiß für die prinzipielle Berechtigung der Argumentation von Paul Schneider, aber gleichwohl: Die Abfuhr des Bremer Gauleiters stand in der gesamten Geschichte des DAS einzig dar. Die Entscheidung der Münchner Bundestagung stabilisierte und perpetuierte mithin die bisherige Zusammensetzung der Reichskonferenzen, sie erschwerte dadurch gewissermaßen die künftigen Möglichkeiten progressiver Rotation, aber an der empirischen Organisationssoziologie vorangegangener und späterer Generalversammlungen hatte sich dadurch nichts verändert.

Doch zweifellos hatten die Gauleiter im Organisationsgeflecht des DAS an Gewicht gewonnen. Die Beschlüsse der Bundesführung konnten in der Organisation nur dann durchgesetzt, an der Basis beachtet, übernommen und befolgt werden, wenn die Gauführungen die Maßnahmen mittrugen. Der Bundesvorstand war sich darüber voll und ganz im klaren, deshalb suchte er die Abstimmung mit den Gauleitern, darum berief er die Gaukonferenzen 1928 nach Essen und vor allem 1932 nach Braunschweig ein, um dort am Vorabend der Generalversammlung die Statutenentscheidungen vorzustrukturieren. Der Einfluß der Gauleiter vergrößerte sich auch durch die Reform der Zusammensetzung des Bundesvorstandes im Jahr 1929. Zuvor kamen die Beisitzer allesamt aus dem Gau Berlin, nun wurden sie – alternierend – von den Gauen bestimmt und in den erweiterten Vorstand entsandt. Dieser Bedeutungszuwachs der „Gaufürsten" vollzog sich seit Mitte der zwanziger Jahre auch in anderen Arbeitervereinen. Allein dies schuf regionale Gegengewichte zum Zentralismusgebaren der Organisationsspitzen; es begrenzte die Macht der Organisationszentralen und bewahrte die Autonomie auch kulturell verschiedenartiger, landsmannschaftlicher Traditionsräume. Kurzum: Die Berliner Zentralen wurden in den zwanziger Jahren stärker, doch zugleich bauten die regionalen Eliten ihre Position aus – und schränkten dadurch die zentralistischen Entwicklungszüge ein.

Und noch eins verhinderte im DAS die Oligarchisierung der Führungsspitze, nämlich der Ausbau, die innere Differenzierung und Professionalisierung des Apparats, der Faktor also, der nach Robert Michels und seinen zahlreichen Epigonen den Prozeß der Verkrustung, Erstarrung und Vergreisung von Organisationen geradewegs zwangsläufig verursachte. Doch die historische Entwicklung des Organisationswesens im Arbeitermilieu verlief zumeist anders, als es Michels diagnostiziert oder auch prognostiziert hatte. Am Anfang stand in der Regel die schwache Föderation und damit die Oligarchie von ein oder zwei Führungspersönlichkeiten; daraus entwickelte sich die Organisation mit einem breiten Funktionärsapparat und eine dadurch gesicherte Balance der Macht zwischen zentralen und regionalen Führungsgruppen, zwischen Repräsentanten verschiedener Funktionsbereiche, nicht selten auch zwischen Vertretern unterschiedlicher politischer Flügel und Angehörigen disparater Generationen. Am Beispiel des DAS: In den ersten fünfzehn Jahren seiner noch organisationsschwachen Existenz führten dort lediglich zwei Männer der gleichen Generation,

---

465 Vgl. hierzu 6. Generalversammlung, S. 49.

Gesinnung und politischen Couleur die Regie, Julius Meyer und Alex Kaiser. Zum Abschluß der progressiven Organisationsentwicklung aber teilten sich faktisch acht politisch und mental sehr verschiedenartig sozialisierte Personen die Verantwortung: Carl Fehsel, Karl Klauder, Richard Hoeft, August Kirch, Rudolf Brauner, Alfred Guttmann, Walter Hänel und Heinz Tiessen. Von einer personellen Verkrustung konnte mithin ebensowenig die Rede sein wie von einer Vergreisung, wobei es gewiß bezeichnend war, daß sich der entscheidende Generationswechsel auf dem Höhepunkt des Organisationsausbaus und der Expansion des Funktionärsapparats vollzog. In der zweiten Hälfte der zwanziger Jahre trat in Person von Meyer und Kaiser die Generation der 60jährigen, die noch in der Zeit der Liedertafelgeselligkeit und des Männergesangs groß geworden waren, von der Bühne ab; an ihrer Stelle drängten nun die 30- bis 40jährigen nach vorn, die die Hebung des künstlerischen Niveaus, die Integration der Frauen in die Chöre und die Suche nach einem eigenen proletarisch-sozialistischen Ausdruck in der Gesangskultur forcierten. Dieser moderne Typus des Funktionärs, der künstlerisch ambitiöser und politisch radikaler eingestellt war als sein Vorgänger, wurde insbesondere durch den 1929 neu gewählten Bundesvorsitzenden Karl Klauder personifiziert. Alles in allem zeichnete sich also die Geschichte des DAS nicht durch die vermeintlich organisationssoziologisch ehernen Elemente der konservativen Erstarrung, der Immobilität, der Vergreisung und der Verbürokratisierung, sondern durch solche des Wandels und der Erneuerung aus.

5. Mitglieder

a) *Mitgliederbewegung*

Lange Zeit verlief die Mitgliederbewegung des DAS synchron mit der Rekrutierungsdynamik des Gros der übrigen Organisationen im sozialistischen Milieu: rascher Aufstieg in den letzten Jahren des Kaiserreichs, eklatanter Rückschlag nach Ausbruch des Weltkriegs, prompte Regenerierung nach Kriegsende und rapider Mitgliederzuwachs in den frühen Jahren der Republik, schließlich erneute Einbrüche im Zuge und Gefolge der Hyperinflation. So in etwa kann man den Mitgliederzyklus der meisten Arbeitervereine vom Kaiserreich bis zur Mitte der Weimarer Republik nachzeichnen, und damit ist auch die Realität im Auf und Ab der Mitgliederbewegung des DAS einigermaßen angemessen beschrieben. Doch danach endete dieser parallele Entwicklungsgang zwischen der Arbeitersängerbewegung und der Majorität der sozialdemokratischen Umfeldorganisationen. Während diese überwiegend ab 1926 die inflationsbedingte Talsohle durchschritten und bis 1929 wieder leichte, aber kontinuierliche Zuwächse im Mitgliederbestand verbuchen konnten, gelang es jenem auch in diesen relativen Stabilitätsjahren der Republik und während der Blütezeit der sozialistischen Arbeiterkultur nicht, den chronischen Mitgliederrückgang aufzuhalten oder gar umzukehren. Erst ab 1930 lag die Arbeitersängerbewegung dann wieder im Trend der Arbeiterorganisationskultur im allgemeinen: Nun hatten sämtliche Arbeitervereine der wirtschaftlichen Depression ihren Tribut zu zollen und erhebliche Mitgliederverluste hinzunehmen. Davon war auch, besser erst recht, der DAS nicht ausgenommen, der somit, wie die nachfolgende Tabelle und Kurve illustrieren, 1923 seinen Zenit erreicht hatte; danach ging es für ihn, zumindest was den quantitativen Umfang seiner Mitgliederbasis anging, erst zögerlich, dann aber mit kräftigem Schwung, in jedem Falle dauerhaft bergab.[466]

Jahr	Mitglieder
1892	9150
1911	83000
1914	108000
1917	15900
1919	108000
1920	156470
1923	263700
1926	226800
1929	212700
1932	188700
1933	147100

b) *Ursache für den Mitgliederschwund:*
   Der DAS ein Opfer der modernen Massenkulturen?

Wie nun sind die fortschreitenden Verluste in der Mitgliedersubstanz des DAS zu erklären? Ist der Arbeiter-Sängerbund vielleicht ein besonders eindrucksvoller Beleg für jene unter Historikern ganz überwiegend favorisierte Hypothese, daß das sozialistische Arbeitermilieu bereits in den zwanziger Jahren in einem schleichenden und stetigen Zerfallsprozeß stand, daß die eher konventionellen Angebote der klassischen Arbeiterkultur den attraktiven Reizen der neuen kommerziellen Massenkulturen hoffnungslos unterlegen waren, daß also die Uhr der sozialistischen Freizeitorganisationen in Weimar bereits unwiderruflich abgelaufen war? Vieles scheint für eine solche Argumentation zu sprechen. Nimmt man etwa den Zuspruch der Jugend als einen Indikator für die Zukunftsaussichten einer Organisation, so hatte der DAS zweifelsohne seine beste Zeit in den zwanziger Jahren bereits hinter sich. Jedenfalls war die geringe Resonanz, die der DAS in der Weimarer Zeit bei den Jugendlichen erzielte, im höchsten Maße alarmierend. 1929 sangen nur 3,24% seiner Mitglieder in Jugend- und Kinderchören mit. Insgesamt lag der Anteil jugendlicher Sänger in den

---

466 Tabelle und Kurve nach den Angaben in den Geschäftsberichten und Protokollen des DAS. Aufgeführt sind hierbei nur die aktiven Mitglieder. Der DAS kannte zudem auch passive Mitglieder. Zählt man diese hinzu, so umfaßte der DAS 1923 413700 und 1926 356100 Mitglieder.

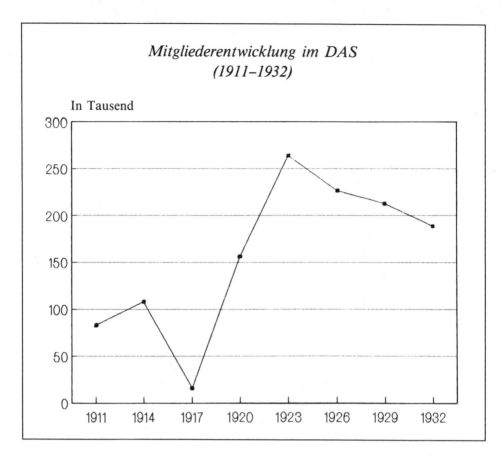

Chören des DAS generell bei 9-10 Prozent.[467] Das ganze Ausmaß mangelnder Repräsentanz des Sängerbundes im Nachwuchsbereich des sozialistischen Milieus wird durch einen vergleichenden Blick auf die Altersstruktur der Arbeitersportbewegung deutlich: So setzte sich der Arbeiter-Turn- und Sportbund zu über 40% aus Mitgliedern zusammen, die das 18. Lebensjahr noch nicht überschritten hatten; im Arbeiter-Athleten-Bund lag der Anteil jugendlicher Sportler bei immerhin noch einem Fünftel der Gesamtmitgliedschaft.[468] Demgegenüber war das Interesse der Jugendlichen an einem Engagement im Arbeitergesang äußerst gering. Die meisten Gaue hatten nur einige wenige hundert Mitglieder unter 21 Jahre organisieren können; allein den Gauen Osterland, Baden, Württemberg und dem Rhein-Maingau war es gelungen, die Tausender-Grenze zu überwinden. Der Gau Berlin brachte es im Nachwuchsbereich gerade auf kümmerliche 429 jugendliche Mitglieder, das entsprach einem Anteil von 5,4% seiner Gesamtmitgliedschaft – ein Indiz vermutlich dafür, wie sehr die Massenkulturen gerade in den urbanen Metropolen

---

467 Vgl. hierzu und im folgenden Geschäftsbericht 1926-29, S. 29; 8. Generalversammlung des DAS, S. 43.
468 Vgl. Arbeiterbildung 1926, S. 155.

durchschlugen und durch eine Fülle attraktiver Freizeitangebote die konventionelle Vereinsgeselligkeit von ehedem in Freizeitverhalten besonders der Jugend ersetzten.

Die modernen Trends der zwanziger Jahre liefen am DAS vorbei. Die neuen Bedürfnisse und Interessen der jungen Weimarer Generation waren andere als die, die im Arbeiter-Sänger-Bund Berücksichtigung fanden. Die Altersstruktur im DAS bekam eine bedenkliche Schlagseite, die Organisation drohte in den zwanziger Jahren hoffnungslos zu veraltern. Die Mehrheit seiner Mitglieder gehörte zur Kaiserreichsgeneration; in der Zeit des wilhelminischen Deutschlands hatte das Gros der Arbeitersänger seine politische und lebensweltliche Sozialisation erfahren. Der kollektive Habitus der Arbeitersänger, ihre kulturelle Selbstinterpretation, ihr Ethos rührten aus dem Geist jener Vorkriegsgesellschaft, der jedoch den Weimarer Jugendlichen fremd und gleichgültig war. Besonders die leitenden Funktionäre des DAS hatten ihr politisches und kulturelles Handwerk fast ausnahmslos noch im 19. Jahrhundert erlernt. Die meisten Gauleiter des DAS dürften um 1925 über sechzig gewesen sein; nicht wenige hatten Ende der zwanziger Jahre bereits das siebzigste Lebensjahr überschritten, prägten aber nach wie vor noch den Gesangsbetrieb und die Organisationspraxis ihrer regionalen Chöre. Verglichen mit dem DAS war selbst die gemeinhin als gänzlich verkalkt und vergreist bezeichnete Weimarer Sozialdemokratie noch ein Ausbund jugendlicher Frische und Dynamik.

Dabei hatten sich die Arbeitersänger, insbesondere auf ihren Delegiertentagungen, durchaus Gedanken darüber gemacht, welche gesellschaftlichen Umstände für die Mitgliedereinbußen und Rekrutierungsschwierigkeiten ihrer Organisation verantwortlich sein mochten. Es war den Sängern keineswegs verborgen geblieben, daß ihnen in der neuen Freizeitgesellschaft der zwanziger Jahre Konkurrenten herangewachsen waren, die vor allem auf die junge Generation höchst anziehend wirkten und die vormalige Attraktivität älterer Geselligkeits- und Kulturformen sukzessive verblassen ließen. Die Arbeitersänger erkannten, daß ihnen besonders der Sport Mitglieder abspenstig machte; sie beklagten, daß auch Arbeiter ihre freie Zeit mit Kinobesuchen und Radiohören füllen würden; sie lamentierten darüber, daß sich viele Mitglieder des DAS von den Arbeiterchören ab- und der neuen Wochenendbewegung, dem Reisen und Wandern also, zuwandten. Kurzum: Die Arbeitersänger sahen die neuen gesellschaftlichen Realitäten, die ihnen seit der Inflationsperiode so schwer zu schaffen machten, aber sie verstanden sie bis in die späten zwanziger Jahre im Grunde nicht; jedenfalls mochten oder wollten sie keinesfalls die Motive für die veränderten kulturellen Orientierungen, denen insbesondere die Jugendlichen anhingen, nachvollziehen oder gar billigen. Im Gegenteil, sie entrüsteten sich über das neue Freizeitverhalten, stellten es empört unter Anklage, wandten sich angewidert davon ab und hielten trotzig am überlieferten Kulturverständnis fest, mit dem sie Jahrzehnte zuvor groß geworden waren, das ihnen Sicherheit, Selbstbestätigung, ja Stolz gegeben und vermittelt hatte. Die modernen Massenkulturen nahmen sie bis Ende der zwanziger Jahre in erster Linie als Bedrohung wahr, als eine bedrückende „Kulturkrise", die die „volkserzieherische Aufgabe" der Arbeitersänger und den von ihnen entwickelten

„Sinn für echte, solide schöngeistige Kulturarbeit" ernsthaft gefährdete. Die jugendliche Begeisterung für den modernen Schlager und den Kinofilm konnten die Arbeitersänger lange Zeit nicht nachempfinden. Jenen pflegten sie als „Tingeltangelmusik", diesen als „Schund" abzuqualifizieren; beides denunzierten sie schlicht als „sittenverderbend".[469] Doch gerade mit dieser Sprache, hinter der sich schließlich die grundlegende Geisteshaltung der dominierenden älteren Generation im DAS verbarg, bauten sich die Arbeitersänger keine Brücke zu der im Prinzip umworbenen Arbeiterjugend, sondern sie erschwerten im Gegenteil dem Nachwuchs den Zugang zum Sängerbund, der sich folglich in der zweiten Hälfte der zwanziger Jahre mit erheblichen Rekrutierungsproblemen zu plagen hatte. Jedoch: Ab 1930 begann sich diese Haltung zu wandeln, am deutlichsten verkörperte dies – wie schon weiter oben ausgeführt – der junge Musikexperte in der DAS-Zentrale Walter Hänel.

Es steht außer Zweifel, daß zwischen dem Mitgliederschwund im DAS und der Neuformierung der kulturellen Medien, besonders in den urbanen Zentren des Deutschen Reichs, eine korrelative Beziehung bestand. Ein Beleg für die These, daß die modernen Massenkulturen die klassische sozialistische Arbeiterkultur aushöhlten und dezimierten, liegt damit jedoch nicht vor, jedenfalls nicht in einem uneingeschränkten Sinne. Denn die Mitgliederverluste des DAS signalisierten keine Einfluß- und Rekrutierungskrise der Arbeiterkultur oder des sozialistischen Arbeitermilieus schlechthin, sondern eine Stagnation, einen Rückgang und Resonanzverlust des deutschen Chorgesangs aus der spezifischen Tradition des 19. Jahrhunderts, und dies ganz unabhängig von der jeweiligen ideologischen und sozialen Ausprägung. Nicht unbedingt die Arbeiterkultur war in den zwanziger Jahren aus der Mode gekommen, wie die erheblichen Mitgliederzuwächse in den Arbeitersport- und Körperkulturverbänden sowie den Freidenkergruppen zeigten, sondern eine bestimmte Variante musikalischer Kunstförmigkeit, die auf viele Jüngere altbacken, konservativ und vorgestrig wirkte und ihnen jedenfalls nicht auf der Höhe der Zeit rhythmisch eingängiger Unterhaltungs- und Jazzmusik zu liegen schienen. Überdies existierten noch weitere Gründe für die Mitgliederdefizite im DAS, die ebenfalls eher endogenen Ursprungs waren und mit dem säkularen Aufkommen der Massenkulturen nichts zu tun hatten. Abschreckend auf potentielle Interessenten oder weniger talentierte Sänger dürfte sich vor allem seit 1923 der ungeheure Drill in den Arbeiterchören ausgewirkt haben. Wen in den Jahren zuvor in erster Linie die Aussicht auf zwanglose Geselligkeit und schlichte Sangesfreuden in die Sängerbünde gelockt hatte, dem vertrieben die hochgesteckten Leistungsanforderungen und Disziplinierungsnormen bald gewiß die Lust an einer weiteren Mitwirkung im DAS. Mitte der zwanziger Jahre lag die Latte, die man überwinden mußte, um im DAS bestehen zu können, einfach um etliches höher als noch zu Beginn des Jahrzehnts; viele Arbeitersänger fühlten sich überfordert, resignierten und verließen den Verband. Und noch ein weiteres machte vielen die Mitgliedschaft im DAS schwer, in den wirtschaftlichen Krisenjahren dann gar unmöglich: die Versammlung der Chöre in den Wirtshäusern. Im Unterschied zu vielen

---

469 Vgl. etwa Geschäftsbericht 1923-1926, S. 5.

anderen sozialistischen Arbeitervereinen, die ihre Zusammenkünfte nun häufig in Schulräume legten, trafen sich die Arbeitersänger auch in den Weimarer Jahren in den Hinterzimmern und Festsälen der Gasthäuser. Die Wirte legten verständlicherweise Wert auf Verzehr, was sich indessen etliche Arbeitersänger, besonders wenn sie ohne Erwerb waren, auf Dauer nicht leisten konnten. Auch darin wird man zweifelsohne eine Ursache für die Mitgliederprobleme des DAS in Weimar sehen müssen. Dies hatte im übrigen auch noch eine geschlechtsspezifische Komponente, waren es doch gerade die Männerchöre, die traditionell mit dem Kneipenambiente verwachsen waren, während die künstlerisch anspruchsvolleren gemischten Chöre eher Chancen hatten, öffentliche Proberäume zugewiesen zu bekommen.

c) *Feminisierung des DAS*

Die Mitgliederverluste, die der DAS seit der Hyperinflation hinnehmen mußte, gingen eindeutig auf das Konto der Männer. Zwischen 1923 und 1932 nahm die Zahl der männlichen Mitglieder um 77900 ab, die der Frauen stieg dagegen um 3000 an.[470] Die Proportionen im quantitativen Verhältnis der Geschlechter in der DAS-Mitgliedschaft hatten sich infolgedessen in der Geschichte des Sängerbundes in einem erheblichen und im sozialistischen Milieu beispiellos gebliebenen Ausmaß verschoben. Zumindest die Basis des proletarischen Chorgesangs, durch die spezifische Tradition des deutschen Gesangvereinswesens im 19. Jahrhundert vor dem Ersten Weltkrieg eine eindeutige Domäne der Männer, hatte sich im Laufe der Weimarer Zeit zu einem guten Stück feminisiert; um so krasser allerdings sprang das Mißverhältnis ins Auge, das zwischen männlichen und weiblichen Repräsentanten auf den Reichstagungen und in den Führungsetagen des DAS herrschte.

Unmittelbar vor Beginn des Ersten Weltkriegs gehörten dem DAS 16000 weibliche Mitglieder an; das entsprach einem Anteil von 8,9% der Gesamtmitgliedschaft. Mit Gründung der Republik vermehrte sich die Zahl der proletarischen Sängerinnen sprunghaft. Schon 1920 stellten sie 22,18% der DAS-Mitglieder.[471] Ein leichter Rückgang um knapp Zweizehntelprozent auf 21,99% erfolgte dann indessen während der Hyperinflation.[472] Doch damit stand der DAS in diesen Monaten im sozialistischen Milieu keineswegs allein. In der Zeit des katastrophalen Geldzerfalls kehrten viele Frauen den Vereinen zwischenzeitlich den Rücken. Sie waren damals ganz und gar mit Aktivitäten zur Versorgung ihrer Familien ausgelastet. Der DAS kam alles in allem noch glimpflich davon: andere Verbände hatten 1923 sehr viel höhere Verluste unter den weiblichen Mitgliedern zu beklagen.

Im übrigen unterbrach die Hyperinflation das Anwachsen der Zahl weiblicher Mitglieder in den Arbeiterorganisationen nur vorübergehend, so auch und erst recht im

---

470 Vgl. dazu die Zahlen in den Protokollen und Geschäftsberichten.
471 Protokoll der 4. Generalversammlung, S. 9.
472 Vgl. DASZ Nr. 1, 1929, S. 6.

DAS. 1926 setzte sich der DAS schon zu fast einem Viertel aus Sängerinnen zusammen. Drei Jahre später lag der Anteil der weiblichen Mitglieder im DAS bereits bei 30,3%. Nach weiteren drei Jahren hatte sich 1932 der Prozentsatz auf 32,3% erhöht.[473] Damit war der DAS unter den sozialdemokratischen Umfeldorganisationen der frühen dreißiger Jahre der Verband mit dem drittgrößten Frauenanteil. Proportional besser schnitten die Frauen allein bei den Naturfreunden mit ca. 34%, und der Arbeiterwohlfahrt mit etwa 60% ab. Im Vergleich dazu mußte sich die Sozialdemokratische Partei mit einem Frauenanteil von rund 22% bescheiden. Im Arbeiter-Turn- und Sportbund lag die Frauenquote gar nur bei 17%.[474]

Frauen im DAS		
	absolute Zahlen	Anteil an der Gesamtmitgliederzahl in Prozent
1914	16000	8,88
1920	34700	22,18
1923	57970	21,99
1926	53360	23,53
1929	64440	30,30
1932	60950	32,30

Doch so sehr sich die Frauen auch an der Basis des DAS ausbreiteten und den Chören zu beträchtlichen außenwirksamen Erfolgen verhalfen, so nachhaltig und unbeirrt hielten gleichwohl die meisten Männer an ihrer traditionellen Führungsrolle im Chorgesang und besonders in der musikalischen und organisatorischen Leitung des Verbandes fest. Selbstkritisch gestand der Bundesvorsitzende Karl Klauder noch auf der Braunschweiger Generalversammlung im Jahre 1932 ein, daß selbst „jahrelange systematische proletarische Erziehungsarbeit" nicht den Dünkel der Männer im DAS habe erschüttern können, da diese sich nach wie vor für die „Krone der Schöpfung" hielten. „Wir erleben da auch noch im 40. Jahr des DAS, daß der Mann im allgemeinen sich mehrwertig fühlt, wie die herrschende Klasse es dem Proletariat gegenüber tut."[475]

Zumindest die Realitäten in den Führungsgremien des DAS sprachen für die Berechtigung der Klagen des Bundesvorsitzenden. Die Majorität der Männer hielt die Frauen von den Leitungsgremien der Organisation weitgehend fern. Unter den Vor-

---

473 In der Gruppe der Jugendlichen (bis zu 20 Jahren) überwogen bereits 1932 die weiblichen Mitglieder sogar. In dieser Altersgruppe waren 51,14% der Mitglieder weiblichen Geschlechts, vgl. 8. Generalversammlung des DAS 1932, S. 43.
474 Zur Frauenquote in den sozialistischen Arbeitervereinen vgl. *Peter Lösche/Franz Walter*, Zur Organisationskultur der sozialdemokratischen Arbeiterbewegung in der Weimarer Republik. Niedergang der Klassenkultur oder solidargemeinschaftlicher Höhepunkt?, in: Geschichte und Gesellschaft H. 4, 1989, S. 526.
475 Vgl. 8. Generalversammlung des DAS, S. 114.

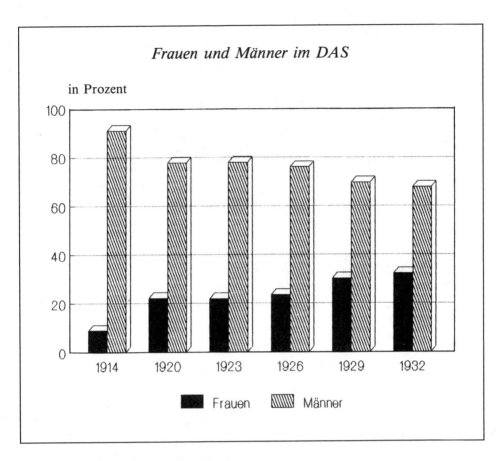

sitzenden der 29 bzw. 30 Gaue befand sich während der gesamten Weimarer Zeit keine Frau. Ausschließlich in den Händen der Männer lagen ebenfalls die musikalischen Führungsorgane, der Künstlerische Beirat und die Musikberatungsstelle, und wohl niemand – vermutlich nicht einmal die Frauen selbst – hätten je anderes erwartet. In den Bundesvorstand rückte erst 1929 erstmals in der Geschichte des Verbandes eine Frau ein: Gertrud Linke aus Berlin. Gänzlich unrepräsentativ in Bezug auf das zahlenmäßige Verhältnis der Geschlechter in der Mitgliedschaft waren auch die Reichstagungen zusammengesetzt. Von den 101 Delegierten der Braunschweiger Generalversammlung 1932, eben jener, auf der Klauder seinen männlichen Sangesgenossen ihres Patriarchalismus wegen die Leviten las, vertraten allein vier Frauen – also 3,96% der Konferenzteilnehmer – das stattliche Drittel weiblicher DAS-Mitglieder.[476] Man manövriert gewiß nicht im Bereich historisch unzulässiger Spekulation, wenn man unterstellt, daß es mit dem Ausmaß weiblicher Vertretung auf den Reichstagungen zuvor eher schlechter denn besser bestellt gewesen sein dürfte.[477]

---

[476] Vgl. ASZ Nr. 7, 1932, S. 141.
[477] Auf einem Photo von den Delegierten der Generalversammlung in Hamburg etwa ist nur eine einzige Frau zu erkennen; das Photo in: Arbeitermusikkultur in Deutschland 1844–1945, S. 156.

Immerhin bekundeten die weiblichen Delegierten auf der Braunschweiger Generalversammlung zum ersten Mal auf einer Reichstagung ihren Unmut über die geringe Repräsentanz der Sängerinnen auf den zentralen Konferenzen des DAS.[478] Besonders appelativ trat die ostwestfälische Delegierte Anna Ludwig der Versammlung gegenüber. Sie rügte das Mißverhältnis zwischen Männern und Frauen auf dem Bundestag, forderte die Gleichberechtigung der weiblichen Mitglieder im Organisationsleben und erntete dafür bei einem Teil der Versammlung höhnische Zurufe. Tatsächlich bewiesen die Einwürfe einiger männlicher Delegierter, daß die pessimistischen Bemerkungen des Bundesvorsitzenden Klauder über die Wirkung vierzigjähriger Erziehungs- und Aufklärungsarbeit im DAS nicht gänzlich abwegig waren. Jedenfalls gipfelte die Weltsicht mancher männlicher Delegierter in Kommentaren wie: „Die Frauen müssen erst was lernen".

Doch nicht nur die Organisationsführung um Klauder zeigte sich peinlich berührt über derartige Borniertheiten aus den Reihen der männlichen Konferenzteilnehmer, auch der Musikfachmann Alfred Guttmann setzte sich energisch von dem zuvor bei der Rede von Anna Ludwig hochgekommenen Sängerchauvinismus ab. Es seien hierbei Äußerungen gefallen, so Guttmann, „die man – nachdem Bebel sein Buch über die Frau geschrieben hat – in einer Generalversammlung von Arbeitern nicht hätte für möglich halten sollen". Guttmanns Intervention quittierte die Generalversammlung immerhin mit lebhaftem Beifall. Daß es sich dabei nicht nur um den heuchlerischen und folgenlosen Applaus von im übrigen uneinsichtig gebliebenen und in alten Schablonen denkenden Männern gehandelt hat, mag man vielleicht daran ermessen, daß das männliche Übergewicht im Bundesvorstand 1932 tatsächlich abgebaut wurde: Drei der sieben Beisitzerposten im erweiterten Bundesvorstand fielen nun an weibliche Kandidaten.[479]

Informationen über die Frauenanteile in den regionalen Untergliederungen des DAS liegen bereits für das Jahr 1914 vor. Zumindest in dieser Zeit der späten wilhelminischen Gesellschaft galt die Faustregel im DAS: Je ländlicher die Gegend, desto weniger Aussichten hatte man, weibliche Mitglieder für die Arbeiterchorbewegung zu gewinnen. Auf der Generalversammlung 1914 gab der Bundesvorsitzende Julius Meyer die Frauenquote aus vier Gauen seiner Organisation bekannt. Am weitesten hatten es die Frauen in den Städten des rheinisch-westfälischen Industrierreviers und des Bergischen Landes gebracht. Dort, im Gau Rheinland, lag der Anteil weiblicher DAS-Mitglieder bei erstaunlichen 34%. Auf immer noch höchst beachtliche 17,5% kamen die Frauen in Berlin. Knapp unter dem Reichsdurchschnitt lagen hingegen die Frauen in den Gauen Bayern und Baden mit Anteilen von 8% bzw. 7% der jeweiligen Gaumitgliedschaft.[480] 18 Jahre später, also zum Ausklang der Weimarer Republik, war Baden immer noch die am wenigsten emanzipierte Region im proletarischen Chorwesen; mit 18,9% hatte der dortige Gau den niedrigsten Frauenanteil

---

478 Zur Frauendebatte in Braunschweig vgl. 8. Generalversammlung des DAS, S. 103 ff.
479 Vgl. ASZ Nr. 7, 1932, S. 149 f.
480 Vgl. hierzu Protokoll der 3. Generalversammlung, S. 32 und 89.

im DAS.[481] Überhaupt scheint die sozial-kulturelle Atmosphäre des deutschen Südwestens den Frauen den Zugang zum Arbeitervereinswesen nicht leicht gemacht zu haben. Zumindest waren sie auch in den beiden Gauen Rhein-Main und Pfalz mit 23,4% und 23,8% weit unterrepräsentiert. Dagegen hatten die Frauen in Bayern wenigstens ihre Position behaupten können: Mit 30,6% bzw. 31,5% lagen ihre Anteile an der Mitgliedschaft in den dortigen Gauen weiterhin nur knapp unter dem Reichsdurchschnitt. Überraschend und nur schwer zu erklären war demgegenüber der Rückschritt, der sich in den Weimarer Jahren in Berlin vollzogen hatte. Trotz des dort für ein stärkeres Engagement der Frauen vermutlich vergleichsweise günstigen geistigen und gesellschaftlichen Klimas waren die Sängerinnen in der Gesamtmitgliedschaft der Reichshauptstadt mit nur 28,2% vertreten. Eine nach wie vor überdurchschnittliche Stellung nahmen die Frauen hingegen in den Ruhrgebietsstädten ein: Im Gau Westliches-Westfalen waren 43,6% der Mitglieder weiblichen Geschlechts. Am weitesten hatte sich die proportionale Annäherung zwischen den Geschlechtern in und um Bremen entwickelt: Die Chöre des Gaus Nordwest bestanden 1932 zu schon 47,2% aus Frauen.

d) *Hochburgen des Arbeitergesangs*

Es fällt auf, daß gerade diejenige Region, in der die Tradition des deutschen Männerchors, jedenfalls was die Zusammensetzung der Mitgliedschaften anbetraf, am stärksten fortwirkte, bis zum Ende der Weimarer Republik auch die Hochburg des DAS bildete: der deutsche Südwesten. Der seit jeher größte Unterverband des DAS war der Gau Rhein-Main, der 1932 18770 Mitglieder umfaßte, mithin etwa 10% aller Mitglieder überhaupt in seinen Reihen zählte.[482] Ihm folgten der Gau Württemberg mit 13810 und der Gau Bayern-Nord mit 11990 Mitgliedern. Ausgesprochen stark war ebenfalls der Gau Baden, der 9860 Sänger vereinigte. Rechnet man die Mitglieder aus den Gauen Bayern-Süd, Pfalz und Saar noch hinzu, so lebten 1932 35,72% aller organisierten deutschen Arbeitersänger im Süden und Südwesten des deutschen Reiches. Auf solche stolzen Werte kam diese Region innerhalb des Organisationsnetzwerks der sozialistischen Arbeiterbewegung sonst nur noch bei den Naturfreunden: In den meisten übrigen Fällen gehörten die Gebiete südlich der Mainlinie zwar nicht unbedingt zur Diaspora, aber doch zur vergleichsweise wenig relevanten Peripherie sozialistischer Arbeiterkultur. Diese gedieh und florierte vielmehr in den protestantischen Industriegebieten Mittel- und Norddeutschlands, ganz besonders in Sachsen, stark auch in Hamburg, Berlin, Ost-Thüringen, Magdeburg-Anhalt, Braunschweig, Hannover und Breslau. Im Arbeitergesang aber spielten diese klassischen Zentren, auf den ersten Blick gesehen, nur eine zweitrangige Rolle. In Westsachsen, sonst vielleicht die Domäne sozialistischer Arbeiterkultur schlechthin, erreichten die

---

481 Vgl. hierzu und im folgenden Protokoll 1932, S. 42 f.
482 Vgl. 8. Generalversammlung des DAS, S. 43; vgl. auch Geschäftsbericht 1926–29, S. 32.

Arbeitersänger gerade die Zahl von 5500. Noch weniger anziehend wirkte der Chorgesang auf die Arbeiter Hamburgs: Dort hatten sich nur 3690 dem Sozialismus zugeneigte Sänger in den Vereinen des DAS eingefunden. Nicht minder dürftig fiel die Mitgliederbilanz im Gau Berlin aus, der 1932 trotz eines gewiß beachtlichen Rekrutierungspotentials die Namen von lediglich 7950 Arbeitersängern in seiner Kartothek führte.

Ein wenig relativiert sich dieser Eindruck indessen, wenn man die Mitgliederzahlen der Gaue in Beziehung zur Zahl sämtlicher Einwohner der jeweiligen Region sieht. Die nachstehende Tabelle mag dies an einigen ausgewählten Beispielen illustrieren[483]:

Regionale Verteilung der Arbeitersänger im Verhältnis zur Bevölkerung

DAS-Gau/Region	Gesamtbevölkerung 1925	Arbeitersänger 1932	Einwohner pro Arbeitersänger
Osterland	433318	6167	78,4
Thüringen	1817683	8398	216,4
Thüringen insgesamt	2301001	14565	158,0
Ostsachsen	1854181	11962	155,0
Leipzig	1307256	5512	237,2
Land Sachsen	4992320	30945	161,3
Rhein-Main	3111662	18774	165,7
Württemberg	2652075	13814	191,9
Baden	2312462	9859	234,5
Bayern ohne Pfalz	6447839	17253	373,7
Rheinland	7186514	5614	1280,1
Westliches Westfalen	4004594	5513	726,4
Reich (insges.) ohne Saar und Danzig	62410619	186205	335,2

Sachsen/Thüringen	Anteil an Reichsbevölkerung	Anteil an Arbeitersängern
Bev.: 7293321 Arbeitersänger: 45510	11,69%	24,4%

---

[483] Zusammengestellt nach den Daten in: 8. Generalversammlung des DAS, S. 42 f.; Jahrbuch der SPD 1930, S. 211; Statistik des Deutschen Reiches, Band 382, H. I, S. 4 f. und Band 401, H. I.

Die Relationen zeigen, daß auch die Arbeitersänger in Sachsen/Thüringen überrepräsentativ stark vertreten waren. Ihre mit Abstand höchste Mitgliederdichte erreichten die sozialistischen Sänger im ostthüringischen Gau, der auch sonst zu den Herzstücken der sozialistischen Vereins- und Parteikultur zählte. Daß das restliche Thüringen ohne den osterländischen Osten derart schlecht abschnitt, lag in erster Linie an der geringen Industrialisierung des westthüringischen Raumes (Thüringer Wald). Die vergleichsweise geringen Werte für den Gau Leipzig lagen vorwiegend darin begründet, daß zu diesem Gau einige der wenigen nennenswerten agrarischen Regionen Sachsens zählten, die Amtshauptmannschaften Borna, Wurzen, Oschatz und Döbeln, die bevölkerungsmäßig knapp die Hälfte der Kreishauptmannschaft Leipzig/Westsachsen stellten. Noch weitaus größere Rekrutierungsprobleme aber hatten die Arbeitersänger in den hochindustrialisierten Ballungszentren des westlichen Westfalens und des preußischen Rheinlandes, wo ihnen – wie auch den Akteuren anderer Arbeiterkultursparten – gewiß die dominierende Konkurrenz des katholischen Vereinsmilieus zu schaffen machte. Außerdem existierte in Rheinland-Westfalen eine jahrzehntelange, offenkundig auch bei gesangsfreudigen Arbeitern anhaltend fortwirkende Tradition sogenannter „wilder Sängervereine". Die in den absoluten Zahlen ihrer Mitglieder so eindrucksvoll wirkende Stärke der südlich des Mains gelegenen Gaue verliert im korrelativen Bezug zur jeweiligen Gesamteinwohnerzahl zwar etwas an Imposanz, doch bleibt sie im Vergleich zu den Mitgliederverhältnissen in den meisten anderen Arbeitervereinen ungewöhnlich.

Entscheidend für den Erfolg und die Ausbreitung des proletarischen Chorwesens war demzufolge nicht nur das Vorhandensein eines intakten und dicht zusammengefügten sozialistischen Milieus, ebenso wichtig war überdies das regionale Umfeld, in dem der vereinsmäßig organisierte Gesang und die gesellige Form der Liedertafel eine lange Tradition und tiefe Verwurzelung in der Bevölkerung besaß. Die organisierte Arbeiterkultur entstand und entwickelte sich eben nicht in einem unstrukturierten, sozial und historisch leeren Raum, sondern blieb spezifisch regionalen und gesellschaftlichen Voraussetzungen und Eigenarten verhaftet. Die Region, ältere Volkskulturen, religiöse Einstellungen, auch die Vereinstätigkeit des Bürgertums prägten und durchdrangen die Arbeiterkultur tiefer, als deren Träger einzugestehen bereit waren. Die „Naturfreunde" etwa fanden Mitglieder und Anhänger vorwiegend dort, wo Bergwanderungen und Skifahrten Brauch war, also im Süden des Reiches. Die rigiden sozialistischen Lebensreformer mit ihren asketischen Konzeptionen zur Bildung „neuer Menschen" stießen besonders da auf Resonanz, wo ihnen der Pietismus über Jahrhunderte vorgearbeitet hatte. Die sozialistischen Abstinenzorganisationen entstanden in jenen Gegenden, in denen bürgerliche Temperenzvereine und Guttemplerorden bereits das Feld bestellt hatten und wo der Schnapskonsum dominierte. Die Freidenker reüssierten nur in solchen Landesteilen, wo sich die Arbeiter von der protestantischen Kirche abgewandt hatten, gleichwohl aber nach einem kompensatorischen Religionsersatz suchten und ihn dann im Ritus von Jugendweihen und weltlichen Morgenfeiern fanden. Und auch die Arbeitersängerbewegung schließlich hatte nicht bei Null angefangen, sondern stand auf den Schultern der bürgerlichen

Gesangskultur. Dort, wo diese am frühesten entstanden, am meisten entwickelt und verankert war, feierte auch der DAS große Mitgliedererfolge: im deutschen Südwesten.

Das galt jedenfalls bis Ende 1932. Dann, in der Stunde der existentiellen Bedrohung des Arbeitergesangs und der unmittelbaren Gefahr für Leib und Leben auch der einzelnen Arbeitersänger, nahm die Bedeutung des sozialistischen Umfelds zu, die der landsmannschaftlichen und klassenunspezifischen Tradition hingen ab. Um es in dem von den damaligen deutschen Arbeitersängern so geschätzten kriegsstrategischen Duktus auszudrücken: In den Frühjahrsmonaten 1933 hielten die Arbeitersänger in den Kerngebieten der sozialistischen Arbeiter- und Organisationskultur die Festung, während im deutschen Süden und Südwesten die Front zu bröckeln begann, da die ersten Deserteure von der Fahne liefen. Als die Arbeitersänger auf der Berliner Generalversammlung im Mai 1933 ihre Organisation zum letzten Male musterten, stelle sich heraus, daß der bis dahin in absoluten Mitgliederzahlen zu allen Zeiten stärkste Gau Rhein-Main in der Rangfolge der Mitgliederanteile auf den siebten Platz abgerutscht war. Ein Jahr zuvor hatte er noch 18770 Mitglieder gezählt, geblieben waren ihm lediglich 7395. Ganz vorn standen jetzt zwei sächsische Gaue, an der Spitze Ostsachsen, gefolgt von Chemnitz. In Sachsen und Thüringen waren im Jahr 1933 rund 28% der deutschen Arbeitersänger ansässig, ein knappes Jahr zuvor waren es noch etwa 24% gewesen. Dagegen hatten die Vereine im Süden und Südwesten an Terrain verloren. Zwar blieb diese Gegend des Reichs bis zur Auflösung der Organisation ein mitgliederstarkes Zentrum des deutschen Arbeiterchorwesens, doch hatte sich der Anteil der dort wohnhaften proletarischen Sänger innerhalb von nicht einmal ganz 12 Monaten um gute 6% reduziert.[484]

e) *Sozialstruktur*

Im Unterschied zum Arbeitersängerbund in Österreich hatte der DAS die Sozialstruktur seiner Mitglieder niemals systematisch untersucht. Die Expertise des österreichischen Bruderverbandes hatte ergeben, daß dort die Metallarbeiter und die Hausfrauen mit weitem Abstand vor anderen Berufsgruppen überwogen. Es spricht einiges dafür, daß die soziale Zusammensetzung im Arbeiter-Sängerbund des Reiches ähnliche Züge trug, daß er im Kern ebenfalls eine Bewegung von Facharbeitern und ihrer Frauen war. Zumindest die führenden Funktionäre im Organisationsapparat des DAS verkörperten noch ganz und gar das klassische Sozial- und Aufstiegsprofil der handwerklich geprägten, sozialdemokratischen Facharbeitersolidargemeinschaft des 19. Jahrhunderts. Drei der vier während der zwanziger Jahre im Berliner Bundesvorstand die Fäden ziehenden vollbesoldeten Repräsentanten des DAS, Carl Fehsel, Alex Kaiser und Karl Klauder, hatten, bevor sie zu hauptamtlichen Angestellten der

---

484 Vgl. hierzu die absoluten Zahlen in: 8. Generalversammlung des DAS, S. 43; Bericht von der 9. Bundesgeneralversammlung, S. 1 f.

Arbeiterbewegung avancierten, in ihrer Jugend eine Schriftsetzerlehre absolviert und zunächst auch im Druckereigewerbe gearbeitet. Der vierte, Julius Meyer, kam aus der holzverarbeitenden Branche; er war gelernter Tischler.[485] Auch unter den Gauvorsitzenden scheint der Karriereweg vom jungen Facharbeiter zur fest bezahlten Funktionärskraft in einer der Organisationen der Arbeiterbewegung nicht selten gewesen zu sein. Zumindest deuten die Lebenswege, die sich allerdings nur noch von wenigen Gauvertretern erschließen lassen, darauf hin. Der ostsächsische Gauvorsitzende Carl Pietschmann beispielsweise hatte nach der Volksschule Bäcker gelernt; wenige Jahre später stieg er in die Funktion des Vorsitzenden der Bäckerkrankenkasse auf, um schließlich als Angestellter in die Zentrale des Dresdner Konsumvereins einzutreten.[486] Der bayrische Gauvorsitzende Georg Zorn hatte seine berufliche Biographie als Friseur begonnen, danach wurde er Parteisekretär der SPD in Fürth, dort auch stellvertretender Bürgermeister und Gesellschafter der sozialdemokratischen „Fränkischen Tagespost".[487]

Die musikalischen Führungsfiguren im DAS scheinen dagegen mehrheitlich in einem vorwiegend bildungs-, weniger im besitzbürgerlichen Ambiente groß geworden zu sein. Und zumindest soziologisch gehörten sie dieser Schicht auch zeitlebens weiter an. Siegfried Ochs stammte aus einer reichen jüdischen Kaufmannsfamilie in Frankfurt. Heinz Tiessen kam aus einer Königsberger Juristenfamilie. Der Vater von Ottmar Gerster hatte als Arzt praktiziert. Gerster war hauptberuflich als Lehrer und Komponist tätig, Ochs leitete den Philharmonischen Chor in Berlin, Tiessen lehrte an der Berliner Hochschule für Musik. Dagegen war der große Musikstratege im DAS, Alfred Guttmann, kein hauptberuflicher Musiker, er verdiente seinen Unterhalt als Zahnarzt. Das gleiche galt für Ernst Zander.

Die einzige Gruppe im DAS, die der Bundesvorstand von Zeit zu Zeit soziologisch zumindest grob durchmusterte, war die der Dirigenten. 1920 verfügte der DAS über 2525 Chorleiter. Die meisten davon (48%) arbeiteten auch im Hauptberuf als Musiker. Eine wesentliche Ressource für den Dirigentenbedarf des DAS bildete nach der Novemberrevolution vor allem noch die Volksschullehrerschaft, die – noch 1914 mit 3,13% unter den Chorleitern des DAS nur marginal vertreten[488] – ein Viertel der Dirigenten im DAS stellten. Das restliche Viertel setzte sich aus musikalischen Autodidakten der verschiedenen Arbeitnehmerberufe zusammen, aus Buchdruckern, Drehern, Gastwirten, Webern, auch Angestellten und Beamten, besonders stark aber aus Bergarbeitern und Schlossern.[489] Bis 1923 war die Zahl der Chorleiter auf 4284 angestiegen. In diesen 12 Jahren war der Anteil der hauptberuflichen Musiker auf 40%

---

485 Vgl. die Angaben zu Fehsel, Kaiser und Meyer, in: Handbuch des Vereins Arbeiterpresse, hrsg. vom Vorstand des Vereins Arbeiterpresse, Berlin 1927, S. 155, 169 und 181; zu Klauder die Personenkartei im Arbeiterliedarchiv der Akademie der Künste (Berlin).
486 Vgl. DASZ Nr. 2, 1930, S. 30.
487 Handbuch des Vereins Arbeiterpresse, S. 328.
488 Vgl. Arbeitermusikkultur in Deutschland 1844–1945, S. 75.
489 Vgl. Protokoll der 4. Generalversammlung, S. 24.

zurückgegangen, der der Lehrer auf 31% angewachsen.[490] Benötigt wurden die Lehrer insbesondere in den ländlichen Gegenden. Ohne die Mitwirkung der Volksschulpädagogen hätte dort sonst kaum ein Arbeiterchor anspruchsvolle Lieder einstudieren können. Dagegen wirkten die hauptberuflichen Musiker in erster Linie in den mittleren und größeren Städten des Reichs.[491] Alles in allem war der DAS ein Musterbeispiel für die den Kultursozialismus der Zwischenkriegszeit geradezu charakterisierende Symbiose von lernwilligen Facharbeitern, Volksschullehrern und akademischen Bildungsbürgern. Jedenfalls sind Stil- und Gestaltungsformen, auch zentrale Inhalte und Botschaften der Arbeiterbewegungskultur in den zwanziger Jahren ohne Berücksichtigung der weitreichenden Einflüsse und nachhaltigen Prägungen aus der Volksschullehrerschaft und von Intellektuellen nicht zu verstehen.

f) *Politische und gewerkschaftliche Organisationsprägungen*

Über den parteipolitischen und gewerkschaftlichen Organisationsgrad der Arbeitersänger liegen ebenfalls keine differenzierten und exakten Daten vor. Einige wenige Angaben hatten 1930 bzw. 1932 lediglich die beiden Gaue Osterland und Leipzig publiziert. Noch am präzisesten waren die Auskünfte aus Leipzig. Danach waren 80,46% der dortigen Arbeitersänger gewerkschaftlich organisiert, über ein Parteibuch der SPD verfügten 41,97%, der KPD hatten sich demgegenüber nur 8,49% der DAS-Mitglieder Westsachsens angeschlossen.[492] Im benachbarten ostthüringischen Gau Osterland schien die KPD auf noch weniger Zustimmung gestoßen zu sein; sie wurde zumindest bei den Angaben über das parteipolitische Organisationsverhalten der Gausänger nicht eigens aufgeführt. Erwähnt wurde nur die Sozialdemokratische Partei, der im Gau Osterland rund 55% der Mitglieder angehörten.[493]

Es ist zu bezweifeln, daß die Zahlen aus Leipzig und Ost-Thüringen für die deutsche Arbeitersängerbewegung insgesamt repräsentativ waren. Vermutlich wird der parteipolitische Organisationsgrad in diesen klassischen Hochburgen der sozialistischen Arbeiterbewegung, in denen die Sozialdemokratie einen außergewöhnlich stabilen, gut ausgebauten und effizienten Organisationsapparat geschaffen hatte und mit dessen Hilfe sie wirksam auf das dicht verflochtene kulturelle Arbeitervereinswesen Einfluß zu nehmen in der Lage war, erheblich höher gelegen haben als etwa in den Regionen südlich der Mainlinie, in denen sowohl der sozialdemokratische Funktionärskörper als auch das Arbeiterkulturmilieu nur schwach entwickelt war. Verallgemeinern aber wird man wohl die Tendenz der parteipolitischen Option und Präferenz können, die sich in den Ergebnissen der sächsisch-thüringischen Mitgliedererhebung abzeichnete. Die übergroße Mehrheit der politisch organisierten Arbeitersänger

---
490 Vgl. 8. Generalversammlung des DAS, S. 44.
491 Vgl. ASZ Nr. 9, 1932, S. 195.
492 ASZ Nr. 4, 1932, S. 82.
493 DASZ Nr. 6, 1930, S. 116.

stand im Lager der Sozialdemokratie; nur eine kleine Minderheit der proletarischen Sänger – die im Reichsdurchschnitt sicher noch kleiner gewesen sein dürfte als in Westsachsen mit einer dort vergleichsweisen kräftigen KP – hatte ihre politische Heimat in den Reihen der Kommunisten gesucht.

6. Finanzen

a) *Zankapfel Beitragserhöhungen*

Die Finanzen waren ein ständiger Zankapfel auf den Generalversammlungen des DAS. Ähnliches erlebte man zwar auch in vielen anderen Arbeitervereinen, doch im DAS schlugen die Wogen der Erregung im Streit um das Ob und Wie einer Beitragserhöhung besonders hoch. Auf der einen Seite stand die Bundesführung des DAS. Sie strebte höher hinaus, als es das Budget erlaubte. Die Bundesspitze hätte organisatorisch gern mit den großen Arbeitersportvereinen mitgehalten, hätte liebend gerne auch großzügig ausgestattete Heime, Versammlungs- und Schulungsstätten errichtet, sich einen imposanten Funktionärsapparat zugelegt. Doch dazu reichte das Geld nicht, das die Bundeszentrale allmonatlich aus den Untergliederungen erhielt. Fortwährend und mit Recht beklagte sich die Organisationsführung, daß kaum eine andere Organisation des sozialistischen Milieus ihre Bundeszentrale derart knauserig behandelte wie eben der DAS. Tatsächlich bezahlten 1926 die Mitglieder im Arbeiter-Turn- und Sportbund 6 1/2 Pfennig an Beiträgen. Noch tiefer mußten die proletarischen Radfahrer, Arbeitersamariter und Abstinenten in die Tasche greifen: Ihre Organisationen verlangten den Mitgliedern einen Monatstarif von 30 Pfennig ab. Der Arbeiter-Schach-Bund hatte den Monatssatz auf immerhin noch 25 Pfennige festgelegt.[494] Von solchen Summen konnte die Berliner DAS-Zentrale hingegen nur träumen. Im DAS brauchten die Mitglieder 1926 monatlich lediglich 5 Pfennig an die Bundeskasse abzuführen – und auch das geschah nur unter großem Murren.

Nun war den deutschen Arbeitersängern nicht eine sie vom Rest des sozialistischen Proletariats unterscheidende, besonders charakterliche Disposition zur Sparsamkeit oder gar zum Geiz zu eigen, vielmehr hatten die Vertreter aus den Gauen und den örtlichen Chören wohlerwogene Gründe, weshalb sie den regelmäßigen Vorstößen des Bundesvorstandes zur Anhebung der Beitragssätze und zur Expansion der Organisationszentrale zähen Widerstand entgegenbrachten und sie dadurch zumeist blockierten. Denn die Proben und Inszenierungen der Chöre waren für die lokalen Vereine mit Kosten verbunden, die Ortsgruppen anderer sozialistischer Verbände in dem Maße nicht zu tragen hatten. Besonders teuer kamen den Arbeiterchören die

---

494 Vgl. hierzu 6. Generalversammlung des DAS, S. 13. *Franz Walter,* Der Deutsche Arbeiter-Abstinenten-Bund, in: *Franz Walter/Viola Denecke/Cornelia Regin,* Sozialistische Gesundheits- und Lebensreformverbände, Bonn 1991, S. 180.

Gehaltszahlungen an die Dirigenten, vor allem dann, wenn es sich bei ihnen um Berufsmusiker handelte. Teuer konnten auch die Mieten für Aufführungssäle werden, und eine finanzielle Belastung spezieller Art, von der die Sportorganisationen beispielsweise verschont blieben, stellte die Vergnügungssteuer dar, mit der der Staat den Chorgesang vielerorts belegte. Und noch eins drückte auf die schmalen Finanzen der einzelnen Arbeitersänger: der Versammlungsort. Nach wie vor trafen die Arbeitersänger, denen etliche Kommunen die Benutzug von Schulräumen verweigerten, in Gasthäusern zusammen, wo sie gezwungenermaßen – auch wenn es vielen von ihnen materiell, besonders in Krisenzeiten, keineswegs leicht fiel – Getränke konsumieren mußten.

Alles in allem: Die Arbeitersänger wurden bereits vor Ort erheblich zur Kasse gebeten; sehr viel mehr war von ihnen nicht zu holen. Der lokale Arbeitergesang war derart kostenintensiv, daß für größere Zuwendungen an die Organisationsspitze kaum mehr Ressourcen zur Verfügung standen. Die Gauleiter und Chorvertreter auf den Reichstagungen des DAS kannten diese Grenzen der finanziellen Belastung der DAS-Mitglieder sehr genau und stemmten sich daher immer wieder vehement gegen die Beitragserhöhungspläne der Bundesführung.

b) *Zwischen Inflation und Depression*

Während der Disput um die Beitragsfrage eine chronische Spannungslinie zwischen der Organisationsführung und den Untergliederungen des DAS über die gesamte Dauer der Weimarer Republik hinweg zog, läßt sich die übrige Geschichte der Finanzverhältnisse im DAS in insgesamt drei Abschnitte einteilen, die mit den allgemeinen Wirtschaftszyklen im großen und ganzen korrespondierten. Da waren als erstes die Jahre der Inflation, in denen sich die Substanz des DAS seit 1920 allmählich aufzehrte, auf deren Höhepunkt ein turbulenter Wettlauf zwischen dem DAS-Kassierer und dem Zerfall der Mark einsetzte und an dessen Ende schließlich der DAS sich knapp dem organisatorischen Kollaps und finanziellen Ruin entronnen sah. Dann folgten, zum zweiten, die Jahre der Stabilisierung, in denen der Bund seine zerrütteten Finanzen wieder in Ordnung brachte, allmählich seinen Kassenbestand ausweitete und am Ende der zwanziger Jahre ein stattliches Vermögen angesammelt hatte. Doch dann kriselte es, zum dritten, erneut: Die ökonomische Depression bereitete den finanziellen Höhenflügen des DAS ein jähes Ende. Der DAS verhielt sich daraufhin – durchaus gegen die Wünsche der Reichsführung – im kleinen wie die Regierung Brüning im großen. Es wurde konsolidiert und gespart, man strich Etatposten zusammen und baute Löhne und Gehälter ab. Dort, im großen, traf es die Fundamente und die Glaubwürdigkeit der Republik, hier, im kleinen, die Organisations- und Leistungsfähigkeit des Bundes.

Doch zunächst zur Inflationsperiode. Ab 1920 fraß die Geldentwertung die ersten großen Löcher in den Haushalt des DAS. Schon jetzt wußte der Bundeskassierer kaum mehr ein noch aus und fürchtete bereits, demnächst Bankrott anmelden zu müssen.

Doch dann erhielt der DAS unvermutete Hilfe aus Übersee, genauer: aus Chicago, wo der dortige Arbeiterverein „Freiheit für die darbenden deutschen Sangesgenossen" eine Sammlung durchgeführt hatte. Eine solche Hilfsaktion deutschstämmiger Sozialisten in den USA war im übrigen kein Einzelfall; Spenden von einem deutsch-amerikanischen Äquivalentverein entspannten in dieser schwierigen Zeit vorübergehend auch die prekäre finanzielle Lage des sozialistischen Naturheilverbandes „Volksgesundheit". Die Chicagoer Sangessozialisten überwiesen einige zehntausend Mark auf das Konto des DAS und brachten dem deutschen Bund spürbare Erleichterung. Noch der Geschäftsbericht des Bundesvorstandes über die Jahre 1923-1926 hielt fest, daß man sich in den frühen zwanziger Jahren „in hohem Maße der amerikanischen Sangesbrüder" wegen „überhaupt über Wasser" gehalten habe.[495]

Doch 1923 nutzten dem DAS auch die amerikanischen Geldreserven nichts mehr. Der DAS befand sich im Wettrennen mit einem schwindelerregenden Währungsverfall und hatte ebensowenig Chancen wie die übrigen Arbeitervereine, daraus als Sieger hervorzugehen. Ja, er hatte eigentlich noch weitaus schlechtere Startvoraussetzungen als die übrigen sozialistischen Verbände, da im DAS der Beitragseinzug besonders umständlich und langwierig oder, wenn man so will, dezentral funktionierte, nämlich vom Mitglied zum Chor, von dort zum Bezirk, von da aus zum Gau, und erst dann ging das Geld auf die Konten der Bundeszentrale ein. Da aber war es meist schon zu spät. Wenn der Rendant des Bundes, Alex Kaiser, die endlich überwiesenen Beiträge verbuchen konnte, war dessen ursprüngliche Kaufkraft bereits verflossen. Die Inflation war, um im Bild zu bleiben, der Rechnungsführung des DAS längst um eine Runde vorausgeeilt. Da half dem Bundesvorstand auch nicht, daß er im Sommer 1923 zusammen mit der Kontrollkommission – und ohne die jeweils explizite Zustimmung einer Generalversammlung dafür einholen zu können – die Beitragssätze Monat für Monat geradezu verzweifelt der Inflationsrate anzupassen suchte. Es kam zu den damals üblichen phantastischen Summen: Im Juni zahlten die DAS-Mitglieder monatlich noch 30 Mark, im Juli schon 200, im August dann 1200, im September bereits 40000, im Oktober sogar 80000 Mark und im November schließlich und zuletzt eine glatte Viertelmillion. Indessen, der Effekt war gleich Null und wie oben beschrieben. Der Eingang des Geldes dauerte zu lange, die Inflation schritt zu schnell voran. Der DAS schien bereits am Ende; die Herausgabe der Verbandszeitschrift wurde eingestellt; das gesamte Personal stand im späten Sommer 1923 auf der Straße, nachdem die DAS-Angestellten schon seit Monaten mehr oder weniger von der Hand in den Mund gelebt hatten, trotz eines oftmals 14stündigen Arbeitstages.[496] Doch teilten sie dieses Los mit der großen Mehrheit ehedem vollbesoldeter Funktionäre in den Arbeiterorganisationen; sie alle litten damals das nackte Elend. Kein Zweifel: Den hauptamtlichen Funktionären der reformistischen Arbeiterbewegung, zeitgenössisch von der radikalen Linken oft als „Bonzen" denunziert, in der

---

495 Vgl. Geschäftsbericht 1923-1926, S. 12; auch: Protokoll der 4. Generalversammlung, S. 11; *Noack*, S. 126.
496 Vgl. DAS Nr. 8/9, 1923, S. 53; *Noack*, S. 146.

Literatur post festum süffisant als selbstgenügsam, saturierte Kleinbürger karrikiert, ging es in jenen Inflationsmonaten jämmerlich und vermutlich materiell um einiges schlechter als dem Gros der industriellen Arbeiter.[497]

c) *Regenerierung und Aufwärtsentwicklung*

Mit der Reform der Währung aber ging es auch im DAS wieder rasch bergauf. Ende 1923 waren alle kurz zuvor entlassenen Angestellten wieder in Arbeit und Brot, in Funktion und Bundeswürden. In die Ära der neuen Geldstabilität war der Sängerbund mit 81 Goldpfennigen eingetreten. Zweieinhalb Jahre später, als der 1923 in Erfurt gewählte Bundesvorstand seinen Geschäfts- und Kassenbericht vorlegte, wies das Bundesbudget einen Bestand von 163400 Mark aus.[498] Und auch in den darauffolgenden Jahren ging es finanziell mit schnellen Schritten voran. Zwischen 1923 und 1929 hatte sich der zuvor noch schwindsüchtige Bund bestens regeneriert und gleichsam rote Backen bekommen.[499]

Jahr	DAS-Kassenbestand	
1904	1268	Mark
1908	3000	"
1911	11000	"
1914	7000	"
1923	0,81	"
1926	163400	"
1928	231167	"
1929	341204	„

d) *Der Kampf gegen den Fiskus*

Die Jahre 1924 bis 1929 brachten auch etlichen lokalen Vereinen erhebliche materielle Entlastungen, da viele von ihnen in dieser Zeit ihre Befreiung von der Vergnügungssteuer bewirken konnten. In den frühen zwanziger Jahren waren noch sämtliche Arbeitergesangsvereine zur Umsatz- oder Lustbarkeitssteuer herangezogen worden. Den Arbeitersängern lag diese Steuer schwer auf der Seele, was durchaus nicht nur mit der finanziellen Bürde zusammenhing. Vielmehr fühlten sich die Arbeitersänger in ihrem kulturellen Selbstwertgefühl bis ins Mark getroffen. Daß der Chorgesang, den die Arbeitersänger schließlich allen Ernstes als sonst unerreichbaren Höhepunkt

---

497 Vgl. hierzu *Peter Lösche/Franz Walter,* Zwischen Aufstieg und Krise. Das sozialdemokratische Arbeitermilieu, in: *Detlef Lehnert/Klaus Megerle* (Hrsg.), Politische Teilkulturen zwischen Integration und Polarisierung, Opladen 1990, S. 171.
498 Vgl. Vorwärts vom 17.6.1926.
499 Vgl. 6. Generalversammlung des DAS, S. 17; Geschäftsbericht 1926–29, S. 15 ff.

kultureller Veredelung verstanden und zelebrierten, mit schnöder Lustbarkeit und profanen Vergnügungen gleichgesetzt und steuerlich bewertet wurde, während die geistlose Knödelei der Fußballer und die Sportfexerei der diversen Athletenverbände als gemeinnützig galt – dies erregte und empörte die proletarischen Sänger zutiefst. Auf den Generalversammlungen 1923 und 1926 verabschiedeten die Delegierten wütende und drängende Entschließungen, in denen sie die Befreiung von der Steuerpflicht forderten. Die Gauvorstände überhäuften die Innen- und Finanzministerien der Länder mit Petitionen und Eingaben, um endlich die Anerkennung der Gemeinnützigkeit des Chorgesangs zu erlangen. Und die örtlichen Chöre schließlich standen den Mitarbeitern der Finanzämter ständig auf den Füßen, um zumindest für öffentliche und künstlerisch unzweifelhaft anspruchsvolle Gesangsaufführungen den Zugriff des Fiskus abzuwehren.[500] Die ersten Erfolge erzielte man mit den hartnäckigen Behördengängen 1922/23 in Thüringen und Mecklenburg. Dann brachen Mitte und in der zweiten Hälfte der zwanziger Jahre auch in mehreren anderen Ländern nach und nach die Dämme, vor allem auch deshalb, weil in dieser Frage proletarische und bürgerliche Sänger ausnahmsweise an einem Strang zogen und sich gemeinsam an die staatlichen Stellen wandten, so zumindest an der Saar, in Württemberg, Braunschweig, dann ebenfalls in Sachsen und Preußen, wo der Widerstand der Ministerien gegen die Gesuche der Arbeitersänger merkwürdigerweise – schließlich trugen Sozialdemokraten in beiden Ländern zumindest lange Zeit maßgeblich die Regierungsverantwortung – besonders zäh und andauernd war. 1928 endlich hatten es die Sänger in Sachsen und Preußen geschafft. Sie waren zwar nicht vollständig mit all ihren Wünschen durchgedrungen, aber zumindest die größeren Chöre und solche, die sich durch öffentliche Auftritte profilierten, hatten von nun an ein Anrecht darauf, als gemeinnützig anerkannt und von der bisherigen Abgabepflicht entbunden zu werden.[501] Auf der anderen Seite indessen standen Länder wie Baden, in denen sich kaum etwas bewegte. Noch 1932 waren in Baden erst 10% der Arbeiterchöre als gemeinnützige Einrichtungen anerkannt worden; die übrigen 90% hingegen hatten über die gesamte Dauer der Weimarer Republik hinweg Vergnügungssteuern an die Finanzämter entrichten müssen.[502] Alles in allem aber konnte der DAS seine Kampagne für die Befreiung des Chorgesangs von der Vergnügungssteuer, trotz einiger regionaler Mißschläge, auf der Aktivaseite seiner Bilanz verbuchen.

---

500 Vgl. DAS Nr. 5, 1922, S. 41; Breslauer Volkswacht am 25.6.1923; Vgl. 6. Generalversammlung des DAS, S. 16 f.
501 Vgl. 6. Generalversammlung des DAS, S. 36; 7. Generalversammlung des DAS, S. 22 und 55; Geschäftsbericht 1926-29, S. 7.
502 Vgl. 8. Generalversammlung des DAS, S. 96.

e) *Erste Gewitterwolken: Der Eintritt in die GEMA*

Indessen zogen die ersten Gewitterwolken noch in der finanziellen Schönwetterperiode am Bundeshorizont auf. Doch nur der Bundesvorstand deutete die Zeichen richtig und sah das drohende Unwetter auf den Bund zukommen: die Basis hingegen schoß alle pessimistischen Warnungen der Bundesspitze unbekümmert in den Wind und vertraute auf ein anhaltendes Hoch in der Haushaltskonjunktur des Bundes.

Es ging, etwas weniger metaphorisch formuliert, um den Anschluß an die Aufführungsgesellschaft GEMA, die die Interessen der Komponisten am Urheberschutz vertrat. Der DAS war bereits 1920 in eine andere Tonsetzergenossenschaft, die AFMA, eingetreten. Auch darauf hatte er sich damals im Grunde nur widerwillig eingelassen. Ihm schien die Mitgliedergebühr unverhältnismäßig hoch und der Nutzen der Aufführungsgesellschaft demgegenüber unangemessen gering: Von ihrer Existenz profitierten nach Auffassung der Arbeitersänger allein die renommierten Musikstars und deren Verlage, nicht aber die weniger bekannten Komponisten, für die nur Brosamen an Tantiemen abfielen. Allerdings hatten gerade diese weniger bekannten Komponisten den DAS zu Beginn der Republik unter Druck gesetzt, sich einer Tonsetzergenossenschaft anzuschließen; andernfalls hätte wohl niemand mehr, so zumindest der Bundesvorsitzende Meyer Jahre später im Rückblick, ein Stück eigens für den DAS geschrieben.[503]

Zu schaffen aber machte den Arbeiterchören im Laufe der zwanziger Jahre die GEMA, die aggressiv und aufwendig im gesamten Reichsgebiet nach Inszenierungen tantiemenpflichtiger Musik fahndete. Wurden die Agenten der GEMA fündig, dann mußten die ertappten Chöre mit gesalzenen Honorarforderungen rechnen. Der DAS war nun bald der Nachstellungen der GEMA überdrüssig. Um ihnen entgehen zu können, blieb einzig der Beitritt. Diese Haltung setzte sich jedenfalls in den lokalen Chören und regionalen Untergliederungen des DAS in der zweiten Hälfte der zwanziger Jahre mehr und mehr durch und verdichtete sich schließlich in einen Antrag dazu auf dem Münchner Bundestag 1929. Der Berliner Bundesvorstand reagierte zuvor eher reserviert auf das Ansinnen der Gaue und Vereine, aber er sperrte sich nicht dagegen. Allerdings: Ohne eine kräftige Anhebung der Mitgliedsbeiträge hielt er den Anschluß an die teure GEMA nicht für finanzierbar, zumal die Kosten für den organisatorischen Ausbau des Bundes und für die systematische Schulung seiner Leistungsträger in den letzten Jahren erheblich gewachsen waren. Kurz, die Berliner Bundeszentrale forderte von den Delegierten der Münchner Generalversammlung eine Anhebung der Beitragssätze von bisher 60 auf künftig 90 Pfennige im Jahr.

Eine solch dramatische Beitragserhöhung aber ging den Delegierten entschieden zu weit. Schon in der vorbereitenden Antragskommission war der Bundesvorstand mit seinem Plan gescheitert. Die Mehrheit der Kommission schenkte den eher pessimistischen haushälterischen Erwägungen des Bundeskassierers Hoeft keinen rechten Glauben und wischte seine Rechenexempel mit leichter Hand vom Tisch. Die „Finanz-

---

503 Vgl. 6. Generalversammlung des DAS, S. 61.

lage des Bundes" sei „nicht übel" erklärte der Sprecher der Kommission schließlich vor der Generalversammlung, daher reiche eine Aufstockung der Beiträge auf 80 Pfennige vollkommen hin. Hoeft fühlte sich durch diese Empfehlung spürbar provoziert, wohl auch gekränkt, daß man seine Bedenken nicht recht ernst nahm. In einer scharfen Replik auf den Kommissionssprecher zeichnete er den Delegierten ein düsteres Zukunftsbild von den DAS-Finanzen. Folgte man dem Bundeskassierer, so stand die Vermögenssubstanz des DAS auf dem Spiel. Rhetorischen Beistand erhielt der Rendant vom Bundesvorsitzenden Meyer, der nicht minder leidenschaftlich und beschwörend in die Debatte eingriff und ebenfalls beträchtliche Gefahren und Rückschläge auf den Bund zukommen sah: Sollte der Ratschlag der Antragskommission auf Zustimmung stoßen, so Meyer, dann „würden mancherlei Leistungen des Bundes in Frage gestellt – vielleicht auch die Funktionärskurse."[504]

Die Delegierten aber hatten offensichtlich mehrheitlich den Eindruck, daß Meyer und Hoeft die Probleme übertrieben dramatisierten; wahrscheinlich fürchteten viele auch, ihrer Basis eine Beitragssumme von 90 Pfennig nicht vermitteln zu können. Wie auch immer die Motive der einzelnen ausgesehen haben mögen, jedenfalls machte sich die Generalversammlung mit 53 zu 25 Stimmen die Empfehlung der Antragskommission zu eigen und erteilte der Option des Bundesvorstandes eine deutliche Abfuhr.

f) *Im Krisensog*

In den nächsten drei Jahren zeigte sich, daß die Kassandrarufe des Bundesvorstandes nicht ganz unberechtigt gewesen waren. Hatte der DAS zwischen 1926 und 1929 noch 36000 Mark an Tantiemen bezahlen müssen, so lag die Summe jetzt, mitbedingt durch den Eintritt in die GEMA, bei 126000 Mark. Die Beitragserhöhung um lediglich 20 Pfennig brachte dem Bund dagegen nur ein zusätzliches Plus von 70000 Mark. Es blieb mithin ein Defizit von 20000 Mark.[505]

In den Zeiten einer anziehenden Konjunktur und einer expansiven Mitgliederentwicklung hätte der Bundeskassierer dieses Loch im Haushalt gewiß problemlos stopfen können. Doch die frühen dreißiger Jahre waren bekanntlich durch einen anderen, gegenläufigen Entwicklungsgang gekennzeichnet. Der DAS mußte erhebliche Einnahmeverluste hinnehmen, zugleich aber ansteigende Kosten tragen – die düstere Zukunftsvision von Meyer und Hoeft auf der Münchner Generalversammlung bestätigte sich. Verloren gingen dem DAS bis 1932 insbesondere die Beitragszahlungen von etwa 25000 Mitgliedern, um die der Sängerbund seit dem Münchner Bundestag kleiner geworden war. Stark zurückgegangen war außerdem der Umsatz des bundeseigenen Verlages, da sich die krisengeschüttelten Chöre bei der Bestellung von Text- und Stimmbüchern und Plakaten nun deutlich zurückhielten. Für die Geschäftsjahre

---

504 Zur Debatte in München vgl. 7. Generalversammlung des DAS, S. 73 f.
505 Vgl. 8. Generalversammlung des DAS, S. 83.

1931/32 bilanzierte der Verlag eine Einnahmeminderung von 55% gegenüber den beiden Jahren zuvor. Schließlich bekam der DAS auch die Auswirkungen der wirtschaftlichen Konsolidierungsmaßnahmen von Staat und Ländern zu spüren; die Zuschüsse der Öffentlichen Hand hatten sich zwischen 1929 und 1932 ebenfalls um über 50% reduziert. Kräftig angestiegen waren dagegen die Aufwendungen für die festbesoldeten Angestellten des Bundes. Zwischen 1929 und 1932 mußte der Bund 67% mehr als in der vorangegangenen Geschäftsperiode an Gehältern und Löhnen für die stark angewachsene Zahl seiner Funktionäre bezahlen.[506]

Der DAS also stand auf dem Höhepunkt der wirtschaftlichen Krise vor dem Problem, das Mißverhältnis zwischen wachsenden Einnahmeverlusten und kontinuierlich ansteigenden Kosten für den Unterhalt seines Funktionärs- und Organisationsapparats in irgendeiner Weise auszugleichen. Dies über eine nochmalige Anhebung der Beitragssätze zu versuchen, wagte angesichts der großen sozialen Not unter den zahlreichen erwerbslosen DAS-Mitgliedern nicht einmal der damit im Grundsatz nach wie vor sympathisierende Bundesvorstand. Aber auch er sah, daß sich der Zug in die entgegengesetzte Richtung bewegte: Die Arbeitersänger in den lokalen Vereinen wollten nicht mehr, sondern weniger Beiträge bezahlen; sie wollten statt dessen, daß bei den Ausgaben für die Funktionärsschulung und den Personalbedarf drastisch gespart würde. Aus fünfzehn der dreißig Gaue lagen der Braunschweiger Generalversammlung von 1932 Anträge auf Herabsetzung der Beiträge vor. Die Antragskommission machte sich erneut, wie bereits in München, zum Fürsprecher des Basiswillens und empfahl die Reduzierung der jährlichen Beitragssumme von 80 auf 60 Pfennige, mithin auf den status quo ante. Die Mitglieder des Bundesvorstandes protestierten dieses Mal nur schwach. Zwar hielten sie den Vorschlag der Kommission für verkehrt – den Mitgliedern brachten die 1 1/2 Pfennige weniger im Monat kaum Erleichterung, dem Bundesvorstand aber großen Schaden –, aber sie wußten auch, daß gegen die vorherrschende Stimmung unter den Delegierten und eben auch in den örtlichen Chören nichts auszurichten war. Mit 67 zu 14 Stimmen beschloß die Reichstagung der Arbeitersänger die Beitragssenkung.[507]

Dann machten sich die Konferenzvertreter an die prophylaktische Sanierung des durch die Beitragsreduzierung künftig materiell ausgedünnten Haushalts. Und wie Meyer und Hoeft schon 1929 befürchtet hatten: All das, was man seit 1924/25 im Organisations- und Funktionärswesen an Leistungskraft erreicht, auf- und ausgebaut hatte, stand zur Disposition. Die Herausgabe des Funktionärsorgans „Der Sängerführer" wurde eingestellt, die seit 1927 etablierten Funktionärskurse in Friedrichsroda wurden gestrichen, und die Dirigenten konnten künftig nicht mehr zu den staatlich ausgerichteten Chorleiterschulungen fahren; jedenfalls bekamen sie vom DAS fortan keine Reisekosten und Spesen mehr erstattet. Man sei bis 1925, hieß es nun beschwichtigend, auch ohne Funktionärskurse ausgezeichnet vorangekommen. Am

---

506 Vgl. hierzu die absoluten Zahlen in: Geschäftsbericht 1926–29, S. 14 ff.; 8. Generalversammlung des DAS, S. 24; ASZ, Nr. 7, 1932, S. 148.
507 Vgl. hierzu und im folgenden 8. Generalversammlung des DAS, S. 134 ff.

stürmischsten aber forderten die Delegierten den Lohn- und Gehaltsabbau bei den Angestellten des DAS. Den Spitzenverdienern unter den DAS-Funktionären verlangten sie eine Gehaltskürzung von 20 Prozent ab; die übrigen kamen mit einer Lohneinbuße von 10%davon. Aus vielen Redebeiträgen sprachen dabei die aus der sozialen Not langer Erwerbslosigkeit gespeisten Ressentiments sicher nicht weniger Arbeiter gegen die von ihren Groschen finanzierten, in gesicherten und auskömmlichen Verhältnissen lebenden, im Habitus und Kleidung bessergestellt wirkenden Funktionäre der reformistischen Arbeiterbewegung. Einige Redner ließen ihren Affekten gegen die „Bundesbeamten" auf einer derart unkontrollierten Weise freien Lauf, daß sich der Delegierte Fritz Töpper aus dem Gau Baden angewidert gar an die rhetorischen Entgleisungen der Nazis erinnert fühlte. Doch Töppers Appell an die ruhige Vernunft und Rationalität der Delegierten fand ebensowenig Gehör, wie der im leidenschaftlichen Gestus vorgetragene Vorwurf des thüringischen Vertreters Theodor Grobe, daß der beabsichtigte Gehalts- und Lohnabbau nichts anderes als eine Kopie der sonst von den sozialistischen Arbeitern so heftig kritisierten Notverordnungspolitik des Reichskanzlers Brüning darstelle. Töpper und Grobe blieben einsame Rufer in der Wüste. Für die Mehrheit der Delegierten war es unerträglich, daß immer mehr Mitglieder des DAS immer tiefer in das soziale Elend abrutschten, während die eben auch von den arbeitslosen Sängern alimentierten Funktionäre gänzlich ungeschoren davonkommen sollten und nicht die geringsten Abstriche am gewohnten Lebensstandard zu machen brauchten. Auch die Hauptamtlichen sollten ein Opfer bringen, auch sie sollten ihren Gürtel etwas enger schnallen. Zu sehr durfte sich die Kluft zwischen den organisierten Arbeitern und ihren „Führern" nicht auftun und ausdehnen, das Mißtrauen an der Basis war auch so bereits groß genug. Solche und ähnliche Überlegungen dürften die Delegierten mehrheitlich motiviert haben, dem Antrag auf Abbau der Löhne und Gehälter der DAS-Funktionäre ihre Stimme zu geben.

g) *Funktionärswesen und Selbsthilfe*

In der Tat hatte sich der Funktionärskörper des Sängerbundes zu einem erheblichen Kostenfaktor entwickelt. Die Aufwendungen für Lohn und Gehalt der DAS-Angestellten waren besonders in der Blütezeit der sozialistischen Arbeiterkultur, in den Jahren 1926 bis 1929, sprunghaft in die Höhe gegangen. Zwischen 1923 und 1926 entfielen nur 6,27% aller Einnahmen auf die Finanzierung der Verbandsangestellten; in den darauffolgenden drei Geschäftsjahren war dieser Anteil auf 21,76% angewachsen. Zwischen 1929 und 1932 mußte der Kassenwart noch einmal weitere 1,58 Prozent dazulegen. Der Funktionärsapparat verbrauchte nun allein an Personalkosten 23,34 Prozent aller vom DAS erzielten Einkünfte.[508]

Damit bildeten „Löhne und Gehälter" den mit Abstand höchsten Etatposten im

---

508 Vgl. hierzu und im folgenden die absoluten Zahlen in: Geschäftsbericht 1923-26, S. 10 f.; Geschäftsbericht 1926-1929, S. 14 ff.; 8. Generalversammlung des DAS, S. 24.

Budget des DAS. Für die an zweiter Stelle des Haushalts rangierenden Tantiemenzahlungen an die Aufführungsgesellschaften GEMA und AFMA mußte der Bundeskassierer zwischen 1929 und 1932 insgesamt (nur) 13,18% der Einnahmen aufbringen. Dagegen war die finanzielle Belastung der auf der Generalversammlung in München und Braunschweig stark in den Vordergrund gespielten Funktionärsschulungskurse kaum der Rede wert: Sie kosteten den Bund nur 1,81 Prozent seiner Einkünfte. Seine Einnahmen bezog der Bund fast durchweg von den Mitgliedern, sei es unmittelbar und direkt über die Beiträge (1929–1932: 46,02%), sei es über den Verkauf von Noten- und Liederbüchern durch seinen Verlag (19,76%) oder sei es über den Absatz von Plakaten, Abzeichen etc. Zuwendungen aus der Staatskasse fielen hingegen so gut wie gar nicht ins Gewicht. Sie blieben auch in den Jahren der Republik, wie zuvor im Kaiserreich, gänzlich marginal. 1929 verdankte der DAS etwa 1,2% seiner Einnahmen den Zuschüssen von Reich und Ländern. Damit aber war bereits der Höhepunkt der Unterstützung für den organisierten Arbeitergesang erreicht: 1932 kamen nur noch 0,5% der DAS-Einkünfte aus öffentlicher Hand. Damit dient auch der DAS nicht als Beleg für die in der Literatur weit gebräuchliche Interpretation, daß sich die sozialdemokratischen Umfeldorganisationen nicht zuletzt aufgrund der materiellen Zuschüsse durch den Staat sukzessive in die bürgerlich-republikanische Gesellschaft eingepaßt hätten. Die empirischen Fakten – um die man sich in der Literatur größtenteils trotz der weitreichenden Erklärungsansprüche merkwürdigerweise kaum gekümmert hat – sprechen nicht für eine solche Argumentation. Der DAS zumindest blieb nach 1918 ein nahezu ausschließlich von den materiellen Möglichkeiten seiner Mitglieder abhängiger Verband, eben eine typische Selbsthilfeorganisation von Arbeitern im sozialistischen Milieu.

7. Kooperation und Spaltung

a) *Teil des sozialistischen Arbeitermilieus*

Das Koordinatensystem, in dem der DAS sich bewegte, war ganz und gar das des Organisationsgefüges des sozialdemokratischen Arbeitermilieus. Aus diesem Milieu bezogen die Arbeitersänger ihr Selbstverständnis und Selbstbewußtsein, ihre Ideen und Inspirationen, im ganzen: den Sinn ihrer Existenz als vom Bürgertum segregiertes Kollektiv. Die Arbeitersänger benutzten die gleichen sprachlichen Symbole wie die Mitglieder anderer sozialistischer Arbeitervereine. Die Öffentlichkeit, die sie für ihre Lieder suchten, fanden sie auf den Festen der übrigen Arbeiterverbände, den Revolutions- und Maifeiern, den Antikriegstagen und den Partei- und Gewerkschaftsfesten. Die Orte ihrer Gau- und Bezirkstagungen waren in den Heimstätten der sozialistischen Großorganisationen, den Volks- und Gewerkschaftshäusern, den Sälen der Arbeiterwohlfahrt, also in den Tempeln und Trutzburgen der reformistischen Arbeiterbewegung gelegen. Kurz, die Sänger in den Arbeiterchören kommunizierten nur mit ihresgleichen, mit Arbeitern und Organisationen, die fest in der sozialistischen Weltanschauung und Lebenswelt wurzelten. Mit Sängern anderer Gesinnung oder sozialer Observanz verkehrten die Mitglieder des DAS und die lokalen Arbeiterchöre dagegen kaum. Es gab unter den Arbeitersängern wenig Neigung, sich mit den „Bürgerlichen" auszutauschen, sich ihnen mental und persönlich anzunähern oder gar mit ihnen versöhnlich zu kooperieren. Den Arbeitersängern genügten überwiegend die Aktivitäten und die Resonanz im sozialen und kulturellen Raum des Sozialismus; ihm blieben sie verhaftet und ergeben; an einer stärkeren milieuübergreifenden Integration in die republikanische Gesellschaft war ihnen im Unterschied etwa zu den Arbeitersamaritern nicht so sehr gelegen. An dieser aus dem Kaiserreich überkommenen Haltung änderten weder Revolution noch demokratische Verfassung oder die zeitweilige Regierungsbeteiligung der Sozialdemokraten etwas.[509] Eher verhielt es sich umgekehrt, je älter die Republik wurde, desto entschiedener proletarisch und sozialistisch trat der DAS auf, desto schärfer grenzte er sich vom Bürgertum ab, desto intensiver suchte er die Nähe zu den geistesverwandten Arbeitervereinen. Der 1929 gewählte Bundesvorsitzende Karl Klauder repräsentierte diese Entwicklung, und er trieb sie schließlich mit ungeheurer Energie und Zielstrebigkeit voran. Durch zahllose Referate auf Bezirks- und Gauversammlungen und mittels etlicher Artikel im Bundesorgan hämmerte Klauder den Arbeitersängern geradezu das marxistische Vokabular ein. Mit dem neuen Bundesvorsitzenden radikalisierte sich die Sprache im DAS spürbar, mit ihm vertiefte sich das sozialistische Heimatgefühl auf der einen und das Distanzierungsbestreben gegenüber der bürgerlichen Gesellschaft auf der anderen Seite. Unmißverständlicher und kompromißloser als viele andere Kulturorganisationen des sozialdemokratischen Umfelds bekannten sich die Arbeitersänger ab Ende der zwanziger Jahre zum „proletarischen Klassenkampf" und zur „sozialistischen Wirtschaftsreform". Beschwörender als in einigen anderen Arbeitervereinen klangen die Treueschwüre aus dem DAS zur „sozialistischen Weltanschauung" und zu den Organisationen der sozialistischen Arbeiterbewegung, vor allem zu den freien Gewerkschaften und zur Partei, womit in den ganz überwiegenden Fällen die sozialdemokratische gemeint war. Am liebsten hätten viele Arbeitersänger die sozialistische Position und die Verpflichtung der DAS-Mitglieder zur Organisierung in einer freien Gewerkschaft und sozialistischen Partei auch im Bundesstatut festgeschrieben; doch hielt sie schließlich die Furcht, in diesem Fall von den Regierungen die Gemeinnützigkeit aberkannt zu bekommen und wieder zur Vergnügungssteuer herangezogen zu werden, von solchen politischen Identifikationsgesten auf den Bundesgeneralversammlungen ab.[510] Etwas mehr Mut, größeren Eifer, aber auch überzogene Rigidität zeigten hingegen einige Gaue, allen voran der Gau Rheinland, der Anfang der zwanziger Jahre von seinen Mitgliedern die Zugehörigkeit zur SPD und zu den

---

[509] Dies trifft jedoch im wesentlichen nur auf die Männerchöre zu, während die gemischten Arbeiterchöre durchaus eine mitunter sogar intensive Kooperation mit dem bürgerlichen professionellen Musik- und Kulturbetrieb kannten. Vgl. dazu die Seiten 208 ff.
[510] Vgl. etwa DASZ Nr. 4, 1927, S. 75; ASZ Nr. 4, 1927, S. 86; 8. Generalversammlung des DAS, S. 115.

freien Gewerkschaften verlangte.[511] 1930 übertrieb der gleiche Gau indessen seine Solidarität mit den Gewerkschaften zur peinlichen Devotion. Durch einen Beschluß der Gaukonferenz waren die rheinischen Arbeitersänger angehalten, sich sämtlichen Beschlüssen der Zentralleitungen der freien Gewerkschaften zu fügen; andernfalls hatten sie den Ausschluß aus dem Sängerbund zu gewärtigen.[512] Nicht ganz so rigoros verfuhr der Gau Kurhessen-Südhannover mit seinen Mitgliedern. Dort wurde nur von den Funktionären des Gaus, der Bezirke und der Vereine erwartet, daß sie sich politisch, freigewerkschaftlich und genossenschaftlich organisierten.[513]

b) *Dissonanzen in der Solidargemeinschaft*

Die Partei indessen reagierte kühl, in der Anfangszeit der Arbeiterchöre sogar abweisend auf das unaufhörliche Liebeswerben aus den Reihen des DAS. So jedenfalls empfanden es die Arbeitersänger bis in die letzten Jahre der Weimarer Republik hinein, und sie litten erheblich darunter, daß ihnen die Partei, aber auch die Gewerkschaften nicht die Aufmerksamkeit und Beachtung schenkten, die ihnen nach eigener Auffassung zukam. Die Arbeitersänger fühlten sich von der SPD stiefmütterlich behandelt und chronisch frustriert. Es ist schwer zu sagen, inwieweit solche Gefühle und Einstellungen eher die Folge einer übersteigerten Anspruchs- und Erwartungshaltung denn einer realistischen Rezeption sozialdemokratischer Indifferenz waren. Vor allem in der zweiten Hälfte der zwanziger Jahre nämlich hatte sich unter den Arbeitersängern ein reichlich elitärer und arroganter Dünkel breitgemacht.[514] Nach Meinung vieler Arbeitersänger gebührte dem DAS der erste Platz unter den Arbeiterkulturorganisationen, denn in ihm allein würde ernsthafte, künstlerisch wertvolle Kulturarbeit betrieben. Bei ihnen, so die Arbeitersänger, galt noch die Seele und das Hirn, nicht aber der Bizeps wie in den Arbeitersportverbänden, welche etliche DAS-Mitglieder aus tiefstem Herzen verachteten, denen sie jedenfalls ihre herausragende Stellung im Arbeitervereinsmilieu kräftig neideten. Mithin: die Arbeitersänger hätten, nachdem sich die Chöre ab 1923 in der Tat durch eine gewaltige Kraftanstrengung zu einer imposanten Leistungsfähigkeit aufschwangen, gerne einen exklusiven Rang im sozialistischen Organisationsnetz eingenommen, sie hätten sich gern von der Partei verhätschelt und umworben gesehen. Daß ihnen die führenden Sozialdemokraten diese herausragende Relevanz nicht beimaßen, hat viele Arbeitersänger enttäuscht und verärgert.

Die Mißstimmung gegenüber der Partei rührte aber bereits seit den Vorkriegsjahren, als die Arbeiterchöre von den Fähigkeiten späterer Jahre noch weit entfernt waren und künstlerisch letztlich wenig zu bieten hatten. In dieser Zeit rangen die Arbeiter-

---

511 Protokoll 1920, S. 35.
512 DASZ Nr. 6, 1930, S. 117.
513 ASZ Nr. 5, 1931, S. 110.
514 Vgl. als Beispiele DASZ Nr. 4, 1929, S. 75, Nr. 7, 1929, S. 140; 7. Generalversammlung des DAS, S. 24.

sänger allein darum, von den Sozialdemokraten überhaupt nur wohlwollend registriert und förmlich in ihre Bildungsarbeit einbezogen zu werden. Doch darauf reflektierten sie bis zum Ersten Weltkrieg vergebens. Einen entsprechenden Antrag, den die Arbeitersänger an den Jenaer Parteitag 1912 richteten, nahm dort niemand zur Kenntnis. Auch der Zentralbildungsausschuß der Sozialdemokratie wollte von den Arbeitersängern nichts wissen. Seit Gründung dieses Ausschusses, im Jahr 1906, hatte der Bundesvorsitzende des DAS, Julius Meyer, versucht, mit dessen Leiter, Heinrich Schulz, in Kontakt zu treten. Der DAS-Vorsitzende sandte dem Bildungsobmann der SPD regelmäßig Material und das Bundesorgan der Sänger zu; Schulz indessen antwortete mit keiner Silbe; die von den Sängern erhofften Einladungen zu den Sitzungen des Zentralbildungsausschusses blieben bis 1914 aus. Auch in den Berichten, die der Zentralbildungsausschuß den Parteitagen vorlegte, fand der DAS keinerlei Erwähnung. Viele lokale Bildungsausschüsse der Sozialdemokratie sperrten sich ebenfalls dagegen, die Arbeiterchöre aufzunehmen.[515] Der Grund für die Reserve, mit der die sozialdemokratischen Bildungsobmänner dem DAS begegneten, war stets der gleiche: Die Singerei in den Arbeiterchören wurde von ihnen nicht recht ernst genommen, jedenfalls nicht als lohnender Beitrag zur proletarischen Bildungsarbeit bewertet. Für die Bildungsfunktionäre der Vorkriegssozialdemokratie war das, was im DAS ablief, reine Geselligkeit, Liedertafelei, ja unpolitische Vereinsmeierei, gewiß aber kein Beitrag zur weltanschaulichen und kulturellen Hebung der Arbeiterklasse.

Der kunstästhetische Drill in den Arbeiterchören seit den frühen zwanziger Jahren entzog solcherlei Kritik am DAS den Boden. Und sie wurde auch in den Weimarer Jahren nicht mehr laut; eher störten sich nun die Mitglieder anderer Arbeitervereine an der überheblichen und prätentiösen Kulturbeflissenheit mancher Arbeitersänger. Diese aber jammerten nach wie vor über das Desinteresse von Partei und Gewerkschaften[516] am proletarischen Chorgesang. Generalversammlung für Generalversammlung, Gaukonferenz für Gaukonferenz erklang das immer gleiche Klagelied von der mangelnden Unterstützung der Arbeitersängerbewegung durch die Partei. In Wahlkampfzeiten werde man gebraucht, danach aber schnell wieder vergessen, beschwerten sich die Arbeitersänger stets aufs neue. Am meisten hatte die Führungsspitze des DAS getroffen, daß der zentrale Parteivorstand im Juni 1928 nicht einmal einen Vertreter zum 1. Deutschen Arbeiter-Sängerbundfest nach Hannover gesandt hatte. Das Hannoveraner Fest aber war *das* Großereignis in der Geschichte der deutschen Arbeitersänger schlechthin; die Teilnahme und mehr noch die Erinnerung daran erfüllte alle Mitglieder des DAS mit prallem Stolz. Schließlich hatten selbst Kommentatoren bürgerlicher Zeitungen den Leistungen der Arbeiterchöre ihre Reverenz nicht versagt. Um so mehr schmerzte es die Arbeitersänger, daß sie ausgerechnet vom Vor-

---

515 Vgl. Protokoll 1914, S. 36 f.
516 Dem ADGB verübelten die Arbeitersänger, daß er auf seinem Kongreß 1925 in Breslau die Förderung der Arbeiter-Turn- und Sportbewegung beschloß, die Arbeitersänger aber nicht berücksichtigte. Erst 1932 erstreckte der ADGB den Förderungsbeschluß auch auf den DAS aus. Vgl. dazu *Wilfried van der Will/Rob Burns,* Arbeiterkulturbewegung in der Weimarer Republik, Frankfurt/M./Berlin/Wien 1982, S. 111.

stand derjenigen Partei, der sie mehrheitlich in Treue fest ergeben waren, für deren Ziele sie ja gewissermaßen ihre Sangeskunst einsetzten, offenkundig ignoriert, zumindest aber als nicht sonderlich bedeutsam angesehen wurden.[517]

Übertroffen wurde der Unmut der Arbeitersänger über die Zentralinstanz der Sozialdemokratie allerdings noch von ihrer Entrüstung über die Parteipresse. In den Weimarer Jahren ging tatsächlich kaum einmal eine Gaukonferenz oder ein Bundestag zu Ende, ohne daß nicht mindestens ein Delegierter eine harsche Philippika gegen die Tageszeitungen der SPD vom Stapel gelassen hatte. Als oberster Ankläger der sozialdemokratischen Presseerzeugnisse schwang sich in der zweiten Hälfte der Republik der Bundesvorsitzende Carl Fehsel auf. Stets hatte er bei seinen Polemiken gegen die „Arbeiterpresse" die Zustimmung und den Applaus der Delegierten auf seiner Seite. Generell hatten die Arbeitersänger den Eindruck, von den Redakteuren der SPD-Zeitungen links liegen gelassen zu werden. In einem Artikel für das Bundesorgan des DAS schrieb Fehsel erbost, daß man die Arbeitersängerbewegung in den Redaktionsstuben der Arbeiterpresse „geradeheraus gesagt: schneidet".[518] Bestenfalls, so der Bundesvorsitzende auf dem Münchner Bundestag, könne man unter den sozialistischen Schriftleitern mit Gleichgültigkeit rechnen, meist aber stoße man auf unverhohlene Ablehnung.[519] Besonders übel beleumdet waren bei den Arbeitersängern der „Vorwärts", die „Leipziger Volkszeitung" und der sozialdemokratische „Pressedienst".[520] Was die Mitglieder des DAS vor allem erzürnte, war die offensichtliche redaktionelle Privilegierung der großen Arbeitersportverbände, die die Arbeitersänger sowieso als Hauptkonkurrenten unter den sozialistischen Kulturorganisationen betrachteten und denen sie mit einer Mischung aus Eifersucht, Hochmut und einem uneingestandenen, aber tief sitzenden Inferioritätsgefühl begegneten.

Richtig an der Kritik der Arbeitersänger war zweifelsohne, daß die sozialistische Presse besonders in der zweiten Hälfte der Republik der Berichterstattung über den Arbeitersport mehr und mehr Platz einräumte. Doch damit entsprachen die sozialdemokratischen Gazetten ganz und gar den Erwartungen ihrer Leser aus der sozialistisch organisierten Arbeiterschaft, die ebenso wie die politisch ungebundenen Bevölkerungsteile mehrheitlich über die wichtigsten Sportereignisse, vor allem über die Spiele der Fußballvereine, informiert werden wollten. Eine Abstinenz beim Sport konnte sich die Parteipresse, deren Einzugsbereich ohnehin aufgrund ihrer eher konservativen Aufmachung und milieuspezifischen Sprache eng begrenzt war, nicht leisten; sie hätte andernfalls ganz gewiß etliche Leser und damit Abonnenten verloren. Und im Zuge dieser Sportbegeisterung hatten einige Parteizeitungen tatsächlich Korrespondenten eingestellt, die eigens über sportliche Darbietungen und Wettkämpfe berichteten.

Der Sport aber bildete die Ausnahme. Sonst brachten die Parteizeitungen über die Kulturorganisationen das, was sie aus deren Reihen an Zuschriften erhielten. Wenn

---

517 Vgl. hierzu etwa 7. Generalversammlung des DAS, S. 64.
518 DASZ Nr. 9, 1929, S. 113.
519 7. Generalversammlung des DAS, S. 27.
520 Vgl. etwa 6. Generalversammlung des DAS, S. 29; Geschäftsbericht 1926–29, S. 6.

die Arbeitervereine vor Ort keine schreibgewandten Mitglieder in ihren Reihen hatten, dann kamen sie auch in der lokalen Presse nicht vor. Besaßen sie aber jemanden, der mit der Feder umgehen konnte und unermüdlich Artikel über Zusammenkünfte seines Arbeitervereins schrieb, dann hatte dieser Verein die beste Presse. Das traf für die Arbeitersänger so gut zu wie für die Naturfreunde, die Jungsozialisten, den Arbeiter-Samariter-Bund oder welche Organisation des sozialdemokratischen Umfelds auch immer. Sie alle hatten in irgendwelchen Städten einen emsigen Schriftführer und durch ihn oft auch eine regelmäßig erscheinende Beilage im regionalen Parteiorgan zur Verfügung, so im übrigen auch und trotz allen Lamentos die Arbeitersänger: etwa in Braunschweig, in Kassel, in Dortmund und in Bielefeld.

Aber in all den Arbeitervereinen gab es ebenfalls Untergliederungen, in denen sich niemand fand, der sich die Schriftstellerei zutraute und die Redaktion mit Artikeln versorgen konnte. Und überall waren die Folgen dieses Mißstandes und die Reaktion darauf gleich. Die Mitglieder der Arbeitervereine lasen nichts von ihren Aktivitäten und Versammlungen in ihrem örtlichen SPD-Blatt und schrien dann Zeter und Mordio, daß ausgerechnet ihr Verband von der Parteipresse systematisch und bewußt benachteiligt werde. Einige wenige selbstkritische Arbeitersänger erkannten diese ihre eigene Schwäche – nämlich nicht genügend profilierte Schreiber zu haben – und gaben sie auch freimütig zu.[521] Doch die Mehrheit der Arbeitersänger stimmte lieber in den Chor lautstarker Anklagen gegen die vermeintlich gesangsfeindlichen SPD-Zeitungen ein. Letztlich lag auch diese Haltung der Arbeitersänger in ihrem für die Weimarer Jahre typischen Anspruchsdenken und in ihrer Selbstüberschätzung begründet. Die Arbeitersänger gerierten sich gleichsam kollektiv wie die Diva unter den Arbeitervereinen; sie sahen sich als Olympier der proletarischen Kunst und erwarteten schlicht und einfach, daß die Redakteure der sozialdemokratischen Presse zu ihnen kamen, die sie „die edelste Bewegung auf dem Gebiet der Arbeiterkultur pflegten"[522], und nicht umgekehrt, wie es sonst der Fall war.

c) *Konkurrenzen und Fragmentierungen im Milieu*

In der Dauerschelte des DAS über andere Arbeiterorganisationen und die Arbeiterpresse kam aber mehr zum Ausdruck als nur der elitäre Dünkel von den Realitäten etwas entrückter Chorsänger. Dahinter verbargen sich zudem reale Spannungslinien, die das sozialistische Milieu in den zwanziger Jahren mehr und mehr durchzogen. In der Nachkriegszeit sah der eine Arbeiterverein in dem anderen nicht mehr allein die Bruderorganisation gleicher sozialer Provenienz und ideologischer Gesinnung, sondern ebensosehr den Konkurrenten um Mitglieder und Einfluß. In die Solidargemeinschaft zog der Verbandsegoismus, das Konkurrenzdenken, eine Neigung zur eifersüchtigen Terrainbegrenzung und das Streben nach Hegemonie auf Kosten des je-

---

521 Vgl. etwa 6. Generalversammlung, S. 35.
522 DASZ Nr. 7, 1929, S. 140.

jeweils anderen ein. Kurz: das Milieu fragmentierte sich, und dies besonders auf dem quantitativen Höhepunkt der sozialistischen Arbeiterkultur, in der Periode des Wachstums und der Expansion, in den Jahren 1925 bis 1929 also. Tatsächlich bestand zwischen dem Wachstum der Arbeiterorganisationen, insbesondere der Vermehrung der Zahl *neuer* Arbeitervereine und der Zunahme von Konflikten und Spannungen zwischen den verschiedenen Segmenten der sozialistischen Arbeiterkultur ein innerer Zusammenhang. In der Zeit vor dem Ersten Weltkrieg gab es im Grunde nur fünf oder sechs gewichtige Freizeit- und Kulturorganisationen des sozialdemokratischen Umfelds; sie hatten alle ihre spezifische Aufgabe, ihre spezifischen Adressaten, und so kam man sich nicht weiter ins Gehege. Die Arbeiterjugend organisierte den sozialistisch eingestellten Nachwuchs, die Freidenker die Dissidenten, der DAS die Sangeslustigen, die Arbeitersportverbände die Turner und Athleten, der Arbeiter-Samariter-Bund die Sanitäter und Krankenschwestern, die Abstinenten die Alkoholgegner und Lebensreformer. Nach dem Ersten Weltkrieg änderte sich das schlagartig: Immer mehr neue Vereine entstanden, immer stärker erweiterten und überschnitten sich deren Aufgabenfelder und Aktivitätsbereiche, immer härter rang man schließlich um die gleichen Zielgruppen. Die SAJ verlor ihr Monopol auf die Jugend, der Abstinentenbund auf die Lebensreform. Der Arbeiter-Turn- und Sportbund sah sich neuen proletarischen Körperkulturbewegungen gegenüber; der Arbeiter-Samariter-Bund bekam es nun mit der Arbeiterwohlfahrt zu tun. Und gesungen wurde nun nicht mehr allein im DAS. Die SAJ schuf sich eigene Jugendchöre, die Jungsozialisten und Kinderfreunde ebenso. Im Arbeiter-Turn- und Sportbund sowie in der Baugenossenschaft etablierten sich Gesangsabteilungen, und in den Laubenkolonien sozialdemokratisch orientierter Arbeiter gründete sich in den zwanziger Jahren ein Gesangsverein nach dem anderen.[523] Die Arbeitersänger im DAS betrachteten diese neuen Konkurrenten mit Sorge, ebenfalls ein bißchen mit Furcht um die Zukunft des eigenen Verbandes, aber auch mit einigem ästhetischen Entsetzen über das geringe künstlerische Niveau dieser oft schlecht geleiteten, im ganzen denkbar anspruchslosen Chöre, in denen – wie insbesondere bei den Jungsozialisten und in der SAJ – die klassenkämpferische Gesinnung der Liedinhalte weitaus mehr zählte als die gesangstechnische Reife und Qualität. Auf der ersten öffentlichen Tagung des nicht zuletzt zur Überwindung der zunehmenden Segmentierung des Arbeiterkulturwesens konstituierten „Sozialistischen Kulturbundes" in Blankenburg Anfang Oktober 1926 unternahm der Musikideologe des DAS Alfred Guttmann einen Vorstoß, um eine bessere Koordination in den einzelnen Vereinen zu erreichen, insbesondere aber, um den Primat des DAS auf dem Gebiet der proletarischen Gesangskultur herauszustellen und durchzusetzen.[524] Doch Guttmanns Mahnungen und Appelle fanden weder auf der Tagung Gehör, noch erzielten sie in den angesprochenen Organisationen und Verbänden ein vernehmbares Echo. Bis Ende der zwanziger Jahre blieb so die sich nach 1918 orga-

---

523 Vgl. etwa 6. Generalversammlung 1926, S. 36; ASZ, Nr. 4, 1931, S. 90.
524 Vgl. Sozialismus und Kultur. Tagung des Sozialistischen Kulturbundes vom 2. bis 3. Oktober 1926 in Blankenburg/Thür., hrsg. vom Sozialistischen Kulturbund, Berlin 1927, S. 49.

nisatorisch ausdifferenzierende Gesangskultur des sozialdemokratischen Umfelds fragmentiert.

d) *Gegen den Anschluß an die Zentralkommission für Sport und Körperkultur*

Für die Fragmentierung des Arbeitervereinswesens trug allerdings auch der DAS ein Stück Verantwortung, da er sich aufgrund seines ausgeprägt künstlerisch-ästhetischen Selbstverständnisses nicht allzu sehr auf die gleiche organisatorische Ebene mit den Arbeiterkörperkulturverbänden begeben wollte. Auf diese sahen die Arbeitersänger meist etwas verächtlich herab, mit ihnen mochten sie nicht gleichgesetzt werden. So blockte der DAS alle Versuche ab, die vor allem die „Zentralkommission für (Arbeiter-)Sport und Körperpflege" einleitete, um die Verbände des sozialistischen Freizeitlebens fester zusammenzuschließen und das auseinandergehende kulturelle Potential zu bündeln. Dabei kam die Zentralkommission den Sängern durchaus entgegen. Sie zeigte Verständnis dafür, daß die Arbeitersänger von der Perspektive, bei einem Beitritt zur „Zentralkommission" künftig mit den Arbeitersportlern identifiziert zu werden, wenig angetan oder gar begeistert waren und daher auf Abstand hielten. Die Zentralkommission sandte infolgedessen 1914 einen Vertreter zur Generalversammlung der Arbeitersänger, der den Delegierten eine Namensänderung der Kommission im Falle eines Beitritts des DAS in Aussicht stellte.[525] Auch sonst gab sich der Repräsentant des Körperkulturkartells redliche Mühe, die Konferenzteilnehmer von den Vorzügen dieser Einrichtung zu überzeugen. Die „Zentralkommission", so ihr Abgesandter, könne inzwischen aufgrund des zahlenmäßigen Gewichts der ihr angeschlossenen Mitglieder einigen Einfluß auf die Parlamente, Behörden und Regierungen geltend machen, und sie genieße überdies das Wohlwollen der Berliner Zentralvorstände von Partei und Gewerkschaften. Obwohl die Arbeitersänger fortwährend darüber klagten, daß ihnen ähnlicher Zuspruch von seiten der beiden großen Arbeiterorganisationen nicht zuteil wurde, ließen sie dennoch den Vertreter der „Zentralkommission" kurz und schroff abblitzen. Nur ein Redner, Georg Fladung aus dem Gau Rheinland, unterzog sich überhaupt der Mühe, auf das Referat des Sprechers der „Zentralkommission" einzugehen. In ziemlich arroganter Weise kehrte er die künstlerischen und ästhetischen Besonderheiten des Chorgesangs heraus und setzte demgegenüber den Wert der Arbeitersportkultur unmißverständlich herab. Der Beitritt in die „Zentralkommission" kam für ihn folglich nicht in Frage, da dadurch nur die „Konzentration all unseres Strebens auf unsere künstlerische Mission hin" gestört werde. Eine weitere Diskussion schloß sich diesen Ausführungen nicht an, da Fladung der übergroßen Mehrheit der Delegierten offenkundig aus dem Herzen gesprochen hatte. Unwirsch verlangte ein mitteldeutscher Delegierter den sofortigen „Schluß der Debatte"; man habe schließlich wichtigeres zu erledigen, als sich noch

---

525 Hierzu und im folgenden Protokoll der 3. Generalversammlung, S. 93 f.

weiter mit der Frage des Beitritts zu befassen. Die Konferenzteilnehmer gaben ihm vollauf Recht und schritten unmittelbar zur Abstimmung. Nur drei der anwesenden Delegierten hielten einen Anschluß an die Zentralkommission für richtig.

Zwölf Jahre später, auf der Generalversammlung des DAS in Hamburg 1926, sahen sich die Delegierten erneut mit einem Antrag auf Eintritt in die Zentralkommission konfrontiert.[526] Begründet wurde der von den pfälzischen Arbeitersängern eingereichte Antrag damit, daß inzwischen die größten Arbeitervereine der „Zentralkommission" angehörten. Es gehe daher nicht an, so die Entschließung aus der Pfalz, daß sich die Arbeitersänger noch länger abseits stellten. Tatsächlich hatte sich seit der Leipziger Generalversammlung die schroffe Distanz der Arbeitersänger zum Sport- und Körperkulturkartell ein wenig abgemildert. Die „Zentralkommission" war nach 1918 zu einer außerordentlich einflußreichen Institution in der sozialistischen Arbeiterbewegung herangewachsen, die zum Gegner zu haben nur schaden konnte und die durch brüske Nichtbeachtung vor den Kopf zu stoßen sich nicht unbedingt empfahl. So entspann sich in Hamburg eine sehr viel längere Diskussion über die Frage des Beitritts als in Leipzig; auch meldeten sich dieses Mal mehrere Delegierte zu Wort, die den Anschluß an die Zentralkommission befürworteten. Dabei sang niemand von ihnen das hohe Lied von der sozialistischen Einheit und Solidarität, vielmehr führten die Sympathisanten eines Beitritts höchst pragmatische und utilitaristische Argumente für ihre Option ins Feld. Sie versprachen sich sämtlichst einen greifbaren und handfesten materiellen Nutzen von einer organisatorischen Kooperation mit den großen Sportverbänden. Delegierte aus Thüringen und der Pfalz hofften, über die Sportler leichter als bisher an die Arbeiterjugendlichen heranzukommen. Ein Gauvertreter aus dem Badischen sah im Verbund mit den Sportorganisationen bessere Aussichten, die Stadtverwaltungen künftig zu finanziellen Zuschüssen zu bewegen, und ein Konferenzteilnehmer aus dem Rhein-Maingau wollte schlicht in den Genuß von Fahrpreisermäßigungen für Gruppenausflüge kommen, wie sie die Reichsbahn den Sportkartellen, nicht aber den Arbeitersängern seit Jahren bereits einräumte. So verlockend das eine oder andere davon für manche Delegierte auch gewesen sein mochte, schwerer indessen wog doch die Abneigung der Arbeitersänger, vom Olymp der erhabenen Kunst in die Niederungen des profanen und muskelbetonten Sports hinabsteigen zu müssen und sich durch ein zu enges Bündnis mit den Sportlern von den Gesangskollegen und Musikgrößen aller Lager und Gesinnung zum Gespött zu machen und letztlich hoffnungslos zu kompromittieren. Der Bundesvorsitzende des DAS traf den Seelenzustand der Sänger präzise mit seinem den Beitritt ablehnenden Kommentar: „Der organisatorische Anschluß an das Sportkartell würde das öffentliche Ansehen des DAS ganz besonders in der Musikwelt beeinträchtigen und uns gerade um den Erfolg bringen, um den wir mühsam ringen." So weit wollten es die Arbeitersänger nun denn doch nicht kommen lassen, da waren Beethoven und Uthmann vor: Bei immerhin 10 Gegenstimmen lehnte der DAS auch 1926 wieder die Integration in das Kartell der Arbeitersport- und -Körperkulturverbände ab.

---

526 Zur Hamburger Debatte über die Zentralkommission vgl. 6. Generalversammlung 1926, S. 51 f.

e) *Die andere Seite: Wachsende Integration in das reformistische Organisationsnetz*

Die Tendenzen zur Fragmentierung des sozialistischen Vereinswesens in den zwanziger Jahren war nicht zu übersehen. Doch zugleich blieben die solidargemeinschaftlichen Zusammenhänge und Bestrebungen, die auf der nach wie vor bestehenden Gemeinsamkeit sozialer Erfahrungen und normativer Grundeinstellungen fußten, erhalten, wurden in den Endjahren der Republik gar wieder stärker. Das Milieu franste weiter aus, wurde differenzierter, komplexer, auch spannungsreicher, aber es desintegrierte sich nicht. Der DAS wahrte auf der einen Seite Eigenständigkeit, sicher auch Distanz gegenüber den ausgreifenden Einflüssen der großen Körperkulturverbände und grollte wegen der an ihm vorbeilaufenden Segmentierung der Gesangskultur im organisierten Proletariat, doch verbanden den DAS auf der anderen Seite sehr viel mehr organisatorische Fäden zu den zentralen Formationen der gewerkschaftlichen, kulturellen und politischen Arbeiterbewegung als noch in den Jahren des wilhelminischen Deutschlands. Der DAS hatte sich fester denn zuvor in ein spezifisches Netzwerk des Arbeitervereins eingefügt, genauer: in das reformistisch-sozialdemokratische, trotz seines formell überparteilichen Anspruchs und eines gewiß nicht gänzlich marginalen Anteils kommunistischer Mitglieder. Und dieses reformistische Milieu rückte unter dem Druck der ökonomischen Krise und der politischen Herausforderung durch die Nationalsozialisten Anfang der dreißiger Jahre wieder eng zusammen, so daß selbst zwischen den Arbeitersängern und den Arbeitersportlern eine imposante kulturelle Symbiose entstand, in der sich das, aller vorangegangenen Organisationsegoismen zum Trotz, niemals abhanden gekommene kollektiv Verbindende einer gemeinsamen sozialen Herkunft, einer gemeinsamen lebensweltlichen Grundmentalität und einer konsensstiftenden politisch-gesellschaftlichen Zukunftsvision verschmolz und ausdrückte.

Bezeichnend für die stärkere Integration des DAS in das reformistische Vereinsmilieu war sein Beitritt zum Anfang 1926 gegründeten „Sozialistischen Kulturbund", der als eine Art größerer Nachfolger des früheren Zentralbildungsausschusses der SPD das verstreute kulturelle Kapital der Arbeiterbewegung gleichsam bündeln und aggregieren sollte.[527] Mit dem Anschluß an den „Kulturbund" hatte sich der DAS von der Acht befreien können, mit dem ihn der Zentralbildungsausschuß vor 1914 noch belegt hatte. Die Arbeitersänger waren nun als vollwertiges Mitglied in der sozialdemokratischen Kulturfamilie anerkannt. Darüber, daß es sich beim „Sozialistischen Kulturbund" im wesentlichen um eine sozialdemokratische Familienangelegenheit handelte, in der mitzureden Kommunisten nicht gestattet wurde, unterrichtet allein schon das politische Profil der übrigen Verbände, die dort mitwirkten. Da fungierten als unmittelbare Träger des „Sozialistischen Kulturbundes" der Reichsausschuß für sozialistische Bildungsarbeit, die SAJ, die Kinderfreunde, die Arbeitsgemeinschaft sozial-

---

527 Zum Sozialistischen Kulturbund vgl. Jahrbuch der Deutschen Sozialdemokratie für das Jahr 1926. Herausgegeben vom Vorstand der Sozialdemokratischen Partei Deutschlands, Berlin o.J., S. 44; Arbeiterbildung 1926, S. 1 ff.

demokratischer Lehrer und Lehrerinnen und die Arbeiterwohlfahrt – allesamt unmittelbare sozialdemokratische Suborganisationen, deren autonome Entscheidungsbereiche durch die Programmatik und die Parteitagsbeschlüsse der SPD begrenzt waren. Zu den als ständige Mitarbeiter deklarierten Organisationen im „Sozialistischen Kulturbund" zählten neben dem Arbeiter-Sängerbund noch der ADGB, die „Zentralkommission für Arbeitersport und Körperpflege" und der Verband der Volksbühnen. Mit lediglich beratender Stimme nahmen überdies unter anderem noch die Jungsozialisten, der AfA-Bund, die Naturfreunde und der Arbeiter-Samariter-Bund an den Sitzungen des sozialistischen Kulturkartells teil. All diese Organisationen vertraten eine reformistisch-sozialdemokratische, im Ausnahmefall auch linkssozialistische, keinesfalls jedoch eine kommunistische Linie. Prominente sozialdemokratische Politiker waren ebenfalls die beiden Vorsitzenden des „Sozialistischen Kulturbundes": der Staatssekretär im Reichsinnenministerium und Mitglied im Parteivorstand, Heinrich Schulz, sowie der Reichsvorsitzende der SAJ, Max Westphal, der seit 1927 ebenfalls dem Parteivorstand angehörte und zudem Mitglied der preußischen Landtagsfraktion der SPD war.

Auch im Sprachgebrauch der im Bundesorgan abgedruckten Berichte aus den Gauen firmierte die SPD zumeist nur als *die Partei*. Für die übergroße Mehrheit der DAS-Mitglieder war ganz einfach selbstverständlich, daß mit *der Partei* allein die sozialdemokratische, nicht aber etwa die kommunistische gemeint sein konnte. Zu den Gaukonferenzen der Arbeitersänger entsandten ebenfalls überwiegend reformistisch-sozialdemokratische Arbeitervereine und Organisationen Abgesandte. Die Gästeliste auf den Tagungen der Untergliederungen im DAS sah fast immer gleich aus: Anwesend waren in aller Regel Repräsentanten der Sozialdemokratischen Partei, der freien Gewerkschaften und der sozialdemokratischen Stadtratsfraktion, oft auch Vertreter der weltlichen Schulen, der Arbeitsgemeinschaft sozialdemokratischer Lehrer und Lehrerinnen, der Arbeitersportler und des Reichsbanners. Ein Kommunist verirrte sich dagegen nur in Ausnahmefällen zu den Gau- und Bezirkstreffen der Arbeitersänger. Wie sehr trotz allen Grummelns der DAS besonders in den frühen dreißiger Jahren mit der Sozialdemokratie verklammert, zumindest aber geistig und ideell verbunden war, zeigte sich vor allem bei der Eröffnung der achten Bundesgeneralversammlung der Arbeitersänger Mitte Juni 1932 in Braunschweig. Bevor die eigentlichen Verhandlungen begannen, hatten fünf Gastredner die Gelegenheit, einige Grußworte an die Versammlung zu richten. Der erste vertrat als sozialdemokratischer Oberbürgermeister die Stadt Braunschweig, der zweite den zentralen Parteivorstand der SPD in Berlin, der dritte die sozialdemokratische Landtagsfraktion, der vierte den Bezirksvorstand der SPD in Braunschweig, und der fünfte repräsentierte den ADGB, besaß aber ebenso wie seine vier Vorredner ein Parteibuch der SPD.[528]

Die Anwesenheit des sozialdemokratischen Parteivorstandsmitglieds Max Westphal auf der Generalversammlung 1932 in Braunschweig empfanden viele Arbeitersänger

---

528 Vgl. ASZ Nr. 7, 1932, S. 147.

als krönenden Abschluß oder besser: Höhepunkt einer 1930 in der gleichen Stadt begonnenen Entwicklung dichterer und harmonischer Beziehungen zwischen dem DAS und der bis dahin wegen ihres vermeintlichen Desinteresses am Arbeitergesang oft heftig getadelten SPD. Anfang April 1930 hatte der sozialdemokratische Ortsverein in Braunschweig – *die* Hochburg der Weimarer SPD schlechthin, nimmt man als Maßstab dafür allein die Ergebnisse der Reichstagswahlen – eine groß angelegte Werbeveranstaltung für die Arbeitersänger durchgeführt.[529] Seither waren sich der DAS und die SPD, aber auch die übrigen reformistischen Arbeitervereine deutlich näher gekommen. 1932 konnte der Bundesvorsitzende Carl Fehsel erstmals eine befriedigende Bilanz der Kontakte zwischen dem DAS und anderen gewichtigen Arbeiterorganisationen ziehen: „Auch der Verkehr mit anderen Zweigen der Arbeiterbewegung sei lebhaft und ersprießlich gewesen; der Gedankenaustausch mit den leitenden Instanzen der SPD und des ADGB habe regelmäßiger stattgefunden als früher."[530]

In den frühen dreißiger Jahren tauchte der DAS auch vollständig in die reformistisch-sozialdemokratische Agitations- und Propagandakultur ein. 1931 übernahm er die bekanntlich von einigen parteigenössischen Witwen als höchst anstößig empfundene sozialdemokratische Werbeparole „Wo bleibt der zweite Mann?". Noch im selben Jahr nahm der Musikverlag des DAS ein Lied gleichen Titels in sein Programm auf.[531] Im Jahr darauf unterstützte der DAS mit einem eigens dafür komponierten Marsch die im Dezember 1931 von der SPD, den freien Gewerkschaften, den Arbeitersportverbänden und dem Reichsbanner als antifaschistische Abwehrtruppe gegründete „Eiserne Front".[532] Besonders auf den Fest- und Feierveranstaltungen der sozialdemokratisch orientierten Arbeiterbewegung der frühen dreißiger Jahre fügte sich das in den zwanziger Jahren allmählich fragmentierte Arbeitervereinswesen zumindest symbolisch wieder zu einem einheitlichen proletarischen Körper zusammen. Vor dem Hintergrund des Vormarsches der extremen Rechten und der Lasten der ökonomischen Krise schwand die Bedeutung der Gegensätze zwischen den reformistischen Organisationen. Es wuchs wieder die Einsicht in die Gemeinsamkeiten. Vor allem die Arbeitersänger und Arbeitersportler bemerkten jetzt, was sie aneinander hatten, wie sie sich zusammen ergänzen konnten in einer Zeit, in der die Mitglieder beider Organisationszweige nach einem neuen Agitationsstil und Festritus drängten, die wuchtig, monumental, dramatisch, pathetisch und visionär zugleich sein sollten. Dieses Bedürfnis kulminierte gleichsam in den Massenchören und -festspielen, die zwischen 1930 und 1932 in den großen Städten des Reichs, allen voran in Berlin, Frankfurt und Breslau, zur Aufführung kamen. Im Zentrum standen zwar die Arbeiterchöre, aber ohne die Arbeitersportler, ohne ihren Bizeps, ihre Muskelkraft, ihre körperliche Geschicklichkeit ging es nicht. Sie verantworteten die gymnastischen und turnerischen Einlagen, sie stellten die Bewegungschöre, und sie brachten die Massen, das A und O

---

529 Vgl. DASZ Nr. 5, 1930, S. 73.
530 8. Generalversammlung des DAS, S. 80.
531 Vgl. ASZ Nr. 4, 1931, S. 86.
532 ASZ Nr. 8, 1932, S. 174.

jener damaligen Stücke wie „Wir" oder „Kreuzzug der Maschine", auf die Bühnen. In den Massenchören dieser letzten Jahre der Weimarer Republik spiegelte sich noch einmal und vielleicht so deutlich wie kaum zuvor die Idee, ein gutes Stück weit auch die Realität der Solidargemeinschaft wider. In den Großfestspielen vereinigten sich die Gedanken und Handlungsmaximen der Kollektivität, der Kooperation und Solidarität. Sie aggregierten die verschiedenartigen Kompetenzen und Fähigkeiten, die die jeweiligen Arbeitervereine organisiert und systematisch gefördert hatten, und sie propagierten den Mythos von der historischen Mission des Proletariats, beschworen ein letztes Mal die sozialistische Erlösungsutopie, welche noch immer der Solidargemeinschaft den Zukunftsglauben gab und die Kraft spendete, ohne die sie wohl vorher bereits zusammengebrochen oder auseinandergefallen wäre.

Ein ganz typisches Beispiel für dieses solidargemeinschaftliche Zusammenspielen mehrerer reformistischer Arbeitervereine und Organisationen war die Inszenierung des von dem Berliner Lehrer Lobo Frank geschriebenen Stücks „Kreuzzug der Maschine" am 1. Mai 1931 in der Breslauer Jahrhunderthalle. Die Proben dazu begannen bereits im Herbst 1930; insgesamt wirkten an die 1000 Laiendarsteller daran mit. Als Veranstalter trat der Arbeiter-Bildungsausschuß der Breslauer SPD auf. Den gesanglichen Part hatten die Männer- und Frauenchöre des Breslauer Volkschors, der Lokalvereinigung des Breslauer Arbeiter-Sängerbundes übernommen; sie wurden sekundiert von den Kinderchören der vier mit dem Etikett „weltlich" versehenen, genauer aber als sozialistisch-freidenkerisch zu charakterisierenden Schulen der schlesischen Metropole. Die vokalen Deklamationen und die gymnastischen Ausdruckstänze hatten die Sprech- und Bewegungschöre des Arbeitersportkartells, der SAJ und des freigewerkschaftlichen Jugendkartells einstudiert. Zusammengeführt, in eine einheitliche Form gebracht und zu einem Riesenspektakel entwickelt wurde dies alles von Otto Zimmermann, dem Leiter der Abteilung für Sprech- und Bewegungschor an der Bundesschule des Arbeiter-Turn- und Sportbundes in Leipzig, der die Regie übernommen hatte und sich zu Proben über Monate eigens an die östliche Peripherie des Reichs aufmachen mußte. Karten für das Stück konnte man im Arbeiterfahrradhaus „Frisch auf", in sämtlichen Läden des Konsum- und Sparvereins „Vorwärts", im Restaurant des Gewerkschaftshauses, in der Volkswacht-Buchhandlung, bei der Volksbühne, in allen Geschäftsstellen der SPD-Abteilungen, im Büro des Reichsbanners und in der Arbeitersportzentrale erhalten. Als endlich der Tag der Aufführung gekommen war, strömten zehntausend mit dem Sozialismus sympathisierende Breslauer in die Jahrhunderthalle, um sich an der Botschaft des Chorwerks, das nach biblischem Muster die schließliche Erlösung des Proletariats nach langem Leidensweg darstellte, zu berauschen. Die Nachfrage nach Karten war dermaßen groß, daß die Inszenierung zwei Tage später vor erneut etlichen tausend Zuschauern wiederholt werden mußte.[533]

---

[533] Vgl. Breslauer Volkswacht vom 4.4., 18.4., 2.5. und 4.5. 1931. Über vergleichbares in Berlin und Frankfurt berichten *van der Will/Burns*, S. 114 und *Rainer Stübling*, Kultur und Massen. Das Kulturkartell der modernen Arbeiterbewegung in Frankfurt am Main von 1925 bis 1933, Offenbach 1983, S. 38 ff.

In diesen und ähnlichen Massenfestchören der frühen dreißiger Jahre erlebte der solidargemeinschaftliche Zusammenhang noch einmal eine späte und historisch letzte Blüte. Noch einmal zeigte die reformistische Arbeiterbewegung Flagge und versuchte sich mit dem Monumentalkult des stets unverzagt und am Ende immer siegreich kämpfenden Proletariats selber Mut einzuflößen, um sich mit neuer Kraft einer gesellschaftlichen und politischen Entwicklung entgegenzustemmen, die in eine ganz andere Richtung ging als in die, die auf den Bühnen sozialdemokratischer Festtagskultur vielstimmig und im defensiven Schulterschluß wohl mehr verzweifelt als mit aufrichtigem Optimismus beschworen wurde. Wahrscheinlich brauchten die Mitglieder der reformistischen Kultur- und Freizeitorganisationen zumindest an den Festtagen der Arbeiterbewegung den Trost der sozialistischen Utopie und das Sedativ des „letztlichwerden-wir-doch-siegen", um im Alltag der erodierenden Republik es leichter ertragen zu können, von Niederlage zu Niederlage getrieben und gehetzt zu werden.

f) *Internationale der Arbeitersänger*

Auch auf internationaler Ebene versuchte der DAS ein Netzwerk organisatorischer Kooperation zu spannen. Die Gründung einer „Internationale der Arbeitersänger", kurz: IDAS, am 12. Juni 1926 in Hamburg, am Vorabend und im Umfeld des dortigen Bundestages des DAS, war im wesentlichen sein Werk. Die deutschen Arbeitersänger hatten die ersten Anstöße zu dann allmählich regelmäßigeren Kontakten mit Vertretern proletarischer Musikverbände anderer Länder gegeben, sie stellten den sämtlichst sehr viel kleineren Bruder- und Schwesterorganisationen Material zur Verfügung, boten ihr organisatorisches Potential für die Koordination und Leitung der neuen Internationale an und richteten schließlich die „Internationalen Konferenzen" aus: neben der Hamburger Gründungsversammlung noch Anfang 1927 ein internationales Meeting in Frankfurt im Rahmen der Arbeitermusikwoche, 1929 den zweiten Kongreß der Internationale in München und schließlich die dritte und letzte Zusammenkunft der internationalen Arbeitersängerschaft 1932 in Braunschweig. Diese Dominanz der reichsdeutschen Organisation war durchaus typisch und charakteristisch für die verschiedenen, besonders in der zweiten Hälfte der zwanziger Jahre entstandenen Internationalen der sozialistischen Kultur- und Freizeitorganisationen, in denen durchweg – mit Ausnahme der Arbeiterradio-Internationale, in welcher die Holländer den Ton angaben – die spezifischen Organisationsmentalitäten, gesellschaftlichen Sichtweisen und Sozialismusinterpretationen der zumeist marxistisch sozialisierten Funktionäre der Arbeitervereine des deutschsprachigen Kulturraumes vorherrschten oder gar als verbindlich galten. In Ländern, in denen die Klassenverhältnisse nicht so zementiert und schroff polarisiert waren wie in den deutschsprachigen Teilen Mitteleuropas, fand der exklusiv proletarisch ausgerichtete, dezidiert antibürgerliche und fest durchorganisierte Kultursozialismus marxistisch-deutscher Prägung kaum Widerhall und somit im besten Fall auch nur extrem mitgliederschwache Sektionen für die neu eingerichteten Internationalen.

Erste Aktivitäten für einen internationalen Zusammenschluß der Arbeitersänger entfalteten Vorstandsvertreter des DAS bereits in den Jahren 1924/25, als sie Repräsentanten von Arbeitergesangsvereinigungen anderer europäischer Länder – insbesondere aus dem benachbarten Österreich, der Schweiz, der Tschechoslowakei und aus Elsaß-Lothringen – zu Tagungen und Festen der deutschen Arbeitersänger einluden, sie mit Notenmaterial aus dem Bundesverlag versorgten und ihnen allmonatlich das Bundesorgan zustellten.[534] 1926 reichten dann dem DAS die informellen Beziehungen nicht mehr aus: Er schritt daher zur formellen Etabierung einer Arbeitersänger-Internationale, obgleich sich der Kreis der daran interessierten Musikverbände nach wie vor nicht wesentlich über die drei überwiegend deutschsprachigen Länder Mitteleuropas erstreckte. Insgesamt waren auch nur fünf nationale Gesangsvereinigungen der sozialistischen Arbeiterschaft der Einladung des DAS nach Hamburg gefolgt, um dort die IDAS aus der Taufe zu heben. Zu diesem Gründungsquintett der IDAS gehörten neben dem DAS noch der Österreichische Arbeiter-Sängerbund, der Deutsche Arbeiter-Sängerbund in der Tschechoslowakischen Republik, der ebenfalls deutschsprachige Arbeiter-Sängerbund Elsaß-Lothringens und schließlich noch der Ungarische Arbeiter-Sängerbund.[535] Indessen sprach sich die Kunde von der erfolgreichen Konstituierung der Arbeitersängerinternationale in der europäischen Arbeiterbewegung herum und zog in den nächsten Jahren noch einige weitere, allerdings erheblich kleinere nationale Gesangsgruppen an; selbst aus Übersee erhielt die IDAS Zulauf, womit sie im Unterschied zu den meisten anderen sozialistischen Freizeit- und Kulturinternationalen zumindest ansatzweise eine wirkliche Internationale und nicht nur eine europäische Arbeitervereinskonföderation war. Bis zum zweiten Kongreß der IDAS, Mitte Juni 1929 in München, hatte sich die Zahl der dort vertretenen Sektionen jedenfalls um zusätzliche acht auf nun insgesamt dreizehn vermehrt. Hinzugekommen waren die Arbeitersänger aus der Schweiz, aus den Niederlanden, aus Polen, Dänemark und den USA, dann noch ein vorwiegend französisch singender Chor aus Elsaß-Lothringen, das dadurch mit zwei, kulturell jedoch sehr unterschiedlich geprägten Sektionen in der IDAS repräsentiert war. Außerdem hatten sich noch zwei Einzelvereine aus Belgien, genauer: aus Brüssel und Antwerpen, jede für sich der Gesangsinternationale angeschlossen.[536] Abermals drei Jahre weiter, zum Zeitpunkt der dritten Zusammenkunft der IDAS im Juni 1932 in Braunschweig, umfaßte die Arbeitersängerinternationale bereits siebzehn Vereine. Neu beigetreten waren die proletarischen Chorvereinigungen aus Norwegen, Palästina, der Tschechoslowakei – dort des tschechisch sprechenden oder besser: singenden Bevölkerungsteils – und aus London.[537]

Doch darf man sich von der beachtlichen Zahl angeschlossener Mitgliederverbände der IDAS nicht täuschen lassen. Denn formell hatte sich die IDAS zwar über die

---

534 Geschäftsbericht 1923–26, S. 8.
535 Vgl. Geschäftsbericht 1926–29, S. 9.
536 Ebda.
537 Protokoll der Internationalen Konferenz 1932, S. 30.

Grenzen der deutschsprachigen Nationalitäten- und Kultursphäre hinweg ausdehnen können, im Kern aber blieb der organisierte proletarische und von der sozialistischen Zukunftsvision inspirierte Chorgesang nahezu ausschließlich in vorwiegend deutschsprachigen Staaten bzw. Ländern mit deutschsprachigen Bevölkerungsminderheiten beheimatet. Ein Blick auf die Mitgliederstärke der in der IDAS vertretenen Vereinigungen gibt darüber Aufschluß. An der Spitze der Mitgliederskala lagen die Arbeitersängerorganisationen aus Deutschland, Österreich, der Tschechoslowakei und der Schweiz. Der mit großem Abstand stärkste Verband der IDAS war der DAS, der Anfang der dreißiger Jahre bekanntlich an die 200000 Mitglieder zählte. Auf dem zweiten Platz, aber weit abgeschlagen hinter dem DAS lag der Österreichische Arbeiter-Sängerbund, der es zur gleichen Zeit auf etwa 15000 Mitglieder brachte. Die deutschen Arbeitersänger in der tschechoslowakischen Republik folgten mit rund 10000 Mitglieder, während der Schweizer Verband auf etwa 8000 kam, allerdings als einziger unter den vier Spitzenreitern der IDAS mit einer auch nach 1929 nicht unterbrochenen, kontinuierlich progressiven Mitgliederentwicklung. Alle übrigen Sektionen der IDAS erreichten niemals wesentlich mehr als 3000 Mitglieder; viele hatten nur einige hundert Sänger organisiert, so die Polen, die Belgier und die Engländer. In Frankreich existierte außerhalb Elsaß-Lothringens offenkundig nicht ein einziger, exklusiv die Arbeiter organisierender und mit dem Sozialismus sympathisierender Chor.[538]

Insgesamt lebten mithin etwas mehr als 3/4 aller dem Sozialismus zugeneigten Arbeitersänger der Zwischenkriegszeit im Deutschen Reich. Schon dadurch wurde die IDAS im wesentlichen eine Sache der Deutschen, von deren Finanzkraft die „Internationale" abhängig war und auf deren Verwaltungsapparat sie sich vollständig stützte. Von den 13875 Mark Einnahmen, die die IDAS-Zentrale aus Beiträgen der ihr angeschlossenen Verbände zwischen 1929 und 1932 erzielte, stammten allein 11000 aus der Kasse des DAS.[539] Mit anderen Worten: Zu 4/5 finanzierte sich die Internationale der proletarischen Chöre aus den Ressourcen des DAS. Auch die Verwaltung des Budgets der „Internationale" lag in den Händen des DAS: Für sie war ihr Rendant, Richard Hoeft, zuständig. Für die übrige Geschäftsführung und musikalische Leitung der IDAS trug zwischen 1926 und 1933 ebenfalls der DAS die Verantwortung. Das Amt des Vorsitzenden und den Posten des Sekretärs der Sängerinternationale füllte Carl Fehsel aus, als Obmann der Musikkommission fungierte Alfred Guttmann.[540] Nach dem Verbot des DAS durch die Nationalsozialisten ging die Geschäftsführung der IDAS dann auf den Vorstand des „Deutschen Arbeiter-Sängerbundes in der Tschechoslowakei" über.[541] Fünf Jahre später war der proletarisch-sozialistische Chorgesang in Europa gänzlich zerschlagen.

Bis 1933 jedoch sahen die meisten Sektionen der IDAS zum DAS auf; ihm nach-

---

538 Zu den Zahlen vgl. DASZ Nr. 7, 1929, S. 140; ASZ Nr. 4, 1931, S. 79 und Nr. 6, S. 134; Protokoll der Internationalen Konferenz 1932, S. 18 ff.
539 Vgl. Protokoll der Internationalen Konferenz, S. 30.
540 Vgl. DASZ Nr. 7, 1929, S. 144.
541 Vgl. Arbeitermusikkultur in Deutschland 1844–1945, S. 157.

zueifern, war vielen Verbänden Programm und erklärtes Ziel.[542] Bewundert wurde dessen einmalige Organisations- und Mitgliederstärke und seine außergewöhnliche Leistungskraft. Doch über diese Anerkennung der Organisationserfolge der Deutschen hinaus, die in den meisten anderen sozialistischen Kulturinternationalen ebenso anzutreffen war, fiel auf den DAS – und dies im Unterschied zu den übrigen reichsdeutschen Arbeiterkulturvereinen – der über die nationalen Grenzen hinweg strahlende Glanz der spezifisch deutschen Musiktradition, zu der der DAS zwar nichts beigetragen hatte, als deren rechtmäßigen Erben ihn die ausländischen Arbeitersänger dennoch betrachteten und feierten. Kurz: Das Zentrum des internationalen proletarischen Chorgesangs lag in Deutschland, weil hier die stärksten Organisationsbataillone, aber auch, weil hier der Kulturraum mehrerer der berühmtesten Komponisten der abendländischen Zivilisation war, in dessen Tradition sich schließlich die sozialistische Arbeiterbewegung überzeugt und entschieden stellte und die sie gewissermaßen zu vollenden versprach. Wie sehr die Vorrangstellung des DAS in der „Internationale" auch mit diesem tiefsitzenden Respekt der Mitglieder der übrigen IDAS-Sektionen vor den „genialen Größen" zusammenhing, die die Musik in Deutschland hervorgebracht hatte, brachte eine Rede, besser: Hommage des früheren belgischen Außenministers und Präsidenten der Sozialistischen Arbeiter-Internationale, Emil Vandervelde, vor dem Meeting der IDAS im Rahmen der Arbeiter-Musikwoche in Frankfurt 1927 zum Ausdruck: „Es war natürlich", bestätigte Vandervelde den Arbeitersängern, „daß Ihr erstes Zusammentreffen gerade in Deutschland stattfand, dem großen Vaterlande aller derer, die die Musik lieben, dem Lande Bachs, Mozarts, Wagners und des Genies, dessen Hundertjahrfeier die ganze Welt in diesem Jahr feiert: Ludwig van Beethoven."[543]

Einer der wenigen, der sich an der deutschen Omnipotenz in der IDAS störte, war der Leiter der ungarischen Arbeitersängerbewegung Bela Schein. Auf dem dritten Kongreß der Sängerinternationale in Braunschweig unternahm er zwei Versuche, um das Übergewicht des DAS in den Einrichtungen der IDAS zumindest ein wenig abzubauen. Zunächst schlug er vor, die Vertreter mehrerer nationaler Verbände an der Leitung zu beteiligen. Dann stellte er den Antrag, in Zukunft die Tagungen der Internationale „abwechselnd auch in anderen Ländern als in Deutschland" abzuhalten. Niemand sonst allerdings mochte sich für die Vorschläge des Ungarn erwärmen. Bela Schein scheiterte bei seinem Vorstoß nicht am Widerstand des allmächtigen DAS, sondern am Desinteresse der übrigen Verbände an einer Reform der IDAS, wie sie dem Vorsitzenden des ungarischen Sängerbundes vorschwebte. Mit Ausnahme vielleicht des österreichischen Arbeiter-Sängerbundes waren schließlich die anderen Sektionen weder finanziell noch organisatorisch so recht in der Lage, einen internationalen Kongreß durchzuführen. Erst recht fehlte es ihnen am Geld, um die Reisekosten und Spesen oder gar den Verdienstausfall für einen möglichen Repräsentanten in der IDAS-Zentrale zu übernehmen. So waren die meisten ganz zufrieden, daß sie

---

542 Vgl. etwa DASZ Nr. 11, 1927, S. 200.
543 DASZ Nr. 8, 1927, S. 140.

mit der Organisation und Verwaltung der IDAS-Angelegenheiten nichts zu schaffen hatten, daß dafür die Deutschen zuständig waren.[544]

Nur ein einziges Mal wurde der Primat des DAS im internationalen proletarischen Chorwesen ernsthaft in Frage gestellt, und sogleich reagierten die Vertreter aus der Berliner Bundeszentrale nervös und gereizt. Als Herausforderer des DAS waren dabei die österreichischen Arbeitersänger in den Ring getreten. Auch in dieser Hinsicht wich die Geschichte der IDAS nicht von der anderer sozialistischer Kulturinternationalen ab. Beinahe überall dominierten die Reichsdeutschen; beinahe überall aber hielten sich die Vertreter der österreichischen Verbände für mindestens ebenso zur Führung berufen wie ihre reichsdeutschen Kollegen und Genossen. Die Österreicher hatten nämlich keinen Zweifel daran, daß das Herz der internationalen sozialistischen Arbeiterbewegung in Wien, nicht aber etwa in Berlin schlug. Und für diese Auffassung sprach einiges: In Wien erzielte die Sozialdemokratie die höchste Mitglieder- und Organisationsquote Europas (und damit der Welt). Nirgendwo sonst gab es ein vergleichbar dichtes Geflecht von Arbeiterfreizeitvereinen. In keiner anderen Großstadt hatten Sozialdemokraten eine ähnlich profilierte Kommunalpolitik durchsetzen können wie im „Roten Wien"; dort wohnte mit Otto Bauer der anerkannt führende Theoretiker der II. Internationale. Und schließlich war Wien die Stätte von Großereignissen des internationalen Sozialismus, wie etwa des Arbeiterjugendtages 1929 oder der zweiten Arbeiterolympiade 1931, die in der Geschichte der reformistischen Arbeiterbewegung ihresgleichen nicht mehr fanden und die bis heute bei den letzten noch lebenden Zeitzeugen dieser Großkundgebungen eine Melange aus enthusiastischer Begeisterung und rührseliger Sentimentalität auslösen. Von einem solch aufsehenerregenden internationalen Spektakel träumten nun auch die österreichischen Arbeitersänger, die darauf hofften, die Delegierten des zweiten Kongresses der IDAS in München für die Idee eines „Internationalen Arbeiter-Sängerfestes" Anfang der dreißiger Jahre in Wien gewinnen zu können. Kaum aber war der Antrag auf dem Tisch, da fielen die deutschen Delegierten einer Phalanx gleich darüber her, beschworen die organisatorischen Schwierigkeiten und beklagten die vermeintlich schlechte geographische Lage Wiens, setzten also plausible so gut wie offenkundig fadenscheinige Argumente ein. Der Vehemenz, mit der die deutschen Konferenzteilnehmer ihre Attacken gegen den Wiener Vorschlag vortrugen, hatte niemand etwas entgegenzusetzen, so daß der österreichische Antrag schließlich sang- und klanglos unterging.[545] Ein Internationales Arbeiter-Sängerfest sollte dann auch niemals in der Geschichte des proletarischen Chorgesangs stattfinden.

---

544 Protokoll der Internationalen Konferenz 1932, S. 23 ff.
545 Vgl. DASZ Nr. 7, 1929, S. 146.

g) Internationale Probleme: Frauenfrage und Nachwuchsmangel

Die verfügbaren Quellen geben nur wenig Aufschluß über die spezifischen Organisationsentwicklungen und die jeweiligen Binnenprobleme der einzelnen IDAS-Sektionen. Es fällt daher schwer, nationale Besonderheiten auf der einen, übergreifende internationale Gemeinsamkeiten auf der anderen Seite herauszuarbeiten und zu verdeutlichen. Einige wenige impressionistische Striche, die die Grundprobleme des Arbeiterchorgesangs der zwanziger und dreißiger Jahre illustrieren mögen, müssen hier daher genügen. Auf zwei Aspekte richtet sich im folgenden das Augenmerk: auf die Frauenfrage und auf Schwierigkeiten, die die Arbeitergesangsvereine mit der Jugend hatten.

Verglichen mit dem Gros der der IDAS angeschlossenen Verbände hatte der DAS bei der Organisation von Frauen bis in die frühen dreißiger Jahre offenkundig bereits imposante Fortschritte erzielt. Mit seinen gut dreißig Prozent weiblicher Mitglieder lag der DAS jedenfalls weit vor den Arbeitersängervereinigungen der Schweiz, der USA und Ungarns, die allesamt einen Frauenanteil von etwa 15% aufwiesen. Besser schnitten die Arbeitersänger in der Tschechoslowakei ab, die 26% Frauen in ihren Reihen führten. Übertroffen wurde der DAS anscheinend nur vom Bund der Arbeitersänger Hollands, der angab, zur Hälfte aus Frauen zu bestehen, und der allerdings nur 200 Mitglieder zählenden „London Labour Choral Union", in der die weiblichen Mitglieder gegenüber ihren männlichen Sangesbrüdern im Verhältnis von 30 zu 4 überwogen.[546] Holländer und Engländer kannten im übrigen nur gemischte Chöre.

In Holland fand der Chorgesang der Sozialisten nicht nur bei den Frauen, sondern auch bei den Kindern außergewöhnlich großen Anklang. Im Unterschied zu den meisten anderen Verbänden der IDAS hatte der holländische Arbeiter-Sängerbund keinen Mangel an Nachwuchs. 26% seiner Mitglieder gehörten noch dem Kindesalter an. Sie bildeten eine Kinderchorbewegung, die der IDAS-Vorsitzende Fehsel den anderen Sektionen der Internationale häufig gern als Vorbild hinstellte.[547] Ein jugendliches Antlitz trug in der IDAS sonst nur noch der Arbeiter-Sängerbund in Österreich, wo die sozialistische Arbeiterbewegung insgesamt sehr viel stärker in der jungen Generation verankert war als sonst in Europa, vor allem als in Deutschland.[548] In den übrigen Verbänden aber machte sich die Abwendung der Jugendlichen vom Chorgesang äußerst negativ bemerkbar; allgemein sah es um die Zukunft vor allem der Männer-, aber auch wenngleich etwas weniger, der gemischten Chöre ausgesprochen düster aus. Fast resignierend zog die dritte Konferenz der Internationale 1932 die Bilanz, daß sich die Jugendlichen in Europa in erster Linie für den Sport

---

546 Über die anderen Sektionen sind keine Zahlen bekannt, zu den vorliegenden Daten vgl. DASZ Nr. 7, 1928, S. 114; ASZ Nr. 6, 1931, S. 134; Protokoll der Internationalen Konferenz, S. 19.
547 Protokoll der Internationalen Konferenz 1932, S. 5 und 7.
548 So war der Anteil der Jugendlichen in der Wiener Sozialdemokratie etwa dreimal so groß wie in der deutschen Partei, vgl. Junge Kämpfer (Breslau) Nr. 12, 1932, o. S.

begeisterten, kaum aber mehr für Chorwerke, und wenn überhaupt, so galt ihr Interesse den Sprech-, nicht jedoch den Gesangschören.[549]

h) *Die IDAS: mehr Symbol denn Organisation des Internationalismus*

Alles in allem war die „Internationale der Arbeitersänger" eher eine symbolische Geste für die internationalistische Gesinnung auch der Sangessozialisten in aller Welt. Eine schlagkräftige Organisation, ein verbindlicher Kooperationsrahmen, ein straffer Aufbau verbarg sich in der Realität nicht hinter dem Kürzel „IDAS". Hier wurden keine Beschlüsse gefaßt, die die einzelnen Sektionen gebunden hätten, keine inhaltlich-programmatischen Richtlinien verabschiedet, um die hart disputiert worden wäre, und keine Aktivitäten eingeleitet, die grenzüberschreitende Aufmerksamkeit geweckt hätten. Wir sahen es: Nicht einmal ein „Internationales Arbeiter-Sängerfest" brachte die IDAS zustande, wozu indessen gewiß auch unendlich viele Hindernisse aus dem Weg geräumt und riesige Anstrengungen mobilisiert hätten werden müssen. Dazu aber reichten die organisatorischen Kapazitäten und sicher auch die finanziellen Ressourcen der im ganzen doch mitgliederschwachen IDAS allemal nicht aus. Allein die Zusammensetzung der Internationalen Arbeiter-Sängerkonferenzen warf ein Schlaglicht auf die Strukturschwäche dieser locker konföderierten Gesinnungsgemeinschaft, deren Handlungsfähigkeit und Organisationsrelevanz offenkundig von den angeschlossenen Verbänden vielfach nicht allzu hoch veranschlagt wurden. Jedenfalls ließ die Präsenz der Mitgliedsverbände in der IDAS auf den im Turnus von drei Jahren abgehaltenen Internationalen Konferenzen sehr zu wünschen übrig. Auf der Braunschweiger Versammlung, der letzten internationalen Zusammenkunft in der Geschichte des proletarischen Chorgesangs überhaupt, fehlten allein sieben der siebzehn Sektionen, wegen – wie es hieß – Verpflichtungen im eigenen Land und wegen der hohen Reisekosten, die man hätte aufbringen müssen, die man aber lieber hatte sparen wollen.[550]

1926, als die fünf Pionierverbände des Arbeitergesangs die Internationale konstituierten, hatte man noch in ganz anderen Vorstellungen von der Zukunft der IDAS geschwelgt. Damals schmiedeten die Gründer ambitionierte Pläne für die Bildung einer straff aufgebauten Organisation. Sie wollten eine Vereinskartei anlegen, in der die Mitgliederzusammensetzung und die Praxisfelder jedes einzelnen Verbandes detailliert und präzise dokumentiert waren. Sie strebten die Bildung eines Internationalen Musikverlages an, der ein gemeinsames, von allen Vereinen der Internationale gleichermaßen zu singendes Liedgut begründen und herausgeben sollte. Und sie träumten von einer Vielzahl kollektiver Gesangsaktivitäten, von Chorwerken und Inszenierungen, zu denen sich die Vereine verschiedener Nationen zusammenfügen mochten.[551]

---

549 Vgl. Protokoll der Internationalen Konferenz 1932, S. 22.
550 Vgl. Protokoll der Internationalen Konferenz 1932, S. 5.
551 Vgl. DASZ 1929, Nr. 7, S. 144; Protokoll der Internationalen Konferenz 1932, S. 6.

Doch der multikulturelle Chorgesang war schneller postuliert, als in die Wirklichkeit umgesetzt. Von den hochfliegenden Projekten aus der Kinderzeit des IDAS war am Ende wenig realisiert. Eine umfassende Datei – der ebenso hybride wie letztlich sinnlose Ehrgeiz vieler planungsbesessener Sozialisten der Zwischenkriegszeit –, über den internationalen Chorgesang anzulegen, war schon deshalb unmöglich, weil die meisten nationalen Verbände, der DAS im übrigen eingeschlossen, über die innere Zusammensetzung ihrer Vereine, die Sozial- und Altersstruktur ihrer Mitglieder, den politischen und gewerkschaftlichen Organisationsgrad der Sänger und was sonst noch alles dazu gehören mochte, gar nicht hinreichend Bescheid wußten und insofern die erwünschten Informationen auch nicht an die IDAS-Zentrale weiterleiten konnten. Als nicht minder schwierig erwies sich die Aufgabe, ein von allen Mitgliedsverbänden der IDAS unisono goutiertes Liedgut zu produzieren und weltweit zu verbreiten. Die Heterogenität der nationalen Kulturen, die Eigenarten der vokalen Traditionen, die Unterschiede zwischen den keltischen, romanischen und slowakischen Sprachformen machte eine Komposition, die alle Verbände uneingeschränkt zufriedenstellen und international gleichsam auf Abruf und im Gleichklang gesungen werden konnte, nahezu unmöglich. Alfred Guttmann, den die IDAS mit der Lösung dieses Problems beauftragt hatte, war manchmal schier verzweifelt und oft mit seinem Latein am Ende. Dennoch gelang es ihm und dadurch dem Verlag der IDAS, insgesamt drei internationale Kompositionen herauszubringen: das „Arbeiterlied" von Pringsheim-Sternitzki, die „Sonnenhymne" von Mussorgski, die beide für Männerchöre geschrieben waren, und dann noch den „Arbeiter-Sängerspruch", den Ottmar Gerster für gemischte Chöre komponiert hatte.[552] Die anfangs beabsichtigten internationalen Gesangsaktivitäten und musikalischen Zusammentreffen von Chören verschiedener Nationen schließlich beschränkten sich in der Praxis der IDAS auf einen grenznahen Verkehr insbesondere der Vereine des DAS mit Sängervereinigungen aus den Nachbarstaaten des Reiches. Einige norddeutsche Vereine fuhren ab und an nach Dänemark, westdeutsche Chöre konzertierten in Holland und Belgien, die Süddeutschen besuchten ihre sozialistischen Sangesfreunde in Österreich, die Stuttgarter Arbeitersänger traten in Paris auf, immerhin vor 5000 Zuschauern und unter der auch sonst bei solchen internationalen Zusammenkünften üblichen Devise der „Völkerverständigung".[553] Angesichts der damals tief verankerten antifranzösischen Affekte und Ressentiments in großen Teilen der deutschen Bevölkerung, die in Frankreich durch häufig ebenso nationalistisch gefärbte Emotionen beantwortet wurden, und angesichts einer verbreiteten und höchst explosiven nationalen Egozentrik in den mitteleuropäischen Staaten waren solche Veranstaltungen keineswegs selbstverständlich und oft nicht ohne Mut durchzuführen. Mehr als ein kleiner kühler Tropfen auf dem heißen Stein nationalistischer Leidenschaften brachten die Aktivitäten der IDAS zwar gewiß nicht, aber sie deuteten immerhin die Möglichkeit eines etwas friedfertigeren, weniger borniertten Umgangs zwischen den Nationen an. Ein solcher Umgang, im

---

552 Protokoll der Internationalen Konferenz, S. 11.
553 Vgl. DASZ Nr. 7, 1929, S. 145; Protokoll der Internationalen Konferenz 1932, S. 8.

größeren Maßstab durchgeführt, hätte den Staaten jener Epoche sicher nicht schlecht getan. In diesem Streben nach „internationaler Völkerverständigung", wie naiv und sicher abstrakt solche Vorstellungen oft auch waren, lag vielleicht der historische Wert und ideelle Vorzug dieser alles in allem sonst zweifellos organisatorisch schwachen, weniger auf Handlungen denn auf Deklamationen ausgerichteten, gleichwohl kaum vernehmlichen sozialistischen Kulturinternationalen der Zwischenkriegszeit, zu denen eben auch – und dort mit mittlerer Bedeutung – die „Internationale der Arbeitersänger" gehörte.

i) *Konflikt und Schisma – die Kommunisten in der Arbeitersängerbewegung*

Wohl keine der parteiübergreifend angelegten sozialistischen Kultur- und Freizeitorganisationen blieb in den Weimarer Jahren von Konflikten zwischen Sozialdemokraten und Kommunisten, von Ausschlüssen und Abspaltungen verschont. Zu den bekannteren Beispielen für solche Querelen zwischen den verfeindeten Flügeln der Arbeiterbewegung dürften gerade und besonders die beiden in diesem Band abgehandelten Organisationen zählen. Daß in der sozialistischen Theater- und Musikkultur Sozialdemokraten und Kommunisten im Hader lagen, ist einem breiteren intellektuellen Publikum seit der Piscator- und Eisler-Renaissance im Gefolge der sich in ihrer Endphase proletarisch gebärdenden Studentenbewegung der späten sechziger Jahre wohlvertraut. In dieser Ära des linksintellektuellen Agitpropkults entstand gar der Eindruck, als wäre die sozialistische Bühnen- und Gesangskultur der zwanziger und frühen dreißiger Jahre in erster Linie eine Angelegenheit der Kommunisten gewesen, deren revolutionärem Innovationspotential die musisch und ästhetisch gänzlich verspießerten Sozialdemokraten nichts entgegenzusetzen gehabt hätten, weshalb sie gegenüber ihren Kontrahenten von der radikalen Linken ins Hintertreffen geraten mußten. Gleichviel was von der normativen Substanz solcher besonders in den siebziger Jahren häufig artikulierten Überzeugungen zu halten ist – sie zu differenzieren und wo nötig zu widerlegen, ist an anderen Stellen dieser Schrift versucht worden –, zumindest in ihrer quantitativen Bedeutung wurde dabei der Einfluß der Kommunisten maßlos überschätzt, jedenfalls soweit es den DAS angeht. In einigen Vereinen der sozialistischen Arbeiterkultur war die Bedeutung der Weimarer Kommunisten in der Tat nicht unerheblich. Regional beachtliche Erfolge erzielten die Kommunisten besonders in den Verbänden des Arbeitersports, bei den Arbeitersamaritern, im „Bund der freien Schulgesellschaften". Diese Organisationen wurden immer wieder aufs neue von den kommunistischen Interventionen und Fraktionsbildungen erschüttert und streckenweise paralysiert; dort fielen am Ende ganze Kreis- und Bezirksverbände den zum Ausgang der Republik nur noch destruktiven Energien der kommunistischen Mitglieder zum Opfer. Der DAS aber gehörte nicht zu diesen Organisationen. Gewiß, auch dort gab es in den zwanziger Jahren ab und an Probleme mit den mitunter radikalen und oft unberechenbaren Äußerungen und Handlungsweisen der radikal links eingestellten Mitglieder, auch dort wurde man Zeuge von Spaltungen, und auch dort setzten die Kommunisten nach der ultralinken Wende 1929 ihren lärmenden Antisozialfaschismus in Szene, doch alles in allem berührte das den Bund nur am Rande. Im Vergleich zu den Zentralinstanzen anderer Verbände reagierte die Leitung des DAS gelassener auf die Vorstöße der radikalen Linken, die Mitglieder zeigten sich ebenfalls nicht sonderlich anfällig für die kommunistische Agitation, so daß die kommunistischen Aktivitäten im DAS – Eisler hin, Eisler her – weitgehend wirkungslos verpufften und längst nicht so zu dramatischen Auseinandersetzungen eskalierten wie etwa bei den Sportlern und Samaritern.

Schon in den Revolutionsmonaten 1918/19 war die überwiegende Mehrheit der zentralen, regionalen und örtlichen Funktionäre, gleich welcher politischen Richtung, darum bemüht, den Sängerbund von den politischen Fehden zwischen den verschiedenen sozialistischen Parteien frei zu halten. Statt der früher eindeutigen parteipolitischen Option für die Sozialdemokratie galt nun die strikte parteipolitische Neutralität als oberste Devise. Im DAS des Jahres 1919 wurden auf Konferenzen und in Publikationen Tugenden wie „Toleranz" und „Duldsamkeit" beschworen; „den Geist der Zwietracht" wollte man ächten und bannen.[554] Auf der Kasseler Generalversammlung im Januar 1920 erklärten die Delegierten einstimmig, daß im Bund Sozialisten *aller* Linksparteien „herzlich willkommen" seien: „Der Deutsche Arbeiter-Sängerbund (...) weist alle Zersplitterungsversuche mit Entschiedenheit zurück."[555] Das Gros der Chöre nahm das Neutralitätsgebot außerordentlich ernst. An den Fest- und Feiertagen der Arbeiterbewegung sangen sie morgens bei den Mehrheitssozialdemokraten, abends konzertierten sie bei den Unabhängigen und zwischendurch traten sie ebenfalls, soweit erwünscht und vorhanden, bei den Kommunisten auf.

Aus dieser kultursozialistischen Einheit tanzten allein einige Anhänger des radikalen Flügels der USPD. Der DAS bildete dabei keine Ausnahme; auch in den meisten anderen Arbeiterfreizeitorganisationen versuchten Mitglieder der USPD, die ihnen verhaßten „Noskesozialisten" aus den Kultur- und Sportverbänden herauszuwerfen, was ihnen indes nirgendwo auf Dauer gelang. Im DAS hatten die linkssozialistischen Scharfmacher ihre Heimat besonders in und um Bremen, im Gau Nordwest. Dort schloß die mit den Unabhängigen Sozialisten sympathisierende Majorität des „Arbeiter-Gesangvereins Bremen" die mehrheitssozialdemokratische Minderheit Ende Februar 1919 kurzerhand aus. Diese gründeten daraufhin ihren eigenen Verein, den „Arbeiter-Sängerchor". Dessen Antrag auf Beitritt zum DAS lehnte der Vorstand des Gaus Nordwest jedoch ab. Schließlich lagen die Vorstandsmitglieder des Gaus ganz auf der politischen Linie des linkssozialistisch dominierten Bremer „Arbeiter-Gesangvereins". Im März 1920 schrieben die radikalen Unabhängigen ihre spezifischen politischen Positionen gar statutarisch fest und verpflichteten infolgedessen sämtliche Arbeitersänger des Gaus auf die „kommunistische Wirtschaftsordnung" und auf den Einsatz für das „Rätesystem". Für Mehrheitssozialdemokraten war damit im Arbeiter-Sängerbund des gesamten Gaus Nordwest kein Platz mehr.

---

554 Vgl. hierzu die Beispiele bei *Noack*, S. 121 f.
555 Protokoll der 4. Generalversammlung, S. 52.

Andererseits aber bot der DAS als ganzes keinen Raum für einen solchen borniertem und Andersdenkende vergewaltigenden Dogmatismus, wie ihn die Gaufunktionäre in Bremen praktizierten. Als deren Methoden auf der Kasseler Bundesgeneralversammlung im Juni 1920 bekannt wurden, reagierten die Delegierten hellauf empört. Sie bereiteten dann der Bremer Ausgrenzungspraxis ein rasches Ende. Erst nahmen sie den von der Bremer Mehrheit desavouierten „Arbeiter-Sängerchor" in den DAS auf, dann setzten sie die Satzung des Gaus Nordwest außer Kraft, da diese den auf den Bundesgeneralversammlungen verbindlich festgelegten statutarischen und programmatischen Bestimmungen zuwiderlief.[556]

Die Intervention der Kasseler Konferenzteilnehmer löste das erste Schisma in der Arbeitersängerbewegung aus. Die linkssozialistische Mehrheit im Gau Nordwest war nicht willens, sich der Entscheidung der Bundesgeneralversammlung zu beugen. Sie verließ daher den DAS und hob einen eigenen „Sozialistischen Arbeiter-Sängerbund" aus der Taufe. Außerhalb Bremens schlossen sich dem neuen Bund noch einige Vereine aus dem Ruhrgebiet, aus Mecklenburg und Berlin an.[557] Im ganzen aber tangierte den DAS die Abspaltung kaum; mehr als 3000 bis 4000 Mitglieder gingen ihm dadurch nicht verloren. Ein ernsthafter Konkurrent wuchs nicht heran; der Sozialistische Arbeiter-Sängerbund fristete nur ein unbeachtetes Schattendasein. Die Bremer Linksradikalen wurden dieser Isolation ziemlich früh überdrüssig und kehrten schon 1922 in den DAS zurück.[558] Der Sozialistische Arbeiter-Sängerbund bestand auch danach weiter, verkam aber noch mehr zu einer Sekte eigenwilliger kommunistischer Sänger, die sich auch nicht um die Handlungsmaximen ihrer Parteizentrale, die für oppositionelle Aktivitäten *innerhalb* des DAS eintrat, scherten. 1926 löste sich der Bund, der zu diesem Zeitpunkt nur noch etwa 2000 Mitglieder gezählt haben dürfte, auf[559], doch hielten einige Grüppchen linksradikaler Sänger nach wie vor trotzig an ihrer Autonomie fest. 1929 flossen die minoritären kommunistischen Gesangsströmungen im „Freien Arbeiter-Sänger-Bund" zusammen, obwohl die kommunistische Parteileitung solche Sonderorganisationen scharf verurteilte und zu vereiteln trachtete. Insofern illustriert dieser Zweig der Arbeitersängerbewegung, was man oft zu übersehen geneigt ist, da man zu ausschließlich die gewiß dominanten totalitären und zentralistischen Strukturen der KPD ins Visier nimmt: Nämlich daß sich in der kommunistischen Bewegung bis zum Ende der Weimarer Republik widersetzliche Individuen und Gruppen tummelten, daß Parteidirektiven keineswegs stets, überall, problemlos und sofort befolgt wurden – dies aller unzweifelhaften Bolschewisierung der Partei zum Trotze.

Doch die meisten Kommunisten leisteten dem Parteibefehl in der Tat Folge und organisierten sich im DAS. Dort sollten sie oppositionelle Politik gegen den „klassenversöhnlerischen Kurs" der „reformistischen Bürokratie" treiben. Viel war davon in

---

556 Vgl. hierzu Protokoll der 4. Generalversammlung, S. 52 ff.
557 Vgl. *Fuhr,* S. 85.
558 DAS Nr. 1, 1923, S. 1.
559 Vgl. *Fuhr,* S. 150.

den zwanziger Jahren allerdings nicht zu bemerken. Zwar hörte man im DAS hin und wieder von verdeckten Fraktionsbesprechungen der Kommunisten im Vorfeld von Gautagungen, auch zirkulierten manchmal kommunistische Rundbriefe in der Mitgliedschaft, von einer systematischen und wirkungsträchtigen Unterwanderung oder Zellenarbeit der KP-Sänger aber konnte in diesen Jahren die Rede nicht sein. Auf Gautagungen traten sie als größere und erkennbar geschlossen operierende Gruppe eigentlich nur in Berlin und im Rheinland auf den Plan. Aussicht auf Mehrheitsfähigkeit hatten sie indessen weder hier noch dort. Kurzum: Verglichen mit anderen Arbeitervereinen war der DAS in den zwanziger Jahren eine Oase innerverbandlicher Harmonie. Innere Zerreißproben und fundamentale Auseinandersetzungen zwischen Kommunisten und Sozialdemokraten hatte der Arbeiter-Sängerbund im Unterschied zu vielen vergleichbaren sozialistischen Organisationen in jenen Jahren noch nicht durchzustehen. Sicher sorgten die Kommunisten auch im DAS mitunter für böses Blut und einigen Ärger, zumal dann, wenn sie – was sie gern und häufig taten – ihre sozialdemokratischen Sängerfreunde, vor allem von der Funktionärsebene, als „Spießer" und „Bonzen" an den Pranger stellten. Mißfallen riefen ebenfalls einige der üblichen revolutionären Kapriolen der Kommunisten hervor. So mußten häufig lang geplante und gründlich vorbereitete Konzerte des DAS gleichsam in letzter Minute abgesagt werden, weil die Kommunisten am plötzlich entdeckten „bürgerlichen" Gehalt oder Ambiente der Inszenierung Anstoß nahmen und ihre Mitwirkung daran abrupt aufkündigten.[560] Solcherlei linksradikale Sprunghaftigkeiten bereitete einigen Verdruß im DAS, beschränkten sich aber im wesentlichen auf Berlin und die Orte des Bergischen Landes. Heftige Gegen- und Überreaktionen provozierten sie nicht. Die sozialdemokratische Mehrheit im DAS nahm die zwischenzeitlichen Schimpftiraden und Solotänze der Kommunisten weitgehend gelassen hin. So waren sie eben, die Kommunisten, hieß es im DAS generös: rebellisch, schwer auszurechnen, oft eifernd und etwas verbiestert dogmatisch, das schwarze Schaf in der roten Familie mithin – aber eben doch Teil dieser Familie. Im DAS kam in den zwanziger Jahren niemand auf den Gedanken, diesen vielleicht etwas mißratenen Sprößling zu verstoßen; er gehörte dazu, auch wenn er häufig Scherereien machte. Um ihn ein wenig zu domestizieren, beteiligte man ihn zudem am Familienvorstand, ein Kalkül, das durchaus aufging. Im Gauvorstand Berlin waren in den späten zwanziger Jahren drei Kommunisten vertreten. Sie verhielten sich alles in allem ausgesprochen brav, sie waren kooperationsbereit und konstruktiv.[561]

1930 aber war alles anders. Von einer Woche zur anderen veränderten die Kommunisten ihre Strategie, ihre Taktik, ihre Sprache, ihre Umgangsformen, und dies in sämtlichen Arbeitervereinen, gleichsam wie auf Startschuß: prompt und rasant. Mit gewandelten Alltagserfahrungen der links stehenden Arbeiter hatte diese jähe ultralinke Uniformität der Kommunisten in – nochmals – *allen* Arbeiterorganisationen nichts zu tun, sie folgte hier allein den Imperativen des Kurswechsels der Kommunisti-

---

560 Beispiele dafür in: DSBZ Nr. 1928, 45, S. 689 und Nr. 50, S. 763.
561 Vgl. 8. Generalversammlung 1932, S. 104; *Fuhr*, S. 132.

schen Internationale und der Kommunstischen Partei. Überall traten die Kommunisten nun mit rein kommunistischen Einheitslisten bei den Vorstandswahlen an, überall entstand eine systematisch vom Berliner Karl-Liebknecht-Haus gesteuerte Fraktionsarbeit, die zu eigenständigen Organisations- und Publikationsstrukturen führte, überall agitierte nun die radikale Linke für den Anschluß der Vereine an die kommunistische „Interessengemeinschaft für Arbeiterkultur" (IfA), und überall verschärfte sich die Sprache, ja verwilderte die Rhetorik. Nicht vom „Bonzen" war die Rede, sondern vom „Sozialfaschisten"; wer früher „Spießer" gehießen wurde, bekam nun den Vorwurf des „Kriegstreibers" zu hören. Und der sozialdemokratische Gegner wurde nun nicht mehr einfach nur kritisiert oder auch attackiert, nun galt es, ihn auszuschalten, zu beseitigen, zu liquidieren.[562] Zumindest rhetorisch zogen schon jetzt die stalinistischen Exekutionskomitees auch in die parteiübergreifend sozialistische Arbeitervereinskultur ein.

Die ruckartige Radikalisierung der kommunistischen Arbeitersänger im DAS zeichnete sich Anfang 1930 in der Berichterstattung des Organs der IfA ab. In ihr vereinigten sich die kommunistischen Minderheitsfraktionen der sozialdemokratisch dominierten Verbände. Für die zurückliegende Politik der Kommunisten im DAS hatte die IfA-Rundschau 1930 nur gallige Verachtung übrig. Besonders hart ging die Zeitschrift der kommunistischen Kulturzentrale dabei mit dem Verhalten der drei kommunistischen Vorstandsmitglieder des Gaus Berlin ins Gericht. Ihnen bescheinigte sie völliges Versagen im Kampf gegen den sozialfaschistischen Apparat.[563] Mit der Politik einer versöhnlichen Minderheitenrepräsentanz der Kommunisten in der Gauleitung sollte nun Schluß sein. Das Ziel, das sich die Kommunisten jetzt setzten, lautete fortan: Zerschlagung der reformistischen Herrschaft im DAS und Umwandlung des Sängerbundes in eine wahrhaft revolutionäre Organisation. Dafür hieß es, aufs Ganze zu gehen, und deshalb trat man nun mit einer kommunistischen Einheitsliste vor die Berliner Gauversammlung, die Anfang April 1930 stattfand. Zwei Tage vor der Gaukonferenz hatte die Bezirksleitung der KPD die kommunistischen Sänger zu einer Versammlung zusammengerufen, um sie auf den neuen Kurs einzuschwören.[564] Dabei war sie zunächst auf einigen Widerstand gestoßen, da viele kommunistische Sänger die kompromißdurchwirkte Zusammenarbeit mit den sozialdemokratischen Bundesmitgliedern in der Vergangenheit so negativ nicht beurteilten. Die Parteileitung drohte den Frondeuren daraufhin mit Ausschlußverfahren und brachte sie so hinter die oktroyierte Polarisierungsstrategie. Der Konfrontationskurs der KPD endete im DAS wie in den meisten übrigen Arbeitervereinen: Die Kommunisten besaßen zum Schluß weniger Einfluß denn zuvor. Die Sozialdemokraten nämlich hatten den Fehdehandschuh der Kommunisten aufgenommen und ihrerseits eine ausschließlich aus Mitgliedern der SPD zusammengesetzte Vorstandsliste präsentiert und schließlich mit großer Mehrheit auf der Gauversammlung durchgesetzt. Von da an hatten die Kom-

---

562 Vgl. Kampfmusik Nr. 2, 1931, S. 3, Nr. 4, S. 3, Nr. 5, S. 3.
563 Vgl. Ifa-Rundschau 1930, S. 12 und 26.
564 Vgl. hierzu Vorwärts vom 12.4.1930; *Fuhr*, S. 132.

munisten im Berliner DAS nichts mehr zu melden. Sie hielten radikale Reden, schimpften und wüteten, doch auf die Entscheidungen und Strukturen der Organisation wirkten sie künftig nicht mehr ein.

Einen Monat nach dem Reinfall auf der Berliner Konferenz versuchten die Kommunisten eine erneute Offensive an einem anderen Frontabschnitt im Kampf um die Revolutionierung des Arbeitersängerbundes: im Gau Rheinland. Dort lagen die Städte des Bergischen Landes, die in nahezu allen Segmenten der Arbeiterbewegungskultur der Weimarer Republik die Hochburgen der Kommunisten im Reich schlechthin stellten. Immerhin knapp ein Drittel der auf der rheinischen Gauversammlung im Mai 1930 vertretenen Delegierten gehörte der KPD an. Aber auch nur dieses Drittel der Delegierten war bereit, den Antrag auf Beitritt des rheinischen Arbeiter-Sängerbundes zur IfA zu unterstützen. Präziser: 63 Delegierte sprachen sich für, aber 136 Konferenzteilnehmer gegen einen Anschluß an die kommunistische Kulturzentrale aus. Diese Entscheidung fiel – nochmals und wohlgemerkt – in der Region, in der kommunistische Sänger im DAS noch am stärksten vertreten waren und am meisten reüssieren konnten. Mit der gleichwohl deutlichen Abstimmungsniederlage der radikalen Linken gerade hier aber war klar, daß die kommunistische Kulturpolitik im DAS nicht griff und auch keine realistische Aussicht auf absehbaren Erfolg besaß.

Auch diese Ohnmachtserfahrung radikalisierte die weiteren kommunistischen Handlungsschritte. Auf Demonstrationen des Sängerbundes marschierten die Kommunisten in eigenen Blöcken, mit eigenen Transparenten und Aufschriften – für Sowjetrußland und gegen den „Sozialfaschismus". Vor allem aber: Die bergischen Städte Solingen, Ohligs, Remscheid und Grefrath kümmerten sich nicht um den Beschluß der Gaukonferenz und traten als sei nichts gewesen, der IfA korporativ bei.[565] Die Reaktion des Gauvorstandes ließ nicht auf sich warten, aber sie war in ihrer rhetorischen Form doch ungewöhnlich für das Vorgehen sozialdemokratischer Funktionäre gegen die kommunistischen Provokationen im Arbeitervereinswesen jener Jahre. Während die SPD-Mehrheiten in den anderen Arbeiterkulturverbänden in den meisten Fällen höchst aggressiv mit aller Härte, mit einigem administrativen Aufwand und großer Öffentlichkeit gegen den kommunistischen Destruktionskurs vorgingen, die radikalen Oppositionellen in stattlicher Zahl ausschlossen und diese Ausschlüsse auch als solche bezeichneten und akribisch genau bekanntgaben, spielte der Gauvorstand Rheinland seine Entscheidung eher herunter und kleidete sie in verbale Harmlosigkeit. Man habe die „weitere Zusammenarbeit" mit den für den Beitritt in die IfA [der vier bergischen Städte] verantwortlichen Funktionäre „aufgekündigt", umschrieb der Beschluß der Gauleitung recht euphemistisch das, was in der Realität nichts anderes als den Ausschluß der betreffenden Kommunisten bedeutete.[566] Doch die behutsam-unaufgeregte Art, in der die rheinische Sängerführung der kommunistischen Opposition die Tür wies, statt sie schroff und mit lautem Krach aus der Organisa-

---

565 Kampfmusik Nr. 2, 1931, S. 5; *Fuhr*, S. 133.
566 Vgl. *Noack*, S. 193.

tion zu werfen, war bezeichnend für den Umgangsstil der DAS-Mehrheit mit den Frondeuren von links in jenen frühen dreißiger Jahren. Ausschlüsse nannte man kaum beim Namen, immer wurden sie wolkig umschrieben oder in den Nebel des Beiläufigen getaucht. Das Bundesorgan ging kaum auf die Konflikte ein, handelte sie allenfalls am Rande ab. Die Absicht der Bundesführung war klar: Sie vermied den Gebrauch martialisch klingenden Vokabulars, um die innerorganisatorische Atmosphäre zu entspannen, statt sie aufzuheizen, wie es etwa die Leitung des Arbeiter-Samariter-Bundes zeitgleich und ebenfalls im Gau Rheinland in der Auseinandersetzung mit den Kommunisten praktizierte. Nur keine Märtyrer schaffen, pflegte der DAS-Vorsitzende Carl Fehsel ungeduldig werdenden und nach schärferen Maßnahmen verlangenden Funktionären seines Bundes zur Antwort zu geben.[567] Und der DAS fuhr auf dieser sanften Tour weitaus besser als andere Arbeitervereine mit ihren geräuschvollen Nachstellaktionen gegen die innerverbandliche Linksopposition. Im Effekt handelte die DAS-Leitung kaum anders, auch sie entfernte die Ultralinke aus der Organisation, doch sie tat dies ohne lautes Getöse und schrille Begleitmusik. So überstand der DAS die Ausgrenzungsprozedur 1930/31 ohne größeren inneren Schaden, während etwa die Führung des Arbeiter-Samariter-Bundes bei ihrer Operation im Westen des Reiches nicht nur den Krankheitsherd beseitigte, sondern das Skalpell so tief angesetzt und so ungestüm geschnitten hatte, daß dadurch der Patient als ganzes – eben der Gau Rheinland – daran glauben mußte und verschied.

Der weitere Weg der oppositionellen und ausgeschlossenen Arbeitersänger verlief nach der damals im sozialistischen Arbeitervereinswesen üblichen Art. Zuerst trafen sich die Kommunisten zu regionalen Sonderkonferenzen, dann bauten sie reichsweite Strukturen noch innerhalb des DAS auf, mit eigenen Publikationen und speziellen Vertretungskörperschaften, um dann nach deshalb erfolgten weiteren Ausschlüssen zur Gründung eines neuen Verbandes überzugehen. Die erste Regionalkonferenz der oppositionellen Arbeitersänger fand Mitte Dezember 1930 in Düsseldorf statt; im Mittelpunkt der Zusammenkunft stand ein Referat von Hanns Eisler.[568] Sechs Wochen später konstituierten sich vor allem die westdeutschen Kommunisten in Düsseldorf zu einem „Arbeiter-Sängerbund (Opposition)", der sich öffentlich zwar als Oppositionsgruppe *innerhalb* des DAS erklärte, in erster Linie jedoch das Werk der bereits ausgeschlossenen Kommunisten des Bergischen Landes war.[569] Um allmählich reichsweite Kommunikationsbeziehungen und Strukturen zwischen den verschiedenen, bis dahin miteinander noch kaum verbundenen oppositionellen Chören herzustellen, gab die Berliner IfA-Zentrale seit Februar 1931 die Zeitschrift „Kampfmusik/Organ der revolutionären Arbeitersänger und Musiker Deutschlands" heraus. Von da ab war es bis zur Etablierung einer speziellen Reichsorganisation nicht mehr weit. Sie erfolgte an den Pfingsttagen 1931 in Berlin. Die Organisation, die sich die kommunistischen Sänger – teils schon aus dem DAS ausgeschlossen, teils dort noch Mitglieder – schufen,

---

567 Vgl. 8. Generalversammlung des DAS, S. 108.
568 Siehe Kampfmusik Nr. 2, 1931, s. 3.
569 Vgl. ASZ Nr. 6, 1931, S. 124.

erhielt den Namen „Kampfgemeinschaft der Arbeitersänger". Die „Kampfgemeinschaft" basierte auf eigenen Richtlinien; sie verlangte von ihren Mitgliedern feste Beiträge. An ihrer Spitze stand ein Reichsleiter, der Berliner Otto Fröhlich. Beabsichtigt, wenn auch niemals realisiert, war eine Aufgliederung der Organisation in Gaue und Bezirke. Als programmatische Aufgabe setzte sich die „Kampfgemeinschaft", „den Loslösungsprozeß der werktätigen Schichten in der Sängerbewegung vom Einfluß der Bourgeoisie und des Sozialfaschismus zu beschleunigen mit dem Ziel der Schaffung einer einheitlichen Arbeitersängerbewegung unter revolutionärer Führung."[570] Die „Kampfgemeinschaft" war mithin eine veritable Organisation; ihre Mitglieder waren in festen Strukturen eingebunden, und die Entscheidungen der Leitungsorgane hatten verbindlichen Charakter. Trotzdem hofften die Aktivisten der „Kampfgemeinschaft" zunächst, auch als Organisation in der Organisation, also als oppositionelle Formation im Rahmen des DAS weiterbestehen zu können. Die Mitglieder der „Kampfgemeinschaft", die noch nicht aus dem DAS ausgeschlossen waren, erhielten von ihrer Berliner Zentrale die nachdrückliche Anweisung, keinesfalls freiwillig aus dem DAS auszuscheiden.[571] Doch schob die Bundesführung des DAS dieser Politik, die sich schließlich nicht den Beschlüssen der gewählten Organe des DAS, sondern allein den Direktiven einer zweiten Organisation verpflichtet fühlte, rasch einen Riegel vor. In der gewohnt unspektakulären Art veröffentlichte die Leitung des DAS die knappe Notiz im Bundesorgan, daß Arbeiterchöre, die der IfA oder der „Kampfgemeinschaft" angeschlossen seien, sich selbst außerhalb des Bundes gestellt hätten – eine ganz und gar bezeichnende, im übrigen keineswegs unberechtigte, von den anderen Arbeitervereinen aber ungeschickterweise kaum gebrauchte Argumentationsfigur der DAS-Spitze. Nicht sie schloß die Kommunisten aus, diese selbst waren es, die sich vom Bund abkehrten.[572]

Somit war die „Kampfgemeinschaft" seit dem Sommer 1931 nicht mehr ein Sammelbecken oppositioneller Mitglieder im DAS, sondern eine eigenständige und für sich existierende kommunistische Musikorganisation. So viel Unruhe und Trubel die Kommunisten als Oppositions- und Agitationspolitiker zuweilen in den reformistisch geführten Verbänden auszulösen vermochten, auf die eigenen Füße gestellt, in eigenen Verbänden und konstruktiver Hinsicht gelang ihnen in der Regel herzlich wenig. Das Unternehmen „Kampfgemeinschaft" endete infolgedessen mit einem kläglichen Debakel. Auf ihrer zweiten Reichskonferenz Anfang August 1932 war von der optimistisch-revolutionären Aufbruchsstimmung der Gründungsversammlung nichts mehr übrig geblieben, vielmehr herrschte nun eine Stimmung der Frustration, der Resignation, ja der larmoyanten Selbstanklage. Die Bilanz, die der Reichsleiter der „Kampfgemeinschaft", Otto Fröhlich, zog, konnte negativer kaum ausfallen: Der kommunistische Verband, gestand Fröhlich ungeschönt ein, steckte in „einer völ-

---

570 Kampfmusik Nr. 3, 1931, S. 2.
571 Ebda.
572 Vgl. ASZ Nr. 9, 1931, S. 206. Insgesamt dürften davon etwa 3000–4000 Mitglieder des DAS betroffen gewesen sein, vgl. 8. Generalversammlung des DAS, S. 76.

ligen Stagnation und Isoliertheit". Mit bitterbösem Spott mokierte sich vor allem Hanns Eisler in seiner Rede vor der Reichskonferenz über die „Isoliertheit und Abkapselung", in welche sich die „Kampfgemeinschaft" selber hineinmanövriert habe. Es sei falsch gewesen, kritisierte der kommunistische Starkomponist, einen „eigenen Laden aufgemacht" zu haben, nur um „ungestört ‚revolutionäre Gemütlichkeit' pflegen zu können."[573]

Als eigenständiger Verband konnte die „Kampfgemeinschaft" auch deshalb nicht überleben, weil sie finanziell nicht in der Lage war, mit einer Tonsetzergenossenschaft ein Abkommen auszuhandeln. Dadurch war sie in ihren Inszenierungsmöglichkeiten stark eingeschränkt. Auch konnten die abgespaltenen, oft nur wenige Mitglieder zählenden Chöre nicht die Kosten für die Chorleiter tragen. Die Parteizentrale der KPD erkannte im Spätsommer 1932, daß das Experiment „Kampfgemeinschaft" mißglückt und gescheitert war. Sie löste infolgedessen die kommunistische Gesangsorganisation auf und gab deren Mitgliedern die Empfehlung, soweit als möglich wieder in die Reihen des DAS zurückzukehren.[574]

Historisch also blieb die kommunistische Gesangsbewegung eine periphere Erscheinung. Dies mag überraschen, da die kommunistische Agitpropkultur in den sechziger und siebziger Jahren eine zwischenzeitliche Renaissance erlebte und in diesem Zusammenhang eine Bedeutung zugewiesen bekam, die sie zeitgenössisch niemals besessen hatte. Demgegenüber erinnerte sich nach 1945 kaum jemand an den sozialdemokratisch geprägten Arbeitergesang, der in der Rückschau gegenüber den kommunistischen Musikschöpfungen als irrelevant ohne Zugkraft und Resonanz erschien. In der Realität der Weimarer Jahre aber verhielt es sich, wie wir sahen, eher umgekehrt. Es ist dennoch unzweifelhaft richtig, daß die Kommunisten mit Hanns Eisler den wohl begabtesten Komponisten der Arbeiterbewegung in dieser Zeit in ihren Reihen hatten, und es ist ebenfalls nicht zu bestreiten, daß auch die sozialdemokratisch orientierten Sänger in der harten Rhythmik und Harmonik der Eislerschen Lieder ihre politischen und gesellschaftlichen Einstellungen, Bedürfnisse, Hoffnungen und Erwartungen während der tiefen Krise am Ende der Republik auf das trefflichste musikalisch übersetzt fanden. Wie aber ist es dann zu erklären, daß die ab 1930 fraktionell organisiert auftretenden Kommunisten ausgerechnet in einer Bewegung, deren kulturellen Kopf sie gewissermaßen stellte, vergleichsweise wenig Unterstützung fanden, ziemlich erfolglos agitierten und am Ende mit ihrer Organisationsalternative jämmlich Schiffbruch erlitten, während sie in anderen Vereinen, ohne die Hilfe des Charismas eines Hanns Eislers, mitunter beachtliche Anhängerschaften hinter ihre ultralinke Politik zu scharen vermochten.

Gänzlich an der Mentalität des Gros der Arbeitersänger vorbei gingen die zentralen Agitationsmaximen, die zumindest die Drahtzieher der ultralinken Wende bei den kommunistischen Arbeitersängern 1930 aufstellten. „Hinein in die Betriebe! Schaffung revolutionärer Betriebschöre! Belebung der Belegschaftsversammlungen mit

---
573 Vgl. ASZ Nr. 10, 1932, S. 227 und *Fuhr*, S. 165.
574 Siehe hierzu *Van der Will/Burns*, S. 115 f.

revolutionärem Arbeitergesang"[575]. Mit diesen Parolen beabsichtigten die Kommunisten, die reformistischen Funktionäre aus dem DAS hinwegzufegen, seine Basis zu radikalisieren und dadurch die Revolutionierung des DAS zu erzwingen. Doch gerade bei der Basis stießen die Kommunisten mit ihren Betriebslosungen auf taube Ohren. Gerade dort war man es gewohnt, den Gesang als erhabene und über den profanen Alltag erhobene Kultur aufzufassen, dessen Pflege in die Mußestunden der Freizeit gehörte, weg vom Dreck, dem Schmutz, der Monotonie, kurz: den Niederungen der betrieblichen Berufspraxis. Dieses Verständnis von ihrer eigenen Kultur bildete geradezu den Kernbestand der Identität gewiß nicht nur reformistischer, sondern sicher auch vieler kommunistischer Sänger. Aus diesem Begriff von Kultur als exklusive Absonderung vom Alltäglichen zur Hingabe an höhere Werte und Genüsse speiste sich das Selbstbewußtsein und der Stolz der Arbeitersänger; eben daraus schöpften sie ihre Gewißheit, im Arbeitervereinswesen eine Art Vorrangstellung einzunehmen. Das kommunistische Agitationspostulat gefährdete dieses kollektive Selbstbewußtsein, stellte eine über Jahrzehnte gewachsene Identität in Frage, wurde daher vom Gros der Arbeitersänger eher als Angriff und Bedrohung denn als reizvolle und verlockende Alternative aufgenommen.

Im übrigen hatten die Kommunisten in der gesellschaftlichen Wirklichkeit der letzten Jahre der Weimarer Republik nicht die geringste Chance, aus eigenen Kräften ihre Zielvorgabe – die Schaffung revolutionärer Betriebschöre – zu realisieren. Schließlich stand damals nur noch ein Zehntel der Mitglieder der KPD in Arbeit und Brot; für eine revolutionäre Betriebspolitik waren dies denkbar schlechte Voraussetzungen. Sie fand daher überwiegend auch nur im Agitationsspektrum von Transparentaufschriften und Flugblättern, kaum hingegen an den industriellen Arbeitsplätzen statt.

Das Scheitern der Kommunisten im DAS, vor allem ihrer ultralinken Strategie, hatte indessen noch weitere Ursachen. Bedeutsam dabei war, daß die Ruckartigkeit und Schärfe der Radikalisierung der Kommunisten, ihre plötzliche und maßlose Denunziation der sozialdemokratisch orientierten Funktionäre im DAS als „Sozialfaschisten" und „Kriegstreiber" ganz offensichtlich allein von außen motiviert und lanciert waren, mit der inneren Entwicklung des DAS seit den späten zwanziger Jahren jedenfalls nichts zu tun hatten, sondern im Gegenteil völlig daran vorbeizielten. Denn der DAS hatte sich in der zweiten Hälfte der zwanziger Jahre nicht nach rechts, sondern nach links bewegt, und dies aus der Mitte seiner sozialdemokratischen Mehrheit heraus. Seit der Wahl Karl Klauders zum Bundesvorsitzenden 1929 prägte das linkssozialdemokratische Vokabular die Publizistik, das Schulungsmaterial, das Vortragswesen und die politischen Kundgebungen des DAS. Sowohl in der Bundesleitung wie – und dort vor allem – in der Gauführung Berlin, wo die Kommunisten besonders wüste Kampagnen gegen den „Sozialfaschismus" der Gauspitze in Szene setzten, waren Mitglieder des linken Flügels der SPD deutlich in der Überzahl. Und schließlich entstand in dieser Zeit aus dem Umfeld der sozialdemokratischen Musikelite

---

575 IfA-Rundschau 1930, S. 13.

das, was sie über Jahre geduldig und zielstrebig vorbereitet hatte: proletarisch-klassenkämpferische Gesinnungsstücke auf hohem und reifem musikalischen Niveau. Eisler mochte der vielleicht genialste Komponist klassenkämpferischer Agitpropkultur gewesen sein, aber er war längst nicht der einzige. Auch unter Sozialdemokraten gab es solche, und dies aus einer eigenen Tradition heraus. Im übrigen sperrten sich die sozialdemokratisch orientierten DAS-Funktionäre keineswegs, wie häufig unterstellt, gegen die Kompositionen von Hanns Eisler. Den Chören im DAS war vielmehr einiges daran gelegen, die Stücke des Kommunisten einstudieren und zur Aufführung bringen zu können. Rechtlich aber hatten sie dazu zunächst keinerlei Möglichkeiten. Denn auch der kommunistische Agitpropagandist wollte – was gewiß sein gutes Recht war – Geld verdienen, und er hatte sich deshalb bei der Wiener Universal-Edition verdingt, die mithin die alleinigen Aufführungsrechte besaß. Als 1930 der Vertrag mit dem Wiener Verlag auslief, zögerte der DAS nicht lange und erwarb sofort mehrere Chorwerke des kommunistischen Meisters. Und Eisler wurde im DAS bis zum bitteren Ende der Weimarer Republik gespielt, auch dann noch, als der kommunistische Komponist aus dem anderen Lager, aus der „Kampfgemeinschaft" also, polemisch gegen den DAS zu Felde zog. Dies alles aber, die Vermehrung linkssozialdemokratischer Einflüsse in der Bundesführung, die systematisch betriebene Politisierung der Gesangsstücke durch die sozialdemokratisch orientierte Musikelite und der unbefangen-vorurteilslose Umgang mit den Chorwerken Hanns Eislers im DAS strafte die unvermittelte kommunistische Polarisierungs- und Konfrontationspolitik gewissermaßen Lügen. Es gab für diese Politik keinen wirklichen, in der inneren Situation des DAS gelegenen Grund. Die kommunistische Strategie war eindeutig fremdbestimmt und daher auch ohne Resonanz bei den Arbeitersängern. Anders sah es indessen in solchen Arbeitervereinen aus, die sich in der Tat während der Weimarer Jahre nach rechts entwickelt hatten, wie etwa der Arbeiter-Samariter-Bund. Dort wirkte der ultralinke Kurs der Kommunisten schon plausibler, dort verzeichneten die kommunistischen Zellen auch einigen Zulauf.

Schließlich und zuletzt scheiterte der kommunistische Vorstoß in den Jahren 1930/31 an der Altersstruktur der deutschen Arbeitersänger in dieser Zeit. Dem DAS fehlte, wie wir sahen, die Jugend; er war am Ende im Kern eine Organisation der älteren Jahrgänge. Die Angehörigen dieser Jahrgänge waren in ihrer Mehrheit der Sozialdemokratie seit Jahren, oft seit Jahrzehnten fest verbunden. Ihre Lebensgeschichte hatte sich zu einem großen Teil im Umfeld der sozialdemokratisch-freigewerkschaftlichen Solidargemeinschaft abgespielt. In diesem Milieu wurden sie sozialisiert, hier hatten sie ihr politisches Bezugs- und Deutungssystem aufgebaut, hier hatten sie ihre Freunde, Ehepartner, im ganzen: Geborgenheit und Halt gefunden. Ihre Identifikation mit der Sozialdemokratie hatte folglich schon Tradition. Hier lag bereits eine feste Bindung vor, die aufzubrechen den Kommunisten schlechterdings unmöglich war. Die kommunistische Agitationspolitik brauchte als Adressaten eine andere Altersgruppe: eine Generation, die zutiefst enttäuscht von der bürgerlichen Gesellschaft war, ohne Perspektive auf absehbare Besserung des kollektiven und individuellen Schicksals lebte, der der reformistische Pragmatismus der Sozialdemokratie nichts sagte, ja sie geradezu verbitterte, weil er keinen schnellen Weg aus einer verzweifelten Lage bot. Angehörige einer solchen Generation, in proletarischen Quartieren zu Hause, waren ansprechbar für den kommunistischen Habitus des Draufgängertums, des Losschlagens, für den ungebremsten Haß der Kommunisten auf die bürgerliche Gesellschaft, für die maßlose Kritik an der Sozialdemokratie, für die Vision eines bolschewistischen Sowjetdeutschland. Eine solche Generation verzweifelt-radikaler proletarischer Jugendlicher gab es bekanntlich auf dem Höhepunkt der politischen und wirtschaftlichen Krise der Weimarer Republik durchaus, doch sie befand sich nicht in der Mitgliedschaft des DAS, und so mußten sich die Kommunisten dort mit der gewiß undankbaren Rolle der selbsternannten revolutionären Avantgarde ohne große Gefolgschaft zunächst innerhalb, dann außerhalb des DAS bescheiden.

j) *Arbeitersänger und bürgerliche Kulturwelt: Kooperation und Abgrenzung*

Über die gesamte Weimarer Zeit hin prägte das Nebeneinander zweier gegensätzlicher Muster das Verhältnis von Arbeitersängern und bürgerlicher Kulturwelt: Kooperation und weltanschauliche Abgrenzung. Beides war gleichzeitig präsent, bezog sich jedoch auf unterschiedliche Gruppen der bürgerlichen Welt. Das kooperative Moment kam der weltbürgerlich anmutenden musikalischen Hochkultur zugute, das abgrenzende betraf den Nationalismus in der deutschen Musikkultur. Kooperation gab es auf zweierlei, in der Regel streng voneinander geschiedene Weise: zum ersten Kooperation in konzertanter Praxis, die sich auf der Ebene des einzelnen Vereins abspielte, und zum zweiten Kooperation auf Verbandsebene, die die Führungsorgane der Sängerbünde zur Interessenwahrnehmung gegenüber Dritten, insbesondere gegenüber staatlichen Instanzen, zusammenführte. Diese beiden Formen der Kooperation unterschieden sich insofern grundlegend, als es im ersten Fall um den Kern der Vereinstätigkeit ging und im zweiten nur um allgemeine Organisations- und Finanzfragen, die die gegnerischen Vereinskulturen auf Ortsebene weder in Berührung brachten noch im Verhältnis zueinander zu Kompromissen zwangen.[576]

Chorpraktische Kooperation

Die erste Form, die der chorpraktischen und konzertanten Kooperation mit der bürgerlichen Kulturwelt, nahm in den frühen 20er Jahren ihren Anfang und fand erstaunlich rasch Verbreitung.[577] Der revolutionsbedingte Wegfall alter Berührungsängste und Verbote (z.B. des Beamtenrechts) zeigte rasch Folgen. Mithin verbietet sich, für

---

576 7. Generalversammlung des DAS 1929; Rede des Bundesvorsitzenden Fehsel, S. 25 f.
577 Aus den Mitgliedschaften, in: DASZ Nr. 86, 1920, S. 3; Nr. 88, 1920, S. 6; Konzertrundschau, in: DASZ Nr. 5, 1922, S. 37; *Hans Hartmann,* Sind unsere Volkschöre noch revolutionär?, in: DASZ Nr. 7, 1924, S. 60 f. Die Konzertberichte zeigen von 1921 an einen Trend zum Kunstgesang und bereits in Ansätzen zu größeren Chorwerken, für die man bürgerliche Instrumentalisten und Solisten

die Zeit nach 1918 pauschal von rigider Lager-Abschottung gegenüber der bürgerlichen Welt zu sprechen. Das Bedürfnis nach künstlerischer Hebung des Chorgesangs und die Orientierung am Traditionsbestand der Kunstmusik führten bereits Anfang der 20er Jahre zu denkbar enger Zusammenarbeit mit professionellen bürgerlichen Musikern.[578] Zu diesem Personenkreis zählten zum ersten die Chorleiter, die sich mehrheitlich nicht als Autodidakten aus dem Arbeiterstand emporgearbeitet hatten, sondern dieses Handwerk als bürgerliche Berufsmusiker oder als Lehrer erlernt hatten. Anstoß nahm man an der bürgerlichen Gesinnung der Chorleiter erst zur Zeit der Großen Krise, als sich auch die Vereinskultur der Arbeitersänger radikalisierte und die ideelle Gleichgültigkeit der Chorleiter um so mehr auffiel.[579] Nur eine Minderheit unter den Chorleitern bekannte sich ausdrücklich zu den Zielen der sozialistischen Arbeiterbewegung.

Zum zweiten zeigten auch die Musikexperten des DAS ihrer Herkunft nach ein ausgesprochen bürgerliches Profil.[580] Das gleiche traf auf die im Auftrage des DAS arbeitenden Komponisten zu, die man nicht mehr als Künstler aus dem Volk feiern konnte, wie noch den 1920 verstorbenen Gustav Adolf Uthmann, der seiner bürgerlichen Herkunft zum Trotz die Lebenswelt der Arbeiter und kleinen Leute aus eigener Anschauung kennengelernt hatte, und dies deshalb, weil er infolge familiärer Schicksalsschläge sozial abgestiegen war.[581] Daß die meisten Komponisten des DAS auch für den bürgerlichen Musikalienmarkt arbeiteten und sich genausowenig wie die Mehrheit der Chordirigenten ausschließlich den Arbeitersängern zur Verfügung stellten, war ein Faktum, mit dem man sich abzufinden hatte, falls man dies überhaupt als Problem empfand.[582] Mochte dies im Hinblick auf die Chordirigenten, mit denen man ja unmittelbar zu tun hatte, hin und wieder Unbehagen auslösen, so bürgerte sich im Verhältnis zu den Komponisten die Praxis ein, politisch unverdächtige Chöre zeitgenössischer Komponisten selbst dann noch unbekümmert zu singen, wenn diese aus ihrer nationalistischen Einstellung keinen Hehl machten. Das beste Beispiel

---

hinzuziehen mußte; die ersten Bemühungen um den in der Arbeiterbewegung symbolträchtigen Schlußchor der IX. Sinfonie von Beethoven gehen auf das Jahr 1920 zurück, die Matthäus-Passion von J.S. Bach wurde 1922 erstmals aufgeführt.
578 Auf beiden Seiten, bei den professionellen Musikern wie im DAS, erkannte man bereits 1919 die Chancen der Zusammenarbeit: vgl. Aufwärts!, in: DASZ Nr. 83, 1919, S. 1; Aus den Mitgliedschaften, in: DAS Nr. 86, 1920, S. 3.
579 *August Hochheim,* Arbeiterchor-Dirigenten-Verband und DAS, in: ASZ Nr. 4, 1932, S. 72 f.; ders., Zur Bundesarbeit, in: ASZ Nr. 12, 1932, S. 252 f.
580 Die führenden Musikexperten des DAS, Walter Hänel und Alfred Guttmann, hatten beide akademische Vorbildung; vgl. DASZ Nr. 1, 1925, S. 3.
581 *Karl Werner,* Gustav Adolf Uthmann, Nachruf, in: DASZ Nr. 88, 1920, S. 1; G.Ad. Uthmann Gedenkfeiern, in: DASZ Nr. 6, 1930, S. 100.
582 Erwin Lendvai und Armin Knab, die ihre Verbundenheit mit der Arbeiterbewegung bekundeten, kannten keine Scheu, für die Chöre des DSB vaterländisch-nationale Gedichte zu vertonen. Ein besonders krasses Beispiel war das „Deutsche Kampflied" von Lendvai, das ganz im Zeichen des Anti-Versailles-Revisionismus stand und zur soldatischen Aufopferung für das Vaterland aufrief; vgl. O Deutschland Deutschland, Vaterland! Neue Vaterlandsgesänge von Armin Knab, Walter Rein, Hermann Erdlen und Erwin Lendvai, Hamburg o.J. (vermutl. 1931 oder 1932). Der Musikalienmarkt wurde selbstverständlich auch mit unpolitischen Gesängen bedient, vgl. z.B. Erwin Lendvais „Greif-Zyklus", Werk 52, Kommentar in: DSBZ Nr. 46, 1928, S. 698; Chorleiterkurs in Berlin, in: DASZ Nr. 11, 1930, S. 197.

lieferte Richard Trunk[583]; in diesem Falle sahen die Arbeitersänger die Schmerzgrenze erst zu dem Zeitpunkt überschritten, als Trunk 1932 ein öffentliches Glaubensbekenntnis für Adolf Hitler ablegte.[584] Erst danach verschwanden seine Chöre aus den Konzerten der DAS-Vereine. Hingegen wurde einem nahestehenden Komponisten wie Lendvai ohne weiteres nachgesehen, daß er auch vaterländisch-nationalistische Chorwerke komponierte.[585] Seiner Wertschätzung im DAS tat dies keinen Abbruch.

Noch ein Drittes machte Kooperation mit der bürgerlichen Musikwelt notwendig, ja geradezu zum zwingenden Gebot. All die großen Chorwerke, an die man sich seit 1920 herantraute, erforderten intensive Zusammenarbeit mit professionellen Musikern, und das bedeutete enges Zusammenwirken mit Gesangssolisten, Orchestermusikern, Konzerthäusern und Konzertvereinigungen. Ohne Frage übernahmen dabei die gemischten Arbeiterchöre eine Schrittmacher-Rolle. Bei dieser Chorgattung verwischten sich spätestens nach 1923, parallel zum künstlerischen Aufstieg, die traditionellen Lagergrenzen zwischen Arbeitergesang und bürgerlichen Kulturschaffenden bis zur Unkenntlichkeit.[586]

Lagerdenken und Lagerabschottung hörten damit jedoch keineswegs auf. Im Vergleich mit der Vorkriegszeit verschob sich aus der Perspektive der Arbeitersänger die Frontlinie nach rechts. Die Grenzziehung war augenfällig markiert durch die strikte Verbannung von Kirchen- und Vaterlandsliedern, eine Ausgrenzung, die seit 1922 das geistliche Konzert nicht mehr einbegriff.[587] Aber auch die neue Grenzziehung, die die gesamte nationale Rechte zu kooperationsunwürdigen Gegnern erklärte, verlor gelegentlich ihre scharfen Konturen, und zwar immer dann, wenn es um gemeinsame Kunstideale ging. So fanden sich Arbeiterchöre ohne weiteres bereit, bei den Gedenkfeiern aus Anlaß des Beethoven- und Schubert-Jubiläums zusammen mit bürgerlichen Vereinen aufzutreten. Jedoch verlangte den Arbeitersängern solch punktuelle Berührung keine nennenswerte Anpassungsleistung ab, da man schließlich nicht miteinander konzertierte, sondern nacheinander auftrat. Man sollte sich daher hüten, Anlässe dieser Art als symbolischen Ausdruck der ideologischen Annäherung über-

---

583 *Klenke,* Bürgerlicher Männergesang in: GWU, Heft 9, 1989; z.B. ruft Trunk in seinem 1926 erschienenen Männerchor „Flamme empor" dazu auf, „auf Leben und Sterben" die nationale Freiheit zurückzugewinnen; vgl. ders., Zwei Männerchöre, op. 58,2 Tonger-Musikverlag Köln 1926, S. 3. Von der lobhudelnden Trunk-Biographie von Alfons Ott sollte man sich nicht irreführen lassen, da dieser „pietätvollerweise" gewisse schwarze Flecken in der Biographie Trunks verschweigt und auch einige nationalistische Männerchorkompositionen im Werkverzeichnis, so auch den hier aufgeführten, unterschlägt; vgl. ders., Richard Trunk. Leben und Werk, München 1964, S. 34 ff., 83 ff.
584 Konzertrundschau, in: DASZ Nr. 8, 1930, S. 141; ASZ Nr. 2, 1932, S. 30; vgl. weiterhin: Kleine Nachrichten, in: ASZ Nr. 5, 1932, S. 117.
585 Vgl. „Deutsches Kampflied" von Erwin Lendvai, in: O Deutschland Deutschland, Vaterland! Neue Vaterlandsgesänge, S. 11 ff.
586 *K.H. Schilling,* Vom gemischten Chorgesang, in: DASZ Nr. 12, 1921, S. 98 f.; Die Not der Volkschöre und deren Behebung, in: DASZ Nr. 4, 1923, S. 22 f.
587 *Karl Werner,* Beethovens Chorgesänge, in: DASZ Nr. 89, 1920, S. 2 f.; *ders.,* Kirchenkonzert oder Konzert in der Kirche, in: DASZ Nr. 6, 1922, S. 47; *Philipp Held,* Geschichte des deutschen Männergesangs, in: DASZ Nr. 8, 1922, S. 62 f.; Konzertrundschau, in: DASZ Nr. 3, 1924, S. 17, *Heinrich Wiegand,* Kulturaufgaben der Arbeitersänger, in: DASZ Nr. 5, 1925.

zubewerten; das Verbindende lag allein im Geniekult begründet, nicht in politischen Gegenwartsfragen.[588] Dies läßt sich daran ablesen, daß sich die Arbeitersänger unterhalb der verklärten Sphäre des Geniekults nur selten bereitfanden, mit bürgerlichen Gesangvereinen zusammenzuarbeiten. Wie lebendig das Abgrenzungsbedürfnis noch war, offenbarte die scharfe Kritik der Konzertrundschau an einem Bundesverein, der zusammen mit einem bürgerlichen Verein ein Konzert veranstaltet hatte, nur weil beide zufällig denselben Chorleiter hatten.[589] Wären solche Praktiken üblich gewesen, hätte es von seiten der Bundeszentrale gewiß häufiger Proteste gehagelt. Kam es aus Anlaß der alljährlich stattfindenden Verfassungsfeiern zu gemeinsamen Auftritten, so hatten sich die bürgerlichen Chöre weitaus mehr anzupassen, soweit sie dem DSB angehörten und, ähnlich wie ihre Verbandsspitze, der republikanischen Nachkriegsordnung distanziert gegenüberstanden. Es gab ja im Weimarer Bürgertum eine weitverbreitete Neigung, die republikanische Verfassung untergründig als Produkt des sozialdemokratischen Umsturzes zu empfinden. Eine Ausnahme machten allein die eingefleischten Anhänger der sog. „Weimarer Koalition" aus Sozialdemokratie, Zentrum und Linksliberalismus. Jedoch hatten bereits die Reichstagswahlen von 1920 gezeigt, daß die republikanische, auf innen- wie außenpolitischen Ausgleich bedachte Strömung innerhalb des Bürgertums in eine Minderheitenposition geraten war. Mit den republikanisch gesinnten Kreisen des Bürgertums hatten die Arbeitersänger noch die geringsten Probleme. Nicht auf diese Kreise, sondern auf die nationale Rechte spielten kritische Stimmen innerhalb des DAS an, wenn sie für unzumutbar erklärten, bei Verfassungsfeiern mit solchen Gesangvereinen gemeinsam aufzutreten, die mit Abzeichen der „politischen Feinde" der Arbeiterbewegung geschmückt waren.[590] Daß die Arbeitersänger wenig Berührungsängste und ideologische Scheuklappen gegenüber bürgerlichen Instanzen hatten, wenn diese nicht ausgewiesene Repräsentanten der politischen Rechten waren, dokumentierte eindrucksvoll der herzliche Empfang, den die Kommunalbehörden in Hamburg und München den dort stattfindenden Bundesgeneralversammlungen des DAS in den Jahren 1926 und 1929 bereiteten.[591] Die Führungsschicht des DAS schien dies sichtlich zu genießen. Bezeichnend ist, daß daran innerhalb des DAS niemand Anstoß nahm.

Resümieren läßt sich, daß der konzertanten Kooperation mit der bürgerlichen Kulturwelt unterschiedliche Motive zugrunde lagen. Zum ersten konnte sie im Zeichen gemeinsamer Kunstverehrung stehen; zum zweiten verdankte sie ihre Existenz einer Mischung aus künstlerischen und professionellen Interessen, wenn es um die Aufführung großer Chorwerke ging; zum dritten erfolgte sie aus offenkundigem politischem Anlaß, z.B. bei Verfassungsfeiern, Anlässe, von denen allerdings recht sparsam

---

588 Aus den Mitgliedschaften, in: DASZ Nr. 6, 1927, S. 116; Nr. 1, 1929, S. 22; *Alfred Guttmann*, Offener Brief an Herrn Wilhelm Röntz in der Sache Professor Siegfried Ochs, in: DSBZ Nr. 50, 1928, S. 763.
589 Aus den Mitgliedschaften, in: DASZ Nr. 5, 1929, S. 100.
590 7. Generalversammlung des DAS 1929, S. 56.
591 6. Generalversammlung des DAS 1926 in Hamburg; Unsere VII. Bundesgeneralversammlung, in: DASZ Nr. 7, 1929, S. 137.

Gebrauch gemacht wurde; und viertens diente sie karitativen Zwecken, z.B. in Gestalt von Krankenhauskonzerten. Am stärksten grenzten sich die Arbeitersänger gegenüber solchen Gesangvereinen ab, die dem nationalistischen DSB angehörten.

Chorpraktische Kooperation mit der bürgerlichen Kulturwelt gab es auch im Hinblick auf die staatlich finanzierten Chorleiter-Fortbildungskurse. Auf Betreiben des preußischen Kultusministeriums zunächst nur für Preußen ins Leben gerufen, fanden diese Kurse seit 1922 alljährlich über mehrere Städte verteilt statt. Die beiden großen Chorverbände, DSB und DAS, wählten diejenigen Chorleiter aus, die in den Genuß der Fortbildung kommen sollten. Bei dieser Gelegenheit mußten die Kursisten auf Grund gemeinsamer Unterrichtung in anderer Weise Nähe aushalten, als dies sonstwo vonnöten war. Wenn es in den ersten Jahren zu keinerlei nennenswerten Spannungen zwischen den Vertretern der beiden Bünde kam, dann ging dies weniger auf situationsbedingte Annäherung zurück, als vielmehr auf das allgemeine politische Klima, das im Zeichen der außenpolitisch motivierten Annäherung von sozialdemokratischer Arbeiterbewegung und Bürgertum stand.[592] Daß auch die Arbeitersänger die Annäherung mittrugen, trat in ihrer Haltung gegenüber den Chorleiterkursen deutlich in Erscheinung. In dieser Weise mit dem bürgerlichen Sängerbund zu kooperieren, hatte noch eine weitere Wurzel: Es schwang eine gewisse Genugtuung mit, nach Jahrzehnten obrigkeitlicher Diskriminierung nunmehr als gleichberechtigter Partner des großen bürgerlichen Sängerbundes anerkannt zu sein. Dieses Gefühl äußerte sich darin, daß die Arbeitersänger-Zeitung in ihrer Berichterstattung das gleichberechtigte Zusammenwirken deutlich herausstrich. Hingegen erwähnte die bürgerliche Gegenseite den DAS aus der selbstbewußten Warte des Etablierten in ihrem Verbandsorgan nur beiläufig.[593]

In den mittleren Jahren Weimars schienen die Chorleiter-Kurse aus dem Blickwinkel der Beteiligten eher chortechnischen Charakter anzunehmen. Solch nüchtern-pragmatischem Klima war jedoch nur kurze Dauer beschieden. Seit 1929 wich es den sich dramatisch verschärfenden Spannungen zwischen den politischen Lagern, von denen DSB und DAS selbstverständlich nicht verschont bleiben konnten.[594] 1931 kam es dann schließlich in einem der Fortbildungskurse zu einem offenen politischen Schlagabtausch über Wert und Unwert von „deutschem Lied" und „proletarischem" Tendenzlied; die Folge war, daß die Seminare seither nach der Verbandszugehörigkeit getrennt durchgeführt wurden.[595] Inwieweit das langjährige Zusammenwirken in den unter staatlicher Regie durchgeführten Kursen auf das politische Selbstver-

---

592 *Hans Lundi,* Zum ersten staatlichen Fortbildungskursus für Chordirigenten, in: DASZ Nr. 7, 1922, S. 55 f.; *Karl Werner,* Der staatliche Kursus für Chorleiter, in: DASZ Nr. 4, 1923, S. 30; Geschäftsbericht des DAS 1926-1929, S. 7.
593 Der Staatliche Fortbildungskursus für Chordirigenten, in: DSBZ, Nr. 8, 1922, S. 153 f.
594 Randbemerkungen zum Chormeister-Fortbildungskursus in Berlin, in: DASZ Nr. 12, 1929, S. 250 f.; Chorleiterkursus Berlin, in: DASZ Nr. 11, 1930, S. 196 f.; 7. Generalversammlung des DAS 1929, S. 56.
595 Fortbildungskurse für Chordirigenten, in: DASZ Nr. 5, 1931, S. 114 f.; Staatlicher Chorleiterkursus, in: Nr. 10, 1931, S. 215.

ständnis der Chorleiter abgefärbt hat, darüber lassen sich Vermutungen anstellen. Die politische Ausstrahlung dieser Kurse dürfte wohl eher recht gering gewesen sein. Zum ersten wurde nur eine kleine Anzahl von Chorleitern zu diesen wenige Tage dauernden Kursen entsandt, z.B. 1928 nur 92 Kursisten von seiten des DAS. Zum zweiten waren beide Bünde bei der Auswahl der Kursusleiter darauf bedacht, daß sich der verbandspolitische Einfluß die Waage hielt.[596] Zum dritten ging es in den Kursen hauptsächlich um chortechnische Fragen. Zum vierten suchten die Verbände für diese Fortbildungsmaßnahmen von vornherein nur gesinnungstreue Chorleiter aus, die während der Kursustage lieber unter sich blieben. Zum fünften dürfte die gegenseitige Abschottung begünstigt haben, daß auf diesen Tagungen mit DSB und DAS nur die politischen Extreme der deutschen Gesangskultur aufeinanderprallten, Sozialismus und Nationalismus. Das unorganisierte Mittelfeld der sog. „wilden", d.h. verbandslosen und eher unpolitischen Gesangvereine, war nicht vertreten. Dieser Umstand hat die gegenseitige Beeinflussung alles andere als begünstigt.

Verbandspolitische Kooperation

Mit der verbandspolitischen Kooperation verband der DAS die Absicht, gegenüber staatlichen Instanzen die gemeinsamen Interessen des deutschen Chorgesangs wahrzunehmen. In diesen Fragen suchte er seit 1928 die Zusammenarbeit mit dem DSB und dem „Reichsverband der gemischten Chöre Deutschlands". Im einzelnen ging es um die Anerkennung der Gemeinnützigkeit, um die Befreiung der Chorkonzerte von der Vergnügungssteuer, um die Subventionierung von Konzerten und Sängerfesten und schließlich um die unentgeltliche Überlassung öffentlicher Räume zu Probezwecken. In solchen Fragen mit den bürgerlichen Chorverbänden zusammenzuarbeiten, traf im DAS nicht auf einhellige Zustimmung. Zum Stein des Anstoßes wurde die von den drei Verbänden getragene „Arbeitsgemeinschaft der deutschen Chorverbände", die im Oktober 1928 in Essen ihren Gründungskongreß abhielt.[597] Die Kritiker innerhalb des DAS sorgten sich um die Identität und Glaubwürdigkeit ihres Verbandes: Den einen war die Vorstellung, mit den bürgerlichen Sängern auch nur für einen begrenzten Zweck zusammengehen zu sollen, schlichtweg unsympathisch, und folglich verschanzten sie sich als gestandene Klassenkämpfer dogmatisch hinter ihrer Bekenntnishaltung; die anderen, die weniger rigoros gestimmt waren, verbanden mit verbandsbezogener Zusammenarbeit die Befürchtung, daß dies zu politisch unvertret-

---

596 Geschäftsbericht des DAS 1926-1929, S. 7.
597 Bereits im März 1923 hatten sich DAS und DSB zum „Reichsausschuß für Chorgesangwesen" zusammengeschlossen; dieser Ausschuß schlief aber wieder ein. 1928 gründeten den neuen Dachverband der Deutsche Sängerbund, der Deutsche Arbeitersängerbund und der Reichsverband der gemischten Chöre Deutschlands; vgl. Bericht des DAS-Bundesvorsitzenden Fehsel, in: 7. Generalversammlung des DAS 1929, S. 25 ff.; vgl. weiterhin das Protokoll des Gründungskongresses der Interessengemeinschaft für das deutsche Chorwesen, in: Organisationsfragen des Chorgesangwesens. Vorträge des I. Kongresses für Chorgesangwesen in Essen (Okt. 1928), hrsg. von der Interessengemeinschaft für das deutsche Chorgesangwesen und vom Zentralinstitut für Erziehung und Unterricht Berlin, Leipzig 1929.

baren Zugeständnissen an die Gegenseite führen könne.[598] Hingegen verwiesen die Befürworter vor allem auf den praktischen Nutzen der Zusammenarbeit, den sie, wie sich der Bundesvorsitzende Fehsel ausdrückte, über die „schönen Gesten proletarischen Bewußtseins" stellten.[599] Zugunsten der Befürworter fiel ins Gewicht, daß die Zusammenarbeit der Verbände tatsächlich mit keinerlei Zugeständnissen und Auflagen politischer Art verbunden war und auch vor Ort keinerlei Anpassungszwang zu spüren war. Dies gab den Ausschlag, daß die Kritiker eine kleine Minderheit blieben.

Soweit es um die Reichsebene ging, beschränkte sich die Kooperation auf einen kleinen Beratungszirkel, der alle zwei, drei Monate, von je drei Vertretern der Verbände beschickt, unter dem Vorsitz Leo Kestenbergs zusammentrat, der im Preußischen Kultusministerium den Posten des Musikreferenten innehatte und als SPD-Mitglied dem DAS nahestand.[600] Auch unterhalb der Reichsebene traten Vertreter der drei Verbände zusammen. Auf allen Ebenen, vom Reich bis zu den Kommunen, ging es darum, den Staatsbehörden Vergünstigungen steuerlicher und organisatorischer Art abzutrotzen. Sehr weit ging die verbandliche Zusammenarbeit in Sachsen, wo der DAS mit den bürgerlichen Sängern Schulter an Schulter vor den dortigen Verwaltungsgerichtshof zog, um die Gemeinnützigkeit durchzusetzen und die Freistellung von der Vergnügungssteuer zu erwirken.[600a] Hier wie auch in anderen Ländern machte man die ideellen Belange der deutschen Gesangskultur geltend, um das Chorkonzert von der Vergnügungssteuer zu befreien. Die Zusammenarbeit in dieser Frage behielt rein verbandlichen Charakter. Sie zwang keinen Arbeitergesangverein, mit bürgerlichen Vereinen zusammenzugehen, was gerade in Sachsen schwer vorstellbar gewesen wäre, weil dort wie in keiner anderen Region des deutschen Reichs die alte Lagermentalität innerhalb der Arbeiterbewegung lebendig geblieben war. Offenbar unterschätzten die Kritiker der verbandspolitischen Zusammenarbeit, welch tiefe weltanschauliche Kluft DAS und DSB auch in den politisch ruhigen Jahren Weimars noch trennte. Im Gegensatz zu den Skeptikern reagierte die große Mehrheit im DAS auf die klar begrenzte Kooperation pragmatisch gelassen.

Was brachte nun eigentlich DSB und DAS wider alle politische Gegnerschaft an einen Tisch, um eine Interessengemeinschaft zu gründen? Den Ausschlag gab der sorgenvolle Blick auf die gemeinsamen Konkurrenten, die den Chorgesang als ein traditionsreiches Stück deutscher Nationalkultur, ungeachtet der politischen Orientierung, bedrohten.[601] Gegen die neuartige Konkurrenz im Kultursektor verband DAS und DSB trotz aller politischen Gegnerschaft der Glaube an die sittlich ver-

---

598 7. Generalversammlung des DAS 1929, S. 49., 53, 57.
599 Ebda., S. 26.
600 Geschäftsbericht des DAS 1926-1929, S. 8 f.
600a 7. Generalversammlung des DAS 1929, S. 55 f.
601 Bericht des Bundesvorsitzenden Fehsel, in: 7. Generalversammlung des DAS 1929, S. 20, 63; ders., Arbeitergesangvereine in Not, in: Organisationsfragen, S. 50 f.; *Friedrich List,* Die Einwirkung der allgemeinen Wirtschaftslage auf die Vereine des Deutschen Sängerbundes, in: ebda., S. 29 ff.; *Fritz Stein,* Staat und Chorgesang, in: ebda., S. 51 ff., 65 ff.; *Peter Raabe,* Stadtverwaltung und Chorgesang, in: ebda., S. 71 ff.

edelnde Wirkkraft des gemeinsamen Singens.[602] Im Selbstverständnis beider Dachverbände hoben die künstlerische Veredelungsidee und das chorgesangliche Gemeinschaftsethos die deutsche Chortradition so sehr über den modernen kommerziellen Musikbetrieb hinaus, daß man kulturpolitische Vorrechte glaubte beanspruchen zu können. Dies lief im Kern darauf hinaus, daß man als traditionsreicher Kulturfaktor vor dem freien Spiel der Marktkräfte geschützt werden wollte. Zum Problem war geworden, daß sich der Chorgesang auf dem Veranstaltungs- und Medienmarkt mehr denn je gegenüber der modernen Massenkultur und den internationalen Anbietern behaupten mußte. Die arg geschrumpfte Nachkriegskaufkraft trug das ihrige dazu bei, daß der Konkurrenzkampf um die Publikumsaufmerksamkeit nach 1923 in ungekannter Schärfe entbrannte. Gegen die Alleingeltung des Marktprinzips erhoben alle drei Verbände kunstpolitische und volksbildnerische Einwände und der DSB obendrein nationalpolitische. Alle drei glaubten das Vorrecht beanspruchen zu dürfen, sich mit der neuen, massenkulturellen Herausforderung der 20er Jahre nicht unter gleichen Wettbewerbsbedingungen messen zu müssen. Sie verlangten daher, vom Staat unterstützt, ja bevorzugt zu werden, sei es durch Steuerbefreiung oder sei es durch andere Formen der Subventionierung, etwa durch unentgeltliche Überlassung öffentlicher Räume zu Probezwecken.

Besonders schmerzlich bekamen die Männerchöre des DSB den Niedergang in der Publikumsgunst zu spüren, und dies trotz des starken Mitgliederzuwachses nach dem Kriege. Sie waren künstlerisch abgeschlagen, der attraktiven und kostengünstigen Zusammenarbeit mit den größtenteils aufgelösten Militärkapellen beraubt und sahen sich weit mehr noch als die Arbeitersänger von der Welle einer neuen Musikkultur überrollt, die mit der Aura des Mannhaftigkeits- und Frontkämpfer-Pathos nur wenig anzufangen wußte. Dagegen hatten die Arbeitersänger in der Nachkriegszeit wenigstens noch vom künstlerischen Aufstieg ihrer gemischten Chöre und deren Zusammenarbeit mit dem professionellen kommunalen Kulturbetrieb profitieren können. Allerdings war die Krise des gesamten traditionellen Kulturbetriebs schwer genug, um auch die Arbeitersänger zu veranlassen, die Vorteile gemeinsamen Auftretens gegenüber dem Staat zu nutzen. Beide, die bürgerlichen wie die Arbeitersänger, trafen sich in der Grundüberzeugung, den ideellen Geltungsanspruch des Chorgesangs gegen den modernen, seelenlos und verflacht anmutenden Massenkonsum von Schlagern und Tanzmusik verteidigen zu müssen.[603] Jedoch trennten sich die Wege dort, wo sich der DSB von seinen nationalkulturellen Selbstbehauptungsängsten treiben ließ. Als nationalistischer Männerchorverband richtete er den Blick an erster Stelle auf die von der Publikumsgunst verwöhnten Jazz-Bands und die Don-Kosaken.[604]

---

602 Vgl. zum ideellen Selbstverständnis des deutschen Chorgesangs: *Rudolf Schmidt,* Die Gesangvereine als Pflegestätten kultureller Bildung, in: Deutscher Sängerkalender 1928, hrsg. von Heinrich Damisch und Franz-Josef Ewens (im Auftrag des Deutschen Sängerbundes), Berlin 1928, S. 252 ff.

603 Vgl. Anm. 600; *Max Steege,* Mehr künstlerische Kultur in den Männergesangvereinen, in: DSBZ Nr. 50, 1928, S. 772; Gedanken über den Nachwuchs zur Pflege des deutschen Liedes, in: DSBZ Nr. 19, 1929, S. 300.

604 Singt Volkslieder, in: DSBZ Nr. 19, 1928, S. 303; *Fritz Stege,* Die kulturelle Bedeutung des Männerchorgesangs, in: DSBZ Nr. 51, 1928, S. 783. Stein, Staat und Chorgesang, S. 65 f.; *Rudolf Schmidt,* S. 253 f.

Deren Publikumserfolg löste beklemmende Gefühle der Überfremdung aus. Betrachteten die Arbeitersänger die neue Konkurrenz in den späteren Jahren der Republik eher als Ansporn zu stilistischer Weiterentwicklung, so empfand man aus nationaler Sängerperspektive den Erfolg der fremdländischen Musik als tiefe Kränkung. Man konnte nur schwer verwinden, daß es unter den ausländischen Produkten an erster Stelle die der ehemaligen Kriegsgegner waren, die bei den jungen Menschen besser ankamen als der deutsche Männergesang, der doch den Geist nationaler Selbstbehauptung und Wiedergeburt, aller Aufweichung zum Trotz, wachhalten wollte und dafür von der nachwachsenden Generation Dank und Anerkennung erwartete.[605]

k) *Zwei Gesangskulturen: Sängerbundesfeste unter nationalistischem und sozialistischem Vorzeichen*

Die sozialistische Linke und die nationale Rechte reichten sich zwar die Hand, um den Chorgesang gegen das Zeitalter des entpolitisierenden industriellen Kulturkonsums zu verteidigen, aber in politischen Prinzipienfragen gab es selbst in den ruhigen mittleren Jahren Weimars keine Annäherung. Dies fand 1928 eine eindrucksvolle Bestätigung, als in kurzem zeitlichen Abstand beide Sängerbünde ihr nationales Sängerfest veranstalteten, der DSB in Wien und der DAS in Hannover.[606] Daß die politischen Seiten der Gesangskultur am deutlichsten auf nationalen Sängerfesten in Erscheinung traten, lag in der Tradition des deutschen Chorgesangs begründet. Immer schon hatten die in mehrjährigen Abständen stattfindenden nationalen Feste der bürgerlichen Sänger mehr kulturpolitischen als gesanglichen Demonstrationscharakter gehabt.[607] Darin eiferten ihnen die Arbeitersänger mit ihrem ersten nationalen Sängerfest ungeachtet ihres betont künstlerischen Anspruches nach. Dies macht den Vergleich der politischen Profile besonders reizvoll. Daß sich große Unterschiede zwischen dem Wiener und dem Hannoveraner Fest feststellen lassen, fällt für die Beurteilung des politischen Klimas gerade deshalb stark ins Gewicht, weil es im Sommer 1928 keine nennenswerte wirtschaftliche Krisenstimmung gab und der politische Extremismus, an den Parlamentswahlen gemessen, einen Tiefstand erreicht hatte. Auf den DAS wirkte noch ein weiterer Faktor politisch mäßigend: Die hochgesteckten künstlerischen Ziele und die Sorge um einen reibungslosen Festverlauf veranlaßten den DAS, das Hannoveraner Bundesfest zu einem Fest engster Kooperation mit der Stadtverwaltung und der lokalen Partei- und Presseöffentlichkeit zu machen. Der

---

605 Vgl. Anm. 601; *Fritz Stege,* Der Männerchorgesang im Dienste der deutschen Musikentwicklung, in: DSBZ Nr. 10, 1929, S. 150 f.; Gedanken über den Nachwuchs.
606 Vgl. 1. Arbeitersängerbundesfest in Hannover vom 16.-18. Juni 1928, Festschrift; vgl. weiterhin DASZ Nr. 7, S. 28. Vgl. zum 10. Deutschen Sängerbundesfest vom 19.-22. Juli 1928 in Wien: Allgemeine Musikzeitung, Jg. 55, 1928, S. 894 ff., 913 ff.; ausführlicher Bericht in: DSBZ Nr. 31/32, 1928; vgl. auch das Verzeichnis der in Wien gesungenen Chöre in: DSBZ Nr. 24, 1928.
607 Einen guten Überblick über die Tradition der Sängerfeste bietet: *Franz-Josef Ewens* (Hrsg.), Deutsches Lied und deutscher Sang, Marburg 1930, S. 26 ff.

DAS-Gau Hannover ging sogar so weit, auch bei Gefallenengedenkfeiern mitzuwirken, um das Lager der nationalen Rechten versöhnlich zu stimmen.[608]

Bevor wir uns den beiden Festen zuwenden, sollten wir zunächst einen kurzen Blick auf den DSB werfen. Denn es war ja in erster Linie dieser nationalistische Sängerverband, der das kulturelle Abgrenzungsbedürfnis der Arbeitersänger provozierte. Um 1928 herum hatte der DSB als reiner Männerchorverband über eine Million Mitglieder, von denen knapp die Hälfte aktiv mitsang.[609] Nicht eingerechnet sind hier die in die Hunderttausende gehenden Männerchor-Vereinssänger, denen es an politischem Idealismus mangelte und die sich daher auch nicht veranlaßt sahen, einem Verband anzugehören.[610] Im DSB fand sich das gesamte nationale Lager bis in rechtsliberale und Zentrumskreise hinein im Kult um das „deutsche Lied" zusammen, ein Kult, der als vornehmster Ausdruck deutscher Selbstbehauptung galt. Die programmatische Grundlage war ein radikalisierter Nachkriegs-Nationalismus, der den DSB als Teil des vaterländischen Verbandswesens an die Seite der nationalen Rechten führte. Angelegt war der Sänger-Nationalismus bereits in der Vorkriegszeit, in der der DSB zu einer nationalkulturellen Bastion des Wilhelminischen Weltmachtanspruchs geworden war. In der Weimarer Zeit verkörperte der im DSB zusammengeschlossene Männergesang den Idealismus der Frontkämpfergeneration. Obenan standen soldatische Mannhaftigkeit und nationaler Korpsgeist, beides Elemente, die zur Wiedergeburt der Nation nach erdrückender und vermeintlich zu Unrecht erlittener Kriegsniederlage beitragen sollten. Hier wurde der Dienst am deutschen Lied und an der deutschen Kultur zu einem rituellen Rettungsanker des beschädigten nationalen Selbstbewußtseins. Man pflegte zwar auch den unpolitischen Gesang, aber das ideelle Selbstverständnis kam an erster Stelle in einer eigenen Tendenzkultur zum Ausdruck: Man sang traditionelle Vaterlandslieder wie patriotische Neuschöpfungen, die auf die spezifische Stimmungslage des verletzten und radikalisierten Nationalempfindens zugeschnitten waren.

Symptomatisch war, daß gemischten Chören bis 1932 die Aufnahme verweigert wurde. Zurückzuführen war dies darauf, daß bei diesen Chören weitaus mehr künstlerischer Ehrgeiz anzutreffen war als bei den Männerchören und damit eine gewisse Gleichgültigkeit gegenüber politischen Belangen einherging. Nicht grundlos provozierte dies den Verdacht, daß das gemischte Chorwesen den Sänger vom nationalen

---

608 Redebeitrag Kirch (Hannover), in: 6. Generalversammlung des DAS 1926, S. 45.
609 Vgl. *Klenke,* Bürgerlicher Männergesang.
610 Die große Verbreitung sog. „wilder", d.h. verbandsfreier Vereine schlug sich erst nach 1933 in den Statistiken nieder, als alle Männer-Gesangvereine im Zuge der Gleichschaltung gezwungen wurden, dem DSB als „Fachverband für das deutsche Männerchorwesen" beizutreten. Der Tatbestand, daß es keineswegs selbstverständlich war, als Gesangverein einem Verband anzugehören, zeigt recht eindringlich, welche große weltanschaulich-politische Bedeutung dem Faktum zukam, daß eine knappe halbe Million Laiensänger um 1928 im Verbandsrahmen des DSB aktiv war. Als Beitrittsmotiv hatten äußere organisatorische Gründe, wie etwa ein verbandseigener Verlag im Falle des DAS, kein großes Gewicht, da der DSB lediglich ein mehrbändiges Liederbuch herausgab und die Vereine in der Beschaffung der Noten im wesentlichen auf sich gestellt waren; vgl. Liederbuch des Deutschen Sängerbundes, Bd. 1-5, Berlin o.J.; Jahrbuch des Deutschen Sängerbundes, Jg. 1934, S. 90, 92, 126.

Auftrag des deutschen Liedes entfremde.[611] Aus dem männerbündischen Blickwinkel des vaterländischen Männergesangs war kaum von der Hand zu weisen, daß die Tugend der soldatischen Mannhaftigkeit als Juwel kernigen und national standhaften Deutschtums in den gemischten Chören fehl am Platz gewesen wäre. Dort schien man sich im engen Zusammenwirken der Geschlechter einer vermeintlich weibischen und gesinnungslosen, weil weltbürgerlich verdächtigen L'art-pour-l'art-Haltung verschrieben zu haben. Im Männergesang kam es auf nationale Werte an: Verbissen wünschte man eine geschlossene kulturelle Abwehrfront des deutschen Gesangs gegen alles zersetzende Kulturgut, an erster Stelle gegen alle „zweifelhaften Auslandswerte".[612] Internationales Liedgut lehnte man strikt ab. Daß der DAS um der Völkerverständigung willen die Pflege fremdländischen Liedguts auf seine Fahnen geschrieben hatte und die sog. „Arbeiter*marseillaise*" zu den beliebtesten Tendenzliedern der Arbeitersänger zählte, lief aus der Sicht des nationalen Männergesangs darauf hinaus, sich als kulturelles Einfallstor für feindselige ausländische Attacken mißbrauchen zu lassen. Das Ausland schien es mit seinen Kulturimporten darauf anzulegen, die deutsche Volksgemeinschaft ideell zu spalten und damit nach außen wehrlos zu machen.[613] Beispielhaft für diese Haltung steht die vorwurfsvolle Aufforderung an die Adresse der Arbeitersänger, sie sollten sich zunächst einmal ernsthaft um die Einheit im Innern bemühen, bevor an eine Überwindung der internationalen Gegensätze zu denken sei.[614] Solche Vorhaltungen weckten bei den Arbeitersängern böse Assoziationen: Da war zum ersten das alte Stigma der nationalen Unzuverlässigkeit und zum zweiten die Dolchstoßhetze der Nachkriegszeit.[615] Publizistische Geplänkel dieser Art beleuchteten schlaglichtartig, daß sich die Ideenwelt der Arbeitersänger und das Ideal wehrhaft-geschlossener nationaler Einheit wie Feuer und Wasser zueinander verhielten.[616]

Der DSB stellte um des deutschen Wiederaufstiegs willen das Gebot der nationalen Geschlossenheit obenan. Folgerichtig verlor aus dieser Sicht ein nach inneren,

---

611 An alle Chormeister und Vorsitzende der Bünde und Einzelvereine, in: DSBZ Nr. 14, 1928, S. 232; Singt Volkslieder!, in: DSBZ Nr. 19, 1928, S. 303; *Fritz Stege,* Die kulturelle Bedeutung des Männerchorgesangs, in: DSBZ Nr. 51, 1928, S. 783; *Ernst Schlicht,* Die Aufnahme von gemischten und Frauenchören in den DSB, in: DSBZ Nr. 7, 1929, S. 103; *F.J. Ewens,* Was ist „Liedertafel"-Stil, in: DSBZ Nr. 36, 1929, S. 559; Die Aufnahme von Frauen- und gemischten Chören in den DSB, in: DSBZ Nr. 13, 1929, S. 205 f.
612 *Stege,* Die kulturelle Bedeutung; *ders.,* Der Männerchorgesang im Dienste der deutschen Musikentwicklung, in: DSBZ Nr. 10, 1929, S. 150 f.
613 *Heinrich Werle,* Siegfried Ochs und der deutsche Männergesang, in: DSBZ Nr. 3, 1929, S. 35 f.; *Werner Walter,* Was die Männerchöre leisten, in: Vossische Zeitung Nr. 156 vom 1.7.1928; *Wilhelm Röntz,* Die „in Trägheit erstarrten" Männerchöre und der deutsche Arbeitersängerbund, in: DSBZ Nr. 45, 1928, S. 689. In diesen Beiträgen fand eine Auseinandersetzung mit der Polemik von Siegfried Ochs statt, der Dozent für Chorleitung an der Berliner Hochschule für Musik war und in seiner Rolle als künstlerischer Berater des DAS das Männerchorwesen des DSB scharf angegriffen hatte.
614 Vgl. *Werle,* Siegfried Ochs, S. 36.
615 *Walter Hänel,* Haben sie umgelernt?, in: DASZ Nr. 7, 1928, S. 132 f.
616 Fällt die Saat auf fruchtbaren Boden?, in: DASZ Nr. 12, 1929, S. 250 f.; Arbeiter-Musikwoche in Frankfurt, in: DASZ Nr. 8, 1927, S. 140 f.; *Karl Klauder,* Politische Parteien und bürgerliche Vereine, in: DASZ Nr. 2, 1928, S. 19 f.; *ders.,* Und wer sind die Mitglieder, in: DASZ Nr. 10, 1929, S. 211 f.

primär sozialen Frontstellungen organisierter Arbeitersängerbund seine Existenzberechtigung. Diese Grundhaltung kam auch im politisch ruhigen Jahr 1928 zum Ausdruck, als der Großmeister des gemischten Chorgesangs, Siegfried Ochs, den DSB bis aufs Blut reizte. Der äußere Anlaß war, daß Ochs, der dem DAS sehr nahestand, im Überschwang des erfolgreichen Hannoveraner Bundesfestes der Arbeitersänger ein vernichtendes künstlerisches Urteil über den Männerchorgesang fällte.[617] Daß der DSB die abfälligen Bemerkungen von Ochs nicht auf sich sitzen lassen konnte, war kaum verwunderlich. Was aber die nationalistischen Männerchor-Ideologen an Ochs' Kritik so sehr empörte, war weniger das in diesem Zusammenhang ausgesprochene Lob für die Leistungen der Arbeitersänger, als vielmehr die künstlerische Perspektive von Ochs, die für die im Außermusikalischen gründende nationale Mission des Männerchores statt eines Hauchs von Verständnis nur abfällige Bemerkungen übrig hatte. Hier schien sich einmal mehr zu bestätigen, daß sich der arrogante „Künstler" Ochs und die ihm nahestehenden Arbeitersänger durch nationale Gesinnungslosigkeit auszeichneten.[618]

Die wechselseitigen Vorwürfe der beiden Chorverbände hatten ihre Grundlage in einem diametral entgegengesetzten Selbstverständnis, das auch die beiden Bundesfeste in ihren politischen Anteilen deutlich zum Ausdruck brachten. Auf diese Anteile wollen wir im folgenden den Blick richten. Wenden wir uns zunächst den politischen Motiven zu, die die Arbeitersänger mit ihrem Bundesfest verbanden. Zunächst einmal wollten sie in Hannover den Anspruch der Arbeiterbewegung auf Gleichberechtigung in Staat und Kultur anmelden und dies durch kulturelle Höchstleistungen unterstreichen, von denen sie sich auch die Anerkennung der bürgerlichen Kulturwelt erhofften.[619] Sie ließen es bei diesem Ziel nicht bewenden.[620] Mit der Demonstration des kulturellen Aufstiegs verknüpften die Verbandsoberen auch einen Führungsanspruch gegenüber der gesamten deutschen Chorkultur[621], und dieser Führungsanspruch sollte symbolisch die historische „Sendung" und den politischen Avantgarde-Anspruch des Sozialismus bekräftigen.[622] Ein beredtes Zeugnis dieser quasi-religiösen Mission legten im Zeremoniell des Festes zwei herausgehobene Veranstaltungen ab, deren

---

617 *Siegfried Ochs,* Deutscher Arbeiter-Sängerbund. Rückblick auf das Hannoversche Fest, in: Vossische Zeitung Nr. 147 vom 21.6.1928; *ders.,* Tischrede beim offiziellen Empfang der Stadt Hannover während des Festes, in: DASZ Nr. 7, 1928, S. 123 f.; Erstes deutsches Arbeitersängerfest, in: LVZ vom 19.6.1928; *Walter Hänel,* Haben sie umgelernt, in: DASZ Nr. 7, 1928, S. 132.
618 *Werner Walter,* Was die Männerchöre leisten, in: Vossische Zeitung Nr. 156 vom 1.7.1928; *Röntz,* Die in Trägheit erstarrten Männerchöre, S. 688.
619 *Alfred Guttmann,* Unser erstes deutsches Arbeitersängerfest in seiner künstlerischen Bedeutung, in: DASZ Nr. 11, 1925, S. 159; *Victor Noack,* Erstes Arbeiter-Sängerbundesfest, in: DASZ Nr. 7, 1928, S. 125.
620 *Wunderer* und *Fuhr* scheinen das sozialistische Profil des 1. Arbeiter-Sängerbundesfest bei weitem zu unterschätzen; beide neigen dazu, sich unkritisch Eislers oppositionellen Blickwinkel zu eigen zu machen, statt die Quellen zu befragen; vgl. *Wunderer,* S. 46; *Fuhr,* S. 1 ff., 103 f.
621 Tischrede von Siegfried Ochs anläßlich des Festessens der Stadt Hannover, in: DASZ Nr. 7, 1928, S. 123 f.; Was lehrt uns Hannover, in: DASZ Nr. 8, 1928, S. 131.
622 Der Bundesvorsitzende Fehsel spricht in seiner Festrede „von der hohen geschichtlichen Aufgabe, eine neue Gesellschaft zu schaffen"; vgl. DASZ Nr. 7, 1928, S. 121; *Noack* sieht hinter der Befähigung zu künstlerischen Leistungen eine „sozialistische Sendung"; vgl. *ebda.,* S. 117.

Bekenntnischarakter alle künstlerischen Leistungen überstrahlte: Da waren zum einen die sternmarschförmige Massendemonstration zum Stadion und das große Massenkonzert dort und zum anderen die Aufführung der „Missa solemnis" von Beethoven. Das Massenerlebnis des Stadionkonzerts, das dem Tendenzgesang gewidmet war, vermittelte das berauschende Gefühl gesteigerten Machtwillens, unterstrichen durch militärische Metaphorik und gigantomanische Symbolik.[623] Man wollte eine Vorstellung von den Größenordnungen des proletarischen Befreiungskampfes vermitteln, für den der Gesang als „Regimentsmusik" die Begleittöne zu liefern hatte.[624] Mit Stolz vermerkte man, daß der Arbeitergesang bereits begonnen hatte, die Klassen- und Bildungsprivilegien im Hinblick auf den Zugang zur musikalischen Hochkultur zu beseitigen; dies sollte jedoch nur einen Vorgeschmack darauf liefern, was es noch alles an Privilegienschranken sozialer Natur niederzureißen galt.[625] Wie stark in Hannover der Gedanke mitschwang, daß der dort beschworene künstlerische Aufbruch nur seelisch vorbereitenden Charakter haben sollte und nicht etwa in der Sackgasse künstlerischer Anbiederung an das Bürgertum gelandet war, dies verdeutlichten die Tendenzchöre des Massenkonzerts, die sich als „Feldmusik" und „grandiose Heerschau" des Proletariats vorstellten.[626] Auch das gesamtsozialistische Einverständnis in die Grundzüge des Festes räumte alle Zweifel am Klassenkampfcharakter aus, augenfällig unterstrichen im gemeinsamen Ordnerdienst von Arbeitersamaritern und kommunistischem Rotfrontkämpferbund.[627]

Gleichwohl war ein Stück Unsicherheit zurückgeblieben, ob die Teilnahme an der klassischen Hochkultur nicht doch auf Verwässerung des Klassenkampfs hinauslaufe. In diesem Punkte konnten die Festplaner mögliche Skeptiker mit dem Hinweis auf den menschheitsverbrüdernden Charakter der musikalischen Hochkultur beruhigen, deren ideelles Erbe die sozialistische Arbeiterbewegung für sich beanspruchte.[628] So war es nur konsequent, die „Missa solemnis" an herausragender Stelle zu plazieren, um aller Welt nachdrücklich zu dokumentieren, daß christlich-humanistisches Kulturerbe und Beethovens revolutionäres Kämpfertum in der sozialistischen Arbeiterbewegung ihre Heimat gefunden hatten. Jedoch gab es trotz aller Politisierung des klassischen Kunsterbes und trotz aller Freude über die gelungene Aufführung einen Rest unbefriedigter Sehnsucht nach der zeitgemäßen „Missa solemnis der Arbeit".[629]

---

623 1. Deutsches Arbeiter-Sängerbundesfest in Hannover am 16./17. und 18. Juni 1928, Festschrift, S. 12 ff.
624 Vgl. *Noack,* ebda., S. 119 ff.; auch *Walter Hänel,* Hannover und die Arbeitersänger, in: ebda., S. 105.
625 Vgl. *Noack,* in: ebda., S. 106; *Hänel,* in: ebda., S. 105; Was lehrt uns Hannover, S. 131.
626 Was lehrt uns Hannover, S. 131 f. Auf dem Programm des Massenkonzerts standen u.a. folgende Tendenzchöre: „Wann wir schreiten" von Felix Malden, die „Internationale" und der „Rotgardistenmarsch" in der Bearbeitung von Hermann Scherchen und die beiden Uthmann-Chöre „Sturm" und „Tord Foleson"; vgl. Das 1. Deutsche Arbeitersängerbundesfest in Hannover vom 16.-18. Juni 1928, Festschrift, S. 13. Im Unterschied zum Massenkonzert lag der Schwerpunkt des übrigen Festprogramms auf dem klassischen Kunstgesang.
627 Erstes deutsches Arbeitersänger-Fest, in: LVZ vom 16.9.1928.
628 Festrede von Robert Seidel, in: DASZ Nr. 7, 1928, S. 123; vgl. auch Bericht über den Einzug der ausländischen Sängergruppen, in: ebda., S. 120; vgl. am Rande: *Hans Herwig,* Die Tragik Franz Schuberts; und *Alfred Guttmann,* Lebt Franz Schubert, in: DASZ Nr. 11, 1928, S. 191 f.
629 *Hänel,* Hannover und die Arbeitersänger, S. 105.

Man sehnte sich nach wie vor nach dem „Kunstmessias", der der Arbeiterbewegung dasjenige Werk schenken sollte, in dem sich die Erlösungshoffnungen und der Glaube an die proletarische Befreiungsmission spiegeln konnten. Solche Wünsche lagen auch dem allgemeinen Bedauern zugrunde, daß die Tendenzmusik ihrer schlechten Qualität wegen auf dem Fest zu kurz gekommen war. Aber selbst ein Kritiker aus dem radikalsozialistischen Sachsen, nach dessen Geschmack ein wenig mehr Tendenzmusik hätte vertreten sein können, dachte nicht im Traum daran, die ideelle Verkoppelung von Kunst und Sozialismus in Zweifel zu ziehen.[630] Unübersehbar politischen Charakter zeigte das Fest auch in der symbolträchtigen Präsenz ausländischer Gesänge und Chöre und im erklärten Ziel, sich mit dem Festort Hannover von dem „schwarz-weiß-roten"-Männerchorfest abzusetzen, das der DSB am selben Ort vier Jahre zuvor als Nachklang auf den Ruhrkampf inszeniert hatte.[631]

Spielte bei den Arbeitersängern das Motiv politischer Abgrenzung mit, als es um die Wahl des Austragungsortes ging, so war die Entscheidung des DSB für Wien nicht minder politisch. Im Schubert-Jahr 1928 wollte man den großen Meister in seiner Geburtsstadt ehren; diese Ehrung galt aber weniger dem Komponisten-Genie schlechthin, als vielmehr dem „Liederkönig" als dem größten Repräsentanten des „deutschen Liedes".[632] Damit reihte man Schubert in die Widerstandsfront des Deutschtums ein und dehnte dies auf seine österreichische Heimat aus, die so in einem alldeutschen Konzept nationaler Wiedergeburt aufging.[633] Nicht zufällig fand die Schubert-Kundgebung des Wiener Festes in direkter Nachbarschaft zu einer großen Anschlußkundgebung statt, die die seelische Verbundenheit aller Deutschen über die von den Siegermächten erzwungenen Grenzen hinweg demonstrieren wollte. Daß Schubert der Komponist nur des *einen* Deutschlands sein könne, dies unterstrich auch der „heilige Dienst" an der „deutschen Volksseele", als den der DSB im selben Jahr die feierliche Aufstellung einer Schubert-Büste im deutschen Nationaltempel „Walhalla" herausstellte.[634] Hatte ja bereits „Walhalla" nach dem Willen ihres Stifters, Ludwigs I. von Bayern, den nach Westen wehrhaft abgrenzenden Charakter der deutschen Kultur religiös überhöhen sollen, so zeigte die eigenartige Verbindung von Schubert-Ehrung und Anschlußkundgebung auf dem Wiener Fest ein Ähnliches. Bereits das wenig stimmige Arrangement der Schubert-Ehrung ließ ahnen, daß es um etwas anderes ging als um esoterischen Geniekult. Dies äußerte sich darin, daß die betreffende

---

630 Erstes deutsches Arbeitersängerfest, in: LVZ vom 16.6.1928.
631 *Guttmann,* Unser erstes deutsches Arbeitersängerfest, S. 159 f.; *Zander,* Das I. Arbeitersängerbundesfest marschiert!, in: DASZ Nr. 1, 1928, S. 2. Während Zander dies bestreitet und die gewiß ebenso gewichtigen verkehrstechnischen und organisatorischen Motive für die Wahl des Festortes herausstreicht, stellt Guttmann klar, daß auch der Kontrast zum Hannoveraner Bundesfest des DSB bei der Festplanung eine Rolle gespielt habe; dafür, daß Guttmanns Version die zutreffende ist, spricht der Umstand, daß die Anregung, Hannover zum Festort zu bestimmen, auf die dortige Sängerschaft zurückging, die vier Jahre zuvor das noch stark im Schatten des Ruhrkampfs stehende Bundesfest der Gegenseite miterlebt hatte; vgl. Rede Fehsel, in: DASZ Nr. 7, 1928, S. 110; vgl. auch *Klenke,* Bürgerlicher Männergesang, in: GWU Heft 9, 1989, S. 539.
632 Bericht von der 1. und 2. Hauptaufführung, in: DSBZ Nr. 32, 1928, S. 504.
633 Ebda., S. 503 ff.
634 Schuberts Einzug in der Walhalla, in: DSBZ Nr. 50, 1928, S. 761.

Aufführung zu Ehren Schuberts vollständig von vaterländischen Chören überwuchert wurde.[635] Hinter diesem denkwürdigen Zeremoniell verbargen sich Motive, die in dem nachfolgenden „Gottesdienst des Deutschtums", als den die Sängerzeitung die Anschlußkundgebung titulierte, zur vollen Entfaltung kamen.[636]

Für diese Veranstaltung hatte man einen Massenchor vorgesehen, der nach einem alten Brauch als herausragender Höhepunkt des Festes von einer Vielzahl von Chören vor Festbeginn hatte einstudiert werden müssen und in der Zusammenfassung auf dem Fest die Geschlossenheit des Deutschtums rituell bekräftigen sollte.[637] Dieser Chor nahm jeoch nicht im entferntesten auf den Anschlußgedanken Bezug, sondern stellte mit seinem Titel „Der deutsche Rhein" heraus, daß es weniger um den Anschluß Österreichs ging als vielmehr um eine warnende Demonstration wehrhaften Einheitswillens.[638] Genau darauf zielte auch die gesamte Festsymbolik. Auf dem Festplakat z.B. erblickte man einen Adler mit Eichenlaub im Schnabel, ein untrügliches Symbol des patriotischen Treueschwurs der Deutschen seit Napoleons Tagen.[639] Zum zentralen Fest-Motto erhob man den Titel einer Flugschrift von Ernst Moritz Arndt aus dem Jahre 1813: „Der Rhein, Deutschlands Strom, nicht Deutschlands Grenze".[640] In dieser folgenreichen Schrift, die den modernen Franzosenhaß der Deutschen mitbegründen half, hatte Arndt leidenschaftlich dazu aufgefordert, den über den Rhein zurückgedrängten Feind auch aus den linksrheinischen Gebieten zu verdrängen und bis nach Paris zu verfolgen. Daß mit diesem Motto beabsichtigt war, die Weimarer Nachkriegszeit mit der Napoleonischen Besatzungszeit in eins zu setzen, dürfte für jeden Festteilnehmer außer Zweifel gestanden haben. Auch der Massenchor vom „Deutschen Rhein" erinnerte eindringlich daran, daß der von der deutschen Volksseele so innig geliebte Rhein in Fesseln liege und zurückzugewinnen sei. Auf welche Weise dies zu geschehen habe, wurde hier, wie so häufig in Vaterlandsgesängen, nur verschlüsselt ausgesprochen: Das Chorwerk verlegte sich darauf, den sehnsuchtsvollen Freiheitsappell in erster Linie musikalisch in Szene zu setzen. Wortlos, aber dennoch eindeutig verbreitete der traditionelle Stil der Vaterlandsgesänge die Aura des Wehrhaften und Kämpferischen. Am deutlichsten trat die Sozialsymbolik der Musik dort in Erscheinung, wo das Chorwerk die nationalen „Hoffnungskerzen brennen" ließ. Diese Stelle hob der Komponist durch ein vorgeschaltetes Ritardando markant hervor und unterlegte ihr als Musikzitat eine lyrisch-innige Stelle aus Carl Maria v. Webers „Schwertlied" von 1814, ein Motiv, das auf einzigartige Weise die intime

---

635 Bericht von der 1. und 2. Hauptaufführung, S. 503 ff.
636 Bericht über den Festverlauf, in: DSBZ Nr. 31, 1928, S. 485; Bericht von der 3. Hauptaufführung, in: DSBZ Nr. 32, 1928, S. 506 f.
637 Ankündigung der Bundesleitung des DSB, in: DSBZ Nr. 24, 1928, Titelseite.
638 Der Deutsche Rhein, komponiert von Walter Dost, Männerchor mit und ohne Orchester oder Klavier, op. 54, Leipzig 1926.
639 DSBZ Nr. 30, 1928, Titelseite.
640 DSBZ Nr. 24, 1928, Titelseite.

Beziehung des Kriegsfreiwilligen zu seiner Waffe in Töne faßte.[641] Solch subtile, für heutige Ohren nur flüchtige Andeutung war für den damaligen Sänger des nationalen Milieus ebenso unüberhörbar wie etwa für den Arbeitersänger ein Zitat aus „Tord Foleson" oder aus dem Rotgardistenmarsch. Aber die „Hoffnungskerzen" in Schwertgestalt blieben in ihrer Militanz nicht allein. Dieser innigen Stelle ließ das Chorwerk den Treueschwur des deutschen Kriegers folgen, der die letzten Zweifel ausräumte, welche Option für den nationalen Wiederaufstieg man sich offenzuhalten wünschte, ja sogar herbeisehnte. Ein Übriges taten die anderen Vaterlandsgesänge, die auf dieser Anschlußkundgebung dargeboten wurden. Sie forderten durchweg zur Befreiung des Vaterlandes auf und waren geeignet, auch die letzte Scheu vor militärischer Gewaltanwendung zu nehmen.[642] Am weitesten trieb es das Chorlied „Eine Kompanie Soldaten", dargeboten von den Akademischen Sängerschaften, die sich hier als jungkonservativ militante Speerspitze des radikalen Nationalismus gebärdeten.[643] Der Gesang führte in farbiger Schilderung und zackig beschwingtem Marschrhythmus den heldenhaften Schlachtentod im Granatenfeuer vor; auf gespenstisch martialische Weise überspielte man hier die Sinnlosigkeit und das Grauen des Weltkrieges.

Noch wirkungsvoller stimmte das Gefallenengedenken auf den militärischen Vergeltungsschlag ein. Mit diesem Zeremoniell, das auf keinem größeren Fest des nationalen Sängermilieus fehlen durfte, gab sich der Festausschuß als Meister der Regiekunst zu erkennen. Womit verdiente er dieses Urteil? Zunächst lenkte der Bundesvorsitzende Friedrich List während seiner Kundgebungsansprache auf das Thema des Gefallenentods über und würdigte das Kriegsheldentum. Als er dann seine Zuhörer auf das Thema eingestimmt hatte, unterbrach er seine Rede zu einer Schweigeminute. In diesem Moment ließ das Veranstaltungsarrangement einen für das Publikum unsichtbaren Männerchor das „Lied vom Kameraden", die Hymne der Frontkameradschaft, anstimmen.[644] Solch geschickte Inszenierung ließ eine Atmosphäre weihevoller Entrücktheit aufkommen, die den Zuhörern das kämpferische Vorbild der Gefallenen nahebrachte, die in diesem Lied das Weiterkämpfen zur heiligen Pflicht erklärten. In aller Ergriffenheit erlebten hier Tausende von Sängern und Zuhörern die Nation als höchsten religiösen Maßstab und als sinnvollen Zweck persönlicher Aufopferung.

Die Gedenkrede selber hielt sich im Gegensatz zum Gesang diplomatisch bedeckt.[645] Hier treffen wir auf das eigenartige, auch in der Arbeiterkultur vorfindbare Phänomen, daß die Gesänge im Hinblick auf die tieferen Empfindungen eine

---

641 Der Deutsche Rhein, S. 14, Takt 242-244; Schwertlied von C.M. von Weber, Text: Theodor Körner, in: Volksliederbuch für Männerchor, Bd. 1, S. 615, Takt 3 und 4; das „Schwertlied" von 1814 zählte neben „Lützows wilder Jagd" und der „Wacht am Rhein" auch in der Weimarer Zeit noch zu den beliebtesten Vaterlandsgesängen.
642 Als Beispiele seien genannt: *Richard Trunk,* Flamme empor; *Hugo Kaun,* Die Deutsche Wacht. Männerchor, Berlin 1928; vgl. DSBZ Nr. 32, 1928, S. 506 f.
643 *Hugo Kaun,* Eine Kompanie Soldaten. Männerchor, Offenbar 1925.
644 DSBZ Nr. 32, 1928, S. 506; Lied vom Kameraden, in: Volksliederbuch für Männerchöre, Bd. 1, S. 690; vgl. zum Stellenwert des Liedes im Weimarer Gefallenenzeremoniell: *Klenke,* Bürgerlicher Männergesang, in: GWU Heft 9, 1989.
645 Ansprache des Bundesvorsitzenden des DSB Friedrich List, in: DSBZ Nr. 32, 1928, S. 506.

wesentlich offenere Sprache führten als das gesprochene oder geschriebene Wort. Nur an einer Stelle wurde der Redner etwas deutlicher, und zwar dort, wo er äußerte, daß eine Einigung Großdeutschlands „verstandesmäßig" zwar nicht möglich sei, aber der Sänger bereits „das geistige Deutschland" vorbereiten wolle. Dies kam einer versteckten Drohung gleich, den nationalen Widerstandsgeist über alle Versailler Durststrecken hinweg solange lebendig zu erhalten, bis eines Tages Wiederaufrüstung, großdeutsche Einigung und notfalls auch der militärische Befreiungsschlag möglich sein würden. So kampfgestimmt, wie man war, durfte auf diesem Fest selbstverständlich nicht die Beschwörung des obersten musikalischen Nationalheiligen, des unermüdlichen Kämpfers Beethoven, fehlen. Seine Musik, hieß es, habe in der unfreien Zeit nach 1815 ebensosehr Trost gespendet, wie sie das auch in der Weimarer Nachkriegszeit tue.[646] Bezeichnend an diesem Vergleich ist, wie sehr das Empfinden nationaler Unfreiheit nach dem I. Weltkrieg die Wesensunterschiede zwischen der Unfreiheit nach dem Wiener Kongreß und der nach Versailles zu verwischen verstand. Offenbar war von der bürgerlichen Unfreiheit im Restaurationszeitalter nur noch die Unzufriedenheit über die dynastisch verhinderte Erfüllung der nationalen Einheitsträume präsent, ein Indiz mehr, wie stark die außenpolitische Frontstellung das historische Bewußtsein des Weimarer Bürgertums überformte.

Stellt man das Wiener dem Hannoveraner Fest gegenüber, so springen zunächst einige Gemeinsamkeiten ins Auge, und zwar die Neigung zu militärischer und religiöser Symbolik und Metaphorik. Dies war gewiß kein Zufall. Denn beide Sängerfeste waren zu guten Teilen Abbild ihres jeweiligen Milieus, des nationalen und des sozialistischen. Beide prägte, aller Ausgelassenheit zum Trotz, das tiefverwurzelte Lebensgefühl, daß eine von Übelständen unerträglich verunstaltete Gegenwart nach Erlösung rufe. Beide Festgemeinden sehnten sich nach radikalen Umwälzungen, forderten rigoroses, aufopferungsvolles Kämpfertum und wollten dem Einzelnen solch weitgehende Gemeinschaftsverpflichtungen auferlegen, daß für Leichtlebigkeit, bürgerlichen Individualismus und den Luxus künstlerischen l'art-pour-l'art-Genusses nur wenig Spielraum bleiben konnte. Teilten beide Feste diese Grundstimmung, so waren die ideologischen Vorstellungen über die Art der Übelstände diametral entgegengesetzt: Bei den einen war es die im Ökonomischen gründende Klassenherrschaft, bei den anderen die nationale Versklavung des deutschen Volkes. Beide Bezugssysteme waren konfrontativ aufeinander bezogen, da sie beide wechselseitig dem jeweils anderen Lager eine gewisse Mitverantwortung für die Übelstände anlasteten. Dazu gaben die Arbeitersänger den nationalen Sängern insofern Anlaß, als sie den sozialen Kon-

---

646 Begrüßungsansprache von Friedrich List, in: DSBZ Nr. 32, 1928, S. 502. Welch große Bedeutung Beethoven für die Gemütslage des Weimarer Bürgertums hatte, zeigt der eigenartige Umstand, daß sich Beethoven-Konzerte in den mittleren Jahren Weimars trotz der Krise des gehobenen Konzertbetriebs weiterhin der Publikumsgunst erfreuen konnten; vgl. *Heinz Pringsheim,* Beethoven und diese Zeit, in: Allgemeine Musikzeitung, Jg. 54, 1927, S. 292. Daß man nicht nur in der sozialistischen Arbeiterschaft, sondern auch im Bürgertum an Beethoven die tragisch-kämpferischen und männlich-heroischen Züge liebte, bringt zum Ausdruck: *Arnold Federmann,* Bismarck und die deutsche Musik, in: Allgemeine Musikzeitung, Jg. 55, 1928, S. 247.

flikt im Innern propagierten, dies mit menschheitsverbrüderndem Internationalismus vermengten und damit nationale Solidarität und wehrhafte Geschlossenheit radikal aufzukündigen schienen. Umgekehrt konnten die Arbeitersänger im Nationalismus nur eine reaktionäre Form kapitalistischer Herrschaftstechnik erblicken, die nichts anderes zu leisten hatte, als klassenkämpferischer Konfliktaustragung um einer vermeintlich nationalen Notgemeinschaft willen die Berechtigung abzusprechen und auf diesem Wege kapitalistische Ausbeutung zu verschleiern.

Nach dem Wiener Sängerbundesfest bestand für die DAS-Elite kein Zweifel, was sie von dem nationalen Aufmarsch der Konkurrenz zu halten hatte. Die Anschlußkundgebung wußte man sehr genau von der Wiedervereinigungsidee zu unterscheiden, wie sie in der sozialistischen Arbeiterbewegung lebendig war.[647] Hinter der Wiener Rhetorik erblickte man nichts weiter als eine nationalistische „Anschlußpsychose", „schwarz-weiß-roten-Hurrapatriotismus" und „spießbürgerliche Kraftmeierei".[648] Alles in allem schien sich dort reaktionärer Wilhelminismus ausgetobt zu haben. Als ärgerlich empfand man, daß es nach wie vor Lohnabhängige gab, die bei solch abstoßenden Vaterlandsgesängen wie denen der Anschlußkundgebung mitwirkten.[649] Alles Nachdenken darüber kam jedoch über hilflose Verständnislosigkeit nicht hinaus: Mit marxistischen Scheuklappen versehen konnte man einfach nicht begreifen, daß der soziale Status als Lohnabhängiger keineswegs gegen Nationalismus immunisierte, wie die marxistische Verheißung von der proletarischen Mission glauben machen wollte. Eigenartigerweise wurde als weniger besorgniserregend empfunden, daß diese nationalistische „Psychose" die sog. „bürgerlichen" Schichten erfaßt hatte. Es gab offenbar eine unwiderstehliche Neigung, bürgerliches Klasseninteresse und Nationalismus in eins zu setzen und nur dem Klassenkriterium Bedeutung beizumessen, nicht jedoch dem nationalistischen Bewußtsein. Wichtig nahm man die Wiener Anschlußpsychose insofern, als man dem nationalistischen Einheitsgedanken auf proletarisch gewendet die Einheit des marxistischen Lagers entgegenstellen wollte.

Im Rückblick zeigen beide Sängerbundesfeste in aller Eindringlichkeit, welch tiefe Kluft breite national gesinnte Schichten vom sozialistischen Arbeitermilieu trennte. Damit war in der kulturellen Sphäre bereits 1928 vorgezeichnet, wo und nach welchen Mustern die Frontlinien verlaufen würden, wenn sich unter den Bedingungen einer schweren Wirtschaftskrise die politischen Gegensätze verschärfen würden: hier totale nationale Geschlossenheit und Aggressivität nach außen, dort sozialistischer Klassenkampf in endzeitlicher Perspektive. Bereits ein Jahr nach den beiden Sängerbundesfesten bestätigte sich dies, als die martialische Kampagne der nationalen Rechten gegen den Young-Plan das politische Klima verdüsterte und das Verhältnis zwischen

---

647 Vgl. zum Umgang der Arbeitersänger mit der Anschlußfrage: *Alfred Guttmann,* Nord und Süd, in: DASZ Nr. 10, 1927, S. 170 f.
648 *Walter Hänel,* X. Deutsches Sängerbundesfest in Wien, in: DASZ Nr. 8, 1928, S. 138 f.; ders., Haben sie umgelernt.
649 *Hänel,* X. Deutsches Sängerbundesfest, S. 139; vgl. auch *Oswald Merz,* Warum gehört der Arbeiter in die Arbeitergesangvereine, in: DASZ Nr. 1, 1930, S. 3 f.

DSB und DAS so sehr beeinträchtigte, daß kaum mehr an eine pragmatische Zusammenarbeit auch nur zu begrenzten Zwecken zu denken war.[650] Schließlich war unübersehbar, daß der dem DSB eng verbundene „Stahlhelm" die politische Federführung für das sog. „Freiheitsgesetz" übernommen hatte, das mit Zuchthausstrafen all diejenigen bedrohte, die in Regierungsverantwortung standen und bei den Reparationsverhandlungen der Katastrophenpolitik der nationalen Rechten eine Absage erteilten. Daß die Arbeitersänger über diesen massiven Angriff auf ihre sozialdemokratischen Freunde in der Reichsregierung nicht hinwegsehen konnten, kann kaum verwundern.

8. Medien

Dreiundzwanzig Jahre lang trug das ab 1921 allmonatlich erscheinende Zeitschriftenorgan der Arbeitersängerbewegung den Titel „Deutsche Arbeiter-Sängerzeitung".[651] Hervorgegangen war sie 1907 aus den 1899 erstmals gedruckten „Musikwissenschaftlichen Flugblättern" der „Liedergemeinschaft". Die beiden Publikationsorgane redigierte zunächst der Berliner Schriftsetzer und spätere Sekretär und Kassierer des DAS, Alex Kaiser. 1923 löste ihn – dessen Schriftleiterqualitäten zuletzt innerhalb der Mitgliedschaft stark umstritten war[652] – der neue Bundesvorsitzende Carl Fehsel aus Kassel ab.

Ihm zur Seite stand anfangs der Frankfurter Karl Werner, später nach dessen Tod 1925 der Leipziger Walter Hänel, die innerhalb des Bundesorgans die Rubrik „Konzertrundschau" bearbeiteten. 1931 ging die redaktionelle Verantwortung für das Bundesorgan in die Hände des 1929 gewählten Bundesvorsitzenden und linken Sozialdemokraten Karl Klauder aus dem thüringischen Saalfeld über. Mit dem Wechsel in der Redaktionsleitung änderte sich auch der Name der Zeitschrift. Unter dem marxistischen Internationalisten Karl Klauder wurde das „Deutsche" aus dem Titel getilgt; die „Deutsche Arbeitersängerzeitung" erschien fortan nur noch als „Arbeitersängerzeitung". Und dies sollte Programm sein: Grenzüberschreitende Völkerverständigung statt borniertem Nationalismus, so lautete die Maxime des neuen Schriftleiters, und darauf begründete er seine redaktionelle Linie.[653] Im Juni 1933 aber mußte sich der Internationalismus der terroristischen Gewalt des extremen Nationalismus beugen; die ASZ war gezwungen, ihr Erscheinen einzustellen.

Im Auf und Ab der Abonnementzahlen des Bundesorgans spiegelte sich ein Stück weit auch die Organisationsentwicklung des DAS: Bescheidene Anfänge im Kaiser-

---

650 Nicht von ungefähr kam es auf den gemeinsamen Chorleiter-Fortbildungen Ende 1929 zu ersten größeren Spannungen zwischen den Kursisten der beiden Bünde; vgl. Randbemerkungen zum Chormeister-Fortbildungskursus in Berlin, in: DASZ Nr. 12, 1929.
651 Vor 1921 erschien die Zeitschrift lediglich sechsmal im Jahr.
652 Vgl. besonders 4. Generalversammlung, S. 31 ff.
653 Siehe hierzu *Noack,* S. 180.

reich, beachtlicher Anstieg unmittelbar nach dem Krieg, tiefer Fall durch die Folgen der Hyperinflation, stetige Aufwärtsentwicklung zwischen 1924 und 1929, schließlich erneute Talfahrt während der großen Depression Anfang der dreißiger Jahre.[654]

Auflagenstärke des Bundesorgans

1899	6000
1921	36000
1923	12000
1924	19000
1925	34000
1926	63500
1929	80000
1930	70000
1932	50000

In den meisten Verbänden des sozialistischen Arbeitervereinsmilieus gingen die Zeitschriftenorgane automatisch an die Mitglieder, da die Bezugsgebühren bereits in den Mitgliederbeiträgen enthalten waren. Auch der DAS verfuhr bis 1920 so, dann stellte er seine Zeitschrift aufgrund eines allerdings knapp ausgefallenen Votums der Kasseler Generalversammlung auf das freie Abonnement um.[655] Im DAS zeigte sich in der Folge ungeschminkt – was in den anderen Arbeiterorganisationen kaum anders gewesen sein dürfte, durch die generelle Zustellung aber übertüncht wurde –, daß zahlreiche Mitglieder keinerlei Interesse an der Lektüre der oft in der Tat langweiligen, nicht selten mit Kitsch, Schwulst, hohlem Pathos und einer immer gleichen Serie belangloser Berichte aus den Regionalgliederungen gefüllten Arbeitervereinspresse besaßen. Die 11000 Mitglieder des DAS, die 1923 die DASZ abonniert hatten, bildeten nicht einmal 5% der Mitglieder. Der Bundesführung war diese niedrige Quote derart peinlich, daß sie sich im Anschluß an die Erfurter Generalversammlung weigerte, die Zahlen öffentlich bekanntzugeben.[656] Erst durch den Geschäftsbericht 1926 erfuhren die Arbeitersänger, auf welchen Tiefstand die Auflage ihres Organs drei Jahre zuvor angelangt war. Doch selbst in den besten Zeiten des DAS, im Jahr 1929, hatte nur ein gutes Drittel der Mitglieder die „Sängerzeitung" bezogen; drei Jahre später war die Zahl der Abonnenten schon wieder auf ein Viertel aller organisierten Arbeitersänger zusammengeschmolzen. Die ständigen Appelle der Bundesführung, daß doch jedes Mitglied die Bundeszeitschrift bestellen möge, fruchteten wenig. An einigen Vereinen prallten selbst Generalversammlungsbeschlüsse wirkungslos ab. Die Erfurter

---

654 Zu den folgenden Zahlen vgl. die Angaben bei *Fuhr*, s. 36; DASZ Nr. 12, 1921, S. 1001 Geschäftsbericht 1923-26, S. 7; Düsseldorfer Volkszeitung vom 12.6.1926; Geschäftsbericht 1926-29, S. 6; 8. Generalversammlung des DAS, S. 86.
655 Die Entscheidung für das freie Abonnement fiel 26 zu 24 aus, vgl. 4. Generalversammlung des DAS, S. 48.
656 DASZ 1923, Nr. 7, S. 46.

Generalversammlung von 1923 hatte es allen Vereinen zur statutarischen Pflicht gemacht, auf je fünfzig Mitglieder eine DASZ zu abonnieren. Die Münchner Reichskonferenz sechs Jahre später hatte die Zahl der Mitglieder pro Abonnement dann auf zehn reduziert.[657] Etliche Arbeiterchöre aber kümmerten sich nicht um solche Beschlüsse des höchsten Entscheidungsgremiums ihrer Organisation. In über zweihundert Vereinen befand sich nicht ein einziges Mitglied, das das Bundesorgan bezogen, geschweige denn gelesen hätte.[658] Die noch vergleichsweise stattliche Auflage der DASZ Ende der zwanziger Jahre lag im wesentlichen darin begründet, daß in dieser Zeit rund 15% der Vereine ihre Mitglieder zum Bezug des Bundesorgans verpflichtet hatten. Von den 77000 Exemplaren, die die DAS-Bundeszentrale Anfang 1929 vertrieb, gingen 45000 an solche Vereine, die bei sich das Obligatorium eingeführt hatten. Die übrigen 42% der Auflage verteilten sich dann auf die restlichen 85% der Chöre, in denen das Abonnement der DASZ den Mitgliedern freigestellt war.[659]

Noch die größte Resonanz erzielte die DASZ in den Diasporagebieten der sozialistischen Arbeiter(gesangs)kultur, in Pommern und in Ostpreußen. Gerade dort, wo Sozialisten ihre gesellschaftliche Randsituation tagtäglich erlebten und auch noch in den Weimarer Jahren mitunter erlitten, brauchten die Arbeitersänger offenkundig Halt und Orientierung. Dort suchten sie stärker als anderswo Nähe und Bindungen zu den übrigen, erfolgreicheren Teilen der Bewegung, und das einzige Medium, das diese Beziehungen zumindest kommunikativ und symbolisch herstellen und bei der Lektüre vermitteln konnte, war eben die DASZ. Einen Überblick über die Quote der Abonnements in den einzelnen Regionalgliederungen besitzen wir lediglich für das Jahr 1921. Im Reichsdurchschnitt fiel damals auf je sechs Mitglieder des DAS eine DASZ. In den Gauen verteilte sich die Durchschnittszahl der Mitglieder, auf die ein Abonnement kam, folgendermaßen[660]:

Ostpreußen	: 3,3
Danzig	: 6,8
Pommern	: 3,1
Berlin	: 5,7
Brandenburg-Lausitz	: 3,5
Schlesien	: 5,4
Schleswig-Holstein-Lübeck	: 6,8
Mecklenburg	: 6,3
Hamburg	: 5,2
Mitteldeutschland	: 5,2
Harzgau	: 8,9
Leipzig	: 5,2
Ostsachsen	: 6,0

---

657 Vgl. DASZ Nr. 7, 1923, S. 46 und ebda., Nr. 7, 1929, S. 141.
658 Vgl. 8. Generalversammlung des DAS, S. 86.
659 Vgl. 7. Generalversammlung, S. 52.
660 DASZ Nr. 12, 1921, S. 100.

Chemnitz	:	6,7
Vogtland	:	7,6
Osterland	:	3,5
Thüringen	:	7,7
Nordwest	:	5,8
Hannover	:	27,1
Kurhessen-Südhannover	:	5,2
Westfalen-Ost	:	5,6
Westfalen-West	:	6,6
Rheinland	:	7,8
Rhein-Maingau	:	6,5
Pfalz	:	7,1
Baden	:	5,0
Oberschlesien	:	8,2

Alles in allem: Der mangelhafte Bezug der DASZ bereitete der Bundeszentrale des DAS während der gesamten Weimarer Jahre erhebliches Kopfzerbrechen. Doch trösteten sich die Funktionäre damit, daß es bei den „Bürgerlichen" noch weitaus schlechter aussah. Der bürgerliche Sängerbund zählte 1926 mehr als doppelt so viel Mitglieder und bald dreimal so viele Vereine wie der DAS, doch sein Zeitschriftenorgan erreichte nicht einmal ein Fünftel der Leserschaft der DASZ. So gesehen hatten die Arbeitersänger eigentlich allen Grund, mit der Auflagenstärke ihrer Bundeszeitschrift „wirklich zufrieden" zu sein, wie dies auch einige Delegierte auf der Hamburger Generalversammlung 1926 von sich behaupteten[661], denn den Äquivalentverband der Bourgeoisie zu übertreffen war einem sozialistischen Arbeiterverein allemal das wichtigste.

Neben der Mitgliederzeitschrift gab die Bundesführung ab 1925 noch ein spezielles Zirkular für die Verbandsfunktionäre heraus, das den Namen „Der Sängerführer" trug.[662] Drei Jahre später richtete die Berliner Zentrale außerdem einen „Pressedienst" ein, der die Redaktionen der sozialdemokratischen und kommunistischen Zeitungen mit Presseerklärungen und fertigen Artikeln versorgte. Schließlich unterhielten einige Regionalgliederungen noch „Mitteilungsblätter" für ihre Mitglieder, so die Gaue Berlin, Schleswig-Holstein, Hannover, Südbayern, Leipzig, Nordbayern und Württemberg, zeitweise auch Vogtland und Pfalz. Einige davon erschienen allmonatlich, andere hingegen nur jeden zweiten Monat. Die Bundesführung betrachtete die regionalen Periodika eher skeptisch und distanziert als wohlwollend und unterstützend. Manche Mitteilungsblätter seien derart schlecht gemacht, beklagte sich der Bundesvorsitzende Carl Fehsel auf der Münchner Generalversammlung 1929, „daß man sich sagen müßte: Schade um die dafür verausgabten Mittel."[663]

---

661 6. Generalversammlung, S. 33 und 36.
662 Exemplare davon haben die Autoren allerdings weder in Archiven der Bundesrepublik noch in denen der ehemaligen DDR gefunden.
663 7. Generalversammlung des DAS, S. 62.

9. Gesamtinterpretation

Für die sozialistische Arbeiterbewegung übernahm der Gesang nicht unbedeutende identitäts- und gemeinschaftsstiftende Aufgaben. Mehr noch als in der Wilhelminischen Ära war nach dem I. Weltkrieg sein kulturelles und rituelles Aufgabenfeld im sozialistischen Arbeitermilieu anerkannt. Kultureller und geistiger Klassenkampf bedeuteten aus der Sicht des Weimarer Kultursozialismus, sich die höchsten Güter der privilegierten Klassen anzueignen, die allseitig entwickelte sozialistische Persönlichkeit auszubilden und den Proletarier seelisch auf seine historische Mission als Totengräber des Kapitalismus und Träger der neuen Gesellschaft vorzubereiten. Von dieser Sicht profitierte auch der Chorgesang der Arbeitersänger. Er erhielt in Anlehnung an Traditionen der deutschen Musik- und Gesangskultur die Aufgabe zugewiesen, zu einem geschichtsreligiösen Ritus der proletarischen Klasse und ihrer visionären Vorstellungen von der sozialistischen Zukunftsgesellschaft zu werden. In diesem Ritus sprach sich die Solidargemeinschaft der Arbeiter Mut zu und vergewisserte sich der historischen Mission des „Proletariats".

Bereits vor dem I. Weltkrieg hatten die Arbeitersänger Formen und Funktion ihres mehrstimmigen Chorgesangs dem bürgerlichen Laien-Chorwesen abgeschaut. Dieses hatte sich im frühen 19. Jahrhundert zum volkstümlichen Träger der nationalen Gemeinschaftsidee entwickelt. Eingebunden in die bürgerliche Nationalbewegung, wurden dem „deutschen Lied" in missionarischer Absicht gemeinschaftsstiftende Wirkkräfte und sittlich-religiöse Offenbarung zugesprochen. Von Beginn an ging in diesen nationaldeutschen Gesangsritus ein militantes Mannhaftigkeitsideal und die Vorstellung von der Notwendigkeit rigoroser nationaler Gemeinschaftsverpflichtung ein. Von diesen Leitbildern setzte sich der sozialistische Arbeiterchorgesang zwar durch einen klassenkämpferischen Internationalismus und den Glauben an den proletarischen Befreiungskampf ab, aber gewisse Züge militanter Mannhaftigkeit und rigoroser Gemeinschaftsverpflichtung vererbten sich auch auf den Arbeiterchorgesang, ebenso ein gewisser Hang zu visionären und religiösen Überhöhungen.

Kein Wunder, daß die Diskriminierung in der Wilhelminischen Epoche der sozialdemokratischen Arbeiterbewegung keine andere Wahl ließ, als nach innen Geschlossenheit und nach außen kämpferische Lagerabschottung zu praktizieren und zur Selbstbehauptung Anleihen bei den kämpferischen und kollektivistischen Verhaltenstugenden der feindseligen Umwelt zu machen. Die beliebtesten Arbeiter-Chorgesänge der Wilhelminischen Ära atmeten diesen Geist. So bildete sich im proletarischen Chorgesang ein Ballast militaristischer und kollektivistischer Leitbilder und eine von visionären Vorstellungen begleitete Gegenwartsverachtung aus, die man als mentale Altlast in die Weimarer Zeit mit hinübernahm. Das waren im einzelnen: ein rigides Lager- und Frontdenken, ein Hang zu doktrinärer Kompromißunfähigkeit, geschichtsgläubige „Endziel"-Fixierung, monomanische und dichotomisierende Zuspitzungen, eine kollektivistische Kämpfer- und Pflichtethik und autoritäre Denkweise.

Nun erklärt aber der Faktor Traditionsgebundenheit nicht allein, warum der Gesangsritus der Arbeiterkultur während der Weimarer Zeit nicht zu demokratischen und pragmatischen Verhaltenstugenden finden konnte, vielmehr verbissene Kämpfermoral, marxistischer Prinzipialismus und visionäre Erlösungssehnsucht lebendig blieben. Hier waren es die Erfahrungen mit der Republik selber, die aus Arbeitersänger-Sicht dazu einluden, an altbewährten Deutungs- und Wertmustern festzuhalten. Denn der Republik war zu keinem Zeitpunkt vergönnt, zur Ruhe zu kommen. Es gab wirtschaftliche und politische Krisenerscheinungen in seltener Geballtheit, dann die nicht enden wollenden außenpolitischen Querelen im Schatten von Versailles mit all den verheerenden Konsequenzen für das innere Klima und schließlich die in der unverstandenen Kriegsniederlage wurzelnde Erschütterung der Nationalidentität. Auf der politischen Rechten führte dies zu fanatischer Suche nach inneren Feinden und Sündenböcken, die man bei den vermeintlich national unzuverlässigen Linken und im zerstrittenen, nach außen wehrlosen demokratischen Parteienstaat gefunden zu haben glaubte. All dies ließ wenig Chancen, das mentale Schneckenhaus marxistischer Lagerabschottung zu verlassen und unter Aufgabe überkommener ideologischer Rückzugslinien auf die Stabilität eines liberal-demokratischen Grundkonsenses zu vertrauen. Wie hätte unter solchen Voraussetzungen der Tendenz-Chorgesang als sensibles Stimmungsbarometer von Gelassenheit und liberalem, ja versöhnlichem Lebensgefühl zeugen sollen?

Trotz hoher Belastungen ließ der Arbeitersängerbund in seinen Reihen unterschiedliche Entwicklungen zu. Im groben waren drei Trends anzutreffen, zwischen denen der DAS lavierte: Ausrichtung am Klassenkampf, Annäherung an das Bürgertum unter nationalistischem Vorzeichen und kulturelle Veredelung und Aufstiegsorientierung im demokratischen Rechtsstaat. Während Klassenkampf und nationalistisch gefärbte Annäherung an das Bürgertum in scharfem Gegensatz standen und nicht zu gleicher Zeit handlungsbestimmend waren, ließen sich Klassenkampf, Kultursozialismus und künstlerischer Aufstieg durchaus synthetisieren. Wenngleich sozialer Aufstieg auf breiter Front durch die spezifischen Zeitumstände blockiert war, so war doch für kulturell-musikalischen Ehrgeiz großer Raum gelassen, sei es als Ersatzhandlung für ausbleibenden sozialen Aufstieg, oder sei es mit der Absicht, den bessergestellten Schichten das Monopol auf die hochangesehenen niveauvollen Gesänge des klassischen Kunsterbes streitig zu machen. Noch ein weiteres Motiv lag der Zusammenführung von Klassenkampf und künstlerischem Gesang zugrunde: Aus der Sicht der Verbandselite waren der Kunst sittliche Veredelungskräfte zuzuschreiben, die im sozialistischen Sinne gemeinschaftsbildend wirken sollten. Dahinter verbarg sich ein an das klassisch-romantische Musikverständnis anknüpfender kultursozialistischer Erziehungsanspruch: Nicht allein die individuelle Persönlichkeit sollte durch musikalisch-künstlerisches Tun zur vollen Entfaltung kommen, sondern auch die Gemeinschaftsverbundenheit des sozialistischen Klassenkämpfers. Gesang sollte das kollektive Sendungsbewußtsein der proletarischen Avantgarde unterstützen helfen. Für die Vision einer besseren Gesellschaft sprach man dem Gesang künstlerischen Offenbarungscharakter zu. Unerheblich war, ob es sich dabei um ein modernes Tendenz-Kunstwerk oder um ein erhabenes klassisches Werk handelte, dessen sittliches Erbe die Arbeitersänger in geschichtsreligiöser Avantgarde-Gewißheit für sich beanspruchten. Auf diese Weise ließen sich sozialistische Identität und klassischer Kunstgesang versöhnen, standen jedenfalls nicht in Widerstreit zueinander und prägten auch nicht die grundlegenden Konfliktlinien innerhalb des DAS, wie in der Forschung nach 1945 in absichtsvoller oder unbewußter Anlehnung an die kommunistische Kritik der frühen 1930er Jahre immer wieder behauptet worden ist.[664] Die Kritiker übersahen den hohen Symbolwert des klassischen Kunstgesanges für die sozialistische Ideenwelt. Obendrein entging ihnen, daß die entschiedenen Förderer des künstlerischen Aufstiegs zu keinem Zeitpunkt daran dachten, Tendenz- und Kunstgesang gegeneinander auszuspielen. Vielmehr hatten sie nach 1923 zielstrebig auf die künstlerische Hebung des Tendenzgesanges hingearbeitet, aber einige Jahre Vorlaufzeit gebraucht. Daß die Früchte Ende der 20er Jahre heranreiften und eine durchaus lebendige Auseinandersetzung mit den aktuellen Zeitproblemen und modernen Stilformen stattfand, ist in altbundesrepublikanischer Zeit entweder ignoriert oder heruntergespielt worden. Der häufig mitschwingende Vorwurf, die DAS-Führung sei zunehmend verknöchert gewesen, beruht auf einem Phantom, ebenso auch der Argwohn, es mit kleinbürgerlicher Degenerierung zu tun zu haben, wenn sich der DAS nicht offensiv genug als kulturelle Speerspitze einer selbsternannten antibürgerlichen Avantgarde gebärdete, sondern sich auch ein Stück Rückwärtsgewandtheit leistete und seinen Mitgliedsvereinen all die schönen Gesänge des klassischen Kunsterbes nahebrachte, ohne in Kunstfragen ständig den historischen Fortschritt reklamieren zu müssen.

An die Behauptung, daß die Verbandselite des DAS die Arbeitersänger von der Politik zur Kunst habe führen wollen, lagert sich eng die These von der sog. „Verbürgerlichung" des Arbeitersängerbundes an.[665] Abgesehen davon, daß dafür der empirische Beweis allenfalls im Hinblick auf die soziale Herkunft der Chorleiter und Musikexperten zu erbringen ist, nicht jedoch im Hinblick auf die Mitgliederbasis und die Entwicklung des Gesangsrepertoires, taugt diese Kategorie kaum zur Beschreibung des politischen Standortes des DAS, allenfalls zur nachträglichen Rechtfertigung der Abspaltung einer kleinen kommunistischen Minderheit in den Jahren 1930/31 um den Komponisten Hanns Eisler. Als undifferenzierte sozialökonomische und vermutlich auch politisch gemeinte Kategorie verstellt „Verbürgerlichung" den Blick für die entscheidenden politischen Frontstellungen Weimars, die nicht in der Dichotomie zweier ökonomischer Hauptklassen aufgingen, wie eine marxistische Denkschule annimmt. Wirkungsmächtig und schicksalsträchtig war vielmehr der Gegensatz zwischen fanatischem und martialisch-diktatorischem Nationalismus und rechtstaatlich-liberaler Parteiendemokratie. Auf diese Frontlinie innerhalb des Bürgertums haben die Arbeitersänger ein wacheres Auge gehabt, als man in der Forschung wahrgenommen hat.

---

664 *Werner Fuhr,* Proletarische Musik in Deutschland 1928-1933, Göppingen 1977, S. 85 ff., 103; *Hartmann Wunderer,* Arbeitervereine und Arbeiterparteien. Kultur- und Massenorganisationen in der Arbeiterbewegung 1890-1933, Frankfurt a.M./New York 1980, S. 46; *Vernon L. Lidtke,* Songs and Politics: An Exploratory Essay on Arbeiterlieder in the Weimar Republik, in: Archiv für Sozialgeschichte 1974, S. 26 f.; im Gegensatz zu diesen Publikationen nimmt neuerdings der Musikhistoriker Kaden gegenüber dem DAS eine einfühlsamere Haltung ein; vgl. *Werner Kaden,* Signale des Aufbruchs. Musik im Spiegel der „Roten Fahne", Berlin (DDR) 1988, S. 22 ff.
665 *Wunderer,* S. 46; *Fuhr,* S. 89.

Soweit sie sich an das Bürgertum annäherten, zielte dieses Bemühen immer auf das republikanisch-liberale Milieu, nicht undifferenziert auf das Bürgertum schlechthin, wie die Kategorie der „Verbürgerlichung" suggeriert. Im übrigen hat es ein festgefügtes Bürgertum als *politische* Größe realiter nicht gegeben, allenfalls in der kategorialen Vorstellungswelt einiger vulgärmarxistischer Theoretiker.

Entgangen ist bisher der gesamten Literatur, daß der schärfste Kontrast in der Ausrichtung des DAS nichts mit dem Gegenüber von Tendenz- und Kunstgesang zu tun hatte, sondern mit dem Gegensatz zwischen Klassenkampf-Solidargemeinschaft und nationaler Loyalität, ohne daß dieses Problem allerdings verbandsintern offen debattiert worden wäre. Die sozialistische Arbeiterbewegung hatte wegen der enormen innenpolitischen Belastungen, die ihre auf internationale Aussöhnung bedachte Defensivposition in der Vertretung nationaler Interessen mit sich brachte, nur die Wahl zwischen zwei Reaktionsmustern: entweder sich dem Nationalismus mit moderaten Tönen anzuschließen und zu hoffen, daß dies honoriert würde, oder aber den Nationalismus in seiner bedrängenden Gefährlichkeit mit marxistischen Deutungshilfen abzuwehren, d.h. ihn als Mittel zum Zwecke bürgerlicher Herrschaftssicherung herunterzuspielen. Aufeinanderfolgend griffen die Arbeitersänger erst zu dem einen, dann zu dem anderen Reaktionsmuster: Als sie merkten, daß die extremen nationalistischen Aufwallungen des Jahres 1923 einer gemäßigt national auftretenden Linken nur schaden konnten, besannen sie sich nach 1923 wieder stärker auf das marxistische Klassendenken. Sie vermieden jedoch eine offene verbandsinterne Aussprache über die widerstreitenden Prinzipien. Die Unsicherheit, ja Zwiespältigkeit in Fragen der nationalen Identität wurde schlichtweg verdrängt; zur Legitimität der Versailler Nachkriegsordnung mochten sie sich nicht klar äußern, weil sie das Tabu der deutschen Kriegsunschuld nicht anzurühren wagten. In den mittleren Jahren Weimars erhitzte die Gemüter der Arbeitersänger ein gänzlich anderer Konflikt: Auf der einen Seite standen die gehobenen ästhetischen Maßstäbe der Musikexperten, auf der anderen Seite die unter Überforderung leidenden und der traditionellen Liedertafel-Seeligkeit ergebenen Männergesang-Vereine. Das Gegenüber von Tendenz- und Kunstgesang bot weitaus weniger Konfliktstoff. Wollte man nun die These von der „Verbürgerlichung" retten, dann wäre dies allenfalls für den Zeitraum nationalistischer Annäherung von 1921 bis 1924 empirisch zu rechtfertigen, nicht jedoch für die Phase nach der 1923er Katastrophe, in der sich zweierlei zeigte: forcierter künstlerischer Aufstieg *und* Wiederbelebung des Klassenkampf-Gedankens, hier in kultursozialistischer Gestalt.

Auch zwei weitere Sichtweisen tragen der tatsächlichen organisatorischen wie politischen Entwicklung der Weimarer Arbeitersängerkultur nur wenig Rechnung.[666] Es sind dies system- und modernisierungstheoretische Annahmen. Schauen wir uns zunächst die systemtheoretische Annahme an. Danach waren mit der Novemberrevolu-

---

666 Vgl. hierzu den Überblick von *Peter Lösche* und *Franz Walter,* Zur Organisationskultur der sozialdemokratischen Arbeiterbewegung in der Weimarer Republik. Niedergang der Klassenkultur oder solidargemeinschaftlicher Höhepunkt?, in: Geschichte und Gesellschaft, Heft 4, 1989.

tion und dem Wegfall obrigkeitsstaatlicher Diskriminierung die Voraussetzungen für sozialistische Lagermentalität und Klassenkultur entfallen. Demzufolge erklären sich Reste abschottender Arbeiterkultur in der Weimarer Zeit als überlebter Traditionsüberhang, als mentales time-lag einer längst verflossenen Epoche, dem eine gewisse Anpassungsträgheit des Bewußtseins gegenüber dem vorauseilenden strukturellen Wandel des politischen und sozialen Systems zugrunde gelegen haben soll. Diese Anschauung weist mehrere Schwächen auf: Erstens steht sie auf empirisch tönernen Füßen, da sie übersieht, daß die Arbeiterkultur, der Arbeitergesang eingeschlossen, erst zur Weimarer Zeit ihre Hochblüte erlebte. Zweitens kann sie nicht erklären, welche systemstrukturellen Bedingungen der Arbeiterkultur zu solch später Blüte verholfen haben könnten. Und drittens überschätzt sie den Kontrast zwischen Wilhelminischem Kaiserreich und Weimarer Republik im Hinblick auf die Integrationschancen der sozialistischen Arbeiterbewegung. Es war nicht allein mentale Traditionsverhaftung, die die Arbeiterbewegung nach 1918 so wenig integrationswillig und kompromißbereit gemacht hat. Es waren auch die fortwährend scharfen Spannungslagen sozialökonomischer *wie* politischer Art, die der Ausbildung einer offenen liberal-demokratischen Kultur im Wege standen. Wenn der bürgerliche Weimarer Nationalismus, dessen milieu- und kulturprägende Kraft unterhalb der partei- und staatspolitischen Oberfläche auch heute noch stark unterschätzt wird, der politischen Linken wie auch der Weimarer Parteienpluralität das Lebensrecht in einer Weise absprach, die böse Erinnerungen an die Wilhelminische Ära weckte, dann konnte wohl kaum ein politisches Klima entstehen, das die sozialistische Arbeiterkultur hätte veranlassen können, ihr überkommenes, doktrinär-übersteigertes und visionäres Lager- und Frontdenken zugunsten offener liberaldemokratischer Weltsicht aufzugeben. Im übrigen kann die These, daß der Faktor Traditionsverhaftung allein ausreiche, um das Fortbestehen des Lagerdenkens zu erklären, schon deshalb nicht greifen, weil sie nicht beantworten kann, warum bei den Arbeitersängern bis 1924 eine wesentlich stärkere Bereitschaft bestand, sich mental an den bürgerlichen Nachkriegs-Nationalismus anzupassen, als in den späteren Jahren, die eine Renaissance des marxistischen Denkens und eine Blütezeit kultursozialistischer Bestrebungen erlebten.

Eine weitere Sichtweise, die modernisierungstheoretisch argumentiert, unterstellt, daß die Überlebenschancen einer abgeschotteten sozialistischen Lagerkultur schon deshalb begrenzt gewesen seien, weil der Aufprall einer modernen kommerziellen Massenkultur die Lagergrenzen ganz zwangsläufig habe aufweichen müssen. Eine Stütze findet diese These in der Attraktivität der neuen Freizeitgestaltung (Kino, Grammophon, Radio, Sport und Tanzschlager etc.). Übersehen wird dabei mehreres: Erstens blühte in krasser Gegenläufigkeit zu diesem Trend zur gleichen Zeit, nämlich nach 1924, aus politischen Gründen auch die Arbeiterkultur auf. Zweitens lag es weniger im Charakter der neuen Freizeitbeschäftigung, in ihrer Modernität oder Marktförmigkeit begründet, daß diese für den Arbeitergesang zu einer bedrohlichen Konkurrenz werden konnte, sondern der entscheidende Faktor war die spezifische Konkurrenzschwäche des Männerchorgesangs. Es waren die Besonderheiten des tradierten, für neue Stilformen und neue theatralische Gestaltung wenig offenen Gesangszeremoniells, und es war das männerbündisch-kämpferische und verkrampft an nationalistischen Leitbildern und Traditionen festhaltende Lebensgefühl der Vorkriegs- und Frontgeneration, was den Männerchorgesang als Forum kunstförmigen Musiktreibens ins Abseits katapultierte. Dies konnte einer leichtlebigeren Nachkriegsgeneration, die den Vorkriegs- und Fronterfahrungen entwachsen war, nicht mehr zusagen. Die Jungen bevorzugten den rhythmisch wie textlich erfrischenden Tanz-Schlager, der Anleihen beim amerikanischen Stil machte. Es war wohl mehr die ideologische und ästhetische Ausrichtung, die den traditionellen deutschen Männer-Gesang den neuen Herausforderungen gegenüber ins Hintertreffen brachte, weniger ein Mangel an ökonomisch-industrieller oder technischer Modernität. Im Hinblick auf industrielle Marktförmigkeit war die deutsche Männerchorkultur sogar moderner, als man vorab zu vermuten geneigt ist. Es gab spätestens seit den 1860er Jahren einen ausgesprochen stark entwickelten musikalischen Massenmarkt; bereits in den 1880er Jahren wurden pro Jahr mehr als 1000 Männerchorpartituren auf den Markt geworfen. Es wurden massenhaft Gesangswettstreite, vergleichbar der modernen Wettkampfsportkultur, veranstaltet, wobei das berühmte Kaiser-Wettsingen vor 1914 nur die Spitze des Eisbergs darstellte. Auch hatte das moderne Konkurrenzsystem der Schlager-Hitparaden bereits einen voll entwickelten Vorläufer, die sog. „Preischöre", wobei in Wettbewerben die besten Männerchorpartituren ermittelt wurden. Man sollte die damalige Konkurrenzüberlegenheit der neuen Freizeitbeschäftigungen nicht in erster Linie der ökonomischen und technischen Neuartigkeit suchen, der fortschrittsgläubige Theoretiker nur zu gern die höheren Weihen des Zauberwortes „Modernität" verleihen, um deren Durchschlagskraft zu erklären. Weiter kommt man, wenn man das Versagen der überkommenen deutschen Männergesangskultur einschließlich der DAS-Männerchöre in erster Linie an deren spezifischen ideellen, politischen und ästhetischen Schwächen festmacht, Schwächen, die der intergenerationellen Weitergabe im Wege standen.

Betrachten wir im Folgenden die Entwicklung des DAS eingehender. Auf allen Ebenen des Organisationslebens läßt sich von der Novemberrevolution bis zum Machtantritt der Nationalsozialisten ein deutlicher Wandel feststellen. Die politischen Leitbilder und Haltungen, die die Führungsschicht gesanglich umgesetzt wissen wollte, durchliefen mehrere Phasen. Zunächst herrschte Aufbruchstimmung vor: Man wähnte sich nach Kriegsende und Revolution von alten Zwängen befreit und dem Ziel des eigenen Hoffens und Sehnens ein entscheidendes Stück näher gekommen. Im überkommenen Repertoire der pathetischen und militanten Tendenzgesänge erblickte man die Bestätigung, daß sich der hartnäckige Kampf für den freien Volksstaat gelohnt hatte. Im allgemeinen republikanischen Aufbruch erhielt der Anspruch auf gleichberechtigte Teilhabe an Staat und Gesellschaft neuen Auftrieb und verlangte nunmehr auch nach einem angemessenen musikalischen Ausdruck. Zu diesem konnte nur die Aneignung all der Kulturgüter verhelfen, die im alten „Klassenstaat" der Arbeiterschaft als minderbemittelter und verachteter Schicht vorenthalten worden waren. Folgerichtig setzte man auf die anspruchsvollen Gesänge der klassischen Hochkultur. Sie sollten zum Ausdruck bringen, daß man kulturell und sozial nicht mehr draußen vor stand. Allerdings schwand durchaus nicht die Einsicht, daß man im neuen Staat wohl kaum ohne mehr oder minder harte Klassenauseinandersetzungen die Früchte jahrzehntelanger kämpferischer Anstrengung würde genießen können. Aber zunächst schien alles noch offen zu sein, und das Grundgefühl, in den neuen Staat hineinwachsen zu können, stimmte, allem Klassenkampfdenken zum Trotz, zuversichtlich. Auch die außenpolitische Entwicklung bekräftigte indirekt den Optimismus, nun endlich dazugehören zu können. Dies äußerte sich bei den Arbeitersängern bis 1923 in der wachsenden Bereitschaft zu lagerübergreifender nationaler Solidarität gegen die Ansprüche der Siegermächte, eine Grundstimmung, die im Gleichklang mit nationalen Kreisen auf der Überzeugung fußte, einen Verteidigungskrieg geführt zu haben und von den Siegermächten ungerecht behandelt zu werden. Diese Ausrichtung nahm auf Kosten des Klassenkampfs seit 1921 an Gewicht zu, und sie schien gar nicht so unwillkommen zu sein, wenn sie das Hineinwachsen in den neuen Staat sowie die Anerkennung durch die alten Herrschaftsschichten beschleunigen half. Dieser Entwicklung setzte die Inflations- und Ruhrkampfkatastrophe ein Ende.

Inflation und nationalistische Ruhrkampf-Psychose schwächten die sozialistische Arbeiterbewegung in einer Weise, die die Illusionen der ersten Weimarer Jahre zerstörte; die optimistische Rechnung der revolutionären Aufbruchstimmung war nicht aufgegangen. Von diesem Stimmungsumschwung blieben auch die Arbeitersänger nicht unberührt. Bei der Aneignung des klassischen Kulturerbes sollte nunmehr nicht mehr allein der Wunsch nach vollberechtigter Teilhabe in Staat und Gesellschaft im Vordergrund stehen, sondern jetzt trat nach der Enttäuschung über die geringen Durchsetzungschancen im republikanischen Staat wieder stärker der visionäre, auf Umwälzung bedachte Avantgarde-Charakter des Klassenkampfes in Erscheinung. Mit der Aneignung der klassischen Hochkultur beanspruchte man, das Alleinerbe ihres ideellen Gehalts anzutreten. An der Elle des marxistischen Geschichtsmythos gemessen gebührte denjenigen Volksklassen das moralische Recht auf diese Musik, die die höherwertige Zukunftsgesellschaft repräsentierten: Diesen Rang beanspruchte die sozialistische Arbeiterschaft. Doch allem Anspruch zum Trotz konnte man die musikalische Hochkultur dem bürgerlichen Kulturbetrieb nicht so ohne weiteres entreißen. Unverzichtbar wurde daher, dem Avantgarde-Anspruch der Arbeiterschaft nunmehr auch im musikalischen Ausdruck einen zeitgemäßen, originär proletarischen Anstrich zu geben, ein Unternehmen, von dem man wußte, daß es eine Anlaufzeit von etlichen Jahren benötigen würde. Dieses Problems eingedenk entschloß man sich nach dem Schock der 1923er Katastrophe, dem zu neuem Leben erweckten Klassenkampfgefühl zu folgen und dabei zweigleisig zu verfahren: hier offensive Teilhabe am klassischen Kunsterbe und weiterer kultureller Aufstieg, dort behutsame und zielbewußte, von langer Hand geplante Entwicklungsarbeit für einen stilistisch modernen und zeitgemäßen Tendenzgesang.

Beides, die hereinbrechende Weltwirtschaftskrise und der erneute Aufstieg eines extrem militanten Nationalismus, bestärkte die Verbandselite des DAS in ihrer Rückbesinnung auf marxistisches Klassenkampf- und Avantgarde-Denken. Ohne daß diese Entwicklung vorausgeahnt worden wäre, konnte der DAS die stark erhöhte Nachfrage nach neuer klassenkämpferischer und endzeitlich gestimmter Gesinnungsmusik befriedigen, eine Musik, die der Radikalisierung des sozialistischen Milieus und der Vereinsbasis Rechnung trug. Geschichtsreligiöse, klassenkämpferische Erlösungshoffnungen erlebten nach dem Muster eines säkularisierten Christentums Hochkonjunktur, ebenso das Bedürfnis, sich auf die besorgniserregende nationalsozialistische Massenbewegung einen Reim zu machen. Letzteres tat man, indem man die Nazi-Partei in doktrinär-marxistischer Manier als Herrschaftsagentur eines in die Krise geratenen Kapitalismus interpretierte, damit allerdings gründlich mißverstand, weil man vor den kriegsbedingt nationalistischen Wurzeln und damit vor dem ideologischen Eigengewicht dieser Massenbewegung die Augen verschloß. Entsprechend wich die Chorliteratur all den Fragen nach der nationalen Identität und nach den Folgen der Versailler Nachkriegsordnung aus und propagierte eine radikalisierte, revolutionär-visionäre Variante ökonomischen Klassenkampfs. Nicht beizukommen war mit diesen ökonomistischen Deutungsmustern der auf innere und äußere Feinde des „völkischen" Kollektivs abgestellten Propaganda der nationalen Rechten und dem dahinter verborgenen Glauben an die deutsche Kriegsunschuld. Diese Probleme waren im marxistischen Denksystem nur schwer unterzubringen, und deshalb vermochte man die Weltsicht der nationalen Rechten nicht an der Wurzel zu fassen. Diese deutete die Weltwirtschaftskrise mit ihren zerrüttenden Folgen im Zeichen des völkischen, dem Krieg abgelesenen Überlebenskampfes, keineswegs jedoch als ökonomisches Regulations- und Herrschaftsproblem, wie das die Linke tat. Unfähig, die Weimarer Zeit als *Nachkriegs*zeit zu begreifen, erlag schließlich auch das Weltbild der DAS-Führung dem Druck eines übermächtigen Nationalismus; im Herbst 1932 machte sie dann ein letztes Mal einen kleinen Rechtsruck und besann sich auf frühere Phasen nationalistischer Annäherung an das Bürgertum zurück, konnte aber den Bund trotz Herausstellung seiner nationalen Zuverlässigkeit im Mai 1933 nicht mehr retten.

Die Musikpolitik des DAS war eng mit der politischen Haltung im allgemeinen verzahnt. Weil zu keiner Zeit der Bedarf an ritueller Vergegenwärtigung des Klassenkampfs vom Grundsatz her in Frage gestellt wurde, förderte die Bundesführung, allen ästhetischen Bedenken zum Trotz, den tradierten, an die pathetisch-kämpferischen Männerchöre des bürgerlichen Milieus angelehnten Tendenzgesang solange, wie man nichts gleichwertig Neues an dessen Stelle zu setzen vermochte. Nationale, deutschtümelnde Gesänge spielten nur in den Jahren 1921 bis 1925 eine Rolle, als sich ein gemäßigter Nationalismus in die Weltsicht von Verbandsführung und Vereinsbasis einschleichen konnte. Den Kunstgesang rückte man bis 1928, bis zum Höhepunkt des ersten Arbeitersängerbundesfestes in Hannover, in den Vordergrund und sah im gelungenen Festverlauf den geschichtsmissionarischen Anspruch auf das klassische Kunsterbe bestätigt. Seine Vorrangstellung als ritueller Ausdrucksträger des sozialistischen Avantgarde-Anspruchs büßte der klassische Kunstgesang jedoch bereits 1929 mit dem Aufstreben einer neuen Tendenzkultur ein.

Die Hartnäckigkeit, mit der man den künstlerischen Aufstieg des Bundes nach dem I. Weltkrieg vorantrieb, hatte zum einen mit den Aufstiegs- und Geltungsbedürfnissen der Arbeiterschaft und ihrer Verbandselite zu tun, zum anderen lag sie aber in der kulturbürgerlichen Veredelungsidee begründet, die in Deutschland eine lange Tradition hatte. Der hohen Kunst einschließlich dem künstlerisch gehobenen Gesang wurden sittliche und gemeinschaftsstiftende Kräfte zugeschrieben und die großen Kunstwerke, gleich ihren Komponisten-„Genies", in den Rang charismatischer Offenbarungsträger gehoben. Dies machte anfällig für Bemühungen, die gehobene Kunstmusik im politischen Kampf als Fetisch einzusetzen: Auf der Basis eines übersteigerten kultursozialistischen Erziehungsanspruchs versuchte eine neue Führungsriege von Musikexperten nach 1923, den Arbeitergesangvereinen den einfachen, aber mit viel Sangesfreude einstudierten Liedertafelgesang zu vergällen. Auch war der starken Orientierung an gehobenen künstlerischen Maßstäben zuzuschreiben, daß die DAS-Musikpolitik erst in den späteren Jahren (um 1927/28) die ästhetische und künstlerische Herausforderung begriff, die von der bis in die späten 20er Jahre als niveaulos verachteten und von Amerika her inspirierten Schlager- und Tanzmusik sowie anderen neueren Formen der Bühnenkunst und Gebrauchsmusik ausging. Komponisten wie Hanns Eisler, Kurt Weill, Armin Knab, Hans Gal, Ottmar Gerster und andere lehrten die Verantwortlichen in der DAS-Führung, daß die neue Ästhetik durchaus für die sozialistische Gemeinschaftsethik nutzbar zu machen war. Erst in diesen späten Jahren schafften es die neuen nachromantischen Elemente auf breiter Front, im Repertoire der DAS-Vereine Eingang zu finden. Ähnlich erging es den Anregungen, die vom Sprech- und Bewegungschor ausgingen. Als Komponisten für diese spätere Entwicklungsphase wären an erster Stelle Erwin Lendvai, Hanns Eisler, Ottmar Gerster, Arthur Wolff und Walter Gronostay zu nennen. Das Gros der Chorliteratur dieser Zeit stellte eine Mixtur aus klassischem Chorlied, Oratorium, Sprechgesang, schlager- und bänkelliedähnlichem Chanson, Volkslied, Choral und revueähnlichen Elementen dar. Auf diese Weise schaffte es der DAS um 1929/30, gegenüber der allgemeinen Stilentwicklung aufzuschließen.

Die Gesangspraxis der Arbeitersänger war mitunter weit vom politischen Profil des Verbandes entfernt. Von der unmittelbaren Nachkriegszeit bis 1930 gab es an der Vereinsbasis fast durchweg eine gespaltene Auftrittspraxis: Das vereinseigene Konzert zeigte ein eher unpolitisches Profil, während bei politischen Auftrittsanlässen und auf verbandseigenen Sängerfesten die Tendenzchöre vorherrschten. Soweit das politikferne Vereinskonzert den künstlerischen Maßstäben der Führung genügte, wurde dies von oben ausdrücklich begrüßt. Blieb es allerdings der traditionellen Liedertafelseligkeit des für die Männerchöre typischen Kneipenambientes verhaftet, erfuhr es durch die Verbandsführung allenfalls Duldung, mitunter jedoch schroffe Ablehnung, ohne daß allerdings die Führung solcherlei Vereinsgebaren dirigistisch zu unterbinden vermocht hätte. Der Stolz der DAS-Führung waren die erst nach der Revolution sich ausbreitenden gemischten Chöre, mit denen sich, ihrer stimmlichen Natur nach, ehrgeizigere Ziele verfolgen ließen als mit den Männerchören. Die gemischten Chöre waren es auch, die die Brücke zum bürgerlichen Kulturbetrieb schlugen. Denn für größere Chorwerke bedurfte man der Zusammenarbeit mit professionellen Solisten, Orchestern und Konzerthäusern. Hier gab es im Zeichen der höheren Kunst kaum ideologische Berührungsängste. Lagerabschottung praktizierte man nur dann konsequent, wenn es sich klar erkennbar um Kulturaktivitäten der nationalen Rechten handelte, etwa um solche des gegnerischen DSB, des großen bürgerlichen Dachverbandes von Männerchören. Bemerkenswert ist, wie sehr im Empfinden der Arbeitersänger der Mythos von der höheren Sittlichkeit gehobener Kunstwerke klassen- und lagerübergreifend verbindend wirkte, wenn die ausgesprochenen Gegner auf der nationalen Rechten nicht mit von der Partie waren.

Die Männerchöre des DAS wurden von der künstlerischen Entwicklung weitgehend abgehängt. Auf dem spektakulären ersten Arbeitersängerbundesfest 1928 war ihre Beteiligung auf Grund der ehrgeizigen musikalischen Maßstäbe verhältnismäßig gering. Die Führung war denn auch mit den Männerchören, von Ausnahmen abgesehen, nicht zufrieden. Vernachlässigen durfte sie die Männergesangvereine nicht, weil sie nach wie vor die Mehrheit stellten und trotz des aufstrebenden gemischten Chorgesangs geradezu das Rückgrat des DAS bildeten. Wegen der überfordernden Ansprüche von oben kam es gerade in den mittleren Weimarer Jahren wiederholt zu heftigen Unmutsäußerungen, und hier waren es an vorderster Front die kleineren, leistungsschwächeren Vereine der ländlichen Regionen, über deren Köpfe die Anforderungen der Führung hinweggingen. Anlaß zur Kritik boten der übertriebene asketische Ernst und die künstlerisch hochgeschraubten, allenfalls mit Drillmethoden zu verwirklichenden Ansprüche, mit denen die DAS-Zentrale flächendeckend einen erhaben anmutenden Gesangsritus durchsetzen wollte, der als kultisches Gemeinschaftszeremoniell die historische Mission des Proletariats unterstreichen sollte. Erst Ende der 20er Jahre fruchtete die Erziehungsarbeit der Bundesführung.

In engem Zusammenhang mit der krisenhaften Entwicklung Weimars stand, daß seit 1930 das gespaltene Auftrittsprofil der Vereine nach und nach verschwand: In den vereinseigenen Konzerten dehnte sich der Anteil der bundesverlagseigenen Tendenzchöre so weit aus, daß Auftritte, die politisch-agitatorischen Anlässen gewidmet waren, vom Vereinskonzert kaum mehr zu unterscheiden waren. Erst zu dieser Zeit faßte der bundeseigene Notenverlag wirklich Fuß an der Basis. Daran ließ sich ablesen, daß die Führung der Vereinsbasis mit ihren Ansprüchen im Hinblick auf Politisierung und künstlerische Gestaltung bis zur Großen Krise immer ein wenig vorausgeeilt war. Erst unter dem Druck der Krise homogenisierte sich der gesamte Verbandsorganismus im Zeichen radikaler gesanglicher Klassenkampf-Agitation. Auch die attraktiven, den Nerv der Zeit treffenden Chöre Hanns Eislers fanden in dieser Zeit auf breiter Front Eingang in die Konzerte der DAS-Vereine. An Eislers Parteinahme für die kommunistische Konkurrenz störte man sich so gut wie nicht. Umgekehrt setzten sich die Kommunisten vom DAS in aller Schärfe ab. Sie wollten nicht wahrhaben, daß auch der DAS radikalen Klassenkampf propagierte und die Chöre ihres musikalischen Promotors Eisler keineswegs verschmähte.

Mitgliedschaft und Funktionärskörper des DAS machten während der Weimarer Zeit einen rasanten Wandel durch. Die Jahre bis 1923 brachten einen beachtenswerten Mitgliederzuwachs: Von gut 100000 Mitgliedern im Jahre 1919, was ungefähr dem Vorkriegsstand entsprach, schnellte die Zahl auf einen Höchststand von rund 260000. Großen Anteil daran hatte der starke Zustrom von Frauen, die den Aufbau gemischter

Chöre ermöglichten. Der Frauenanteil blieb jedoch bis 1930 deutlich unter 30%. Nach 1923 schrumpfte die Mitgliederzahl, wenn auch nicht dramatisch. Hier zeigte sich eine Gegenläufigkeit im Vergleich mit anderen Arbeiterkulturorganisationen. Dies überrascht um so mehr, als der DAS ja gerade in den Jahren nach 1923 seine künstlerische Hochblüte erlebte und der Ausbau der Verbandsorganisation damit einherging. Zu einem guten Teil kam in der rückläufigen Mitgliederentwicklung ein Prozeß der Auslese und Intensivierung zum Ausdruck; der wachsende künstlerische Anspruch wirkte auf Mitgliederbestand wie Außenstehende wie ein Auslesefilter. Überdies konnte, wer singen wollte, dieses Bedürfnis in zunehmendem Maße auch in anderen Arbeiterkulturorganisationen befriedigen, die mit eigenem Gesangsangebot zwar zur Verfaserung der Arbeitergesangskultur beitrugen, jedoch nicht solch abschreckend hohe Maßstäbe wie manche DAS-Vereine anlegten. Es gab aber noch eine Reihe weiterer Ursachen für den Rückgang: Mit der wachsenden Konkurrenz neuer Freizeitangebote stellten sich verstärkt Nachwuchsprobleme ein, und bei den Männerchören drückten Arbeitslosigkeit und materielles Unvermögen, bei den Kneipenproben im Genußmittel-Verzehr mitzuhalten, auf die Mitgliederzahlen. In der Großen Krise setzte sich der Mitgliederschwund stetig fort, ging aber großenteils auf das Konto der Männer und der Männerchöre.

In der regionalen Verteilung der Mitgliedschaft spiegelte sich weitgehend das Profil von Hochburgen und Diaspora der sozialistischen Arbeiterbewegung, allerdings mit der bemerkenswerten Einschränkung, daß zum einen die süddeutschen Regionen stärker als bei anderen Arbeiterkulturorganisationen in Erscheinung traten und fast an die klassischen mitteldeutschen Hochburgen heranreichten, zum anderen aber die preußischen Westprovinzen Rheinland/Westfalen stark unterrepräsentiert waren. Im süddeutschen Raum dürfte eine Rolle gespielt haben, daß dort das liberalere, weniger diskriminierende Klima der Vorkriegszeit der verbandlichen Organisation im Arbeitersängerbund förderlicher gewesen war als etwa in Preußen, zugleich aber im Süden das protestantisch-pietistische Moment weniger stark ausgeprägt war, das in anderen Regionen des Reichs weitaus mehr den abstinenzlerischen Arbeiterkulturbestrebungen den Boden bereitet hatte als den Sängern. In den preußischen Westprovinzen war die erstaunlich geringe Präsenz der Arbeitersänger zum ersten der katholischen Arbeiterbewegung zuzuschreiben, zum zweiten lag sie dort aber auch in der traditionell geringeren Bereitschaft begründet, sich verbandlich und politisch zu organisieren. Dies dürfte auch auf Arbeitergesangvereine abgefärbt haben. Bis zum I. Weltkrieg war im deutschen Westen das Verbindende zwischen den meisten Gesangvereinen nicht die gemeinsame *politische* Verbandszugehörigkeit gewesen, sei es mit Blick auf den DSB oder den DAS, sondern die Institution des Gesang-Wettstreits, eine Institution, die die beiden großen Sängerbünde bezeichnenderweise ablehnten. Diese hielten den Wettstreitgedanken mit ihrer chorgesanglichen Gemeinschaftsideologie und mit ihrer Vorstellung vom erhabenen gesanglichen Gemeinschaftsritus für unvereinbar, sei es nun aus der Warte eines nationalistischen oder eines sozialistischen Kollektivismus.

Dem Funktionärskörper bescherte die Weimarer Zeit einen beachtlichen Wandel.

Bei den Funktionen, die musikalischen Sachverstand erforderten, zeigte sich ein deutlicher Trend zur Professionalisierung. Die Berufsmusiker verdrängten die Autodidakten aus ihrer Mehrheitsposition: Dies betraf die bezahlten Chorleiter und die Musikexperten der Berliner Bundeszentrale gleichermaßen. Letztere waren für den bundeseigenen Notenverlag und die Musikberatung der Vereine zuständig. Damit differenzierte sich der Bund nach der sozialen Rekrutierung seiner Funktionsträger stärker als zuvor. Die professionellen Musiker kamen in der Regel aus einem gehobeneren Milieu als die einfachen Vereinssänger, die weiterhin größtenteils dem klassischen Arbeitermilieu entstammten. Mit der stärkeren Professionalisierung der Bundesleitung begann nach 1923 ein frischerer und kraftvollerer Wind zu wehen; die Vereine bekamen dies seit Mitte der 20er Jahre zu spüren: Die Konzert-Rundschau des Bundesorgans wurde mitunter bissig und hart. Seit 1926 nahm eine neu eingerichtete Musikberatungsstelle ihre Tätigkeit auf. Mit diesem Wandel ging auch ein Generationenwechsel einher. Es waren gerade die Jüngeren, die einen offensiveren Ton in den Verband hineinbrachten; nicht zuletzt dadurch sicherten sie seine Anpassungsfähigkeit gegenüber neuen Trends. Was bis zur Mitte des Jahrzehnts an auffrischendem personellen Austausch bei den Musikfachleuten stattfand, das wiederholte sich in den späteren 20er Jahren bei den politischen Organisationsfunktionären, bei denen mit der Ablösung der behäbigen Wilhelminischen Generation eine radikalere, linkssozialistische Generation und Gangart Einzug erhielten. Personell verkrustet und verkalkt zu sein, über diesen Vorwurf war der DAS Ende der 20er Jahre, aller zeitgenössischen kommunistischen Kritik zum Trotz, erhaben. Der personelle Austausch und der Organisationsausbau brachten in den 20er Jahren eine ungeheure Dynamik in den Verband, wenn man dies mit der Vorkriegszeit vergleicht. Die Spannungen und die kämpferische Aufgeregtheit der politischen Kultur Weimars gingen am DAS eben doch nicht spurlos vorbei. Dies äußerte sich im stark wachsenden kultursozialistischen und künstlerischen Ehrgeiz.

Die Wurzeln dieser Entwicklung haben wir zu einem guten Teil in der kulturbürgerlichen Rekrutierung der neuen Musikexperten und der Mehrheit der Chorleiter zu suchen, die mehr oder minder ambitiös an ihre Aufgabe herangingen. Und gerade im Zeichen des künstlerischen Ehrgeizes traf sich eine aufstiegsbewußte und um politische Geltung ringende sozialistische Arbeiterschaft mit kulturmissionarisch beseelten Musikfunktionären. Bei diesen war das Empfinden für die künstlerisch-sittliche Mission des Gesangs in einer seelisch kranken Zeit eine bedeutsame, im beruflich-professionellen Selbstverständnis tief eingewurzelte Antriebskraft neben all den anderen eher unpolitischen und materiellen Bedürfnissen, die naturgemäß in jedem Funktionärskörper eine Rolle spielen. Einen vergleichbaren Ansporn finden wir bei denjenigen Musikern, die zu dieser Zeit in der lebensreformerischen bürgerlichen Jugendmusikbewegung engagiert waren.

Neben dem ideellen Ansporn trugen die Professionalisierung und der starke Zuwachs bei den gemischten Chören entscheidend zur steilen künstlerischen und organisatorischen Aufwärtsentwicklung des DAS bei. Die Unterstützung durch die öffentliche Hand spielte in der Weimarer Zeit nur eine nachgeordnete Rolle, wenn man von der Zusammenarbeit mit dem kommunalen Kulturbetrieb absieht. Die Befreiung von der Vergnügungssteuer wurde während der 20er Jahre erst nach und nach erreicht. Es läßt sich durchaus behaupten, daß die Arbeitersänger die Kraft für ihren Aufstieg größtenteils aus ihrer Solidargemeinschaft schöpften. Dem widerspricht nicht, daß sie sich auf kulturbürgerliches künstlerisches Expertentum stützten, dessen Dienste sie allerdings ausschließlich aus ihren Beiträgen finanzieren mußten, und diese Personalkosten, vor allem die für die Chorleiter, waren eine finanzielle Last, für die es in anderen Arbeiterkulturorganisationen kein vergleichbares Gegenstück gab. Dies war auch der Grund dafür, daß die Gesangvereine nur einen verhältnismäßig geringen Beitragsanteil an den Verband abführten, dessen Organisationsausbau sie damit enge Grenzen setzten. Mit Beginn der Großen Krise war wegen der drastisch dahinschmelzenden Beiträge an einen Ausbau über Notenverlag, Verbandszeitung und Musikberatung hinaus nicht mehr zu denken. Damit waren auch die ehrgeizigen Pläne für ein Bundeshaus und für ein bundeseigenes Schulungs- und Ausbildungszentrum ad acta gelegt. Darin hatte man insbesondere den Arbeitersportlern nacheifern wollen.

Eine sehr gewichtige Rolle spielten für das politische Selbstverständnis die ehren- und hauptamtlichen Organisationsfunktionäre, die zumeist musikalische Laien waren. Sie hatten ein Auge darauf, daß sich der künstlerische Ehrgeiz nicht zu sehr verselbständigte und die Vereine mit all den Chorleitern, die das Vereinssingen allein als berufliche Erwerbsquelle betrachteten, nicht auf unpolitische Abwege gerieten. So setzten sie z.B. gegenüber den Musikexperten der Bundeszentrale durch, daß auch beliebte ältere Tendenzgesänge in die große Männerchorsammlung des Bundes aufgenommen wurden. Sie ließen sich nicht von der ästhetischen Abneigung der Musikexperten beirren und hielten um der kämpferisch-politischen Identität willen an den militanten Heldengesängen fest, die vor militaristischem Pathos nur so strotzten und der Lobpreisung des aufopferungsvollen Klassenkämpfers dienen sollten. Die Frage, wie stark ästhetische Gesichtspunkte zu gewichten seien, spielte auch bei der Gründung des Arbeiterchor-Dirigentenverbandes eine Rolle. Nach Meinung der Dirigenten ging in den Jahren seit Ausbruch der großen Krise die Politisierung zu sehr zu Lasten der Ästhetik; den Dirigenten waren insbesondere die Sprechchöre ein Dorn im Auge. Sie lehnten antiästhetische revolutionäre Askese strikt ab.

In den mittleren Jahren Weimars schaffte es die kunstbeseelte Bundesführung, den Arbeitergesangvereinen die künstlerisch-erhabenen und verklärenden Seiten des Gesangs nahezubringen. Diese Aura konnte sich so stark verankern, daß sie sich zwischen Sozialdemokraten und Kommunisten als ausgesprochen stabiles parteiübergreifendes Bindeglied erwies. Der Gesang ermöglichte, sich über den grauen Lebensalltag zu erheben und rituell die verklärte Zukunftsgesellschaft in all ihrer Schönheit und sittlichen Erhabenheit vorauszuahnen. Solch ästhetische und sittlich-veredelnde Qualitäten der Gesangskunst und der Komponisten-„Genies" schienen die Sänger weit über den kleinlichen Parteienhader von SPD und KPD zu erheben, und sie vermittelten eine ans Gemüt gehende Vorstellung von der Sendung des gesamten Proletariats. In diesen ideellen Besonderheiten haben wir neben chortechnischen Widrigkeiten eine Ursache dafür zu suchen, daß sich die Kommunisten äußerst schwer taten, dem

Projekt einer kommunistischen Sonderorganisation in den Jahren 1930/31 zum Erfolg zu verhelfen. Die Spaltung konnte dem DAS kaum Schaden zufügen, denn das Gros der kommunistisch orientierten Vereinssänger mochte dem Ruf nicht folgen, in den Betrieben Agitprop-Chöre zu gründen. Abgesehen davon, daß die Kommunisten in dieser Krisenzeit in den Betrieben völlig unterrepräsentiert waren, war das Projekt aus mehreren Gründen zum Scheitern verurteilt. Der Ruf nach Spaltung kam völlig unvermittelt von außen, hatte jedenfalls nichts mit etwaigen internen Mißständen innerhalb des DAS zu tun. Hinzu kam, daß das Betriebsambiente einfach nicht zur kultisch-erhabenen Sphäre der Gesangskunst paßte, mit der man tiefere seelische Bedürfnisse befriedigen wollte, als nur platte tagespolitische Agitation. Hier zeigte sich deutlich, wie sehr die kulturellen Traditionen des deutschen Gesangsmythos auch in die proletarische Gesangskultur hineinwirkten. Darüber hinaus war der Gedanke der proletarischen Einheit an der kommunistischen Basis viel zu lebendig, als daß die „Sozialfaschismus"-Hetze der Kommunistischen Internationale gegen den Gemeinschaftsritus des Chorgesangs hätte greifen können.

Daß es eine parteien-, aber auch eine lagerübergreifende Vorstellung von der sittlichen und gemeinschaftsveredelnden Kraft des Gesangs gab, lag in der besonderen Tradition des deutschen Gesangs begründet. Dieser hatte bereits mit Beginn des 19. Jahrhunderts bei der Herausbildung moderner bürgerlicher Identität und bei der Schaffung des deutschen Nationalgefühls als Gemeinschaftsritus bedeutsame kulturelle Aufgaben wahrgenommen. Auch in der Weimarer Zeit zehrte die deutsche Gesangskultur noch vom Glauben an die besondere sittliche Veredelungskraft des gemeinschaftlichen Singens. Allein diese ideelle Brücke war imstande, die gegnerischen Sängerbünde, DSB und DAS, zusammenzuführen, als es 1928 darum ging, gemeinsame Interessen des Chorgesangs gegenüber den Behörden zu vertreten. Mit „Verbürgerlichung", wie dem DAS in der Forschung unterstellt wird[667], hatte das nichts zu tun. Bei diesem verbandspolitischen Schritt handelte es sich um ein Spezifikum der deutschen Mentalität und Nationalkultur und nicht um etwas, was mit platten sozialökonomischen Kategorien zu fassen wäre. Im übrigen war die Zusammenarbeit mit dem DSB Ausdruck pragmatischer Motive, die auf finanzielle und organisationstechnische Vorteile zielten, aber keine Veranlassung, sich an die Ideologie des nationalistischen Partners anzupassen. Daß man Anpassung als Motiv ausschließen darf, das unterstrichen 1928 die nationalen Sängerbundesfeste von DSB und DAS. Beide Feste hatten in erster Linie politischen Demonstrationscharakter und führten eindringlich vor Augen, welch tiefe Kluft sich nach wie vor auftat: hier klassenkämpferischer Marxismus in der Arbeiterschaft, dort nationalistischer Revisionismus in breiten bürgerlichen Schichten.

Nehmen wir die Entwicklung des DAS in der Weimarer Republik gerafft in den Blick, so lassen sich grob vier Phasen unterscheiden. Die erste Phase von 1919–1920 ist gekennzeichnet durch optimistische republikanische Aufbruchsstimmung, die die Kriegsniederlage, die Schuldfrage und deren Folgeprobleme verdrängt; sie ist weiter-

---

[667] *Wunderer*, S. 4.

hin gekennzeichnet durch starken Mitgliederzuwachs und organisatorischen Aufschwung, Bewahrung der gesamtsozialistischen Einheit und durch abwartende Haltung in außen- wie ordnungspolitischen Fragen. In der zweiten Phase von 1921 bis 1923 setzt sich der organisatorische Aufschwung merklich fort, zeigen sich erste Früchte künstlerischer Niveausteigerung, mischt sich in die republikanische Aufbruchsstimmung klassenkämpferische Skepsis, bleibt die Stellung von Tendenz-, Kunst- und Liedertafelgesang in der Schwebe und schiebt sich schließlich mehr und mehr die außenpolitisch nationale Frontstellung in den Vordergrund. Die Arbeitersänger reihen sich im Glauben an das Versailler Unrechtssystem in die von bürgerlichen Kräften angeführte nationale Einheitsfront ein und sehen sich schließlich auf dem Höhepunkt der Krise mit nackten Existenzproblemen konfrontiert. In der dritten Phase von 1923/24 bis 1928 kommt es nach den schockierenden, aber unverstandenen Erfahrungen mit dem überbordenden Nationalismus zu einer Rückbesinnung auf Marxismus und Internationalismus, versucht der Kultursozialismus Kunst und Tendenz im Zeichen eines musikalisch-sittlichen Veredelungsgedankens miteinander zu verbinden und für die historische Mission des Sozialismus nutzbar zu machen. Kennzeichnend ist weiterhin, daß sich der DAS trotz eines leichten, aber nicht bedrohlichen Mitgliederrückgangs konsolidiert, organisatorisch weiter ausgebaut wird, sich musikalisch professionalisiert, neue, teils jüngere Führungskräfte Einzug halten, der künstlerische Aufschwung zum Höhepunkt des ersten Deutschen Arbeitersängerfestes führt und der bundeseigene Notenverlag unter Hochdruck an einem mehr zeitgemäßen Angebot an Tendenzmusik arbeitet. In der vierten Phase radikalisiert sich der Bund im Zeichen der Großen Krise in linkssozialistischer Richtung; die nationalsozialistische Massenbewegung wird doktrinär marxistisch als Agentur des Kapitalismus gedeutet und damit in ihrer nationalistischen Eigendynamik gründlich verkannt. Ein neues und breites Angebot stilistisch moderner und klassenkämpferischer Chorwerke faßt an der Basis flächendeckend Fuß, ohne daß damit allerdings die Abspaltung einer außengesteuerten kommunistischen Minderheit verhindert werden kann. Die Verbandsorganisation muß infolge sinkender Einnahmen und Mitgliederzahlen wieder kürzer treten; die Substanz des Verbandes bleibt jedoch erhalten. Unter hohem Außendruck rückt man im gemeinsamen Gesang zusammen, um sich der mutmachenden endzeitlichen Vision eines erlösenden revolutionären Umbruchs zu vergewissern.

In allen seinen Lebensäußerungen, in allen Phasen seiner Entwicklung offenbarte der DAS, daß er ein Stück Nachkriegskultur unter stark belastenden Rahmenbedingungen repräsentierte. Die Weimarer Demokratie war unter den extrem ungünstigen Voraussetzungen eines militärischen, aber unverstandenen Zusammenbruchs ins Leben getreten, ohne daß es auch nur Ansätze von Aufklärung über die Hintergründe der Niederlage gegeben hätte. Kein Wunder, daß die unverarbeitete Kriegskatastrophe ihre langen Schatten vorauswarf und das dumpfe Lebensgefühl eines seelisch fortwährenden Kriegszustandes die politische Kultur Weimars durchdrang. Dies prägte auch die Wahrnehmung der wirtschaftlichen und sozialen Krisenzustände. Unter solchen Bedingungen stand die Weimarer Sozialdemokratie, der sich die Arbeitersänger mehrheitlich verbunden fühlten, auf verlorenem Posten. Was sie auch tat, sie hatte unter den hohen außenpolitischen Belastungen der Nachkriegszeit, ob in Regierungsverantwortung als arg verleumdeter reparationspolitischer Konkursverwalter oder in Opposition als Klassenkampf-Partei, immer mit dem Stigma der nationalen Unzuverlässigkeit, ja des nationalen Verrats zu kämpfen. Dies schwächte, abgesehen von den geringen sozialpolitischen Handlungsspielräumen, die Durchsetzungskraft erheblich und trug nicht gerade dazu bei, sich mit der neuen politischen Ordnung selbstbewußt und offensiv zu identifizieren. So ist kaum verwunderlich, daß die politische Linke von der in Wilhelminischer Zeit erprobten sozialistischen Kämpfer- und Lagermentalität nicht loskam. In die gleiche Richtung wirkten die brutalen Kriegs- und Fronterfahrungen, die bürgerkriegsähnlichen Nachkriegszustände, das erbitterte Feind-Denken der politischen Rechten und die nicht abreißenden Krisen des sozialen und wirtschaftlichen Lebens.

Als besonders beschwerend stellte sich heraus, daß man mit dem Krieg und seinen Folgen, all den Zweifeln an seinem Sinn und all den schmerzlichen Opfern und traumatischen Erlebnissen fertig werden mußte. Auch am sozialistischen Arbeitermilieu gingen kriegsbedingte Verbitterung, Verhärtung und Verrohung nicht spurlos vorbei. Die überkommene Kämpfer- und Lagermentalität drohte unterschwellig martialische Züge anzunehmen, die Weltdeutung als Abbild der Bedrohungsgefühle ins Monomanische abzugleiten. Hinzu kam, daß sich die sozialistische Linke besonders schwer tat, die Kriegsereignisse zu verarbeiten. Über die wahren Hintergründe des Krieges im Unklaren gelassen, bot sie ein Bild der Zerrissenheit zwischen nationaler Empörung über die Siegermächte und nach Innen gerichtetem Argwohn gegen die Kriegspolitik der herrschenden Klassen des Wilhelminischen Deutschlands. Dieser Zwiespalt in der nationalen Frage belastete nach Kriegsende die Neubestimmung des politischen Selbstverständnisses aufs Schwerste. Einerseits ging man ja, von wenigen Linkssozialisten abgesehen, von der deutschen Kriegsunschuld aus, glaubte aber nichts an der vermeintlich unverdienten Niederlage und den drückenden Friedensbedingungen ändern zu können, weil die pazifische Gesinnung keine Alternative zuließ. Andererseits aber mißtraute man in überkommener marxistischer Denkmanier der vorgespiegelten Friedfertigkeit der eigenen herrschenden Klassen. Obendrein wollte man auch weiterhin die Privilegien der besitzenden Klassen innerhalb der eigenen Nation bekämpfen und nicht ständig die nationale Geschlossenheit gegenüber den Siegermächten über die Klassenperspektive stellen. Mit stärkerer innerer Konfliktorientierung setzte man sich aber dem Vorwurf aus, zur Schwächung der äußeren Front beizutragen. Dieser Denkfigur der nationalen Rechten hatte die Linke nichts entgegenzusetzen, weil sie nicht wagte, die Propaganda des nationalen Lagers an ihrer Wurzel zu treffen: der Frage der Kriegsschuld. Statt diese Frage offensiv anzugehen, wich sie der aggressiven Kriegsunschuldspropaganda der politischen Rechten aus und rührte das Tabu der deutschen Kriegsunschuld nicht an. Damit katapultierte sie sich in eine Position der Defensive, die sie zum Opfer von Dolchstoßlegenden werden ließ. Um das heiße Eisen der Kriegsschuld nicht anpacken zu müssen, griff die Linke auf das tradierte Leitbild des proletarischen Internationalismus zurück. Auf dieser Grundlage ließ sich der Krieg als abgekartetes Vabanquespiel der internationalen Kapitalistenklasse begreifen. Die Frage nach der spezifisch deutschen Schuld löste sich auf diese Weise in Nichts auf. Damit aber kam man aus dem Stand der Verdrängung nicht heraus. Statt die Klärung der zwischenstaatlichen Dimensionen der Kriegsschuldfrage voranzutreiben, versteifte man sich auf rigides, internationalistisches Klassenkampfdenken.

Es war aber nicht allein die Verdrängung der Kriegsschuldfrage, die die Linke auf rigides Klassenkampfdenken zurückwarf. Tief hatte sich nach den langjährigen brutalen Kriegserlebnissen die Grunderfahrung eingeprägt, daß die Welt nach Freund-Feind-Mustern einzuteilen war und Gewalt eine konstitutive Rolle im Geschichtsprozeß spielte. Daß auch in der Weimarer Republik die Kette der schweren Krisen und Auseinandersetzungen nicht abriß, konnte nur dazu führen, sich in dem vom Krieg her eingebrannten Grundgefühl bestätigt zu sehen, daß man in einer extrem schicksalsbeschwerten Zeit lebte, die einen ganz außerordentlichen kämpferischen Einsatz erforderte. Der Wunsch, daß die proletarische Solidar- und Kampfgemeinschaft aufs engste zusammenrücken möge, war die verständliche Folge. Aushalten ließen sich solch schwere Zeiten nur dann, wenn die Zukunft in strahlendem Licht erschien und diese Zuversicht die proletarische Gemeinschaft nach dem Vorbild der bereits verklärten Wilhelminischen Kampfzeit zusammenschweißte. Mithin verlangten all die Erlösungshoffnungen auch ihre gemeinschaftliche rituelle Vergegenwärtigung. Hierzu eignete sich der Chorgesang vorzüglich.

Nimmt man all die Belastungen, Erfahrungen und Umstände zusammen, dann wird verständlich, warum auch nach dem I. Weltkrieg das militante und visionäre Tendenzlied der Wilhelminischen Zeit die tragende Säule des politischen Gesangs-Repertoires der Arbeitersänger blieb und warum die Neuschöpfungen der Weimarer Jahre einen ähnlichen Geist atmeten. Im gemeinschaftlichen Singen ließen sich die tieferen Gefühlsschichten, all die Ängste, Aggressionen, Phantasien und Sehnsüchte in einer Offenheit ausleben, wie dies im mehr oder minder pragmatischen Geschäftsgang des außerkulturellen Lebensalltags gerade für Sozialdemokraten kaum möglich gewesen wäre. Hiermit dürfte wohl auch zusammenhängen, daß sich die politischen Gehalte des Chorgesangs mitunter recht stark von nichtkünstlerischen Äußerungen sprachlicher Art unterschieden. Je ausgeprägter Krisenbewußtsein und Verzweiflung wurden, um so mehr mußte die rituelle Sphäre der Kultur, mußte der Gesang seelischen Ausgleich schaffen; um so mehr wurde er ideologisch befrachtet und um so mehr nahm er religiös-kultische Züge an, gleich ob als klassisches Kunstwerk oder als aktueller Tendenzchor. So läßt sich im fast durchweg kämpferisch-kompromißlosen, gemeinschaftlich-militanten und monomanisch-visionären Gestus des Tendenzgesanges der kompensatorische Ausgleich dafür entdecken, daß die sozialistische Arbeiterbewegung in der Weimarer Nachkriegszeit tief verunsichert und angeschlagen war, im Angesichte bedrohlicher nationalistischer Gegner zu keiner Zeit aus der Defensive herausfand, Lebensfreude und pragmatische Gelassenheit angesichts beschwerten Lebensgefühls und unablässiger Krisen erst gar nicht aufkommen konnten und eine starke Neigung zu dramatisierender und zuspitzender Wirklichkeitssicht bestand. Gleichwohl kam dieses Lebensgefühl im politischen Alltagshandeln eines Sozialdemokraten weitaus weniger zum Ausdruck als in der intimeren Sphäre des Arbeitergesangs.

Der intime Gefühlsausdruck, die Bindung an das Lebensgefühl der Weimarer Epoche hatte Folgen für die Tradierbarkeit dieser Art Arbeiterkultur. Der Weimarer Arbeitergesang war zu sehr auf die spezifische Seelenlage des sozialistischen Nachkriegsmilieus zugeschnitten, als daß er über die Grenzen dieser Epoche hinaus eine gesangskulturelle Tradition hätte begründen können. Er verbreitete als rituelles Identifikationsangebot zu sehr die Aura des rigoros Kämpferischen, bestand zu sehr auf militanter Gemeinschaftsverpflichtung und visionärem Absolutheitsanspruch und war als Fluchtweg aus einer als unerträglich empfundenen Gegenwart zu sehr auf das Milieu der Vorkriegs- und Frontgeneration abgestellt, als daß er über diese engere Zielgruppe hinaus hätte wirken können. Eindringlich zeigt dies die Nachwuchsrekrutierung, die in der Nachkriegsgeneration einen starken Einbruch erlebte, und hier insbesondere bei den Männerchören, die ja auf Grund ihres männerbündischen Charakters viel stärker in der sozialistischen Nachkriegs-Kämpferkultur verankert waren als die gemischten Arbeiterchöre, in denen das künstlerische Element ein stärkeres Gewicht hatte. Vermutlich haben wir im kämpferisch-rigorosen und visionären Appellcharakter die gewichtigste Ursache dafür zu erblicken, daß der Weimarer Arbeitergesang nach dem II. Weltkrieg nicht wiederzubeleben war. Denn die zweite Nachkriegszeit dieses Jahrhunderts hatte den Glauben an visionäre, monomanische Doktrinen, an kämpferische Rastlosigkeit und an die Moralität kollektivistischer Vereinnahmung gründlich verloren. Zwar hatte die Arbeitersänger ein zutiefst humanes Anliegen angetrieben, aber ihr militanter, doktrinärer und visionärer Gestus war in solch einem Maße zeitgebunden, daß spätere bundesrepublikanische Bemühungen um nostalgische Wiederbelebung von vornherein zum Scheitern verurteilt waren.

10. Literatur

Die Forschung über den DAS zur Zeit der Weimarer Republik hat sich bisher im wesentlichen nur mit Teilaspekten befaßt; darüber hinaus gibt es einige knappe, auf sehr schmaler Quellenbasis beruhende Darstellungen, die einen Gesamteindruck vermitteln. Eine auf systematischer Quellenauswertung fußende Gesamtdarstellung des Organisationslebens der Arbeitersänger liegt bislang nicht vor. Für die Zeit vor dem I. Weltkrieg bietet einen guten Überblick: *Dieter Dowe,* Die Arbeitersängerbewegung in Deutschland vor dem Ersten Weltkrieg – eine Kulturbewegung im Vorfeld der Sozialdemokratie, in: *Gerhard A. Ritter,* Arbeiterkultur, Königstein/Ts. 1977. Einen aufschlußreichen Einblick in das Zeitkolorit bieten zwei zeitgenössische Gesamtdarstellungen über die Arbeitersängerbewegung: aus deutschnationaler Perspektive: *Richard Kötzschke,* Geschichte des deutschen Männergesanges, hauptsächlich des Vereinswesens, Dresden 1927; aus sozialdemokratischer Perspektive: *Victor Noack,* Der Deutsche Arbeitersängerbund. Entstehung, Kampf und Aufstieg (unveröffentlichte

Druckvorlage), Berlin 1931. Für die Zeit nach 1918 bieten auf schmaler Materialbasis einen kurzen, lexikographischen Überblick: *Hartmann Wunderer,* Arbeitervereine und Arbeiterparteien. Kultur- und Massenorganisationen in der Arbeiterbewegung 1890–1933, Frankfurt a.M./New York 1980; *Wilfried van der Will* und *Rob Burns,* Arbeiterkulturbewegung in der Weimarer Republik, 2 Bände, Frankfurt a.M./ Berlin/Wien 1982; *Mathias Knauer* und *Frank Wulf,* Arbeiter-Volkslieder. Chöre und Kampflieder in der Weimarer Republik, in: *Claudio Pozzoli* (Hrsg.), Jahrbuch Arbeiterbewegung, Bd. 2, Frankfurt a.M. 1974. Mit der Herausbildung der Arbeitermusikkultur allgemein befaßt sich die langjährige Leiterin des Arbeiterliedarchivs in Berlin(Ost) *Inge Lammel,* Die Herausbildung der Arbeitermusikkultur in Deutschland als Grundlage für eine sozialistische Musikentwicklung vor 1945, Diss. Humboldt-Univ. Berlin 1974. Einen farbigen und anschaulichen Eindruck von der Arbeitersängerkultur vermittelt ein von der Akademie der Künste und vom Arbeiterliedarchiv in Berlin(Ost) herausgegebener Bilddokumentarband: *Inge Lammel,* Arbeitermusikkultur in Deutschland 1844–1945, Leipzig 1984. Auf systematischer Quellenauswertung beruhen mehrere materialreiche Regionalstudien zur Arbeitersängerbewegung der Weimarer Zeit. Aus marxistisch-leninistischem Blickwinkel untersuchen die Chemnitzer und Thüringer Arbeitersängerbewegung: *Werner Kaden,* Die Entwicklung der Arbeitersängerbewegung im Gau Chemnitz des Deutschen Arbeitersängerbundes von den Anfängen bis 1933, Zwickau 1966; *Horst Frühauf,* Die Thüringer Arbeitersängerbewegung von 1918 bis zu ihrer Auflösung im Jahre 1933, 2. Bände, Diss. Univ. Halle 1984. Aus sozialdemokratischer Perspektive und wohltuend unvoreingenommen befaßt sich mit den Frankfurter Arbeitersängern *Otto Rüb,* Die chorischen Organisationen (Gesangsvereine) der bürgerlichen Mittel- und Unterschicht im Raum Frankfurt am Main von 1800 bis zur Gegenwart, Phil. Diss. Frankfurt 1964. Recht wenig erhellend ist die Studie über zwei bayerische Arbeitergesangvereine von *Paul Pach,* Arbeitergesangvereine in der Provinz. „Vorwärts" Pirkensee und „Volkschor" Maxhütte, Berlin 1987. Unter eingeengter Fragestellung nehmen mehrere Studien die Arbeitergesangskultur insgesamt in den Blick. Nach den systemtheoretischen Funktionen des Arbeitergesangs fragt: *Vernon L. Lidtke,* Songs and Politics: An Exploratory Essay on Arbeiterlieder in the Weimar Republic, in: Archiv für Sozialgeschichte, Bd. XIV, 1974. In der musiktheoretischen Tradition Hanns Eislers stehend vergleicht aus neomarxistischer Sicht den DSB der späteren Weimarer Jahre mit den kommunistischen Bestrebungen auf dem Gebiet der Gesangskultur: *Werner Fuhr,* Proletarische Musik in Deutschland 1928 bis 1933, Göppingen 1977. Mit ähnlichem Resultat betrachtet aus dem Blickwinkel der „Roten Fahne" den DAS: *Werner Kaden,* Signale des Aufbruchs. Musik im Spiegel der „Roten Fahne", Berlin(Ost) 1988. Aufschluß über die Liedertexte und die Textdichter bietet die Studie von *Christoph Rülcker,* Ideologie der Arbeiterdichtung 1914–1933. Eine wissenssoziologische Untersuchung, Frankfurt/M. 1970.

II. Der Verband der Deutschen Volksbühnenvereine
von Peter Lilje

1. Überblick

Als der „Verband der deutschen Volksbühnenvereine" am 23.–25. Oktober 1920 auf dem ersten Vertretertag der deutschen Volksbühnenvereine in Berlin gegründet wurde, zu dem 17 Organisationen und Ausschüsse[1], einer Einladung der Berliner Volksbühne folgend, Delegierte entsandt hatten, die zu diesem Zeitpunkt bereits 190.000 Einzelmitglieder – allein 140.000 gehörten dem Berliner Verein an – repräsentierten, konnte er auf keine direkte Vorläuferorganisation zurückblicken. Dagegen bestand seit dem April 1919 eine Konkurrenzorganisation durch den „Bühnenvolksbund", der seinen Mitgliedern Theaterkunst „im christlich-deutschen Volksgeist" vermitteln wollte und mit finanzieller Unterstützung u.a. von Hans und Julius Thyssen den „Giftdolch des Materialismus" vom „deutschen Volke" abzuwehren suchte.[2] Diese zunächst dem Zentrum nahestehende, dann aber auch zutiefst reaktionären, völkischnationalen und antisemitischen Kräften Raum bietende Organisation[3] kann wiederum aufgrund ihrer Propaganda als Gegengründung zu den besonders nach der Konstituierung der Weimarer Republik zahlreicher werdenden Volksbühnenvereinen angesehen werden[4], die meist aus örtlichen Initiativen der Gewerkschaften und der sozialistischen Parteien hervorgingen. Insofern mag die Vermutung gerechtfertigt erscheinen, daß der Verbandsgründung auch der Gedanke einer Abwehrmaßnahme gegen solche „christlich-nationalen" Strömungen in der Organisation von Theaterbesuchern zugrunde gelegen habe.[5]

---

1 Der Bericht über die konstituierende Versammlung im Organ der Berliner Volksbühne zählt nur 16 Organisationen namentlich auf: Berlin, Berlin-Norden, Berlin – südwestl. Vororte, Bielefeld, Celle, Chemnitz, Detmold, Halle, Hamburg, Jena, Kiel, Köln, Königsberg, Potsdam, Spandau und Weimar; vgl. Volksbühne. Zeitschrift für soziale Kunstpflege (künftig zit. als Vb/1), Jg. 1, 1920/21, Nr. 2, S. 65. Nach *Albert Brodbeck,* Handbuch der deutschen Volksbühnenbewegung, Berlin 1930, S. 34 war das 17. Gründungsmitglied eine Organisation aus Hannover; da die „Freie Volksbühne Hannover" – nach ebda., S. 238 – erst 1922 gegründet wurde, müßte folglich der örtliche Arbeiter-Bildungs-Ausschuß als ihr Vorläufer gemeint sein. Mindestens drei Vereine – darunter der Münchener – blieben fern.
2 Vgl. Vb/1, Jg. 1, 1920/21, Nr. 4, S. 132 f.
3 Vgl. Schriften des Verbandes der deutschen Volksbühnenvereine (künftig zit. als Schriften), H. 6, S. 33 f. sowie zahlreiche Artikel im Verbandsorgan „Volksbühne", die laufend die Entwicklungen der Konkurrenzorganisation in ihrem Anhang kommentierte.
4 Auch der zeitgenössische Große Brockhaus, Bd. 3, 15. völlig neubearb. Aufl., Leipzig 1929 führt den „Bühnenvolksbund" als „Gegenbewegung zu den freien Volksbühnen".
5 Vgl. *Albrecht Schöne,* Genossenschaftsartige Vereinigungen der Theaterbesucher. Eine unternehmensmorphologische Analyse, Göttingen 1960 (= Schriften des Seminars für Genossenschaftswesen der Universität zu Köln, Bd. 6).

a) *Vorgeschichte*

Von den an der Verbandsgründung beteiligten Volksbühnenvereinen ist deren ältester und größter, die Volksbühne Berlin, besonders hervorzuheben.[6] Unabhängig von der Sozialdemokratischen Partei, von ihr „stillschweigend geduldet"[7], aber doch unter persönlicher Beteiligung zahlreicher Sozialdemokraten – darunter der spätere 1. Vorsitzende des Volksbühnenverbands und damalige Redakteur am Partei-Zentralorgan Curt Baake – wurde sie 1890 als Verbindung progressiver Bestrebungen des gerade gegen Zensur und Theaterpublikum um seine Anerkennung kämpfenden Naturalismus mit den Bildungsbedürfnissen organisierter Arbeiter gegründet. Den Mitgliedern sollten zu möglichst niedrigen einheitlichen Monatsbeiträgen wertvolle Theateraufführungen von Berufsschauspielern in angemieteten Theatern geboten werden. Um die sozialen Rangunterschiede abzubauen, wurden die Plätze vor den Vorstellungen verlost. Der Spielplan sollte sich von dem üblichen Amüsier- und Sensationsbetrieb sonstiger, an Gewinninteressen orientierter Bühnen abheben und vor allem naturalistische Stücke enthalten.

Bereits 2 Jahre später zerfiel dieses kurzfristige Bündnis wieder. Überlagert durch die Auseinandersetzungen innerhalb der Sozialdemokratie um die Opposition der „Jungen", die nach ihrem Parteiausschluß den „Verein Unabhängiger Sozialisten" gegründet hatten, kam es zur Spaltung. Während die alte „Freie Volksbühne" von der SPD-treuen Mehrheit – zunächst unter dem Vorsitz Franz Mehrings – weitergeführt wurde, schufen die Anhänger der „Unabhängigen" – unter der Führung des vormaligen Vorsitzenden der „Freien Volksbühne" Bruno Wille – die „Neue Freie

---

6 Auf die bei Gründung des Volksbühnenverbandes bereits 30jährige Berliner Volksbühnengeschichte näher einzugehen, würde den Rahmen dieser Arbeit sprengen; es sei daher hier auf die entsprechende Literatur verwiesen: *Siegfried Nestriepke,* Geschichte der Volksbühne Berlin. 1. Teil: 1890 bis 1914, Berlin 1930 (weitere Teile sind nicht erschienen), und *Heinz Selo,* „Die Kunst dem Volke". Problematisches aus den Jugend- und Kampfjahren der Berliner Volksbühne, Berlin 1930. Beide im verbandseigenen Verlag veröffentlicht, kommen sie doch zu unterschiedlichen Bewertungen des politischen Charakters, die nicht zuletzt im Zusammenhang mit den internen Auseinandersetzungen mit der sog. „Volksbühnenopposition" der zwanziger Jahre gesehen werden müssen; diese rekurrierte u.a. auch auf eine vermeintliche revolutionäre Tradition der Volksbühnenbewegung. Einige Formulierungen Selos lassen seine Sympathie zumindest für Teile dieser Opposition erkennen; vgl. bes. ebda., S. 10 und 126. Neuere Veröffentlichungen, die sich auch mit der Berliner Volksbühne vor 1918 auseinandersetzen, können aufgrund ihres besonderen Erkenntnisinteresses bzw. einiger – bei überblicksartigen Zusammenfassungen wohl kaum zu vermeidenden – Verkürzungen nur bedingt als adäquate Darstellungen gelten: *Heinrich Braulich,* Der Verrat an der Volksbühnenbewegung. Von den Anfängen bis zur Übergabe der Berliner Volksbühne an den Hitlerfaschismus (1890–1939), in: Wiss. Zs. Humboldt-Univ. Berlin, Ges.- und Sprachw. R. XVIII, 1969, Nr. 1, S. 37 ff.; *ders.,* Die Volksbühne. Theater und Politik in der deutschen Volksbühnenbewegung, Berlin 1976, S. 31 ff.; *Marlene Gärtner,* Verband der deutschen Volksbühnenvereine, Düsseldorf 1978 (= Ämter und Organisationen der Bundesrepublik Deutschland, Bd. 56), S. 13 ff.; *Herbert Scherer,* Bürgerlich-oppositionelle Literaten und sozialdemokratische Arbeiterbewegung nach 1890. Die „Friedrichshagener" und ihr Einfluß auf die sozialdemokratische Kulturpolitik, Stuttgart 1974; *ders.,* Die Volksbühnenbewegung und ihre interne Opposition in der Weimarer Republik, in: Archiv für Sozialgeschichte XIV, 1974, S. 213 ff.; *Schöne,* S. 3 ff.; *Almut Schwerd,* Zwischen Sozialdemokratie und Kommunismus. Zur Geschichte der Volksbühne 1918–1933, Wiesbaden 1975, S. 9 ff.

7 *Selo,* S. 50.

Volksbühne". Dieser Verein, der lange Jahre (bis etwa 1903) schwach an Mitgliedern und am Rande des finanziellen Ruins blieb, setzte auf künstlerischem Gebiet das alte Programm fort, indem er stärkeres Gewicht auf naturalistische, moderne Dramen oder allgemeiner: das Neue in der Kunst legte, denn dieses bedeutete zur Jahrhundertwende eine Abkehr vom naturalistischen Inszenierungsstil. Mit der engen Verbindung, die die „Neue Freie Volksbühne" mit dem erfolgreichen Regisseur Max Reinhardt einging, gewann der Verein eine enorme Aufwärtsentwicklung: Die Mitgliederzahl stieg von ca. 2.500 im Jahre 1903 auf ca. 50.000 vor Kriegsbeginn. Sie betrug damit fast das dreifache der Mitglieder in der „Freien Volksbühne" (ca. 17.000).

In ihrer Organisations- und Mitgliederstruktur entfernte sich die „Neue Freie Volksbühne" nach der Spaltung von den Wurzeln der sozialdemokratischen Arbeiterbewegung: Die innere Verfassung des Vereins ließ einer demokratischen Mitwirkung der Mitglieder nur einen äußerst geringen Raum; die Mitarbeiter im Vorstand rekrutierten sich aus dem eher bürgerlichen Lager, wenn auch ein Mann wie Gustav Landauer mehrfach dem künstlerischen Ausschuß angehörte oder beispielsweise der seit 1899 amtierende Kassierer bzw. Geschäftsführer Heinrich Neft aus „proletarischen Verhältnissen" stammte[8] und noch während des Sozialistengesetzes Sozialdemokrat geworden war, um sich dann aber den „Unabhängigen" anzuschließen und schließlich anarchistische Positionen zu vertreten, ehe er sich ganz aus der Politik zurückzog. Der Prozentsatz „nichtproletarischer" Mitglieder scheint hier höher gewesen zu sein als in der „Freien Volksbühne". Den überwiegenden Teil der Mitglieder stellte aber trotzdem die Arbeiterschaft – hier wiederum waren besonders die Facharbeiter vertreten –, zu der, neben wenigen ausgesprochen bürgerlichen Vertretern (Apotheker, Ärzte), solche des unteren Mittelstands (kaufmännische Angestellte, kleine Gewerbetreibende) traten.[9] Daß zudem einige ausgesprochene Sozialdemokraten unter den Mitgliedern waren, zeigt die Tatsache, daß das Nichtbeachten eines sozialdemokratischen Lokalboykotts durch die Vereinsleitung nicht ohne Widerspruch blieb.[10]

Die alte „Freie Volksbühne" ließ dagegen in der Organisationsstruktur ihre Nähe zur Sozialdemokratie und zur Arbeiterbewegung viel deutlicher erkennen. Dies äußerte sich nicht nur in ihrem demokratischen Statut oder in der Wahl der Vorstandsmitglieder, sondern stärker noch in einer Vielzahl kleinerer Organisationsfragen: So war es selbstverständlich, daß der „Vorwärts" zum Publikationsorgan des Vereins gewählt wurde und man sich in Fragen des Lokalboykotts den Entscheidungen der Partei fügte. Wenn bei einem Fest des Vereins einmal keine organisierten Gastwirtsgehilfen beschäftigt wurden, so war dieses Anlaß zu kritischen Anfragen. Auch die Formu-

---

8 Vgl. Die Volksbühne. Zeitschrift für soziale Theaterpolitik und Kunstpflege (künftig zit. als Vb/3), Jg. 3, 1928/29, Nr. 6, S. 44 f.
9 Vgl. *Nestriepke*, Geschichte, S. 109 und 227; *Walter Aßmus*, Die moderne Volksbühnenbewegung, Leipzig 1909; Neue Freie Volksbühne. Vereinsblatt für die Mitglieder (künftig zit. als NFVb), 17. Spieljahr, 1906/07, Nr. 6, S. 182 f., Freie Volksbühne (künftig zit. als FVb), Jg. 6, 1901/02, Nr. 1, S. 13 ff.
10 Allerdings zeitigte die Kritik keinerlei Wirkung; vgl. NFVb, 21. Spielj., 1910/11, Nr. 3, S. 88.

lierung von Anstellungsverträgen im Sinne der Arbeiterorganisationen u.a.m. tragen zu der obigen Einschätzung bei.[11]

In künstlerischer Hinsicht mag der Spielplan des Vereins etwas konservativer als der der „Neuen Freien Volksbühne" gewesen sein. Da beide im Laufe ihrer Entwicklung in stärkerem Maße Aufführungen aus dem Repertoire der Berliner Bühnen übernahmen, verwischten sich die Unterschiede jedoch zunehmend. Charakteristisch für die „Freie Volksbühne" ist jedoch, daß dieser Zustand in einer Hinsicht besonders beklagt wurde: Wie ein roter Faden ziehen sich durch das Vereinsorgan Äußerungen des Bedauerns darüber, daß „eine große sociale Dramatik, die dem arbeitenden Volke zu vermitteln, die schönste und dankbarste Aufgabe eines solchen Vereins wäre, einstweilen noch nicht existirt"[12]; in der Zwischenzeit müsse man sich damit begnügen, „das Erbe an Tüchtigem und Gutem zu pflegen und es durch eine Auswahl charakteristisch interessanter Proben aus der bunten Mannigfaltigkeit des dramatischen Schaffens überhaupt zu ergänzen."[13] Umso freudiger wurde es dann auch begrüßt, wenn sich dem Verein einmal die Möglichkeit bot, ein stärker sozialkritisches Stück den Mitgliedern zu bieten.

Allerdings fehlte es nicht an Kritik gegen den doch eher konventionellen Spielplan der „Freien Volksbühne". 1910 entwickelte sich eine Diskussion[14], in der – mehr von außerhalb des Vereins – eine spezifisch proletarische Tendenzkunst gefordert wurde; die Kunstwerke der Vergangenheit wären für das Proletariat nicht mehr brauchbar. Die Vereinsleitung, die ihrem Kritiker auf einer der Mitgliederversammlungen Gelegenheit zu einem Vortrag bot, verteidigte sich – die Mehrheit der Mitglieder folgte ihr dabei – mit Argumenten, wie sie in den 20er Jahren gegenüber einer ähnlichen Opposition wieder auftauchen sollten: Die Kunst stände über jeder parteilichen Bewertung; Tendenz wäre noch keine Kunst; gäbe es ein Tendenzkunstwerk, das zugleich ein *großes* Kunstwerk sei, würde man es aufrichtig begrüßen; den Arbeitern müsse Gelegenheit gegeben werden, an den Kulturgütern teilzuhaben und sich an „wirklicher Kunst" zu bilden, auch für den Kampf um ihre Emanzipation; die „Freie Volksbühne" sei zwar ein Organ der Arbeiterbewegung, aber kein parteipolitisches Institut.[15]

In den Jahren vor Kriegsbeginn kam es zu einer allmählichen Annäherung der beiden Volksbühnen, obwohl noch immer Differenzen besonders in taktischen Fragen der Abwehr von Behördenschikanen zwischen ihnen wirkten. In ihren künstlerischen Programmen und Auffassungen einer mehr oder weniger unpolitischen Bildungsfunktion von Kunst aber waren wesentliche Unterschiede kaum noch vorhanden. Überlegungen über eine Fusion beider Vereine, die 1912 im Hinblick auf den von der

---

11 Vgl. die im Vereinsorgan „Freie Volksbühne" abgedruckten Protokolle der Mitgliederversammlungen.
12 FVb, Jg. 1, 1897, Nr. 1, S. 5.
13 FVb, Jg. 14, 1909/10, Nr. 1/5, S. 3.
14 Vgl. *Nestriepke*, Geschichte, S. 288 ff. sowie als ersten Zugriff auf die Diskussionsbeiträge Kunst und Tendenz. Aus der Debatte im „Vorwärts" und in „Die Volksbühne" 1910/11, in: alternative, Jg. 14, H. 76, (Feb. 1971), S. 17-24.
15 Vgl. FVb, Jg. 14, 1909/10, Nr. 10, S. 101 ff.

„Neuen Freien Volksbühne" geplanten Bau eines eigenen Theaters angestellt wurden, stießen allerdings beiderseits auf Widerstand, da hier die undemokratische Verfassung des anderen Vereins beanstandet wurde, dort wiederum eine (partei-)politische Beeinflussung befürchtet wurde. Daher wurde 1913 lediglich ein Kartellvertrag geschlossen, der die gegenseitige Konkurrenz gegenüber den Theaterleitungen ausschaltete, aber die Selbständigkeit beider Vereine wahrte. Diese lockere Verbindung wurde ein Jahr später in den fester gefügten „Verband der Freien Volksbühnen" überführt, der jedoch die unterschiedliche innere Verfassung beider Vereine noch unberührt ließ.

Die Gesamtmitgliederzahl von ca. 70.000 reduzierte sich bei Kriegsbeginn erheblich auf etwa 30.000, weshalb aus wirtschaftlichen Gründen das inzwischen fertiggestellte eigene Theater bis kurz vor Kriegsende an Max Reinhardt verpachtet wurde, um dann aber erneut zu wachsen, so daß beide Vereine mit zusammen ca. 80.000 Mitgliedern in die Weimarer Republik treten konnten.

In den ersten revolutionären Monaten radikalisierte sich die „Freie Volksbühne" in gewisser Weise: Der „Spielplan, der den Anforderungen einer aufgeklärten Arbeiterschaft (...) nicht entspreche"[16], wurde kritisiert. Friedrich Stampfer trat von seinem Verwaltungsamt zurück; aus der Gruppe der Kritiker wurde u.a. Siegfried Nestriepke in die Verwaltung gewählt, der spätere Generalsekretär der Berliner Volksbühne und Geschäftsführer des Volksbühnenverbandes, zu dieser Zeit Redakteur des USPD-Organs „Die Freiheit". Im Zuge der erwarteten allgemeinen wirtschaftlichen Umgestaltung wurden Forderungen erhoben, auf Basis der Volksbühnen als Organisation der Theaterbesucher das Theater- und Konzertwesen zu sozialisieren und dann mit öffentlichen Mitteln zu unterstützen. Im Verhältnis zur „Neuen Freien Volksbühne" traten Spannungen auf, da die „Freie Volksbühne" mit ihren Sozialisierungsplänen u.a. auf ein eigenes Theater rekurrierte. Die unbefriedigende Situation des älteren Vereins als „kleine Schwester" des größeren Vereins wurde allerdings allgemein anerkannt. Als Lösung bot sich die völlige Verschmelzung beider Vereine an, zumal die „Neue Freie Volksbühne" bereit war, ihr undemokratisches Vereinsstatut aufzugeben. Im April 1920 löste sich daher die alte „Freie Volksbühne" auf, und ihre Mitglieder traten geschlossen in den neuen Verein „Volksbühne e.V. (Vereinigte Freie und Neue Freie Volksbühne)" über. Die neuen Statuten[17] hoben als Zielgruppe des Vereins „die breiten Kreise der werktätigen Bevölkerung" sowie die demokratische Selbstverwaltung des Vereins durch seine Mitglieder hervor. Im Vergleich zu denen der alten „Freien Volksbühne" stärkten sie allerdings die Gruppe der Ordner und verringerten den Einfluß der Mitglieder auf die Zusammensetzung des künstlerischen Ausschusses, der nun zur Hälfte vom Vorstand berufen wurde. Jenes sechsköpfige ausführende Organ wiederum bestand aus drei gewählten Vorsitzenden sowie aus dem Geschäftsführer, dem Kassenverwalter und dem Generalsekretär, die erst durch die gewählte Verwaltung berufen wurden, so daß die Mitglieder auf ihre Berufung nur indirekt Einfluß ausübten. Die erste Hauptversammlung

---

16 Die Volksbühne. Die Kunst dem Volke (künftig zit. als Vb/O), Jg. 5, 1918/19, Nr. 3, S. 7.
17 Vgl. Nachrichtenblatt der Volksbühne e.V. [Berlin], Jg. 3, 1922/23, Nr. 1, S. 9 ff.

am 21. Oktober 1920 wählte als Vorsitzende Georg Springer („Neue Freie Volksbühne"), den ehemaligen Leiter der Reichskanzlei in der Revolutionsregierung von 1918/19 und zeitweiligen Kabinettschef beim Reichspräsidenten Ebert, Unterstaatssekretär Curt Baake („Freie Volksbühne"), sowie Anton Wagner („Neue Freie Volksbühne"); zum Generalsekretär wurde durch die Verwaltung Siegfried Nestriepke berufen, der inzwischen aus der USPD ausgeschieden war und in der Bernsteinschen „Zentralstelle zur Vereinigung der (beiden) sozialistischen Parteien" mitarbeitete.[18]

Zu diesem Zeitpunkt hatte die „Volksbühne e.V.", die inzwischen ein breit gefächertes künstlerisches Programm anbieten konnte, das weit über die eigentlichen Pflichtvorstellungen hinausging, ein eigenes Theater in selbständiger Regie führte, über einen ausgebauten Organisationsapparat mit besoldeten und ehrenamtlichen Mitarbeitern verfügte und die repräsentative „Volksbühne. Zeitschrift für soziale Kunstpflege" – Redakteur: S. Nestriepke – herausgab, bereits annähernd 140.000 Mitglieder.

Eine gewisse „Konkurrenz" war der Berliner Volksbühne erwachsen in Form von Versuchen, ein „proletarisch-revolutionäres Theater" auf kommunistischer Grundlage zu entwickeln.[19] Erneut rückte die Diskussion um bürgerliche und proletarische Kunst oder um die Tendenzkunst in den Vordergrund, der sich auch die Berliner Volksbühne nicht verschließen konnte.[20] Der Forderung aber, das Theater als „Waffe im Klassenkampf" zu verstehen und dem bürgerlichen Theater, das geeignet sei, auch Teile der Arbeiterklasse für die Ideologie und damit das Interesse der Bourgeoisie einzufangen, ein proletarisches Theater entgegenzustellen, wollte die Leitung des Vereins nicht nachgeben. Es ist zu vermuten, daß die Mehrheit der Mitglieder ihr hierin folgte, sofern diese überhaupt an solchen Diskussionen interessiert waren und sich nicht auf den bloßen Besuch der Vorstellungen beschränkten.

Dennoch war die Berliner Volksbühne zur Zeit der Gründung des Volksbühnenverbandes keineswegs ein bürgerlicher Theaterverein oder eine „dramatische Volksküche", wenn auch der Vorwurf, einen eklektizistischen Spielplan zu pflegen, gerechtfertigt erscheinen mag.[21] Genausowenig aber wies sie ein kämpferisch sozialistisches Profil auf. Einerseits wurde die dramatische Produktion zeitgemäßer revo-

---

18 Vgl. zu der Biographie Nestriepkes *Walter G. Oschilewski* (Hrsg.), Siegfried Nestriepke. Leben und Leistung, Berlin 1955, hier S. 47.
19 Vgl. *Scherer,* Die Volksbühnenbewegung, S. 225 ff.
20 Vgl. Vb/1, Jg. 1, 1920/21, Nr. 1, S. 1 ff.; Nr. 2, S. 44 ff.; Nr. 5, S. 142 ff.; Nr. 6, S. 169 ff.
21 Gerade das Problem des Volksbühnen-Spielplans bedarf m.E. aber einer differenzierteren Betrachtung: Abgesehen von dem Umstand, daß bei Übernahmen von anderen Theatern verschiedene Rücksichten genommen werden mußten, wäre doch zu überprüfen, ob sich das Programm der Volksbühnen nicht zumindest in der Akzentsetzung von dem bürgerlicher Theater – nicht nur in Berlin, sondern vor allem auch in der Provinz – unterschied. Natürlich wurden u.a. Operetten und andere leichtere Unterhaltungskost gegeben, genauso aber auch moderne, sozialkritische Stücke. In der Saison 1919/20 z.B. übernahm der Berliner Verein sogar Tollers „Wandlung" von der revolutionären Bühne „Tribüne", veranstaltete einen Abend zur Revolutionslyrik und gab Kurt Tucholsky Gelegenheit, aus eigenen Werken zu lesen. Manchmal konnte ja selbst ein bürgerlicher Klassiker, wenn es sich etwa um Lessings „Nathan" handelte, nur gegen bürgerliche Kreise durchgesetzt werden. Eine Übersicht über die Spielpläne der Berliner Volksbühne bietet *Braulich,* Die Volksbühne, S. 251 ff.

lutionärer Stücke als zu schmal oder zu wenig künstlerisch bewertet – eine neue Blüte der Kunst erwartete man sich erst von einer vollendeten sozialistischen Gesellschaft –, andererseits waren die für das künstlerische Programm Verantwortlichen zum größten Teil von dem Wert allgemein anerkannter Kunst überzeugt. Von den Mitgliedern wurden sie hierin kaum korrigiert. Diese waren dazu aufgrund der sozialen Bedingungen, unter denen sie lebten und aufgewachsen waren, wohl auch nur selten in der Lage; sie vertrauten weitgehend der Kompetenz ihrer Ausschüsse, denen eben auch Sozialisten und Kommunisten angehörten.[22]

Somit wurde „wahrhafte Kunst" – ohne sie wirklich definieren zu können, obwohl dieses mehrfach wort- und bildreich versucht wurde –, die dem bloß Amüsierhaften, Sensationellen und den „gereimten Leitartikeln" entgegengestellt werden sollte, als Mittel der Bildung und der „sittlichen und sozialen Veredelung" begriffen, das dem „arbeitenden Volke" nicht vorenthalten bleiben dürfe.[23] Unter Betonung einer politischen Neutralität setzte man sich von Versuchen rechter wie linker Observanz ab, das Theater ideologisch zu funktionalisieren. Trotzdem wußte man sich einig in einer sozialen und demokratischen Grundhaltung und dem Bestreben, die „Massen der Lohnarbeiterschaft" für die Volksbühne zu gewinnen, einerseits um ihnen durch die Organisation die Teilhabe an den Kulturgütern, die bislang Vorrecht einer „schmalen Schicht von Gebildeten und Besitzenden" gewesen war, zu ermöglichen – was auch als Teil des Emanzipationskampfes des Proletariats begriffen wurde –, andererseits weil gerade hier das adäquate Publikum vermutet wurde, das sich als organisierte Volksbühnenmitglieder von der snobistischen Haltung der üblichen Theaterbesucher wohltuend abhebe.

Daß sich die Volksbühne dabei auch anderen Schichten und Anhängern unterschiedlicher Weltanschauungen nicht verschließe, die gewillt waren, sich den allgemeinen Vereinszielen unterzuordnen, interpretierte man als Möglichkeit, in dieser und durch diese Organisation sowie über das Medium der dramatischen Kunst eine die sozialen Gegensätze transzendierende Gemeinschaft zu entwickeln, die durchaus in Beziehung zu setzen wäre zu der „wahrhaften Volkseinheit" einer vom Proletariat projizierten sozialistischen Gesellschaft ohne Klassengegensätze.

Die Vorkriegs-Gründungen von Volksbühnenvereinen außerhalb Berlins brauchen hier weiter nicht zu interessieren. Von Freidenkern oder aus der Arbeiterbewegung heraus initiiert, existierten die am Berliner Beispiel orientierten Vereine meist nur wenige Jahre. Sie scheiterten teils an Vorbehalten der örtlichen Sozialdemokratie, teils an den Schikanen von Polizei und Stadtverwaltungen. Nur die 1905 u.a. von dem späteren sozialdemokratischen preußischen Innenminister Carl Severing gegründete Volksbühne Bielefeld, der durch Gewerkschaften gepachtete Vorstellungen bzw. sog. „Volksvorstellungen" vorausgingen, konnte ihre Tätigkeit bis in die Weimarer Republik aufrecht erhalten.[24] Diese Volksvorstellungen sowie die Tätigkeit der loka-

---

22 So jedenfalls eine Bemerkung John Schikowskis in: Vb/1, Jg. 1, 1920/21, Nr. 2, S. 45.
23 Vgl. hierzu und im folgenden besonders die Anmerkung 20 angegebenen Quellen.
24 Vgl. Vb/3, Jg. 5, 1930/31, Nr. 6, S. 241 ff.

len Gewerkschaften und Arbeiterbildungsausschüsse könnten geradezu als ein Nebenzweig der Volksbühnenbewegung gewertet werden; jede der an der Gründung des Volksbühnenverbands beteiligten Organisationen, über die hierzu Informationen vorliegen[25], waren aus solchen Vorläufern erwachsen. Auch in den folgenden Jahren bildete die Vorstellungsvermittlung der örtlichen Arbeiterorganisationen oftmals die Grundlage für Volksbühnengründungen. Da die vorliegenden Quellen und sonstigen Veröffentlichungen keinen tieferen Einblick in die Anfangsgeschichte der Volksbühnenvereine gewähren, können hier nur einige Fakten kursorisch wiedergegeben werden.

An den Gründungen waren lokale Arbeitnehmerorganisationen z.T. führend beteiligt. In Weimar unternahmen neben Vertretern der thüringischen Regierung, der Theater und der Volkshochschule besonders die der Arbeiter-, Angestellten- und Beamtenorganisationen erste Vorbereitungen. In Hamburg schlossen sich u.a. eine bereits kurze Zeit bestehende Volksbühne, der Arbeiterbildungsausschuß Altona, ein „Verein für Volksvorstellungen und Theaterkultur", eine „literarische Gesellschaft", der „Verein Hamburger Volksschullehrerinnen", der Ortsausschuß des ADGB, das Ortskartell der „Arbeitsgemeinschaft freier Angestelltenverbände" sowie der Konsum-, Bau- und Sparverein „Produktion" zur „Volksbühne Groß-Hamburg" zusammen. In Kiel dagegen übernahmen SPD, USPD, KPD und freie Gewerkschaften allein die Initiative; hier beschränkte man die Mitgliedschaft auch ausschließlich auf die organisierte Arbeiterschaft. Im 10köpfigen Vorstand des Kölner „Theater des werktätigen Volkes" saßen „mindestens sechs aktive SPD- bzw. Gewerkschaftsfunktionäre."[26]

Über Organisationsstruktur und Programmatik lassen sich kaum Aussagen machen; es ist aber zu vermuten, daß die Vereinssatzungen denen der Berliner Volksbühne oder anderer Arbeiterorganisationen ähnelten. Im Gegensatz zur Kieler Organisation schien sich die in Köln nicht nur auf organisierte Arbeiter als Zielgruppe beschränken zu wollen[27], obwohl der Name eine besondere Berücksichtigung des „werktätigen Volkes" nahelegt. Ähnlich wie in Berlin wurde auch hier eine (partei-)politische Funktionalisierung des Theaters abgelehnt; das künstlerische Programm richtete sich nicht nach der Tendenz, sondern nach dem „künstlerischen Wert" der Stücke.[28] Selbst in der streng proletarischen Volksbühne Kiel wurde vor allem die soziale, persönlichkeitsbildende Funktion der Kunst hervorgehoben, die den Menschen „zu einem viel wertvolleren und kampftüchtigeren Mitglied der Gesellschaft umwandelt."[29] Ein anspruchsvolles Kulturprogramm sollte die Spielpläne bestimmen, deren

---

25 Vgl. *Brodbeck*, S. 213 ff.; *Marlies Jeske*, 90 Jahre Kieler Volksbühne, in: Mitteilungen der Gesellschaft für Kieler Stadtgeschichte 69, 1983-1985, S. 101-140; *Claudia Fischer*, „Das Theater gehört dem Volk!" Die ästhetische „Erziehungsarbeit" der Kölner Sozialdemokratie zwischen Emanzipation und Kompensation, in: ergebnisse. Zeitschrift für demokratische Geschichtswissenschaft 26, 1984, S. 73-88; Der Vorspruch. Blätter der Volksbühne Groß-Hamburg, Jg. 5, 1928/29, Nr. 1, S. 3 ff.; Freie Volksbühne Jena (künftig zit. als FVb Jena), Jg. 10, 1929/30, Nr. 5/6, S. 34 ff.
26 *Fischer*, S. 77.
27 Vgl. ebda., S. 75.
28 Vgl. ebda., S. 77 f.
29 *Jeske*, S. 114.

erster mit Hauptmanns Weber-Drama begann und mit Lessings „Nathan" endete, dazwischen Wagner-Opern, Dramen von Shakespeare, Büchner oder Tolstoi, aber auch gesellschaftskritische Stücke von Shaw und Ibsen oder Komödien.[30]

b) *Entwicklung zur kulturellen Großorganisation*

Stimmten die an der Gründung des Volksbühnenverbands beteiligten Vereine hinsichtlich ihres künstlerischen Programms überein, so konnte die Bestimmung des gesellschaftlich-politischen Standorts des Verbands doch unterschiedliche Auffassungen erkennen lassen. Diese äußerten sich in einer ausführlichen Diskussion derjenigen Absätze der zu beratenden Statuten, die die Aufnahme von Vereinen in den Verband regeln sollten. Aus dem Willen heraus, sich einerseits von politischen Funktionalisierungsversuchen seitens des reaktionären „Bühnenvolksbunds" wie auch seitens des „Proletarischen Theaters" abzugrenzen und sich den demokratischen bürgerlichen Kräften, die z.B. in der Verwaltung der Berliner Volksbühne mitarbeiteten, nicht zu verschließen, sowie andererseits mit Rücksicht auf diejenigen Delegierten, die die Verankerung der Volksbühne in der Arbeiterbewegung und ein sozialistisches Profil der neuen Dachorganisation stärker betont haben wollten, einigte man sich schließlich auf den Kompromiß, daß solche

„Vereine und Genossenschaften Aufnahme finden sollen, die (. . .) 3. den Grundsatz der parteipolitischen und konfessionellen Neutralität anerkennen und es daher unter allen Umständen ablehnen, sich zu den Tendenzen der sozialistischen Bewegung in Gegensatz zu stellen."[31]

Wie wichtig allerdings auch die bereits 1890 in Berlin entwickelten Organisationsprinzipien genommen wurden, zeigt die Tatsache, daß die beiden vorhergehenden Absätze als weitere Aufnahmekriterien den ohne Gewinnabsichten kalkulierten einheitlichen Eintrittspreis sowie den Grundsatz des Selbstbestimmungsrechts der Mitglieder hervorhoben.

Der bei der Gründung des Verbandes gefundene Kompromiß zwischen politischer Neutralität und sozialistischer Weltanschauung sowie die Haltung zum Emanzipationskampf der Arbeiterbewegung, wie sie in Abgrenzung zum „Proletarischen Theater" innerhalb der Berliner Volksbühne entwickelt worden war, trugen innerhalb des Verbandes bis 1923, zumal auch erklärte Sozialisten, die auf den jährlichen Verbandstagen referierten, zwar die innere Beziehung der Volksbühne zu sozialistischen Ideen und zur sozialistischen Arbeiterbewegung betonten, eine dezidiert klassenpolitische Festlegung der Organisation oder des künstlerischen Programms im Sinne einer „proletarischen Kunst" jedoch verwarfen. Ohne erkennbaren Widerspruch konnte 1922 sogar der negativ formulierte Passus der Satzungen, der eine Beziehung zur sozialistischen Bewegung immerhin noch erkennen ließ, zugunsten eines Bekenntnisses zu

---

30 Vgl. ebda., S. 119.
31 Vb/1, Jg. 1, 1920/21, Nr. 2, S. 66.

einer „neuen Gemeinschaftskultur" gestrichen werden, welche allerdings noch immer als die einer zukünftigen sozialistischen Gesellschaft interpretiert werden konnte.

Auf dem Potsdamer Volksbühnentag 1923 wurde jedoch die Forderung nach einem schärfer gefaßten kulturpolitischen Programm erhoben, die aus der Kritik an der eigenen programmatischen Indifferenz im Vergleich zum weltanschaulich festgelegten Bühnenvolksbund erwuchs. Damit war eine Programm-Diskussion eröffnet, die bis 1927/28 andauerte und in die ab 1925 eine Oppositionsgruppe aus linksbürgerlichen Intellektuellen, Sozialisten und Kommunisten die Forderung hineintrug, die Organisation stärker in den Dienst des proletarischen Klassenkampfs zu stellen, wobei sie scharf gegen die "bürgerliche" Strömung innerhalb der Volksbühnen polemisierte. Zwar fanden ihre Auffassungen auf den Verbandstagen nur wenige Anhänger, doch waren sie geeignet, die tatsächlich vorhandenen Strömungen zu polarisieren.

Die Verabschiedung des sog. „Jenaer Programms" auf dem Verbandstag 1925, das nochmals versuchte, einen Kompromiß herzustellen, indem es den sozialen und demokratischen, aber klassenübergreifenden Charakter der Organisation sowie das Programm einer „neuen freiheitlichen Gemeinschaftskultur" und als letztes Ziel gar eine „neue wahre Volksgemeinschaft" hervorhob[32], vermochte die aufgetretenen Spannungen nicht zu lösen. Selbst diejenigen, die nicht zu den Anhängern der radikalen Opposition zu zählen waren, kritisierten die allgemeinen, höchst interpretationsbedürftigen Formulierungen als unbefriedigend, wobei besonders der harmonisierende Gemeinschaftsbegriff angegriffen wurde. Den Magdeburger Verbandstag von 1927 beherrschten denn auch Ausführungen, die die klassenmäßige Spaltung der Gesellschaft und die Heterogenität der Volksbühnenbewegung feststellten. Gegen die Gruppe der Opposition, die – vertreten durch Ernst Toller – erneut für die Kunst im Dienst des Klassenkampfes plädierte, kam es gerade hierdurch zu einer Verständigung innerhalb des Verbands. In gewisser Abkehr von einer Gemeinschafts-Ideologie wurde der Verband nun mehr als Zweckverband angesehen, in dem eine Koalition von Sozialisten und „bürgerlichen" Demokraten möglich sei – eine Koalition, die umso nötiger sei, als es jetzt gelte, die immer stärker um sich greifende „Kulturreaktion" abzuwehren. Die grundsätzliche politische Neutralität von Kunst und damit auch der Volksbühnenorganisationen blieb zwar erhalten, wurde aber durch den Begriff der „Souveränität" bzw. Unabhängigkeit präzisiert. Ihre Verteidigung gegen den einsetzenden reaktionären Druck konnte allerdings von nun an durchaus als politisch-emanzipatorische Tat verstanden werden.

Inzwischen hatte sich der anfangs kleine Interessenverband unabhängig von den programmatischen Auseinandersetzungen zu einer kulturellen Großorganisation mit mehr als einer halben Million Mitglieder entwickelt. Nach dem Höhepunkt der Inflationsperiode, die erste Ansätze fast wieder zunichte gemacht und in den einzelnen Vereinen zu finanziellen Problemen und z.T. zu Mitgliederverlusten geführt hatte, baute der Verband ab 1924 seinen Organisationsapparat aus. Zwar hatten

---

32 Vgl. Schriften, H. 6, S. 105.

auch jetzt noch viele Vereine mit den Auswirkungen der anschließenden sog. „Reinigungskrise", mit Lohnsenkungen und Arbeitslosigkeit zu kämpfen, doch durch Mitgliederzuwächse an anderer Stelle und durch den Aufbau weiterer Volksbühnenvereine konnte der Verband bis 1926 ein stetiges Wachstum verzeichnen. Seine Basis verbreitete sich bis weit in nichtsozialistische „bürgerliche" Kreise: Eher ländliche oder kleinstädtische Vereine, die „alle Bevölkerungskreise" erfaßten, standen neben solchen der Industriegebiete, in denen der Anteil der Arbeiterschaft bei weitem überwog.

Durch Anstellung von Bezirkssekretären und Zusammenfassung der lokalen Vereine in Bezirksgruppen gliederte sich der Verband regional; auch die Tätigkeitsfelder der Verbandszentrale erfuhren eine Ausdifferenzierung: 1923 wurde eine Dramaturgische Abteilung errichtet, die in einer eigens herausgegebenen Zeitschrift die dramatische Produktion sichtete und die Vereine in ihrem künstlerischen Programm beraten sollte; 1924 wurde der verbandseigene Verlag gegründet; 1925 nahm man erste Wandertheater in Dienst, um die zahlreichen Vereine in theaterlosen Gebieten zu versorgen; lokale Vereine, Bezirksgruppen und Verbandszentrale machten Ansätze zu einer besonderen Jugendarbeit; 1927 kam noch eine zentrale Filmberatungsstelle hinzu; die Zahl der Wandertheater war auf 5 angewachsen.

In diesem Jahr hatte die Gesamtmitgliederzahl aber ihren Höhepunkt von 560.000 bereits überschritten, obwohl die Zahl der angeschlossenen Vereine noch bis 1931 anstieg. Der Volksbühnenverband stieß an die Grenzen seiner Entfaltungsmöglichkeiten und stagnierte.

Die letzten Jahre des Verbandes standen ganz im Zeichen der politisch und wirtschaftlich krisenhaften Entwicklung der Weimarer Republik. Bereits 1930 war der Verband gezwungen, seinen Organisationsapparat zu straffen und zu verkleinern. Die Mitgliederzahlen gingen erst langsam, dann, im Spätsommer 1931, um mehr als 20% zurück. Diese Negativ-Entwicklung dauerte bis zum Herbst 1932 an; erst die Zahlen von März 1933 wiesen wieder ein leichtes Plus von 15.000 Mitgliedern auf.

Die Programm-Debatten waren verdrängt worden durch das neue Thema der Abwehr der „Kulturreaktion". Im Zeichen der Wirtschaftskrise zogen sich Reich, Länder und Gemeinden – besonders in finanzieller Hinsicht – von ihrer kulturpolitischen Tätigkeit zurück. Angriffe auf die „Freiheit der Kunst" nahmen zu; auch im kulturellen Bereich war das gesellschaftliche Klima der Weimarer Republik nach rechts abgerutscht. Gegen diese Tendenzen versuchte der Volksbühnenverband nun aktiv vorzugehen. 1931 entwickelte er ein Aktionsprogramm, in dessen Verlauf der Verband, seine Bezirksgruppen und größere Vereine enger mit politischen, gewerkschaftlichen und kulturellen Organisationen der Arbeiterbewegung zusammenarbeiteten. Die „Kulturfront der Gesinnungsgenossen" scheiterte jedoch: Nach der Machtergreifung der Nationalsozialisten wurde der „Verband der deutschen Volksbühnenvereine" am 11. Juli 1933 aufgelöst, die Volksbühnenvereine wurden, sofern sie ihre Tätigkeit nicht eingestellt hatten, im nationalsozialistischen Reichsverband „Deutsche Bühne" gleichgeschaltet.[33]

2. Programm und Selbstverständnis

Mit der Formulierung offizieller Programme im engeren Sinne hat sich der Volksbühnenverband sehr zurückgehalten. Praktisch beschränken sich diese auf die ersten beiden Paragraphen der Satzung, das sogenannte „Jenaer Programm" von 1925 und die kurze „Magdeburger Erklärung" von 1927. Mit einigem Recht können außerdem grundsätzliche Äußerungen im Verbandsorgan und in den vom Verband herausgegebenen Schriften, besonders wenn sie von Vorstandsmitgliedern stammen, als „Programme" gewertet werden. Wesentlicher für die Einschätzung der programmatischen Linien innerhalb des Verbandes sind jedoch die auf den Volksbühnentagen gehaltenen Grundsatzreferate, da ihre Akzeptanz durch die Delegierten anhand der jeweiligen Diskussions-Protokolle bzw. Tagungsberichte nachprüfbar ist. Geradezu traditionell gab der Vorstand hierbei erklärten Sozialisten wie etwa Richard Seidel oder Max Seydewitz Gelegenheit zu einem Vortrag, denen er genauso regelmäßig Korreferate des „bürgerlichen" Demokraten Julius Bab – er bekannte sich zur Demokratischen Partei – an die Seite stellte.

a) *Abgrenzung zum „proletarischen Theater"*

Bereits auf dem Gründungsvertretertag des Volksbühnenverbandes 1920 lehnte der sich selbst als Marxist bezeichnende Gustav Slekow, wie die anderen sozialistischen Referenten auf späteren Volksbühnentagen auch, ein kämpferisches klassenpolitisches Theater für die Volksbühnen ab.[34] Ansätze hierzu waren in Berlin zunächst in Form des Theaterkollektivs „Tribüne" und dann des vom „Bund für proletarische Kultur" gegründeten „Proletarischen Theaters" versucht worden. Beide scheiterten jedoch inhaltlich wie organisatorisch „an der mangelnden Unterstützung durch die Organisationen der Arbeiterklasse."[35] Etwa zur gleichen Zeit aber, als der Volks-

---

33 „Am 14.3.1933 löste sich der [Wuppertaler] Verein auf, weil die Geschäftsstelle ‚ausgeräumt' und der Rücktritt des Sozialdemokraten Willy Fleischer von der Leitung der Volksbühne gefordert wurde" (*Schöne*, S. 25 f.); auch die Kieler Volksbühne löste sich durch Beschluß der Mitgliederversammlung vom 1.7.1933 auf (vgl. *Jeske*, S. 131). Die Münchner Volksbühne dagegen trat bereits vor dem Mai dem nationalsozialistischen „Kampfbund für deutsche Kultur" bei (vgl. Vb/3, Jg. 8, 1933, Nr. 2, S. 35). Eine besondere Entwicklung nahm die Berliner Volksbühne, die erst im März 1939 offiziell aus dem Vereinsregister gestrichen wurde; als Trägerin einer Theaterbetriebsgesellschaft gestaltete sich ihre „Gleichschaltung" juristisch offenbar selbst für die Nationalsozialisten etwas schwieriger. Vgl. dazu *Braulich*, Die Volksbühne, S. 159 ff.
34 Vgl. zu dem 1. Volksbühnentag 1920 in Berlin Vb/1, Jg. 1, 1920/21, Nr. 2, S. 66 ff.
35 *Scherer*, Die Volksbühnenbewegung, S. 227; vgl. auch *Walter Fähnders* und *Martin Rector*, Literatur im Klassenkampf. Zur proletarisch-revolutionären Literaturtheorie 1919-1923. Eine Dokumentation, München 1971, S. 225 f. und 227 f.

bühnenverband gegründet wurde, startete ein dritter Versuch, nun mit dem „Proletarischen Theater, Bühne der revolutionären Arbeiter Groß-Berlins" unter der künstlerischen Führung Erwin Piscators und unter Beteiligung von Vertretern der USPD, KPD und KAPD.[36] Der Name war Programm: Inszenierungen von Dramen, die die proletarische Zuhörerschaft mit der durch sie transportierten bürgerlichen Ideologie hätten verwirren oder infizieren können, waren verpönt; Kunst sollte rigoros für die Politik funktionalisiert werden; im Zweifel wäre eher auf Kunst als auf Politik im Theater zu verzichten gewesen. Solche Tendenzen verwarf Slekow entschieden. Zwar stellte er die Volksbühne bewußt in den Dienst des Proletariats, aus dem sie ja auch hervorgegangen sei, doch über die Rolle der Kunst im proletarischen Klassenkampf war er anderer Ansicht als die Anhänger des „Proletarischen Theaters". Das Ziel der neuen Kultur für eine sozialistische Gesellschaft setze den „Besitz der höchsten geistigen und künstlerischen Werte aller Zeiten"[37] voraus. Um für die kulturelle Emanzipation des Proletariats zu wirken, bräuchten die Volksbühnen in ihrem Spielplan keineswegs die politische Tendenzdramatik besonders zu berücksichtigen. Zu dem gleichen Ergebnis kam auch der Korreferent Bab. Mehr von einem sozialen denn von einem sozialistischen Standpunkt aus setzte er der Volksbühne die Aufgabe, „das Drama aller Zeiten (...) den Massen aufzuschließen"[38]; die erhebende Wirkung dramatischer Kunst sollte ihnen nicht vorenthalten werden.

Derart vorbereitet waren sich die Delegierten einig, daß die Volksbühne den künstlerischen Maßstab nicht der Bevorzugung einer politischen Tendenz opfern dürfe. Daß sie den Grundsatz der politischen Neutralität in die Statuten der neuen Organisation aufnahmen, erscheint dabei nur konsequent. Allerdings war gerade dieser Punkt nicht unumstritten (jedenfalls notiert der Bericht hierzu „ausführliche Erörterungen"), war er doch geeignet, den Eindruck zu erwecken, als habe sich die Volksbühne von dem Emanzipationskampf der Arbeiterklasse verabschiedet. Es bedurfte einer entsprechenden Ergänzung, so daß schließlich der betreffende Passus festlegte,

„daß in den Verband der deutschen Volksbühnenvereine Vereine und Genossenschaften Aufnahme finden sollen, die (...) 3. den Grundsatz der parteipolitischen und konfessionellen Neutralität anerkennen und es daher unter allen Umständen ablehnen, sich zu den Tendenzen der sozialistischen Bewegung in Gegensatz zu stellen."[39]

Deutet die Art der Formulierung auf einen Kompromiß hin, so konnte sich dieser doch auf die Ausführungen Slekows berufen, der gerade eine politisch nicht festgelegte Volksbühne für das Proletariat gefordert hatte.

Alles in allem verstand sich der Volksbühnenverband bei seiner Gründung als Teil der sozialistischen Arbeiterbewegung, ohne aber in akuten gesellschaftlichen Auseinandersetzungen Partei ergreifend wirken zu wollen. Nicht die den sozialen Antagonismus auch im Bereich der Kunst wiederholende proletarische Kultur als Produ-

---

36 Vgl. *Scherer,* Die Volksbühnenbewegung, S. 227 ff.; *Fähnders/Rector,* S. 229 f.
37 Vb/1, Jg. 1, 1920/21, Nr. 2, S. 67.
38 Ebda.
39 Ebda., S. 66.

zent und Transportmittel einer klassenmäßigen Gegenideologie wollte er fördern, sondern Ansätze zu einer erwarteten, nicht mehr auf Klassengegensätzen beruhenden sozialistischen Kultur, in der alle bisherigen wertvollen Kulturgüter aufgehoben sein würden.

b) *Sozialisierung der Theater*

Ein weiteres für das Programm des Volksbühnenverbandes wesentliches Thema war Gegenstand dieses ersten Volksbühnentages: die Sozialisierung der Theater. Ziel der Verbandsgründung war es u.a.,
„die Volksbühnenbewegung fruchtbar zu machen zur Förderung aller Bestrebungen, die auf eine genossenschaftliche Organisation der Kunstpflege und insbesondere die Überführung der Theater in Gemeinbesitz hinzielen."[40]
Der Geschäftsführer des Volksbühnenverbandes, Siegfried Nestriepke, hatte schon im Mai 1919 auf einer Generalversammlung der Berliner „Freien Volksbühne" dazu seine Vorstellungen entwickelt, die auf eine soziale staatliche Kulturpolitik reflektierten, die das privatkapitalistische Geschäftsinteresse auch aus diesem gesellschaftlichen Bereich zu verdrängen hätte. Die Kommunen sollten die Bewirtschaftung der Theater übernehmen und diese dann – möglichst unentgeltlich – selbstverwalteten Besucherorganisationen zur Verfügung stellen, die in ihrer Struktur an die „Freie Volksbühne" anzuknüpfen hätten.[41] Gewissermaßen wurden mit dieser Forderung die genuinen Organisationsprinzipien des Vereins zum Modell eines gesamtstaatlichen Volkstheaters der neuen Republik erhoben, wobei diese eher etatistische Vorstellung zu einem Zeitpunkt entwickelt wurde, da Anzeichen für eine selbständige Ausbreitung der Volksbühnenbewegung noch kaum vorlagen. Bis zu einer umfassenden Reorganisation des Theaterwesens forderte Nestriepke städtische Subventionen für die vorhandenen Volksbühnenvereine. Dieser Linie folgte auch der 1. Volksbühnentag; sie wurde bestimmend für die praktische kulturpolitische Tätigkeit des Verbandes, auch wenn die Hoffnungen auf Kommunalisierungen privater Theater in einem größeren Umfang enttäuscht wurden. Ein zunächst geplantes Kommunalisierungsgesetz scheiterte. Der Volksbühnenverband blieb darauf angewiesen, durch die Ausbreitung seiner Organisation und durch die Zusammenarbeit mit den jeweiligen Behörden selbst auf den Ausbau eines gemeinnützigen Theaterwesens hinzuwirken. Der sozialstaatliche Charakter und die demokratischen Mitwirkungsmöglichkeiten der Republik wurden also mit dem Ziel einer Reform desjenigen gesellschaftlichen Sektors, dem das Hauptaugenmerk der Volksbühne galt, in Anspruch genommen.

---

40 Vb/1, Jg. 1, 1920/21, Nr. 2, S. 66.
41 Vgl. Vb/O, Jg. 5, 1918/19, Nr. 6, S. 9 f.

c) *„Neue Gemeinschaftskultur"*

Weniger unumstritten als sein theaterpolitisches Programm blieb dagegen die Stellung des Volksbühnenverbands zwischen seiner politischen Neutralität und der gleichzeitigen Beziehung zu den „Tendenzen der sozialistischen Bewegung". Zunächst kam die Kritik hieran von außen: von den Verfechtern des „Proletarischen Theaters", die das „bürgerliche" Theater als Waffe der Bourgeoisie im Klassenkampf auffaßten und ihm eine gleichwertige Waffe entgegenhalten wollten. Wie schon Slekow auf dem 1. Volksbühnentag distanzierte sich auch der sozialistische Referent der 2. Delegiertenversammlung[42] Richard Seidel, Redakteur der USPD-Zeitung „Die Freiheit", von einer solchen „sozialen Kampfbühne". In der beabsichtigten Ausschaltung „bürgerlicher" Kunst sah er Ähnlichkeiten zu einer unfruchtbaren Maschinenstürmerei: Wie die Verwirklichung des Sozialismus auf den kapitalistischen Produktionsmitteln aufbauen müsse, könne eine neue sozialistische Kultur nur aus der Aneignung der vorhandenen kulturellen Werte entstehen. Obwohl er eine weltanschauliche Festlegung des künstlerischen Programms der Volksbühnen ablehnte, sah er in ihnen doch den Versuch, „ein Stück Sozialismus zu verkörpern."[43]

Selbst diese wenig radikalen Ausführungen Seidels stießen in der Diskussion nunmehr auf keine ungeteilte Zustimmung. Der Gelsenkirchener Delegierte Dr. Töwe empfahl, „die Fäden zwischen Volksbühnenbewegung und Sozialismus nicht zu eng zu spinnen"[44]; ähnlich äußerten sich der 1. Vorsitzende des Berliner Vereins Springer und der Chemnitzer Bielau. Ob der bei der Verbandsgründung erzielte Kompromiß tatsächlich ernsthaft – jetzt von nichtsozialistischer Seite – in Frage gestellt wurde, läßt sich kaum noch ermitteln. Im Gegenteil: Auf dem 3. Volksbühnentag von 1922 wurde dieser erneut bestätigt.[45] Der Versammlungsbericht vermerkt, daß sich die Delegierten über die grundsätzliche politische Neutralität der Organisation einig gewesen seien und auch darin übereinstimmten, daß die Beziehung zur sozialistischen Arbeiterbewegung und zu der von ihr projizierten neuen Gesellschaftsordnung, den Zielen der Volksbühnenbewegung entsprechend, tatsächlich vorhanden sei.

Trotzdem wurde auf diesem Volksbühnentag der Begriff „Sozialismus" innerhalb einer allgemeinen Überarbeitung der Satzung aus den Statuten des Volksbühnenverbandes endgültig gestrichen – ohne erkennbaren Widerspruch. Der entsprechende Passus lautete nun:

„In dem Verband der deutschen Volksbühnenvereine können als Mitglieder lediglich Vereinigungen gemeinnützigen Charakters Aufnahme finden, die (...) 2. sich auf dem Selbstbestimmungsrecht ihrer Mitglieder aufbauen und unter Betonung der parteipolitischen und konfessionellen Neutralität alle Bevölkerungskreise zu erfassen suchen, die eine neue Gemeinschaftskultur erstreben."[46]

---

42 Vgl. zum 2. Volksbühnentag 1921 in Eisenach Vb/1, Jg. 2, 1921/22, Nr. 2, S. 41 ff.
43 Ebda., S. 50.
44 Ebda., S. 52.
45 Vgl. zum 3. Volksbühnentag 1922 in Bielefeld Vb/1, Jg. 3, 1922/23, Nr. 1, S. 17 ff.
46 Ebda., S. 22.

Zwar gibt es einen Hinweis darauf, daß zu dieser Zeit „bürgerliche Schichten" in höherem Maße als vorher in den Volksbühnenvereinen vertreten waren, doch von einer wesentlichen Veränderung der bisherigen Sozialstruktur oder einem stärkeren Einfluß „bürgerlicher" Kräfte innerhalb des Verbandes ist kaum auszugehen.[47] Insofern ist es berechtigt, die neue Fassung nicht als Korrektur, sondern als inhaltliche Präzisierung der vorherigen aufzufassen. In ihr äußerte sich die spezifische Interpretation des Begriffs „Sozialismus", wie er innerhalb dieser Kulturorganisation besonders in Hinblick auf eine sozialistische Kultur vertreten wurde. Da der Begriff einer „neuen Gemeinschaftskultur" jedoch nicht zwingend einen Bezug zu sozialistischen Ideen herstellte, konnte er auch für eine eher „bürgerliche" Strömung innerhalb des Verbandes annehmbar bleiben.

Schon 1921 hatte Richard Seidel in einem Aufsatz in dem Berliner Vereinsorgan darauf hingewiesen, daß die Kunst einer entwickelten sozialistischen Gesellschaft eine neue Gemeinschaftskunst sein werde, in der jede Klassengebundenheit aufgelöst sei.[48] Mit Rekurs auf das Ziel einer zukünftigen, nicht mehr in Klassen gespalten Gesellschaft hatte auch Nestriepke davon gesprochen, daß die eigene, neu zu schaffende Kultur des Proletariats die „Kultur der ganzen neuen Gemeinschaft"[49] darstellen solle, wobei er also die zukünftige sozialistische Gesellschaft als neue Gemeinschaft interpretierte. In diesem Sinne eines die Klassenspaltung transzendierenden Gemeinschaftsbegriffs konnten die Sozialisten innerhalb des Volksbühnenverbandes ihre Vereine, die soziale Rangunterschiede durch Einheitspreis und Platzverlosung abgebaut hatten, jedem Mitglied das gleiche Mitwirkungsrecht boten und sich darüber hinaus eben nicht nur auf die eigene Klasse beschränkten, als verwirklichte Teilbereiche oder Vorformen einer sozialistischen Gesellschaft verstehen, die außerdem in ihrem künstlerischen Programm bereits Ansätze einer sozialistischen Kunst entwickelten.

Allerdings enthielt der Gemeinschaftsbegriff innerhalb der Volksbühnen genauso eine zweite Bedeutung: die einer Kulturgemeinschaft. Dieses Selbstverständnis war weniger von der sozialistischen Idee einer klassenlosen Gesellschaft inspiriert als von dem Gedanken, über das Medium der Kunst und durch die feste Organisation ihrer Konsumenten gegen alle sonst bestehenden sozialen, ökonomischen und politischen Divergenzen ein Gemeinschaftserlebnis zu ermöglichen und damit eine tatsächliche Gemeinschaft herzustellen.[50] Aufgrund einer allgemeineren sozialen und demokra-

---

47 „Wenn die wirtschaftlichen Verhältnisse der letzten Jahre auch eine stärkere Zuwanderung bürgerlicher Schichten in das Publikum der Volksbühne gebracht haben, so bildet das Proletariat doch heute noch die große Mehrheit und den tätigen ausschlaggebenden Kern im Publikum der Volksbühne." (Vb/1, Jg. 3, 1922/23, Nr. 1, S. 32).
48 Vgl. Vb/1, Jg. 1, 1920/21, Nr. 4, S. 111 ff.
49 Schriften, H. 1, S. 30.
50 Vgl. etwa Schriften, H. 4, S. 44; Monatsblätter der Magdeburger Volksbühne, Jg. 1, 1924/25, Nr. 1, S. 1 f. Wie wichtig der Gemeinschaftsgedanke für die Volksbühnenvereine war, zeigt bereits ein kursorischer Einblick in lokale Vereinsorgane. Vgl. z.B. Volk und Kunst. Blätter der Dresdener Volksbühne (künftig zit. als VuK Dresden), Jg. 3, 1926/27, Nr. 2, S. 4; Volksbühnen-Blätter, Monatsschrift der Düsseldorfer Volksbühne (künftig zit. als Vb-Blätter Düsseldorf), Jg. 1, 1923/24, Nr. 1, S. 11; Der Vor-

tischen Grundhaltung reflektierte aber auch diese Richtung besonders auf die „kulturwillige" Arbeiterschaft, ohne aber die „Kulturgemeinschaft" auf diese beschränken zu wollen. Das übliche Geschäftstheater mußte für sie in dieser Hinsicht wegen seines nicht am künstlerischen Wert, sondern am Gewinn orientierten Spielplans und wegen der auch hier durch überhöhte Eintrittspreise und unterschiedliche Platzkategorien wiederholten sozialen Diskriminierung, die eine Verbundenheit des Publikums untereinander unmöglich machte, versagen.

Beide Linien des Selbstverständnisses zusammenführend, sah Nestriepke das Wesen der Volksbühnenbewegung darin,

„zwar für die Kulturbestrebungen des Proletariats von größter Bedeutung zu sein, aber über die Partei- und Klassengrenzen hinweg den Zusammenschluß aller erstreben zu müssen, die an Stelle eines Geschäftstheaters das sozialisierte (...) Kulturtheater wollen, die sich eins sind in dem Streben, durch ernste künstlerische Arbeit am Aufbau einer neuen Kulturgemeinschaft mitzuarbeiten."[51]

Das in die Satzungen aufgenommene Bekenntnis zu einer „neuen Gemeinschaftskultur" genügte den Delegierten des 4. Volksbühnentages von 1923 jedoch schon nicht mehr.[52] Aus der Kritik an der Zusammenarbeit des Volksbühnenverbandes mit dem „Bühnenvolksbund" in der „Preußischen Landesbühne", die beiden weiterhin unterschiedliche kulturpolitische Vorstellungen verfolgenden Organisationen als Institution galt, in der sie ihre z.T. gemeinsamen Interessen gegenüber einer staatlichen Kulturpolitik durchsetzen konnten, erwuchs die Forderung nach einem präziser formulierten und die Differenz des eigenen Verbandes zu dem weltanschaulich festgelegten Konkurrenten deutlich machenden Volksbühnen-Programm. Obwohl vereinzelt Delegierte darauf hinwiesen, daß eine allen Strömungen des Verbandes gerecht werdende Fassung schwerlich zu erreichen sei, wurde der Vorstand aufgefordert, ein klares Programm für die kulturpolitische Haltung des Verbandes auszuarbeiten. Diesem Antrag wurde der Verbandsvorstand allerdings insofern nicht gerecht, als den Delegierten des 5. Volksbühnentages von 1924 fünf verschiedene Programm-Vorschläge vorlagen, ohne daß einer offiziell vom Vorstand zur Annahme empfohlen wurde.[53]

Unterschiedlich in Stil und Akzentsetzung brachten sie kaum etwas neues für die Programmatik des Volksbühnenverbandes. Eine Bindung der Organisation oder der Kunst an parteipolitische Zwecke wurde von allen abgelehnt. Eine prinzipielle Öffnung für alle sozialen Schichten bei besonderer Berücksichtigung der „Minderbemittelten" oder „sozial tiefgelagerten Menschen" vertraten alle fünf Programmentwürfe, ebenso den Willen zur „Gemeinschaftskultur" bzw. „Kulturgemeinschaft". Betont wurden ferner Organisationsprinzipien wie die Gemeinnützigkeit und die

---

spruch [Hamburg], Jg. 1, 1924/25, Nr. 1, S. 2; Monatshefte der Stuttgarter Volksbühne, Jg. 1, 1924/25 Nr. 1, S. 1. Gerade die Einrichtung von Vereinsschriften, aber auch von Arbeitsgemeinschaften, Sonderveranstaltungen, Festen etc. intendierte die Förderung einer Gemeinschaft.
51 Schriften, H. 3, S. 5.
52 Vgl. zum 4. Volksbühnentag 1923 in Potsdam Vb/1, Jg. 3, 1923, 3. Vjh., S. 128 ff.
53 Vgl. zum 5. Volksbühnentag 1924 in Hildesheim Schriften, H. 4.

Selbstverwaltung der Vereine durch ihre Mitglieder, die außerdem zu einer verantwortlichen Mitwirkung an der inhaltlichen Ausgestaltung ihrer Organisation sowie des gesellschaftlichen Kunstwesens aufgerufen seien.

Bei aller weltanschaulichen Unabhängigkeit klang jedoch besonders bei drei Entwürfen eine gesellschaftspolitische Einordnung der Volksbühnen durch: Julius Bab sah sie in „unlöslicher Beziehung zu der demokratischen und zu der sozialen Auffassung der Gesellschaft"[54], ohne sich weiter festlegen zu wollen. Der Berliner Döscher hob zumindest die Tradition hervor, Teil der Emanzipationsbewegung der Arbeiterschaft zu sein, und stellte die Volksbühne in den „Dienst der großen Bewegung (...), die ein neues Gemeinschaftsleben erstrebt."[55] Am radikalsten gebärdete sich Hans von Zwehl, der ein Bekenntnis zum sozialen Befreiungskampf forderte, im übrigen aber eher „geistesrevolutionär" blieb.

Geeignet, die bisherige Linie des Verbandes ernsthaft in Frage zu stellen, war keiner der Programm-Entwürfe. Auch die Referate, die zur Einführung der Programm-Diskussion gehalten wurden, bestätigten die bisherige Verbandspolitik. Traditionsgemäß hielt eines von ihnen Julius Bab, der im wesentlichen seinen Entwurf begründete, das andere der Linkssozialist Max Seydewitz. Wie die sozialistischen Referenten vor ihm stellte er den Volksbühnen keineswegs die Aufgabe, eine proletarische Kultur in die bestehende Klassengesellschaft zu setzen. Eine sozialistische Kultur erwartete auch Seydewitz erst durch die Überwindung der vorhandenen Klassenkultur. Kritischer aber als seine Vorgänger mahnte er die Volksbühnen, die in der Arbeiterklasse – anders als auf dem Gebiete der wirtschaftlichen und politischen Ordnung – noch weitgehend vorhandene Orientierung an der „Kultur des Bürgers" aufzubrechen und „den Willen zur Gestaltung einer neuen Kultur, den Willen zur Kulturrevolution, lebendig zu machen."[56] Sein Bekenntnis zu der Weltanschauung der Freiheit und Menschenwürde dagegen hätte sicherlich auch Julius Bab als „bürgerlicher" Demokrat übernehmen können.

Gegenstand der anschließenden Diskussion war aber nicht Seydewitz' kritische Anmerkung, sondern der Begriff der Gemeinschaft, die von der Mehrheit gegen wenige grundsätzlich ablehnende Stimmen als möglich und als anzustrebendes Ziel der Volksbühnenbewegung angesehen wurde. Tatsächlich hatte sich der Schwerpunkt der programmatischen Diskussion verschoben. Die politische Unabhängigkeit des Verbandes war anerkannt; die Verbindung zu dem Emanzipationsstreben der Arbeiterbewegung wurde zwar aufrecht erhalten, aber umgedeutet zu einer allgemeineren Kulturbewegung, an der über soziale und politische Divergenzen hinweg praktisch die Gesamtheit des Volkes teilhaben konnte. Dabei erhielt diese Entwicklung durchaus ihre Legitimation durch die sozialistische Vorstellung einer zukünftigen gesamtgesellschaftlichen, solidarischen Gemeinschaft, als deren Vorform die Volksbühnenvereine gelten konnten. Die Notwendigkeit, aktiv in die aktuellen gesellschaftlichen Auseinan-

---

54 Ebda., S. 69.
55 Ebda., S. 71.
56 Ebda., S. 46.

dersetzungen parteilich einzugreifen, um zu der Verwirklichung des Ziels zu gelangen, hatte für den Volksbühnenverband keine Bedeutung. Man beschränkte sich darauf, innerhalb der eigenen Organisation den Gemeinschaftsgedanken fördern und, auf dem Weg der Reform und der eigenen stetigen Ausbreitung, einem einzelnen gesellschaftlichen Bereich – dem des Theater- bzw. Kunstwesens – eine demokratische und soziale Form geben zu wollen.[57] Es muß daher als konsequent erscheinen, wenn das auf dem Jenaer Volksbühnentag von 1925[58] schließlich beschlossene Programm als „letztes Ziel" aufführt, „als lebende Zelle beim Aufbau einer neuen, wahren Volksgemeinschaft mitzuwirken."[59]

Formuliert hatten dieses Programm Bab und Nestriepke, nachdem der letzte Volksbühnentag keinen der vorgelegten Entwürfe angenommen hatte und statt dessen eine Kommission gewählt hatte, in der neben Bab und Netriepke u.a. auch Seydewitz und Döscher vertreten waren, um einen neuen Entwurf auf Basis der Babschen Vorlage ausarbeiten zu lassen. In der Kommission jedoch einigte man sich darauf, dies den beiden oben genannten zu überlassen. Sie folgten im übrigen der bisherigen programmatischen Linie des Volksbühnenverbandes, indem sie erneut die politische und konfessionelle Neutralität, die zu entwickelnde „neue freiheitliche Gemeinschaftskultur", die Öffnung für alle soziale Schichten sowie – etwas verklausuliert – das anzustrebende sozialisierte Kulturtheater hervorhoben. Dennoch lagen den Delegierten wieder drei Entwürfe vor, da das Kommissionsmitglied Prof. Ziegler (Hannover) einen Gegenentwurf eingebracht hatte, der sich inhaltlich jedoch kaum von dem oben genannten unterschied, aber klarer und sachlicher formuliert war. Das gleiche gilt für den dritten, erst während der Debatte vorgelegten Entwurf. Als vierter Antrag lag der des Berliner Löwenberg vor, der empfahl, überhaupt kein Programm zu fixieren. Bab und Nestriepke warf er vor, eklektizistisch Weltanschauungen überbrücken zu wollen und so auf jede Klarheit zu verzichten. Löwenberg war sich – wie übrigens Bab auch – der Heterogenität des Volksbühnenverbandes bewußt und plädierte daher für eine allmähliche, diskursive Klärung, um die Organisation erst danach auf ein Volksbühnenprogramm festzulegen. Hierin unterstützte ihn auch der Frankfurter Gebhardt, der zwei Jahre zuvor noch entschieden für ein kulturpolitisches Programm eingetreten war, jetzt aber eine derartig unbestimmte Zusammenballung von Schlagwörtern ablehnte. Die Mehrheit der Delegierten folgte jedoch Bab und Nestriepke und nahm ihren Entwurf als Volksbühnenprogramm an.

---

57 „Die Volksbühne ist nicht sozialistisch in irgendeinem Parteisinne, mehr: sie ist ein lebendig gewordener Sozialismus, weil sie auf einem bestimmten Gebiete den Geschäftsbetrieb überwindet – durch einen Gemeinschaftsakt ablöst." (Julius Bab in: Schriften, H. 6, S. 79).
58 Vgl. zum 6. Volksbühnentag 1925 in Jena Schriften, H. 6.
59 Ebda., S. 105.

d) *Die Forderungen der Opposition*

Einen der schärfsten Kritiker in der Diskussion hatte der Programm-Entwurf in dem Berliner Delegierten Arthur Holitscher gefunden, der als Schriftsteller u.a. zu den Begründern des „Proletarischen Theaters" in Berlin gehört und auch den „Bund für proletarische Kultur" mitorganisiert hatte, ohne jedoch je Mitglied der KPD zu werden.[60] Er griff die „bürgerlichen" Ideologeme des Programms an, forderte eine entschieden politische Formulierung und ein Bekenntnis der Volksbühne zu den „proletarischen Parteien". Damit war die Richtung angegeben, die die Diskussionen der beiden folgenden Volksbühnentage bestimmen sollte. Eine radikale Opposition hatte sich nun auch innerhalb des Verbandes zu Wort gemeldet.

Daß die Programm-Diskussion innerhalb des Verbandes mit der Verabschiedung des „Jenaer Programms" nicht erledigt sein würde, hatte bereits die ihr vorangehende Debatte gezeigt. Gefördert wurde diese Entwicklung gewissermaßen noch dadurch, daß das Verbandsorgan neu konzipiert wurde: 1926 erschien es vierzehntägig in Zeitungsformat. Der Vorstand in Person seines Geschäftsführers Nestriepke legte die Redaktionsführung aus den Händen. Sie wurde nun Hans von Zwehl übertragen, der zwar als Bezirkssekretär für Südwestdeutschland Verbandsfunktionär war, aber sich durch seinen Programm-Entwurf schon als Anhänger einer radikaleren Strömung und einer „revolutionären" Kunst zu erkennen gegeben hatte. Stärker als zuvor öffnete sich damit das offizielle Verbandsorgan für fordernde, kritische Stimmen innerhalb des Volksbühnenverbandes und erhielt insgesamt den Charakter eines Diskussionsforums für Fragen eines politischen Theaters, einer Tendenz- oder Weltanschauungsdramatik. Als nahezu programmatisch kann der unkommentierte Nachdruck eines offenen Briefes des „Jungproletarischen Bundes" aus dessen Berliner Mitteilungsblatt „Der Ausrufer" gelten, in dem für eine gründliche Umgestaltung des Berliner Volksbühnen-Spielplans, der bisher „für jeden etwas" gäbe, plädiert wurde.[61] Hans von Zwehls Redaktionsführung, die kaum als einseitig bezeichnet werden kann, aber doch die Mehrheitspositionen im Verhältnis zu dem tatsächlichen Kräfteverhältnis im Volksbühnenverband unterrepräsentiert ließ, stieß nicht nur innerhalb des Vorstandes auf einige Kritik[62], so daß sie ab Mitte 1927 wieder vom Vorstand – zunächst in Person des Vorsitzenden Baake – übernommen wurde. Zwar wurde auch weiterhin die Diskussion innerhalb der Zeitschrift nicht unterbunden, aber doch in eine ruhigere, um Ausgleich bemühte umstrukturiert. Die Hochburg einer außer- und inner-organisatorischen Opposition aber war Berlin.[63] Von Beginn der Weimarer

---

60 Vgl. *Manfred Brauneck* (Hrsg.), Autorenlexikon deutschsprachiger Literatur des 20. Jahrhunderts, Reinbek 1984, S. 277.
61 Vgl. Die Volksbühne. Zeitung für soziale Theaterpolitik und Kunstpflege (künftig zit. als Vb/2), Jg. 1, 1926, Nr. 7.
62 Vgl. etwa Schriften, H. 17, S. 26; W. Spohr, „Der letzte Schrei", in: Vb/2, Jg. 1, Nr. 8.
63 Vgl. zur Entwicklung der Berliner Opposition auch *Brauchlich,* Der Verrat; *ders.,* Die Volksbühne; *Scherer,* Die Volksbühnenbewegung; *Schwerd; Siegfried Nestriepke,* Der Weg zum Volksbühnenprogramm. III. Die Berliner Kämpfe in den Jahren 1926-1930, in: Volksbühnen-Spiegel 1958, Nr. 9, S. 6-11.

Republik an war die Berliner Volksbühne besonders wegen ihrer Spielplangestaltung kritisiert worden: von Anhängern des „Proletarischen Theaters" und der kommunistischen Presse ebenso wie von linksbürgerlichen Blättern bzw. dem linksbürgerlichen Feuilleton bürgerlicher Zeitungen, so etwa von dem Kritiker Herbert Ihering im „Börsen-Courier". Daran änderte auch die Tatsache wenig, daß spätestens ab 1923 eine Reihe von Dramen, u.a. auch von Erwin Piscator für die Volksbühne inszeniert wurden, die engagiert und zeitgemäß soziale und politische Konflikte gestalteten; eine Tendenz, die sich 1929 noch verstärkte, als der Verein mit Karlheinz Martin einen künstlerischen Leiter engagierte, der 1919 zu den Mitbegründern des „Proletarischen Theaters" gehört hatte. Da dies aber nur ein Element der insgesamt pluralistischen Spielplanpolitik des Vereins darstellte, konnte es jene Opposition kaum gänzlich befriedigen. Mit zeitgemäßen politischen Stücken kam der Verein allerdings den Forderungen seiner „Volksbühnenjugend" entgegen, in deren Abteilungen besonders Mitglieder proletarischer Jugendorganisationen zusammengefaßt waren.[64]

Im März 1927 kam es jedoch anläßlich einer Piscatorschen Inszenierung von Ehm Welks „Gewitter über Gotland", die zu einer grandiosen Apotheose der bolschewistischen Revolution geriet, zum offenen Konflikt. Durch öffentliche Kritik sowie seitens einiger Vereinsmitglieder gedrängt, die z.T. ihren Austritt erklärten, distanzierte sich die Vereinsleitung von dieser Inszenierung und griff sogar „zensuristisch" ein, indem sie das Fortlassen einiger Teile des von Piscator wirkungsvoll verwendeten Films veranlaßte. Diese Maßnahmen riefen wiederum entschiedenen Protest der Anhänger Piscators hervor; eine Protestversammlung und eine außerordentliche Hauptversammlung folgten.[65] Obwohl die Hauptversammlung zeigte, daß die Mitglieder – zumindest außerhalb der Jugendabteilungen – ihren Vorstand stützten, wählte der Verein den Weg des Kompromisses: Die Jugendabteilungen wurden zu „Sonderabteilungen" aufgewertet, die einen Teil ihrer Aufführungen von einem neugegründeten Theater Piscators erhielten und jedem Vereinsmitglied offenstanden. Als halboffizielles Leitungsorgan wurde ihnen die Wahl eines Arbeitsausschusses zugestanden. Damit war der Opposition die Gelegenheit gegeben, sich innerhalb des Vereins zu organisieren; sie blieb dadurch aber gleichzeitig von der übrigen Mitgliedschaft isoliert. Die Anträge, die ihre Delegierten auf den Hauptversammlungen einbrachten und darauf abzielten, die Berliner Volksbühne zu einem „kulturpolitischen Kampfinstrument der Arbeiterklasse"[66] umzufunktionieren, fielen dort regelmäßig durch.

Spätestens Anfang 1929 waren die Sonderabteilungen durch kommunistische Mitglieder „gekippt"; im Arbeitsausschuß waren die Vertreter der Gewerkschaftsjugend, der SAJ und der „Naturfreunde" nicht mehr vertreten.[67] Die polemischen Angriffe

---

64 Vgl. *Brodbeck,* S. 134.
65 Vgl. auch Vb/2, Jg. 2, 1927, Nr. 7 und 9; Vb-Blätter Düsseldorf, Jg. 4, 1926/27, Nr. 9, S. 124 ff. und Nr. 10, S. 137 ff.
66 Blätter der Volksbühne Berlin (künftig zit. als Blätter Vb Berlin), Jg. 5, 1928/29, Nr. 2, S. 6.
67 Vgl. ebda., Nr. 5, S. 8.

gegen den „verkalkten" Vorstand nahmen an Heftigkeit zu[68]; neben sachlich begründeten Vorschlägen mußten ihre Forderungen nach einem Anschluß der gesamten Volksbühne an die kommunistische „Interessengemeinschaft für Arbeiterkultur", ihrer Umwandlung in ein revolutionäres Theater oder nach der bedingungslosen Unterstützung der Piscatorschen Versuche, eine eigene Bühne aufzubauen, als völlig überzogen gelten. Im Mai 1930 nahm die Verwaltung des Vereins erneute Vorstöße des Arbeitsausschusses zum Anlaß, diesen – bei Stimmenthaltung zweier kommunistischer Verwaltungsmitglieder – aufzulösen und seine sieben Mitglieder kurze Zeit später – diesmal einstimmig – aus dem Verein auszuschließen.[69] Die nächste Mitgliederversammlung der Sonderabteilungen im Oktober zeigte zudem, daß diese von den sozialdemokratischen Jugendorganisationen „zurückerobert" worden waren: Eine Resolution der kommunistischen Fraktion wurde abgelehnt, die u.a. von Vertretern der Gewerkschaftsjugend und der SAJ eingebrachte dagegen angenommen. Diese forderte von der Volksbühne zwar immer noch eine Förderung des „sozialistischen Gesinnungstheaters", lehnte aber „jede parteipolitische Zerstörungsarbeit in der Volksbühnenbewegung mit aller Entschiedenheit ab."[70]

Vor diesem Hintergrund fanden die Volksbühnentage ab 1926 statt, auf denen ebenfalls Vertreter einer Opposition auftraten, die allerdings nicht zu einer festeren Struktur fand und auf die Vorstöße einzelner beschränkt blieb. Auf der Ebene des Verbandes erreichten zudem die Auseinandersetzungen kaum eine mit den Berliner Gefechten vergleichbare Schärfe oder eine in organisationspolitische Aktionen und Reaktionen mündende Zuspitzung. Zunächst mahnte eine heterogene Gruppe von Schriftstellern und Künstlern, von denen einige innerhalb der Volksbühnenbewegung Funktionen ausübten, die Volksbühnen an ihre „kulturelle Verpflichtung, das Neue in der Kunst, das Zeitliche im Drama und die freiheitliche Gesinnung entschieden zu bejahen und das Konventionelle, Traditionsmäßige und Kleinbürgerliche zu verlassen."[71] Die gewählte Formulierung war kaum geeignet, Widerspruch hervorzurufen. Auch als Arthur Holitscher sie später interpretierend wieder aufgriff, erneut die politische Neutralität verwarf und eine entschiedenere politische Haltung des Volksbühnenverbandes gegenüber der Aggressivität der reaktionären Gegner forderte, traf er – neben wenigen ablehnenden Stimmen – auf Zustimmung. „Lebhaften Beifall" erhielt aber ebenso Professor Ziegler, der einerseits die Notwendigkeit der politischen Neutralität hervorhob und jede Einseitigkeit ablehnte, im übrigen jedoch zu einem bewußten Aushalten der polaren Spannungen innerhalb des Verbandes aufrief.[72] Die Nachfolge Holitschers als Oppositionsredner übernahm auf dem 8. Volksbühnentag von 1927 der als Gast anwesende Ernst Toller, dessen flammende Rede gegen die programmatische Mehrheitslinie die Delegierten in zwei Lager teilte und häufig durch

---

68 Vgl. etwa Die Junge Volksbühne. Kampfblatt für proletarisches Theater, Jg. 1, 1929, Nr. 1-7; Vorwärts vom 17., 20., 25. und 28. April sowie vom 21. und 25. Mai 1930.
69 Vgl. Blätter Vb Berlin, Jg. 6, 1929/30, Nr. 6, S. 4 ff.
70 Ebda., Jg. 7, 1930/31, Nr. 2, S. 12; vgl. auch Vorwärts vom 8. Oktober 1930.
71 Schriften, H. 8, S. 56.
72 Vgl. ebda., S. 149 ff. und 162 f.

Zwischenrufe unterbrochen wurde.[73] Auch er erteilte der Neutralität in der Kunst eine Absage und forderte die Gestaltung von Klassenkämpfen im Drama. Gegen die bisherige Linie des Volksbühnenverbandes, die Sozialismus immer als zukünftige bzw. bereits in Teilbereichen zu verwirklichende Gemeinschaft begriffen hatte, sprach er vom „Sozialismus als Kampf", forderte für die Volksbühnen eine „Kampfkunst" sowie die „Unbedingtheit einer Gesinnung"[74], die nicht parteipolitisch, aber doch revolutionär zu sein habe. Ein Teil der Delegierten spendete ihm daraufhin „stürmischen Beifall", die große Mehrheit antwortete mit Gegenkundgebungen; ein Zwischenrufer hielt Toller entgegen: „Wir wollen keinen Klassenkampf!"[75] Die weitere Diskussion blieb trotz der polarisierenden Wirkung der Tollerschen Polemik – oder gerade deswegen – vermittelnd und brachte gewissermaßen eine programmatische Ernüchterung. Der Berliner Konflikt um Piscators Inszenierung von „Gewitter über Gotland" wirkte noch nach, so daß gleich der erste Redner nach Toller, der ebenfalls als Gast anwesende Berliner ADGB-Vertreter Seidel, vor den Gefahren eines zerstörerischen Streits warnte. Obwohl er sich zur Idee des Sozialismus bekannte, lehnte er eine politische Formulierung des Charakters der Volksbühnenbewegung ab, da sie nur geeignet sei, eine Spaltung herbeizuführen. Weitere Sozialisten folgten ihm unter der Zustimmung der Delegierten darin, daß ein Richtungsstreit zwischen den divergenten Strömungen innerhalb des Verbandes vermieden werden müsse, zumal die objektiv gegebene Klassenspaltung der Gesellschaft sich nicht mit der ideologischen Scheidung nach „sozialistisch" und „bürgerlich" decke. Wie ein Sozialdemokrat „bürgerlich" denken könne, finde man im sogenannten „Bürgertum" vielfach „sozialistische" Grundstimmungen. Entscheidend sei, daß in den Volksbühnen „Dinge gesagt werden [können], die zu sagen an anderer Stelle nicht möglich wäre."[76] Eine Breslauer „Marxistin" zitierte Kautsky: „Das Kompromiß in der Theorie sei tödlich, das Kompromiß in der Praxis unvermeidlich."[77] Die harmonisierende Idee, daß in den Volksbühnenvereinen bereits eine neue Gemeinschaft bzw. gar eine „Volksgemeinschaft" herzustellen sei, wurde von ihnen verworfen.

e) „Zweckverband" statt „Gemeinschaft"?

Damit zeichnete sich eine mögliche Wendung innerhalb der programmatischen Entwicklung des Verbandes ab. Statt von einer ja auch durch das sozialistische Ideal einer klassenlosen Gesellschaft legitimierten „Gemeinschaft" sprach man nun pragmatischer von Koalitionen innerhalb eines „Zweckverbandes". Den Weg dazu hatte der Breslauer Professor Siegfried Marck gewiesen. Der Tradition der Volksbühnentage folgend, hatte er als Sozialist eines der beiden Grundsatzreferate gehalten und

---

73 Vgl. zum 8. Volksbühnentag 1927 in Magdeburg Schriften, H. 17, hier S. 110 ff.
74 Ebda., S. 114.
75 Ebda., S. 113.
76 Ebda., S. 123.
77 Ebda., S. 130.

dabei erklärt, daß man innerhalb der Volksbühnen „auf kulturellem Gebiete zu einer zweckhaften Arbeitsgemeinschaft von Proletariat, demokratischem Kleinbürgertum und sogar eines Teiles des liberalen Großbürgertums – soweit ein solches existiert und nicht zu einer ausgestorbenen Spezies geworden ist – kommen" könne.[78] Als Aufgabe dieses Zweckverbandes setzte er die gemeinsame Abwehr reaktionärer Entwicklungen fest.

Hiermit war der seit Bestehen des Volksbühnenverbandes nur unterschwellig zugestandene bzw. im Gemeinschaftsbegriff überhöhte Kompromiß zwischen den kulturellen Zielen derjenigen, die die Volksbühnen als Teil der sozialistischen Arbeiterbewegung verstanden, und denen der eher „bürgerlichen" Strömung, die sich einer sozialen und demokratischen Reformbewegung zugehörig fühlten, offen als solcher ausgesprochen und zugleich offensiv gegen eine stärker werdende (kultur)politische Reaktion gewendet. Dieses pragmatische Verständnis der Volksbühnen konnte den kritischen Sozialisten, denen Gemeinschaft von klassenmäßig getrennten Gesellschaftsgruppen nur Illusion sein mußte, durchaus Grundlage bieten, weiterhin mit den von ihnen als bürgerlich eingeschätzten Gruppen im Volksbühnenverband zusammenzuarbeiten. Der Gedanke einer Volksbühnen-Gemeinschaft aber, in der gesellschaftliche Klassengegensätze, wenn nicht überwunden, so doch wenigstens partiell überbrückt werden konnten und die somit gewissermaßen das Modell einer „brüderlich verbundenen Menschheit", einer „Volksgemeinschaft" bildete, in der „der Fabrikant neben dem Arbeiter" säße[79], war damit nicht aus der Welt. Auch auf die Idee der Volksbühnen als einem Stück verwirklichten Sozialismus, die schon so häufig in der Volksbühnengeschichte formuliert worden war, wollte man nicht einfach verzichten. Der Vorsitzende des Verbandes, Curt Baake, reduzierte ihn allerdings wohlweislich auf die Organisations*form*:

„Die Arbeiterklasse meldete in der Gründung der Volksbühne ihren Anspruch auf höchstes Kulturgut an, und sie gab diesem Anspruch die sozialistische Form, sie schuf lebendigen Sozialismus in der Gestaltung der Volksbühne, in dem gleichen Eintrittspreis, in dem Lossystem, in dem demokratischen Charakter der Verwaltung und der Leitung."[80]

Wie wenig die Marcksche Auffassung der Volksbühne als Zweckverband und Koalition politisch und sozial divergierender Gruppen programmatisch im Verband durchdrang, zeigte die Reaktion des 9. Volksbühnentages von 1928 auf ein Referat des Dresdener Wolfgang Schumann.[81] In geradezu subversiver Manier hatte er den Verbandsvorstand gebeten, über „Volksbühnenerfolge, ihr Wesen und ihre Bedingungen" sprechen zu dürfen. Sein Vortrag entpuppte sich jedoch zur Überraschung aller als eine erneute Oppositionsrede. Die besondere Pointe seiner Ausführungen stellte aber der ausdrücklich an den jede Gemeinschaftsidee negierenden Marckschen Begriff

---

[78] Ebda., S. 85.
[79] Vgl. ebda., S. 120 und 125.
[80] Ebda., S. 135; vgl. auch Schriften, H. 19, S. 14 f.
[81] Vgl. zum 9. Volksbühnentag 1928 in Mainz Schriften, H. 19.

des Zweckverbandes angelehnte Vorschlag dar, „in den maßgebenden Körperschaften (Ausschüssen, Verwaltungsräten oder wie sie da oder dort heißen) *Sektionen* zu bilden, eine bürgerliche und eine sozialistische. Jede soll ebensoviel Stücke auf den Spielplanvorschlag bringen wie die andere."[82] Bis auf vereinzelte Ausnahmen stieß er hiermit auf allgemeine Ablehnung der Volksbühnen-Delegierten.

Mit diesem Nachklang endeten die programmatischen Auseinandersetzungen innerhalb des Verbandes weitgehend. Die anfangs gefundene Linie des Kompromisses hielt, trotz einer Phase des inneren Drucks, stand. Der Volksbühnenverband bewahrte seine politische Unabhängigkeit, ohne die Nähe zur Arbeiterbewegung aufzugeben; er hielt an einem traditionellen Kunstverständnis fest, ohne sich dem zeitnahen politischen Drama zu verschließen, wobei die Orientierung an dem überlieferten Kulturgut gerade auch von Vorstellungen einer zukünftigen sozialistischen Kultur gestützt wurde. Ein aktiver Eingriff in soziale Klassenauseinandersetzungen durch die Förderung einer „proletarischen Kunst" wurde dagegen verworfen. Die Volksbühne wollte einerseits die Arbeiterschaft an den Kulturgütern teilhaben lassen, andererseits sich auch darüber hinausgehenden breiten Gesellschaftsschichten öffnen. Man verstand sich sowohl als Hilfe für die kulturelle Emanzipation des Proletariats als auch als Retterin des Kulturtheaters, das sich gegen privatkapitalistische Gewinninteressen, aber auch gegen den breiten Publikumsgeschmack zu behaupten hatte. Zentral für das Selbstverständnis der Volksbühne blieb der Begriff der Gemeinschaft, obwohl die soziale und politische Heterogenität des Verbandes durchaus gesehen wurde. „Gemeinschaft" wurde einerseits im Sinne einer Vorform bzw. eines verwirklichten Teilbereichs einer klassenlosen sozialistischen Gesellschaft interpretiert, andererseits als eine soziale und demokratische Kulturgemeinschaft, die ein Modell für eine soziale und politische Divergenzen überbrückende „Volksgemeinschaft" darstellen konnte.

Mit der Wirtschaftskrise der letzten Jahre der Weimarer Republik wurde die programmatische Diskussion abgelöst durch ein Thema, das schon auf dem 8. Volksbühnentag von 1927 angeklungen war: die Abwehr einer (kultur)politischen Reaktion. Die Volksbühnen standen nun vor dem Problem stagnierender oder zuletzt drastisch zurückgehender Mitgliederzahlen, des Abbaus der öffentlichen gemeinnützigen Kulturpolitik sowie einer allgemeineren reaktionären gesellschaftlichen Entwicklung.

Volksbühnen und die sozialdemokratischen bzw. gewerkschaftlichen Arbeiterorganisationen rückten enger als zuvor zusammen: 1928 betonte der Vertreter des AfA-Bundes und Sozialdemokrat des linken Flügels, Siegfried Aufhäuser, in seiner Grußadresse an den 9. Volksbühnentag unter dem stürmischen Beifall der Delegierten die Weggenossenschaft von Volksbühnen und freien Gewerkschaften.[83] Der Geschäftsbericht für das Jahr 1928/29 führte auf: „Fast in allen Volksbühnenorganisationen bekleiden namentlich Funktionäre des AfA-Bundes Funktionen."[84] Das im Frühjahr 1931 vom Verwaltungsrat verabschiedete Aktionsprogramm für den „aktiven Wider-

---

82 Ebda., S. 52.
83 Vgl. ebda., S. 77; dazu auch ebda., S. 110.
84 Schriften, H. 21, S. 66.

stand gegen die rückschrittlichen Kräfte auf allen kulturell-geistigen Gebieten"[85] führte besonders im Herbst 1932 zu zahlreichen gemeinsamen lokalen Kundgebungen.

3. Praxis

Die Tätigkeit eines „einfachen" Volksbühnenmitglieds beschränkte sich darauf, regelmäßig seinen Vereinsbeitrag zu zahlen, zu einem festgelegten Termin seine meist monatliche Pflichtvorstellung zu besuchen und zwischendurch vielleicht an einer der sogenannten Sonderveranstaltungen seines Vereins teilzunehmen. Diese bestanden je nach Möglichkeiten des Vereins aus Vorträgen zu kunsthistorischen Themen, Lesungen, Konzerten oder auch aus mehr oder weniger künstlerischen „Bunten Abenden" mit einer Mischung von kürzeren Gesangsdarbietungen, Kleinkunst, Gedichtrezitationen o.ä. Man rezipierte also eher passiv anspruchsvollere Unterhaltung sowie einiges an Kultur- und Bildungsgütern, was nicht unbedingt mit einem oberflächlichen oder philiströsen Kunstkonsum gleichzusetzen war, sondern genausogut eine starke innere Anteilnahme und eine lebendige Verwertung der gewonnenen Eindrücke für Reflexionen über persönliche, soziale oder allgemein menschliche Gegebenheiten bedeuten konnte.[86]

Gewissermaßen handgreifliche Aktivitäten aber, wie sie die Volksbühnenmitglieder in dem erzgebirgischen Arbeiterort Lößnitz entfalteten, die nach Feierabend für ein eigenes Naturtheater Sitzbänke zimmerten, Kulissen bauten, Requisiten herstellten, ein Garderobenhaus und sanitäre Einrichtungen errichteten, blieben innerhalb des Volksbühnenverbandes die absolute Ausnahme.[87] Allerdings boten auch andere Vereine engagierteren Mitgliedern durchaus Gelegenheit zu einer aktiveren Betätigung, etwa durch die Einrichtung von Ausspracheabenden oder Arbeitsgemeinschaften, welche sich z.T. sogar mit der praktischen Übung von Sprech- und Bewegungschören beschäftigten. Außerdem benötigten größere Volksbühnen, die die Plätze vor den Vorstellungen verlosten, eine nicht geringe Anzahl von Ordnern. Zumindest in Berlin stellte die Ordnerschaft eine festgefügte Gruppe innerhalb des Vereins dar, die eigene Versammlungen abhielt, aber auch gesellige Feiern organisierte.

Insgesamt wird man jedoch hinsichtlich der Praxis des „Verbandes der deutschen Volksbühnenvereine" das Hauptaugenmerk nicht auf die Aktivitäten der einzelnen Mitglieder legen müssen, sondern auf die Tätigkeit der Vereine und der Verbandszentrale, die diese für ihre Mitglieder entfalteten.

---

85 Schriften, H. 22, S. 14.
86 Vgl. etwa FVb Jena, Jg. 12, 1931/32, Nr. 7/8, S. 85 f.
87 Vgl. Vb/1, Jg. 3, 1923, 2. Vjh., S. 95 f.

a) *Staatsorientierte Interessenvertretung und selbständige Kulturarbeit*

Der Verband im engeren Sinne agierte zunächst als Interessenvertretung der angeschlossenen Vereine gegenüber den Administrationen des Reiches, der Länder und der Kommunen. Hier galt es vor allen Dingen, auf die Sozialisierung bzw. Kommunalisierung des Theaterwesens hinzuwirken und eine finanzielle Förderung der Volksbühnen aus öffentlichen Mitteln zu bewirken. Nicht unwesentlich war dabei z.B. die Tatsache, daß die Veranstaltungen der Vereine auf Intervention des Verbandes als gemeinnützig anerkannt und so von der Umsatz- und Vergnügungssteuer befreit wurden.[88] Besonders intensiv gestaltete sich die Zusammenarbeit mit dem Preußischen Kultusministerium, dessen Theaterdezernent Ludwig Seelig eng mit der Volksbühnenbewegung verbunden war. Dieser hatte 1922 die „Preußische Landesbühne" ins Leben gerufen, an der neben dem Preußischen Fiskus der Volksbühnenverband und der Bühnenvolksbund beteiligt wurden. Über diese halbamtliche Institution, die für den Aufbau eines planmäßigen gemeinnützigen Theaterwesens sorgen sollte, konnte der Volksbühnenverband maßgeblichen Einfluß auf die preußische Theaterpolitik gewinnen und sich vor allem nicht unbeträchtliche finanzielle Zuschüsse sichern.[89] Zahlreich und in ihrer Mannigfaltigkeit hier nicht zu berücksichtigen waren die Eingaben des Verbandes an die entsprechenden Behörden: Sie reichten von „dem Ersuchen, Maßnahmen zur Abänderung der Bestimmungen über die äußere Heilighaltung des Gottesdienstes zu treffen"[90] – diese behinderten die Vereine bei der Veranstaltung von Sonntagsmatineen – bis zu ausführlich formulierten „Forderungen der Volksbühnen an das Reichsbühnengesetz"[91]. Diese kulturpolitische Zusammenarbeit mit staatlichen Behörden hinderte den Verband allerdings nicht daran, öffentlich Stellung zu nehmen gegen politisch motivierte Eingriffe anderer staatlicher Instanzen, die z.B. mit Hochverratsurteilen gegen Künstler und Beschlagnahme von Werken „republikgefährdenden" Inhalts sowie mit anderen Zensurmaßnahmen die freie Kunstausübung bedrohten.[92]

Nach innen wirkte die Verbandszentrale vor allem beratend und unterstützend. In den ersten drei Jahren entwickelte insbesondere der Geschäftsführer des Verbandes Nestriepke eine äußerst rege Reisetätigkeit, um für die Volksbühnenbewegung bei öffentlichen Versammlungen bereits bestehender Gründungsausschüsse oder vor interessierten Personen der lokalen Gewerkschaftsgruppen, verschiedener Arbeiterorganisationen und der kommunalen Verwaltungen oft erfolgreich zu werben. Während diese direkte Propaganda mit der regionalen Differenzierung des Verbandes zum größten Teil Aufgabe der Bezirkssekretäre wurde, etablierte die Zentrale nach den Inflationsjahren mehrere Beratungsstellen für die dem Verband angeschlossenen Vereine. Neben Werbematerialien und Informationen über die Arbeit anderer Volks-

---

88 Vgl. Schriften, H. 5, S. 4 und 12 ff.
89 Vgl. Vb/1, Jg. 5, 1925, 2. Vjh., S. 101 ff.
90 Vgl. ebda., 1. Vjh., S. 42.
91 Vgl. Schriften, H. 11.
92 Vgl. etwa Vb/1, Jg. 5, 1925, 3. Vjh., S. 178 ff. und 4. Vjh., S. 270 ff. sowie Schriften, H. 17, S. 26 f.

bühnenvereine, von der die Zentrale durch monatliche Rundfragen unterrichtet war, konnte sie die künstlerische Arbeit der Vereine ab 1923 durch eine „Dramaturgische Abteilung" unterstützen. Unter der Leitung von Julius Bab wurde hier die neuere dramatische Produktion gesichtet und in den „Dramaturgischen Blättern" in Form von Kurzkritiken vorgestellt, die zudem noch aufführungstechnische Hinweise enthielten. Die dort ganz im Sinne der pluralistischen Linie des Verbandes gegebenen Empfehlungen sowie die gelegentliche Schelte für Vereine, die in ihren Spielplänen allzusehr die seichtere Unterhaltung berücksichtigt hatten[93], blieben die einzigen „Eingriffe" der Verbandszentrale in das künstlerische Programm der Volksbühnenvereine.

Besonders stark in Anspruch genommen wurde die ein Jahr später der Zentrale angegliederte Beratungsstelle für künstlerische Sonderveranstaltungen, da diese auch die Vermittlung von Künstlern, Musikern, Chören etc. zu günstigen Bedingungen für interessierte Vereine übernahm. Auf dem Gebiet des Films, der nicht unbedingt zum Aufgabenkreis einer Theaterbesucherorganisation gehören mußte, aber dennoch von Anfang an als ein bedeutendes gesellschaftliches Unterhaltungsmedium mit durchaus eigenen künstlerischen Ausdrucksmöglichkeiten auf Interesse innerhalb des Volksbühnenverbandes gestoßen war, tat sich die Verbandsführung dagegen lange Zeit schwer. Obwohl immer wieder von einzelnen Vereinen gedrängt, auch hier eine angemessene organisatorische Lösung herbeizuführen, blieb es bei einer bloß theoretischen Erörterung einer Kinoreform, die – ähnlich wie auf dem Gebiet des Theaters – die minderwertigen, aber kassenfüllenden Produktionen verdrängen und den „Kulturfilm", die künstlerisch wertvollen Spielfilme sowie anschaulich lehrreichen Dokumentarfilme unterstützen sollte. Nachdem der 7. Volksbühnentag von 1926 dem Verband nochmals den offiziellen Auftrag erteilt hatte, einen Plan zur Gründung des „Deutschen Volksfilms" aufzustellen[94], richtete die Zentrale zwar einen Ausschuß ein, der jedoch realistischerweise wieder nur die Schwierigkeiten diskutierte, die dem Verband bei dem Versuch erwachsen würden, das Kinopublikum zu organisieren, einen eigenen Filmverleih aufzubauen oder gar selbst Filme zu produzieren. Schließlich überließ der Verband die Filmarbeit ganz den interessierten Vereinen und reduzierte die praktische Tätigkeit der Zentrale darauf, regelmäßig Empfehlungslisten zur Verfügung zu stellen.[95]

Die Vereinspraxis war denn auch wenig einheitlich, wie eine Rundfrage des Verbandes im Herbst 1928 ermittelte: Diejenigen Vereine, die überhaupt auf dem Gebiet des Films tätig wurden, waren weitaus in der Minderheit. Ein Teil dieser Vereine erwirkte für seine Mitglieder lediglich Preisnachlässe in örtlichen Kinos, ohne einen Einfluß auf das Programm geltend machen zu können, was den Intentionen eigentlich nur dann entsprechen konnte, wenn sich diese um einen hochwertigen Spielplan wenigstens bemühten. Die angestrebte geschmacksbildende Erziehungsarbeit konn-

---

[93] Vgl. etwa Vb/1, Jg. 3, 1923, 1. Vjh., S. 29 f. und 4. Vjh., S. 178 sowie Dramaturgische Blätter des Verbandes der deutschen Volksbühnenvereine, Jg. 2, 1925, Nr. 1, S. 10.
[94] Vgl. Schriften, H. 8, S. 155 ff., 160 und 163 f.
[95] Vgl. *Brodbeck*, S. 152 ff.

ten jedoch nur solche Vereine gewährleisten, die ganze Filmvorstellungen mieteten und dabei aus dem vorhandenen Repertoire auswählen konnten oder selbst bzw. in Zusammenarbeit mit anderen Kulturorganisationen Saalvorführungen geeigneter Filme veranstalteten. Die Hannoveraner Volksbühne zeigte beispielsweise u.a. die Hauptmann-Verfilmung „Der Biberpelz", „Alaskas weiße Wunderwelt", den sowjetischen Film „Die Mutter" und den „dramatischen Kulturfilm: Nuri, der Elefant"[96]; nach der Freigabe des Antikriegsfilms „Im Westen nichts Neues" im Sommer 1931 nahmen sich zahlreiche Volksbühnen gerade dieses Films an.[97] Ab 1929 gab es geradezu einen Film-Boom innerhalb des Volksbühnenverbandes. Selbst kleinere Vereine zeigten ihren Mitgliedern gelegentlich den einen oder anderen Film, großstädtische Vereine wurden zu regelrechten Kino-Betreibern. Dennoch ging die Zahl der Vereine, die sich in irgendeiner Form mit dem Film beschäftigten, nicht über 60 (von ca. 300) hinaus. An der Spitze dieser Vereine stand die Magdeburger Volksbühne, die zunächst sonntags in der Stadthalle gut besuchte öffentliche Vorführungen veranstaltete und 1931/32 für kurze Zeit sogar in eigenen Räumen eine „Kulturfilmbühne" einrichtete, um dort täglich Stummfilme zu bieten. In eine gewisse Stagnation geriet die Filmarbeit der Volksbühnen u.a. durch den Tonfilm, der sich immer stärker beim Publikum durchsetzen konnte, den wertvolleren Stummfilm vom Markt drängte, aber zunächst wenig an künstlerischer Leistung bieten konnte.[98] Ohne jeden Einfluß auf die Produktion konnten die Vereine ihren eigenen Ansprüchen somit kaum noch gerecht werden.

Seine stärkste Wirksamkeit entfaltete der Volksbühnenverband allerdings auch weiterhin auf dem Gebiet des Theaters, indem er mehrere Wanderbühnen einrichtete bzw. sich an solchen geschäftlich beteiligte. Der Grund für diese „Theaterunternehmer"-Tätigkeit des Verbandes lag darin, daß sich nicht nur Vereine an solchen Orten gebildet hatten, die über eigene stehende Theater verfügten, sondern auch in theaterlosen Gebieten. Diese versuchten nun durch Gastspiele oder organisierte Fahrten in Theaterstädte eine einigermaßen regelmäßige Versorgung ihrer Mitglieder aufrechtzuerhalten. Um diese mit Schwierigkeiten und Unsicherheiten belastete Aufbauarbeit zu stützen, errichteten die sächsisch-anhaltischen Volksbühnenvereine 1924 eine eigene Wanderbühne, die die Provinz Sachsen und den Freistaat Anhalt bespielen sollte. Dieses „Mitteldeutsche Landestheater" arbeitete zunächst in der Form eines gemeinnützigen Theaterbetriebsvereins, wurde kurz darauf aber als unmittelbares Verbandsunternehmen geführt. Nach diesem Vorbild baute der Verband noch vier weitere Unternehmungen auf, so daß er ab 1927 fünf eigene Wanderbühnen unterhielt.[99] Die soziale Kulturarbeit des Volksbühnenverbandes erhielt hiermit einen neuen Aspekt: Neben die „Versorgung" derjenigen, die aus sozialen und ökonomischen Gründen von Theaterbesuchen ausgeschlossen waren, trat die der auch bzw. nur regional Benachteiligten; die Volksbühne stellte sich nicht mehr nur in den Dienst

---

96 Vgl. Vb/3, Jg. 3, 1928/29, Nr. 12, S. 29; Vb/3, Jg. 4, 1929/30, Nr. 10, S. 465.
97 Vgl. Vb/3, Jg. 6, 1931/32, Nr. 6, S. 258.
98 Vgl. ebda., Nr. 3, S. 133.
99 Vgl. *Brodbeck,* S. 81 ff.

„kulturarmer" Gesellschaftsschichten, sondern auch in den kulturarmer Landstriche.

Zwar folgte die Wanderbühnenarbeit des Verbandes einerseits einem tatsächlich bestehenden Bedarf – 1925 konnten nur 2/5 der Vereine auf ein stehendes Theater am Ort zurückgreifen –, doch machte sie es andererseits nötig, durch die Gewinnung neuer Spielmöglichkeiten – also Gründung von Volksbühnenvereinen – die Auslastung der Unternehmungen zu gewährleisten. Dennoch blieb diese Tätigkeit des Verbandes immer ein Zuschußgeschäft, das auch durch öffentliche Subventionen nicht ganz ausgeglichen werden konnte.[100]

Die Frage, ob durch die Wanderbühnen in stärkerem Maße auch eher bürgerliche Bevölkerungsschichten der ländlichen Regionen angesprochen wurden, läßt sich anhand der vorliegenden Quellen nicht beantworten. Es ist zwar zu vermuten, daß diese an einer Mitgliedschaft in einem Volksbühnenverein interessiert sein konnten, zumal wenn hiermit die einzige Gelegenheit am Ort gegeben war, Theatervorstellungen zu besuchen, doch stand der Volksbühnenverband vielerorts im Ruf, eine sozialdemokratische Organisation mit politischer Zielsetzung zu sein.[101] Im badischen Seckenheim etwa verweigerte sich das örtliche Bürgertum konsequent den Volksbühnen-Vorstellungen, weil diese im „Arbeiterheim" stattfanden.[102]

Die Spielpläne der verbandseigenen Wanderbühnen wurden auf jährlichen Spielplankonferenzen in Zusammenarbeit des künstlerischen Leiters der jeweiligen Bühne und der Vertreter der zu bespielenden Vereine festgelegt. Neben dem vereinseigenen Berliner Theater waren die Wanderbühnen des Verbandes das „einzige Instrument einer völlig souveränen Aufstellung und Beherrschung des künstlerischen Programms"[103]; ein besonderes Profil indessen entwickelten die durchaus als anspruchsvoll geltenden Spielpläne kaum: Klassiker wie Lessing, Goethe oder Shakespeare standen neben moderneren Autoren wie Tolstoi, Kaiser, Wedekind, ernste Dramen neben Komödien, Sozialkritik neben reiner Unterhaltung.[104]

b) *Das kulturelle Angebot der Vereine*

Auch bei den einzelnen Vereinen des Volksbühnenverbandes lag der Schwerpunkt der Tätigkeit natürlich auf dem Gebiet des Theaters. Die Einflußmöglichkeiten auf den Spielplan hielten sich bei denjenigen Vereinen, die mit den stehenden Bühnen am Ort zusammenarbeiteten, in engen Grenzen. Meist wurde ihnen lediglich ein Auswahlrecht im Rahmen der Stücke zugestanden, die die jeweilige Theaterleitung im Hinblick auf das Kassenpublikum in das Programm genommen hatte.[105] Größere

---

100 Vgl. ebda., S. 111.
101 Vgl. etwa Vb/1, Jg. 5, 1925, 3. Vjh., S. 185; Vb/3, Jg. 3, 1928/29, Nr. 4, S. 32 und Nr. 6, S. 33.
102 Vgl. Vb/3, Jg. 4, 1929/30, Nr. 4, S. 173.
103 *Brodbeck,* S. 104.
104 Vgl. etwa ebda., S. 108.
105 Vgl. Schriften, H. 20, S. 48.

Vereine allerdings, die die Abnahme einer Reihe von Vorstellungen des gleichen Stückes zusicherten, konnten ein größeres Entgegenkommen für ihre Wünsche erwarten. In Einzelfällen stellten die Volksbühnenvereine durch ihre regelmäßige Abnahme ganzer Vorstellungsreihen sogar die einzige wirtschaftliche Sicherung der Theaterbetriebe dar, was ihren Einfluß auf die Spielplangestaltung nachhaltig fördern konnte.[106] Insgesamt aber mußten die Volksbühnen doch über mangelnde Souveränität bei der Zusammenstellung ihrer Spielpläne klagen, was innerhalb des Verbandes auch als Entschuldigung galt, wenn diese den geforderten künstlerischen Ambitionen nicht immer gerecht werden konnten. Zu handfesten Protesten der Vereine gegen offensichtliche Zumutungen seitens der Theaterleitungen kam es allerdings höchst selten: so etwa in Wilhelmshaven-Rüstringen gegen eine aufgezwungene Operettenaufführung.[107] Die Reußische Volksbühne lehnte Barlachs „Die gute alte Zeit" ab, „weil es nach ihrer Meinung gar keine Beziehung zu einer proletarischen Volksbühnenorganisation hat und auch nicht haben kann".[108] Ausgesprochen politische Gründe lagen im Januar 1933 dem Boykott des Rudolstädter Theaters durch den dortigen Volksbühnenverein zugrunde, als der Intendant als NSDAP-Mitglied das künstlerische Programm dieser Bühne nach den kulturpolitischen Zielen der Nationalsozialisten ausrichtete.[109]

Eine gerechtfertigte Bewertung der Volksbühnen-Spielpläne wäre schlechterdings nur vor dem Hintergrund der sonst üblichen, allein auf das Kassenpublikum abgestellten Theaterprogramme möglich; ein signifikanter Unterschied zwischen beiden gerade im Falle der Provinz-Bühnen ist durchaus zu vermuten. So mußte z.B. der Freiberger Verein berichten, daß im dortigen Stadttheater Operetten und Schwänke vorherrschten – das „Weiße Rößl" hätte es auf 40 Aufführungen gebracht –, während Schauspiele tatsächlich nur durch die Volksbühne zur Geltung kämen.[110] In Chemnitz konnte der Volksbühnenverein Versuche des dortigen Theaters, den Spielplan gegen den Widerstand der bürgerlichen Presse zu aktualisieren, unterstützen, indem er angefeindeten Stücken wie Lampels „Revolte im Erziehungshaus", Brechts „Dreigroschenoper", aber auch Hauptmanns „Weber" zu einigem Erfolg verhalf.[111] Wie heterogen allerdings die Vorstellungen über einen adäquaten Spielplan innerhalb des Volksbühnenverbandes waren, zeigt eine Umfrage des Heidelberger Vereins unter seinen Mitgliedern, die jedoch keineswegs Anspruch auf Repräsentativität erheben kann: Nur 5% bevorzugten moderne Stücke, dagegen 39% klassische Dramen, 27% die Oper und sogar 29% die Operette.[112]

Im Laufe ihrer Entwicklung beschränkten sich viele Volksbühnenvereine nicht mehr auf die Pflichtveranstaltungen regelmäßiger Theatervorstellungen, sondern wurden

---

106 Vgl. Schriften, H. 21, S. 19.
107 Vgl. Vb/3, Jg. 3, 1928/29, Nr. 3, S. 36.
108 Vb/3, Jg. 4, 1929/30, Nr. 10, S. 481.
109 Vgl. Vb/3, Jg. 7, 1932/33, Nr. 11, S. 438.
110 Vgl. ebda., Nr. 4/5, S. 168.
111 Vgl. Vb/3, Jg. 4, 1929/30, Nr. 5, S. 222.
112 Vgl. Vb/2, Jg. 3, 1928, Nr. 1.

zu Anbietern eines z.T. umfangreichen Kulturprogramms: Der Verbandsbericht über das Geschäftsjahr 1928/29, der nicht einmal alle Vereine berücksichtigen konnte, nennt 140 Vereine mit zusammen 1174 Sonderveranstaltungen. Die Hälfte hiervon entfielen auf Theatersonderaufführungen, Gastspiele, Aufführungen einer Wanderoper u.ä., der Rest bestand aus 161 Konzerten, 158 Vorträgen, 88 Rezitationsabenden, 39 Tanzdarbietungen (hier wohl vor allem des modernen Tanzes im Stile einer Wigman oder Palucca), 34 geschlossenen Filmvorführungen, Puppenspielen, Sprechchören sowie 111 „unterhaltenden Veranstaltungen", zu denen auch verschiedene gesellige oder auch künstlerisch ambitionierte Vereinsfeste gehörten. Einzelne Vereine waren sogar dazu übergegangen, für ihre Mitglieder preiswerte Gesellschaftsreisen zu organisieren, die sie nicht nur zu Opern- und Schauspielvorführungen in nahegelegenen oder zumindest in wenigen Stunden erreichbaren Großstädten führten, sondern regelrechte Studienreisen darstellten. Die Breslauer Volksbühne etwa reiste über die Ostertage mit „mehreren hundert" Mitgliedern nach Berlin, der Ulmer Verein über Pfingsten gar nach Venedig.[113]

Auch auf das Gebiet der bildenden Kunst stießen einzelne Volksbühnenvereine vor. Konnten dabei manche Vereine für ihre Mitglieder nur Nachlässe bei den Eintrittspreisen der örtlichen Museen oder auch Führungen durch Galerien organisieren, so schuf die Breslauer Volksbühne 1930 eine eigene „Bild-Gemeinde", deren Mitglieder für einen Monatsbeitrag von 50 Pfennigen regelmäßig eine Kunst-Zeitschrift und einmal im Jahr eine Originalgraphik erhielten. Darüber hinaus organisierte der Verein eine Verkaufsausstellung von bekannteren schlesischen Malern, wobei die Volksbühne den Käufern der Gemälde, Zeichnungen und Aquarelle die zu bezahlende Summe vorstreckte, die diese dann in Monatsraten abzahlen konnten.[114] Zu festen Einrichtungen zählten außerdem Diskussionsabende, Arbeitsgemeinschaften für gemeinsame Lektüre u.ä. Ein kleiner Teil der Arbeitsgemeinschaften besonders in den großstädtischen Vereinen pflegte dabei die aus der Arbeiterbewegung hervorgegangene Massenkunstform des Sprech- und Bewegungschores; allerdings existierten innerhalb des Verbandes 1929 nur ganze acht solcher Gruppen.

Diese insgesamt recht umfangreiche Tätigkeit der Volksbühnenvereine stand nicht nur unter dem Zeichen einer anspruchsvollen Freizeitgestaltung oder einer kulturellen Bildungs- und Erziehungsarbeit, sondern enthielt auch den Aspekt, innerhalb der Vereine Gemeinschaft(en) aufzubauen, stellten doch Volksbühnen keineswegs kleine, übersichtliche Gruppen dar. Im Gegenteil: Ein Verein mit 300 Mitgliedern gehörte schon zu den kleinsten innerhalb des Verbandes; großstädtische Vereine, aber z.T. auch solche in mittleren Städten kamen auf mehrere tausend Mitglieder. Nicht nur durch ein hochwertiges künstlerisches Programm und durch den Verzicht auf Staffelpreise allein wollten sich die Volksbühnen von ebenfalls billige Theaterbesuche gewährleistenden Abonnements oder Volksvorstellungen unterscheiden. Ihre Arbeit stand vielmehr unter dem Anspruch, „Kulturgemeinschaften" zu bilden, Kunst-

---

113 Vgl. Schriften, H. 21, S. 21 f.
114 Vgl. Vb/3, Jg. 5, 1930/31, Nr. 10, S. 456 f.

werke nicht nur individuell zu konsumieren, sondern gemeinschaftlich zu „erleben" und das Theater als Ausdruck eines gleichen „Kulturwillens" der „sich mitverantwortlich fühlenden Besuchergemeinschaften"[115] neu zu gestalten. „Mitläufer", die sich den Organisationen lediglich anschlossen, um Gelegenheit zu billigem Theaterbesuch zu erhalten, entsprachen deshalb nicht dem „rechten Volksbühnengeist."[116] Daß die Gefahr einer mangelnden Anteilnahme der Mitglieder am Vereinsleben tatsächlich gerade in den großen Volksbühnen bestand, verdeutlicht recht drastisch das Dresdener Beispiel. Selbstkritisch bezeichnete die Vereinsleitung 1925 die Dresdener Volksbühne als bloßen „Karten-Abnehmer-Verband" und stellte als Ziel die Bildung einer lebendigen Gemeinschaft auf; 1926 beantworteten von ca. 30.000 Mitgliedern eine Rundfrage nach Spielplanwünschen jedoch gerade 25 – also noch nicht einmal ein Promille.[117] 2 Jahre später mußte die Vereinsleitung immer noch einem Großteil der Mitgliedschaft „passiven Widerstand" gegenüber den zahlreichen Angeboten an Sonderveranstaltungen vorwerfen und stellte die Frage: „Was wollen wir sein, was wollen die Mitglieder sein – ein Vergnügungsverein für Kunstfreunde und zeitfremde Abonnenten – oder eine Volksbühne echter Art?"[118]

Zur ständigen Praxis gehörten für zahlreiche Volksbühnenvereine, namentlich in den Industrieregionen, Maßnahmen für erwerbslose Mitglieder, die in Zeiten regionaler oder allgemeiner Wirtschaftskrisen noch verstärkt wurden. In den meisten Fällen wurden die Beiträge für Erwerbslose auf die Hälfte oder noch darunter gesenkt, z.T. gaben die Vereine auch Freikarten aus. Dabei wurden etwa in Berlin oder Frankfurt nicht nur Vereinsmitglieder berücksichtigt; so gab die Berliner Volksbühne fast allabendlich ca. 300 Freikarten an die freien Gewerkschaftsorganisationen und Angestelltenverbände ab, die diese dann an ihre arbeitslosen Mitglieder weiterleiten konnten.[119] Praktische Solidarität der Vereinsmitglieder untereinander wurde etwa auch in Apolda geübt, wo die Fahrtkosten zum Weimarer Theater für erwerbslose Mitglieder aus der Vereinskasse gezahlt wurden. In Chemnitz wurde seit 1926 von allen übrigen Mitgliedern ein Zuschlag von 5 Pfennig pro Vorstellung erhoben, um Erwerbslosen den unentgeltlichen Besuch zu ermöglichen. Aufgrund der katastrophalen Entwicklung der Arbeitslosigkeit konnte der Verein diese Regelung ab 1930 nicht mehr finanzieren und mußte von Erwerbslosen nun doch geringe Beiträge fordern.[120] 1932 unternahmen mindestens 150 Volksbühnenvereine Hilfsmaßnahmen für erwerbslose Mitglieder, die sich, je nach finanzieller Leistungskraft der Organisation, unterschiedlich gestalteten; mitunter mußten sich allerdings Erwerbslose damit begnügen, daß ihnen – bei freiem Eintritt – nur die schlechten Plätze zugewiesen wurden.[121]

Dieses letzte Jahr der Weimarer Republik brachte den Volksbühnen eine weitere,

---

115 Schriften, H. 8, S. 45.
116 Vgl. ebda.
117 Vgl. VuK Dresden, Jg. 1, 1924/25, Nr. 6, S. 19 f. und Jg. 3, 1926/27, Nr. 2, S. 16.
118 VuK Dresden, Jg. 5, 1928/29, Nr. 7, S. 13.
119 Vgl. Die Kunstgemeinde. Blätter der Volksbühne, 1926/27, Nr. 8, S. 63.
120 Vgl. Vb/3, Jg. 5, 1930/31, Nr. 7, S. 313.
121 Vgl. Vb/3, Jg. 7, 1932/33, Nr. 4/5, S. 137 ff.

ebenso unfreiwillige Ergänzung ihrer praktischen Arbeit: die Veranstaltung von Protestkundgebungen gegen Kulturabbau und Kulturreaktion. Hatten sich bislang einzelne Vereine, Bezirksgruppen und der Volksbühnenverband damit begnügt, Resolutionen zu verabschieden, in denen Einspruch erhoben worden war gegen den Rückzug der öffentlichen Hand aus der gemeinnützigen Kulturpolitik, die Kürzung von Subventionen, die Verpachtung städtischer Bühnen an private Theaterunternehmen u.ä., aber auch gegen Bestrebungen der 1930 in Thüringen mit Beteiligung der NSDAP gebildeten Rechts-Regierung, die Spielpläne der Landesbühnen unter behördliche Kontrolle zu stellen[122], sowie gegen ein allgemeines „Kulturmuckertum", einen immer größeren Machtanspruch reaktionärer Gesinnung bei der Gestaltung des öffentlichen Kulturwesens, so erhielt dieser Abwehrkampf 1932 eine neue Qualität. Volksbühnenvereine bildeten mit den freien Gewerkschaftsverbänden der Arbeiter, Angestellten und Beamten sowie mit anderen Arbeiterkulturorganisationen Arbeitsgemeinschaften und veranstalteten gemeinsam mit diesen größere öffentliche Kundgebungen für den Erhalt des Kulturtheaters und gegen die fortschreitende Kulturreaktion. Entsprechende Reden und Vorträge wurden dabei immer von einem künstlerischen Beiprogramm, von Gesangsdarbietungen, Aufführungen von Szenenausschnitten aus Dramen und Opern etc. begleitet, so daß diese Versammlungen – durchaus beabsichtigt – auch den Charakter von Werbeveranstaltungen für die Volksbühnenvereine erhielten, die dem jetzt erheblichen, krisenbedingten Mitgliederschwund Einhalt gebieten sollten.[123]

4. Organisationsstruktur

Die allgemeinen Bedingungen für den Organisationsaufbau des „Verbands der deutschen Volksbühnenvereine" waren durch die Bestimmungen der bei seiner Konstituierung vereinbarten Satzung geregelt.[124] Prinzipielle Veränderungen erfuhr dieser zwar bis zur Auflösung des Verbandes im Juli 1933 nicht, jedoch erfolgten drei wesentliche Revisionen der Verbandssatzungen, die auf Ansätze und Entwicklungen einer regionalen Differenzierung der Organisation reagierten und zu Verlagerungen innerhalb der Zusammensetzung, Abgrenzung und Kompetenz einzelner Organe führten – keineswegs zugunsten der zentralen Führung. Die Veränderungen der organisatorischen Struktur des Volksbühnenverbandes können in dieser Hinsicht als Beispiel dafür gelten, daß sich gerade in größeren Organisationen mit einem breiten und differenzierten Funktionärsapparat der verschiedenen Ebenen Gegengewichte zur Leitungsinstanz herausbilden und institutionalisieren.

---

122 Vgl. Vb/3, Jg. 5, 1930/31, Nr. 4, S. 167 f.
123 Vgl. etwa Vb/3, Jg. 7, 1932/33, Nr. 8, S. 298 ff.; Nr. 10, S. 379 f. und Nr. 11, S. 426 f.
124 Die ursprüngliche Fassung der Verbandssatzung ist zwar nicht dokumentiert, doch liefert der Bericht über den 1. Volksbühnentag eine zusammenfassende Darstellung wesentlicher Teile; vgl. Vb/1, Jg. 1, 1920/21, Nr. 2, S. 66.

a) *Allgemeiner Aufbau*

Das Fundament des Volksbühnenverbandes bildeten die ihm angeschlossenen lokalen Vereine, nicht nur als kleinste organisatorische Einheiten des Verbandes, sondern vielmehr als dessen formelle Mitglieder. Eine unmittelbare Verbandszugehörigkeit der Mitglieder eines Volksbühnenvereins gab es daher nicht, so daß sich die Partizipation dieser Einzelmitglieder jeweils nur auf den eigenen Verein beschränkte, der zudem seine organisatorische Struktur autonom festlegen konnte. Mithin war der Volksbühnenverband ein korporativer Zusammenschluß selbständiger Organisationen, die freilich einige in der Verbandssatzung verankerte Voraussetzungen erfüllen mußten: Mitglied des Volksbühnenverbandes konnten Vereine werden, die Theaterbesucher organisierten (nicht etwa Laientheatergruppen o.ä.), eine Gewinnabsicht ausschlossen, einheitliche Eintrittspreise bzw. Beiträge von allen Mitgliedern erhoben, den Grundsatz des Selbstbestimmungsrechts ihrer Mitglieder befolgten (also Mitgliederversammlungen und demokratische Wahlen zu den Vereinsorganen vorsahen) sowie parteipolitisch und konfessionell neutral waren. Zur Aufnahme in den Verband war (spätestens ab 1925) ein schriftlicher Antrag an den Vorstand nötig, dem die Vereinssatzungen beigefügt sein mußten. Im Falle einer Ablehnung konnte der antragstellende Verein die Entscheidung des Vertretertages des Volksbühnenverbandes verlangen.[125] Von dieser Revisionsmöglichkeit wurde allerdings nach den vorliegenden Quellen ebensowenig Gebrauch gemacht wie von einer entsprechenden Regelung für den Ausschluß von Vereinen aus dem Verband.

Ob bereits die ursprüngliche Satzung eine Gliederung des Verbandes in Bezirke vorsah, ist nicht dokumentiert. Jedenfalls bildeten sich schon vor einer diesbezüglichen Satzungsänderung von 1923 teils auf Initiative regionaler Vereine, teils auf Anregung der Verbandsleitung drei Großbezirke: Westdeutschland, Ostdeutschland und Mitteldeutschland, die sich eigene Satzungen gaben und entsprechende Bezirksorgane schufen.[126] Nach der vom 4. Volksbühnentag verabschiedeten neuen Satzung[127] sollten sich zukünftig die Grenzen der Bezirke mit denen der einzelnen Länder bzw. preußischen Provinzen decken; sobald mehr als zwei Vereine innerhalb solcher Grenzen existierten, waren sie verpflichtet, eine Bezirksgruppe zu bilden, für deren Organisationsstruktur Richtlinien der Verbandssatzung den Rahmen gaben. Bis 1926 hatten sich so 11 Bezirksgruppen konstituiert, deren Zahl sich schließlich noch auf 16 erhöhte, wobei z.T. noch immer mehrere Länder oder Provinzen in einer Bezirksgruppe zusammengefaßt blieben.

---

125 Vgl. Schriften, H. 5, S. 3 und 9.
126 Vgl. Vb/1, Jg. 2, 1921/22, Nr. 3, S. 99 und Nr. 5, S. 162; Vb/1, Jg. 3, 1922/23, Nr. 1, S. 28 und Nr. 2, S. 58 und Nr. 3, S. 90; FVb Jena Jg. 11, 1930/31, Nr. 7/8, S. 80 f.
127 Auch diese Neufassung der Verbandssatzung ist nicht dokumentiert; eine Zusammenfassung der erfolgten Änderungen liefert der Bericht über den 4. Volksbühnentag in Vb/1, Jg. 3, 1923, 3. Vjh., S. 134 f. Die Rekonstruktion dieser Statuten von 1923 kann weitgehend anhand der in Schriften, H. 5, S. 8 ff. veröffentlichten Satzung von 1925 unter Hinzuziehung der dieser Fassung vorausgegangenen Revisionsbeschlüsse des 6. Volksbühnentages erfolgen; letztere sind dokumentiert in Schriften, H. 6, S. 42 ff. und 101 ff.

Die Leitung und Repräsentation der Gesamtorganisation oblag dem Verbandsvorstand, der zunächst offensichtlich aus vier Mitgliedern bestand: einem 1. Vorsitzenden (Curt Baake), einem 2. Vorsitzenden (Leo Kestenberg), einem Generalsekretär – später: Geschäftsführer – (Siegfried Nestriepke) und einem Kassierer (Hubert Geilgens), die innerhalb eines Ortes oder Bezirkes wohnhaft sein mußten und tatsächlich immer aus dem Verbandsvorort Berlin stammten bzw. – in einem späteren Fall – dorthin übersiedelten. Dem Vorstand an die Seite gestellt war anscheinend ein künstlerischer Beirat (Ellger, Ballschmiede, Döscher), der in dieser Form später jedoch nicht mehr auftaucht. Vielmehr erwähnt der Bericht über den 3. Volksbühnentag von 1922 bereits die Bestätigung eines siebenköpfigen Vorstands, in dem neben den obengenannten noch drei Beisitzer vertreten waren (Georg Springer, Fritz Ballschmiede, K.H. Döscher).[128]

Als den Vorstand beratende und kontrollierende Instanz fungierte der sogenannte Verwaltungsrat, in den zunächst 7 von den Delegierten des Volksbühnentages gewählte Vereine je einen Vertreter entsandten. Ihre Zahl wurde bis zu einer 1925 erfolgten grundlegenden Revision der diesbezüglichen Regelungen erst auf 9, dann auf 12 und schließlich auf 14 Vereine erhöht. Die Satzung stellte es dem Vorstand dabei (bis 1929) anheim, die Meinung des Verwaltungsrats zu entscheidenden Fragen der Verbandspolitik schriftlich oder bei Zusammenkünften einzuholen; eine Sitzung mußte erfolgen, wenn die Hälfte der Verwaltungsratsmitglieder dies verlangte. Tatsächlich kamen Vorstand und Verwaltungsrat spätestens ab 1924 in der Regel zweimal jährlich zusammen.[129]

Die höchste demokratische Instanz des Volksbühnenverbands war der „Vertretertag" (später auch: „Volksbühnentag"), der alljährlich (ab 1929 alle zwei Jahre) stattfand. Ihm billigten die Verbandsstatuten das Entscheidungsrecht in allen anstehenden Fragen des Volksbühnenverbandes zu und stellten ihm insbesondere die Aufgabe, den jährlichen Vorstands- bzw. Geschäfts- und Kassenbericht entgegenzunehmen sowie den Verbandsvorstand und anfangs auch die im Verwaltungsrat vertretenen Vereine zu wählen. Stimmberechtigt laut Satzung waren dort offensichtlich zunächst nur die Delegierten der dem Verband angeschlossenen Vereine, soweit sie von diesen als stimmführende bezeichnet worden waren. Die Anzahl der Stimmen, die einem Verein auf den Volksbühnentagen zustanden, richtete sich dabei nach seiner jeweiligen Mitgliederstärke: Vereine bis 2.000 Mitglieder erhielten eine Stimme, erst bei größeren Vereinen wurde gestaffelt. Das Verfahren, nach dem die Vereinsvertreter zu bestimmen waren, ließen die Verbandssatzungen im übrigen offen, ebenso die vorliegenden Vereinssatzungen. Stichprobenartige Vergleiche der Volksbühnentagsdelegierten mit den jeweiligen Vereinsfunktionären, die nur Übereinstimmungen ergaben, lassen vermuten, daß die Delegierten qua Amt oder aufgrund von internen Wahlen der jeweiligen Vereinsvorstände bzw. Verwaltungsgremien entsandt

---

128 Vgl. Vb/1, Jg. 3, 1922/23, Nr. 1, S. 22.
129 Vgl. die Geschäftsberichte in Schriften, H. 4, 6, 8, 17, 20, 21 und 22.

wurden.[130] Mitgliedschaft wie Partizipation am Volksbühnenverband war den Einzelmitgliedern der Vereine also nur höchst indirekt gegeben.

Eine Stimmberechtigung auf dem Volksbühnentag für Mitglieder des Verbandsvorstandes und des Verwaltungsrates wurde erst 1925 in die Statuten aufgenommen. Der entsprechende Antrag des Vorstands wurde ohne Diskussion und Gegenstimme angenommen. Offensichtlich war eine solche Regelung nicht nur für Nestriepke eine „Selbstverständlichkeit", die „in den bisherigen Satzungen nur vergessen worden" war.[131] Daß mit diesem Antrag gleichzeitig ein Passus angenommen wurde, der den Vorstands- und Verwaltungsratsmitgliedern eine Stimme zusätzlich zusprach, sofern sie auf dem Volksbühnentag auch als stimmführende Delegierte fungierten, störte ebenfalls niemanden. Im übrigen stärkte dies sogar eher die Position des Verwaltungsrats, da dessen Mitglieder im Gegensatz zu denen des Vorstands tatsächlich überwiegend gleichzeitig Vereinsdelegierte waren.[132]

Jede Revision der Verbandssatzungen selbst konnte nur auf einem Volksbühnentag und dort auch nur mit einer Mehrheit von 2/3 der Stimmen erfolgen.

b) *Regionale Differenzierung und ihre Auswirkungen auf die Leitungsstruktur*

Dem größten Teil der Satzungsänderungen lagen zwar Anträge des Verbandsvorstandes zugrunde, doch reagierte dieser oftmals dabei pragmatisch auf Entwicklungstendenzen innerhalb der Organisation oder griff Forderungen auf, die von lokalen Vereinen über die Bezirksgruppen oder den Verwaltungsrat formuliert worden waren. Nur in einem – allerdings wesentlichen – Fall mußte sich der Vorstand gegen seinen Willen einer Initiative von Vertretern der Bezirksgruppen unterwerfen. Zahlreiche Vereine sahen sich durch eine prozentuale Abgabe ihrer Einnahmen aus Verwaltungs- und Vorstellungsbeiträgen, wie sie zur Sicherung der Verbandsfinanzen in den Inflationsjahren eingeführt worden war, aufgrund der lokalen Gegebenheiten geschuldeten überdurchschnittlichen Höhe solcher Beiträge benachteiligt.[133] Wichtiger jedoch war die Frage der Kompetenzen und des Status der Bezirksgruppen innerhalb des Volksbühnenverbandes, deren Festlegung mehrmals heftigere Diskussionen erregte. Dabei handelte es sich keineswegs um eine Rebellion der Basis gegen eine sich immer mehr Machtbefugnisse aneignende zentrale Führungsbürokratie, sondern vielmehr um die stetige Etablierung dezentraler Organisationseinheiten auf der Ebene von Bezirksgruppen, die sich, praktisch weitgehend autonom, zu den eigentlichen Grundpfeilern des Volksbühnenverbandes entwickelt hatten und nun innerhalb der ursprünglichen Konstitution des Verbandes, die lediglich auf der Kommunikation zwischen

---

130 Daß zumindest der Berliner Verein seine Delegierten zum Volksbühnentag innerhalb der Verwaltung, zu der u.a. auch Mitglieder des Ordnerausschusses und des künstlerischen Ausschusses gehörten, wählen ließ, belegt eine Bemerkung Nestriepkes; vgl. Schriften, H. 17, S. 127.
131 Schriften, H. 6, S. 48.
132 Vgl. etwa Schriften, H. 8, S. 8.
133 Vgl. Schriften, H. 6, S. 42 ff.

Vorstand und einzelnem Verein bzw. Gesamtheit der Vereine aufgebaut war, eine adäquate Berücksichtigung beanspruchten. Es war mithin die Verbandszentrale, die durch das nahezu flächendeckende Wachstum der Organisation sowie ihre funktionale und regionale Differenzierung eine „Verteidigungs"-Position einnahm.

Die Zahl der Vereine, die dem Volksbühnenverband angeschlossen waren, hatte sich seit dem Gründungsjahr 1920 von 17 auf insgesamt 313 Lokalorganisationen im Jahre 1931 erhöht. Selbst die Auswirkungen der Hyperinflation und etwa der sogenannten „Reinigungskrise" von 1925/26 hatten keine Rückschläge für den Gesamtverband zur Folge, da etwaige Auflösungen durch Neugründungen oder Neueintritte von Vereinen andernorts mehr als ausgeglichen werden konnten. Seinen kräftigsten Zuwachs verzeichnete der Volksbühnenverband im Geschäftsjahr 1924/25, in das auch die Gründung der beiden ersten verbandseigenen Wanderbühnen fiel. Ob beides tatsächlich miteinander korrelierte, läßt sich jedoch kaum belegen. Erst in den frühen dreißiger Jahren wiesen die Zahlen unter den Auswirkungen der Wirtschaftskrise eine rückläufige Entwicklung des Verbands auf.

Jahr		Zahl der Vereine[134]
1920	(Oktober)	17
1921	(")	31
1922	(Juni)	44
1923	(")	88
1924	(")	127
1925	(")	198
1926	(")	240
1927	(")	263
1928	(")	291
1929	(")	284
1930	(")	298
1931	(")	313
1932	(")	284
1932	(Herbst)	265
1933	(März)	265

Der Verband reagierte auf dieses Breitenwachstum mit einer regionalen Differenzierung und funktionalen Professionalisierung. Die Vereine wurden nach Regionen in Bezirksgruppen zusammengefaßt, deren Einteilung sich nach der Satzungsrevision von 1923 an der politischen Gliederung der Republik orientierte. Innerhalb der Be-

---

[134] Vgl. Vb-Blätter Düsseldorf, Jg. 2, 1924/25, Nr. 11/12, S. 130; Schriften, H. 4, S. 15; H. 6, S. 16; H. 8, S. 57; H. 17, S. 60; H. 19, S. 25; H. 21, S. 65 sowie H. 22, S. 11, 32; Vb/3, Jg. 7, 1932/33, Nr. 4/5, S. 130 f.; Vb/3, Jg. 8, 1933, Nr. 1, S. 14.

zirksgruppen wiederholte sich der Organisationsaufbau des Verbandes: Die Delegierten der Vereine stellten in ihrer Gesamtheit den Bezirkstag dar, welcher einen Bezirksvorstand und einen aus Vertretern einzelner Vereine gebildeten Bezirksausschuß wählte. Die Bezirkstage, die in der Regel mehrmals im Jahr zusammentraten, gaben den Vereinsvertretern allerdings stärker als der große, oft auf Repräsentation nach außen angelegte Volksbühnentag Gelegenheit, praktische Fragen und Probleme der Vereinsarbeit zu diskutieren, sich mit spezifischen Hemmnissen der Region oder auch mit den sie direkt betreffenden Maßnahmen kommunaler und provinzieller Behörden auseinanderzusetzen. Insgesamt wurde innerhalb der Bezirksgruppen die wichtige Kleinarbeit geleistet und ein intensiveres Wirken des Volksbühnenverbands ermöglicht.[135] Ihre finanzielle Ausstattung erhielten sie hierzu aus der Kasse der Verbandszentrale, die 10% der Beiträge der Vereine eines Bezirks an diesen zurückführte.[136]

Weiteres Instrument der regionalen Volksbühnentätigkeit waren die Bezirkssekretariate, deren Stellung innerhalb des Verbandes bis 1925 nicht ganz zu klären ist. Der erste Bezirkssekretär des Verbandes, Hans von Zwehl, wurde noch von dem westdeutschen Bezirkstag – allerdings auf Anregung der Verbandszentrale – gewählt und durch eine besondere Umlage der Bezirksvereine finanziert.[137] Auch der Bericht über die Satzungsrevision von 1923 erwähnt das Recht der Bezirksgruppen, „besondere Umlagen zu beschließen, um größere Mittel für ihre Propaganda, eventuell auch die Anstellung eines besonderen Bezirkssekretärs zu erhalten"[138], womit die Vermutung naheliegt, daß die Bezirkssekretäre zunächst Angestellte der Bezirksorganisationen waren. Aber bereits der Geschäftsbericht von 1924 führte die Indienststellung weiterer Bezirkssekretäre als Leistung des Gesamtverbandes, wobei zudem ihre Tätigkeitsgebiete mehrere Bezirksgruppen umfaßten.[139] Der Bericht des folgenden Jahres mußte sogar eingestehen, daß es zwischen Bezirksvorständen und „den vom Verband bestellten Bezirkssekretären"[140] zu Kompetenzkonflikten gekommen wäre, die zu Anträgen an die Verbandsleitung geführt hätten, klare Richtlinien über das Verhältnis beider Instanzen aufzustellen.

Tatsächlich führten die Bezirkssekretäre die Arbeit, die der Verbandsvorstand besonders in der Person des Geschäftsführers Nestriepke begonnen hatte, auf der Ebene ihrer Bezirke weiter: Sie berieten und unterstützten die Vereine, sorgten durch ihre Werbearbeit und die Schaffung neuer Organisationen für die weitere Ausbreitung des Volksbühnenverbandes, pflegten den Kontakt zu den entsprechenden Behörden, anderen kulturellen Organisationen, Gewerkschaften, Parteien etc. und vertraten den Verband in den gemeinnützigen Theaterunternehmungen oder anderen Körperschaften, an denen dieser beteiligt war. Die Zahl der vom Verband beschäftigten Bezirkssekretäre, die er meist aus den Vorständen bzw. Verwaltungsorganen der lokalen

---

135 Vgl. die laufend im Verbandsorgan „Volksbühne" veröffentlichten Berichte über die Bezirkstage.
136 Vgl. Vb/1, Jg. 3, 1923, 3. Vjh., S. 135.
137 Vgl. Vb/1, Jg. 2, 1921/22, Nr. 5, S. 162.
138 Vb/1, Jg. 3, 1923, 3. Vjh., S. 135.
139 Vgl. Schriften, H. 4, S. 15.
140 Schriften, H. 6, S. 25 f.

Vereine rekrutierte, erhöhte sich nach der Währungsstabilisierung und im Laufe der folgenden Jahre bis auf dreizehn, wovon 1928 ihre Tätigkeit hauptamtlich zehn, nebenamtlich drei ausübten.[141] Übrigens war auch die zentrale Geschäftsstelle, für die der Berliner Verein dem Verband Räumlichkeiten zur Verfügung gestellt hatte, 1927 mit 8 Angestellten plus Geschäftsführer recht gut ausgestattet.[142] Da auch die Bezirksgruppen bzw. deren Vorstände ihre Aufgabe darin sahen, sich ganz allgemein für die Förderung der Volksbühnenbewegung in ihrem Gebiet zu engagieren, und somit jeweils zwei Verbandsinstanzen mehr oder weniger nebeneinander agierten, konnten Friktionen nicht ausbleiben. Zudem war das Verhältnis zwischen Bezirkssekretären und den einzelnen Vereinen nicht immer ungetrübt, so wenn diese sich etwa über die Arbeit der Vereine informieren wollten und dazu Einblick in Verwaltung und Kassenverhältnisse verlangten, was von den Lokalorganisationen z.T. als fremde Einmischung empfunden wurde.[143]

Die seitherige Praxis wurde in der Verbandssatzung von 1925 kodifiziert: Die Bezirkssekretäre wurden demzufolge vom Verbandsvorstand bestellt, wobei die Bezirksvorstände gutachtlich gehört werden sollten und auch selbst Bewerber vorschlagen konnten. Die endgültige Wahl lag jedoch bei dem Verbandsvorstand, an dessen Weisungen die Bezirkssekretäre gebunden waren, dem sie verantwortlich waren und der sie auch wieder abberufen konnte.[144] Der Antrag der Chemnitzer Volksbühne, der die Bezirkssekretariate enger an die Bezirksvorstände binden wollte, drang auf dem Volksbühnentag dagegen nicht durch.[145] Diejenigen Teile der Vorstandsanträge, die die Kompetenzen von Bezirksvorständen und -sekretären klären sollten, tatsächlich jedoch kaum geeignet waren, diese voneinander scharf abzugrenzen, waren offensichtlich in den Vorberatungen des Verwaltungsrates, in dem bislang noch die Vertreter von vierzehn Vereinen saßen, auf Kritik gestoßen.[146] Der Kompromiß bestand nun darin, jede diesbezügliche Regelung aus den Satzungen herauszulassen und statt dessen eine Geschäftsordnung aufzustellen. Diese sollte innerhalb einer Kommission erarbeitet und dann vom Verwaltungsrat endgültig genehmigt werden. Faktisch lagen damit die Bestimmungen über die Praxis der Bezirkssekretäre in der Hand der Bezirksvorstände, da mit der Satzungsrevision auch die Zusammensetzung des Verwaltungsrats geändert wurde. In der Tat ging es bei der Diskussion um die Bezirkssekretariate nicht allein um die Position der Bezirkssekretäre, sondern – wie der Breslauer Eggers richtig erkannte – auch um das Verhältnis zwischen dem Verbandsvorstand und den Bezirksvorständen, die sich immer mehr zu einer mittleren Führungsebene innerhalb des Volksbühnenverbandes entwickelten.

Die Veränderung der Zusammensetzung des Verwaltungsrats hatte sich bereits ein Jahr zuvor abgezeichnet, als sowohl die Hannoveraner als auch die Frankfurter Volks-

---

141 Vgl. Schriften, H. 20, S. 25.
142 Vgl. Schriften, H. 17, S. 69.
143 Vgl. Schriften, H. 8, S. 27.
144 Vgl. Schriften, H. 5, S. 12.
145 Vgl. Schriften, H. 6, S. 104 und 50 f.
146 Vgl. ebda., S. 103, 104 und 50.

bühne ihre Vertretung in diesem Gremium beantragten. Die statutenmäßig festgelegte Zahl von zwölf Vertretern überschreitend, wählte der Volksbühnentag beide Vereine hinzu, forderte jedoch den Verwaltungsrat auf, dem nächsten Volksbühnentag eine Satzungsänderung vorzulegen, da bei dem Wachstum des Verbandes damit zu rechnen wäre, daß immer mehr Vereine dort einen Sitz beanspruchen würden.[147] Der diesbezügliche Antrag, den nun allerdings der Verbandsvorstand vorlegte, sah vor, daß die Bezirksvorsitzenden qua Amt den Verwaltungsrat bilden sollten, wobei jedoch den Bezirkstagen das Recht eingeräumt wurde, auch einen anderen Vertreter zu delegieren.[148] Auch der Vorschlag des Verwaltungsrats wollte die Bestimmung des jeweiligen Vertreters den Bezirksvorständen überlassen, ohne aber generell dem Bezirksvorsitzenden oder einem anderen Vorstandsmitglied dieses Amt zu übertragen. Offensichtlich aus der Sorge heraus, daß bei einer solchen Regelung die Interessen der kleineren Vereine unberücksichtigt bleiben könnten, hatte die Bezirksgruppe Thüringen beantragt, die Wahl der jeweiligen Bezirksdelegierten im Verwaltungsrat den Bezirkstagen zu überlassen.[149]

Die Tatsache, daß das Recht des Volksbühnentages damit in jedem Falle verloren ging, zumindest indirekt über die Wahl der dort vertretenen Vereine die Zusammensetzung der Kontrollinstanz gegenüber dem Verbandsvorstand zu bestimmten, hatte dagegen für die Diskussion keinerlei Bedeutung. Das zeigt, wie stark die einzelnen Vereine bereits in ihre Bezirksgruppen eingebunden waren, die sich inzwischen in fast allen Ländern und Provinzen der Republik konstituiert hatten. Mit großer Mehrheit angenommen wurde schließlich die vom Verwaltungsrat vorgeschlagene Fassung. Die Bezirksgruppen bzw. ihre Vorstände, die zunächst reine Zweckschöpfungen für eine intensive dezentrale Tätigkeit des Volksbühnenverbandes dargestellt hatten, waren somit zu entscheidenden Elementen des Organisationsaufbaus aufgewertet worden und nun an der Leitung des Gesamtverbandes beteiligt.

Bereits ein Jahr später erfuhr die Zusammensetzung des Verwaltungsrats eine erneute Ergänzung, als ihm nun auf gemeinsame Initiative von Vorstand und Verwaltungsrat das Recht eingeräumt wurde, „bis zu drei Vereine aufzufordern, je für ein Jahr einen weiteren Vertreter in den Verwaltungsrat zu entsenden."[150] Dieser Neuregelung lag offensichtlich ein Antrag der Volksbühne Halle zugrunde, der für größere Volksbühnenvereine mit mehr als 4.000 Mitgliedern – hierzu gehörte eben auch Halle – Sitz und Stimme im Verwaltungsrat des Verbandes forderte.[151] Anscheinend waren einzelne größere Vereine unzufrieden, daß ihre Mitwirkungsmöglichkeit an der Verbandsführung fortan von den Bezirksgruppen abhängen sollte.

Eine umfassende Neufassung der Verbandssatzung brachte der 10. Volksbühnentag von 1929. Bereits ein Jahr zuvor hatte der Verbandsvorsitzende die Delegierten darauf vorbereitet und mit einer nicht näher erläuterten „Entwicklung, die sich im

---

147 Vgl. Schriften, H. 4, S. 67 f.
148 Vgl. Schriften, H. 6, S. 103.
149 Vgl. ebda. und S. 51 f.
150 Schriften, H. 8, S. 172.
151 Vgl. ebda.

Verband und in seiner Arbeitsleistung vollzogen hat"[152], begründet. Da während dieser Tagung eine „ganze Reihe nicht immer angenehmer Sitzungen"[153] von Vorstand und Verwaltungsrat stattfanden, ist zu vermuten, daß entsprechende Pläne bereits ausgearbeitet waren, aber aufgrund von Auseinandersetzungen innerhalb bzw. zwischen den beiden Organen der Verbandsführung zurückgestellt werden mußten.

In Übereinstimmung von Vorstand und Verwaltungsrat wurde lediglich beantragt, dem 1. Vorsitzenden Curt Baake – zunächst für ein Jahr – eine Entschädigung zu zahlen und auch die Tätigkeit des Kassierers mit einer laufenden Vergütung zu versehen; die nicht weiter quantifizierte Höhe der Zahlungen sollten Vorstand und Verwaltungsrat festlegen.[154] Bislang konnte laut Satzung lediglich der Geschäftsführer besoldet werden. Obwohl der Hamburger Delegierte Böttger scharf gegen den Antrag und insbesondere gegen die Art protestierte, in der dieser gewissermaßen in letzter Minute der Besprechungen gestellt worden war, ohne zudem dem Volksbühnentag etwas über die Beträge mitzuteilen, die hier in Aussicht genommen worden waren, wurde der Antrag mit „großer Mehrheit" angenommen. Angenommen wurde jedoch genauso der daraufhin erfolgte Antrag Groß-Hamburgs, die für den nächsten Volksbühnentag vorgesehene Beratung der Satzungsänderungen nicht wieder als letzten, sondern als einen der ersten Punkte auf die Tagesordnung zu setzen, „damit sie nicht wieder durchgepeitscht werden."[155]

Tatsächlich wurde sogar den Bezirkstagen die Möglichkeit gegeben, einen ersten Entwurf dieser neuen Statuten vorzuberaten, woraus insgesamt rund dreißig Änderungsvorschläge resultierten.[156] Unter Berücksichtigung dieser Vorschläge stellten dann Vorstand und Verwaltungsrat dem 10. Volksbühnentag von 1929 ihre Vorlage der neuen Verbandssatzung zur Diskussion und empfahlen eine En-bloc-Annahme, was denn auch nach einer kleinen Ergänzung, die mehrere Bezirksgruppen beantragt hatten, bei nur drei Gegenstimmen geschah. Der einzige Punkt, der zu Auseinandersetzungen geführt hatte, war eben diese kleine Ergänzung, die jedoch wesentlich für die Stellung des Verwaltungsrats gegenüber dem Verbandsvorstand war: Die Bezirksgruppen forderten nämlich, daß der Vorstand bei wichtigen Fragen der Verbandspolitik nicht mehr nur die Meinung des Verwaltungsrates festzustellen, sondern auch Beschlüsse herbeizuführen habe.[157] Mit formaljuristischen Argumenten, die allerdings durchaus ihre Berechtigung hatten, versuchte insbesondere der noch amtierende Verbandsgeschäftsführer Nestriepke, eine solche Bindung des Vorstands zu verhindern: Es könne nicht angehen, daß der Vorstand, der nur dem Volksbühnentag verantwortlich sein könne, von dem er ja auch gewählt sei, praktisch zu einem ausführenden

---

152 Schriften, H. 19, S. 110.
153 Vb/3, Jg. 3, 1928/29, Nr. 5, S. 8.
154 Vgl. Schriften, H. 19, S. 113.
155 Ebda., S. 115.
156 Vgl. Vb/3, Jg. 3, 1928/29, Nr. 8, S. 23; Vb/3, Jg. 4, 1929/30, Nr. 2, S. 68 und Nr. 3, S. 120, 122 f., 125 f. sowie Nr. 4, S. 172. Dokumentiert sind diese Anträge indessen nicht. Die o.g. Quellen lassen nur einen Punkt der Kritik erkennen: die Frage der Besoldung der Vorstandsmitglieder.
157 Vgl. hierzu und im folgenden Schriften, H. 21, S. 78 ff.

Organ des Verwaltungsrates gemacht werde, dessen Mitglieder lediglich ihrer jeweiligen Bezirksgruppe, aber eben nicht dem Volksbühnentag verantwortlich waren; dieses wäre „nichts anderes als eine Selbstenthauptung des Volksbühnentages."[158] Die Befürworter konnten ihm jedoch entgegenhalten, daß der Verwaltungsrat schon jetzt Beschlußrecht in allen finanziellen Dingen habe und die Einflußnahme der lokalen Organisationen gesichert bleiben müsse, wenn – wie beabsichtigt – der Volksbühnentag nur noch alle zwei Jahre[159] stattfinden solle. Als sich in der Diskussion eine Mehrheit für den Antrag der Bezirksgruppen abzeichnete, versuchte der 2. Vorsitzende Kestenberg, die Hürde zu seiner Annahme dadurch zu erhöhen, daß er ihn als eine Satzungsänderung einstufte, für die eine Zweidrittelmehrheit notwendig gewesen wäre. Hierfür erntete er jedoch „lebhaften Widerspruch" der Versammlung, denn tatsächlich handelte es sich nur um eine Abänderung des Vorstandsantrages und nicht um die einer bereits verabschiedeten Satzung. Schließlich wurde der Bezirksgruppenantrag mit 155 von 245 Stimmen angenommen, womit die neuerliche Stärkung des Anteils der Bezirksgruppen und ihrer Vorstände an der Leitung des Volksbühnenverbandes auch ihren formellen Ausdruck in den Statuten des Verbandes gefunden hatte.

Die wesentlichste Veränderung der neuen Verbandssatzung von 1929[160] bestand denn auch in einer völlig neuen Formulierung des Abschnitts über den Verwaltungsrat, dessen Bedeutung innerhalb des Verbandes schon rein äußerlich dadurch ersichtlich wurde, daß der entsprechende Paragraph weiter nach von rückte, nun direkt hinter den Regelungen zu den beiden anderen Organen des Verbandes – Volksbühnentag und Vorstand – stand und mehr als den doppelten Umfang im Vergleich zu der bislang gültigen Fassung erhielt. Erneut erfuhr die Zusammensetzung des Verwaltungsrats eine Veränderung: Jede Bezirksgruppe entsandte fortan einen Vertreter in dieses Gremium; einen weiteren konnten diejenigen Bezirksgruppen delegieren, die jeweils mehr als 20.000 Mitglieder aufwiesen. Des weiteren wurde festgelegt, daß bezirksgruppenlose Vereine über 10.000 Mitglieder einen Sitz (2 Sitze bei mehr als 20.000 Mitgliedern) im Verwaltungsrat beanspruchen konnten. Diese letzte Regelung dürfte allerdings wohl nur die Berliner Volksbühne und eventuell den Hamburger Verein betroffen haben, der in einer Liste von 1931 nicht mehr als Teil der Bezirksgroßgruppe „Nordmark", sondern als einziger Verein eines „Bezirkes Hamburg" geführt wurde. Insgesamt wuchs damit die Zahl der Bezirksgruppen- bzw. Vereinsvertreter im Verwaltungsrat im Jahre 1930 auf 26.[161] Im übrigen ließ die neue Verbandssatzung im Gegensatz zu der alten offen, wie die Bezirksgruppen ihre Vertreter bestimmten. Offensichtlich gingen zumindest einige von ihnen dazu über, diese von dem Be-

---

158 Ebda., S. 81.
159 Die Initiative, den Volksbühnentag nur noch alle zwei Jahre stattfinden zu lassen, kam durchaus von den Vereinen selbst; vgl. Schriften, H. 19, S. 137 und 139 sowie Vb/3, Jg. 4, 1929/30, Nr. 3, S. 125 und Nr. 4, S. 172.
160 Vgl. Schriften, H. 21, S. 154 ff.
161 Vgl. *Brodbeck,* S. 61.

zirkstag wählen zu lassen[162], was in den Beratungen der Statutenänderung von 1925 noch ausdrücklich abgelehnt worden war. Neu war auch, daß der Verbandsvorstand ausdrücklich als Mitglied des Verwaltungsrats geführt wurde. Allerdings waren die Sitzungen des Verwaltungsrates in der Praxis schon seit jeher gemeinsam mit dem Vorstand durchgeführt worden; außerdem blieben die sieben Vorstandsmitglieder innerhalb des Verwaltungsrats auf jeden Fall in der Minderheit.

Festgeschrieben wurde nun auch die Praxis, daß der Verwaltungsrat in der Regel zweimal jährlich zusammenzutreten habe, wobei außerordentliche Sitzungen von einem Drittel der Bezirksvertreter (vorher von der Hälfte!) herbeigeführt werden konnten. Des weiteren wurden die Aufgaben des Verwaltungsrates, die bislang – neben der Prüfung der Verbandskasse – nur allgemein mit Beratung und Kontrolle des Vorstandes angegeben waren, präzisiert; er erhielt dabei gegenüber dem Vorstand eine recht weitgehende Kompetenz: Der Verwaltungsrat stellte fortan u.a. Richtlinien für die Arbeit des Vorstands auf, prüfte und genehmigte den Verbandshaushalt, war laufend über die Tätigkeit des Vorstands zu informieren, konnte diesen bei „wichtigen Fragen" durch Beschlüsse binden, bestimmte die Höhe der Geschäftsführer-Besoldung und entschied, „ob und in welcher Höhe ein Vorsitzender und der Kassierer entschädigt werden sollen."[163] Die Frage, ob Vorsitzender und Kassierer tatsächlich finanzielle Leistungen vom Verband erhielten, muß offenbleiben, da Brodbeck in seinem Volksbühnenhandbuch von 1930 noch immer von einer ehrenamtlichen Tätigkeit spricht[164], welche jedoch gewisse „Aufwandsentschädigungen" nicht ausschließen mußte.

c) *Kontinuität und Fluktuation im Vorstand*

Der Vorstand des Volksbühnenverbandes zeichnete sich im übrigen durch eine außergewöhnliche personelle Kontinuität und eine hohe Akzeptanz bei den Delegierten der Volksbühnentage aus: Mit einer Ausnahme blieb die Zusammensetzung des Verbandsvorstandes von der Gründung des Verbandes bis 1929 dieselbe; nur 1921 löste der Berliner Vereinsvorsitzende Georg Springer den Beisitzer Dr. Ellger aus Pankow ab; weder über die Person Ellgers noch über die Hintergründe dieses Wechsels geben die Quellen jedoch irgendeine Auskunft. Nahezu traditionell stellte sich der Verbandsvorstand alljährlich en bloc zur Wiederwahl und wurde einstimmig oder einfach per Akklamation in seinem Amt bestätigt. Eine nennenswerte Zahl von Gegenstimmen oder gar Gegenkandidaten hatte er selbst zur Hochzeit der programmatischen Diskussionen innerhalb des Verbandes kaum zu befürchten.[165] Vor einer größeren Umbesetzung des Vorstands im Jahre 1929 wäre es lediglich 1926 – allerdings nur bei-

---

162 Vgl. Vb/3, Jg. 5, 1930/31, Nr. 4, S. 168; Vb/3, Jg. 6, 1931/32, Nr. 3, S. 128 und Nr. 4, S. 175.
163 Schriften, H. 21, S. 156.
164 Vgl. *Brodbeck,* S. 60 und 63.
165 Vgl. Vb/1, Jg. 3, 1923, 3. Vjh., S. 135; Schriften, H. 4, S. 68; H. 6, S. 99; H. 8, S. 170; H. 17, S. 134; H. 19, S. 115; H. 21, S. 142 und H. 22, S. 47.

nahe – zu einem Wechsel im Amt eines Beisitzers gekommen: Der Berliner K.H. Döscher – Mitarbeiter des „Vorwärts" – beantragte eine gesonderte Abstimmung über seine Person, da er offensichtlich nicht mehr das Vertrauen der Delegierten der Berliner Volksbühne besitze. Vorausgegangen war eine scharfe Kritik Döschers an der mangelnden Beachtung der Filmfrage in dem Berliner Verein, wobei er besonders dessen Vorsitzenden Georg Springer, der wie Döscher Beisitzer im Verbandsvorstand war, eine Obstruktionspolitik vorwarf. Springer konterte und hielt seinerseits Döscher vor, sich in der Berliner Volksbühne kaum zu engagieren. Obwohl der Verbandsvorsitzende Baake dazu aufforderte, diesen Streit nicht „so tragisch" zu nehmen, stimmten bei der Vorstandswahl nun fast alle Berliner Delegierten gegen Döscher. Erst auf die dringende Bitte des Dresdener Schumann, der darauf hinwies, daß Döscher als Verbandsvorstandsmitglied nicht von der Stimmung eines Vereins abhinge, sondern schließlich von der Gesamtheit der Volksbühnenvertreter gewählt sei, erklärte dieser sich bereit, sein Beisitzeramt weiterhin zu behalten.[166]

Die wesentlichste Veränderung für den Vorstand des Volksbühnenverbandes bedeutete sicherlich der sich schon im Sommer 1928 abzeichnende, aber erst 1929 endgültig vollzogene Rücktritt seines seit der Konstituierung des Verbandes im Jahre 1920 amtierenden Geschäftsführers Siegfried Nestriepke, der wohl als der eigentliche Begründer dieser Organisation und als ihre wirkungsvollste Kraft gelten kann. Dabei gab Nestriepke diese Tätigkeit für den Verband durchaus freiwillig auf und betonte, daß sein Entschluß „in keinerlei sachlichen oder persönlichen Meinungsverschiedenheiten mit dem Verbandsvorstand oder mit irgendeiner anderen Instanz im Verband begründet ist."[167] Welche „zwingende Notwendigkeiten" es waren, die ihn zu diesem Schritt veranlaßten, machte Curt Baake in einer kurzen Bemerkung deutlich: Nestriepke sah „sich gezwungen, seine Hauptkraft auf die Schanze Berlin zu stellen."[168] Tatsächlich war der Berliner Verein in eine ernstzunehmende Krise geraten, die das ganze Engagement seines Generalsekretärs forderte: Die Mitgliederzahlen wiesen trotz intensiver Propaganda eine rückläufige Tendenz auf (sie waren von 160.000 im Jahre 1925 inzwischen auf 120.000 gesunken); die Theaterbetriebe des Vereins brachten ihm finanzielle Defizite, so daß es immer problematischer wurde, den Vereinsetat auszubalancieren – Sparmaßnahmen, eine Reorganisation und Rationalisierung der Geschäftsführung stand bevor; Verhandlungen mit der Stadt Berlin um die Bereitstellung von Subventionen mußten geführt werden. Zu diesen höchst schwierigen wirtschaftlichen Verhältnissen kamen die Auseinandersetzungen mit der internen und externen „Volksbühnenopposition", die nach dem Konflikt um Piscators Inszenierung von „Gewitter über Gotland" und der Etablierung der Sonderabteilungen zunehmend an Schärfe gewannen.[169]

Obwohl die Delegierten des Volksbühnentages von 1928 also wußten, daß der Ge-

---

166 Vgl. Schriften, H. 8, S. 160, 163 und 170.
167 Schriften, H. 19, S. 117.
168 Ebda., S. 116.
169 Vgl. *Brodbeck,* S. 362; Vb/3, Jg. 3, 1928/29, Nr. 6, S. 44; Blätter Vb Berlin, Jg. 4, 1927/28, Nr. 3, S. 1 f.; Nr. 4, S. 1 f. und Jg. 5, 1928/29, Nr. 3, S. 6 ff.

schäftsführer des Verbandes zukünftig nur noch wenig Zeit und Kraft in seine Verbandstätigkeit würde investieren können, wählten sie Nestriepke erneut in dieses Amt. Offensichtlich hatten sich Vorstand und Verwaltungsrat noch nicht auf einen Nachfolger einigen können; die Diskussionen darum gehörten jedenfalls mit zu den zahlreichen „unerfreulichen" internen Beratungen beider Gremien im Verlauf dieses Volksbühnentages.[170] Daher konnte der Vorsitzende Baake den Vereinsvertretern lediglich mitteilen, daß man Nestriepke demnächst „beurlauben" und einen der Bezirkssekretäre als Stellvertreter mit der Wahrnehmung seiner Aufgaben betrauen müsse, um erst im folgenden Jahr dem Volksbühnentag einen geeigneten Nachfolger vorzuschlagen. Im Grunde verzichtete die höchste demokratische Instanz des Volksbühnenverbandes mit ihrer Zustimmung zu diesem Verfahren – vorübergehend – zugunsten der Verbandsleitung auf ihr Recht, die Wahl derjenigen Person vorzunehmen, die die Geschäfte des Verbandes maßgeblich führte.

Zum stellvertretenden Geschäftsführer wurde nun im August 1928 allerdings nicht, wie Baake angekündigt hatte, einer der Bezirkssekretäre ernannt, sondern der Vorsitzende der Stuttgarter Volksbühne und der Bezirksgruppe Württemberg, Albert Brodbeck, der diese bislang im Verwaltungsrat des Verbandes vertreten hatte.[171] Eine Änderung der Verbandspolitik war dies nicht, auch wenn es erneut die Bedeutung der Bezirksgruppen innerhalb des Verbandes bestätigte. Entsprechend der seitherigen Linie des Volksbühnenverbandes ordnete auch Brodbeck die Volksbühnen in die allgemeine Arbeiterbewegung und hier insbesondere in deren kulturelle Bildungsarbeit ein, verwarf den Gedanken einer proletarischen Klassenkultur und sah in dem Kampf der Volksbühnen gegen eine noch vielfach existente Klassenkultur – im Sinne einer größtenteils auf das Bürgertum beschränkten Teilhabe am kulturellen Leben – gerade „die Aufhebung des Klassencharakters der Kultur schlechthin."[172]

Brodbecks Ernennung zum stellvertretenden Geschäftsführer wurde auf dem 10. Volksbühnentag von 1929 insofern bestätigt, als er nun von der zuständigen Instanz einstimmig zum Nachfolger Nestriepkes als Geschäftsführer des Volksbühnenverbandes gewählt wurde.[173] Nestriepke blieb allerdings dem Verbandsvorstand erhalten, begnügte sich jedoch mit dem Amt eines Beisitzers. Dieses war dadurch möglich geworden, daß zwei der Beisitzer – Georg Springer und K.H. Döscher – auf eine Wiederwahl verzichteten. Über die Gründe für diesen Verzicht geben die Quellen keine Auskunft. Im Falle Georg Springers mögen gesundheitliche Dinge ausschlaggebend gewesen sein. Er selbst war schon nicht mehr auf diesem Volksbühnentag anwesend, da er sich in einem thüringischen Sanatorium befand. Kurz danach, im August 1929, starb er.[174] Neben Nestriepke schlugen Vorstand und Verwaltungsrat als zweiten neuen Beisitzer den Kölner Gewerkschaftsführer Karl Hoffmann vor. Trotz der anvisierten Veränderungen beantragte der Vorsitzende Baake, den Vor-

---

170 Vgl. Vb/3, Jg. 3, 1928/29, Nr. 5, S. 8.
171 Vgl. ebda., S. 27.
172 Schriften, H. 8, S. 145.
173 Vgl. zu den Vorstandswahlen des 10. Volksbühnentages 1929 in Danzig Schriften, H. 21, S. 141 f.
174 Vgl. Vb/3, Jg. 4, 1929/30, Nr. 6, S. 262 f.

stand in seiner neuen Zusammensetzung, wie üblich, en bloc zur Wahl zu stellen, was denn auch geschah. Einstimmig wählte der Volksbühnentag den zukünftigen Verbandsvorstand, der mit den verbliebenen alten und den vorgeschlagenen neu hinzugekommenen Mitgliedern bis zur Auflösung des Volksbühnenverbandes amtierte.

Von Anfang bis Ende des Verbandes wurde dieser von dem 1. Vorsitzenden Curt Baake, der bereits seit der Gründung der ersten „Freien Volksbühne" Berlins in der Volksbühnenbewegung aktiv war, unangefochten geführt. Ebenfalls dreizehn Jahre lang hatte Leo Kestenberg, der vor dem ersten Weltkrieg in den Berliner Vereinen vor allem als musikalischer Berater tätig war, das Amt des 2. Vorsitzenden inne. Schon längere Zeit als ausgebildeter Pianist und Musikpädagoge in der sozialdemokratischen Bildungsarbeit engagiert, machte er sich in der Weimarer Republik besonders als Berater der Arbeitersängerbewegung und als Reformer der Musikerziehung in Preußen einen Namen, wo er als Referent (später Ministerialrat) im Kultusministerium die Kulturpolitik des Landes in dieser Hinsicht entscheidend beeinflußte.[175] Auch der Kassierer des Verbandes, der Architekt Hubert Geilgens, der zunächst einer der Ordner der „Neuen Freien Volksbühne" in Berlin gewesen war und sich dann besonders in der Kommission des Vereins für den Bau des eigenen Theaterhauses organisatorische und finanztechnische Meriten erworben hatte, konnte diesen Vorstandsposten durchgehend besetzen; ebenso wie der Beisitzer Fritz Ballschmiede aus Potsdam, der außerdem seit 1924 noch der Bezirksgruppe Brandenburg vorsaß. Schließlich konnte auch Siegfried Nestriepke, der von der „Demokratischen Vereinigung" H. von Gerlachs über die gewerkschaftliche Angestelltenbewegung zur Sozialdemokratie – inklusive eines kurzen Intermezzos bei der USPD – gestoßen war, auf eine dreizehnjährige Mitgliedschaft im Verbandsvorstand zurückblicken. Nach seiner acht bzw. neun Jahre dauernden Geschäftsführertätigkeit amtierte er vier Jahre als Beisitzer.

Nicht ganz so lange Amtsperioden wiesen die Beisitzer Springer (1921–1929) und Döscher (1920–1929) sowie – naturgemäß – die erst 1929 neu in den Vorstand gewählten Karl Hoffmann als Beisitzer und Albert Brodbeck als Geschäftsführer des Verbandes auf. Über die Frage, ob diese außerordentliche Kontinuität im Verbandsvorstand in der hohen Wertschätzung seiner Arbeit und seiner Personen, einem besonderen taktischen Geschick, der Fähigkeit, zwischen widerstrebenden Positionen als vermittelnde Instanz zu agieren, oder aber darin begründet lag, daß sich eventuelle Ambitionen, die Verbandspolitik zu beeinflussen, auf den immer einflußreicheren Verwaltungsrat konzentrierten, dessen interne Fluktuation, die jedoch einerseits auf die verschiedenen diesbezüglichen Satzungsrevisionen, andererseits auf Veränderungen innerhalb der Vereine und Bezirke zurückgeführt werden muß, etwas größere Ausmaße annahm, geben die vorliegenden Quellen indessen keine Auskunft.

---

175 Vgl. als ersten Überblick zu Person und Tätigkeit Leo Kestenbergs etwa Die Musik in Geschichte und Gegenwart. Allgemeine Enzyklopädie der Musik, hrsg. v. *Friedrich Blume,* Kassel usw. 1958, Bd. 7, S. 863 ff.

5. Mitglieder

Korrekterweise muß diesem Abschnitt die Bemerkung vorausgeschickt werden, daß – wie bereits erwähnt – formell nur die Vereine als Mitglieder des Volksbühnenverbandes gelten können, während ihre Einzelmitglieder nur indirekt, eben über ihren jeweiligen Verein, dem Verband angehörten. Nichtsdestotrotz sollen diese im folgenden kurzerhand als Mitglieder des Volksbühnenverbandes bezeichnet werden, wie es der Verband häufig genug selbst tat, um eine solche Formulierung zu legitimieren.

Leider hat der Volksbühnenverband – vielleicht wegen der o.g. Organisationsstruktur – nie über die Angabe der absoluten Höhe seiner Mitgliederzahlen hinausgehende, sie in irgendeiner Form differenzierende Daten veröffentlicht. Weitergehende Aussagen über die Mitgliedschaft des Verbandes können sich daher nur auf verstreute Hinweise und Bemerkungen sowie auf einige wenige Statistiken lokaler Vereine stützen, soweit sie in den vorliegenden Quellen dokumentiert sind. Ihnen wird man allerdings höchstens den Stellenwert von Beispielen zubilligen können, die eventuell geeignet sind, Anhaltspunkte für eine allgemeinere Einschätzung der Verbandsmitglieder zu liefern; generelle Aussagen müssen somit höchst problematisch bleiben. Hier „rächt" sich für den Untersuchenden gewissermaßen die föderative Struktur des Verbandes und die weitgehende Autonomie seiner lokalen Organisationen.

a) *Allgemeine Entwicklung*

Der „Verband der deutschen Volksbühnenvereine" begann 1920 mit etwa 190.000 Mitgliedern, wovon der Berliner Verein allein 3/4 (= 140.000) stellte; zum Ende der Republik dürfte er ungefähr 270.000 Mitglieder umfaßt haben, von denen nur noch höchstens 1/8 in der Berliner Volksbühne organisiert waren. Die Mitgliederentwicklung zwischen diesen beiden Daten zerfällt in drei Phasen: Einer Aufwärtsentwicklung, die bis 1926 anhielt und in diesem Jahr mit 560.000 Mitgliedern ihren Höhepunkt erreichte, folgten vier Jahre der Stagnation bzw. eines leichten Mitgliederschwundes, obwohl der Zuwachs an Vereinen auch in dieser Periode noch anhielt. Ab 1931 ging die Zahl der Mitglieder dann im Zeichen der sich weiter verschärfenden Wirtschaftskrise jedoch erheblich zurück; erst in den letzten Monaten der Verbandsgeschichte war dieser negative Trend wieder zu stoppen. Hinsichtlich der Zahl der durch sie organisierten Theaterbesucher hatte also die Volksbühnenbewegung, die im wilhelminischen Deutschland weitgehend auf Berlin beschränkt geblieben war und mit Beginn der Weimarer Republik praktisch neu eingesetzt hatte, Mitte der zwanziger Jahre ihren Zenit nahezu überschritten. Die Zahlen, soweit sie sich dokumentieren lassen, im einzelnen:

Jahr		Zahl der Mitglieder[176]
1920	(Oktober)	190.000
1921	(")	270.000
1922	(Juni)	320.000
1923	(")	380.000 (?)
1924	(")	500.000
1925	(")	540.000
1926	(")	560.000
1927	(")	540.000
1928	(")	540.000
1929	(")	500.000
1930	(")	520.000
1931	(")	420.000 (?)
1932	(")	312.000
1932	(Herbst)	255.000 (?)
1933	(März)	270.000 (?)

b) *Regionale Verteilung*

Seine Mitgliederhochburgen hatte der Volksbühnenverband sicherlich in einigen Großstädten der Republik – wenn auch nicht in allen: 1926 etwa, als sich auch die schon seit mehreren Jahren bestehenden Volksbühnen in Dresden und München dem Verband angeschlossen hatten, befanden sich Vereine mit mehr als 5.000 Mitgliedern in Braunschweig, Frankfurt a.M., Stettin, Halle, Stuttgart, Königsberg, Hamburg, Magdeburg, Chemnitz (12.000), München (12.000), Breslau (18.000), Dresden (rund 30.000), Hannover (43.000) und Berlin (160.000). Gemessen an den Bevölke-

---

176 Vgl. Vb-Blätter Düsseldorf, Jg. 2, 1924/25, Nr. 11/12, S. 130; Schriften, H. 4, S. 15; H. 6, S. 18; H. 8, S. 13; H. 17, S. 14; H. 20, S. 19; H. 21, S. 14 sowie H. 22, S. 11; Vb/3, Jg. 5, 1930/31, Nr. 4, S. 164; Vb/3, Jg. 7, 1932/33, Nr. 4/5, S. 130; Vb/3, Jg. 8, 1933, Nr. 1, S. 14.
Insgesamt sind die angegebenen Zahlen nur als mehr oder weniger stark gerundete Näherungswerte zu begreifen – einen Anspruch auf absolute Exaktheit können sie aufgrund der Quellenlage nicht erheben. Bei den mit „(?)" versehenen Zahlen finden sich entweder deutlich differierende Angaben, oder aber ihnen liegen Berechnungen des Verfassers zugrunde, die auf nicht immer ganz eindeutigen Hinweisen z.B. auf relative Veränderungen beruhen: Für 1923 spricht der Bericht über den 4. Volksbühnentag von „an 500.000 Mitglieder" (Vb/1, Jg. 3, 1923, 3. Vjh., S. 129), während eine von S. Nestriepke angefertigte Übersicht über die Entwicklung des Verbandes bis 1925 nur die angegebene Zahl von 380.000 verzeichnet (vgl. Vb-Blätter Düsseldorf, Jg. 2, 1924/25, Nr. 11/12, S. 130), eine Zahl, die durch Addition der Mitgliederzahlen einzelner Vereine vom Mai 1923 gestützt wird (vgl. Das deutsche Theater. Jahrbuch für Drama und Bühne, hrsg. von Dr. Paul Bourfeind, Dr. Paul J. Cremers, Dr. Ignaz Gentges, Bd. II 1923/24, Bonn/Leipzig 1924, S. 318 ff.); für 1931 spricht der Geschäftsbericht von einem „im wesentlichen" stabilen Mitgliederbestand (vgl. Schriften, H. 22, S. 11), während der zu einer Mitgliederzahl von 312.000 führende 25%ige Verlust von 1932 (vgl. Vb/3, Jg. 7, 1932/33, Nr. 4/5, S. 129 f.) nur auf 420.000 Mitglieder für 1931 rückschließen lassen kann; der für Herbst 1932 ausgewiesene Verlust von 20% (vgl. Vb/3, Jg. 8, 1933, Nr. 1, S. 14) dürfte sich auf die Vergleichszahl vom Herbst 1931 beziehen, die um etwa 10.000 Mitglieder höher lag als die von Juni

rungsziffern schnitten jedoch vielfach die Vereine in kleineren Orten wesentlich besser ab: So brachte es im gleichen Jahr die Volksbühne in Klosterlausnitz mit nur 400 Mitgliedern auf 17% der Einwohnerschaft, die in Stadtroda mit 840 auf 20% und die In Orlamünde mit 500 sogar auf 25%.[177] In drei Großstädten konnte der Volksbühnenverband lange Zeit sogar überhaupt nicht Fuß fassen: in Bremen, Nürnberg und Leipzig. Zumindest in den beiden letzten Fällen verhinderten dies andere Arbeiterorganisationen, die selbst Theatervorstellungen an ihre Mitglieder vermittelten.[178] So lagen diese beispielsweise in Leipzig in der Hand des örtlichen „Arbeiter-Bildungs-Instituts", das sich schließlich 1932 nach langjährigen Bemühungen des Verbandes endlich entschloß, dem Volksbühnenverband beizutreten.[179]

Wie die Karte zur regionalen Verteilung der Volksbühnenorganisation zeigt, wies Mitte der zwanziger Jahre die höchste Dichte an Vereinen die Region Mitteldeutschland auf; insbesondere die Gebiete Sachsens, wo auch sonst eine lange Tradition sozialdemokratischer Vereinskultur zu finden war: Im Bezirk des Freistaats Sachsen existierten 1926 34 Volksbühnen mit insgesamt 61.000 Mitgliedern[180], im sächsisch-anhaltischen Bezirk noch weitere 36 Vereine mit insgesamt 26.000 Mitgliedern.[181] Aber auch in anderen industriellen Regionen mit relativ hoher Bevölkerungsdichte konzentrierten sich die Volksbühnenvereine, so im rheinisch-westfälischen Industriegebiet, im Rhein-Main-Gebiet und in Teilen Schlesiens. Große weiße Flecken fanden sich dagegen noch in Bayern, im östlichen Westfalen, in Hessen-Nassau und (mit wenigen Ausnahmen etwa im Brandenburgischen) im gesamten Norddeutschen Tiefland – Gebiete, die allesamt eher ländlich geprägt waren. Aber nicht nur „mangelnde kulturelle Tradition"[182], eine nur kleine Anzahl von Theatern, ein geringes Interesse der agrarischen Bevölkerung an organisierter Kulturarbeit und ähnliche Defizite machten es dem Volksbühnenverband nicht leicht, sich in diesen Problembezirken weiter auszubreiten. Hinzu kamen „politische Engherzigkeit"[183], – etwa in Bayern – „politische und weltanschauliche Bindungen", die „fast jede freiheitlich orientierte kulturelle Betätigung"[184] behinderten. Gegenüber konservativen und reaktionären Kräften, die in weiten Teilen der Bevölkerung Rückhalt fanden und großen Einfluß auf die öffentliche Meinung ausübten, konnte sich auch der immer wieder seine politische Neutralität beteuernde Volksbühnenverband nur schwer durchsetzen.

1932 (vgl. Vb/3, Jg. 7, 1932/33, Nr. 4/5, S. 129), so daß sich die für Herbst 1932 anzunehmende Mitgliederzahl von 255.000 ergibt; hierzu wäre dann das Plus von 15.000 Mitgliedern zu addieren, das der Verband von Oktober 1932 bis März 1933 zu verzeichnen hatte (vgl. Vb/3, Jg. 8, 1933, Nr. 1, S. 14).
177 Vgl. Schriften, H. 8, S. 14.
178 Vgl. Schriften, H. 20, S. 27 f.
179 Vgl. Vb/3, Jg. 7, 1932/33, Nr. 4/5, S. 161 f.
180 Vgl. Vb/2, Jg. 1, 1926, Nr. 7.
181 Vgl. Kunst und Volk. Blätter der Freien Volksbühne Halle, Jg. 7, 1926/27, Nr. 6.
182 Vb/3, Jg. 3, 1928/29, Nr. 2, S. 28.
183 Ebda.
184 *Brodbeck*, S. 221.

*Die zum Verband der deutschen Volksbühnenvereine
gehörigen Organisationen (April 1925)*

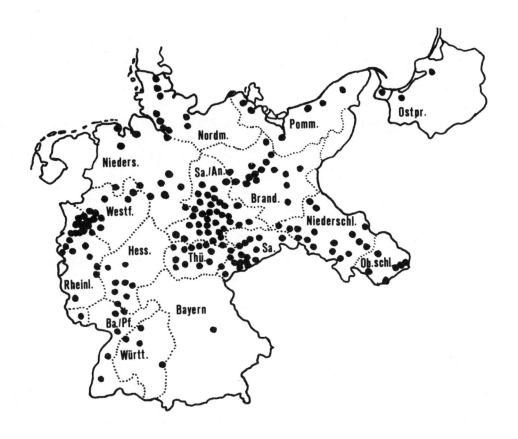

Quelle: Volksbühnen-Blätter. Monatsschrift der Düsseldorfer Volksbühne, Jg. 2, 1924/25, Nr. 11/12, S. 130 (ergänzt durch die spätere Bezirksgruppeneinteilung vom Verfasser).

Prinzipiell dürfte sich dieses Bild in den folgenden Jahren kaum verändert haben, auch wenn nun in den Gebieten, in denen Vereine des Volksbühnenverbandes recht dünn gesät waren, einige Neugründungen erfolgten. Eine genauere Gegenüberstellung der Bezirksgruppen innerhalb des Verbandes ist indessen lediglich für die Jahre 1930 und 1931, in denen die Zahl der lokalen Organisationen insgesamt ihren Höhepunkt hatte, möglich: Noch immer stand der Bezirk des Freistaats Sachsen mit über 40 Vereinen und ca. 60.000 Mitgliedern unangefochten an der Spitze der Organisation; nimmt man den geographisch größeren Bezirk Sachsen-Anhalt hinzu, der jedoch weit weniger Verbandsmitglieder aufzuweisen hatte, so waren gut 20% der Vereine und auch der Mitglieder in Sachsen beheimatet. Ein Problembezirk wie Bayern konnte jetzt immerhin 12 bzw. 13 lokale Organisationen in den Verband einbringen, während Pommern und Oberschlesien am Schluß der Rangfolge verblieben; die ebenfalls recht kleine Gruppe von 7 Volksbühnen der Region Mecklenburg ist dagegen in dem Großbezirk „Nordmark" aufgehoben[185]:

Bezirk	Zahl der Vereine 1930	1931	Zahl der Mitglieder (soweit ermittelbar)[186]
Sachsen (Freistaat	42	43	60.650 (November 1930)
Nordmark	24	27	?
Niedersachsen	22	26	43.170 (Mai 1931)
Ostpreußen/Danzig/Memelland	22	25	18.500 (April 1931)
Rheinland	23	24	28.200 (" ")
Sachsen-Anhalt	24	23	23.126 (" ")
Brandenburg	23	23	?*
Niederschlesien	19	22	35.500 (" ")
Hessen/Hessen-Nassau/Saar	17	18	24.000 (" ")
Westfalen	18	17	[6.000 (Juni 1932)]
Thüringen	16	16	20.500 (April 1931)
Baden/Pfalz	12	14	18.000 (November 1931)
Bayern	12	13	?
Württemberg	9	7	14.000 (Oktober 1930)
Pommern	7	7	?*
Oberschlesien	6	6	?

* zusammen: 23.000 (April 1931)

Die größten lokalen Organisationen waren zu dieser Zeit (Juni 1931):
Berlin	mit	56.000	Mitgliedern
Breslau (Bezirk Niederschlesien)	"	26.770	"
Dresden (Bezirk Freistaat Sachsen)	"	19.700	"
Chemnitz (" " ")	"	17.500	"
Hannover (Bezirk Niedersachsen)	"	14.425	"
Köln (Bezirk Rheinland)	"	14.200	"
Stuttgart (Bezirk Württemberg	"	11.400	"
Hamburg (Bezirk Nordmark)	"	10.000	"

während 4/5 der Vereine unter 1.000 Mitglieder zählten.[187]

---

185 Vgl. Schriften, H. 22, S. 12; *Brodbeck,* S. 213 ff.
186 Vgl. Vb/3, Jg. 5, 1930/31, Nr. 9, S. 407 und Nr. 10, S. 458; Vb/3, Jg. 6, 1931/32, Nr. 2, S. 78 und 80 sowie Nr. 3, S. 130 ff.; Nr. 4, S. 174 und Nr. 9, S. 375; Vb/3, Jg. 7, 1932/33, Nr. 4/5, S. 166.
187 Vgl. Vb/3, Jg. 6, 1931/32, Nr. 4, S. 172.

c) *Einfluß der Massenkultur?*

Inwieweit die Mitgliederentwicklung des Volksbühnenverbandes von den Erscheinungen der Massenkultur beeinflußt war, die sich in der postinflationären Phase der Weimarer Republik verstärkt durchsetzte, läßt sich nicht restlos klären. Seit 1926/27 trat in den Geschäftsberichten des Verbandes neben die Hinweise auf wirtschaftliche Not, Arbeitslosigkeit, Kurzarbeit und die daraus resultierende mangelnde Kaufkraft weiter Teile der Bevölkerung auch die Klage über eine Konkurrenz für die Werbearbeit der Volksbühnen durch Kinos, Rundfunk und Sportveranstaltungen, um die stagnierenden bzw. rückläufigen Mitgliederzahlen zu erklären. Besonders in den Großstädten würden Sensationen aller Art die Menschen in ihren Bann ziehen, die zudem in steigendem Maße abgeneigt wären, sich in ihrer Bewegungsfreiheit von festen Bindungen einschränken zu lassen, wie sie das System der Volksbühnen mit ihren Vorstellungsplänen, die ihre Mitglieder zum Besuch festdatierter Veranstaltungen verpflichteten, darstellten.[188] Der um 1926 einsetzende kontinuierliche Mitgliederverlust der Berliner Volksbühne, die im Juni 1932 statt der 160.000 Vereinsangehörigen zur Mitte der zwanziger Jahre nur noch ganze 36.000 zählen konnte – weit weniger als in der Vorkriegszeit –, scheint diesen Einfluß eines gesellschaftlich-kulturellen Wandels zu bestätigen.[189] Die Entwicklung der Mitgliederzahlen verlief indessen bei den verschiedenen Großstadtvereinen durchaus unterschiedlich: Während etwa die Volksbühne in Hannover – ähnlich wie in Berlin – nach einem Höhepunkt von ca. 40.000 Mitgliedern in den Jahren 1925/26 auf unter 15.000 in den frühen dreißiger Jahren absank, konnten die Vereine in Chemnitz, Köln und Breslau – z.T. nach starken Einbrüchen im unmittelbaren Anschluß an die Periode der Hyperinflation – ihre Mitgliederzahlen von Jahr zu Jahr bis 1931 steigern, wenn sie auch nicht in jedem Fall wieder den (vor)inflationären Stand erreichten. Insgesamt konnten die Geschäftsberichte des Volksbühnenverbandes neben Verlusten immer auch Zugewinne in großstädtischen Vereinen melden.[190] Daß die Mitgliederbewegungen der Vereine ganz andere Ursachen als solche, die in den kulturellen Präferenzen ihrer Mitglieder lagen, haben konnten, mag das Beispiel der Frankfurter Volksbühne zeigen. Hier hatte die Leitung der städtischen Bühnen versucht, ihren Etat durch eine Erhöhung der Preise um 45 Pfennig pro Platz der an die Volksbühne abgegebenen Vorstellungen zu sanieren. Der Verein, der diese Mehrbelastung an seine Mitglieder weitergeben mußte, verlor dadurch nach eigenen Angaben 20-30% seiner Mitgliedschaft, wobei interessanterweise Angestellte und Beamte weit sensibler auf diese Beitragserhöhung reagierten als die der Volksbühne angehörenden Arbeiter.[191]

---

188 Vgl. etwa Schriften, H. 17, S. 12.
189 Vgl. Schriften, H. 6, S. 18; H. 20, S. 27 und H. 22, S. 11; Vb/3, Jg. 7, 1932/33, Nr. 4/5, S. 130; Blätter Vb Berlin, Jg. 5, 1928/29, Nr. 3, S. 6.
190 Vgl. etwa Schriften, H. 17, S. 13; H. 20, S. 30; H. 21, S. 13 und H. 22, S. 13.
191 Vgl. Vb/3, Jg. 6, 1931/32, Nr. 5, S. 196; weitere Beispiele für Korrelationen zwischen Mitgliederzahl und Beitragsänderungen in Schriften, H. 20, S. 44.

d) *Fluktuation*

Die Fluktuation innerhalb des Volksbühnenverbandes dürfte nicht unerheblich gewesen sein, standen doch den Neuzugängen an Vereinen oftmals auch Streichungen ganzer Organisationen gegenüber. Zunächst fiel dabei das Verhältnis noch recht günstig für den Verband aus: Im Jahre 1925/26 etwa nahm die Zahl der Vereine trotz eines Verlustes von 7 um 42 zu.[192] In den späten zwanziger und frühen dreißiger Jahren erhöhte sich jedoch die Zahl der Vereine, die ihre Tätigkeit einstellen mußten oder aus anderen Gründen den Verband verließen: Im Geschäftsjahr 1929/30 etwa konnte der Volksbühnenverband, trotz der 33 Beitritte, nur um 16 Vereine wachsen.[193] Hinzu kommt, daß der Zugewinn durch expandierende Vereine teilweise durch solche wieder aufgehoben wurde, die Mitglieder verloren hatten. Genauere Zahlen hierzu liegen jedoch nur für das Jahr 1926/27 vor: Obwohl dem Verband durch das Wachstum älterer Vereine und den Gewinn von neuen Organisationen ca. 40.000 Mitglieder zugeführt wurden, hatte er insgesamt einen Verlust von ca. 15.000 Mitgliedern zu beklagen.[194] Allerdings ist auch hiermit die exakte Rate der Fluktuation noch nicht angegeben, da die aufgeführten Zahlen ihrerseits wiederum auf einem Austausch von Zu- und Abgängen innerhalb der einzelnen Vereine beruhen dürften, der indessen nicht dokumentiert ist. Eine Schätzung des Verbandsgeschäftsführers aus dem Jahre 1931 geht von einer Fluktuationsrate von ungefähr 20% sämtlicher Mitglieder aus.[195]

e) *Jugend*

Auch über den Erfolg einer Nachwuchsarbeit der Volksbühnen liegen nur wenige Daten vor. Immerhin hatten sich im Geschäftsjahr 1928/29 insgesamt 85 Vereine mit Jugendarbeit in irgendeiner Form beschäftigt, von denen allerdings nur 22 feste Jugendgruppen – also besondere Vorstellungsabteilungen für jugendliche Theaterbesucher – organisiert hatten. Die übrigen Vereine führten ihre jugendlichen Mitglieder zu ermäßigten Preisen in die Vorstellungen ihrer Hauptabteilungen, wobei sie z.T. mit den schlechteren Plätzen vorliebnehmen mußten, gaben Karten an Jugendorganisationen ab oder veranstalteten in Zusammenarbeit mit Schulen und kommunalen Behörden Sondervorführungen für Schüler. In zahlreichen Fällen begleiteten Aussprache- und Einführungsabende solche Jugendveranstaltungen, so daß man durchaus von einer kulturellen Erziehungsarbeit der Volksbühnen sprechen kann.[196]

Über größere Jugendabteilungen mit mehr als 1.000 Mitgliedern verfügten 1930 die Vereine in Braunschweig, Breslau, Chemnitz, Darmstadt, Frankfurt a.M., Halle

---

192 Vgl. Schriften, H. 8, S. 12 f.
193 Vgl. Schriften, H. 22, S. 11.
194 Vgl. Schriften, H. 17, S. 13.
195 Vgl. Schriften, H. 22, S. 36.
196 Vgl. Schriften, H. 21, S. 23 f.

und Lübeck; die Volksbühnenjugend des Berliner Vereins war 1927 in seinen Sonderabteilungen aufgegangen, deren Entwicklung jedoch den Charakter einer Jugendabteilung immer weiter zurücktreten ließ. 1929 wurden daher Abteilungen für 14–18jährige eingerichtet, die besonders die organisierte proletarische Jugend ansprechen sollten, deren Mitgliederzahlen jedoch nicht dokumentiert sind.[197] Den Vogel in der Heranziehung eines Volksbühnennachwuchses dürfte aber wohl der Lübecker Verein abgeschossen haben: Im Herbst 1930 zählte seine Jugendvolksbühne 2.200 Mitglieder und hatte damit die Zahl der Erwachsenengruppe „um mehrere hundert" Mitglieder überflügelt.[198]

Darüber hinaus wendete sich der Verband durch mehrtägige sog. Jugendkurse, die nach einer ersten zentralen Veranstaltung 1926 in Friedrichroda vor allem auf Bezirksebene weitergeführt wurden, an Angehörige und Funktionäre der verschiedenen Jugendverbände, um für die Volksbühnenbewegung zu werben. Neben Referaten, die zu diesem Zweck die Bedeutung des Berufstheaters und der Volksbühnen im besonderen behandelten, beschäftigte man sich hier praktisch und theoretisch mit den künstlerischen Elementen der Jugendbewegung: mit dem Laienspiel sowie dem Sprech- und Bewegungschor. Unter Anleitung von Fachleuten wie dem Leiter des Leipziger Arbeiterbildungsinstituts-Sprechchores, Otto Zimmermann, oder Karl Vogt, Lobo Frank u.a. übten sich die Teilnehmer in der Improvisation von Stegreifszenen, dramatisierten, begleitet von entsprechenden Atem-, Sprech- und Bewegungsübungen, beispielsweise ein Zechsches Bergarbeitergedicht oder das „Erntelied" von Dehmel und erhielten Anregungen für eine „proletarische Festgestaltung".[199] In den beiden Jahren 1929/30 und 1930/31 organisierte der Volksbühnenverband insgesamt 26 solche meist von 40–50 Interessierten besuchte Jugendtagungen.[200] Da in den Quellen nur unspezifisch von Jugendorganisationen die Rede ist, können über den Teilnehmerkreis nur Vermutungen angestellt werden: Der Stellenwert, der dem Sprechchorwesen zugebilligt wurde, und die Auswahl der Referenten legt die Annahme nahe, daß insbesondere die proletarische Jugend in gewerkschaftlichen und sozialdemokratisch orientierten Verbänden angesprochen werden sollte[201]; gelegentlich griffen die Arbeiterorganisationen selbst bei eigenen Seminaren mit ähnlichen Zielsetzungen auf Referenten des Volksbühnenverbandes zurück. So unterschied sich etwa ein im Herbst 1930 von brandenburgischen Arbeiterjugendverbänden unter der organi-

---

197 Vgl. *Brodbeck,* S. 135 f. Anmeldungen für diese neuen Jugendabteilungen des Berliner Vereins konnten außer in dessen Geschäftsstelle noch bei der Freigewerkschaftlichen Jugendzentrale, der Jugendgruppe des Zentralverbandes der Angestellten, der Sozialistischen Arbeiterjugend, der Jugendabteilung der Freien Turnerschaft und der Jugendgruppe der Naturfreunde erfolgen; vgl. Blätter Vb Berlin, Jg. 6, 1929/30, Nr. 6, S. 20.
198 Vgl. Vb/3, Jg. 5, 1930/31, Nr. 8, S. 361.
199 Vgl. *Brodbeck,* S. 139 ff.; auch etwa Vb/3, Jg. 4, 1929/30, Nr. 8, S. 358 ff. und Jg. 5, 1930/31, Nr. 8, S. 359 f.
200 Vgl. Schriften, H. 22, S. 18.
201 Schon in der Diskussion zum Thema „Jugend und Bühne" auf dem Volksbühnentag von 1925 rückten einige Delegierte besonders die proletarische Jugendbewegung als Ansprechpartner der Volksbühnen in den Vordergrund; vgl. Schriften, H. 6, S. 59 ff.

satorischen Führung des ADGB veranstalteter Kursus über „Neue Festkultur", der mit einem Besuch der „Weber"-Aufführung in der Berliner Volksbühne begann, im weiteren Verlauf in keiner Weise von den Jugendkursen des Volksbühnenverbandes.[202] Einer sehr verklausulierten Bemerkung des Geschäftsberichts von 1929 läßt sich entnehmen, daß die Jugendarbeit der Volksbühnen allerdings von Gewerkschaften und Sozialdemokratie z.T. als Konkurrenz zu den eigenen Nachwuchsorganisationen empfunden wurde: Überorganisierung „gewisser Volkskreise" und eine „Zersplitterung der Kräfte" wurden dem Verband vorgeworfen. Zwar sprach der Bericht dabei nur – wie in dieser Hinsicht üblich, jede konkretere Formulierung vermeidend – von „anderen großen Organisationen politischer, wirtschaftlicher oder weltanschaulicher Art"[203], doch erinnert gerade der Vorwurf, die Kräfte zu zersplittern, fatal an ähnliche Bemerkungen, wie sie schon um die Jahrhundertwende aus den Reihen der sozialdemokratischen Partei gegenüber den Volksbühnen gefallen waren.[204]

f) *Frauen*

Wenig eindeutige Aussagen sind zu dem Anteil der Frauen im Volksbühnenverband zu machen, da auch hier die Datenbasis mehr als dürftig ist. Immerhin lassen die wenigen vorliegenden Statistiken[205] durchaus den Schluß zu, daß mehr als die Hälfte der Volksbühnenmitglieder weiblichen Geschlechts war: Die Zahlen hierzu bewegen sich bei den Vereinen in Chemnitz, Magdeburg, Frankfurt a.M., Breslau, Berlin, Ulm und Jena zwischen 56,6% und 66,8%. Dagegen blieben die Frauen des Verbandes in den führenden Positionen offenbar weit unterrepräsentiert. In den Leitungsgremien des Verbandes – also in Vorstand und Verwaltungsrat – findet sich, soweit die personale Zusammensetzung dokumentiert ist, keine einzige Frau. Auch auf Bezirksgruppen- und Vereinsebene beschränkte sich die Mitwirkung weiblicher Mitglieder weitgehend auf die untergeordneten Positionen innerhalb der Vorstands- und Verwaltungsgremien, etwa auf die künstlerischen Ausschüsse, Beiräte, Kassierertätigkeiten u.ä., aber selbst hier überwogen noch die Männer. Daß die Eislebener Volksbühne eine weibliche Vorsitzende hatte, muß dagegen als absolute Ausnahme innerhalb des Volksbühnenverbandes gewertet werden.[206] Insofern kann man wohl trotz des hohen Anteils weiblicher Volksbühnenmitglieder kaum davon ausgehen, daß sie das Vereinsleben oder gar die Verbandspolitik entscheidend geformt und geprägt haben.

---

202 Vgl. Vb/3, Jg. 5, 1930/31, Nr. 8, S. 359.
203 Schriften, H. 21, S. 24.
204 Vgl. etwa *Scherer*, Bürgerlich-oppositionelle Literaten, S. 128 f.; *Nestriepke*, Geschichte, S. 249 f.; Vb/3, Jg. 5, 1930/31, Nr. 6, S. 241 f.
205 Vgl. *Brodbeck,* S. 412 ff.; Vb/2, Jg. 1, 1926, Nr. 16 und Jg. 2, 1927, Nr. 10; Blätter Vb Berlin, Jg. 7, 1930/31, Nr. 3, S. 14 ff.; FVb Jena, Jg. 9, 1928/29, Nr. 5/6, S. 45; Kunst und Volk. Blätter der Breslauer Volksbühne, Jg. 3, 1925/26, Nr. 6, S. 114.
206 Vgl. Vb/3, Jg. 7, 1932/33, Nr. 7, S. 255.

g) *Zur Sozialstruktur*

Es müßte geradezu als vermessen gelten, wollte man aufgrund einiger pauschaler Einschätzungen und des wenigen statistischen Materials, das sich in den Quellen findet, zu einer fundierten Aussage über die Sozialstruktur des Volksbühnenverbandes kommen. Wenn überhaupt diesbezügliche Hinweise veröffentlicht wurden, beschränkten sie sich auf einzelne Vereine und blieben zudem meist bei nicht näher quantifizierten Angaben allgemeinster Art stehen. So heißt es verschiedentlich, daß Vereine „alle Kreise der Bevölkerung" erfassen würden[207] oder sich insbesondere auf Angehörige der „werktätigen Bevölkerung" stützten und ein erheblicher Teil der Mitgliedschaft von den Gewerkschaften „unterschiedlicher Richtungen" gestellt würde.[208] Nur ganz selten lassen sich solche Anmerkungen durch Aussagen über die Berufstätigkeit dieser Mitglieder ergänzen, die im Falle kleinerer Städte mit wenig verschiedenartiger Industrie deren eigentümliche Sozialstruktur widerspiegelten. Der größte Teil der Gladbecker Vereinsmitglieder z.B. waren Bergarbeiter, die Mitgliedschaft der Volksbühnen in den niederschlesischen Industrieorten Weißwasser und Langenbielau setzte sich dagegen „vorwiegend" aus Arbeitern der Textil- und Glasindustrie zusammen.[209]

Eine etwas größere Aussagekraft dürfte einer Aufstellung zukommen, die die Mitgliedschaft der Vereine in Hannover, Magdeburg und Oldenburg nach sozialen Schichten bzw. nach finanzieller Leistungskraft gliedert[210]; auch wenn diese als exemplarisch bewertet wurde, können Rückschlüsse auf die Gesamtmitgliedschaft doch nur unter großen Vorbehalten erfolgen:

	Hannover	Oldenburg	Magdeburg
Arbeiter, Angestellte und Rentner	65%	60%	55%
Angehörige des Mittelstandes	25%	25%	30%
„bessergestellte" Bevölkerungsschichten	10%	15%	15%

Immerhin kommt hierin zum Ausdruck, daß in der Praxis – zumindest dieser drei Vereine – der programmatische Anspruch der Volksbühnen eingelöst wurde, sich allen Bevölkerungskreisen zu öffnen, aber besonders diejenigen zu berücksichtigen, die aufgrund eines geringen Einkommens auf niedrige Eintrittspreise angewiesen waren, um ihre kulturellen Bedürfnisse befriedigen zu können. Die mögliche Bandbreite des Anteils von Arbeitern und Angestellten an der jeweiligen Vereinsmitgliedschaft zeigen die Volksbühnen in Ulm und Heidelberg.[211] Stellten hier beide Gruppen

---
207 Vgl. etwa *Brodbeck*, S. 229 f.; Vb/3, Jg. 5, 1930/31, Nr. 7, S. 356.
208 Vgl. etwa *Brodbeck*, S. 217 f.; Vb/3, Jg. 5, 1930/31, Nr. 3, S. 131.
209 Vgl. Vb/3, Jg. 5, 1930/31, Nr. 4, S. 171 und Nr. 7, S. 358.
210 Vgl. Schriften, H. 8, S. 115.
211 Vgl. Vb/2, Jg. 2, 1927, Nr. 10 und Jg. 3, 1928, Nr. 1.

69,6% der Mitglieder, so waren es dort lediglich 41%. In gewisser Weise konnte dieses Bild jedoch durch die zahlreichen Frauen unter den Volksbühnenmitgliedern verfälscht sein, da sie oftmals aufgrund eigener Angaben als Familienangehörige ohne Beruf geführt wurden. Diese Gruppe von in ihrer sozialen Schichtung nicht aufzuschlüsselnden Hausfrauen und Haustöchtern machte beispielsweise inklusive der Witwen 3/4 der weiblichen Mitglieder der Magdeburger Volksbühne aus, während nur 23% der Frauen sich als Arbeiterinnen oder Angestellte einstuften. Insgesamt kamen daher die Berufsgruppen der (männlichen und weiblichen) Arbeiter und Angestellten ebenfalls nur auf 42% der Magdeburger Vereinsmitglieder, während ihr Anteil unter den Männern allein jedoch 70% betrug.[212] Nimmt man im Falle der Berliner Volksbühne ebenfalls nur die männlichen Mitglieder als Grundlage, so zählten hier die Arbeiter und Angestellten sogar 83%.[213]

Versucht man, diese Gruppe weiter zu differenzieren, so zeigt sich, daß in den Vereinen, über die hierzu Zahlen vorliegen[214], Arbeiter und Angestellte ungefähr gleich stark vertreten waren; nur in Chemnitz war die Differenz erheblich. Auch hier verändert sich das Bild, wenn man nur die männlichen Mitglieder berücksichtigt: Einerseits erhöht sich wieder der Anteil beider Berufsgruppen zusammen, andererseits aber verschiebt sich auch das Verhältnis zwischen Arbeitern und Angestellten leicht zugunsten der ersten Kategorie, da bei den berufstätigen Frauen die Angestellten mitunter drastisch dominierten – außer wiederum im Falle der Chemnitzer Volksbühne, wo 2353 Arbeiterinnen nur 776 weibliche Angestellte gegenüberstanden.

| | Arbeiter/-innen | Angestellte | Arbeiter | Angestellte |
	(Anteil an der Gesamtmitgliedschaft)		(Anteil an der männlichen Mitgliedschaft)	
Chemnitz	45%	16%	58%	22%
Berlin	31%	31%	44%	39%
Magdeburg	31%	22%	39%	32%
Hannover	34%	32%	37%	32%

Eine dritte größere Mitgliedergruppe innerhalb der Volksbühnenvereine dürften die männlichen und weiblichen Lehrer und Beamten gestellt haben. Lag ihr Anteil an der Gesamtmitgliedschaft des Berliner Vereins lediglich bei 4%, so erhöhte er sich jedoch etwa in Ulm und Heidelberg auf 16% bzw. 17%; in Hannover und Magdeburg waren nahezu 20% allerdings nur der männlichen Mitglieder Beamte oder Lehrer.[215] Die Aufstellung des Berliner Vereins legt die Vermutung nahe, daß diese Gruppe tatsächlich überwiegend von unteren und mittleren Bediensteten der Verwaltungen, der Post, Eisenbahn und ähnlicher öffentlicher Institutionen gebildet wurde.

---

212 Vgl. *Brodbeck,* S. 413.
213 Vgl. Blätter Vb Berlin, Jg. 7, 1930/31, Nr. 3, S. 15 f.
214 Vgl. ebda.; Vb/2, Jg. 1, 1926, Nr. 17; *Brodbeck,* S. 412 f.
215 Vgl. ebda.; Vb/2, Jg. 2, 1927, Nr. 10 und Jg. 3, 1928, Nr. 1.

Den jeweiligen Rest der Mitglieder bildeten vor allem Gewerbetreibende, selbständige Handwerker und Freiberufler sowie in oft erheblichem Umfang die bereits erwähnten Hausfrauen und -töchter.

Will man eine Summe aus diesen doch eher sporadischen, im übrigen allesamt erst aus den späteren zwanziger Jahren stammenden Angaben zur Sozialstruktur des Volksbühnenverbandes – oder besser: einzelner Vereine – ziehen, so wird man – immer unter dem Vorbehalt, daß die Basis für generelle Aussagen kaum gegeben ist und die durch die Quellenlage bedingte Auswahl der Vereine zu Verzerrungen führen könnte – kaum von einer Arbeiterorganisation im klassischen Sinne sprechen können, obwohl der Hinweis auf die kleineren, oftmals völlig von einem Industriezweig geprägten Industriestädte und die Zahlen des Chemnitzer Vereins[216] andeuten, daß der Anteil der Arbeiter unter den Verbandsmitgliedern möglicherweise höher lag, als die wenigen Statistiken erkennen lassen. Gerechter wird man dem Verband aber offenbar, wenn man ihn in einem modernen Sinne als eine Organisation von Arbeitnehmern bezeichnet, zu denen neben Arbeitern auch Angestellte und Beamte in nichtleitenden Positionen zu zählen sind. Dabei spiegelten die Volksbühnen anscheinend nicht nur die allgemeine Zunahme der Angestelltenberufe wider, sondern auch eine weitere, nach der politischen und wirtschaftlichen Stabilisierung der Weimarer Republik einsetzende, sozialökonomische Umstrukturierung. Auch Angestellte waren von Rationalisierungsmaßnahmen, untertariflicher Bezahlung oder der Einstufung in niedrigere Gehaltsklassen in größerem Umfang betroffen. „Zwischen den Arbeitern und den (kleinen und mittleren) Angestellten gab es kaum noch Unterschiede im Hinblick auf Arbeitsbedingungen und Arbeitsentgelt."[217] Faktisch fand eine „Proletarisierung der Angestellten"[218] statt. Selbst Beamte bekamen nunmehr Personalabbau und die Konkurrenz der in die Verwaltungen nachrückenden Angestellten zu spüren. „Die Unterscheidung zwischen Beamten und Angestellten ist heute nur durch die verschiedene arbeitsrechtliche Form der Anstellung gegeben."[219] Überspitzt formuliert könnte man geradezu schließen, daß innerhalb des Volksbühnenverbandes – auf seinem begrenzten Tätigkeitsfeld – das gelang, was die freien Gewerkschaften in Erkenntnis dieser sozialökonomischen Entwicklung anstrebten: den engeren organisatorischen Zusammenschluß von Angestellten-, Beamten- und Arbeiterschaft sowie den Abbau überkommenen Standes- und Abgrenzungsdenkens. Immerhin nahmen ja die Angestellten und Beamten in ihren Volksbühnenvereinen bewußt in Kauf, sich den Prinzipien von Einheitspreis und Platzwechsel unterzuordnen, so daß in den Vorstellungen eben tatsächlich der angelernte Lagerarbeiter neben dem Buchhalter saß und der Schuldiener wenigstens gelegentlich einen besseren Platz erhielt als der Studienrat.

---

216 Auch die Volksbühne in Zeitz z.B. gab an, daß im Mai 1930 54% der Mitglieder dem „Arbeiterstande" angehörten; vgl. Mitteilungsblatt der Freien Volksbühne Zeitz, Jg. 8, 1930/31, Nr. 1, S. 7.
217 *Helga Grebing*, Geschichte der deutschen Arbeiterbewegung, München 1980, S. 160.
218 *Siegfried Kracauer*, Die Angestellten. Aus dem neuesten Deutschland, Frankfurt a.M. 1985, S. 13.
219 *Siegfried Aufhäuser,* zit. nach ebda., S. 82.

6. Finanzen

Die Vereine des Volksbühnenverbandes finanzierten sich fast ausschließlich durch die einheitlichen Beiträge ihrer Mitglieder, die diese allmonatlich oder vor ihrer jeweiligen Vorstellung in die Vereinskasse zahlten. In der Regel enthielten diese Beiträge sowohl die anteiligen Kosten für die Übernahme der Theateraufführung als auch einen Beitrag für die Verwaltung des Vereins. Daneben erhoben die Vereine z.T. eine besondere Einschreibgebühr von den neu beitretenden Mitgliedern oder auch Umtauschgebühren für die Erneuerung der Mitgliedskarten nach jeder Spielzeit. Der Hauptanteil der regulären Mitgliederbeiträge jedoch durchlief praktisch nur die Vereinskasse, da er als Vorstellungsmiete an die Theater wieder abgeführt werden mußte: Der Volksbühne Jena blieben so beispielsweise im Geschäftsjahr 1926/27 von den 55.741 Mark Mitgliederbeiträgen lediglich 9.185,10 Mark für die eigentliche Vereinsarbeit übrig.[220] Insofern fielen etwaige Überschüsse aus den Sonderveranstaltungen, für die gesonderte Eintrittspreise verlangt wurden, oder aber auch kommunale Zuschüsse, wie sie ein kleiner Teil der Vereine erhielt, sofern diese nicht als Senkung der Vorstellungsbeiträge an die Mitglieder weitergegeben wurden, doch stärker ins Gewicht, als ihr Anteil an den Gesamteinnahmen der Vereine vermuten ließe. Soweit hierüber Zahlen vorliegen, konnten zwischen 1924 und 1929 jährlich etwa 1/4–1/5 der dem Verband angeschlossenen Vereine auf direkte öffentliche Subventionen zurückgreifen: Im Geschäftsjahr 1927/28 etwa wurden 77 Vereinen Mittel in Beträgen von 100 bis über 5.000 Mark zur Verfügung gestellt; dazu traten gelegentlich weitere Sachleistungen in Form von Mietermäßigungen für städtische Säle, Stellung von Büroräumen oder auch einer Bürohilfskraft u.ä.[221] Die Verwaltungsbeiträge und -gebühren verwendeten die Vereine vor allem für ihre organisatorische Arbeit, also etwa für die Gehälter von Vereinsangestellten, für die Propaganda, für die Erstellung von Drucksachen u.ä. sowie vielfach für die Lieferung einer kostenlosen Vereinsschrift an die Mitglieder.

Im übrigen war die Höhe der Beiträge, die die Mitglieder an die Vereine zu entrichten hatten, recht unterschiedlich: 1925/26 etwa lagen diese – abgesehen von extra erhobenen Verwaltungsbeiträgen und -gebühren – zwischen unter 1,— Mark und 2,79 Mark. Der Gesamtjahresbeitrag eines Mitglieds differierte in Abhängigkeit von Zahl und Art der Vorstellungen, die ihm hierfür geboten wurden, noch stärker: Er betrug 6 bis über 30 Mark.[222]

Bei der Beitragsgestaltung hatten die Vereine natürlich die Preise zu berücksichtigen, die sie für die Übernahme der Vorstellungen an die Theater zu zahlen hatten; auch hier waren sie auf das Entgegenkommen der Theaterleitungen angewiesen. Immer wieder wurde daher innerhalb des Verbandes darüber geklagt, daß die Bühnen – auch die in kommunalem Besitz – in den diesbezüglichen Verhandlungen überhöhte Forde-

---

220 Vgl. FVb Jena, Jg. 8, 1927/28, Nr. 1/2, S. 11.
221 Vgl. Schriften, H. 20, S. 147.
222 Vgl. Schriften, H. 8, S. 14 ff.

rungen an die Vereine stellten, während diese wiederum meinten, daß sie durch die niedrigen Volksbühnenbeiträge Teile des Kassen- und Abonnementspublikums einbüßen würden. Dieser Befürchtung trat der Verband regelmäßig mit dem Hinweis entgegen, daß in seinen Vereinen weitestgehend nur solche Theaterbesucher organisiert seien, die ohne Volksbühnen überhaupt nicht in die Theater kämen.[223] Dennoch konnte es so mitunter vorkommen, daß die Einheitsbeiträge der Volksbühnen erheblich über den Kassenpreisen der unteren Platzkategorien lagen; Vereinsmitglieder konnten also zumindest gelegentlich einen Platz erhalten, der für sie an der Theaterkasse billiger zu haben gewesen wäre.[224] Diese Tatsache und der Gedanke, daß selbst die Einheitspreise der Volksbühnen für viele Geringverdienende noch zu hoch wären, aber auch die mancherorts vorhandene Konkurrenz durch andere Besucherorganisationen, etwa des „Bühnenvolksbunds", denen die gleichen Vergünstigungen von den Theatern eingeräumt wurden, die dann jedoch nach Platzgattungen gestaffelte Beiträge von ihren Mitgliedern verlangten, wobei die unteren niedriger als die Einheitsbeiträge der Volksbühnen lagen, führten zu Überlegungen innerhalb des Volksbühnenverbandes und seiner Vereine, ob der statutarisch verankerte Grundsatz des Einheitspreises noch aufrechtzuhalten war. Insgesamt aber hielt der Verband durchgehend an dem seit Gründung der ersten Volksbühne gültigen Prinzip fest und gestattete nur widerstrebend und als Übergangslösung einzelnen Vereinen, ausnahmsweise davon abzuweichen[225]: „Nur in vier oder fünf Fällen zahlen Mitglieder von Volksbühnen gestaffelte Platzpreise".[226]

Der Volksbühnenverband selbst, d.h. die Tätigkeit seiner Zentrale, sollte sich nach seiner Gründung durch die Beiträge der ihm angeschlossenen Vereine finanzieren, die zunächst vierteljährlich 5 Pfennig pro Vereinsmitglied in die Verbandskasse zu zahlen hatten. Im Zuge der immer rascher voranschreitenden Geldentwertung ging der Verband jedoch 1923 per Satzungsänderung dazu über, künftig mindestens 1 Prozent der Vereinseinnahmen aus Vorstellungs- und Verwaltungsbeiträgen zu fordern, wobei dieser Beitragssatz bei Bedarf auf 2 Prozent gesteigert werden konnte.[227] Obwohl die Verbandsleitung diese Beitragsspanne dann Ende 1923 voll ausschöpfte und die Vereine zu einer wöchentlichen Beitragszahlung anhielt, die doch selbst große Probleme hatten, ihre Beiträge in immer kürzeren Abständen der rasanten Preisentwicklung anzupassen und möglichst ohne größere Verluste von den Mitgliedern über die Vereinskasse zu den Theatern zu schaffen, hätte der Verband den Wettlauf gegen die Hyperinflation fast verloren:

---

223 Vgl. etwa Schriften, H. 8, S. 39 f.; H. 20, S. 51 f. und H. 21, S. 19 f.
224 Vgl. Schriften, H. 20, S. 41.
225 Vgl. Schriften, H. 20, S. 40 f. und H. 21, S. 18.
226 Schriften, H. 17, S. 15.
227 Vgl. Vb/1, Jg. 3, 1923, 3. Vjh., S. 135. Als Kompromiß gegenüber den Vereinen mit sehr hohem Mitgliedsbeitrag wurde die 2%ige Abgabe per Satzungsänderung 1925 durch eine Untergrenze von 2 Pf. und eine Obergrenze von 4 Pf. für den dem Verband zustehenden Anteil an jedem eingenommenen Vorstellungs- und Verwaltungsbeitrag beschränkt; vgl. Schriften, H. 6, S. 42 ff.

„Wohl oder übel mußte sich der Vorstand mit einem Abbau der Verbandseinrichtungen befreunden. Die Reisen der Sekretäre wurden aufs äußerste eingeschränkt. Obgleich die Angestellten des Verbandes freiwillig auf Teile ihrer Bezüge verzichtet hatten, mußte allen zum 1. Januar 1924 gekündigt werden. Es war nicht einmal möglich, neues Werbematerial herauszubringen. Es schien sogar zweifelhaft, ob die Zeitschrift des Verbandes fortgeführt werden könne."[228] Um die Zeitschrift zu retten, hatte der Verband nicht nur ständig versucht, den Bezugspreis den steigenden Herstellungskosten anzugleichen, sondern bereits im Herbst 1922 zu Spenden für einen Hilfsfond aufgerufen.[229] Die Verbandsangestellten brauchten nach den ausgesprochenen Kündigungen allerdings nicht entlassen zu werden, da sich der Verband, nicht zuletzt durch Zuwendungen aus öffentlichen Mitteln sowie durch Beitragszahlungen und Beihilfen des Saarbrücker Vereins, die dieser in französischer Währung ablieferte, einigermaßen über Wasser halten konnte, bis die Währungsstabilisierung die endgültige Rettung brachte. Das Geschäftsjahr konnte dann sogar im Juni 1924 mit einem Überschuß von knapp 40.000 Mark und einem Gesamtvermögen von annähernd 50.000 Mark abgeschlossen werden.[230]

Tatsächlich wurden die staatlichen Zuschüsse zu einer der Haupteinnahmequellen des Volksbühnenverbandes. Bereits auf dem 2. Volksbühnentag von 1921 konnte der Vertreter des preußischen Kultusministeriums (d. i. vermutlich Ludwig Seelig) den Delegierten mitteilen, „daß, vorbehaltlich der Zustimmung des Preußischen Landtags, von der Staatsverwaltung ein Beitrag in Höhe von 75.000 Mark zur Förderung der Volksbühnenpropaganda bereitgestellt worden sei."[231] Legt man die Mitgliederzahlen von Juni 1922 zugrunde, so hatte der Volksbühnenverband aus den Beiträgen der Vereine dagegen nur maximal 64.000 Mark zu erwarten. Es ist anzunehmen, daß ihm auch in den folgenden Jahren beträchtliche Mittel aus der preußischen Staatskasse zuflossen, nachdem auf Initiative Seeligs vom preußischen Kultusministerium Anfang 1922 die „Preußische Landesbühne" als gemeinnützige G.m.b.H. zum Aufbau und zur Unterstützung eines planmäßigen und gemeinnützigen Theaterwesens ins Leben gerufen worden war, als deren Gesellschafter der Preußische Fiskus, der „Bühnenvolksbund" und der Volksbühnenverband fungierten. Genaue Zahlen über die staatlichen Zuschüsse, die der Verband außerdem noch von dem Reichsinnenministerium und einzelnen Provinzen erhielt, liegen für die Jahre 1924/25 bis 1930/31 vor[232], nach denen diese das Beitragsaufkommen aus den Vereinen erheblich überstiegen: Stand 1924/25 den Vereinsbeiträgen in Höhe von 90.596 Mark schon die Summe von 147.787,30 Mark an solchen Zuwendungen gegenüber, so betrugen die

---

228 Schriften, H. 4, S. 14.
229 Vgl. Vb/1, Jg. 3, 1922/23, Nr. 2 ff.
230 Vgl. Schriften, H. 4, S. 14 f. und 19 f.
231 Vb/1, Jg. 2, 1921/22, Nr. 2, S. 41.
232 Vgl. Schriften, H. 6, S. 36; H. 8, S. 64 f.; H. 17, S. 68; H. 19, S. 36 f.; H. 21, S. 71 und H. 22, S. 38 f. Dokumentiert sind nicht die den Delegierten der Volksbühnentage vorgelegten gedruckten Kassenberichte, sondern lediglich deren kurze, mündliche Zusammenfassungen durch den Verbandskassierer.

Zahlen für das Jahr 1929/30 ca. 130.000 Mark bzw. ca. 366.000 Mark (ohne kleinere zweckgebundene Zuschüsse, die sich nicht näher beziffern lassen).

Doch hinsichtlich der öffentlichen Gelder, die der Volksbühnenverband erhielt, muß man unterscheiden: Großenteils durchliefen sie lediglich die Verbandskasse, da sie als Subventionen für die Wanderbühnen des Verbandes ausgewiesen waren. Der immerhin noch recht stattliche Rest, der der eigentlichen Verbandsarbeit zugute kam, bewegte sich in jedem Jahr ungefähr auf der gleichen Höhe wie die Beiträge der Vereine. Nur in den Jahren 1929/30 und 1930/31 lagen sie um jeweils ca. 50.000 Mark oder 40% über den Einnahmen aus Vereinsbeiträgen.

Im übrigen reichte die staatliche Unterstützung für die Wanderbühnen nie ganz aus, um die Defizite völlig auszugleichen: In den sieben Jahren von 1924 bis 1931 setzte der Verband aus eigenen Mitteln insgesamt ca. 250.000 Mark zu, wobei er im günstigsten Fall (1926/27) lediglich 10.800 Mark, im schlechtesten (1927/28) jedoch 71.500 Mark aufbringen mußte.[233] Auch der Volksbühnenverlag mit dem angegliederten Bühnenvertrieb dürfte kaum ein finanzieller Aktivposten für den Verband gewesen sein; mehrfach mußten ihm Zuschüsse oder Darlehen aus der Verbandskasse zur Verfügung gestellt werden. Erst „verschiedene Abbaumaßnahmen" und eine organisatorische Umstellung im Geschäftsbereich brachten 1928 eine Besserung: Der Geschäftsbericht für das Jahr 1928/29 konnte jedenfalls mitteilen, daß sich der Verlag nun aus eigener Kraft trage und ältere Verpflichtungen hätte abbauen können.[234] Die Hoffnung, daß sich die Zeitschrift des Verbandes aus den Abonnements und dem Verkauf einzelner Hefte finanzieren könnte, wurde ebenfalls jedes Jahr enttäuscht: Mit 22.500 Mark war der diesbezügliche Zuschuß im Geschäftsjahr 1926/27, in dem das Verbandsorgan gänzlich als 14tägige Zeitung erschien, am höchsten. Mit der Umwandlung in eine Monatszeitschrift ab April 1928 wurde auch die Verbandskasse erheblich weniger belastet; bis Juni 1929 waren nur noch 2.338 Mark erforderlich. Blieb dieser Betrag für das Jahr 1929/30 in etwa gleich, so erhöhte er sich 1930/31 jedoch wieder auf ca. 4.000 Mark.[235] Nicht zu vernachlässigen sind auch die finanziellen Leistungen der Verbandszentrale an in Not geratene oder sich noch im Aufbau befindliche Vereine. Sie verzichtete dabei nicht nur auf fällige Beiträge – die Zahl der beitragsleistenden Vereine war erheblich geringer als die der dem Verband angehörenden (1926 z.B. 164 von 240, 1931 aber immerhin 257 von 313)[236] –, sondern gab auch Darlehen und rückzahlungsfreie Beihilfen, die in dem aufgrund der Wirtschaftskrise offenkundig besonders schwierigen Jahr 1925/26 insgesamt fast 40.000 Mark ausmachten; knapp 30.000 Mark gingen davon als Zuschüsse in Teilbeträgen von 50 bis über 1.000 Mark an 56 Vereine.[237]

Den größten Posten auf der Ausgabenseite des Volksbühnenverbandes – neben den

---

233 Vgl. Schriften, H. 19, S. 36; H. 21, S. 70 f. und H. 22, S. 38 ff.
234 Vgl. Schriften, H. 20, S. 124 und H. 21, S. 37 f.
235 Vgl. Schriften, H. 17, S. 69; H. 21, S. 71 und H. 22, S. 40.
236 Vgl. Schriften, H. 8, S. 64 und H. 22, S. 38.
237 Vgl. Schriften, H. 8, S. 65.

Mitteln für die Wanderbühnen – stellte jedoch die Finanzierung der Verwaltungsarbeit. Die Maxime,
> „daß zum mindesten die Kosten für die eigentliche Verbandsarbeit, die also die Ausgaben für Verwaltung, Verbandstag, Verwaltungsrat, Bezirksabgaben und Drucksachen umfassen, restlos durch die Vereinsbeiträge aufgebracht werden müssen"[238],

die der Verbandskassierer 1925 formulierte, wurde bereits in diesem Jahr nicht mehr erfüllt: Die diesbezüglichen Aufwendungen von ca. 105.500 Mark überstiegen die Einnahmen aus Beiträgen und Zinsen von ca. 98.000 Mark um ca. 7.500 Mark. Entschuldigt wurde dieses durch die unpünktlichen und unregelmäßigen Zahlungen der Vereine.[239] Obwohl künftig über eine mangelnde Beitragsmoral der Vereine nicht mehr geklagt wurde, ist anzunehmen, daß sich dieses vom Kassierer beklagte Mißverhältnis sogar noch verstärkte: Bei einem Beitragsvolumen von ca. 130.000 Mark wendete der Volksbühnenverband in den Jahren 1928/29 und 1929/30 jeweils ca. 200.000 Mark oder ca. 40% der reinen Verbandsausgaben allein für die Verwaltungsarbeit auf, wovon allerdings die Verbandszentrale nur ca. 70.000 Mark in Anspruch nahm; der größere Teil ging offenbar an die Bezirkssekretäre.[240] Von einer aufgeblähten, hohe Summen verschlingenden zentralen Verbandsbürokratie zu sprechen, wäre also einigermaßen verfehlt; Kosten verursachte – neben der umfangreicher gewordenen praktischen Arbeit auch in der Verbandszentrale – besonders die regionale Differenzierung der Organisation.

Da der Volksbühnenverband insgesamt kaum von den Beiträgen seiner Vereine allein existieren konnte, die zudem infolge der gegen Ende der Republik einsetzenden Wirtschaftskrise erhebliche Einbrüche hätten aufweisen können, gleichzeitig aber befürchtet werden mußte, daß die öffentlichen Zuwendungen zukünftig in geringerem Umfange gewährt würden, überlegte die Verbandsleitung im Sommer 1930, wie die Verwaltungskosten gemindert werden könnten. Bereits im Geschäftsjahr 1930/31 lagen diese dann um 10.000 Mark niedriger als im Vorjahr; für das kommende Jahr war eine weitere Verringerung um 27.000 Mark in Aussicht genommen.[241] Tatsächlich hatte 1930 eine „Reorganisation" der Bezirkssekretariate begonnen, die auf Beschluß von Verbandsvorstand und Verwaltungsrat im Sommer 1931 fortgesetzt wurde: Einzelne Bezirke wurden zusammengelegt, die Aufgaben der Bezirkssekretäre teilweise von anderen Funktionären des Verbandes übernommen. Das Bezirkssekretariat Westfalen wurde nun nebenamtlich von dem Bezirksvorsitzenden geführt, das für Nieder- und Oberschlesien dem geschäftlichen Leiter der dortigen verbandseigenen Wanderbühne zugeteilt; die bislang selbständigen Sekretariate für Niedersachsen und Mitteldeutschland wurden nun gemeinsam vom Sekretär für Mitteldeutschland, der seinen Sitz von Halle nach Hannover verlegte, verwaltet; die Aufwen-

---

238 Schriften, H. 6, S. 36.
239 Vgl. ebda., S. 37.
240 Vgl. Schriften, H. 21, S. 71 und H. 22, S. 39.
241 Vgl. Schriften, H. 22, S. 39.

dungen für die Sekretariate Rheinland und Nordmark wurden „erheblich" herabgesetzt.[242]

Ob diesen Maßnahmen nur die berechtigte Sorge um bevorstehende Einnahmeausfälle zugrunde lag – tatsächlich wurden die Mittel, mit denen die Preußische Landesbühne die Wanderbühnen des Verbandes subventionierte, im Jahr 1931/32 um etwa ein Drittel gekürzt, und es ist nicht anzunehmen, daß die übrigen öffentlichen Zuschüsse in den letzten beiden Jahren der Verbandsgeschichte ebenso reichlich flossen wie zuvor[243] – oder ob der Volksbühnenverband bereits in akute Zahlungsschwierigkeiten geraten war, ist nicht ganz eindeutig zu belegen. Der Verbandskassierer sprach lediglich davon, daß die Geschäftsjahre 1929/30 und 1930/31 „im ganzen ein günstiges Ergebnis" aufwiesen, „namentlich, wenn man Zeit und Umstände bedenkt."[244] Dagegen hatte der Verband in den drei vorhergehenden Geschäftsjahren größere Probleme gehabt, seinen Etat auszubalancieren: 1926/27 mußte der Kassierer erstmalig nach der Stabilisierung einen Fehlbetrag von 9.000 Mark verbuchen, der jedoch durch Vorschüsse aus den für das folgende Geschäftsjahr bewilligten öffentlichen Mitteln gedeckt werden konnte; 1927/28 erhöhte sich das Defizit auf 28.600 Mark, das auf die gestiegenen Kosten für die Wanderbühnen, die um zwei weitere ergänzt worden waren, zurückgeführt wurde – in der Tat lagen diese mit 71.500 Mark überdurchschnittlich hoch – und durch Rückgriff auf eigene Rücklagen ausgeglichen werden konnte. Das Jahr 1928/29 schloß zwar mit einem minimalen Überschuß von 123,78 Mark, jedoch nur, weil die öffentlichen Subventionen für die Wanderbühnen beträchtlich gestiegen waren und die Rücklagen nicht (wie geplant) vollständig wieder aufgefüllt wurden, sondern nur um etwa die Hälfte dessen, was man im Vorjahr zur Defizitdeckung abgezogen hatte.[245]

Im übrigen hatten Vorstand und Verwaltungsrat im Januar 1928, als sich der größere Fehlbetrag im Verbandshaushalt abzeichnete, die Vereine ersucht, diesen durch eine Sonderumlage von 10 Pfennig pro Mitglied außerplanmäßig zu stützen. Dieses Ansinnen traf jedoch auf Kritik: Statt der maximal zu erwartenden 54.000 Mark erhielt der Verbandskassierer nur einen Betrag von 13.247,26 Mark, der sich allerdings im darauffolgenden Jahr noch auf insgesamt 26.639 Mark steigerte.[246]

---

242 Vgl. ebda., S. 13.
243 Vgl. Vb/3, Jg. 7, 1932/33, Nr. 4/5, S. 135 und Nr. 7, S. 230.
244 Schriften, H. 22, S. 37.
245 Vgl. Schriften, H. 17, S. 67 f.; H. 19, S. 38 und H. 21, S. 72.
246 Vgl. Vb/2, Jg. 3, 1928, Nr. 3; Schriften, H. 19, S. 37 f. und 45 sowie H. 20, S. 26 und H. 21, S. 72.

7. Kooperation und Spaltung

a) *Fachverbände des Theaters*

Als Betreiber eigener Wanderbühnen war der „Verband der deutschen Volksbühnenvereine" den drei Fachverbänden des Theatersektors angeschlossen: dem „Deutschen Bühnen-Verein", dem „Verband der deutschen gemeinnützigen Theater" und der „Vereinigung gemeinnütziger Wanderbühnen", wobei die letzteren eine Untergruppe der jeweils vorangehenden Organisation darstellten. In diesen Zusammenschlüssen von Bühnenleitern bzw. -trägern agierte der Volksbühnenverband gewissermaßen in einer Doppelrolle: einerseits als „Unternehmer" – in welcher Eigenschaft er Aufnahme gefunden hatte –, andererseits aber wohl vorwiegend als Interessenvertreter der Volksbühnen, die den hier vertretenen Theatern auf lokaler Ebene in Verhandlungen um die Bedingungen der Abnahme von Vorstellungen oftmals als Kontrahenten gegenüberstanden. Konflikte zwischen Volksbühnenverband und den übrigen Theaterbetreibern innerhalb der o.g. Vereinigungen blieben daher aufgrund von unterschiedlichen Interessen vor allem bei der Formulierung des Verhältnisses von Theaterleitung und Besucherorganisation nicht aus, das insbesondere im „Verband der deutschen gemeinnützigen Theater" häufiger Gegenstand der Diskussionen war. Ein Teil der Bühnenleiter sah in den Besucherorganisationen allgemein keinen wirtschaftlichen Nutzen, sondern im Gegenteil eher eine Gefahr des Wegfangs besser bezahlender Abonnenten, befürchtete Einnahmeverluste und war auch wenig bereit, den Spielplanwünschen entgegenzukommen. Gegen die dort gelegentlich erhobene Forderung, daß die Mitgliedschaft in den Besucherorganisationen an eine gewisse Einkommensgrenze zu binden sei, reagierte der Volksbühnenverband ablehnend – nicht nur, weil dies dem Selbstverständnis als „Kulturgemeinschaft" prinzipiell aller Bevölkerungsschichten entgegenstand oder man sich nicht den Charakter eines Vereins „Minderbemittelter" geben wollte, die möglicherweise mit minderen Aufführungen abzuspeisen wären, sondern wohl auch deswegen, weil die Volksbühnen in ihrer kulturellen Bildungsarbeit darauf angewiesen waren, Intellektuelle im weitesten Sinne für eine Mitwirkung in den Vereinen zu gewinnen. Wenn der Volksbühnenverband auch nicht alle Bedenken zerstreuen konnte, mußte er es doch als einen Erfolg verbuchen, daß der „Verband der deutschen gemeinnützigen Theater" seinen Mitgliedern empfahl, die Abwanderung zahlungskräftiger Personen in die Besucherorganisationen dadurch zu verhindern, daß jene verpflichtet werden sollten, in Verbindung mit einem Platzwechselsystem einheitliche Beiträge und Preise von ihren Mitgliedern zu verlangen. Während die Volksbühnenvereine diese Bedingung erfüllten, mußten Theatergemeinden des „Bühnenvolksbundes" oder andere „freie" Kartenvertriebsorganisationen, die nach Platzkategorien gestaffelte Beiträge erhoben, entweder dieses Volksbühnenprinzip übernehmen oder damit rechnen, daß ihnen geringere Vergünstigungen eingeräumt wurden.[247]

---

247 Vgl. Schriften, H. 8, S. 39 und H. 17, S. 38; *Brodbeck,* S. 408 ff.

Auch mit der dem AfA-Bund angegliederten „Genossenschaft Deutscher Bühnenangehöriger", der gewerkschaftlichen Organisation von Schauspielern, unterhielt der Volksbühnenverband enge Beziehungen, die jedoch zunächst keine institutionellen Formen annahmen. Obwohl beide Seiten ein freundschaftliches Verhältnis anstrebten und vielfach gemeinsame Interessen verfolgten, mußte sich der Volksbühnenverband in mehreren Punkten z.T. scharfe Vorwürfe fallen lassen, die er jedoch regelmäßig mit Hinweis auf mangelhafte oder falsche Informationen, die diesen zugrunde lägen, zu entkräften suchte. Wie manche Theaterleitungen befürchtete man auch zeitweise innerhalb der Bühnengenossenschaft wirtschaftliche Schädigungen durch die Besucherorganisationen und verwarf deren Anspruch, auf das künstlerische Programm der Bühnen oder gar die Berufung von Theaterleitern einzuwirken. In seiner Eigenschaft als Theater-„Unternehmer" wurde der Volksbühnenverband dahingehend kritisiert, daß seine Wanderbühnen – wie andere auch – den sozialen Anforderungen, die die Bühnengenossenschaft im Interesse der Schauspieler aufstellte, nicht genügten. Wohl einen stärker politischen Hintergrund dürften die Vorwürfe gehabt haben, die sich gegen die Zusammenarbeit des Volksbühnenverbandes mit dem „christlich-nationalen" Bühnenvolksbund – auf die noch einzugehen sein wird – richteten. Zu einem Friedensschluß von Bühnengenossenschaft und Volksbühnenverband kam es 1929, als die bisher öffentlich ausgetragenen Kontroversen als beendigt angesehen werden konnten und erneut die gemeinsamen kulturellen Ziele betont wurden. Präsidium und Verwaltungsrat der Bühnengenossenschaft schlugen vor, eine gemeinsame Kommission aus Vorstandsmitgliedern beider Organisationen zu bilden, um mögliche Divergenzen und Meinungsverschiedenheiten intern regeln, aber auch gemeinsam gegen staatliche bzw. kommunale Sparmaßnahmen und Bestrebungen zum Abbau von Theatern vorgehen zu können.[248]

b) *Administrationen*

Gegenüber Regierungsstellen, Behörden, Parlamenten bzw. deren Fraktionen oder einzelnen Abgeordneten trat der Volksbühnenverband – modern gesprochen – vornehmlich als pressure-group auf. Neben dem Bemühen um materielle und ideelle Unterstützung der Volksbühnenbewegung versuchte der Verband hierbei, in Eingaben, Verhandlungen oder informellen Gesprächen Kommunen, Länder und Reich an ihre Verpflichtung zu einer sozialen Kulturpolitik zu mahnen und sie zu veranlassen, beispielsweise nicht nur einzelne repräsentative Bühnen oder ähnliche Kunstinstitute mit umfangreichen Subventionen zu unterhalten. Auch in das Theaterwesen betreffenden Fragen der Gesetzgebung oder der Verordnungen konnte der Verband gelegentlich Einfluß geltend machen und wurden seine Funktionäre als Gutachter oder Interessenvertreter gehört. Auf lokaler Ebene wurden Vertreter der Volksbühnen in kom-

---

[248] Vgl. Schriften, H. 8, S. 39 f.; H. 17, S. 39; H. 20, S. 136 ff.; H. 21, S. 45 f. und 135 f.; *Brodbeck*, S. 410 f.

munale Theaterkommissionen berufen; einzelne Vereine oder der Verband als ihr Stellvertreter beteiligten sich an von den Städten geführten Betriebsgemeinschaften zur Unterhaltung örtlicher Theater, bei denen meist die Konkurrenzorganisation „Bühnenvolksbund" den dritten Gesellschafter stellte.[249]

Besonders intensiv gestaltete sich jedoch die Zusammenarbeit mit dem Preußischen Kultusministerium, dessen Theaterabteilung von Ludwig Seelig, einem Freund und Förderer der Volksbühnenbewegung, geführt wurde. Dieser hatte Anfang 1922 die „Preußische Landesbühne G.m.b.H." gegründet, deren Gesellschafter der Staat Preußen, vertreten durch das Ministerium für Wissenschaft, Kultur und Volksbildung, der Volksbühnenverband, aber auch wiederum der „Bühnenvolksbund" waren. Im Aufsichtsrat dieser Organisation saßen neben den drei Gesellschaftern u.a. noch Sachverständige aus einigen Fachverbänden und Vertreter des Städtetags sowie verschiedener Landtagsfraktionen; die Geschäftsführung übernahmen die Geschäftsführer der beiden Besucherorganisationen und Ludwig Seelig gemeinsam; finanziert wurde die „Preußische Landesbühne" durch Mittel aus dem Haushalt der Staatsregierung Preußens, die alljährlich neu bewilligt werden mußten und vom Volksbühnenverband regelmäßig als zu gering eingeschätzt wurden. Sinn und Zweck dieser Einrichtung war es, der Theaterabteilung des Kultusministeriums als beratendes und unterstützendes Organ für die planmäßige Gestaltung eines gemeinnützigen Theaterwesens in Preußen zur Seite zu stehen. Im wesentlichen bestand jedoch ihre Tätigkeit darin, Subventionen an stehende und wandernde Bühnen zu verteilen, die beiden Besucherorganisationen auch finanziell zu unterstützen und auf die Kommunalisierung von Theatern bzw. auf ihre Übernahme durch gemeinnützige Betriebsgesellschaften von Städten und Besucherorganisationen hinzuwirken, was allerdings doch wohl eher selten gelang.[250]

c) *Bürgerliche Kulturorganisationen*

Weniger die enge Beziehung zu dem Staat als vielmehr die Zusammenarbeit mit der eher bürgerlichen, aber auch unter den christlichen Gewerkschaften Mitglieder sammelnden Äquivalentorganisation, die sich auf eine christlich-konservative Weltanschauung festgelegt hatte und politisch zunächst dem Zentrum nahestand, allerdings schon früh ihr Spektrum weiter nach rechts zu reaktionären, völkischen und später schließlich nationalsozialistischen Gruppierungen ausdehnte, stieß innerhalb des Volksbühnenverbandes während der frühen zwanziger Jahre auf Kritik, da eine Kompromittierung oder gar eine ideologische Beeinflussung der eigenen Organisation befürchtet wurde.[251] Die Haltung der Verbandsführung gegenüber dem „Bühnenvolksbund" war indessen eine pragmatisch-taktische:

---

249 Vgl. etwa Schriften, H. 20, S. 56 f., 70 f. und 140 ff.
250 Vgl. Vb/1, Jg. 5, 1925, 2. Vjh., S. 101 ff.; *Brodbeck*, S. 386 ff.
251 Vgl. Vb/1, Jg. 3, 1922/23, Nr. 1, S. 18; Vb/1, Jg. 3, 1923, 3. Vjh., S. 133; Schriften, H. 4, S. 49 f.

„Es wird gelten, im Interesse einer gesunden Theaterkultur vollste Klarheit über das Wesen des Bühnenvolksbundes zu verbreiten und zu zeigen, wie gefährlich für die freie Entwicklung der Kunst ein weiteres Vordringen des Bühnenvolksbundes werden muß. Aber die Verbandszentrale ist durchaus der Auffassung, daß dieser Kampf lediglich mit geistigen Waffen zu führen ist, daß er nicht etwa darin bestehen kann, dem Bühnenvolksbund die Möglichkeit zur Vertretung seiner Grundsätze und zur Werbung für sie zu unterbinden. Die Verbandsleitung ist weiterhin der Auffassung, daß der Kampf stets sachlich und vornehm zu führen ist, und daß dort, wo die Interessen der beiden Besucherorganisationen die gleichen sind, auch ein gemeinsames Vorgehen möglich bleiben muß und zweckdienlich ist."[252]

Praktisch bedeutete dieses eine Gegenpropaganda zur Agitationstätigkeit des „Bühnenvolksbundes", Abwehr aller Versuche einer einseitigen Beeinflussung der Theater und einer diskriminierenden Polemik, aber eben auch gemeinsames Handeln dort, wo sich der Volksbühnenverband – etwa innerhalb der „Preußischen Landesbühne" oder der Theaterbetriebsgesellschaften – davon Vorteile versprechen konnte. Trotz der weitgehenden (kultur)politischen und weltanschaulichen Differenz beider Organisationen sah der Volksbühnenverband durchaus gemeinsam zu verfolgende Ziele: z.B. die Beseitigung des Geschäftsbetriebes auf dem Theatersektor, seine planwirtschaftliche Gestaltung, eine möglichst weitgehende Verbilligung der an die Besucherorganisationen abgegebenen Vorstellungen und auch die Zurückdrängung des „kulturell wertlosen" Operettentheaters zugunsten des Schauspiels.[253] Koalitionen boten sich dort an, wo organisatorisch-technische Gesichtspunkte im Vordergrund standen: etwa bei Verhandlungen um Vorstellungspreise und Zuschüsse oder bei der Forderung nach Sitzen in den kommunalen Theaterausschüssen.[254]

Ging es dagegen um die Freiheit der Kunst, kooperierte der Volksbühnenverband mit liberaleren Kulturorganisationen, wobei er sich allerdings lediglich von anderer Seite ausgehenden Initiativen anschloß und sich in ein breites Bündnis einreihte, so etwa einem 1925 gegründeten Ausschuß, der gegen eine Welle von politischen Urteilen gegen Künstler und Beschlagnahmungen von Kunstwerken protestierte, denen Hochverrat, Aufreizung zum Klassenhaß oder Verstoß gegen das Gesetz zum Schutz der Republik vorgeworfen wurde. Betroffen waren u.a. Johannes R. Becher und der Schauspieler Rolf Gärtner, der zu 15 Monaten Gefängnis verurteilt wurde, weil er in einer kommunistischen Revolutionsfeier Gedichte revolutionären Inhalts vorgetragen hatte. Auch trat man einem Reichsausschuß kultureller Verbände bei, der 1926/27 gegen die projizierten Gesetze zum „Schutz der Jugend vor Schmutz und Schund" und zum „Schutz der Jugend bei Lustbarkeiten" vorging; beteiligt waren jeweils u.a. der „Goethe-Bund", der „Schutzverband deutscher Schriftsteller", der „Reichswirtschaftsverband bildender Künstler", der „Verband deutscher Bühnen-

---

252 Schriften, H. 6, S. 35; vgl. auch Vb/1, Jg. 3, 1923, 3. Vjh., S. 134 sowie Schriften, H. 4, S. 19.
253 Vgl. Schriften, H. 8. S. 41.
254 Vgl. Schriften, H. 6, S. 35 und H. 17, S. 23 f.

schriftsteller und Bühnenkomponisten", aber auch die „Genossenschaft deutscher Bühnenangehöriger" oder (im letzten Falle) der „Sozialistische Kulturbund".[255]

d) *Sozialdemokratie und freie Gewerkschaften*

Die Beziehung des Volksbühnenverbandes zu Organisationen des sozialdemokratisch-freigewerkschaftlichen Milieus manifestierte sich lange Zeit weder in institutionellen Formen noch in gemeinsamen Aktionen. Alljährlich erfolgte zwar in den Geschäftsberichten des Vorstands ein kurzer Hinweis auf das Verhältnis des Verbandes zu den Gewerkschaften, doch galt wohl im großen und ganzen bis zum Beginn der dreißiger Jahre das, was der Geschäftsführer für das Jahr 1925/26 formulierte:
> „Von jeher war die Verbandsleitung deshalb darauf bedacht, mit den Zentralen der gewerkschaftlichen Verbände freundschaftliche Beziehungen zu pflegen. Auch im Berichtsjahr wurde der Fortführung der hier angeknüpften Verbindungen alle Aufmerksamkeit geschenkt, ohne daß sich dies jedoch in besonderen Zusammenkünften oder Aktionen geäußert hätte."[256]

Wie unerheblich sich dieses Verhältnis offenbar gestaltete, deutet die Tatsache an, daß der Geschäftsbericht von 1926/27 diesbezüglich lediglich solche Marginalien erwähnt wie die Beteiligung einiger Vertreter aus der Gewerkschaftsbewegung an einer internen Filmkonferenz des Volksbühnenverbandes und die Teilnahme von Verbandsvertretern an einer Tagung des „Sozialistischen Kulturbundes", bei der sie als Gäste nur in der Diskussion Gelegenheit erhielten, auf die Volksbühne hinzuweisen.[257] Allerdings standen (zumindest seit 1925) auf der Gästeliste der Volksbühnentage regelmäßig (örtliche) Vertreter der freien Gewerkschaften – übrigens neben denen des liberal-demokratischen Gewerkschaftsrings – und auch des „Sozialistischen Kulturbundes" oder des „Reichsausschusses für sozialistische Bildungsarbeit". Bezeichnend ist jedoch, daß die beiden letzten Organisationen jeweils entweder vom 2. Vorsitzenden des Volksbühnenverbandes Leo Kestenberg oder von Heinrich Schulz repräsentiert wurden, der als ausgewiesener Freund der Volksbühnenbewegung gelten konnte und schon 1897 kurzzeitig im Vorstand der Berliner „Freien Volksbühne" mitgewirkt hatte.[258]

Gerade das Verhältnis zu den Gewerkschaften, deren Nähe der Volksbühnenverband offenkundig suchte, gestaltete sich in der Praxis durchaus zwiespältig, da deren lokale Organisationen ihren Mitgliedern mitunter ebenfalls billige Theatervorstellungen und andere kulturelle Veranstaltungen vermittelten. Einerseits bemühte sich der Volksbühnenverband also, Interesse für die Volksbühnen zu wecken und dafür zu sorgen, daß die Gewerkschaften ihre Mitglieder aufforderten, den Volksbühnen beizutreten, andererseits kritisierte er das durch örtliche Gewerkschaftskartelle, Bildungsaus-

---

255 Vgl. Vb/1, Jg. 5, 1925, 4. Vjh., S. 270 ff.; Schriften, H. 17, S. 26 f.
256 Schriften, H. 8, S. 38 f.
257 Vgl. Schriften, H. 17, S. 28 und 37 f.
258 Vgl. Schriften, H. 6, S. 7; H. 8, S. 10; H. 17, S. 11; H. 19, S. 10 f.; H. 21, S. 9 und H. 22, S. 10.

schüsse und ähnliche Institutionen getragene Vorstellungswesen und versuchte dieses in den eigenen Vereinen aufgehen zu lassen. Tatsächlich fand sich offenbar nur ein Teil dieser Organisationen bereit, auf die Fortsetzung eigener Vorstellungen zu verzichten und sich statt dessen am Aufbau eines Volksbühnenvereins zu beteiligen.[259] Die Gründe für eine eher skeptische Haltung mancher Gewerkschaftsgruppen gegenüber den Volksbühnen, die mehr in den Lokalorganisationen als in ihrer Zentrale zu finden war, konnten recht unterschiedlich sein: Man wollte nicht auf die der eigenen Kasse zugute kommenden Überschüsse aus Vorstellungsveranstaltungen verzichten, vermutete, daß die Zahl der Vorstellungen, zu deren Besuch sich ein Volksbühnenmitglied verpflichten mußte, für viele Arbeiter zu hoch gegriffen war, kritisierte, daß sich die Volksbühnenvereine nicht auf die (gewerkschaftlich organisierte) Arbeiterschaft beschränkten, fand das künstlerische Programm zu wenig revolutionär oder aber – da man leichtere Kost bevorzugte – zu schwer und ernst.[260] Der Volksbühnenverband seinerseits bemängelte an den Gewerkschaftsvorstellungen das Zufällige, die mangelnde Erziehungswirkung und den unkünstlerischen Charakter mancher Veranstaltungen, bei denen – wenn überhaupt Einfluß bei den Theaterleitungen geltend gemacht werden könnte – eher auf die zugkräftigen Stücke, auf Operette und „albernen Schwank" zurückgegriffen würde; außerdem sei – im Gegensatz zu den Volksbühnen – hier kaum ein Wille „zur Erneuerung des überkommenen Geschäfts- und Amüsiertheaters"[261] festzustellen. Wenn man die „werktätigen Massen" am kulturellen Leben und vor allem am Theater stärker teilhaben lassen wollte, wäre es einfach an der Zeit, nach der historischen Ausgliederung von selbständigen Arbeiterparteien zur politischen Interessenvertretung und von Konsumgenossenschaften zur gemeinschaftlichen Bedarfsdeckung die Gewerkschaftsbewegung weiter zu differenzieren und die Eroberung der Kunst ebenfalls einer besonderen Organisation zu überlassen – eben den Volksbühnen, deren Bemühungen um die Gewinnung des Proletariats ebenso von den Gewerkschaften gefördert werden müßten wie die von Partei und Genossenschaftsbewegung.[262] Nestriepke, der dieses 1928 im Vorfeld der Hamburger Kongresse von ADGB und AfA-Bund formulierte, setzte so Volksbühne und Gewerkschaft gleich – auch wenn sie völlig unabhängig nebeneinander stünden – als „Ausdruck des Ringens der zum Selbstbewußtsein erwachenden, nach Aufstieg strebenden Arbeiterbewegung."[263]

Die Hoffnung allerdings, daß beide Gewerkschaftskongresse sich eingehender mit der Volksbühnenbewegung befassen würden, wurde enttäuscht. Ein Antrag, der auf dem kurz zuvor stattgefundenen Volksbühnentag von dort vertretenen Gewerkschafts-

---

259 Vgl. Schriften, H. 6, S. 33 und H. 20, S. 125 ff.
260 Vgl. Schriften, H. 20, S. 28; Vb/3, Jg. 3, 1928/29, Nr. 6, S. 14 f.
261 Vb/3, Jg. 3, 1928/29, Nr. 6, S. 14.
262 Vgl. ebda. Überdies bot sich die Volksbühne an, allen Arbeiterorganisationen – vor allem den Arbeiterkulturorganisationen – ihre künstlerische Erfahrung bei der Gestaltung einer proletarischen Festkultur zur Verfügung zu stellen; vgl. Vb/3, Jg. 6, 1931/32, Nr. 10, S. 419 ff.
263 Vb/3, Jg. 3, 1928/29, Nr. 6, S. 15.

angestellten und -funktionären formuliert worden war und den Bundesvorstand des ADGB ersuchte, die

„Volksbühnenbewegung zum Gegenstand der Behandlung zu machen und auf alle Fälle in einer Entschließung die Gewerkschaftsmitglieder aufzufordern, daß sie die Volksbühnenbewegung als soziale Kulturbewegung der Arbeiterschaft durch ihre Mitarbeit in den örtlichen Volksbühnen nachdrücklichst unterstützen"[264],

verfiel dort der Ablehnung.[265]

Erst im Frühjahr 1932, im Zuge der politisch und wirtschaftlich krisenhaften Entwicklung der Weimarer Republik, die auch vor dem Theater und anderen kulturellen Einrichtungen nicht haltmachte, kam es zu einer engeren organisatorischen Verbindung von Volksbühnenverband und freien Gewerkschaften, der sich neben den Arbeitnehmerverbänden des Theaters noch weitere Arbeiter- und Arbeiterkulturorganisationen anschlossen. Diese zentrale Arbeitsgemeinschaft sollte vornehmlich alle verfügbaren Kräfte für die Erhaltung des Kulturtheaters zusammenfassen, um sowohl gegen den Abbau öffentlicher Subventionen für gemeinnützige Bühnen, der das soziale Theaterwesen existenziell bedrohte und bereits zu einigen Theaterstillegungen geführt hatte, als auch gegen die politische Rechtsentwicklung der Republik, die sich auch in reaktionären Eingriffen auf kulturellem Gebiet manifestierte, und gegen die „kultur- und kunstfeindlichen Bestrebungen politischer und anderer Gruppen, namentlich im Hinblick auf das Theater"[266], gemeinsam kämpfen zu können. Im Herbst 1932 bildeten sich, analog zu der zentralen Arbeitsgemeinschaft, gleichartig zusammengesetzte lokale Arbeitsgemeinschaften, denen sich z.T. auch der dem liberaldemokratischen Gewerkschaftsring angehörende „Gewerkschaftsbund der Angestellten" anschloß.[267]

Wohl ebenfalls in diesen Zusammenhang einer stärkeren institutionellen Verbindung des Volksbühnenverbandes mit sozialdemokratisch-freigewerkschaftlichen Organisationen gehört die Beteiligung des Verbandes an der im November 1932 ins Leben gerufenen „Sozialistischen Dichterhilfe". Ihr Ziel war es, „den schwer ringenden sozialistischen Dichtern ihr jetzt doppelt notwendiges Schaffen wirtschaftlich zu erleichtern"[268] und ein Jahrbuch sozialistischer Dichtung herauszugeben, das jedoch, da das erste für den Spätherbst 1933 geplant war, wohl nicht mehr erscheinen konnte. Neben dem Kultusminister der gerade durch den sogenannten „Preußen-Schlag" von Papens gestürzten Preußischen Staatsregierung, Adolf Grimme, als 1. Vorsitzenden amtierte der Geschäftsführer des Volksbühnenverbandes Albert Brodbeck als 2. Vorsitzender; geschäftsführender Sekretär wurde der sozialdemokratische Redakteur und wohl bedeutendste Vertreter der Sprech- und Bewegungschordichtung Bruno Schönlank.

---

264 Schriften, H. 19, S. 110.
265 Vgl. Schriften, H. 20, S. 128; Vb/3, Jg. 3, 1928/29, Nr. 7, S. 44.
266 Vb/3, Jg. 7, 1932/33, Nr. 6, S. 195.
267 Vgl. ebda. Nr. 3, S. 89 f.; Nr. 4/5, S. 139; Nr. 6, S. 194 f.; Nr. 7, S. 255 und 257 sowie Nr. 8, S. 298 ff.; Nr. 10, S. 379 und Nr. 11, S. 426 f.
268 Vb/3, Jg. 7, 1932/33, Nr. 9, S. 347.

e) *Abspaltungen*

Die Existenz einer organisierten kommunistischen Minderheit ist nur für die Berliner Volksbühne belegt, obwohl nicht unbedingt auszuschließen ist, daß auch in anderen lokalen Vereinen Kommunisten Mitglieder oder Mitarbeiter der Leitungsgremien waren. In Berlin sammelten sie sich innerhalb der nach dem Piscator-Konflikt von 1927 eingerichteten Sonderabteilungen, denen neben Vorstellungen des allgemeinen Spielplans eigens für sie inszenierte politische Zeitstücke geboten werden sollten, die von einer kurze Zeit später neugegründeten, aber bald darauf wieder zusammengebrochenen Piscator-Bühne übernommen wurden. Seit 1928 war zumindest die Leitung dieser Sonderabteilungen in Form eines Arbeitsausschusses fest in kommunistischer Hand, der statutarisch zwar nicht vorgesehen, infolgedessen auch keine festgelegten Rechte beanspruchen konnte, dessen Etablierung aber vom Vereinsvorstand gebilligt worden war.[269] Von dieser isolierten Position aus betrieb man die Oppositionspolitik gegen den Vereinsvorstand, die darauf abzielte, den Verein auf eine proletarisch-revolutionäre Linie zu bringen, und in künstlerisch-politischer Hinsicht völlig auf die Positionen Piscators fixiert blieb. Zu den Forderungen, die die Sonderabteilungen erhoben, gehörten zudem eine Kooperation mit dem inzwischen kommunistischen „Arbeiter-Theater-Bund", der Anschluß an die überwiegend kommunistische „Interessengemeinschaft für Arbeiterkultur" (IfA) und die Zusammenarbeit mit der (kommunistischen) Bühnengenossenschaftsopposition – erfüllt wurde jedoch keine von ihnen, da die Delegierten der Sonderabteilungen auf den Hauptversammlungen des Vereins mit ihrem Ansinnen in einer hoffnungslosen Minderheit blieben.[270]

Nach wiederholten scharfen Auseinandersetzungen mit dem Arbeitsausschuß reagierte der Verwaltungsrat der Berliner Volksbühne im Mai 1930 auf die in einer Versammlung der Sonderabteilungen erfolgte Anregung, den Kampf aus den Versammlungen nun auch in die Vorstellungen zu tragen, mit der Auflösung des Ausschusses und später, da dieser den Beschluß nicht anerkennen wollte, mit dem Ausschluß seiner sieben Mitglieder aus dem Verein.[271] Nachdem der radikale Flügel im Oktober 1930 auch noch die Mehrheit innerhalb der Sonderabteilungen verloren hatte, kam es zur Gründung einer „Jungen Volksbühne", obwohl noch ein halbes Jahr zuvor die offizielle Politik der KPD gelautet hatte, in der Volksbühne zu bleiben und für eine proletarisch-revolutionäre Umgestaltung der Organisation von innen heraus zu kämpfen.[272] Diese Neugründung war eng mit dem „Piscator-Kollektiv", dem letzten Versuch Piscators vor seiner Emigration, eine eigene Bühne aufzubauen, verbunden; zu ihren korporativen Gründern und Mitgliedern gehörten die IfA, die „Internationale Arbeiterhilfe", die „Rote Hilfe", der „Internationale Bund der Opfer

---

269 Vgl. hierzu und im folgenden *Scherer,* Die Volksbühnenbewegung, S. 247 ff. sowie vor allem *Schwerd,* S. 116 ff.
270 Vgl. auch Blätter Vb Berlin, Jg. 6, 1929/30, Nr. 3, S. 6 und 8; Vorwärts vom 20. April 1930.
271 Vgl. auch Blätter Vb Berlin, Jg. 6, 1929/30, Nr. 6, S. 4 ff.
272 Vgl. *Schwerd,* S. 131.

des Krieges und der Arbeit" sowie proletarische Sportvereine und Freidenkerverbände.[273]

Dennoch ging der Stamm aktiver Mitglieder nicht über 3.000 hinaus.[274] Offensichtlich vollzog nur ein kleiner Teil der Sonderabteilungen, die im Frühjahr 1930 9.000 Mitglieder gezählt hatten[275], den Übertritt zur „Jungen Volksbühne".

Zwar finden sich in den vorliegenden Quellen noch weitere Hinweise auf vereinzelte Dissoziationen innerhalb einzelner Vereine oder auf Ausschlüsse bzw. Austritte ganzer Vereine aus dem Volksbühnenverband, doch bleiben ihre Hintergründe meist im Dunkeln. Den wenigen Fällen, zu denen es überhaupt Informationen gibt, lagen indessen nur zweimal eher politische Dinge zugrunde: So wurde die Dresdener Volksbühne nach ihrer 1922 erfolgten Gründung anfangs noch von den christlichen Gewerkschaften unterstützt, die sich jedoch bald – noch vor dem Beitritt des Vereins zum Volksbühnenverband – zurückzogen zugunsten einer vom „Bühnenvolksbund" gebildeten Ortsgruppe[276]; ebenfalls zum „Bühnenvolksbund" trat 1925 der Verein in Groß-Wartenberg über, so daß die verbandstreuen Mitglieder gezwungen waren, eine neue Volksbühnenorganisation aufzubauen.[277]

f) *Internationale Kontakte*

Lediglich anzumerken bleibt, daß der Volksbühnenverband sein Augenmerk auch auf ähnliche Organisationen außerhalb Deutschlands richtete, die z.T. durch das Beispiel der deutschen Volksbühnen inspiriert sowie vom Verband beraten und unterstützt wurden. Um den bestehenden Kontakten einen festeren Rahmen zu geben, wurde 1930 unter der Führung der deutschen Organisation eine „Internationale Arbeitsgemeinschaft der Volksbühnen" ins Leben gerufen, der sich Vereinigungen aus Norwegen, Schweden, Lettland, Belgien, Holland, der Tschechoslowakei und Nordamerika anschlossen; weitere Beziehungen bestanden zu Frankreich, Polen, Dänemark, England, Österreich und der Schweiz. Der 1. Vorsitzende des Volksbühnenverbandes, Curt Baake, wurde zum Präsidenten dieser Volksbühnen-Internationalen gewählt, zu ihrem Sekretär der Geschäftsführer des Verbandes, Albert Brodbeck; Sitz des Präsidiums, in dem noch je ein Vertreter aus Belgien und Norwegen saß, wurde Berlin. Ziel der Organisation war es, „die Idee des Volkstheaters in allen Kulturländern" zu propagieren.[278] Eine besondere Tätigkeit indessen konnte sie offenbar bis 1933 nicht mehr entwickeln.

---

273 Vgl. *Braulich*, Die Volksbühne, S. 155.
274 Vgl. *Scherer*, Die Volksbühnenbewegung, S. 249.
275 Vgl. Vb/3, Jg. 5, 1930/31, Nr. 3, S. 122.
276 Vgl. *Brodbeck*, S. 290.
277 Vgl. Schriften, H. 8, S. 23.
278 Vb/3, Jg. 5, 1930/31, Nr. 7, S. 312; vgl. auch Schriften, H. 22, S. 20 und 36 f.

g) *Ein Nachtrag: Sozialdemokratisch – oder nur sozial und demokratisch?*

Den obigen Ausführungen zum Kooperationsverhalten des Volksbühnenverbandes soll an dieser Stelle ein Nachtrag angefügt werden, der noch einmal auf die Beziehung des Verbandes zum sozialdemokratisch-freigewerkschaftlichen Milieu zurückkommt, jedoch aufgrund der Quellenlage mehr oder weniger im Bereich von Hypothesen stehen bleiben muß. Es ist nämlich zu vermuten, daß sich das Verhältnis enger gestaltete, als die angeführten institutionellen Formen der Zusammenarbeit erwarten lassen. Bereits früher ist erwähnt worden, daß ein Teil der Volksbühnenvereine aus der Tätigkeit von lokalen Gewerkschaftsgruppen und Bildungsausschüssen der Gewerkschaften und/oder der SPD auf dem Gebiet der Vorstellungsvermittlung hervorgegangen sind und solche Organisationen sich an der Gründung von örtlichen Volksbühnen beteiligten; es ist daher anzunehmen, daß ihre Vertreter dann auch weiterhin an der Vereinsarbeit mitwirkten. Personelle Verflechtungen, wie sie sich an der Spitze des Verbandes finden lassen – mindestens Baake, Nestriepke und Kestenberg waren Mitglieder der Sozialdemokratischen Partei, letzter arbeitete zudem aktiv im „Sozialistischen Kulturbund", im „Reichsausschuß für sozialistische Bildungsarbeit" und in der Arbeitersängerbewegung mit –, setzten sich offenbar auf lokaler Ebene fort: Beispielsweise waren die Vorsitzenden des Kieler Vereins durchweg Sozialdemokraten[279]; als langjähriger Vorsitzender des Münchener Vereins sowie der Bezirksgruppe Bayern amtierte der sozialdemokratische Stadtrat Mauerer[280]; innerhalb der Leitungsgremien einzelner Vereine standen verschiedentlich Gewerkschafts- oder Arbeitersekretäre. Daß unter den Delegierten des Volksbühnentages einige – wohl eher unprominente – Gewerkschaftsfunktionäre waren, zeigt der bereits erwähnte Antrag an den ADGB-Bundesvorstand; auch die Bemerkung Brodbecks, daß „fast in allen Volksbühnenorganisationen (...) namentlich Funktionäre des AfA-Bundes Funktionen" bekleiden[281], wird wohl kaum aus der Luft gegriffen sein.

Allerdings beschränkten sich solche Verflechtungen offenbar keineswegs auf Sozialdemokratie und freie Gewerkschaftsverbände allein. Genauso finden sich Hinweise darauf, daß in Vereinsvorständen – neben Sozialdemokraten oder Gewerkschaftern – auch Angehörige bürgerlicher Parteien bis hin zu einem deutschnationalen Landtagsabgeordneten waren.[282] Quantifizierende Aussagen indessen sind hierzu – wie zu dem Anteil sozialdemokratischer Volksbühnenfunktionäre – schlechterdings nicht möglich. Augenscheinlich dienten die Verweise auf bürgerliche Mitarbeiter auch dazu, Angriffe des „Bühnenvolksbundes" abzuwehren, der in seiner Propaganda immer wieder die Überparteilichkeit der Volksbühnen anzweifelte und sie als sozialistische (Partei-)Organisationen in Verruf bringen wollte. Die programmatisch festgelegte

---

279 Vgl. *Jeske*. Leider schweigt sie darüber, ob die an der Gründung der Kieler Volksbühne beteiligten KPD-Mitglieder auch später noch mitarbeiteten.
280 Vgl. Vb/3, Jg. 3, 1928/29, Nr. 11, S. 40.
281 Schriften, H. 21, S. 66.
282 Vgl. Schriften, H. 6, S. 98; H. 17, S. 23 und H. 20, S. 15.

politische Neutralität bzw. Unabhängigkeit äußerte sich jedoch nicht nur darin, daß der Volksbühnenverband Beziehungen zur Sozialdemokratie herunterspielte, sondern auch darin, daß er sich im Hinblick auf die divergenten Gewerkschaften der Weimarer Republik nicht fest zuordnen lassen wollte: Meist sprach man lediglich ganz allgemein von den „wirtschaftlichen Verbänden der Arbeiter, Angestellten und Beamten", zu denen man „freundnachbarliche Beziehungen" pflege[283], ohne sich auf bestimmte Richtungen festzulegen. Gelegentlich wurde ausdrücklich betont, daß sich die Volksbühnenbewegung „auf die Organisationen aller Richtungen und aller Gruppierungen" stütze.[284] Daß hierunter auch die christlichen Gewerkschaften fielen, ist also möglich, aber zumindest für solche Orte eher unwahrscheinlich, an denen neben den Volksbühnen Organisationen des „Bühnenvolksbundes" bestanden[285], da die christlichen Gewerkschaften eher als dessen Domäne gelten müssen. Mit Sicherheit ist jedoch anzunehmen, daß der – im Vergleich zu den freien Gewerkschaftsorganisationen allerdings unbedeutendere – „Gewerkschaftsring deutscher Arbeiter-, Angestellten- und Beamtenverbände" und vor allem der dieser demokratisch-liberalen Organisation angehörende „Gewerkschaftsbund der Angestellten" eine weitere Basis der Volksbühnen darstellten.

Im großen und ganzen dürfte daher Julius Babs gegenüber den Delegierten des Volksbühnentags von 1924 geäußerte Vermutung vielleicht zutreffen:

„(...) ich halte es deshalb für sehr möglich und wahrscheinlich, daß unter Ihnen sich eine große Anzahl von Männern und Frauen befinden, die zwar demokratisch und sozial denken und fühlen, aber so wenig wie ich sich ein sozialdemokratisches Parteibuch angeschafft haben oder anschaffen wollen."[286]

Solange aber die personellen Verflechtungen zwischen Volksbühnenvereinen und sozialdemokratischer Partei, örtlichen (Arbeiter-)Kultur- und Bildungsorganisationen, freien Gewerkschaftsverbänden einerseits, mit bürgerlichen Parteien sowie anderen Gewerkschaftsrichtungen andererseits nicht durch mehrere, intensive Lokalstudien aufgedeckt worden sind, scheinen die tatsächliche Beziehung des Volksbühnenverbandes zum sozialdemokratisch-freigewerkschaftlichen Milieu und die Bedeutung anderer gesellschaftlicher Gruppen für ihn kaum empirisch gesichert rekonstruierbar zu sein.

---

283 Schriften, H. 6, S. 33.
284 *Brodbeck*, S. 232.
285 1927 hatten von 180 Volksbühnen, die eine diesbezügliche Anfrage des Verbandsvorstandes beantworteten, 76 eine lokale Organisation des „Bühnenvolksbundes" neben sich; vgl. Schriften, H. 17, S. 22.
286 Schriften, H. 4, S. 38.

8. Medien

Das Zeitschriftenorgan des „Verbandes der deutschen Volksbühnenvereine" trug zunächst den Titel „Volksbühne. Zeitschrift für soziale Kunstpflege" und war eigentlich eine Schöpfung des Berliner Volksbühnenvereins. Aus finanziellen Erwägungen heraus hatte dieser im September 1920 seine bisherige Vereinsschrift geteilt. Neben einem schmalen Mitteilungsblatt, das die Mitglieder weiterhin kostenlos erhielten und das sich auf Nachrichten und Vereinsmitteilungen beschränkte, erschien nun alle zwei Monate die o.g. repräsentative Publikation, für die Interessenten allerdings einen besonderen Abonnementsbeitrag leisten mußten. Ab September 1922 zeichnete dann der Volksbühnenverband als Herausgeber verantwortlich, ohne daß sich an der Redaktionsleitung, Aufmachung oder inhaltlichen Gestaltung etwas änderte. Wie vorher auch lag die Redaktionsführung in den Händen Siegfried Nestriepkes – jetzt nicht mehr in seiner Eigenschaft als Generalsekretär der Berliner Volksbühne, sondern als Geschäftsführer des Verbandes. Autoren aus dem Umkreis der Volksbühne und des kulturellen Lebens wie Nestriepke selbst, Julius Bab, John Schikowski, Richard Seidel, Paul Zech, Leo Kestenberg, Arthur Holitscher u.a. veröffentlichen in dem grundsätzlichen Teil der Zeitschrift Aufsätze zu Fragen der Volksbühnenbewegung, allgemeine kunst- und kulturhistorische Beiträge oder solche zur Kulturpolitik und behandelten kunsttheoretische und -praktische Probleme, meist unter dem Aspekt einer sozialen bzw. pädagogischen Kunstpflege. Ergänzt wurden diese Artikel durch ein Feuilleton mit Proben dramatischer und lyrischer Werke, Anekdoten und anderer literarischer Kleinkunst sowie durch einen Anhang unter dem Titel „Rundschau", in dem Stellung bezogen wurde zu aktuellen Erscheinungen der Theaterwelt und der übrigen Gebiete der Kunst, zu behördlichen Maßnahmen, zur Kritik, der der Verband und seine Vereine mitunter ausgesetzt waren, und in dem außerdem regelmäßig über die Tätigkeit der Volksbühnenorganisationen und den Stand der Bewegung berichtet wurde.

Im Grunde änderte sich an der Gestaltung des Verbandsorgans – bis auf eine Ausnahme, von der noch zu sprechen ist – bis zum letzten Heft im Juni 1933 nichts wesentliches, auch wenn ab 1928 der „Anhang" beträchtlich erweitert und stärker gegliedert wurde. Weiterhin erschienen auf diesen Seiten, die nun fast die Hälfte des Umfangs jedes Heftes ausmachten, zusammenfassende Berichte aus der Volksbühnenbewegung, Kritiken zu Theateraufführungen, Filmen, Schallplattenproduktionen, zu Vorgängen auf dem Gebiet des Tanzes, der Musik und der bildenden Kunst, kurze Referate zu Uraufführungen, Besprechungen von neuerschienenen Büchern und Schriften sowie „Anmerkungen".

Zum Jahreswechsel 1925/26 erfolgte eine einschneidende Veränderung der seit Frühjahr 1923 aus Gründen inflationsbedingter Sparmaßnahmen nur noch vierteljährlich erschienenen Verbandszeitschrift. Unter dem Titel „Die Volksbühne. Zeitung für soziale Theaterpolitik und Kunstpflege" gab der Volksbühnenverband sie nun vierzehntägig in Zeitungsformat heraus. Die Redaktionsführung wechselte von Siegfried Nestriepke zu dem bisherigen Bezirkssekretär für Südwestdeutschland Hans von

Zwehl. Versprach sich der Verbandsvorstand von dieser Umstellung vor allem größere Aktualität seines Organs und die Möglichkeit, rascher und wirkungsvoller publizistisch in die Theater- und Kulturpolitik eingreifen zu können[287], so machte von Zwehl aus der Zeitung eher ein lebendiges Diskussionsforum für die Fragen einer neuen Dramatik. Die politische Tendenz der Bühnenkunst, das moderne Zeitstück, die Gestaltung aktueller sozialer Probleme, die kritische Bewertung klassischer Dramen als nicht mehr zeitgemäße und gesellschaftlich irrelevante Kunst, aber auch die Fortsetzung der Auseinandersetzungen um das 1925 beschlossene Volksbühnen-Programm standen nun plötzlich im Vordergrund der Artikel. Insgesamt tendierte das Verbandsorgan hiermit eher in die Richtung der heterogenen, (links)oppositionellen Strömungen innerhalb des Verbandes, obwohl auch die Richtung des Vorstands und der Volksbühnenmehrheit zu Wort kam.

„(...) so erregte doch bald eine gewisse Tendenz Anstoß, das Blatt, obgleich offizielles Organ der Verbandsleitung, jenen von einer Oppositionsgruppe ausgehenden Bestrebungen dienstbar zu machen, die sich gegen die offizielle Verbandspolitik wandten. Es gab manche lebhafte Auseinandersetzung um die Zeitung. Die Differenzen spitzten sich schließlich dahin zu, daß der Verwaltungsrat anläßlich des Magdeburger Volksbühnentages [Juni 1927] eine Änderung der Redaktionsführung für unbedingt notwendig erklärte. Das Ergebnis war das Ausscheiden des Redakteurs. Die Leitung der ‚Volksbühne‘ übernahm provisorisch der Verbandsvorsitzende."[288]

Zwar wurde damit nicht jede Diskussion oder kritische Äußerung im Verbandsorgan unterbunden, doch herrschten nun – den realen Mehrheitsverhältnissen entsprechend – solche Artikel vor, die dem modernen Zeitdrama und einer tendenziösen Bühnenkunst eher skeptisch, zumindest aber distanzierter gegenübertraten. Im übrigen hatte weder von Zwehls Redaktionsführung noch sein sicherlich nicht ganz freiwilliges Ausscheiden die Delegierten der Volksbühnentage zu irgendwelchen Stellungnahmen herausgefordert.

Da auch der materielle Erfolg der Zeitung zu wünschen übrig gelassen hatte, wurde sie zum April 1928 erneut umgestaltet: Unter dem Titel „Die Volksbühne. Zeitschrift für soziale Theaterpolitik und Kunstpflege" erschien das zentrale Verbandsorgan in den letzten fünf Jahren wieder in Heftform, und zwar monatlich. Im Juni 1928 übernahm dann auch wieder der Geschäftsführer des Verbandes Nestriepke die Redaktion, die er jedoch bereits zum November an seinen Stellvertreter und späteren Nachfolger Albert Brodbeck übergab, der dann bis zur Einstellung der Zeitschrift und zur Auflösung des Verbandes überhaupt im Juli 1933 als Redaktionsleiter amtierte.

Die Zahl der „Volksbühnen"-Leser dürfte indessen nicht besonders hoch gewesen sein, da auf eine Bezugsverpflichtung verzichtet wurde und außerdem eine größere Zahl von Vereinen eigene Organe unterhielten.

---

[287] Vgl. Vb/1, Jg. 5, 1925, 4. Vjh., S. 194.
[288] Schriften, H. 20, S. 115.

„Der Leserkreis der ‚Volksbühne' setzt sich zu fast gleichen Teilen aus Funktionären und Mitarbeitern der Volksbühnen und aus Persönlichkeiten aus der Theater- und Kunstwelt zusammen."[289]

Im Jahre 1928 – nach der Umwandlung in die Monatsschrift, die einen kräftigen Zuwachs an Abnehmern gebracht hatte – betrug die Zahl der Abonnenten lediglich ca. 4.200.[290]

Für solche Vereine, die ihren Mitgliedern keine eigene Zeitschrift stellen konnten, hatte die Verbandszentrale seit 1924 die „Kunstgemeinde" zu bieten, die gewissermaßen einen Extrakt der „Volksbühne" darstellte. Anfangs orderten fast 40 Vereine insgesamt 24.000 Exemplare, die sie kostenlos oder gegen geringe Gebühr an ihre Mitglieder verteilten. Als die Nachfrage jedoch immer mehr nachließ, stellte der Verband sie 1927 ein.[291] Das dritte Periodikum des Volksbühnenverbandes bildeten die „Dramaturgischen Blätter", die unter der Leitung Julius Babs zwischen 1923 und 1932 – bis sie den Sparmaßnahmen des Verbandes zum Opfer fielen – in der Regel alle sechs bis acht Wochen erschienen. In ihnen wurden die dramatischen Neuerscheinungen einer jeweils kurzen kritischen Würdigung unterzogen und als Ratgeber und Wegweiser den Volksbühnenvereinen Anregungen und Hinweise zur Spielplangestaltung gegeben. Darüber hinaus sollten die „Dramaturgischen Blätter" außerdem ein Instrument darstellen, wenigstens indirekt die dramatische Kunst umzugestalten: Man versprach sich von einer Auszeichnung solcher Werke, die den Grundsätzen der Volksbühnenarbeit entsprachen und dann von den örtlichen Vereinen bevorzugt berücksichtigt werden sollten, durchaus eine Möglichkeit, die weitere Produktion von Dramen im Volksbühnen-Sinne anzuregen.[292]

Aus der Jugendarbeit des Volksbühnenverbandes heraus wuchs die vierte Zeitschrift der Organisation, die „Jugend-Volksbühne", die unter Redaktion des für Jugendarbeit zuständigen Verbandssekretärs Bruno Löwenberg erstmalig im Herbst 1930 erschien und dann etwa zehnmal jährlich herausgegeben werden sollte.

„In erster Linie soll die Jugend zu Worte kommen. Die künstlerischen Fragen, die einen jungen Menschen bewegen – mögen sie sich nun auf Theater, Musik, Film, bildende Kunst, Laienspiel beziehen –, sollen behandelt werden."[293]

Der reinen Öffentlichkeitsarbeit oder Propaganda für die Volksbühnenbewegung diente die als Manuskript gedruckte „Volksbühnen-Korrespondenz", die den direkten Verkehr der Verbandszentrale mit der Presse ermöglichen sollte und in unregelmäßigen Abständen – je nach Bedarf – an etwa tausend Zeitungen und Zeitschriften verschickt wurde. Obwohl sie unentgeltlich geliefert wurde und den Abdruck ihrer Mitteilungen honorarfrei gestattete, war der erzielte Erfolg eher gering:

---

289 *Brodbeck*, S. 174.
290 Diese Zahl ergibt sich jedenfalls aus zwei Angaben über den absoluten und den relativen Zuwachs an Abonnements; vgl. Schriften, H. 19, S. 32 und 37.
291 Vgl. Schriften, H. 6, S. 30 f. und H. 20, S. 117; *Brodbeck*, S. 178.
292 Vgl. *Brodbeck*, S. 176 ff.
293 Vb/3, Jg. 5, 1930/31, Nr. 7, S. 315. Da Exemplare dieser Jugendzeitschrift nicht ermittelt werden konnten, war nicht zu überprüfen, ob diese programmatische Aussage Löwenbergs tatsächlich erfüllt wurde; auch Erscheinungsdauer u.ä. konnte so nicht mehr festgestellt werden.

„Nur ein Bruchteil des versandten Materials wird verwendet, und auch dieser nur von einem verschwindend kleinen Teil der belieferten Zeitungen."[294] Ähnlich wie die „Dramaturgischen Blätter" sollte auch die im Februar 1924 gegründete „Volksbühnen-Verlags- und Vertriebs-GmbH" als Instrument dienen, Einfluß auf die künstlerische Produktion bzw. deren Markt zu nehmen und neuere Dramen, die den Grundsätzen der Volksbühnen entsprachen, aber bei anderen, vor allem nach wirtschaftlichen Kriterien handelnden Bühnenverlagen wenig Beachtung fanden, bei den Theatern, aber auch unter den Volksbühnenmitgliedern durchzusetzen. Darüber hinaus dachten die Gesellschafter – wenige Privatpersonen, einige lokale Vereine und der Volksbühnenverband als eigentlicher Träger – daran, billige Buchausgaben herauszugeben, die jedoch nur innerhalb der eigenen Volksbühnenorganisation vertrieben werden sollten; eine Zusammenarbeit mit dem Buchhandel erfolgte nicht.[295] Tatsächlich entwickelte der Verlag, neben dem Vertrieb der Verbandszeitschriften, vor allem drei Tätigkeitsfelder: die Veröffentlichung von Broschüren, die mehr oder weniger umfangreich theoretische und praktische Fragen der Volksbühnenarbeit behandelten, die Herausgabe von preiswerten Klassiker-Ausgaben sowie den Vertrieb von Bühnenwerken, die er z.T. auch in Buchform publizierte. Die Zahl der Theaterstücke, deren Aufführungsrechte der Verlag hielt, blieb verhältnismäßig klein. Im Laufe der Jahre erwarb er nur gut fünfzig Dramen und Komödien. Bekanntere Autoren waren darunter Andersen-Nexö, Horvath und Tolstoi, außerdem der langjährige sowjetische Volksbildungskommissar Lunatscharsky. Gestaltungen individuell-menschlicher Konflikte waren ebenso darunter wie solche sozialer oder politischer Probleme oder ausgesprochene Tendenzstücke, allerdings nicht in irgendeinem parteipolitischen Sinne. Erwähnenswert ist vielleicht, daß auch zwei Schönlanksche Sprechchöre in das Programm aufgenommen worden waren.[296]

Während die Broschürenreihe laufend durch Protokolle der Volksbühnentage, Sonderdrucke von dort oder bei anderer Gelegenheit gehaltenen Vorträgen und Arbeiten etwa zur Gestaltung von Theateretats oder zu den Möglichkeiten einer „neuen Filmkultur" und zu anderen Spezialfragen ergänzt wurden, mußte eine Sonderreihe „Volk und Kunst", in der eher allgemeinere Darstellungen erschienen waren – z.B.: Bab: „Arbeiterdichtung", Schikowski: „Der neue Tanz", Holitscher: „Das Theater im revolutionären Rußland" – wegen mangelnden Absatzes schon 1926 eingestellt werden.[297] In der Reihe der meist mehrbändigen Klassikerausgaben legte der Verlag die Werke Büchners, Goethes, Shakespeares, Heines, Schillers, Hebbels, Lessings, Grabbes und Kleists vor, von denen er bis Ende 1930 insgesamt ca. 115.000 Bände innerhalb der Organisation absetzen konnte, wobei sich als der größte Renner offensichtlich die sechsbändige Goethe-Ausgabe erwies.[298]

Die organisatorische Struktur des Volksbühnenverbandes, in der die lokalen Vereine

---

294 Schriften, H. 21, S. 39 f.; vgl. auch Schriften, H. 8, S. 29; H. 17, S. 25 f. und H. 20, S. 117.
295 Vgl. Vb/1, Jg. 4, 1924, 1. Vjh., S. 37 f.
296 Vgl. *Brodbeck*, S. 195 ff.
297 Vgl. ebda., S. 188 ff.; Schriften, H. 8, S. 32.
298 Vgl. *Brodbeck*, S. 193 ff.; Vb/3, Jg. 7, 1932/33, Nr. 4/5, S. 137; Schriften, H. 22, S. 16.

praktisch autonome Einheiten bildeten, spiegelte sich auch in der Publizistik des Verbandes wider: Jede größere Volksbühne, aber auch einige mittlere und kleine Organisationen, versorgten ihre Mitglieder in der Regel unentgeltlich mit periodisch erscheinenden Vereinsschriften. Diese vermittelten in erster Linie Vereinsnachrichten, informierten über Termine der Veranstaltungen, erörterten interne Fragen technischer und organisatorischer Art, gaben aber auch meist Einführungen in die dargebotenen Stücke. Gerade hierin zeigt sich die weit verbreitete Intention, kunstpädagogisch zu wirken und den Mitgliedern durch Interpretationen und historische Einordnungen über den bloßen Konsum der Theaterstücke hinaus kulturelle Bildungselemente zu vermitteln. Ließen es die Möglichkeiten der Vereine zu, erweiterten sich solche einführenden Beiträge zu Aufsätzen, die in allgemeinerer Form nahezu alle Gebiete der Kunst abhandelten. Weiterer Zweck der Vereinszeitschriften war erklärtermaßen, die, bis auf die wenigen engagierten, doch nur lose über den Besuch der Vorstellungen mit ihrem Verein verbundenen Mitglieder zu einer Volksbühnen-Gemeinschaft zusammenzufügen, die sich von anderen Theaterkartenvertriebsorganisationen abhob. Gerade die großen Vereine mit mehreren tausend Mitgliedern waren darauf angewiesen, durch alle Mitglieder erreichende Publikationen die interne Kommunikation zwischen ihnen und der Vereinsleitung aufrechtzuerhalten.[299]

1929 betrug die Zahl der Vereine, die eigene Zeitschriften herausbrachten – von nur gelegentlich verteilten Mitteilungsblättern oder Theaterzetteln wird hierbei abgesehen – immerhin 83; bei 284 dem Verband angehörenden Volksbühnen mag dies recht gering erscheinen, doch hatten von diesen ja nur 70 mehr als 1.000 Mitglieder.[300] Einige als nach Form und Inhalt bemerkenswert bezeichnete lokale Volksbühnenorgane, von denen manche über den Kreis des Vereins hinausgehende Bedeutung erlangen konnten, seien hier aufgelistet:

Altona. „Mitteilungen der Freien Volksbühne", Schriftleiter Friedrich Ahlzweig; Mitteilungen, Aufsätze, Bilder, ungefähr 20 Seiten.

Apolda. Schriftleiter Richard Ringel; Mitteilungen, Aufsätze, keine Anzeigen, ungefähr 20 Seiten.

Aschersleben. „Monatsblätter der Theatergemeinde", Schriftleiter Paul Schubert und Franz Apelt; Mitteilungen, Theaterzettel, Aufsätze, Bilder, ungefähr 20 Seiten.

Auerbach i.V. „Mitteilungsblatt", Schriftleiter P. Ellerbrock; Mitteilungen, Theaterzettel, Aufsätze, ungefähr 16 Seiten.

Berlin. „Blätter der Volksbühne Berlin", Schriftleiter Dr. S. Nestriepke; Vereinsmitteilungen, Vereinspolitik, Aufsätze, Interviews, Bilder, Briefkasten, keine Anzeigen im Text, ungefähr 32 Seiten.

Bochum. „Monatsschrift", Schriftleiter Dr. Rawitzki; Mitteilungen, Theaterzettel, Aufsätze, Bilder, ungefähr 20 Seiten.

Braunschweig. „Die Bühne", Schriftleiter Robert Klingemann; Mitteilungen, Aufsätze, ungefähr 16 Seiten.

Breslau. „Kunst und Volk", Schriftleiter Paul Eggers; Mitteilungen, Aufsätze, Gedichte, Hinweise auf Ausstellungen, Museen, Bibliotheken usw., Bilder, ungefähr 32 Seiten.

---

299 Vgl. *Brodbeck,* S. 179 ff.; Schriften, H. 20, S. 117 ff.
300 Vgl. Schriften, H. 21, S. 25 f. und 14.

Bunzlau. „Monatsschrift der Freien Volksbühne", Schriftleiter Karl Springer; Mitteilungen, Theaterzettel, Aufsätze, Bilder, ungefähr 16 Seiten.

Celle. „Mitteilungsblatt", Schriftleiter Heinrich Hüner; Mitteilungen, Aufsätze, ungefähr 8 Seiten.

Chemnitz. Schriftleiter Dr. Hans Keller und Oskar Geil; Mitteilungen, Einführungen, Aufsätze, Bilder, ungefähr 32 Seiten, Großformat.

Danzig. Mitteilungen, Theaterzettel, Einführungen, Aufsätze, ungefähr 20 Seiten.

Dresden. „Volk und Kunst", Schriftleiter Wolfgang Schumann; Vereinsnachrichten, Aufsätze, Filmkritiken, Bilder, Holzschnitte, ungefähr 16 Seiten.

Düsseldorf (gleichzeitig für Wuppertal, Hamborn, Krefeld, Neuß, Remscheid). „Rheinische Blätter für Kulturpolitik", Hauptschriftleitung M. Högener; Vereinsmitteilungen, Leitartikel, Film- und Funkberichte, in Berliner Format, 3spaltig, ungefähr 8 bis 16 Seiten.

Erfurt. „Die Rampe", Schriftleiter Hermann Stemmer; Aufsätze, ungefähr 16 Seiten, Großformat.

Forst. „Das Stichwort", Schriftleiter Max Reichmuth; Mitteilungen, Theaterzettel, Aufsätze, Bilder, Kunstdruck, ungefähr 16 Seiten.

Freiburg. „Monatsblätter", Schriftleiter Julius Schramm und Peter Kappes; Mitteilungen, Aufsätze, ungefähr 16 Seiten.

Halle. „Kunst und Volk", Schriftleiter Prof. Dr. Menzer; Aufsätze, ungefähr 16 Seiten.

Hamburg. „Der Vorspruch", Schriftleiter Gustav Leuteritz; Lyrik, Aufsätze, Holzschnitte, keine Anzeigen, ungefähr 16 bis 24 Seiten.

Hannover. „Mitteilungsblatt", Schriftleiter Willi Lanzke und Heinrich Schumacher; Mitteilungen, Aufsätze, Bilder und Holzschnitte, ungefähr 16 Seiten.

Jena. Mitteilungen, Theaterzettel, Aufsätze, keine Anzeigen, ungefähr 24 bis 32 Seiten.

Karlsruhe. „Monatsblätter"; Mitteilungen, Aufsätze, ungefähr 20 Seiten.

Köln. „Die Rampe", Schriftleiter Franz Gruber; Mitteilungen, Theaterzettel, Kunstschau, ungefähr 8 Seiten.

Königsberg. „Monatsblätter"; Mitteilungen, Aufsätze, ungefähr 8 Seiten.

Lübeck. „Die Salzspeicher", Schriftleiter Prof. Otto Anthes; Mitteilungen aus den Bibliotheken, der Volkshochschule und der Volksbühne zu Lübeck, Aufsätze, ungefähr 16 Seiten.

Magdeburg. „Monatsblätter", Schriftleiter Max Wilberg und Albert Steinke; Mitteilungen, Theaterzettel, Aufsätze, ungefähr 16 Seiten.

Meißen. „Monatsheft", Schriftleiter Max Großmann und Otto Gängler; Mitteilungen, Einführungen, Aufsätze, keine Anzeigen, ungefähr 24 Seiten.

Potsdam. „Bühnenblätter der Volksbühne"; Mitteilungen, Theaterzettel, Einführungen, ungefähr 16 Seiten.

Stettin. „Monatsheft", Schriftleiter Erich Sielaff; Mitteilungen, Einführungen, Theaterzettel, Aufsätze, keine Anzeigen im Text, 16 Seiten.

Stuttgart. „Die Bühne", Schriftleiter Erwin Schöttle; Mitteilungen, Einführungen, Aufsätze, Bilder, ungefähr 20 bis 24 Seiten.

Weimar. „Blätter der Weimarer Freien Volksbühne", Schriftleiter Friedrich Toepfer; Mitteilungen, Theaterzettel, Aufsätze, ungefähr 20 bis 24 Seiten.

Quelle: Albert Brodbeck, Handbuch der deutschen Volksbühnenbewegung, Berlin 1930, S. 181 f.

Nicht als eigentlich zur Volksbühnenpresse gehörend, verdient die Berliner Oppositionszeitschrift „Die Junge Volksbühne. Kampfblatt für proletarisches Theater" Erwähnung, auch wenn zwischen Februar und Oktober 1929 nur sieben Nummern erschienen. Laut Kopf wurde sie von Mitgliedern der Sonderabteilungen herausgegeben; die Schriftleitung hatte Felix Gasbarra, Mitglied der KPD. Als Adresse der Zeitschrift wurde das Karl-Liebknecht-Haus angegeben; der Versand erfolgte über den dem sogenannten „Münzenberg-Konzern" zugehörigen „Neuen Deutschen Verlag". Inwieweit diese Zeitschrift von der Mitgliedschaft der Sonderabteilungen getragen wurde, ist nicht festzustellen. Die Forderungen, die hier gegenüber dem Vereinsvorstand erhoben wurden, deckten sich mit denen des Arbeitsausschusses der Sonderabteilungen und weitgehend mit einschlägigen kommunistischen Vorstellungen, wenn auch jene ein etwas distanzierteres Verhältnis zu Piscator aufwiesen als die „Junge Volksbühne". Zu heftigen Auseinandersetzungen führten die polemischen, mitunter rüpelhaften Angriffe auf den Vereinsvorstand und die scharfe Diktion der Zeitschrift. Daß sich der Kern der Berliner Volksbühnen-Opposition ein eigenes Sprachrohr zulegte, hatte wohl nicht zuletzt auch darin einen Grund, daß den Sonderabteilungen für ihre Beiträge nicht, wie von ihnen beantragt, Raum in dem offiziellen Vereinsorgan eingeräumt wurde.[301]

Aus der isolierten Position der Sonderabteilungen herauszuführen und weitere Mitglieder des Vereins für ihr Programm zu gewinnen, war die Zeitschrift der Opposition allerdings kaum geeignet. Im Gegenteil: Fast wäre es bereits im März 1929 zum Bruch mit den Sonderabteilungen bzw. ihrem Arbeitsausschuß gekommen, nachdem die „Junge Volksbühne" einen Beitrag Bert Brechts abgedruckt hatte:

„Wie könnt ihr die Volksbühne retten? Bereitet dem Vorstand seelische Aufregungen, soweit dies möglich ist. Dann geht er vielleicht früher mit Tod ab, als jetzt zu befürchten steht. Ich meine wirklich, daß diese Leute, die sich in den Besitz des schönen Hauses und so vieler frecher Ausreden gesetzt haben, einfach körperlich verschwinden müssen."[302]

Auf der Hauptversammlung der Berliner Volksbühne, die zu einer Generalabrechnung der Delegierten mit den Sonderabteilungen geriet, wurde daraufhin beantragt, den Vorstand zu beauftragen, jede Beziehung mit dem Arbeitsausschuß der Sonderabteilungen abzubrechen, sowie zu beschließen, die Werke Brechts in der Volksbühne künftig zu boykottieren. Erst im letzten Moment verhinderte ein Mitglied des Arbeitsausschusses durch eine förmliche Distanzierung von den Brechtschen Ausführungen die Abstimmung hierüber, da er dem Versammlungsleiter Curt Baake nunmehr Gelegenheit gab, die Beschlußfassung über die eingebrachten Anträge als nicht mehr notwendig zu bezeichnen und seinerseits anzuregen, diese der Verwaltung lediglich als Material zu überweisen – wozu sich die Hauptversammlung bereit erklärte.[303]

---

301 Vgl. *Schwerd*, S. 116 und 122 ff.
302 Die Junge Volksbühne, Jg. 1, 1929, Nr. 2
303 Vgl. Blätter Vb Berlin, Jg. 5, 1928/29, Nr. 5, S. 6 ff.

9. Gesamtinterpretation

Eine genuin proletarische Bühnenkunst hat der „Verband der deutschen Volksbühnenvereine" sicherlich nicht hervorgebracht, obwohl auch innerhalb dieser Organisation – allerdings nur am Rande – künstlerische Ausdrucksformen, die für die sozialistische Arbeiterbewegungskultur und für die Kulturorganisationen des engeren gesellschaftlichen Milieus einer sozialdemokratischen Solidargemeinschaft, die nur einen Teil der sozialdemokratisch orientierten Arbeiterbewegung umfaßte, mit prägend waren, nämlich die Sprech- und Bewegungschöre, durchaus beachtet und gepflegt wurden. Doch nicht die aktive künstlerische Selbstbetätigung stand im Mittelpunkt der Volksbühnen, sondern die Rezeption dessen, was weitestgehend außerhalb der Arbeiterbewegung als dramatische Kunst produziert wurde. Die Volksbühnen waren auf das Berufstheater und schon damit eher auf eine mehr oder weniger anerkannte Hochkultur als auf Formen künstlerischer Selbstäußerung einer proletarischen Subkultur festgelegt. Selbst dabei ließen sich jedoch – die sicherlich nicht zu vernachlässigenden Probleme einer autonomen Spielplangestaltung seien hier einmal außer Betracht gelassen – kaum Ansätze finden, aus dem Angebot an Bühnenwerken nach Kriterien auszuwählen, die dazu berechtigten, von einem besonderen, klassenspezifisch politischen Anspruch der Volksbühnen zu sprechen. Die zentrale Kategorie für das kulturelle Programm des Volksbühnenverbandes stellte der an der (bürgerlichen) Hochkultur und an einer traditionellen – wenn man will: bürgerlichen –, das Kunstwerk nach außergesellschaftlichen Gesichtspunkten bewertenden Ästhetik orientierte „künstlerische Wert" dar. Eine stärkere Betonung einer politischen Tendenzdramatik oder die Förderung eines (sozialistischen) Gesinnungstheaters wurde nur von Randgruppen innerhalb des Volksbühnenverbandes gefordert und dann auch nur als marginaler Bestandteil eines insgesamt pluralistischen Kulturprogramms vollzogen.

Dennoch: Die Be- bzw. Verurteilung der Volksbühnen als „bürgerliche" Abonnementsvereine, die die Arbeiter- und Angestelltenschaft zu billigen Preisen in den bürgerlichen Theaterbetrieb integrieren wollten, greift angesichts einer sich komplexer gestaltenden Realität zu kurz. Die pluralistische Konzeption des künstlerischen Programms der Volksbühnen bedeutete eben nicht die Beschränkung nur auf allgemein akzeptierte Werke der Weltliteratur, sondern auch die Berücksichtigung mitunter umstrittener, moderner Dramen, die Erscheinungen der bürgerlichen Gesellschaft, ihre Normen und Konventionen kritisch beleuchtender Stücke z.B. Shaws, sich sozialistisch oder revolutionär verstehender Autoren wie Brecht, Toller und Wolf sowie sozial und politisch engagierter, aktuelle Zeitfragen aufgreifender und Wirkungen auf akute Klassenauseinandersetzungen intendierender Kunst. Es ist davon auszugehen, daß ihnen innerhalb der Volksbühnen dabei ein höherer Stellenwert zugemessen wurde, als es in den sonstigen Spielplänen der Privat-, Stadt- oder Staatstheater, gerade auch der „Provinz", der Fall war bzw. gewesen wäre. Mit der Orientierung an dem sicherlich problematischen Begriff des „künstlerischen Werts" distanzierte sich der Volksbühnenverband nicht nur von einer bloß tendenziösen Kunstproduktion, den „gereimten bzw. dramatisierten Leitartikeln", sondern ebenso von einer dramatischen „Massenkultur" der auf bürgerlichen Bühnen zahlreich vertretenen Schwänke, Lustspiele, mit spießiger Schlüpfrigkeit spekulierenden Ehebruchskomödien, billigen Operetten, Tanz- und Nacktrevuen. Wenn auch in der Praxis – dem ja nicht illegitimen Unterhaltungsbedürfnis der Mitglieder folgend – einzelne Elemente hiervon übernommen wurden, so bildete doch die Abgrenzung zu diesem realexistierenden bürgerlichen Theaterbetrieb einen wesentlichen Bestandteil im Selbstverständnis der Volksbühnen. Pointiert ausgedrückt: Die Volksbühnen sahen sich als legitime Erben und Bewahrer einer ehemals vom Bürgertum ausgegangenen und zu hoher Blüte gebrachten Theaterkultur, die von diesem jedoch nicht mehr weiterentwickelt, noch nicht einmal erhalten worden war, so daß sie einer neuen sozialen und organisatorischen Basis bedurfte. Im Hintergrund dieser Einschätzung stand nicht so sehr die unanalytische Auffassung von einer bürgerlichen Dekadenz, sondern die antikapitalistische Kritik eines anarchischen, nach Gewinninteressen und Geschäftsprinzipien strukturierten Marktes kultureller Güter mit seiner entsprechend ausgerichteten Produktion.

Die soziale Basis der projizierten Erneuerung der Theaterkultur sollte nicht länger eine privilegierte bürgerliche Elite darstellen, sondern die „kulturwillige" Arbeiterschaft, die Masse der bislang von der Teilhabe an den Kultur- und Bildungsgütern ausgeschlossenen, sich politisch, sozial und kulturell emanzipierenden Schichten. Vermischten sich hierbei sozialreformerische Intentionen, solche Emanzipationsbestrebungen mit der Arbeit der Volksbühnen zu unterstützen, mit z.T. eher kulturromantischen Vorstellungen eines neuen Volkstheaters als (wieder gewonnener) Einheit von „Volk" und Kunst, so wurde doch ebenso innerhalb des Volksbühnenverbandes der Bezug zur Idee einer zukünftigen sozialistischen Kultur hergestellt, die von der Arbeiterklasse über einen Prozeß der Aneignung auch aus der bürgerlichen Hochkultur zu entwickeln sei und dabei deren wertvollste Elemente in sich aufzuheben habe.

Die vom Volksbühnenverband entwickelten organisatorischen Vorstellungen spiegelten bestimmte Grundmentalitäten der sozialistischen Arbeiterbewegung wider. Hierzu gehörten etwa die Hoffnung auf regulierende und planvoll gestaltete wie gestaltende Eingriffe des Staates, die Präferenz für eine dem anarchisch strukturierten Markt gegenübergestellte planwirtschaftliche, vom Bedarf ausgehende Produktion sowie das Vertrauen in die Vorzüge einer tiefgreifenden Sozialisierung – hier des Theaterbereichs. Ebenfalls wird man die Betonung des egalitär-demokratisch organisierten Kollektivs, in dem etwa bei der Unterstützung erwerbsloser Mitglieder auch praktisch solidarische Elemente wirksam wurden, als Grundlage der Rezeption von Kunst und als Ausgangspunkt einer kulturell und sozial verstandenen Erneuerung in diesem Zusammenhang nennen können. Mit dieser auf den Begriff der „Gemeinschaft" gebrachten Vorstellung hatte sich der Volksbühnenverband von einem traditionellen bürgerlichen Individualismus gelöst. Allerdings war der Gemeinschaftsbegriff offenbar nur zum Teil inspiriert von der sozialistischen Projektion einer klassenlosen, solidarischen Gesellschaft und ihrer möglichen Antizipation in den Vereinen als Vorformen oder auch bereits verwirklichten Teilbereichen; mehr sozial- oder volksromantische Gedanken und einfach um republikanisch-demokratischen Ausgleich sozial und politisch divergierender Gesellschaftsgruppen bemühte Anschauungen wirkten offensichtlich ebenso innerhalb des Volksbühnenverbandes.

Unter den neuen politisch-sozialen Bedingungen der demokratischen Republik waren die kulturpolitischen Ziele der Volksbühnen erweitert worden in Richtung einer tiefgreifenden Reform des öffentlichen Theater- und Kunstwesens. Der Volksbühnenverband trat gewissermaßen mit einem gesamtgesellschaftlichen Anspruch auf und versuchte, die sich bietenden Partizipationsmöglichkeiten nutzend, sich als gesellschaftlichen Veränderungsfaktor zu etablieren. Von der Politik erwartete man nichts weniger als die umfassende Sozialisierung bzw. Kommunalisierung der Theater, die Übernahme genuiner Organisationsprinzipien der Volksbühnen bei der Gestaltung eines gemeinnützigen, von der demokratischen Mitwirkung oder Selbstverwaltung der Besucher ausgehenden Theaterwesens sowie eine flächendeckende, staatlich regulierte und finanzierte Versorgung der Bevölkerung mit hochwertiger Kunst. Neben der staatsbezogenen Einflußnahme und Mitwirkung, deren Erfolg eher gering blieb, war der Volksbühnenverband jedoch auch weiterhin darauf verwiesen, seine theater- und kulturpolitische Konzeption – z.T. mit öffentlicher (finanzieller) Unterstützung – durch den Ausbau der eigenen Organisation zu verwirklichen und so ein Stück Gegenmacht und modellhafter Alternative zu verkörpern. Der Verzicht auf ein dezidiert ideologisch-politisch formuliertes Programm, das aufgrund der Fragmentierung und Zerklüftung der politischen Kultur der Weimarer Republik hätte isolierend wirken müssen, zugunsten einer pluralistischen, pragmatisch-reformistischen Konzeption gesellschaftlicher Transformation ermöglichte dabei offenbar eine breitere Koalition sozial und demokratisch orientierter Gruppen und Personen. Wie weit im Einzelfall diese Koalition tatsächlich reichte, die kulturpolitische Programmatik in der Praxis der Volksbühnenvereine umgesetzt wurde oder werden konnte und etwa der Gemeinschaftsgedanke das Vereinsleben wirklich prägte, können erst lokalgeschichtliche Organisationsstudien näher zeigen.

10. Literatur

Abgesehen von einer zeitgenössischen Arbeit des damaligen Verbandsgeschäftsführers Albert Brodbeck, Handbuch der deutschen Volksbühnenbewegung, Berlin 1930 existiert keine umfassendere Darstellung des „Verbandes der deutschen Volksbühnenvereine" der Weimarer Republik. Die programmatischen Diskussionen innerhalb des Verbandes werden in einer knapp zusammenfassenden, z.T. stark persönlich gefärbten Retrospektive nachgezeichnet von Brodbecks Vorgänger: Siegfried Nestriepke, Der Weg zum Volksbühnenprogramm, Aufsatzfolge in: Volksbühnen-Spiegel, 1958, Nr. 6/7, S. 9-13; Nr. 8, S. 18-23; Nr. 9, S. 6-11; Nr. 10, S. 7-12.

Die übrige Literatur bleibt weitestgehend auf die Geschichte der Berliner Volksbühne beschränkt. Für die Zeit des Kaiserreichs informiert – eine Fülle von auch biographischen Details ausbreitend – die ebenfalls zeitgenössische Chronik von Siegfried Nestriepke, Geschichte der Volksbühne Berlin. 1. Teil: 1890 bis 1914, Berlin 1930 [weitere Teile sind nicht erschienen]. Aufschlußreich, wenn auch heutigen wissenschaftlichen Ansprüchen nicht mehr ganz gerecht werdend, ist die frühe Untersuchung von Heinz Selo, „Die Kunst dem Volke". Problematisches aus den Jugend- und Kampfjahren der Berliner Volksbühne, Berlin 1930. Fragwürdige und wenig differenzierende Interpretationen liefert Herbert Scherer, Bürgerlich-oppositionelle Literaten und sozialdemokratische Arbeiterbewegung nach 1890. Die „Friedrichshagener" und ihr Einfluß auf die sozialdemokratische Kulturpolitik, Stuttgart 1974. Das gleiche gilt für ders., Die Volksbühnenbewegung und ihre interne Opposition in der Weimarer Republik, in: Archiv für Sozialgeschichte XIV, 1974, S. 213-251. Differenzierter fällt die Analyse aus bei Almut Schwerd, Zwischen Sozialdemokratie und Kommunismus. Zur Geschichte der Volksbühne 1918-1933, Wiesbaden 1975. Aufgrund einer einseitig-verzerrten Perspektive und eines dogmatischen Interpretationsschemas ist der Ertrag zweier in der DDR erschienener Beiträge nur mäßig: Heinrich Braulich, Der Verrat an der Volksbühnenbewegung. Von den Anfängen bis zur Übergabe der Berliner Volksbühne an den Hitlerfaschismus (1890-1939), in: Wissenschaftliche Zeitschrift der Humboldt-Universität zu Berlin, Ges.-Sprachw. Reihe XVIII, 1969, Nr. 1, S. 37-52 und ders., Die Volksbühne. Theater und Politik in der deutschen Volksbühnenbewegung, Berlin-Ost 1976.

Einen ersten Einblick in die Geschichte eines Volksbühnenvereins in der „Provinz" vermittelt Marlies Jeske, 90 Jahre Kieler Volksbühne, in: Mitteilungen der Gesellschaft für Kieler Stadtgeschichte 69, 1983-1985, S. 101-140. Weniger erhellend ist der Aufsatz von Claudia Fischer, „Das Theater gehört dem Volk!" Die ästhetische „Erziehungsarbeit" der Kölner Sozialdemokratie zwischen Emanzipation und Kompensation, in: ergebnisse. Zeitschrift für demokratische Geschichtswissenschaft 26, 1984, S. 73-88.

Der vorliegende Beitrag stützt sich daneben im wesentlichen auf die zeitgenössischen Organisationsquellen des Volksbühnenverbandes: v.a. auf das Verbandsorgan „Die Volksbühne" (wechselnde Untertitel) und die vom Verband herausgegebenen „Schriften des Verbandes der deutschen Volksbühnenvereine" sowie auf eine Reihe lokaler Volksbühnenorgane.

III. Anhang

1. *Personenregister*

(Mit * versehene Seitenziffern beziehen sich auf Anmerkungen)

Anderson-Nexö, Martin 328
Arndt, Ernst Moritz 222
Aufhäuser, Siegfried 273

Baake, Curt 250, 254, 269, 272, 284, 290, 293-295, 322 f., 331
Bab, Julius 260 f., 266 f., 276, 324 f., 327 f.
Bach, Johann Sebastian 32, 42, 43*, 112, 192, 209*
Ballschmiede, Fritz 284, 295
Barlach, Ernst 279
Bauer, Otto 193
Bebel, August 160
Becher, Johannes R. 327
Beckmann, Gustav 144
Beethoven, Ludwig van 19, 28 f., 40, 42-44, 88, 101, 113, 126, 148, 192, 209*, 210, 220, 224
Bielau, 263
Böttger, 290
Braun, Otto 82
Brauner, Rudolf 137
Brecht, Bertolt 11, 279, 331 f.
Brodbeck, Albert 292, 294 f., 320, 322 f., 326 f., 334
Bröger, Karl 85*
Brüning, Heinrich 149, 168, 175
Büchner, Georg 257, 328

Dahn, Felix 74
Dehmel, 303
Didam, Otto 46, 68 f., 71 f., 146
Dietze, Herbert 130*, 131, 145
Döscher, K.H. 266 f., 284, 293-295

Ebert, Friedrich 82, 254
Eichendorff, Joseph 67*
Eggers, 288
Eisler, Hanns 20, 46, 70-73, 107, 108, 116, 118, 122*, 197 f., 203, 205, 207, 219*, 232, 238 f., 248
Ellger, 284, 292

Fehsel, Carl 21, 103, 111*, 137, 140, 147, 151 f., 164, 180, 187, 191, 194, 203, 214, 219*, 226

Fladung, Georg 183
Fleischer, Willy 260*
Frank, Lobo 146, 188, 303
Fröhlich, Otto 204

Gärtner, Rolf 317
Gal, Hans 67, 238
Gasbarra, Felix 330
Gebhardt, 267
Geilgens, Hubert 284, 295
Gerlach, H. von 295
Gerster, Ottmar 73, 115, 165, 196, 238
Goethe, Johann Wolfgang von 278, 328
Grabbe, Christian Dietrich 328
Grimme, Adolf 320
Grobe, Theodor 175
Gronostay, Walter 238
Guttmann, Alfred 17, 18, 37*, 45, 49*, 52-54, 57, 67 f., 71, 82, 89, 100, 102-104, 106, 110*, 133, 139 f., 143 f., 152, 165, 182, 191, 196, 209*, 221*

Händel, Georg Friedrich 42
Hänel, Walter 17, 18, 37 f., 44-46, 49*, 53 f., 66, 68, 71 f., 96 f., 100, 102 f., 112*, 127, 132 f., 137, 140, 144, 152, 156, 209*, 226
Hauptmann, Gerhart 257, 277, 279
Haydn, Joseph 112
Hebbel, Friedrich 328
Hegar, Friedrich 56
Heine, Heinrich 41*, 328
Herwig, Hans 144
Hitler, Adolf 210
Hoeft, Richard 137, 140, 152, 172-174, 191
Hoffmann, Karl 294 f.
Holitscher, Arthur 268, 270, 325, 328
Horvath, Ödon von 328

Ibsen, Henrik 257
Ihering, Herbert 269

Kaiser, Alex 137, 152, 164, 169, 226
Kaiser, Georg 278
Kautsky, Karl 271

Kestenberg, Leo 214, 284, 291, 295, 318, 323, 325
Kirch, August 137, 152
Klauder, Karl 21, 42*, 130, 137, 140, 147, 158-160, 164, 177, 206, 226
Kleist, Heinrich von 328
Knab, Armin 209*, 238
Körner, Theodor 83*, 85
Kroh 150

Lampel, Peter Martin 279
Landauer, Gustav 251
Landé, Franz 32*, 38*
Lendvai, Erwin 20, 44 f., 73, 102, 112, 118, 129*, 209*, 210, 238
Lessing, Gotthold Ephraim 254*, 257, 278, 328
Linke, Gertrud 140, 159
List, Friedrich 223
Löwenberg, Bruno 267, 327
Ludwig, Anna 160
Lütge, Karl 144
Lunatscharsky, Anatolij 328
Luther, Martin 42

Malden, Felix 220
Marck, Siegfried 271
Martin, Karlheinz 269
Mauerer, 323
Mehring, Franz 250
Mendelsohn-Bartholdy, Jakob Ludwig Felix 67*, 78 f., 122*
Methfessel, Albert 26
Meyer, Julius 137, 152, 160, 165, 172-174, 179
Michael, Paul 112
Mozart, Wolfgang Amadeus 39, 192
Mussorgski, Modest Petrowitsch 196

Nägeli, Hans Georg 24
Neft, Heinrich 251
Nestriepke, Siegfried 253 f., 262, 264 f., 267 f., 275, 284 f., 287, 290, 293-295, 297*, 319, 323, 325 f., 334 f.

Ochs, Siegfried 143 f., 165, 218*, 219

Pietschmann, Carl 165
Piscator, Erwin 197, 269, 271, 293, 321, 331
Pringsheim-Sternitzki, 196

Reinhard, Max 251, 253

Sachs, Hans 41*
Schein, Bela 192
Scherchen, Hermann 55, 220*
Schikowski, John 325, 328
Schiller, Friedrich 328
Schönlank, Bruno 140, 320, 328
Schopenhauer, Arthur 28, 40

Schneider, Paul 150 f.
Schubert, Franz 38, 110, 113, 210, 221 f.
Schünemann, 144
Schulz, Heinrich 179, 186, 318
Schumann, Wolfgang 272, 293
Seelig, Ludwig 275, 310, 316
Seidel, Richard 260, 263 f., 271, 325
Severing, Carl 255
Seydewitz, Max 260, 266 f.
Shakespeare, William 256, 278, 328
Shaw, George Bernard 11, 257, 332
Silcher, Friedrich 40, 41*, 67, 110
Slekow, Gustav 260, 261, 263
Springer, Georg 254, 263, 284, 292-294
Stampfer, Friedrich 253

Thiel, Carl 143 f.
Thyssen, Hans 249
Thyssen, Julius 249
Tiessen, Heinz 105, 113, 144, 152, 165
Töpper, Fritz 175
Töwe, 263
Toller, Ernst 11, 254*, 258, 270 f., 332
Tolstoi, Leo 257, 278, 328
Trunk, Richard 210
Tucholsky, Kurt 254*

Uthmann, Gustav Adolf 17, 54 f., 103 f., 123 f., 126, 143, 209, 220*

Vogt, Karl 303

Wagner, Anton 254
Wagner, Richard 24, 29, 32, 40, 84, 192, 257
Weber, Carl Maria von 83*, 85*, 222
Weber, Max 50
Wedekind, Frank 278
Weill, Kurt 238
Welks, Ehm 269
Werner, Karl 226
Westphal, Max 186
Wiegand, Heinrich 33
Wille, Bruno 250
Wolf, Friedrich 11, 332
Wolff, Arthur 107*, 238

Zander, Ernst 165
Zech, Paul 325
Ziegler, 267, 270
Zimmermann, Otto 188, 303
Zorn, Georg 165
Zwehl, Hans von 266, 268, 287, 326

2. Ortsregister

Antwerpen 190
Apolda 281

Berlin 10, 19, 35, 38, 40-42, 53*, 82*, 95 f., 112, 114, 116, 121, 127*, 134, 137, 139, 141, 143, 145 f., 149-151, 154, 159-162, 164 f., 172, 183, 186-188, 193, 199-204, 206, 226, 228 f., 241, 249 f., 252-255, 260, 262-264, 268-271, 278, 280 f., 284, 285*, 288, 291-293, 296 f., 300 f., 303 f., 321 f., 325, 331, 334
Bielefeld 181, 249*, 255
Blankenburg 182
Borna 163
Braunschweig 134, 144, 147-149, 151, 158-161, 171, 174, 176, 181, 186 f., 189 f., 192, 195, 297, 302
Bremen 151, 161, 198 f., 298
Breslau 10, 146, 161, 179*, 187 f., 271, 280, 288, 297, 300-302, 304
Brüssel 190

Celle 249
Chemnitz 10, 112*, 134, 164, 248, 249*, 263, 279, 281, 288, 297, 300-302, 304, 306 f.
Chicago 169

Darmstadt 302
Detmold 95*, 249*
Döbeln 163
Dortmund 127, 181
Dresden 33*, 165, 281, 297, 300, 322
Düsseldorf 203

Eisleben 304
Erfurt 84, 142, 150, 170, 227
Essen 111*, 151, 213

Frankfurt a.M. 10, 116, 146, 165, 187, 188*, 189, 192, 226, 281, 288, 297, 301 f.
Friedrichsroda 140, 148, 174, 303
Fürth 165

Gelsenkirchen 263
Gera 112*
Gladbeck 305
Grefrath 202
Groß-Wartenberg 322

Halle 249*, 289, 297, 302, 312
Hamburg 140, 143, 150, 159*, 161 f., 184, 189 f., 211, 228 f., 249*, 256, 290 f., 297, 300, 319
Hannover 19, 20, 102, 115, 129, 141, 147 f., 161, 179, 213, 219-221, 224, 229, 237, 249*, 277, 288, 297, 300 f., 305 f., 312
Heidelberg 279, 305 f.
Heiligenstadt 114

Jena 179, 249*, 258, 260, 267 f., 304, 308

Kassel 16, 137, 150, 181, 198 f., 226 f.
Kiel 249*, 256, 260*, 323
Klosterlausnitz 298
Köln 10, 249*, 256, 294, 300 f.
Königsberg 165, 249*, 297

Leipzig 33*, 68, 87, 102, 112, 122, 130*, 134, 139, 145 f., 163, 165, 184, 188, 226, 229, 298, 303
Lößnitz 274
London 190
Lübeck 303
Lützow 85*

Magdeburg 258, 260, 277, 297, 305 f.
Moskau 21
München 143 f., 150 f., 172-174, 176, 180, 189 f., 193, 211, 229, 249*, 260*, 297, 323

Nürnberg 22, 84, 86 f., 298

Offenbach 134
Ohligs 202
Oldenburg 305
Orlamünde 298
Oschatz 163

Paris 114, 196, 222
Plauenscher Grund 33*
Potsdam 249*, 258, 295

Remscheid 202
Rudolstadt 279

Saalfeld 226
Saarbrücken 310
Seckenheim 278
Solingen 202
Spandau 249*
Stadtroda 298
Stuttgart 114, 196, 294, 297, 300

Ulm 280, 304-306

Venedig 280

Weimar 249*, 256, 281
Weißwasser 305
Wien 107, 193, 194*, 207, 216, 221, 225
Wilhelmshaven 279
Wuppertal 260*
Wurzen 163

Zeitz 307*

3. Organisationsregister

Arbeiter-Abstinenten-Bund 167
Allgemeiner Deutscher Gewerkschaftsbund 138, 179*, 186 f., 256, 271, 304, 319 f., 323
Allgemeiner freier Angestelltenbund 186, 273, 315, 319, 323
Arbeiter-Athleten-Bund 154
Arbeiterchor-Dirigenten-Verband 17, 145
Arbeiter-Radfahrer-Bund 134, 138
Arbeiterradio-Internationale 189
Arbeiter-Samariter-Bund 134, 138, 167, 176, 181 f., 186, 197, 203, 207, 220
Arbeiter-Schach-Bund 167
Arbeiter-Sängerchor 198 f.
Arbeiter-Sängerbund Elsaß-Lothringens 190
Arbeiter-Theater-Bund 321
Arbeiter-Turn- und Sportbund 134, 136, 138 f., 154, 158, 167, 182, 188
Arbeiterwohlfahrt 158, 176, 182, 185
Arbeitsgemeinschaft freier Angestelltenverbände 256
Arbeitsgemeinschaft der deutschen Chorverbände 213
Arbeitsgemeinschaft sozialdemokratischer Lehrer 185

Bühnenvolksbund 249, 257 f., 265, 275, 309 f., 314, 316 f., 322-324
Bund der Arbeitersänger Hollands 194
Bund der freien Schulgesellschaften 197
Bund für proletarische Kultur 260, 268

Demokratische Vereinigung 295
Deutscher-Bühnen-Verein 260, 314
Deutscher Arbeiter-Sängerbund 9-13, 15-248, 323
Deutscher Arbeiter-Sängerbund in der Tschechoslowakischen Republik 190 f.
Deutscher Sängerbund 18, 37, 48*, 59, 74-76, 82, 83*, 88, 212-214, 216 f., 218*, 219, 221, 224, 226, 239 f., 244, 248

Eiserne Front 187

Fachverband für das deutsche Männerchorwesen 217
Freidenker 163
Freie Turnerschaft 303
Freie Volksbühne 250-254, 295, 318
Freier Arbeiter-Sänger-Bund 199
Freigewerkschaftliche Jugendzentrale 303*
Freiheit für die darbenden deutschen Sangesgenossen 169

Genossenschaft Deutscher Bühnenangehöriger 315, 318
Gewerkschaftsbund der Angestellten 320, 324
Gewerkschaftsring deutscher Arbeiter-, Angestellten- und Beamtenverbände 324
Goethe-Bund 317
Guttemplerorden 163

Interessengemeinschaft für Arbeiterkultur 201-204, 270, 321
Internationale Arbeiterhilfe 321
Internationale Arbeitsgemeinschaft der Volksbühnen 322
Internationale der Arbeitersänger 189-197
Internationaler Bund der Opfer des Krieges und der Arbeit 321

Junge Volksbühne 321 f., 331
Jungproletarischer Bund 268
Jungsozialisten 181 f., 186

Kampfgemeinschaft der Arbeitersänger 204, 207
Kinderfreunde 182, 185
Kölner Männergesangsverein 82
Kommunistische Partei Deutschlands 70, 118, 122, 166 f., 199-202, 205 f., 242 f., 256, 261, 268, 321, 323*, 330

Lebensreformer 163
Liedergemeinschaft der Arbeiter-Sängervereinigungen Deutschlands 15
London Labour Choral Union 194

Mehrheitssozialdemokratische Partei Deutschlands 93
Mitteldeutsches Landestheater 277

Nationalsozialistische Deutsche Arbeiterpartei 279, 282
Naturfreunde 158, 161, 163, 181, 186, 269, 303*
Neue Freie Volksbühne 250-254, 295

Österreichischer Arbeiter-Sängerbund 190 f.

Preußische Landesbühne 265, 275, 310, 316 f.
Proletarisches Theater 257, 260, 268 f.

Reichsausschuß für sozialistische Bildungsarbeit 185, 318, 323
Reichsausschuß für Chorgesangwesen 213
Reichsbanner 186-188
Reichsverband der gemischten Chöre Deutschlands 213
Reichswirtschaftsverband bildender Künstler 317
Rote Hilfe 321
Rotfrontkämpferbund 220

Schutzverband deutscher Schriftsteller 317
Sozialdemokratische Partei Deutschlands 70, 73, 76, 82*, 91, 93 f., 114, 122, 144, 158, 166 f., 177-181, 185-188, 202, 206, 242, 244, 246 f., 250, 256, 295, 304, 323 f.
Sozialistische Arbeiterjugend 182, 185 f., 270, 303*
Sozialistische Dichterhilfe 320
Sozialistischer Arbeiter-Sängerbund 199
Sozialistischer Kulturbund 182, 185 f., 318, 323

Theater des werktätigen Volkes 256

Unabhängige Sozialdemokratische Partei Deutschlands 253, 256, 261, 263, 295
Ungarischer Arbeiter-Sängerbund 190

Verband der deutschen gemeinnützigen Theater 314
Verband der Deutschen Volksbühnenvereine 9, 11, 13, 186, 188, 249-335
Verband deutscher Bühnenschriftsteller und Bühnenkomponisten 317
Verband Deutscher Arbeiterchor-Dirigenten 145 f.
Verein für Volksvorstellungen und Theaterkultur 256
Verein Hamburger Volksschullehrerinnen 256
Verein Unabhängiger Sozialisten 250
Verein Volksgesundheit 169
Vereinigung gemeinnütziger Wanderbühnen 314
Volksbühne Groß-Hamburg 256

Zentralkommission für Arbeitersport und Körperpflege 183 f., 186
Zentralstelle zur Vereinigung der sozialistischen Parteien 254

4. Presseregister

Börsen-Courier 269

Der Sängerführer 174
Der Weckruf 145 f.
Deutsche Arbeiter-Sängerzeitung 17, 78, 82 f., 85 f., 96, 121, 143, 226-229
Die Freiheit 263
Die Junge Volksbühne 330
Die Volksbühne (wechselnde Untertitel) 249*, 254, 325 f., 335
Dramaturgische Blätter 276, 327 f.

Fränkische Tagespost 165

Kampfmusik 203
Kunstgemeinde 327

Leipziger Volkszeitung 180
Liedergemeinschaft 226
Lippische Tageszeitung 95*

Musikwissenschaftliche Flugblätter 226

Pressedienst 180, 229

Rote Fahne 118*, 248

Sängerführer 229

Vorwärts 180

5. Abkürzungsverzeichnis

ADGB	Allgemeiner Deutscher Gewerkschaftsbund
AfA-Bund	Allgemeiner freier Angestelltenbund
DAS	Der Arbeiter-Sängerbund
DASZ	Deutsche Arbeiter-Sängerzeitung
IDAS	Internationale der Arbeitersänger
IfA	Interessengemeinschaft für Arbeiterkultur
KAPD	Kommunistische Arbeiter-Partei Deutschlands
KPD	Kommunistische Partei Deutschlands
LVZ	Leipziger Volkszeitung
NSDAP	Nationalsozialistische Deutsche Arbeiterpartei
SAJ	Sozialistische Arbeiterjugend
SPD	Sozialdemokratische Partei Deutschlands
USPD	Unabhängige Sozialdemokratische Partei Deutschlands

Über die Autoren

Peter Lösche, geb. 1939; Dr. phil., Professor für Politikwissenschaft an der Universität Göttingen; Promotion und Habilitation an der Freien Universität Berlin; John F. Kennedy Memorial Fellow an der Harvard University, Cambridge, USA, 1969–1971; weitere Forschungsaufenthalte in den USA.
Veröffentlichungen u.a.: Der Bolschewismus im Urteil der deutschen Sozialdemokratie 1903–1920, Berlin 1967; Industriegewerkschaften im organisierten Kapitalismus. Der CIO in der Roosevelt-Ära, Opladen 1974; Politik in den USA, Opladen 1977; Anarchismus, Darmstadt 1977; Wovon leben die Parteien? Über das Geld in der Politik, Frankfurt a.M. 1984; (Hrsg. mit Christian Graf von Krockow) Parteien in der Krise, München 1986; (Hrsg. mit Michael Scholing und Franz Walter) Vor dem Vergessen bewahren, Berlin 1988; Amerika in Perspektive. Politik und Gesellschaft der Vereinigten Staaten, Darmstadt 1989; (mit Franz Walter) Die SPD. Klassenpartei – Volkspartei – Quotenpartei. Zur Entwicklung der Sozialdemokratie von Weimar bis zur deutschen Vereinigung, Darmstadt 1992.

Franz Walter, geb. 1956; Studium der Sozialwissenschaften und Geschichte in Berlin und Bielefeld; 1985 Promotion in Göttingen; 1985–1988 wiss. Mitarbeiter bei der Historischen Kommission zu Berlin; seit 1988 Akademischer Rat am Seminar für Politikwissenschaft der Universität Göttingen.
Veröffentlichungen: Jungsozialisten in der Weimarer Republik, Göttingen 1983; (mit Gerd Storm) Weimarer Linkssozialismus und Austromarxismus, Berlin 1984; Nationale Romantik und revolutionärer Mythos, Berlin 1986; (Hrsg. mit Peter Lösche und Michael Scholing), Vor dem Vergessen bewahren. Lebenswege Weimarer Sozialdemokraten, Berlin 1988; Sozialistische Akademiker- und Intellektuellenorganisationen in der Weimarer Republik, Bonn 1990; (mit Viola Denecke und Cornelia Regin, Sozialistische Gesundheits- und Lebensreform-Verbände, Bonn 1991; (mit Peter Lösche), Die SPD. Klassenpartei – Volkspartei – Quotenpartei. Zur Entwicklung der Sozialdemokratie von Weimar bis zur deutschen Vereinigung, Darmstadt 1992.

Dietmar Klenke, Dr. phil., geb. 1954; Studium der Geschichte, Sozialwissenschaften und Musikwissenschaft in Köln und Münster; Promotion in Münster; 1985-1990 wissenschaftlicher Mitarbeiter an der Universität Bielefeld; seit 1991 wissenschaftlicher Angestellter des Stadtarchivs Münster. Veröffentlichungen: Die SPD-Linke in der Weimarer Republik, Münster 1987; Biographie Hermann Liebmanns, in: Vor dem Vergessen bewahren. Lebenswege Weimarer Sozialdemokraten, Berlin 1988; Bürgerlicher Männergesang und Politik in Deutschland, in: GWU 1989, Heft 8 und 9.

Peter Lilje, geboren 1963, Studium der Sozialkunde und Germanistik, ist z. Zt. (bis April 1992) Studienreferendar am Staatlichen Studienseminar Wolfsburg.

Die Deutsche Bibliothek – CIP-Einheitsaufnahme

Solidargemeinschaft und Milieu: sozialistische Kultur- und Freizeitorganisationen in der Weimarer Republik / [Forschungsinstitut der Friedrich-Ebert-Stiftung]. Im Auftrage der Historischen Kommission zu Berlin hrsg. und eingeleitet von Peter Lösche. – Bonn : Dietz.
  (Reihe: Politik- und Gesellschaftsgeschichte; . . .)
  Literaturangaben
  ISBN 3-8012-4013-4
NE: Lösche, Peter [Hrsg.]; Friedrich-Ebert-Stiftung / Forschungsinstitut

Bd. 3. Arbeitersänger und Volksbühnen in der Weimarer Republik. – 1992

Arbeitersänger und Volksbühnen in der Weimarer Republik / [Forschungsinstitut der Friedrich-Ebert-Stiftung]. Dietmar Klenke; Peter Lilje; Franz Walter. Im Auftr. der Historischen Kommission zu Berlin hrsg. und eingeleitet von Peter Lösche. – Bonn : Dietz, 1992
  (Solidargemeinschaft und Milieu; Bd. 3)
  (Reihe: Politik- und Gesellschaftsgeschichte; Bd. 27)
  ISBN 3-8012-4011-8
NE: Klenke, Dietmar; Lilje, Peter; Walter, Franz; Lösche, Peter [Hrsg.]; 2. GT

WEIMARER REPUBLIK

Reihe Solidargemeinschaft und Milieu: Sozialistische Kultur- und Freizeitorganisationen in der Weimarer Republik

Band 1
1990
212 Seiten
Hardcover
ISBN 3-8012-4009-6

Der Autor untersucht die sozialistischen Intellektuellenverbände in der Weimarer Republik, insbesondere die Sozialistische Studentenschaft, den Verband sozialdemokratischer Akademiker und den Verein sozialistischer Ärzte. Studien zu diesen drei Organisationen gelten in der Literatur zur Arbeiterbewegung seit langem bereits als dringende Desiderate.

Band 2
1991
432 Seiten
Hardcover
ISBN 3-8012-4010-X

Von vier Organisationen des sozialistischen Arbeitermilieus handelt dieser Band: dem Verband Volksgesundheit, dem Arbeiter-Abstinenten-Bund, den Naturfreunden und dem Arbeiter-Samariter-Bund. Einen anderen Schwerpunkt der Studie bilden die Konflikte innerhalb der Arbeitervereine, sowie die spannungsreichen Beziehungen zwischen der Verbandskultur des Bürgertums und des sozialistischen Lagers.

VERLAG J.H.W. DIETZ NACHF., BONN

BEWEGEND

Jürgen Kocka
Weder Stand noch Klasse
Unterschichten um 1800
320 S. mit zahlr. Abb.,
Hardcover

Jürgen Kocka
Arbeitsverhältnisse und Arbeiterexistenzen
Grundlagen der Klassenbildung im 19. Jahrhundert
736 S. mit zahlr. Abb.,
Hardcover

Gerhard A. Ritter, Klaus Tenfelde
Arbeiter im Deutschen Kaiserreich 1871 – 1914
904 S. mit zahlr. Abb. und Tab.,
Hardcover

Heinrich August Winkler
Von der Revolution zur Stabilisierung
Arbeiter und Arbeiterbewegung in der Weimarer Republik 1918 bis 1924
2. Aufl., 788 S. mit zahlr. Abb.,
Ln.

Heinrich August Winkler
Der Schein der Normalität
Arbeiter und Arbeiterbewegung in der Weimarer Republik 1924 bis 1930
2. Aufl., 896 S. mit zahlr. Abb.,
Ln.

Heinrich August Winkler
Der Weg in die Katastrophe
Arbeiter und Arbeiterbewegung in der Weimarer Republik 1930 bis 1933
2. Aufl., 1028 S. mit zahlr. Abb.,
Ln.

Verlag J.H.W. Dietz Nachf., Bonn